CHONGGANG NIANJIAN

重钢年鉴

2001

重钢年鉴编辑委员会

四川科学技术出版社

2001年·成都

图书在版编目(CIP)数据

重钢年鉴 .2001卷/《重钢年鉴》编委会编 . - 成都：四川科学技术出版社，2001.6

ISBN 7 - 5364 - 4723 - X

Ⅰ.重… Ⅱ.重… Ⅲ.重庆钢铁集团公司 - 2001 - 年鉴 Ⅳ.F426.31 - 54

中国版本图书馆 CIP 数据核字(2001)第 033036 号

重钢年鉴 2001

编 著 者　重钢年鉴编辑委员会
责任编辑　梅　红
封面设计　朱德祥
责任校对　刘光军
责任出版　何明理
出版发行　四川科学技术出版社
　　　　　成都盐道街 3 号　邮政编码 610012
开　　本　787mm × 1092mm　1/16
　　　　　印张 23.5　字数 820 千　插页 26
印　　刷　四川新华印刷厂
版　　次　2001 年 7 月成都第一版
印　　次　2001 年 7 月成都第一次印刷
印　　数　1 - 1 700 册
定　　价　100.00 元
ISBN 7 - 5364 - 4723 - X/Z·222

重钢精神

“三峰”无限
攀登不止

重钢形象

钢铁品质
表里如一

销售是第一线

质量是第一信誉

人才是第一资源

成本是第一竞争力

科技是第一生产力

中共中央政治局常委、全国人大常务委员会委员长李鹏2000年11月28日视察重庆时，在渝州宾馆听取了重钢的工作汇报并与重钢公司董事长、党委书记、总经理唐民伟合影。

重钢公司董事长、党委书记、总经理唐民伟(右二)，2000 年 11 月 29 日在中央电视台接受《国企改革特别节目》栏目采访。

2000 年 11 月 7 日，重庆市市长包叙定(中)到重钢公司视察。

重庆市市长包叙定(上左二),2000年11月7日在重钢公司董事长、党委书记、总经理唐民伟陪同下视察重钢。

2000年元月11日，重钢召开"重钢兼并重特动员会"，重钢公司董事长、党委书记、总经理唐民伟就兼并工作谈意义。2000年元月17日，中共重庆市委副书记、常务副市长王鸿举、重庆市副市长吴家农在"重庆钢铁（集团）有限责任公司干部大会"上指出，重钢兼并重特，是国务院对重庆大型企业深化改革的支持。

遵照国务院的重钢兼并重庆特殊钢(集团)有限责任公司、落实"五管齐下"政策指示而推进的重钢债转股工作得以落实，债转股金额为36.22亿元。2000年7月10日，"重钢债转股协议签字仪式"在重庆市政府底楼会议室举行。

重钢把销售作为第一线，重视营销工作，2000年实现产品销售收入51.54亿元。

国家外经贸部副部长陈新华(右)2000年5月12日在重钢公司调研。

国家劳动和社会保障部副部长林用三(中)率中央督察小组在重钢公司考察。

国家冶金工业局副局长单亦和(中)，2000年6月12日来重钢检查指导工作。

国家环保总局副局长宋瑞祥(右二)2000年元月23日视察重钢木屑－微生物治污技术。

2000年5月10日，重钢公司召开传达全国劳模大会、重庆市劳模大会精神及先进事迹大会。

重钢的全国劳动模范张明富(左二)在京参加"全国劳动模范和先进工作者表彰大会"归渝，重钢公司党委副书记朱建派(左一)，重钢公司工会主席潘向宇(右二)，工会副主席刘秀英(右一)前往机场迎接。

重钢的全国劳动模范胡方智(左二)2000年7月19日喜获全国总工会赠送的移动电话。

重钢的厂务公开工作被誉为"阳光工程"。2000年，重钢的厂务公开工作初步形成重钢公司、子公司(厂矿)、车间三级厂务公开工作网络和党委领导、行政主体、工会牵头、纪委协同的厂务公开工作格局。

2000年3月，重钢工会成立50周年，重钢举行系列庆祝活动。3月28日，重钢工会以“历程”为主题，召开“纪念重钢工会成立50周年暨扭亏脱困再动员大会”。重钢工会主席潘向宇（上图）作动员报告，著名的全国劳动模范黄荣昌（下右二）为重钢工会50岁生日添加喜庆氛围。

重钢集团建设公司、重钢集团机械化公司中标承建了重庆长江鹅公岩大桥建设。重钢集团机械化公司施工的重庆长江鹅公岩大桥西引桥最后一格预制梁吊装于2000年10月10日合龙。

2000年8月10日，重钢集团房地产公司开发的朵力小区“朵力名都”奠基。

重钢集团机械化公司施工的重庆长江鹅公岩大桥吊装合龙。

2000年10月11日，重庆市轻轨PC梁铸钢支座鉴定会在重钢集团机械化公司举行。

上：重钢团委2000年被团中央确定为第二批团建创新试点单位。

中：2000年5月18日，重钢召开重钢团委成立50周年大会暨表彰会。

下：2000年12月17日，重钢公司总经理唐民伟在技能竞赛、青年明星表彰会上鼓励青年成才。

重钢高速线材轧机2000年8月25日试运行，重钢产品结构调整，向"两板一线"新格局迈出大步。

重钢高度重视质量工作，视"质量是第一信誉。"重钢生产的船板钢享有盛誉，至2000年先后获中国、英国、德国、美国、挪威、韩国、日本、法国、意大利等9国船级社认证。

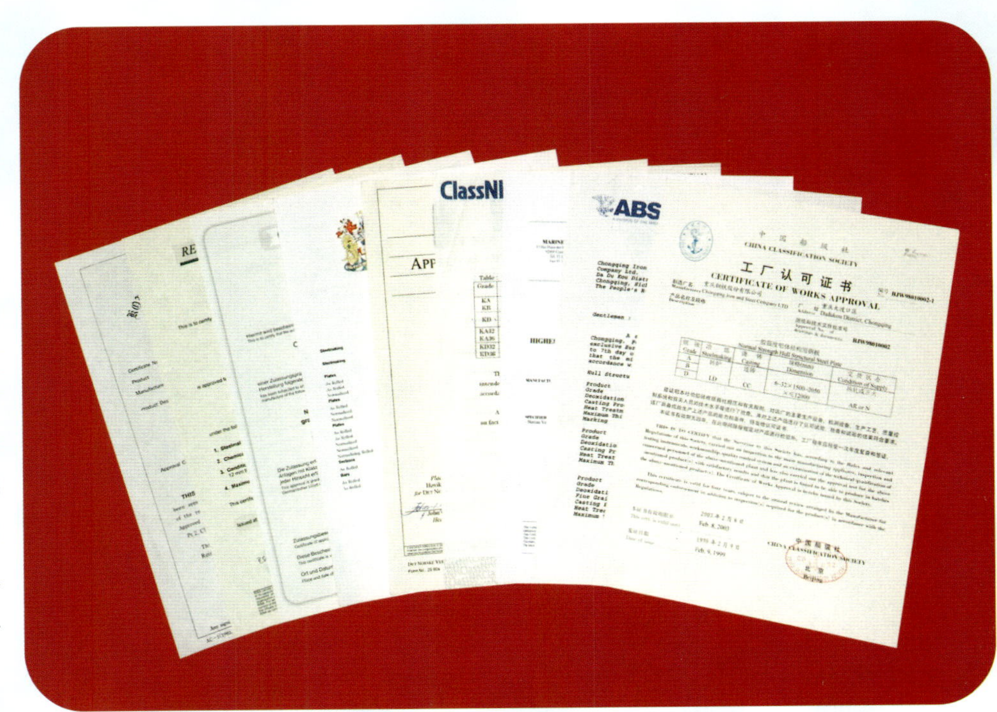

2000年11月8日，重钢新建的技改项目LF炉投产，重钢产品结构将有效改善。

特殊钢公司炼钢厂合金小方坯连铸生产现场。

2000年6月2日，重钢公司党委副书记朱建派（右二）向重钢公司的老红军、老战士赠送重钢公司编纂的为纪念中国人民解放军军管会接管第二十九兵工厂50周年的纪念史籍。

重钢公司离休干部编撰的革命回忆录。

《重钢年鉴》从全国年鉴校对质量“合格”跃过“良好”，获得最高奖“优秀”，《年鉴信息与研究》杂志社为之祝贺。

重钢冬泳队2000年9月23日参加重庆市庆祝建国51周年畅游嘉陵江活动。

重庆市冬泳协会重钢分会2000年11月12日成立。

设计科学、设施先进，功能齐全的重钢职工总医院新院于2000年9月1日正式建立，左上为医院外貌，右下为医院阳光厅。

摄影：郑玉明　刘　聪　吕文凯
何万全　谭亚夫　李朝钢
许　军　吴伟伟　陈勇中
卢宗蓉　吴德书
责任编辑：彭地富
版式设计：刘先军

重钢年鉴
编辑委员会

主任委员　唐民伟

副主任委员　樊道理　朱建派　潘向宇

委　　员　李德先　袁进夫　龚文渠　曹敬明

古成效　苏全林　刘秀英　谭亚夫

罗嗣宏　李家春　曾朝夕　黄二卫

游晓安　张新生

终　　审　龚荣光

重钢年鉴编辑部

主　　编　黄二卫

副 主 编　刘光军

责任编辑　彭地富　方小容　王素兰　张　蓉

郝高潮　刘光军

计量单位审核　周新林

寸滩
鸳鸯镇
210国道
人和
溉澜溪
黄泥塝
弹子石
五里店
龙溪镇
红旗河沟
长途站
石马河
观音桥
江北城
朝天门
上横街
朝天门广场
市委
市政府
上清寺
大溪沟
一号桥
临江门
小什字
大石坝
华新街
牛角沱
人民广场
学田湾
沙坪坝
石门
七星岗
解放碑
道门口
红岩村
两路口
观音岩
较场口
望龙门
龙门浩
化龙桥
李子坝
重庆站
菜园坝
南纪门
储奇门
上新街
肖家湾
黄沙溪
大坪
歇台子
科普中心
南桥头
铜元局
海棠溪
黄桷垭
石桥铺
袁家岗
巴山
南坪
万寿路
谢家湾
陈家坪
石坪桥
动物园
杨家坪
四公里
重庆南站
马王场
毛线沟
新山村
重钢公司
李子林
重钢股份公司
黄桷坪
九宫庙
九龙坡
八公里
柏树堡
大渡口站
李家沱
土桥
岔路口
王家坝
苦竹坝
小泉
南泉
南温泉
茄子溪
茄子溪站
陈家坝
伏牛溪站
鱼洞

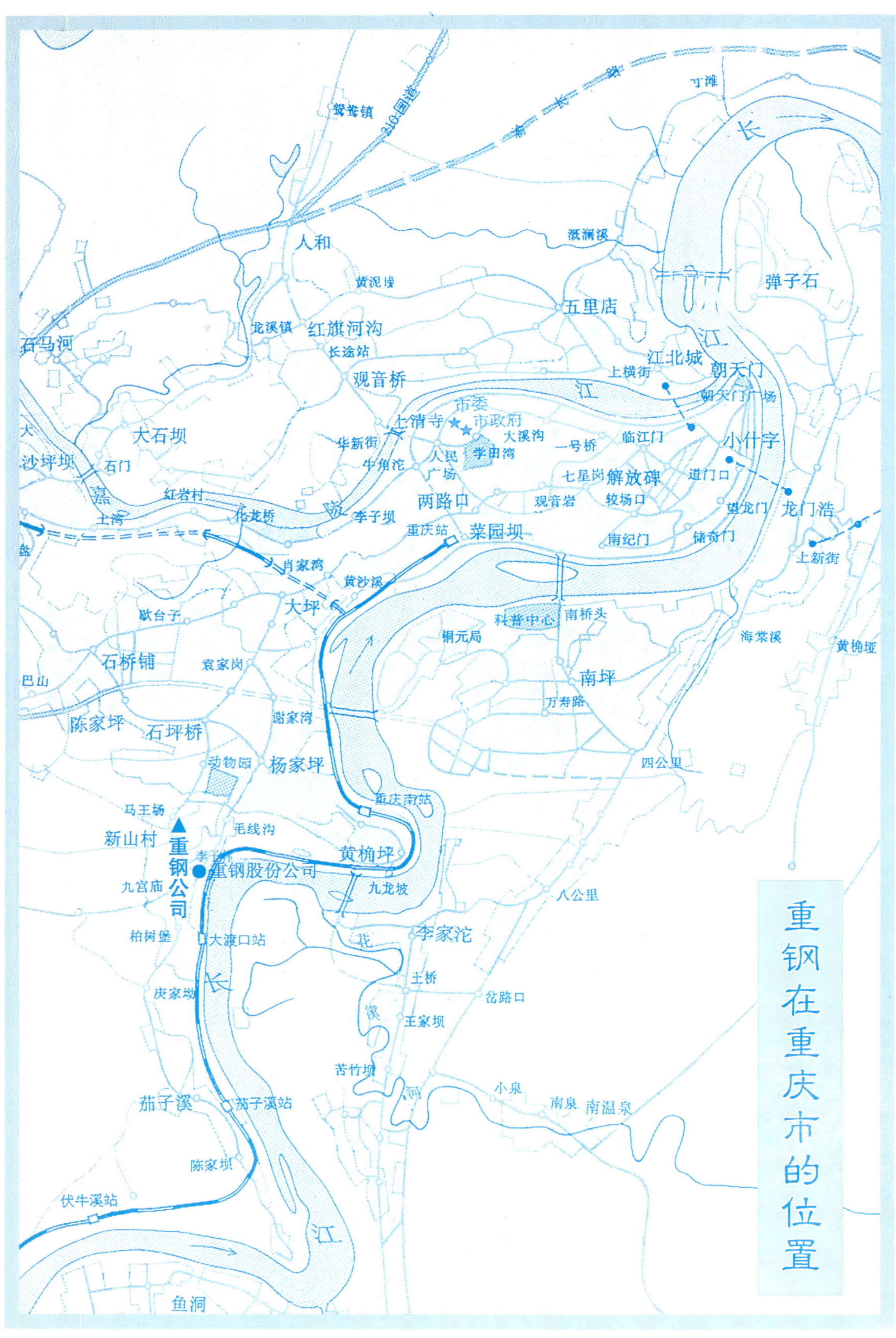

重钢在重庆市的位置

编辑说明

新世纪的2001年刚来临，春潮带暖早来急。“春生者繁华”，《重钢年鉴》(2001)开始了组稿征稿工作，“春色满园关不住”的三月，完成一审二审。重钢年鉴编辑部以满腔的激情为第10部《重钢年鉴》的诞生倾注热情。此时，“阳春白日风花香”，我们收到中国出版者协会年鉴研究会、《本钢年鉴》编辑部、安阳钢铁集团公司档案馆、《杭钢年鉴》编辑部、《莱钢集团公司年鉴》编辑部、水城钢铁(集团)有限责任公司档案馆、《北钢年鉴》编辑部、《武钢年鉴》编辑部、《太钢年鉴》编辑部、《广钢年鉴》编辑部、《济钢年鉴》编辑部、马钢史志办公室、攀钢史志办公室、上海宝钢集团公司史志办公室、《中国钢铁工业年鉴》编辑部、国家冶金工业局档案馆、中国档案报社、《中国人物年鉴》编委会、北京志鉴图书研究中心及中国档案学会理事长、国家档案局、中央档案馆原副局(馆)长沈正乐先生，重庆市档案局局长陆大钺先生，重庆市地方志办公室主任(总编)、重庆年鉴社社长蒋国昌先生的就《重钢年鉴》出版第10部送来真挚的祝贺、热情的鼓励：“岁岁凝聚同仁心”、“业精于勤，永夺精品”、“跨进新世纪，再创辉煌”。来自祖国各地的勉励，激发着我们服务现实、对将来负责、全心全意求真求实成精品的责任心。“寄语洛城风日道，明年春色倍还人。”

《重钢年鉴》出版10部了，我们欣喜地看到，《重钢年鉴》一步(部)一个新足印。自《重钢年鉴》(1998)始获得全国年鉴校对质量合格奖后，《重钢年鉴》(2000)校对质量跳过“良好”荣获“优秀”奖，为编辑、出版第10部《重钢年鉴》再创佳品鼓舞了斗志。近几年来，《重钢年鉴》加快成书速度，年年缩短成书周期，连续为“全国最早出版的年鉴”。成绩与荣誉时时鞭策我们爱岗敬业，临文必敬，勤勤恳恳为每个文字、每一条目、每部年鉴的尽善尽美付出心血。业精于勤，出至于爱。我们借《重钢年鉴》出版第10部之机，检查、审视多年的足迹，总结经验，再创佳绩。期盼各界各位赐教。

《重钢年鉴》(2001)这部排列为第10部的年鉴，是对重庆钢铁(集团)有限责任公司暨重庆钢铁集团2000年的记事。2000年，是重钢公司不平凡的一年，正是这新旧交替之际，重钢从巨额亏损的弱体中迈出旧貌变新颜的矫健步伐，焕发神采奕奕的笑容，雄赳赳跨进新世纪。重钢从1999年的5.96亿元的巨额亏损中一举扭亏盈利，创重钢历史令人鼓与呼的业绩。《重钢年鉴》(2001)以饱满激情，遵循史、志、鉴笔法，将党和国家对重钢的关心、将“五管齐下”的效力、将综合治理的力度、将重钢职工“抓机遇、明厂情”摩拳擦掌战天斗地的豪情一一记载、反映。记昨日之喜悦，供明日之研究，存将来之借鉴。

“日日新，又日新”是《重钢年鉴》坚持以史、志、鉴之编辑原则下追求的编辑宗旨。这部第10部《重钢年鉴》与自1993年出版发行以来的其他9部《重钢年鉴》相比，异同迥然。《重钢年鉴》(2001)《特载》仍然体现因特而载之风格，将重钢公司2000年重钢新领导班子成立、兼并重庆特殊钢(集团)有限责任公司、债转股及国务院、重庆市委、市政府对重钢的关心、支持等特别的大事、要事、特事作历史的存真。《重钢综述》部目以“条目年年有，内容年年新”之要求，将综述中不能缺少的条目内容以个性鲜明的标题突出惟有此时才有的年度特色，如《“五管齐下”综合治理》、《“四个第一”扭亏为盈》及分目《“九五”概述》。其他部目、有关部目的分目及大部分条目都有新貌，版式、印刷、装祯也脱卸旧装换新衫。正是这种新貌才是一年一鉴的反映，活跃了年鉴的生命力，增强了价值。

《重钢年鉴》在重钢公司领导的关心呵护下，在全体组稿者、撰稿人的支持下，在全体职工的厚爱下迈出了步伐；在中国版协年鉴研究会的指导下，在《中国钢铁工业年鉴》、重庆市地方志办公室的帮助下，在全国各冶金年鉴社、史志办的鼓励下及在四川科学技术出版社、四川新华印刷厂支持下，坚定信心，作出一定成绩。“水不激不跃，人不激不奋”，借《重钢年鉴》出版第10部之际特向各级、各方面的领导、同行志仁、热心的作者读者致以诚挚的敬礼，恳求您一如既往赐与无私的帮助、鼓励、关心。功崇惟志，我们将百倍地努力，强学力行，求真、求准、求实、求美，让《重钢年鉴》更真、更美地记录昨天留下历史真实，服务今天展示现实风貌，预测明天探索发展规律。

重钢年鉴编辑部

2001年3月

目　录

3 重钢综述

·概 貌·

·2000 年概况·

·“九五”概述·

·名录与机构·

4 大事记

5 现代企业制度试点

6 企业管理

·工作机构·

·企业管理·

·法纪管理·

·人才开发·

7　生产经营

·一控双达标·

·非钢生产·

8 技术改造

9 科技进步

·新产品开发·

10 文化教育

·教　育·

·文　化·

·刊　物·

·史　志·

11　党委工作

·工作机构·

·党的工作·

·老干部工作·

·统战工作·

·退休工作·

14 子公司

·重庆钢铁集团特殊钢有限公司·

·重庆钢铁股份有限公司·

·重庆钢铁集团产业公司·

17 人 物

·先进人物·

·技术能手·

·逝世人物·

18 统计资料

·重钢资料·

·参考资料·

19 附 录

·重要文件选编·

·重要文件编目·

·荣 誉·

20 拾遗与补正

真实、准确、全面、可信、可用、史鉴、愿《重钢年鉴》常编常新。

唐民伟

辛巳·五月

第 页

重钢公司董事长、党委书记唐民伟先生题辞

重钢

年鉴

第 10 部

纪念

《重钢年鉴》第十部出版，愿《重钢年鉴》在档案资料的开发中为企业两个文明建设服好务。

沈正乐

二〇〇一年四月七日

中国档案学会理事长、国家档案局、中央档案馆原副局（馆）长沈正乐先生题辞

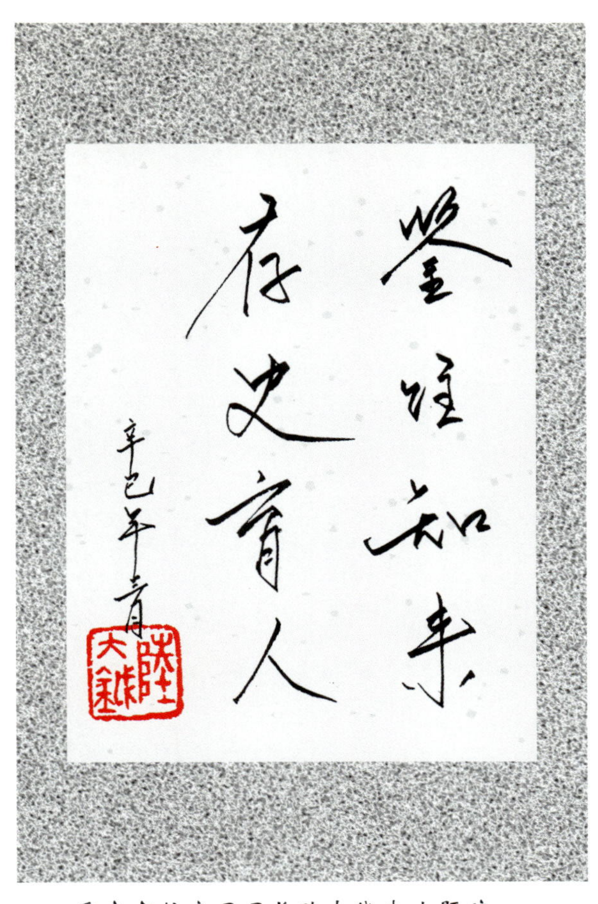

重庆市档案局局长陆大钺先生题辞

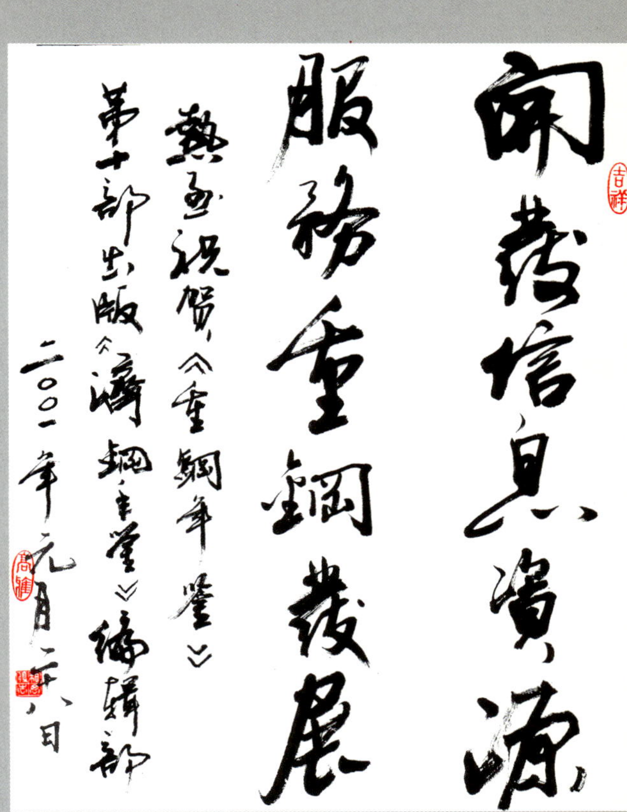

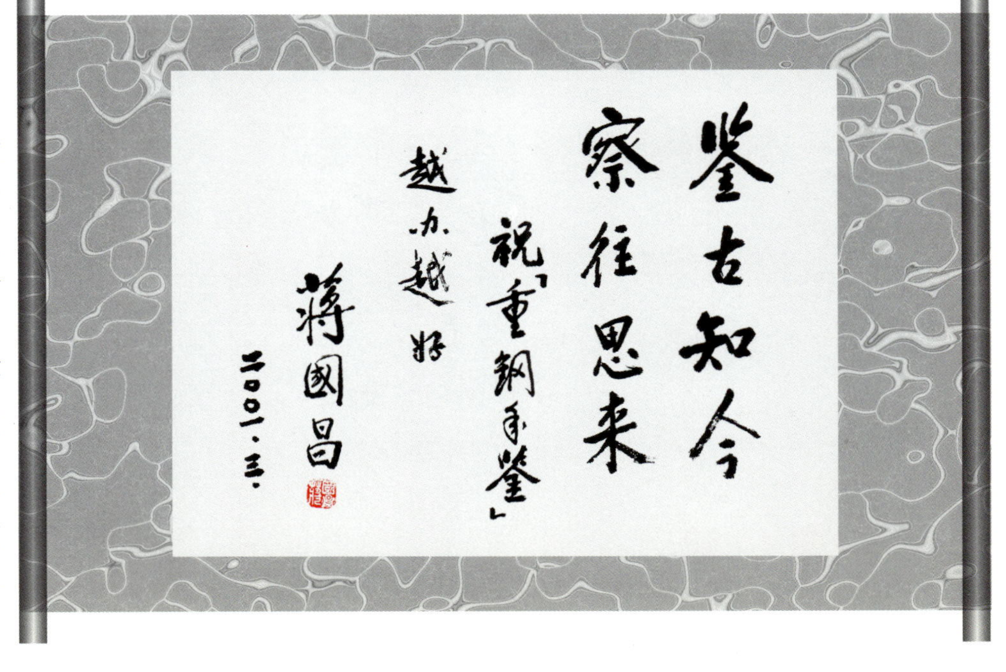

重庆年鉴社社长、重庆市地方志办公室主任（总编）蒋国昌先生题辞

《重钢年鉴》作为我国大型企业年鉴，在缩短编纂出版周期，提高时效性、提高质量、规范操作等方面作出了突出成绩。近几年，连续被《年鉴信息与研究》杂志评为全国『最早出版的年鉴』之一，在连续几届获淂『年鉴校对质量奖』后，二〇〇〇年卷又获淂年鉴界校对质量评比最高奖——优秀奖。

在《重钢年鉴》第十部即将出版之际，特此表示热烈祝贺！希望《重钢年鉴》越办越好，为企业两个文明建设发挥更大作用。

中国版协年鉴研究会

二〇〇一年四月十日

重钢档案处编辑的《重钢年鉴》，内容丰富，史实翔实，是人们认识了解重钢、宣传企业形象的重要窗口。《重钢年鉴》为企业领导决策，鉴往知来，促进企业发展，积累并提供了大量档案信息。

适逢第10部《重钢年鉴》出版，中国档案报社表示祝贺，并祝愿重钢的档案工作在新世纪为企业的发展作出更大的贡献。

中国档案报社

2001年4月

纪念

发扬重钢精神
争取更大成绩

《中国钢铁工业年鉴》编辑部
2001年2月

祝 贺

《重钢年鉴》出版第10部

《中国人物年鉴》编委会
2001年4月3日

《重钢年鉴》文字精练，编排合理，印制精美而特色鲜明；《重钢年鉴》年年缩短成书周期，年年提高校对质量，年年面貌一新而享有盛名；《重钢年鉴》利用档案、开发档案颇有成效，其一部部精美实用的编研成果令人瞩目。借《重钢年鉴》出版第10部之际，祝《重钢年鉴》更美。

国家冶金工业局档案馆
2001年3月

欣闻年鉴已十岁，
岁岁凝聚同仁心。
祝愿同仁创新绩，
盛世续修重钢志。

祝第10部《重钢年鉴》出版

上海宝钢集团公司
史志办公室
全体同志

贺 重钢年鉴 第10部 纪念

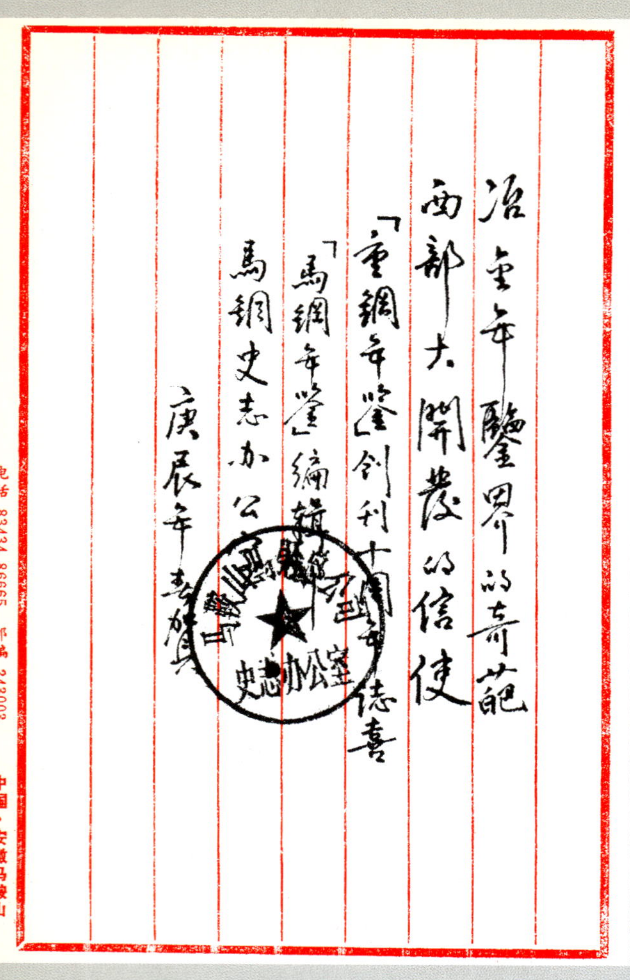
滙全年鑒界的奇葩
西部大開發的信使
「重鋼年鑒」創刊十周年志喜
「馬鋼年鑒」編輯部
馬鋼史志辦公室
庚辰年春

电话 83434 86665 邮编 243003
中国·安徽马鞍山

十年潜心修志，刻铸重钢发展辉煌历史，
再叙世纪风貌，书写西部开发崭新篇章。

贺《重钢年鉴》第十部出版
《本钢年鉴》编辑部
二〇〇一年一月

重鋼年鑑第十部紀念

在《重钢年鉴》（2001）第10部出版之际，《武钢年鉴》编辑部的全体同仁向你们表示衷心的祝贺。《重钢年鉴》在贵公司的生产经营、企业改革和建设发展过程中发挥了积极作用，是重钢对外宣传的重要窗口，起到桥梁和纽带作用。

《重钢年鉴》在结构设置、板式设计、内容收录等方面均有独到之处，形成自己的风格，是一部内容翔实，可读性强的工矿企业年鉴。在《重钢年鉴》（2001）第10部即将出版之时，我们祝愿重钢生产经营和质量效益再上新台阶，《重钢年鉴》越办越好！

《武钢年鉴》编辑部
2001年2月5日

《重钢年鉴》是我国大型企业年鉴中历史较久、办得较好的年鉴。在《重钢年鉴》出版第10部之际，谨致祝贺。

北京志鉴图书研究中心
北京鉴志图书经营中心
2001年4月3日

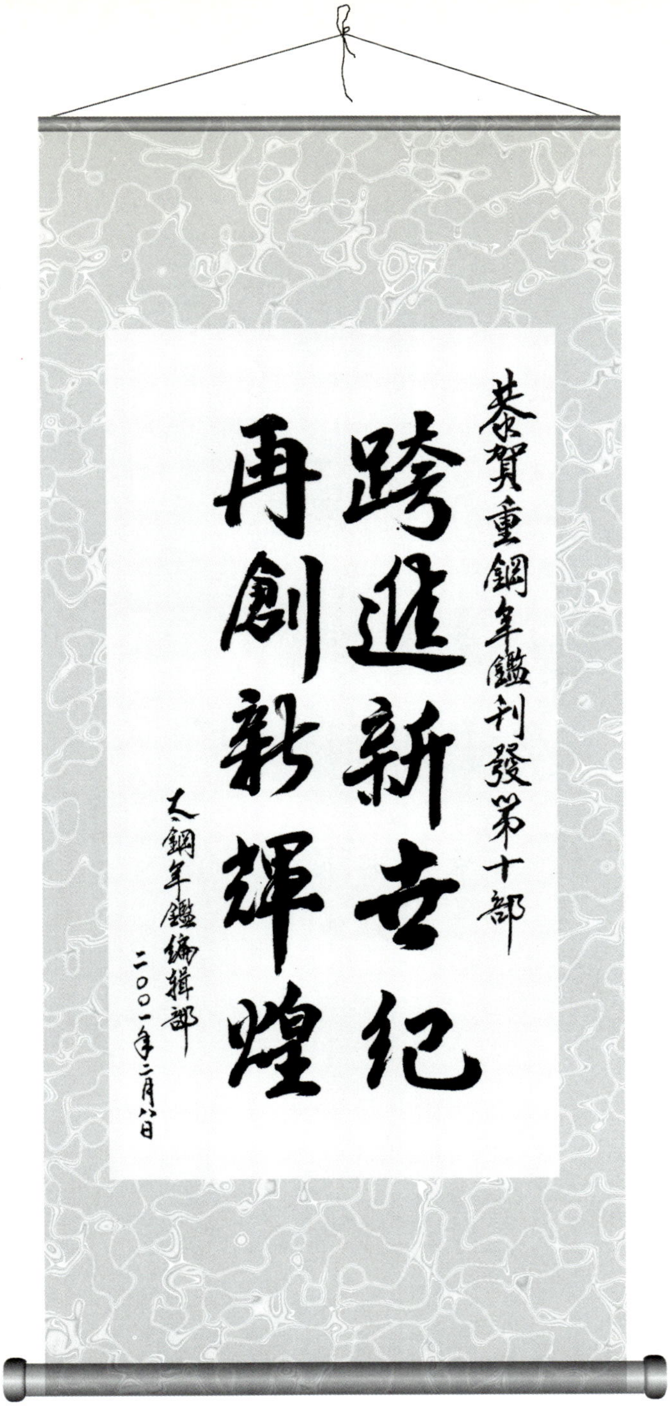

恭賀重鋼年鑑刊發第十部

跨進新世纪
再創新輝煌

太鋼年鑑编辑部
二〇〇一年二月八日

賀《重钢年鉴》10岁

重钢年鉴
创刊十年
业精於勤
永存精品

《莱钢集团钢年鉴》
编辑部
2001年1月

《重钢年鉴》是全国冶金系统最早出版的年鉴之一。值《重钢年鉴》出版第十部之际，谨致祝贺！

《重钢年鉴》门类齐全，层次分明，内容翔实，文字简练，并备索引，值得我们学习借鉴。

预祝《重钢年鉴》今后越办越好，成为具有时代特色、行业特色和图文并茂的精品佳作。

《广钢年鉴》编辑部

2001年2月14日

賀《重鋼年鑒》第十卷出版

十年足迹十卷收，
重鋼年鑒數風流。
秉筆直書唱盛世，
願君年年登高樓。

攀鋼史志辦·辛巳年·春

值此《重钢年鉴》即将出版第10部之际，我们特向重钢公司、《重钢年鉴》编辑部致以热烈祝贺！祝重钢年鉴越办越好，成为钢铁企业存史资政、鉴往知来的亮丽奇葩。

《北钢年鉴》编辑部

2001年1月30日

愿《重钢年鉴》成为广大读者

“了解重钢的史册、认识重钢的窗口、宣传重钢的工具、发展重钢的借鉴”。

《杭钢年鉴》编辑部

2001年1月31日

《重钢年鉴》以其新颖的编辑风格，丰富的史料内容，为我们展示了重钢在市场经济中改革发展的巨大变化，为世人了解重钢、认识重钢提供了参考价值、利用价值极高的信息和资料，其中很多宝贵经验值得我们学习、借鉴。在此，我们预祝《重钢年鉴》在新世纪里，为重钢的更大发展，用绚丽的色彩、激昂的笔墨，谱写新篇章，绘出新画卷。

安阳钢铁集团公司档案馆

2001年元月20日

数载著一鉴

相庆出弹冠

放歌昨日事

兰毫续新篇

贺《重钢年鉴》第十部出版

贵州水城钢铁(集团)有限责任公司档案馆

2001年元月30日

特载

国家对重钢的重要指示

国务院领导《关于重庆特钢严重不稳定有关情况的报告》的批示

报镕基同志阅示：

重庆特钢在职职工 1.68 万人，破产难度大，经综合部门多次调查研究，提出重组、债转股、技改等综合措施，以解决特钢问题。若原则同意，即照此办理。当否，请批示。

吴邦国

12 月 18 日(1999 年)

(1999 年 12 月 18 日，朱镕基总理圈阅，并在报告中多处作重要批注。)

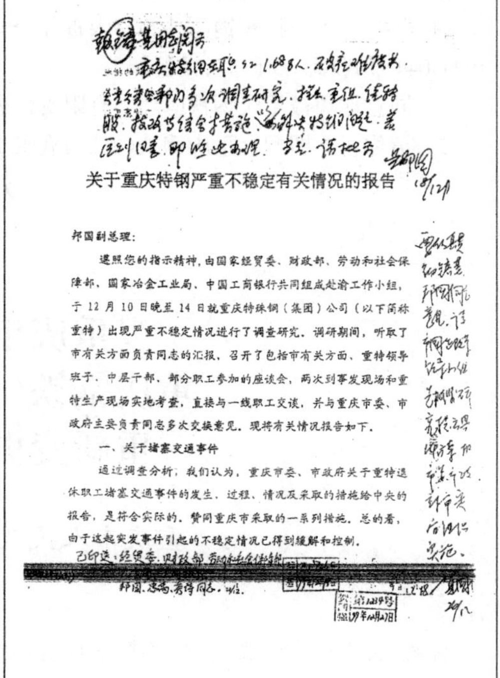

关于重庆特钢严重不稳定有关情况的报告

邦国副总理：

遵照您的指示精神，由国家经贸委、财政部、劳动和社会保障部、国家冶金工业局、中国工商银行共同组成赴渝工作小组，于 12 月 10 日晚至 14 日就重庆特殊钢（集团）公司（以下简称重特）出现严重不稳定情况进行了调查研究。调研期间，听取了市有关方面负责同志的汇报，召开了包括市有关方面、重特领导班子、中层干部、部分职工参加的座谈会，两次到事发现场和重特生产现场实地考查，直接与一线职工交谈，并与重庆市委、市政府主要负责同志多次交换意见。现将有关情况报告如下。

一、关于堵塞交通事件

通过调查分析，我们认为，重庆市委、市政府关于重特退休职工堵塞交通事件的发生、过程、情况及采取的措施给中央的报告，是符合实际的。赞同重庆市采取的一系列措施。总的看，由于这起突发事件引起的不稳定情况已得到缓解和控制。

关于重庆钢铁(集团)有限责任公司优质特钢生产线技术改造项目建议书的批复

中华人民共和国国家经济贸易委员会

国经贸投资[2000]1150 号文件

重庆市经委：

你委渝经文[2000]120、265 号文均悉。经研究，现批复如下：

一、原则同意重庆钢铁(集团)有限责任公司实施优质特钢生产线技术改造。主要内容为淘汰部分冶炼设备(仅保留30吨电炉和精炼设备各1台)和全部轧钢设备,利用特钢公司现有部分厂房、设备及公辅设施,改造为1台60吨超高功率电炉、1台LF精炼炉、1台VD/VOD精炼炉、1条合金钢连轧机及深加工生产线和钢丝生产线,并改造现有连铸机。改造后,形成电炉—精炼—连铸—连轧“四位一体”的先进生产线,年产钢30万吨、钢材26万吨、合金钢丝1万吨。

二、对轧机的选型要进一步研究,以降低投资。

三、原则同意引进国内尚不能制造的关键技术和设备,具体内容在可行性研究阶段确定。

四、项目总投资9.3亿元,其中固定资产投资8.9亿元(含外汇2973万美元),铺底流动资金0.4亿元。资金来源:重钢集团公司自有资金2.4亿元,申请上海浦东发展银行贷款5.8亿元,其余资金由企业自筹解决。

五、项目所需原料、电、水、气等配套条件,均由企业自行平衡解决。

六、按规定进行环境影响评估工作。

请据此编制项目可行性研究报告,并进一步落实改造资金。

中华人民共和国国家经济贸易委员会
2000年12月5日

重庆市经济委员会关于
重庆钢铁(集团)有限责任公司兼并
重庆特殊钢(集团)有限责任公司的批复

重庆市经济委员会渝经发[2000]2号文件

重庆特殊钢(集团)有限责任公司:

你司关于《重庆特殊钢(集团)有限责任公司申请由重庆钢铁(集团)有限责任公司兼并的报告》(重特发[1999]044号)收悉,经研究,批复如下:

一、同意你司被重庆钢铁(集团)有限责任公司承债式整体兼并。

二、请你司立即配合重庆钢铁(集团)有限责任公司向有关银行申请办理免息手续。

重庆市经济委员会
1999年12月29日

重庆市人民政府关于
重庆钢铁(集团)有限责任公司
重新变更投资主体的批复

重庆市人民政府渝府[2000]226号文件

市经委:

你委《关于重庆钢铁(集团)有限责任公司债转股后重新变更登记的请示》(渝经文[2000]318号)收悉,经研究,现批复如下:

一、同意收回《重庆市人民政府关于重新授予五家公司国有资产投资主体资格的批复》(渝府[2000]169号)中授予重庆钢铁(集团)有限责任公司的国有资产经营主体资格,其不再行使市政府原授权范围内的国有资产经营权。

二、同意重庆钢铁(集团)有限责任公司为重庆市政府、中国华融资产管理公司、中国信达资产管理公司、中国东方资产管理公司和中国长城资产管理公司出资组建的有限责任公司。同意授权市财政局为重庆钢铁(集团)有限责任公司出资人代表,行使出资人权利。

三、同意市政府原给予重庆钢铁(集团)有限责任公司的各种优惠政策继续有效。

四、同意工商行政管理等部门在重庆钢铁(集团)有限责任公司重新变更、登记中涉及的收费按有关文件执行。

重庆市人民政府
2000年12月25日

重庆市人民政府关于请批准重庆钢铁(集团)有限责任公司板带工程、汽车用优质特钢生产线等两个项目立项的函

重庆市人民政府渝府函[2000]7号文件

国家经贸委:

为落实国务院领导批示和国家经贸委领导指示精神,切实推进重庆钢铁(集团)有限责任公司兼并重庆特殊钢(集团)有限公司实施“多管齐下、综合治理”总体方案中的技术改造方案,加快重庆冶金行业结构调整步伐,重庆钢铁(集团)有限责任公司在钢铁总量控制和产品有市场的前提下,以工艺装备高起点、技术进步促进技术经济提高,竞争性强为原则,积极采用精料精炼、连铸和连轧等先进技术,加快淘汰落后工艺及设备,紧紧围绕汽车工业用钢,突出区域优势,拟建设板带工程、汽车用优质特钢生产线等两个技术改造项目。目前,国家冶金工业局正组织专家对项目进行评审论证。为此,恳请国家经贸委对重庆钢铁(集团)有限责任公司板带工程、汽车用优质特钢生产线等两个项目予以批准立项。

重庆市人民政府
2000年2月16日

中共重庆市委书记贺国强就《重钢情况汇报》作批示

在中央、国务院的关怀支持下,在重钢(含兼并后的特钢)领导班子及全司职工的努力下,今年以来,重钢取得了可喜的成绩,为我市打好国企改革与发展攻坚战作出了重大贡献,应向大家表示祝贺和感谢!

今年还余下三个多月时间,要在前阶段成绩的基础上,进一步加大工作力度,务求实现“全年扭亏为盈”的目标。要抓住当前有利时机,在转机建制、加强内部管理上下功夫,以适应市场变化新的激烈竞争的需要。

贺国强
2000年9月13日

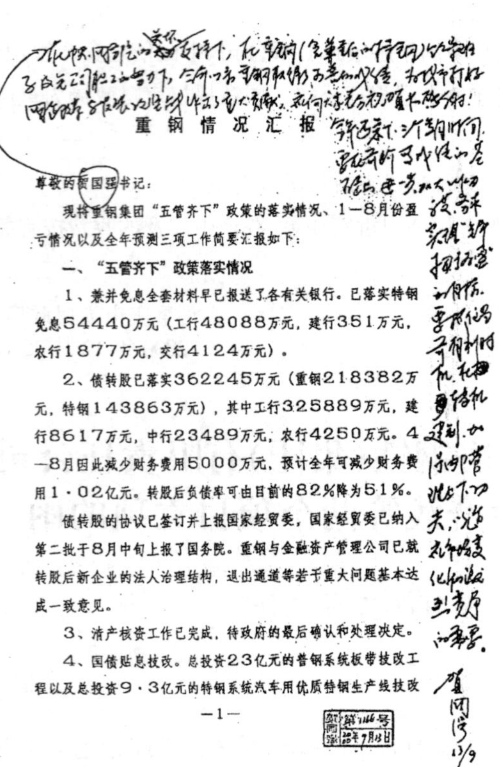

重钢情况汇报

尊敬的贺国强书记：

现将重钢集团“五管齐下”政策的落实情况、1—8月份盈亏情况以及全年预测三项工作简要汇报如下：

一、“五管齐下”政策落实情况

1、兼并免息全套材料早已报送了各有关银行。已落实特钢免息54440万元（工行48088万元，建行351万元，农行1877万元，交行4124万元）。

2、债转股已落实362245万元（重钢218382万元，特钢143863万元），其中工行325889万元，建行8617万元，中行23489万元，农行4250万元。4—8月因此减少财务费用5000万元，预计全年可减少财务费用1·02亿元。转股后负债率可由目前的82%降为51%。

债转股的协议已签订并上报国家经贸委，国家经贸委已纳入第二批于8月中旬上报了国务院。重钢与金融资产管理公司已就转股后新企业的法人治理结构，退出通道等若干重大问题基本达成一致意见。

3、清产核资工作已完成，待政府的最后确认和处理决定。

4、国债贴息技改。总投资23亿元的普钢系统板带技改工程以及总投资9·3亿元的特钢系统汽车用优质特钢生产线技改

—1—

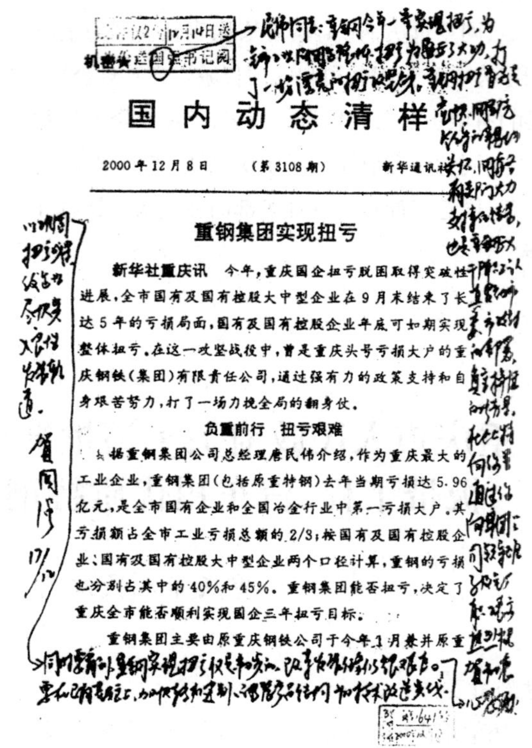

国内动态清样

2000年12月8日　（第3108期）　新华通讯社

重钢集团实现扭亏

新华社重庆讯　今年，重庆国企扭亏脱困取得突破性进展，全市国有及国有控股大中型企业在9月末结束了长达5年的亏损局面，国有及国有控股企业年底可如期实现整体扭亏。在这一攻坚战役中，曾是重庆头号亏损大户的重庆钢铁（集团）有限责任公司，通过强有力的政策支持和自身艰苦努力，打了一场力挽全局的翻身仗。

负重前行　扭亏艰难

据重钢集团公司总经理唐民伟介绍，作为重庆最大的工业企业，重钢集团（包括原重特钢）去年当期亏损达5.96亿元，是全市国有企业和全国冶金行业中第一亏损大户。其亏损额占全市工业亏损总额的2/3；按国有及国有控股企业、国有及国有控股大中型企业两个口径计算，重钢的亏损也分别占其中的40%和45%。重钢集团能否扭亏，决定了重庆全市能否顺利实现国企三年扭亏目标。

重钢集团主要由原重庆钢铁公司于今年1月兼并原重

中共重庆市委书记贺国强在《国内动态清样》2000年12月8日第3108期上的批示

民伟同志：重钢今年一举实现扭亏，为全市工业及国企整体扭亏立了大功，打了一场漂亮的扭亏攻坚战。重钢扭亏首先是党中央、国务院领导的亲切关怀，国家各有关部门大力支持的结果，也是重钢广大干部职工认真贯彻市委、市政府的部署，负重拼搏的结果。在此特向你并通过你向集团公司领导班子及全厂职工表示热烈的祝贺和衷心的感谢！同时要看到，重钢实现扭亏仅是初步的，改革发展任务仍很艰巨。要在已有工作的基础上，加快转机建制、调整产品结构和技术改造步伐，以巩固扭亏成果，使企业尽快步入良性发展轨道。

贺国强

2000年12月17日

重钢新领导班子成立

重钢公司新领导班子成员

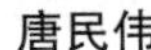
唐民伟

樊道理

唐自明

董　林

罗福勤

秦　海

朱建派

潘向宇

刘　樱

唐民伟　男,1943年2月出生,中共党员,大学文化,1964年毕业于重庆大学。重钢公司党委书记、董事长、总经理。1964年9月至1980年4月在重钢中小型轧钢厂任技术员、工程师,1980年5月至1984年4月在重钢总工程师室负责专业技术工作,1984年5月至1984年12月任重钢质管处处长,1985年1月至1992年2月任重钢公司总工程师、第一副总经理兼总工程师。1992年3月至1999年9月先后任四川省冶金厅副厅长、党组书记并主持全面工作。1990年被评为国家级有突出贡献中青年专家,1991年首批享受政府特殊津贴。

樊道理　男,1947年5月出生,江苏省东台人,大学文化,高级经济师,重钢公司党委常委、董事、副总经理,重庆市政协委员,1993年享受政府特殊津贴。1968年12月由中国人民大学毕业分配到重钢四厂当工人,1969年12月至1975年7月任重钢四厂厂办公室秘书;1975年7月至1979年11月任重钢四厂党委办公室副主任;1979年11月至1984年7月任重钢四厂副厂长;1984年7月至1985年1月任重钢四厂厂长;1985年1月至1995年6月任重钢公司总经济师;1986年为重钢公司党委常委;1993年5月任重庆市政协委员、经济委员会委员;1995年6月至1996年2月任重钢公司董事、总经济师;1996年2月任重钢公司董事、副总经理。

唐自明　男,汉族,四川达县人,1947年5月出生。中共党员、研究生毕业、高级经济师、重钢公司副总经理。1964年12月参加中国人民解放军,历任战士、班长、排长、连政治副指导员,立三等功一次。1971年转业在重钢六厂工作;1973年至1984年为重钢第一子弟中学校党支部书记;1984年至1988年为重钢炼铁厂行政科长、一高炉厂厂长;1988年至1990年为重钢总调白云石厂厂长;1990年至1991年为重钢锭坯厂生产兼设备副厂长;1991年至1993年为重钢原料处处长,1994年1995年3月为重钢公司总经理助理兼矿山炉料公司经理、矿山建设指挥部指挥长;1995年3月至1995年12月调四川省地产房产开发(集团)股份有限公司任副总经理；1996年1月至1998年任四川省地产房产开发（集团）股份有限公司总经理。2000年，被聘为四川大学客座教授。

董林 男，1950年9月出生，大专文化，中共党员，1972年4月参加工作，高级工程师，中国电工技术学会、节能委员会理事，重钢公司董事、副总经理。1977年9月由东北工业学院毕业分配到重钢设计院工作，1983年12月至1986年1月任重钢设计院电气科科长；1986年2月至1994年12月任重钢设计院副院长；1995年1月至1999年12月任重钢设计院院长；2000年1月任重钢公司副总经理，2000年2月任重钢公司董事（2000年12月免）。

罗福勤 男，汉族，中共党员，1949年9月出生，湖北鄂洲人，大学文化，高级工程师，重钢公司党委常委、副总经理。1972年4月至1978年1月在重钢动力厂工作，1978年1月至1982年1月在重庆建筑大学学习，1982年1月至1988年12月在重钢设计院工作，任科长，1988年12月至1991年3月为重钢安全环保处副处长，1991年3月至1995年8月任重钢焦化厂厂长，1995年8月至1996年8月任重钢炼铁厂厂长，1996年8月至1999年10月任重钢技术处、经济运行处处长，1999年10月至2000年10月任重钢股份公司副总经理，2000年10月任重钢公司副总经理。1999年享受国务院特殊津贴。

秦海 男，1941年6月出生，汉族，河北省大名县人，大专文化，中共党员，高级经济师，重钢公司党委副书记。1960年7月参加工作，1960年7月至1965年4月为邯钢一分厂工人、劳资员，1965年5月至1968年8月为邯钢总厂工会干事，1968年9月至1978年8月为邯钢总厂工会政治处干事，1978年9月至1982年12月为邯钢总厂经理办公室秘书科科长，1983年1月至1986年12月为邯钢党委办公室副主任，1987年至1998年2月为邯钢集团副总经济师兼企管处处长。1998年2月至1999年12月任重庆特殊钢（集团）公司党委书记，2000年1月至2000年12月为重钢（集团）有限责任公司党委副书记兼特殊钢公司总经理。科研成果先后获“国家级企业管理新成果”一等奖；国家级企业管理创新成果二等奖，全国冶金企业管理优秀成果一等奖。多次获邯钢公司“先进生产（工作）者”、“优秀党员”、“劳动模范”和河北省冶金系统“优秀管理工作者”称号。1998年度获重庆市“信得过的好书记”，1999年获国家冶金工业局“全国冶金优秀政治思想工作者”称号。

朱建派 男，汉族，四川省仁寿县人，1957年7月出生，高级工程师，中共党员，大学文化，重钢公司党委常委、党委副书记。1982年毕业于重庆大学，并分配到重钢，至1984年11月为重钢五厂助理工程师；1984年12月至1985年3月为重钢经理办公室秘书科秘书；1985年3月至1986年9月为重钢经理办公室秘书科副科长；1986年9月至1988年12月为重钢经理办公室秘书科科长；1993年10月至1995年1月为重钢劳人处副处长（主持全面工作）；1995年1月至1996年2月任重钢劳人处处长；1996年2月至1997年8月任重钢人事部部长；1997年8月至1999年10月为重钢人事部部长、重钢股份有限公司党委书记；1999年10月至1999年12月为重钢股份有限公司党委书记；2000年1月任重钢公司党委常委、党委副书记、纪委书记。1991年被评为重庆市工交部知识分子工作先进个人。

潘向宇 男，1955年12月出生，汉族，上海人，大学文化，1970年12月参加工作，1973年10月加入中国共产党，高级政工师，重钢公司工会主席、党委宣传部部长、统战部部长。1970年12月至1976年4月为中国人民解放军战士，1976年9月至1979年2月为重庆铁路局九龙坡车辆段工人、团委干事。1979年2月至1982年1月在重庆钢铁工业学校学习，1982年1月至1983年5月为重钢第一子弟中学校教师、团总支书记。1983年5月至1987年4月为重钢公司团委副书记、书记。1987年4月至1987年10月为重钢工会宣教文体委员会主任。1987年10月至1992年6月任重钢工会副主席。1991年9月至1994年1月在中央党校函授学院政治专业本科毕业。1992年6月至1995年1月为重钢型钢厂党委书记兼纪委书记。1995年至今为重钢党委宣传部部长、统战部部长。先后为中共重钢第七届、第九届委员会委员，第九届委员会常委，中国人民政治协商会议重庆市大渡口区第三届委员会常委、第五届委员会委员。1996 年 10 月至 1998 年 10 月在西南师范大学研究生班学习结业。2000 年 1 月任重钢公司工会主席,2000 年 5 月至 2000 年 11 月在国家冶金工业局挂职锻炼,任行业管理司副司长。1999 年被评为全国冶金系统思想政治工作先进个人。

刘樱 女,1952 年 4 月出生,中共党员,大学文化,高级政工师,重钢公司党委常委、监事会主席,特殊钢公司党委副书记、纪委书记、工会主席。1969 年 2 月至 1971 年 3 月在黔江城厢区为知青。1971 年 3 月参加工作,1983 年 1 月加入中国共产党,1988 年 8 月至 1993 年 10 月为重庆特殊钢公司特钢研究所工会主席,1993 年 10 月至 1994 年 4 月为重庆特殊钢劳动服务公司党总支副书记兼工会主席,1994 年 4 月至 1996 年 7 月为重庆特殊钢公司工会副主席,1996 年 8 月至 1996 年 12 月为重庆特殊钢公司纪委副书记;1996 年 12 月至 1997 年 12 月为重庆特殊钢公司党委副书记兼纪委书记,1997 年 12 月至 2000 年 10 月为重庆特殊钢公司工会主席;2000 年 1 月至 2000 年 10 月为特殊钢公司党委副书记、纪委书记、工会主席,2000 年 1 月为重钢公司监事会主席。1997 年 5 月当选为重庆市直辖市第一届党代表,出席第一次党代会;1997 年 12 月当选为沙坪坝区第十四届人民代表;1999 年 1 月为重庆市"重庆市职工信赖的好主席"。

实施兼并

重钢兼并重庆特殊钢(集团)有限责任公司

2000 年 1 月 3 日,重庆市经济委员会发渝经发[2000]2 号文件《重庆市经济委员会关于重庆钢铁(集团)有限责任公司兼并重庆特殊钢(集团)有限责任公司的批复》。2000 年元月 3 日下午,中共重庆市委副书记、常务副市长王鸿举率重庆市有关部门负责人来重钢,就重钢兼并重庆特殊钢(集团)有限责任公司的问题进行具体解决。王鸿举指出,重钢兼并重特,既是拯救重特的措施,又是发展重钢的机遇,既是当务之急,又是治本之策,既是谋求发展的努力,又是改革的攻坚。重钢公司董事长、总经理、党委书记唐民伟代表重钢的领导班子成员表示,要从讲大局、讲政治的高度来认识重钢兼并重特的必然性和重要性,走重钢兼并重特的道路,对于重钢和重特来说,是非常难得的挑战性的机遇。

2000 年元月 11 日上午,重钢召开"重钢兼并重特动员会",重钢公司董事长、总经理、党委书记唐民伟根据国务院、重庆市委、重庆市政府的决定由重庆钢铁(集团)有限责任公司对重庆特殊钢(集团)有限责任公司实施兼并作工作情况通报并就其意义作讲话。重庆市委、重庆市政府对重钢的"五管齐下"(兼并重特、债转股、清产核资、国债贴息技改、加强领导班子建设)之一得以落实。两家资产融为一体,重庆钢铁产业结构进行重大调整。2000 年元月 17 日下午,在"重庆钢铁(集团)有限责任公司干部大会"上,中共重庆市委组织部副部长张远林宣读重庆市委、重庆市政府关于调整重庆钢铁集团新班子的决定。重钢公司董事长、总经理、党委书记唐民伟发言,表示坚决拥护国务院的决定,重钢公司党委常委、副书记秦海发言,表示在重庆市委、市政府和重钢集团的领导下,把"五管齐下,综合治理"措施落实。重庆市副市长吴家农在大会上讲话,指出重钢兼并重特,是国务院对重庆大型企业深化改革的支持;中共重庆市委副书记、常务副市长王鸿举在大会上讲话,指出重钢兼并重特,既是经济问题,又是政治问题,既救活重钢,又发展重钢,既治标,又治本,既是机遇,又是挑战,达到 1+1 大于 2 的效果。

重钢实施兼并重特前,重钢总资产为 86.36 亿元,总负债为 58.57 亿元,资产负债率为 67.82%。兼并后,重钢集团总资产为 116.33 亿元,总负债 95.11 亿元,因重特帐面净资产为 -6.57 亿元(总资产 29.97 亿元,总负债 36.54 亿元),兼并后重钢的资产负债率上升到 81.76%。

重庆特殊钢(集团)有限责任公司被重庆钢铁(集团)有限责任公司兼并后,为重钢集团的子公司,其厂名为重庆钢铁集团特殊钢有限公司,纳入重钢母子公司管理机制。

(刘光军)

债转股

重钢债转股协议签字

2000年7月10日上午10时,“重钢债转股协议签字仪式”在重庆市政府底楼会议室举行。重钢公司债转股工作是按照国务院重钢兼并重庆特殊钢(集团)有限责任公司,落实“五管齐下”(兼并重特、债转股、清产核资、国债贴息技改、加强领导班子建设)政策的指示而推进的。重钢公司董事长、总经理、党委书记唐民伟在签字仪式上衷心感谢国务院领导和有关部、委、重庆市委、市政府对重钢债转股工作的理解与支持;中共重庆市委副书记刘志忠期望重钢以债转股为契机,再创辉煌;重庆市副市长赵公卿也对重钢债转股的成功表示祝贺。与重钢签订债转股协议的是华融资产公司、东方资产公司、信达资产公司、长城资产公司4家资产管理公司。

重钢债转股金额为362245万元,是重庆市债转股金额最大的企业。2000年11月14日,国家经贸委以国经贸产业[2000]1086号文件批准将重钢纳入第二批242户企业的债转股协议及债转股方案。根据债转股方案,重钢债转股后,重钢注册资本金为454153万元,其中:重钢代表重庆市政府持股91908万元,占总股本的20.24%;华融资产公司持股325889万元,占总股本的71.76%;东方资产公司持股23489万元,占总股本的5.17%;信达资产公司持股8617万元,占总股本的1.9%;长城资产公司持股4250万元,占总股本的0.93%。重钢债转股后资产负债率由84%下降为51%,每年可减少财务费用1.02亿元。重钢的资本结构发生变化,从独资企业转变为由两个以上股东组成的有限责任公司,实现投资主体多元化。

(刘光军)

领导视察

包叙定市长视察重钢

2000年11月7日上午,重庆市市长包叙定在重钢公司董事长、总经理、党委书记唐民伟等公司领导的陪同下,率重庆市政府办公厅、重庆市计委、重庆市经委、重庆市劳动和社会保障局、重庆市电力局和重庆市政策研究室等有关方面负责人来重钢视察。包叙定一行首先到七厂、高速线材厂、五厂等生产一线了解企业的生产情况,慰问职工。随后召开专题会议,听取了唐民伟工作汇报。包叙定市长说,此次到重钢调研感受最深的有三点:一是精神面貌比较好。从重钢公司领导、中层干部,到广大职工的精神面貌都比较好,这是企业克服困难的基础。二是现场管理比较好。所看的三个厂现场管理都不错,是几次来看到的最好的一次。三是发展势头比较好。重钢正处在转折点上,发展势头是好的,工作思路是清晰的。因此,市里及有关部门当前更要大力支持帮助重钢尽快从扭亏脱困中加快发展。包叙定指出,重钢作为重庆市最大的一个国有企业,也是最老的一个国有企业,它的历史功绩,是有目共睹的。但是,重钢在全国冶金行业中,普钢也好,特钢也好,说大,说不上;说特,说不上;说精,也说不上。在这样情况下,重钢要走出困境,走上重振雄风,振兴和发展的道路,不采取综合性的治理措施,没有大的改革、改组、改造的力度,没有从上到下的全力支持,是非常困难的。为此,市委和市府对重钢是给予了极大关注和支持的。市里多次召开会议专题研究,并根据重钢的特殊情况,决定采取"五管齐下"措施,从根本上解决问题。"五管齐下"政策得到国务院领导及国家经贸委的大力支持,国家给予最大力度的政策支持。从今年的实施情况看,"五管齐下"措施对重钢扭亏起到决定性作用,希望重钢在2001年的工作中,要继续抓好"五管齐下"方案的落实。对于重钢来讲,有三项工作要特别引起重视。第一,建立现代企业制度,规范法人治理结构,彻底转换机制。重钢债转股以后,一定要搞好改造、改制,通过改制,建立起现代企业制度。第二,内部的生产力、生产要素、生产条件,要彻底重组。重组的原则是优胜劣汰。要加快推进冷轧薄板工程和汽车用优质特钢工程。第三,加大力度精减人员,分流富余职工。

(李建业)

厂情教育

深入开展厂情教育活动
促进公司生产经营再上新台阶

——在厂情教育总结表彰会上的讲话(摘要)

重钢公司董事长、党委书记、总经理　唐民伟

(2000年12月28日)

一、一年来开展厂情教育的基本情况

去年,公司生产经营陷入严重亏损,企业处于困境之中,去年10月下旬,公司党政工团联合发出了《关于在全公司广泛深入开展"明厂情,抓机遇,扭亏脱困求发展"教育活动的意见》。10月28日,公司在钢花影剧院召开了厂情教育千人动员大会。会上,我们把重钢巨额亏损的真实情况和严峻形势告诉大家,把亏损的原因告诉大家,提出了奋斗目标和扭亏的措施。由此,拉开了全公司厂情教育的帷幕。

这次厂情教育活动,旨在把企业困难的现状、扭亏的措施、面临的机遇和奋斗的前景原原本本地向职工交底,表达了企业经营管理者与职工同命运、与企业共存亡的信念,从而激发起职工为企业生存和自身利益"背水一战"的热情。

1. 宣传发动,广泛深入,震动人心

为了确保厂情教育活动的有效开展,公司成立了厂情教育活动领导小组,设立了厂情教育办公室,编写、下发了厂情教育材料。与此同时,公司明确向各级班子和全体职工提出了"四个一"的要求。即:增强一个意识——增强全体职工的危机感和忧患意识;坚定一个信念——坚定只有坚持改革才能求生存、求发展、救重钢;提倡一种精神——提倡真抓实干、务实求真的精神;惩戒一种行为——惩戒一切损公肥私,损害企业利益的行为。各子公司、各单位迅速行动,加强对活动的领导,组织工作班子,编写宣讲材料,实行分片到人,具体指导和督促的工作方式,层层宣讲,大张旗鼓开展厂情教育。

在去年底,公司又通过职代会进行再动员,明确提出了2000年工作的指导思想和总体要求。总体要求是落实"一个重点,两件大事,三个到位,四项要求"。即:以学习贯彻党的十五届四中全会精神为重点,抓好

厂情教育和扭亏为盈两件大事，全体职工尤其是领导干部要做到自警、自励、自我约束，做到思想、工作、形象三到位，并再次强调了"四个一"的要求。

今年一月，根据中央统一部署，重钢实施对重庆特殊钢(集团)公司的兼并。对于一个困难的特大型国有企业，要去兼并一个十分困难的大型企业，当然，从领导班子到职工都感到非常大的压力。老实说，我当初有一个基本想法，在班子成员交换意见时得到了认同，那就是对特钢的兼并实行"先剥后离"。即分离辅助，再进行兼并，把真正精干的主线兼并过来，因为攀钢兼并"成无"的时候，采取这个办法。但是，由于 12 月 8 日重特职工情绪激奋，发生了上街的事件，"先剥后离"的前提条件失去了，于是，在统一思想的基础上，我们按照中央的部署和市委市府的要求，从大局出发，迅速对重特实施了兼并。我们把这次兼并看成是一次挑战性的机遇，通过兼并，获取政策，通过兼并，达到效益重组的目的，探索一条路子。通过深入细致的宣传，使全体职工懂得了救活重特，发展重钢的战略思想。

不仅仅是在职职工，离退休的老职工也高度关注重钢对重特的兼并，职工们肯定了公司讲真话、亮家底的作法。去年，重钢亏损达 2.37 亿元，加上重特亏损 3.59 亿元，亏损总额为 5.96 亿元。重钢面临严重生存危机的事实，在职工心中引起强烈的震动，增强了职工的危机意识和忧患意识。正如职工反映的这次厂情教育有两个"从未有过"，即："对公司的生产经营从未有过如此清楚的知晓，对公司的前途命运从未有过如此强烈的关心"。事实证明，厂情教育达到了预期的目的。

2. 结合实际，形式多样，凝聚人心

在厂情教育活动中，各单位结合自己的实际，通过举办培训班、座谈会、党团组织生活、职工政治学习、大讨论、演讲会、征文赛等形式多样的活动开展厂情教育，让职工自己谈自己的感受，自己讲自己的车间、班组为实现扭亏脱困的信心和措施，收到了全员参与、凝聚人心的效果。广大职工说：公司新班子将实情告诉职工，是对职工的信任。既然领导信得过我们，我们就没有理由不以实际行动为实现扭亏脱困出力流汗。

厂情教育的一个基本目的就是达到实现凝聚力工程，真正凝聚人心，这是出发点，也是基本目的。股份公司去年亏损了 2621 万元，但到今年 3 月，就实现了扭亏为盈。建设公司开展了"转变观念、拓展市场"活动，矿业公司开展了"我为增效减亏作贡献"活动，东源公司开展了"我为企业扭亏做了些什么"活动。铁业公司、钢管公司、运输公司、机制公司、朝阳公司和设计院等单位，都结合本单位实际开展"我为扭亏脱困作贡献"等活动，都很有特点，很有针对性。这些活动的开展很好地凝聚了职工的人心，极大地调动了广大职工的积极性。职工人心的凝聚，积极性的激发，为扭亏为盈目标的实现和生产经营的发展提供了有力的保障。

3. 任务明确，措施具体，鼓舞人心

在"背水一战，2000 年整个集团公司扭亏为盈"的奋斗中，公司根据不同阶段的实际情况，突出不同的厂情教育重点内容，明确任务，制定措施，推进厂情教育和扭亏脱困向纵深发展。

一季度，各单位围绕 2000 年公司和本单位生产经营目标、任务和"兼并重特、资产重组、结构调整"开展厂情教育，使职工明确了认识，坚定了"既救活重特，又发展重钢"的信念。二季度，各单位围绕贯彻落实公司的经济分析会、减员分流再就业工作会和管理工作会精神，在开展厂情教育时，既讲目标任务，又讲实现目标的措施，使广大职工明白了自己的责任，知道了自己应该怎样为强化企业管理、实现扭亏脱困去努力工作。我们提出了轻装减负是包括重钢在内的国有企业的一项长期的战略任务，2000 年是重钢的"管理年"，希望通过"管理年"的工作，能够加强专业管理，能够加强基础管理。6 月底，公司实现当月止亏，广大职工受到极大的鼓舞。三季度，各单位围绕贯彻落实公司上半年经济分析会、厂情教育经验交流会、厂务公开经验交流会和思想政治工作会精神，深入开展厂情教育，鼓干劲，添措施，努力为扭亏脱困多盈利。由于 6 月份当月实现了止亏，股份公司修改了全年的奋斗目标，原来的计划利润目标是 8000 万元，奋斗目标 1.2 亿元，今年能够大大超过奋斗目标。这说明我们对集团公司真实情况的掌握和真实状况的了解是合乎实际的。四季度，各单位围绕实现全年奋斗目标和编制 2001 年工作规划，向实现盈利单位多盈利、亏损单位少亏损发起"冲刺"，同时，为明年的生产经营作好准备。正由于公司和各单位各阶段的工作任务明确，措施具体，并收到较好效果，使职工受到极大鼓舞，有力地保证了集团公司今年开展的扭亏为盈、强化营销一线、降本增效、强化管理、减员分流等主要工作平稳推进。

4. 扭亏为盈,实现目标,振奋人心

厂情教育的目的是让职工树立危机意识,振奋精神,抓住机遇,努力实现奋斗的目标。为了振奋职工的精神,激发职工的积极性,增强职工实现扭亏为盈的信心,公司及时将扭亏的进展情况在公司内部进行通报,尤其是在3月份股份公司今年首次盈利,6月份集团公司实现当月止亏时,公司运用各种宣传工具,及时反映集团公司和各单位扭亏的进展情况,宣传扭亏的先进典型和好人好事,极大地鼓舞了人心,振奋了职工精神。9月底,集团公司实现利润501万元,一举摘掉亏损帽子,提前3个月实现了年初制定的扭亏为盈目标。公司及时将市委书记贺国强同志在关于重钢情况清样报告上的批示,向公司职工作了宣传,极大地振奋了职工。公司厂情教育活动的成功和扭亏为盈目标的提前实现,极大地振奋了公司广大职工,更加坚定了广大职工振兴重钢、再展重钢雄风的信心和决心。

二、厂情教育的效果

一年多来的厂情教育活动,收到的效果是显著的,令人振奋的。主要表现在:

1. 厂情教育活动增强了职工的危机、忧患意识,提高了职工的主人翁责任感,我们有了一支精神面貌好、作风顽强、能打硬仗的职工队伍。

通过厂情教育,广大职工明确了企业面临的严峻形势,增强了危机意识和忧患意识,明白了一个道理:重钢的生存、发展和职工生活的改善,只能靠全体职工的顽强拼搏,努力奋斗。包叙定市长11月7日视察重钢时,谈到对重钢三点印象,第一点就是赞扬职工的精神面貌好。他说:"从集团公司领导,到中层干部,到广大职工,精神面貌都比较好。这一点,最为重要。什么事都要靠人去干的,克服困难、创造成绩,都靠人去干,靠班子的团结,靠干部,靠职工。这个问题上,我受到了鼓舞。"

另外,据不完全统计,今年1~10月,职工提合理化建议16387条,采纳8207条,实施5135条,创经济效益(含间接经济效益)4023.02万元。其中,四厂职工邓荣金、中兴公司职工王庆明、建设公司职工黄太明等5人、特钢公司职工李顺成和邓旭初提出的5项合理化建议,还荣获了"重庆市职工百佳合理化建议"光荣称号;有5项合理化建议被股份公司以职工姓名进行了命名。同时,涌现出创效千元的职工21965人。我们为有这样一支职工队伍感到自豪和骄傲。我们多次说过:扭亏的依靠力量是什么?是职工,是集团公司的全体职工。今天,我们要再一次说:重钢的振兴、再展雄风依靠的力量是什么?仍然是我们重钢集团的全体职工。

2. 厂情教育活动增强了干部的使命感和荣辱感。我们有了一个实干为公,带领职工勇往直前、向既定目标冲刺的两级领导班子。

通过厂情教育,增强了全体干部的使命感和荣辱感,有了一个实干为公,带领职工勇往直前,向既定目标冲刺的两级领导班子。当前,集团公司两级班子团结协调,政通人和,工作务实求真;两级班子成员坚持按"三个到位"要求自己,实干为公,表率作用总体是好的。这表现在:集团公司领导班子成员坚决执行公司的"七项措施",对自己分管和领导的部门及子公司实行扭亏为盈责任制,围绕生产经营这个中心环节建立和完善各系统、各职能部门的保证体系,不断推动扭亏脱困工作向前发展。我感到集团公司领导班子成员的责任感是强的,凝聚力是强的,同时,勤奋精神是突出的,承受能力也是好的。在班子成员中,分派工作,包括分派非常艰巨的工作,大家都乐意接受,不讲价钱。

一年多以来,特钢公司的领导班子,包括上届班子,面对困难和矛盾,敢于直面职工,敢于克服困难,敢于听取意见,这非常可贵。我在向王鸿举同志汇报工作时,就说了,多年来,特钢班子的同志屡受冲击,但是,仍然坚持工作,精神十分可贵。一句话,企业要有承受能力,干部要有承受能力,政府也要有承受能力。

各子公司、各单位班子成员身先士卒,带领职工奋战在第一线,组织职工,激励职工为实现扭亏为盈而忘我工作。各级领导班子成员关心职工,爱护职工,有力地保证了职工积极性的长期、稳定发展。公司广大两级领导干部在厂情教育和扭亏脱困"两件大事"中经受了考验,其表率作用是有目共睹的。

3. 厂情教育活动促进了广大职工的观念转变,拓宽了思路,坚定了闯市场求生存、持续健康发展的信心。

不断转变观念,使之跟上市场经济发展的步伐,是这次厂情教育活动收到的又一效果。广大职工的思想观念发生了很大的变化,正确的市场观念、竞争观念、管理观念、经营观念和效益观念逐步树立,特别是对"营销是第一线、质量是第一信誉、成本是第一竞争力和科技是第一生产力"的观念,有了更加深刻的认识和体会。因而在如何强化生产经营管理、如何闯市场求生存上,思路更加开阔,工作也更加富有成效。

在市场、竞争、管理、经营和效益等观念上,都能检验我们厂情教育的成果。我们多次讲过,当前的竞争法则已不同于以往,过去的竞争方式一般叫做"大鱼吃小鱼","小鱼吃小虾子"。现在的竞争法则变了,变成快的吃慢的,优的吃劣的。因此,我们只有干快,干好,才能适应这种变化。如建设公司和机械化公司,开发和挤占重庆、四川的建筑市场,已经成了颇有名气的企业。许多重要的道路、桥梁,业主愿意交给建设公司和机械化公司来干。朝阳气体公司的工业用氧和医疗用氧,占领了重庆的大部分市场,新开发的家庭用氧也走进了百姓家门。设计院也跳出了传统的冶金设计范畴,挤进了市政建筑工程的设计领域。类似这样的企业还有机制公司,今年转变观念,加强管理,走向市场,改变了废品公司的印象。还有三峰环卫公司、电子公司、矿业公司的乐山耐火厂、产业公司的炉料总厂等等,都为我们集团公司开辟新的经济基础,提供了有效的经验,增强了我们持续、健康发展的信心。

4. 厂情教育活动有力地促进了企业的生产经营

公司广大职工把从厂情教育中焕发出的热情和积极性投入到生产经营活动中去,坚定不移地贯彻公司"从采购、生产到营销全方位、全过程系统降本增效"的工作方针,抓住"量、本、价"三个环节,深挖潜力,系统节能降耗,使生产成本大幅度下降。今年 1~11 月,集团公司原材料采购成本降低 1 亿元,生产成本降低 7000 多万元,降成本增效占集团公司总效益的 34%。公司加大技术创新力度,积极开发新产品,增强产品的市场竞争能力。今年,公司已开发出新产品 60 多个,增利 5000 多万元。到 11 月底,集团公司实现利润 1558 万元,预计到年底,公司将实现利润 2000 万元。

12 月 17 日,市委书记贺国强看了新华社第 3108 期《国内动态清样》上的《重钢集团实现扭亏》后,立即作了重要批示,表示热烈祝贺:"重钢今年一举实现扭亏,为全市工业及国企整体扭亏立了大功,打了一场漂亮的扭亏攻坚战"并希望巩固成果,尽快步入良性发展轨道。

今天,我们可以自豪地说:厂情教育活动是成功的,扭亏为盈的目标已经提前实现,并为公司的持续、健康发展打下了良好的基础。

三、下一步的工作安排

1. 厂情教育是企业思想政治工作的重要组成部分,是一项长期的,经常性的工作,必须长抓不懈,持之以恒。

2. 厂情教育要向职工宣传公司和本单位的"十五"规划,动员广大职工为实现中长期发展目标而努力奋斗。

3. 厂情教育是厂务公开的有效形式,要充分相信职工,全心全意依靠职工,把我们的企业办得更加兴旺发达。

4. 厂情教育要与本单位的生产经营实际紧密结合,不断提高针对性,切实解决具体问题。

5. 厂情教育要坚持宣传勤俭办企业的思想,树立全局观念。

6. 厂情教育要进一步转变职工观念,教育职工树立正确的就业观和择业观,促进深化改革。

2001 年公司将继续深化内部改革和开展减员分流工作,且任务十分艰巨。公司各单位在深化改革中要做到宣传舆论先行,广泛深入地宣传深化改革的目的、意义,为深化改革鸣锣开道,解难释疑,做好疏导工作。各单位要通过厂情教育活动,引导职工转变就业观、择业观。不要认为只有在国有企业里工作才算就业,同时,在制定方案时,必须充分考虑职工利益,做到"分流无情、操作有情"。我们要把政府有关文件精神和集团公司、本单位的方案向职工反复宣传、详细讲解,切实做到"五公开",即:政策公开、方案公开、条件公开、纪律公开和结果公开。通过耐心细致的思想工作,使职工消除疑虑,转变观念,积极支持和参与减员分流工作,确保集团公司减员分流工作的平稳推进。

——《重钢宣传》2001 年第 1 期

2000 年厂情教育活动

2000 年,重钢在 1999 年开展厂情活动的基础上决定"继续深入开展厂情教育活动,不断探索厂情教育的新内容、新方法，增强厂情教育的及时性、广泛性、针对性和实效性，调动职工积极性，促进公司生产经营再攀新高峰”。

厂情教育活动中，重钢公司将厂情的真实情况进行广泛宣传，并在全体职工中开展“我为扭亏脱困作贡献”大讨论和“我为扭亏脱困献一计”征文活动。《重钢报》、重钢电视台及时地宣传在扭亏中出现的好人好事，各单位结合实际，通过举办培训班、座谈会、党团组织生活、职工政治学习、大讨论、演讲会、征文赛等形式多样的活动开展厂情教育，让职工谈自己的感受，讲自己车间、班组为实现扭亏脱困的打算和措施。

2000 年 8 月 1 日，重钢召开厂情教育经验交流会，钢铁股份公司、特殊钢公司、建设公司、铁业公司、运输公司 5 个单位党委负责人先后作厂情教育活动的经验介绍。重钢公司董事长、总经理、党委书记唐民伟讲话，肯定厂情教育是增强企业凝聚力的重要内容和手段。9 月 8 日，召开思想政治工作会，对深化厂情教育，加强和改进思想政治工作作了部署和安排。2000 年 12 月 28 日，重钢召开厂情教育总结表彰会，钢铁股份公司、建设公司、矿业公司、东源公司介绍了厂情教育创效益的经验；钢铁股份公司、建设公司、矿业公司、东源公司、设计院、朝阳公司、机制公司、运输公司、铁业公司、钢管公司 10 个单位被评为厂情教育工作先进单位。重钢公司董事长、总经理、党委书记唐民伟在会上回顾了重钢 2000 年厂情教育的成效，对 2001 年继续开展厂情教育作指示。

厂情教育效果：1. 增强了职工的危机感和责任感，增强了干部的使命感和荣辱感。2. 促进了职工的观念转变，拓宽了思想，坚定了闯市场求生存、持续健康发展的信心。3. 有力地促进了重钢实现扭亏脱困目标和生产经营的发展。2000 年，重钢集团实现利润 2000 万元，降成本增效占总效益的 35%。2000 年 12 月 17 日，重庆市委书记贺国强看了新华社《重钢集团实现扭亏》后作批示祝贺：“重钢今年一举实现扭亏，为全市工业及国企整体扭亏立了大功，打了一场漂亮的扭亏攻坚战”。

（曹均治）

揭批“法轮功”

【处置“法轮功”工作】 2000 年，钢城公安分局贯彻执行党和国家对“法轮功”邪教组织处理的方针、政策和规定，把同“法轮功”邪教组织的斗争作为一项重要工作，依法果断地处置“法轮功”问题。1. 按照重庆市、大渡口区及重钢公司处置“法轮功”问题领导小组的统一部署，加强对重钢公司内部“法轮功”人员、特别是重点人员的排查力度，对发现的“法轮功”顽固分子，建立档卡，实现档案管理。对一般习练者，督促其单位落实帮教措施，并将责任落实到具体人头，包干负责到底；对 11 名“法轮功”重点人员，抽出专人协助重钢公司有关部门举办教育转化班。2. 根据全国人大常委会《关于取缔邪教组织、防范和惩治邪教活动的决定》和国家的法律、法规，对进京“弘法”滋事、散发反动宣传品的“法轮功”顽固分子 6 人依法进行处理（劳教 3 人，治安拘留 3 人），依法收缴 217 件“法轮功”邪教组织非法印制的宣传品，协助配合大渡口区公安分局处理有现实违法犯罪活动的“法轮功”骨干分子 2 人。“法轮功”邪教组织在社会和企业内部的违法活动得到有效控制。

（杨忠国）

本部目责任编辑　黄二卫
本部目责任校对　方小容

专文专论

加快发展调整结构深化改革巩固成果
推进重钢持续健康发展

在重钢集团工会第一届暨集团公司工会第十三届第十一届职工代表大会第七次会议上的行政工作报告(摘要)

2000年12月27日

重钢公司总经理　唐民伟

一、2001年工作的指导思想、总体思路和目标

2001年是新世纪的第一年,是"十五"计划的第一年,是重钢实现扭亏为盈后走向健康发展关键的一年。

我们的指导思想是:认真学习党的十五届五中全会精神,继续贯彻《中共中央关于国有企业改革和发展若干重大问题的决定》,坚持发展才是硬道理,坚持钢铁产业、非钢产业并举发展,坚持两个文明建设同步推进;抓住机遇,加快发展,深化改革,强化管理,调整结构,拓展市场,加快技术创新步伐,改善技术经济指标,提高产品质量,降低产品成本,增加经济效益。

总体思路是:突出发展这个主题,坚持发展是硬道理,推进重钢持续健康发展。

突出发展的主线:加快公司结构调整;

增强发展的动力:深化改革和技术创新;

夯实发展的基础:真学邯钢强化管理;

解决发展的后劲:全力推进主线技术改造;

完善发展的保障条件:抓好企业凝聚力工程;

克服发展的制约因素:标本兼治理顺生产;

明确发展的依靠力量:全体职工;

落实发展的责任主体:各级领导班子。

工作目标是:

1. 主要生产经营指标

产值	33.7亿元
收入(合并)	43.0亿元
利税	3.5亿元
利润	0.5亿元
钢铁主业	
焦	110.5万吨
铁	165.0万吨
钢	175.0万吨
材	173.0万吨
产销率	≥100%
货款回收率	≥100%
成本下降	3%
投资收益	1000万元
非钢收入比	25%

2. 创建重庆市最佳文明单位。

二、2001年重点工作

1. 加快结构调整步伐,促进

企业发展。

加快结构调整是促进公司发展的迫切要求，也是应对国际国内日趋激烈的市场竞争的根本性措施。结构调整要坚持以市场为导向，以企业为主体，以技术进步为支撑，突出重点，努力提高公司的整体素质和竞争力。

钢铁产业结构调整重点是抓好两大项目的启动。一是以立足西南区域市场、重庆市支柱产业（汽车、摩托车）为目标的普钢系统板带工程，二是以建成全国易切钢、阀门钢精品基地为目标的特钢系统汽车用优质钢工程，以此推进钢铁产业的发展。同时，紧紧围绕现实生产经营，以一切服从效益为原则，努力抓好产品的适应性调整和开发性调整。继续做好生产主线的原料结构调整和工序间的能力平衡。

非钢产业要尽快形成建筑建材、电子信息、环境工程与环保产品、钢铁产品深加工四个支柱产业，同时进一步发展综合商贸、房地产开发、机械制造和其它第三产业。非钢产业的结构调整和发展要坚持把已办的非钢产业与新开发的非钢产业并重，稳住前者，吸纳人员，发展新业，创造财富；发展新业要面向市场要求，注重前景，重视起点，选准项目，同时注意人员和技术支撑。要坚持淘汰落后生产力，用高新技术提升非钢产业，提高产业的集中度和新产品的开发能力，适应市场需求。

各子公司要按照集团公司审定的子公司“十五”规划，从 2001 年新年伊始，做好“十五”规划的开局工作。要坚持围绕集团公司结构调整加快发展的大思路，充分挖掘自身的优势，调整结构，深化改革，有所为、有所不为，不断发展壮大。

2. 深化企业改革，强化企业管理。

针对集团公司变更为重庆市政府和华融、东方、长城、信达四家资产管理公司为股东的投资主体多元的有限责任公司新情况，根据《国有大中型企业建立现代企业制度和加强管理的基本规范（试行）》，要进一步深化企业改革，完善母子公司运行体制，建立规范的现代企业制度。要进一步细化、界定股东会、董事会、经理层、监事会的权责和工作流程、议事规则，逐步形成各层次权责明确、相互协调、相互促进、相互制衡的公司治理结构。要着手考虑建立非常设的董事会咨询参谋机构和常设的董事会秘书机构。

进一步清理集团公司各职能部门的责权及业务流程，推进集团公司机关机构改革，研究发挥集团公司资本经营功能的措施和机制。本着有利于子公司发展、有利于为子公司高效服务的原则，清理对子公司的各项管理制度、办法和细则，形成规范的、适合重钢实际的管理模式和管理制度体系。进一步完善对子公司经营班子的激励约束机制，探索有利于子公司面向市场增加效益的有效奖励办法。

根据市场的需求，各子公司按照“哑铃型”组织模式，强化产品开发及营销部门，精干生产及综合辅助后勤部门。对子公司下属的一些长期亏损、没有发展前景、扭亏无望的子企业和部门，实施撤销、合并、出售或职工持股等措施。

深化分配制度改革总的原则是：职工的收入与企业效益和个人业绩紧密挂钩；骨干的收入增加；一般在岗职工的收入逐步改善。

推进辅助后勤和社会职能改革的重点是：逐步取消隐形补贴；将有条件的辅助后勤单位逐步推向市场；子公司的学校尽快移交政府；同时，继续稳妥推进住房、医疗、养老保险制度改革。

改革是动力，管理是关键。要认真贯彻落实“依法治企，从严管企，勤俭办企，科技兴企”的办厂方针和“营销是一线，成本是第一竞争力，质量是第一信誉，科技是第一生产力”的管理思想，强管理、堵漏洞、增效益。

集团公司的战略决策管理要在组织上提供保证，尽快组建决策参谋班子；要进一步规范明确决策的范围、程序和责任，做到决策的科学化和民主性，促进集团的发展壮大。各子公司要结合实际，制定完善自身的战略决策管理制度。

专业管理的重点是财务、资金、营销、成本、质量、设备、安全、环保、劳资、人事等诸方面。各项专业管理要高标准，严要求，努力形成标志性管理成果。必须强调财务集中管理，坚持财务管理以资金管理为中心。要以“第一竞争力”、“第一信誉”的要求，强化成本管理和质量管理。要高度重视设备管理和安全管理，把各种事故降到历史最低水平。

继续夯实基础管理。要深入开展对标挖潜活动；要以定置管理为中心，抓好生产和工作现场管理；要强化车间、班组、科室的原始台帐、原始记录等基础工作；要重申严肃劳动纪律，严格依法照章办事。

3. 推进技术创新和技术改

造,改善技术经济指标。

2001年公司技术创新的指导思想是:积极实施科技兴企和可持续发展战略,促进结构调整,提高企业整体素质,推动技术和经济同步发展。

2001年技术改造的重点是:焦炉煤气脱硫脱氰、球团竖炉、高炉喷煤粉和五厂十一辊矫直机。要集中力量,保证重点,保证投入,进一步优化方案,做到投入少、产出多、效率高、质量好。同时要着手考虑1.8万立方米制氧机项目问题。

要完善技术创新机制。建立集团公司技术创新基金,加大对科技人才的奖励力度;确保技术攻关和科技项目的投入;优化技术中心的职能,争取年内建立技术中心信息所;根据非钢产业发展的需要,适时建立电子信息、环保、建筑建材等研究所。

要大力开发新产品,坚持普钢新产品开发"高附加值化、微合金化、系列化"的三化方针,一手抓全新产品的开发,一手抓已开发产品的质量稳定和性能优化,大力增加高附加值产品的生产和销售量,全年新产品产量达到90000吨以上,利润2000万元以上。特钢公司要坚持"突出特色,特钢要特"的方针,完善充实后部工序,扬长避短走精品之路。其它子公司也要把新产品的开发摆到突出的位置抓紧、抓落实。

不断改善技术经济指标始终是公司的当务之急,公司主要工艺技术经济指标全面创历史新水平,力争有40%指标达到国内冶金行业重点企业平均以上水平,20%以上指标达到国内先进水平。

普钢薄板和特钢汽车用优质特钢生产线已基本解决立项问题,正式提上日程。从明年起,对这两个项目,公司要落实责任,苦下功夫,努力抓好三项工作:①打通融资渠道,获取银行承诺;②作好招商引资工作,争取合资建厂;③充分作好技术论证、方案优化和技术经济测算,确保真正可行。针对公司生产经营的薄弱环节,全年新批准技术攻关项目、科技项目30项左右,项目年回报率要达到30%以上。对技术攻关项目和科技项目继续实行效益分成;组织评选公司1999~2000年度科技进步奖。

要大力支持职工的发明创造活动,全年完成职工合理化建议20000条,申报职务专利50件,获市级以上科技进步奖10个,获市级以上QC成果10个,实施合理化建议、专利、科技成果、QC成果等取得年效益4000万元以上。

4. 加大减员分流力度,实施再就业工程。

经过几年的努力,减员增效、下岗分流、实施再就业工程,已逐渐获得大多数职工的理解和支持,并取得了突破性的进展。但是,效率低下,富余人员多,人工成本高,仍然是当前乃至相当长时期制约重钢参与市场竞争和发展的重要因素之一。减员分流、实施再就业工程是2001年公司十分艰巨的任务,我们必须把这一工作提高到重钢生死存亡的高度,继续强力推进。

2001年要力争实现全年净减在册职工5000人,新进再就业中心2300人,出再就业中心5000人。在实施减员分流过程中,各单位必须坚持依法治企的原则,完善劳动合同制度,加强劳动合同管理,做好劳动合同的签订、变更、续订、终止和解除等各项工作。

大力改革人事、用工制度。集团公司和各子公司机关处、科室必须带头减员分流,进一步精简职能部门,减少管理层次,实行定期考核,末尾淘汰。按照精干、高效原则合理设置管理岗位和管理人员职数,公开竞争,择优聘用,形成管理人员能上能下的机制。各子公司必须坚持以销定产、以产定人的原则,根据生产经营需要完善定员定额,优化劳动组织结构,科学设置工作岗位,做好岗位测评,合理确定用工人数,实行全员竞争上岗制度。加强培训,凡经培训仍未竞争上岗或仍不能胜任工作的职工,应当依法解除劳动合同,真正形成职工能进能出的机制。同时要完善企业内部劳动争议调解制度。

鼓励并支持有条件的子公司和子企业的职工了断国有身份,积极推进带资分流。注重指导,加强培训,转变职工择业观念,鼓励下岗职工自谋职业,使更多的下岗职工实现再就业,确保社会稳定。

5. 加强班子建设,强化审计监察。

从严治党,依法治企,是我们一贯坚持的方针。要保持企业持续、稳定、健康发展,必须有一支强有力的干部队伍,必须首先从领导抓起,从领导班子抓起。

(1)严格要求。为着力塑造廉洁勤政的领导班子形象,要求各级领导带头学习"三个代表"精神,坚持做到"三讲":即讲学习、讲政治、讲正气;"三省":即参加革命为什么?现在当官做什么?将来身后留什么?;"三感":即使命感、责任感、荣辱感;"三到位":

即思想到位、工作到位、形象到位;“三自”即自警、自励、自我约束;“三严”:即严格要求、严格管理、严格监督。

(2)严格管理。把党风廉政建设和加强经营管理结合起来,进一步深化领导干部廉洁自律工作。按照中纪委四次全会精神,切实抓好坚持民主决策;正确行使经营管理权;正确履行职权;严格执行财务制度;认真执行有关兼职的决定;坚持职务回避制度等六项规定的落实。不断建立和完善监督制约机制,积极从源头上预防和治理腐败。以生产经营为中心,全方位、全过程,深入扎实地开展效能监察,坚决查处一切损害公司利益的行为。健全重大决策失误追究制度;强化内部审计制度;实行财务审批制度、物资公开竞价招标采购制度和工程项目招投标制度;积极推进厂务公开制度;坚持民主评议和民主测评领导干部制度;严格执行招待费使用向职代会报告制度。

(3)进一步贯彻中央《深化干部人事制度改革纲要》精神,落实集团公司“关于加强领导班子建设若干问题的实施意见”,结合重钢改革发展实际,以进一步规范公司法人治理结构和改革、理顺重钢干部管理体制为重点,健全和完善公司领导干部管理办法,进一步推行公开选拔领导干部,广开选人渠道,努力形成具有生机与活力的选人用人新机制。选拔任用领导干部,要高度重视干部的思想政治素质、基层经验和实践经验、科学文化知识、工作实绩和群众基础五个方面。把那些自觉坚持“发展才是硬道理”、“科技是第一生产力”思想,心胸宽阔、体谅同事、作风深入、体察民情,而又不畏困难,敢于触及矛盾的干部,选拔到关键岗位上去。

(4)积极开展领导干部的政治业务学习和培训,让干部知法守法,不断加强领导干部在实际工作中的培养和锻炼,提高领导干部整体素质,努力造就一支适应重钢新世纪发展要求的两级干部队伍。

6. 进一步落实“五管齐下”政策。

今年11月7日,包叙定市长来重钢视察工作,他说:“重钢是一个老企业,在全国冶金行业中,普钢也好,特钢也好,说大,说不上,说特,说不上,说精也说不上。在这种情况下,要走出困境,走上重振雄风、振兴和发展的道路,不采取综合性的治理措施,没有大的改革、改组、改造的力度,没有从上到下的支持,是非常困难的。”包市长说的“从上到下的支持”指的即是“五管齐下”综合治理方案。应该说,通过今年方方面面的努力工作,“五管齐下”政策的落实取得了进展,也收到了成效,但是困难和问题仍然不小。因此,我们务必把继续全面落实“五管齐下”政策的工作摆在突出位置,抓落实,抓出成效。重点抓好两项工作:

(1)继续尽快落实普钢系统板带工程项目和特钢系统汽车用优质钢生产线项目的立项后的相关工作,做好银行承诺、融资渠道、自有资金、方案优化等各项前期准备工作;

(2)清产核资,弄清家底,冲呆缩水,甩掉包袱,轻装前进。

7. 做好思想政治工作,加强精神文明建设。

加强职工的思想政治工作,搞好企业精神文明建设,是重钢持续健康发展的重要内容和保证。

2001年宣传思想政治工作的指导思想和基本思路是:高举邓小平理论伟大旗帜,认真学习贯彻党的十五届五中全会和中央思想政治工作会议精神,围绕实施公司“十五”规划,以深入开展厂情教育为主线,进一步改进和加强宣传思想工作,在创新上下功夫,凝聚职工,调动职工的积极性和创造性,为公司在新世纪第一年的经济发展、创建重庆市最佳文明单位作出贡献。

各级班子对思想政治工作和精神文明建设必须高度重视,必须两手抓两手都要硬,不可有丝毫放松和削弱,在世纪之交的历史时刻,面对新形势、新任务,更好地服务于改革开放和社会主义现代化建设,服务于重钢的改革发展。思想政治工作和精神文明建设要贯穿于重钢整个生产经营、改革发展过程之中,它的好坏优劣,关系到重钢的前途命运和各项工作任务的完成,因此,必须加强领导,强化工作责任,确保各项要求和措施落到实处。

2001年,主要抓好以下六项工作:

(1)深入学习贯彻党的十五届五中全会精神,积极宣传发展是硬道理,坚持“两手抓,两手都要硬”的方针,高度重视和加强精神文明建设。

(2)继续深入开展厂情教育活动,不断探索厂情教育的新内容、新方法,增强厂情教育的及时性、广泛性、针对性和实效性,调动职工积极性,促进公司生产经营再攀新高峰。

(3)创造新方法,探索新路子,及时调查分析职工的思想动态，切实加强思想政治工作。

(4)进一步夯实精神文明建设的基础工作，抓好文明单位的创建和巩固工作，落实综合治理多项措施，创建重庆市最佳文明单位。

(5)继续加强企业文化建设，逐步使集团的企业文化建设规范化、制度化。

(6)积极推进统战工作。

8.关心职工生活，做好稳定工作。

关心职工，关心职工生活，是衡量我们各级组织，各级领导工作绩效的重要尺度之一，只有关心职工，才有队伍的稳定，才有企业的发展。新的一年，我们要在职工住房条件、医疗卫生、生活环境等多方面加以改善，为职工办实事。

(1)继续实施集资解危建房及不配套房加厕改造工作，为职工“雪中送炭”。

(2)加速医疗保险改革，逐步与市医改方案接轨。

(3)按照国务院《关于进一步加强计划生育工作，稳定低生育率水平的决定》要求，加强计划生育工作。

(4)加快环境治理，厂容绿化步伐，抓好卫生防疫工作、劳动卫生，创建整洁、优美、文明的生产生活环境。

(5)落实各级“一把手”责任制，健全完善信访信息网络，推行逐级上访制度，重点做好困难企业、困难职工的稳定工作，及时化解和发展不稳定因素和集访苗头，保证正常的生产和工作秩序。

对促进重钢非钢产业发展的思考

重钢公司董事长、总经理　唐民伟

重钢的非钢产业经过10余年的培育和开拓，已经形成一定的规模，涉及到建筑施工、电子技术、仪器仪表、公路运输、内河航运、医疗卫生、职业教育等28个产业领域，其销售收入连续3年达到集团公司销售总收入的30%左右，为实现重钢的主辅分离，有效安置下岗和富余职工，减轻钢铁生产主线的负担作出了不可磨灭的贡献，在全国冶金系统也产生了积极的影响。

但是，由于历史的原因，重钢的非钢产业普遍起点较低、底子较薄、设备落后，加之产品技术含量不高，“拳头”产品不多，市场竞争力不强，已经难以适应社会主义市场经济的需要，也难以继续承担在激烈的市场竞争中成为新的、快速提高的经济增长点的使命。

如何才能在新的历史条件下促进重钢的非钢产业实现由“多”向“强”的转变，从而更快地发展呢？我认为，我们必须从六个方面作出不懈的努力，才能在已经取得的成绩和初具规模的基础上，获得更大的生存空间。

第一，副业不副，主副并重；双管齐下，力求成功

钢铁生产是重钢的主业，非钢产业是重钢的副业，这是一个被社会和广大职工接受的共识。但是，我们只有把非钢产业这项副业当成主业来抓，做到副业不副、主副并重，才算是在思想认识上真正确立了非钢产业在重钢这个具有近百年历史的国有特大型钢铁联合企业中的地位。如果不从这个高度来认识问题，仍然认为非钢产业只是从属于钢铁主业的以安置下岗和富余职工为主要任务的权宜之计，或不得已而为之的分流手段，那么，我们的思想则永远冲破不了旧观念、旧思想编织的“牢笼”，永远停留在一个低水平、低档次上，难以有所作为。

国内许多“军转民”企业取得空前成功的例子，无一不证明只有把副业当成主业来抓才成就了一番大事业的。“长安汽车”如此，“嘉陵摩托”如此，“长虹电视”更是如此……这中间并没有深奥的理论，也没有复杂的技巧。有的只是在生存危机袭来时的紧迫感和义无反顾的实践。

第二，传统产业，稳中求变；新兴产业，开发为先

传统非钢产业与新兴非钢产业是互为依存、继承和创新的辩证关系。传统非钢产业尽管存在着起点低、装备差、产品技术含量不高等等弊端，但它最大的一个优势和历史功绩在于，它们当初最大限度地安置了大批下岗、分流的富余职工，并且促使这些职工实现了就业观念和择业观念的彻底转变，开辟了一条稳定大局，支撑和推动重钢的改革和发展不断前进的“第二战线”。而新兴非钢产业则担负着开拓新路的重任,它们必须有别于粗放型经营的传统非钢产业,走集约化、科技化、市场化的道路,以产品的高技术含量和高附加值为特点,赢得更加广阔的市场空间。

正确处理传统非钢产业与新兴非钢产业的基本方针应是:稳住前者、吸纳人员;开发后者、创造财富。

稳住前者的目的就是巩固传统非钢产业已经取得的成果,稳定在传统非钢产业领域中工作的广大职工的人心,同时,稳中求变,对粗放型的产品生产方式和经营方式进行适时的改造,促使它们面对市场竞争,不断提高产品质量,生产出深受市场和用户欢迎的"拳头"产品来。

开发后者的意义在于增强重钢的后劲和实力,因为新兴非钢产业无疑应打上高技术成果和高科技含量的烙印,如电子公司开发生产的模糊控制器、设计院已经通过专家鉴定的木榍——微生物污水处理剂、建设公司应用无码焊接技术制作的巨型加劲钢箱梁等,已成为重钢这个"老"字号的国有企业的新的经济增长点。

第三,面向需求,注意前景;重视起点,选准项目

面向需求,注意前景,是指市场和用户对我们已经生产或即将开发的产品的需求,也包括已经排上了我们的开发计划、正在进行可行性论证的新产品的潜在需求。需求就是商机,需求就是市场。但是,市场和用户对产品的需求总是有时间性和选择性的,一定时间内的需求和选择性的需求对新产品向市场的深度和广度进军都起着制约作用。因此,注意前景就成了我们在新兴非钢产业的新产品开发工作中不可忽视的一个关键环节。在这里,前景就是前途。任何没有市场前景的产品,哪怕它有暂时的需求,我们也不去开发,我们的愿望是通过对有前景的产品的开发,赢得新兴非钢产业的前途。

重视起点、选准项目,是指我们一定要高起点地开发新兴非钢产业,一定要以我们现有的资金、装备、技术、人才和管理优势为支撑,把新兴非钢产业和新产品"定位"在我们拥有的技术、装备和相关行业、相关产业的基点上,不要把产业和行业的跨度拉得太大,造成鞭长莫及、心有余而力不足的后果。我们的电子技术、工程设计、建筑与建材和环保产品等非钢产业中都有不少成功的例子。最近,为了适应新兴直辖市和三峡库区庞大建筑市场的需要,我们新组建了监理公司,作为一个新的副业推向市场,也是因为它的行业跨度不大,体制转换可行而决定的。然而,我们曾花费巨大精力实施的EM生物工程和配套建设的饲料厂,成效就不大,其原因就是产业和行业跨度太大,缺少自身的技术依托,不具有生产EM生物产品的能力和条件,最终交了"学费",得了教训。

第四,收缩战线,突出重点;集中力量,办一成一

一个企业的资金和财力总是有限的,这决定了我们不可能什么产业都干,什么副业都抓,必须贯彻有所为、有所不为的原则,收缩战线,突出重点,以便集中财力、人力和物力,有选择地把传统非钢产业中那些经济效益较好的产品这块"蛋糕"做大,同时,对新兴非钢产业中有市场前景的产品实行政策倾斜,争取办一成一。

收缩战线是为了突出重点。我们把钢材产品的延伸与深加工、建筑与建材、环保产业、工程设计与监理、模糊控制技术为代表的电子产业,确定为集中力量、精心培育的重点,实践证明,路子是对的。

需要重点扶持和开发的非钢产业当然不止这些。我们也希望对职工多分流、少下岗,多办几个企业,多开发几个新的产业来安置下岗职工和富余人员。但是,从职工的根本利益和企业的前途着想,只有把重钢的重点非钢支柱产业搞好,才可能带动其他非钢产业的发展,也才有可能和条件更多、更好地解决下岗和富余职工的"再就业"问题。

第五,对外开放,吸纳资金;联合办厂,共同发展

把副业当成主业来办、把重点非钢产业当成支柱产业来办,仅靠重钢的力量还不行,还应该坚持对外开放的原则,克服夜郎自大和急功近利的思想,广泛吸纳社会资金,广泛招聘社会人才,通过联合办厂、联合经营等方式,使投资伙伴和重钢共同发展、共同受益。

对外开放,就是欢迎一切有识之士同我们一起开发非钢产业领域。联合办厂,就是同一切愿意与我们走联合开发、联合经营道路的投资者合作,有钱出钱,有力出力,有技术出技术,有智慧出智慧,创办起一批以生产新产品、开拓新市场为宗旨的企业,达到共同发展的目的。最近重钢同上海中东投资股份公司联合组建的重庆中东环境产业有限股份公司,就是一种探索和尝试。

第六,新兴产业,体制求新;新办实体,机制创新

我们要认真探索新兴非钢产

业的发展途径，要努力寻求新兴非钢企业的经营模式。着眼于“创新”二字，在新兴非钢产业领域开办和组建的企业中，建立新的经营机制和运行机制，真正按照市场法则，让它们成为参与市场竞争的主体。

建立新的经营机制和运行机制是一项没有现成经验可借鉴的工作，只能求助于实践。对传统非钢产业领域中那些经济效益较低、产品质量较差、竞争力量较弱的企业，可以实行租赁、承包；对新兴非钢产业领域中那些新创办的企业，可以用合作、合伙、合资、股份等经营方式来确立它们市场主体地位。

总而言之，只有把非钢产业搞好了，把副业的规模和效益搞得同钢铁主业“并驾齐驱”了，“平分秋色”了，同时，从钢铁生产主线继续分离、分流出来的富余职工能够安居乐业了、各得其所、有用武之地了，我们才有充足的理由说：非钢产业已经支撑起了重钢的“半壁河山”。

——原载《中国冶金报》2000年12月22日

结合企业实际 加强和改进思想政治工作

——学习贯彻《关于加强和改进思想政治工作的若干意见》的几点思考

重钢公司党委副书记　朱建派

中共中央《关于加强和改进思想政治工作的若干意见》(以下简称《意见》)，总结了近年来我们党加强和改进思想政治工作的成绩和经验，强调了在新的历史条件下高度重视思想政治工作，充分发挥党的这一政治优势的重要现实意义和长远意义，指出了思想政治工作必须坚持的正确原则，明确了当前思想政治教育的任务。《意见》是做好新时期思想政治工作的纲领性文件。

当前，重钢的改革发展已经进入关键阶段，如何结合企业实际，认真把《意见》精神贯彻于我们的工作之中，是摆在我们面前的一个重要课题。笔者认为，我们的工作思路应该是：坚持一个中心，突出两个作用，紧扣三个重点，实现四项目标。

一、坚持以企业生产经营和改革发展为中心，加强和改进思想政治工作

思想政治工作是经济工作和其它一切工作的生命线，也是企业管理的重要组成部分。这是毛泽东思想和邓小平理论的科学论断，也是我党第三代领导人继承这一优良传统和政治优势提出的新要求。

就企业而言，坚持党的基本路线一百年不动摇，其中一项十分重要的内容，就是坚持以生产经营和企业改革发展为中心来开展思想政治工作，这是坚持党的基本路线和坚持“两手抓，两手都要硬”根本方针的具体行动。重钢近几年的实践证明，无论是在建立现代企业制度试点、进行股份制改造，或是面临结构调整、资产重组、实施企业兼并，以及在推进减员分流、实施再就业工程等各项艰巨的工作中，由于我们始终坚持了这个中心，紧紧围绕生产经营和企业改革重点开展思想政治工作，为重钢改革、发展提供了强有力的精神动力和思想保证，从而确保了改革的顺利推进和生产经营的发展。

当前，企业改革发展遇到了前所未有的机遇和挑战，重钢的扭亏脱困攻坚战已经进入关键阶段，加强和改进思想政治工作显得尤为重要。只有把党的政治优势融入企业改革和管理工作之中，有效发挥思想政治工作的“生命线”作用，才能统一思想、凝聚人心、激励职工，实现企业改革、发展、稳定目标。

二、新形势下加强和改进思想政治工作，必须突出思想政治工作的导向作用和激励作用

在近几年的改革实践中，重钢始终坚持把转变职工思想观念作为推进改革的首要任务。我们在每一项改革方案或改革措施出台前，思想政治工作就先行一步，向职工讲清“为什么”；在推进改革的进程中，向职工讲清“怎样做”,注重发挥思想政治工作在改革源头上的引路作用和全过程的保证作用。1994年底,在“推现”试点的分离分流工作中,我们高度注重前期的宣传动员工作,开展了“重钢要‘推现’,我们怎么办”大讨论,引导职工树立与现代企业制度和社会主义市场经济相适应的新观念。同时,严格按照“调查摸底、定岗定员、充分研究分流渠道、制定分离分流措施及实施”这样一个工作程序稳步推进。正是由于设身处地地为职工切身利益作想,注重发挥了思想政治工作的导向作用,从而有效地保证了重钢分离分流工作的顺利进行。几年来,特别是在今年重钢兼并重特的工作中,针对一些职工认识不到位(甚至有人认为“兼并”是“病人背死人”)的问题,我们加大了相关政策的宣传力度,让职工明白了“兼并”这项既是政治任务、又是经济任务的重要性,它是重钢及其特钢发展的一次机遇和挑战,从而得到了职工们的理解和支持。

当前,重钢生产经营面临的形势严峻,充分发挥好思想政治工作的导向作用和激励作用显得尤为重要。我们重点要抓好四个方面的工作:

一是把理想信念教育作为核心内容,深入进行邓小平理论和党的基本路线、基本纲领教育,深入进行马克思主义唯物论、无神论和科学精神教育,引导干部职工树立正确的世界观、人生观、价值观。

二是广泛开展厂情教育,让职工做到“五个清楚、五个明白”:1.清楚制约企业效益增长的原因,明白本单位、本工序、本岗位影响效益的症结在哪里;2.清楚整体与局部、各单位效益与公司利润的关系,明白某个环节出问题就可能影响全局的道理;3.清楚自己负责的指标及职责,明白干好本职工作、降耗降成本才能增加收入的道理;4.清楚本单位、本工序主要技术经济指标与行业先进水平、平均水平的差距,明白本单位、本工序挖潜的措施办法,以及落实到本岗位要达到的具体操作指标;5.清楚实现全年生产经营目标的有利因素,明白差距就是潜力、效益就在自己手中的道理,以增强实现全年生产经营目标的信心和勇气。

三是结合企业各个阶段生产经营和改革重点开展主题活动。

四是开展各种学先进、赶先进活动,运用典型的人格力量激励职工。

三、紧扣企业改革、生产经营和职工思想实际加强和改进思想政治工作,增强思想政治工作的实效性

实践告诉我们,越是深化改革,越是要加强思想政治工作。当前,围绕企业改革开展思想政治工作的重点,就是要与结构调整、资产重组和下岗分流、推进再就业工程的实际相结合,坚持把思想政治工作作为改革的“第一道工序”并贯穿于改革的全过程。要引导职工转变观念,正确认识深化改革的重要性和紧迫性,引导职工积极投身改革。其中一项重要的工作就是切实做好下岗人员、暂休人员的思想教育和管理工作,搞好再就业培训和指导,在了解掌握他们的思想、生活的基础上做到有的放矢、排忧解难,为改革营造良好的环境。

思想政治工作与生产经营实际相结合,就是坚持以生产经营为中心来开展思想政治工作,围绕企业不同阶段的重点工作开展宣传教育活动,坚持把思想政治工作落实到日常的生产经营活动中。1999年10月,我们针对公司效益不好这一情况,组织职工开展了“我为扭亏脱困作贡献”大讨论,把职工的思想和行为有效地统一到了实现生产经营目标上来。当前,我们要把继续深入开展厂情教育作为结合生产经营开展思想政治工作的重点,用重钢“十五规划”目标激励职工,把生产经营发展过程中的困难和风险讲清,把战胜困难和规避风险的措施讲明,把企业的前景和希望讲透,把对干部职工的要求讲实,使职工既不盲目乐观,又不失望悲观。同时,把思想政治工作贯穿到生产经营决策、管理、考核、总结的全过程,落实到车间、班组和个人,多形式激励职工积极性。

思想政治工作与职工的思想实际相结合,就是针对职工思想实际,开展宣传教育工作。在实际工作中,我们坚持职工思想状况调查分析制度,将日常调查与定期分析相结合,各级党委每季分析一次职工思想状况,及时掌握职工思想动态,摸清职工的思想热点和难点并及时研究解决,同时加强有针对性的宣传教育工作,理顺职工情绪,化解矛盾,稳定队伍。

四、实现思想政治工作的四项目标,是检验思想政治工作成效的重要标准

1.建设一支思想稳定、责任心强、敢打硬仗的职工队伍

在市场竞争中,企业间的竞争表现为产品、价格、质量和服务的竞争,实质上是企业整体素质,特别是职工队伍素质的竞争。企

业思想政治工作的一项重要任务，就是要坚持以科学的理论武装人，以正确的舆论引导人，以高尚的精神塑造人，以优秀的作品鼓舞人，培育有理想、有道德、有文化、有纪律的职工队伍。因此，重钢进一步加强和改进思想政治工作要实现的首要目标，就是要建设一支思想稳定、责任心强、敢打硬仗的职工队伍。我们将从尊重职工、理解职工、关心职工、激励职工出发，坚持把解决职工思想问题与解决职工实际问题结合起来，多做"暖人心、得人心、稳心人"的工作，坚决不做"冷人心、失人心、乱人心"的事。同时，进一步加强正面"灌输"和引导，特别是要在提高职工思想、业务、道德、文化水平上下功夫，不断提高职工的综合素质和竞争能力，从根本上把全心全意依靠职工办好企业的方针落到实处。

2. 健全一套思想政治工作运行机制

要进一步加强和改进思想政治工作，必须健全一套有序的工作运行机制。

一是依靠各方面的力量，调动各方面的积极性，共同做好思想政治工作，形成党委统一领导，党政共同负责，党政工团齐抓共管，以专职政工人员为骨干，职工群众广泛参与的思想政治工作管理体制和运行机制。

二是进一步健全完善有关工作制度，推进思想政治工作的制度化。

三是按照工作的实际需要设置机构。在集团公司按照党委组织、宣传、纪检、办公室分设机构；在子公司和生产厂则采用党办与宣传处合设、组织与纪检（监察）合设、党办与行办合设等多种方式设置机构。选拔德才兼备的人员充实专职政工队伍，对政工干部做到"政治上关心、工作上支持、待遇上一视同仁"，保持政工队伍的稳定；同时，坚持专兼职相结合的办法，继续在领导干部中推行"一岗两责"，并做到"一级抓一级，层层抓落实"，尤其要在班组普遍设立政治宣传员，形成纵向到底、横向到边的工作网络。

四是保证思想政治工作所需经费的到位，坚持按工资总额的0.5%提取，由党委书记掌握使用。

3. 建构一个多功能的思想政治工作载体，推进思想政治工作手段和方式的现代化

高新科技的迅速发展和人们社会生活方式的不断变化，对思想政治工作的内容和方式都提出了新的要求。

一是以重钢文化建设和群众性精神文明建设为载体，形成企业统一的价值观，提高企业和职工的文明素质。

二是结合企业实际，多形式开展各种主题鲜明的宣传教育活动，引导职工自己教育自己。

三是加强电视、报刊等宣传阵地和工具的建设，普及计算机，推进办公现代化。

4. 建立一套思想政治工作的评价体系

思想政治工作是一个系统工程，所包含的各个要素之间相互影响、相互制约，其综合作用决定着思想政治工作的效果。同时，思想政治工作置身于社会、企业全局，服务于全局。思想政治工作的效果必须从综合方面进行评价。

目前，重钢正在着手这方面的工作。我们将从以下几个方面检测思想政治工作的成效：一是党政工团各级组织和各级领导抓思想政治工作的自觉性明显增强，责任制全面落实，真正做到"观念同转、目标同向、行动同步"；二是职工队伍稳定，生产经营运行有序；三是职工精神振奋，正气占上风；四是各项宣传教育活动得以正常开展，并取得实效；五是真正做到"人员到位、经费到位、思想到位、工作到位、形象到位"。

在评价方式上，将采用经济责任制按月检查考核、职工测评、党内外评议等多种方式进行，并将思想政治工作的效果作为衡量班子和领导干部政绩的重要依据。

从三方面入手积极从源头上防治腐败

重钢公司纪委监察处　张祖文　邓春春

近年来，重钢集团公司在不断推进反腐败斗争的进程中，积极从源头上预防和治理腐败。从以下三方面入手，对此进行了积极的探索和实践。

一、从深化教育着眼防治腐败，使其“不想为”

各级党员领导干部思想上的拒腐防变是行动上保持廉洁自律的首要前提。建立在党性原则基础上的严格自律，对每个党员领导干部保持自身清正廉洁起着决定性的作用。为此，重钢公司多年来始终将思想教育作为提高党员领导干部政治思想素质，增强拒腐防变能力的首要基础来抓。在思想教育工作的不断深化中：

1. 注重教育对象的层次性。把科级以上领导干部和营销、采购等重要岗位人员作为教育的重点，分层次进行教育。公司建立了严格的政治学习制度，规定公司两级班子成员每月参加政治学习不得少于两次，年均不得少于24次，学习出勤率年均必须≥85%。各单位的中心组学习每月至少一次，每次必须保证两小时以上。为保证学习制度落到实处，公司两级班子集中学习均严格考勤，实行个人签到，事前请假，分单位就坐等办法。每半年通报一次出勤情况，年终对学习出勤情况进行全面考评，并将考评情况作为“四好领导班子”、“双文明”建设、创建党风先进单位评选的考核内容之一。从今年开始，还将实施“述学”报告制度，把厂处级干部的述职和述学结合起来，在述职的同时汇报自己政治理论的学习情况。正是政治学习的制度化和正规化，为思想教育的深入开展提供了可靠保证。

此外，公司每年都要分期分批组织厂处级干部进行脱产培训，强化理论学习。自1998年以来，脱产培训又扩大延伸至科干。1995~1998年，公司共举办厂处级干部培训班34期，科干培训班28期，1494名厂处级干部和1364名科干参加了学习。五年来，公司还共计将223名中青年干部送外进修培训。针对采购、营销人员经济交往多、容易出问题的特点，公司重点对其进行了法律、法规、党纪、政纪的宣传教育。每年都要请来区检察机关负责人、或公司纪检监察负责人结合相关案例作专题辅导讲课，收到较好效果。

2. 注重学习内容的有针对性。一方面以形势任务教育为主，积极对各级领导干部进行党的大政方针、基本路线和党的宗旨教育。坚持用无产阶级的意识形态去占领思想意识这块阵地，用马列主义、毛泽东思想、邓小平理论等科学的世界观和方法论去武装党员干部的头脑。自1995年以来，着重对建设有中国特色的社会主义理论、党的十五大精神、江总书记关于“三讲”、“三个代表”的讲话精神，以及社会主义市场经济、现代企业制度、加入WTO等理论进行了宣传教育和学习，为公司各级领导干部坚定信念、转变观念、不断加强世界观的改造提供了强大的思想武器。

另一方面，把对各级领导干部的思想培养和纪律约束结合起来。在每年举办的处干、科干培训班上，法律法规和党纪政纪的宣讲学习，始终是对领导干部进行思想政治教育的一个重要内容。近年来，新《刑法》、《合同法》、《会计法》、《中国共产党纪律处分条例》、《廉政准则》等一系列重要法律法规出台后，公司都重点组织了学习，并多次请来有关方面的专家进行了专题讲座，以帮助各级领导干部深刻理解和领会。

3. 注重宣传教育的时效性。对出现的一些苗头性、倾向性问题，及时“打招呼”，作防范。如1997年，公司主要领导曾就六厂某硕士毕业的年轻厂级干部受贿的问题，专门召集全公司114名45岁以下的厂处级干部举行恳谈会，对年轻干部的触动和帮助非常大。1998年，公司发现厂处级干部违反公司规定在下面拿奖金的现象有所抬头，立即在全公司厂处长会上打招呼，重申了纪律。并对某厂四名厂领导违规拿奖金的问题作了严肃处理，责令其退出了多拿的4万元奖金。

4. 注重宣传教育的典型性。积极利用公司内部正反两方面的典型进行宣传教育。一方面树立清正廉洁的典型，如对合同预算处处长文兴淑在主管工程发包工作中廉洁自律，上交无法拒收的钱物共计33620元的先进事迹大力进行宣传表彰等。另一方面，利用身边的典型案例进行警示教育。如对五厂厂长李治邯贪污挪用公款案、铁合金公司经理黄东川贪污受贿案、三联公司经理程世宝私分公款案、劳服司经理张大华失职案等在公司反响较大的要案，重点进行了剖析曝光。自1997年以来，还编写案例简报共计19期。

5. 注重教育形式的多样性。公司在坚持定期的政治学习、脱产培训的同时，还通过开展专题讨论、举办专题讲座、发放学习资料、播放专题录像等形式，扩大和增强宣传教育的效果。近年来，陆续购买了《纪检监察政策法规选编》、《典型案例教育读本》、《中国共产党纪律处分条例(试行)讲话》等党风廉政宣传教育材料，发放给厂处级以上领导干部和各基层支部供其学习。新购《烟草大王的人生悲剧》、《中华人民共和国行政监察法知识竞赛》等录像片，在处干培训班、公司电视台及各单位党员轮训班上播放。据统计，自1997年以来，共播放反腐倡廉录像片102场次，观看人数达6万多人次。1997年，为加强党的宗旨教育，公司在全体党员中开展了“当初入党为什么？现在为党干什么？将来给党留什么？”的大讨论，共召开专题座谈会503次，举行演讲汇报会71场，在《重钢报》上刊登征文120篇。第二年，在此基础上又在各二级单位领导班子中开展了“掌权为什么？用权干什么？当官图什么？”的大讨论，共计200多名在岗厂处级干部参加了讨论，其中54名厂处级干部亲笔撰写了论文。

宣传教育活动深入不懈的开展，对各级领导干部提高政治思想素质起到了积极的促进作用。我们深切感受到，尽管公司目前所处的外部环境和条件非常艰难，但我们党员干部队伍的思想始终没有散，没有乱，这是与公司多年来对党员干部始终严格要求，严格教育分不开的。

二、从强化管理着手防治腐败，使其“不能为”

多年的工作实践使我们认识到，企业内部绝大多数的腐败，都是同管理中的漏洞联系在一起的。管理的薄弱客观上导致了腐败的产生。从源头上防治腐败，必须同强化企业管理结合起来，把反腐败的要求贯穿于企业管理之中。而对一些已不适应形势发展的需要，容易导致腐败产生的管理体制、机制和制度进行改革，通过改革不断强化企业管理，铲除滋生腐败的土壤，始终是贯穿其中的一条红线。近年来，重钢公司针对财务管理、工程发包、原料设备采购等重要生产经营环节中诱发腐败的诸多弊端和问题，进行了积极的治理和改革，取得了良好成效。

1. 推进管理体制改革，加大监督管理力度。如公司实施财务集中管理之前，资金的支配权分散于各二级单位。乱投资、乱担保、乱贷款现象较为严重，对外投资、对外借款、对外提供贷款担保的资金曾高达6441.69万元，造成相当一部分资金无法收回。而在这些现象背后往往隐藏着种种腐败问题。分散的资金管理，也为公款吃喝玩乐提供了资金来源。但原有的财务管理体制下，财务人员的人事、分配关系依附于单位行政，对此很难正常发挥财务的监督作用。

为此，公司自1995年起，从改革财务管理体制入手，以强化资金管理为中心，对因财务管理带来的种种腐败问题进行了综合治理。一是对各单位的财务人员实行了集中管理。一举割断了财务对本单位行政的依附关系。各单位财务部门成为公司财务处的派驻机构，受公司财务处直接领导，从而极大地增强了财务监督管理的力度。二是在此基础上对各单位资金进行了集中管理。各单位之间的经济往来实行内部银行结算，不用现金收支；所有收入均进入公司内部银行；货币资金的拨付实行以收定支原则。并制定了《对外投资管理办法》、《加强融资、担保管理的决定》、《关于对违反融资担保管理规定的纪律处分细则》等，明令禁止各单位擅自对外投资，提供贷款担保等。双管齐下，有效遏止住了乱投资、乱贷款、乱担保，以及随之带来的种种腐败问题。三是对各种非生产性支出严加控制。对各机关处室包括招待费在内的行政管理费用实行总额包干，超出即对工资总额进行考核；对各二级单位则加强了自主支配资金的管理，对其组成、来源和支出进行了严格的界定和规范，并实行不定期抽查制度。管住了钱，也就管住了嘴。这一系列措施的施行，最大程度上遏制了公款吃喝风。

2. 引入市场竞争机制，增大管理透明度。当前，工程建设、原料物资设备的采购均处于买方市场。各家对买方市场的争夺非常激烈。前几年由于缺乏公开、平等的竞争渠道，竞争也非常的混乱。以重钢建筑市场为例，整个市场鱼龙混杂，领导的条子多，施工队伍塞包袱的也多，让经办部门左右为难，纪检部门防不胜防。要彻底改变这种混乱局面，唯有对工程发包制度进行改革。为此，公司引入市场竞争机制，对凡是造价在50万元以上的工程，均实行公开招投标。对施工队伍参与竞争的方式，以及对施工队伍的选择定夺这两个关键环节进行了改革。变过去施工队之间无形的竞争，为投标方案有形的竞争，而投标方案正是各施工队综合实力的最好投影；变过去权力审批、少数人说了算，为各家方案公开、评判标准既定、集体定夺，增大了管理透明度，促进了工程发包工作的有序进行。同时，加强了对施工队伍的资质管理。凡进入重钢建筑市场的施工队伍必须证照齐全；对施工队伍的资信、技术力量、施工质量等实行年审制，通过年审的施工队伍才能进入重钢建筑市场，或参加招投标。随着招投标制的建立和完善，公司建筑市场不断得以净化，“条子”和“包袱”大为减少。目前公司在原料物资设备采购工作中全面推行了招投标制，通过管理制度的变革，增大了管理透明度，不仅有效遏止了腐败，还取得了良好的经济效益。据不完全统计，1997～2000年5月，公司共计实施招投标项目264个，节约造价和采购资金3436.2万元。

3.强化内部制约机制，对权力实施监督。通过强化企业管理，从源头上防治腐败，一个非常重要的方面在于从组织机构和运作机制上对权力加强监督制约。

一方面，对权力的分布和设置进行适当的调控，以适应监督的需要。该集中的要集中，该分散的要分散。既要有利于权力的集中监控，又要有利于权力的分散制约。如过去公司的设备采购权分属机制司、技改处、运输部三家，三家单位各管一块，各行其是。出于加强监督管理的考虑，公司于今年组建了新的装备处，将原分属三家的设备采购权收归一家，由装备处按照机动处下达的采购计划统一实施对外采购。又如原公司原材料处矿煤科，公司每年所需200多万吨矿石和100多万吨煤均由他们负责采购，每年的资金运作达几十亿元，权力过于集中。从今年开始，公司将其一分为二。

另一方面，对权力的运作过程实施分解制约，其主要作法在于将整个业务流程分解为若干道程序予以公开，未经上一道程序，下一道程序有权拒绝运行，以形成若干环节的交叉制约和层层监督。如公司设备备件订货，过去从寻厂询价到签订合同，都是订货员一个人一竿子插到底，缺少监督制约，曾发生过订货员谎报价格从中贪污的问题。现在，除成套设备在50万元以上，备件批量在30万元以上的实行招投标制以外，将小批量和零星设备的采购订货程序分解为：订货员根据下达的采购计划，寻厂询价，提出三家制造厂家的建议；然后提交所在专业组进行集体评议，初步选定厂家，再由所在专业科室组织专业组长评审选定厂家；最后交由合同管理科评议认可。

4.实施执法监察，强化企业管理力度。公司没有自己的矿山，靠吃“百家矿”。供矿点多、面广、线长，对采购质检人员和一些矿石老板的私下交易很难控制。矿石采购中的问题一度非常突出：假冒伪劣屡禁不止，生铁成本居高不下，严重制约了公司的生产。公司曾采取了一些措施，但收效不大。在这种情况下，公司对矿石采购实施了执法效能监察。由公司监察处牵头，以执纪为后盾，采取了一系列强硬措施：一是明令取消采购中间环节，矿石采购必须与有矿点的单位签订合同，违者将给予纪律处分；二是提高入厂矿石结算品位，凡含铁量低于50%的不予结算任何费用；三是对至关重要的质检环节，实行了“多方联合取制样制”、“四人交叉作业制”、“取制样工季度轮换制”；四是组成“执法监督队”，随时深入料场抽查矿石质量。由于有效遏制了供矿中的腐败，供矿矛盾迅速得以缓解。

在此基础上，公司监察处汇同技质处等单位组成矿石质量认证审查小组，深入到51家供矿方上百个矿点进行现场质量考察评审，取消了14家单位的供矿资格。并随后推行了招投标制。正是执法效能监察的介入，强有力地保证了各项管理措施的落实到位，并收到切实成效。伪劣矿石从1997年的97680吨，降为1999年的4480吨，公司一直头痛的生铁成本从1998年的1121.58元/吨，降到目前的981元/吨，这同时也是矿石采购中的腐败得到有效遏制的有力说明。

可以说，管理是企业永恒的主题。通过强化企业管理，既有效遏止了腐败，又为企业党风廉政建设融入生产经营开辟了广阔天地。

三、从监督惩处着力防治腐败，使其“不敢为”

近年来，公司积极从多方面构建整体监督体系，发挥党内监督、民主监督、审计监督、纪检监督、舆论监督的整体合力，坚决惩处违法违纪行为，对预防和治理腐败起到了积极的促进作用。

1. 认真开展党内监督，将民主集中制作为实施党内监督的核心予以落实。在涉及企业的大额度资金运作、生产经营和企业改革的重大决策，以及重要的人事任免上，公司领导班子均在充分讨论的基础上，实行集体决策。如公司规定，集团公司和子公司所有对外投资的最终决策权都集中于集团公司董事会。对外投资决策须经董事会有效表决通过才能生效。在重要人事任免上，严格遵照组织程序，由组织、人事部门提出人选，征求单位群众意见，考核合格后，行政系列的提交党政联席会、党群系列的提交党委常委会讨论通过。争议分歧较大的，则留待继续考察。

多年来，公司始终坚持开好每半年一次的两级领导班子民主生活会，严格按"会前征求意见、会中对照检查、会后整改落实"三个步骤组织进行。如公司班子每次民主生活会前，都要由公司纪委代为征求职工群众、民主党派、厂处长三个层面代表的意见，然后由班子成员逐条对照上级要求和群众意见进行自我检查。通过民主生活会上的对照检查，以及批评和自我批评的开展，促进了班子成员之间的相互监督和职工群众对领导班子的监督。

2. 坚持民主监督制度，不断拓宽民主监督渠道。于1998年恢复了曾一度中断的民主评议领导干部制度。对全公司258名厂处级干部进行了背靠背的民主评议和测评。评议结束后，及时向领导干部反馈了评议意见，召开民主生活会进行了对照检查。并将评议结果作为干部考核的依据，对12个班子进行了调整，交流干部25人，降职1人，免职1人。通过民主评议工作的开展，我们感到，尽管此项工作还有待于进一步完善，但它对于领导干部增强民主监督意识，加强自我约束是一个极大的帮助。目前，重钢公司民主评议领导干部制度已扩大延伸至科级领导干部。

1999年，在不断完善民主监督制约机制中，公司又大力推行了厂务公开制度。全公司27个子公司及其下属14个厂级单位，无一例外建立了本单位的厂务公开办法。在推行厂务公开中，始终把握住一点，就是将群众最关心、最担心的问题予以公开。如1999年六厂成建制撤消，职工们除了关心下岗分流的去向安排外，对厂里余下的169万元自主资金的处理也非常关注，因为这毕竟是职工们自己的辛勤积累。为此，六厂将1995～1999年以来自主资金收入了多少、支出了多少、还剩下多少、准备怎么分配一一列出来，公布给职工，打消了职工的疑虑，在职工群众的监督下妥善处理了这笔钱，让职工们非常满意。目前，在重钢公司，职工群众关心的诸如奖金分配办法、下岗分流方案、自主支配资金使用情况，以及生产经营状况等热点问题的公开、公布，已形成制度。在公司相当一部分单位，还建立了一季度一次的"民主对话会"制度。厂领导班子和职工代表直接对话，接受职工代表就厂里任何问题提出的质询。民主监督渠道的不断开辟和畅通，有力地促进了领导干部规范约束自身行为。

3. 充分发挥审计监督的职能作用。坚持厂处级干部离任审计制度，以财务、资金、资产状况为重点，实行离任必审。主要内容包括任期内经营目标完成情况的真实性；资产、负债和损益的真实性，及国有资产的保值增值情况；重大投资项目的合规性及收益评价等。1995～1999年，公司共对23名厂处级干部进行了离任审计。对少数弄虚作假、谎报利润以及亏损严重的领导干部作了组织调整和处理。

同时，还有重点地对各单位的财务收支情况进行审计。对各单位各种收入的真实性和合法性、费用支出的合理性，以及与集体经济往来的正常性进行监督检查。1995年以来，共开展财务收支审计25项，实现审计效益1339.9万元。此外，还对生产经营中的一些热点问题进行了专项审计，如房产司非住宅用房出租及水电气收费管理情况，七厂转炉污泥和钢渣销售情况，钢研所新产品试制费的收支情况等，共计开展专项审计45项。对审计中发现的问题，或督促整改，或移交纪检部门进一步调查。审计监督作用的发挥，有力地促进了各级领导干部在生产经营活动中遵章守纪，廉洁自律。

4. 积极开展舆论监督。利用重钢电视台、《重钢报》等舆论宣传工具，对生产经营中的不正常现象和领导干部的违法违纪案例，进行曝光。如重钢电视台近年来陆续制作了新闻调查《废钢流到哪里去了?》、《别砸自己的饭碗》、《黄东川违法违纪案》等，对一些单位私卖废钢、违规外委加工备件等问题进行了曝光，在全公司引起强烈反响。

5. 严肃执纪，坚决惩处一切腐败行为。严肃查处违纪违法案件，是防治腐败的最后一道防线，同时也是防治腐败最有力的手段。企业中的腐败无不以损公肥私为本质特征。如不坚决予以打击,将不足以正风气,平民心,长此以往,必将危及党的事业,企业的前途。另一方面,通过严肃执纪,打掉腐败分子的侥幸心理,增大腐败行为的政治、经济成本,对潜在的腐败分子也是一种极大的威慑。

为此,公司党政多年来始终高度重视支持案件查处工作。特别是对涉及厂处级干部的大案、要案,更是倾尽全力,予以坚决惩处。1995~1999年,公司共计立案查处142件,年均达到28.4件。其中,涉及厂处级干部的要案12件,大案59件。大要案占全部案件的50%。这意味着公司每年都要查处2~3名厂处级干部。在对这12名厂处长的处理中,受到双开的有5人,撤职的有1人,退休后取消厂处长待遇的有3人,可以说处理是相当严格的。这一系列大案要案的查处,正体现了公司领导班子从严治党、从严治企的坚强决心。

(原载2000年8月中纪委驻冶金局纪检组第61期《纪检监察简报》)

(本部目责任编辑　黄二卫
本部目责任校对　方小容)

重钢综述

概貌

【自然环境】 重庆钢铁(集团)有限责任公司(重钢)位于重庆市大渡口区,坐落于重庆西南部,距渝中区解放碑15公里,属重庆直辖市主城区范围。重钢在大渡口区的地方称为重钢本部,大渡口区人民政府驻于此地。重钢本部置于长江上游北岸,三面环山,地呈月牙状,与九龙坡区毗邻,隔江与巴南区相望。袁茄路、杨渡路、钢铁路等公路穿过重钢厂区、生活区。重钢本部面积6.065平方公里,本部厂区面积为2.64平方公里,厂区中心点位于东经106度29分,北纬29度29分,海拔标高210米;生活区在北面山顶,标高300~500米。重钢的公路总长为83公里,其中,大渡口地区重钢本部公路总长52公里。重钢本部的各条公路与重庆市其他公路主骨架联网,乘224、223、225、226、229、232、419等公共汽车,乘525、231、918路小公共汽车(中巴车)可从朝天门、解放碑、菜园坝(重庆火车站、重庆长途汽车站)、杨家坪、大坪、重庆西站、中梁山、沙坪坝、红旗河沟等地到达重钢。重钢东去17公里可达朝天门码头,西去2公里可进成渝高速公路;成渝铁路、渝黔铁路、襄渝铁路沿重钢厂区通过。长江沿重钢厂区由西向东流淌,重钢在长江边设有3座码头。

重钢本部厂区大地构造单元属四川盆地川东弧群褶皱带,厂区东为南温泉背斜高耸,西为中梁山背斜直立。阶地分四级:第一级阶地位于大渡村及高炉、焦炉一带,厂区标高195~200米,阶地前缘边坡为长江岸坡;第二级阶地标高220米,其边沿坡度40~45度,基岩基座的表面坡度为4度,向江倾斜。第三级阶地,成不连续分布,出露标高为260~278米,坡度5~7度向江倾斜,基岩基座的表面坡度5度,向江倾斜。第四级阶地发育完整,出露标高295~320米,组成物多为残积层,其前沿边坡大都大于45度。厂区物理地质现象有滑坡、河流冲刷、冲沟、崩塌等。滑坡分为新滑坡、古滑坡。新滑坡经1960~1966年分三期采取抛石反压措施后已阻止其活动。1959年提交的《重庆钢铁公司滑坡勘测报告》认为"该古滑坡沿原滑动面是难以滑动的"。河流冲刷也因1986年1月重钢铁系统技术改造江边抗滑挡土墙的修筑而得到改善。各种冲沟因修建下水道后已填充。

重钢本部冬湿夏热,夏秋多雨,属中亚热带湿润气候,年平均气温为17.7摄氏度。7、8月气温在36.1~38.5摄氏度,年降雨量1204.4毫米,6~9月份雨水量多,降雨量在150.4~199.7毫米之间。风向随季节而变化,秋末冬初为北风;年平均风速1.4米每秒,最大风速可达12米每秒,大气稳定以中性(D类)为主。重钢本部所在地的长江段河面在枯水位时宽度约292~600米,最高水位时约700~1190米;河床底部标高由151.48~163.84米,个别洼地有达4.88米深的水槽,水槽在厂区地段偏左岸。厂区地下水为侏罗纪重庆统砂岩裂隙含水层及第四纪松散层裂隙含水层。

2000年底,重钢集团土地总面积为19.63平方公里,厂区总面积为15.12平方公里,房屋建筑面积为4585142平方米,其中厂房面积1108687平方米。科学实验研究用房6020平方米。

(刘光军)

【历史】 重钢的历史可上溯到张之洞创办汉阳铁厂时的民族工业时期。1890年9月(光绪十六年)湖广总督张之洞创建汉阳铁厂,1896年5月(光绪二十二年)盛宣怀接办汉阳铁厂,将其改为官督商办。1898年盛宣怀开办萍乡煤矿。1908年(光绪三十四年)任邮传部右侍郎的盛宣怀将汉阳铁厂与萍乡煤矿合组为“汉冶萍煤铁厂矿股份有限公司”,改官督商办为完全商办,成为中国第一座现代化钢铁联合企业。属汉冶萍煤铁厂矿公司的大冶铁厂始建于1913年。1937年10月,国民政府确定四川为抗日战争大后方,重庆为国民政府驻地,蒋介石于1938年2月7日下令“汉阳铁厂应择要迁移,并限三月底迁移完毕,为要”而于当年3月1日由国民政府资源委员会与兵工署会同组建钢铁厂迁建委员会,主要任务是拆迁汉阳铁厂、大冶铁厂、六河沟铁厂、上海炼钢厂的主要设备迁往重庆建厂。1938年5月,钢铁厂迁建委员会确定在长江上游北岸的大渡口镇为厂址,征用土地222.4公顷建厂。1940年3月初,工厂开始发电,20吨炼铁炉投产。1949年3月,钢铁厂迁建委员会更名为军政部兵工署第二十九兵工厂。1949年12月6日,中国人民解放军接管工厂,成立中国人民解放军重庆市军事管制委员会军代室,1949年12月至1952年,对工厂实行军事管制。军管会接管工厂时,仍沿用第二十九兵工厂厂名,1951年3月工厂更名为西南工业部第一零一厂。1955年2月,一零一厂、西南钢铁公司两家合并,称西南钢铁公司,直接领导一零二厂、一零四厂、一零五厂、贵州省遵义锰铁厂、綦江铁矿。1955年4月,西南钢铁公司改称重庆钢铁公司,一零一厂改名为重庆第一钢铁厂、一零二厂改名为重庆第二钢铁厂、一零四厂改名为重庆第三钢铁厂、一零五厂改名为昆明钢铁厂;遵义锰矿(贵州省遵义锰铁厂更名)、綦江铁矿名称不变。1955年10月,重庆第一钢铁厂、綦江铁矿、遵义锰矿合成独立的计算单位与经济核算单位的重庆钢铁公司,重庆第一钢铁厂建制取消;重庆第三钢铁厂归重庆钢铁公司领导,为重庆钢铁公司的一个分厂,仍保持原计划与经济独立核算。重庆第二钢铁厂、昆明钢铁厂归国家重工业部钢铁工业管理局直接领导,“但由局委托陈登崑、刘柏罗两同志在西南地区基建和生产的工作安排力量,布置和互相支持等方法代表局加以照顾、指导。”1965年12月,由鞍山第二中板厂迁入重庆而组建的重庆钢铁公司第五钢铁厂投产,1966年3月,在綦江县的三江钢铁厂旧址建设而成的重庆钢铁公司第四钢铁厂投入生产。1978年,西昌太和铁矿划归重钢,为重钢太和铁矿。1968年9月,重钢成立“重钢革命委员会”,1978年3月,重钢取消“革命委员会”名称,恢复“重庆钢铁公司”称号。1991年10月,重钢公司组建重庆钢铁公司第七厂。1992年12月,重庆钢铁集团成立,重庆钢铁公司更名为重庆钢铁(集团)公司,为重庆钢铁集团核心企业。重庆铁合金厂、江津钢铁厂、重庆无缝钢管厂、重庆耐火材料总厂、重庆钢铁研究所进入重钢集团,重钢对重庆钢铁集团成员单位按照国发[1991]91号文件规定的“六统一”原则实施管理。1995年6月,重钢建立母子公司体制,重庆钢铁(集团)公司更名为重庆钢铁(集团)有限责任公司。2000年1月,重庆钢铁(集团)有限责任公司兼并重庆特殊钢(集团)有限责任公司,重庆特殊钢(集团)有限责任公司更名为重庆钢铁集团特殊钢有限公司,为重钢公司的全资子公司。

重钢在1958年前属中央在省企业。1958年下放由四川省冶金局管理;1964年5月又归国家冶金部管理,由四川省、冶金部双重领导;1970年8月,重钢又划归四川省管理;1971年下放给重庆市管理;1979年2月重钢为四川省首批进行扩大企业自主权试点单位。1988年,重钢成为国家二级企业;1993年9月成为全国特大型企业,1995年6月被国务院确定为全国100家现代企业制度试点单位之一,1997年4月29日经国务院批准为全国第二批120家企业集团试点单位之一,1998年,为国家重点联系的512户企业之一;1999年,被国务院批准为国家大型企业集团试点单位;国家认定的企业技术中心。

1950年5月重钢轧出新中国的第一根钢轨英制85磅每码,并于1952年5月19日提前12天完成铺设新中国第一条铁路成渝铁路所需要的全部钢轨任务。1960年5月12日,国家主席刘少奇视察重钢时,肯定重钢生产了新中国第一根钢轨:“新中国成立后第一根钢轨是重钢生产的,这样就对了。”重钢1957年提前11个月完成第一个五年计划。在第二个五年计划时期,重钢的钢产量为19.27万吨,生铁10.57万吨。在10年“文化大革命”中,重钢累计亏损1.31亿元。“六五”时期,生产焦炭272.6万吨,比前5年增长19.03%;生产铁273.22万吨,比前5年增长59.39%;生产钢

324.66万吨，比前5年增长56.91%；生产钢材311.89万吨，比前5年增长25.58%。“七五”期间，重钢生产焦炭351.03万吨，生铁374.77万吨，钢386.50万吨，钢材441.11万吨。“八五”期间，重钢生产焦炭474.55万吨、生铁564.13万吨、钢517.02万吨、钢材481.30万吨，分别比“七五”时期增长35.19%、50.53%、33.77%、9.1%。“九五”期间，重钢生产焦炭548.85万吨、生铁709.14万吨、钢695.04万吨、钢材664.71万吨，分别比“八五”时期增长15.66%、25.70%、34.43%、38.10%。

（刘光军）

2000年概况

【基本情况】 2000年，重钢对组织机构进行调整，撤销部级管理，保留技术中心，处室恢复科级管理。重钢实行母子公司体制，母公司1个，子公司26个，其中全资子公司21个，控股子公司5个。公司设董事会、监事会、经理执行层。资产总计118.67亿元，其中，流动资产55.75亿元。年末在岗职工29009人，在册职工51785人，离开本单位仍保留劳动关系的职工22776人。新进再就业中心240091人，出中心9897人，提前“双解”(解除劳动合同、解除进中心协议)8873人，再就业培训4643人，再就业资金为12828万元。2000年，重钢实现工业总产值35.95亿元，完成计划114.12%，比1999年增长10.16%，创历史最高记录，完成重庆市下达产值任务34亿元的105.74%。工业总产值（现价）58.34亿元，工业销售产值(现价)59.22亿元。工业增加值为19.85亿元。钢、铁、钢材、焦炭生产全面完成年目标计划：钢177.32万吨，生铁165.55万吨、钢材168.46万吨、焦炭114.76万吨，分别比1999年增长3.60%、8.42%、4.19%、0.18%。连铸坯164万吨，连铸坯合格率99.79%，连铸比93.36%。生铁合格率99.98%，生铁一级品率66.09%，综合焦比604.15千克/吨。转炉钢锭合格率99.80%，钢锭－材综合成材率90.02%，锭－材一次成材率89.81%，坯－材一次成材率86.28%，热轧材－冷加工成材率83.45%。钢材优质品率95.81%，国优、部优优质率95.81%销售钢材157.24万吨，其中，中厚钢板683531吨，优质型材40825吨。产销率为100.61%，出口钢材2.64万吨，生铁6.95万吨、钢坯11.12万吨，分别比1999年增长225.93%、245.77%、56.84%。产品销售收入51.54亿元，利税4.36亿元，其中利润1499.7万元。重钢获“2000年钢材(坯)出口先进单位”称号，2000年，重钢出口增量与“以产顶进”钢材折合钢计18.14万吨，重钢全年钢总量比控制目标161万吨少1.82万吨，减幅1.13%，获国家经贸委认可。

重钢生产的三峰牌造船用结构钢板6—36×≤2000×≤12000毫米、三峰牌20G锅炉用炭素结构钢板6—36×≤2000×≤12000毫米、三峰牌16MnR压力容器用低合金钢板6—36×≤2000×≤12000毫米3个产品获“2000年重庆名牌产品”称号。

2000年，重钢全年完成非钢产业收入为19.20亿元，比1999年增长23.52%。

【“五管齐下”综合治理】

“兼并重特”、“债转股”、“清产核资”、“国债贴息技改”、“加强领导班子建设”的“五管齐下”是国务院、中共重庆市委、重庆市政府于1999年12月对重钢公司的一项政策，是国家、社会对重钢“从上到下的支持”(重庆市市长包叙定2000年11月7日视察重钢语)。重钢以“五管齐下，综合治理”为指导思想，确定2000年工作的总体要求并对全体职工提出“一个重点、两件大事、三个到位、四项要求”(以学习贯彻党的十五届四中全会精神为重点：一是抓好厂情教育，二是抓好扭亏为盈；全体职工尤其是领导干部要自警自励，自我约束，作到思想到位，形象到位；要求全体职工增强一个意识，坚定一个信念，提倡一种精神，惩诫一种行为；即树立忧患、危机意识，坚持改革才能生存发展，提倡真抓实干务实精神，惩戒一切损公肥私的行为)。重庆市委、市政府对重钢“五管齐下”的实施十分关心与支持，中共重庆市委书记贺国强专门带队来重钢调查研究。重钢抓住机遇用足用好国家政策，坚持改革加快调整，以求发展。

2000年1月3日，重庆市经济委员会渝经发[2000]2号文件《重庆市经济委员会关于重庆钢铁(集团)有限责任公司兼并重庆特殊钢(集团)有限责任公司的批复》，2000年1月17日，重庆钢铁(集团)有限责任公司实施对重庆特殊钢(集团)有限责任公司兼并，兼并后的重特公司更名为重庆钢铁集团特殊钢有限公司，纳入重钢集团母子公司管理体制运行。重钢“五管齐下，综合治理”

方案开始贯彻落实，两家资产融为一体，重庆钢铁产业结构开始重大调整。通过兼并，特殊钢公司落实免息5.9亿元。重钢资产重组，走上普特结合，优势互补的道路。

2000年7月10日上午“重钢债转股协仪签字仪式”在重庆市政府底楼会议室举行，重钢债转股金额为362245万元，是重庆市债转股金额最大的企业，与重钢签订债转股协议的资产管理公司有4家：华融资产公司，东方资产公司，信达资产公司，长城资产公司。重钢债转股后注册资本金为454153万元，其中，重钢代表重庆市政府持股91908万元，占总股本的20.24%华融资产公司、东方资产公司、信达资产公司、长城资产公司分别占总股本的71.76%、5.17%、1.9%、0.93%。重钢债转股后，资产负债率由84%下降为51%，全年可减少财务费用1.02亿元。2000年11月14日，国家经贸委以国经贸产业[2000]1086号文件正式批准重钢为第二批242户企业的债转股方案及债转股协议。重钢债转股后，重钢的资本结构发生变化，从独资企业转变为由两个以上股东组成的有限责任公司，实现投资主体多元化。

2000年，重钢的清产核资工作已完成（待政府最后确定和处理决定）。重钢的两个国债贴息技改工程：总投资23.4亿元的普钢系统板带技改工程、总投资9.3亿元的特殊钢系统汽车用优质特钢生产线技改工程通过重庆市政府、国家冶金工业局论证。2000年12月5日，国家经贸委以国经贸投资[2000]1150号文件《关于重庆钢铁(集团)有限责任公司优质特钢生产线技术改造项目建议书的批复》，同意重钢公司实施优质特钢生产线技术改造。项目总投资为9.3亿元，其中申请银行贷款5.8亿元，其余资金企业自筹。普钢系统项目所立项已获国家经贸委口头同意。

2000年，重钢对领导班子建设采取系列措施。实施撤部并处，精简机构的同时成立人事处专门负责厂处级班子的考核、任免等管理工作，突出、强化厂处级班子建设职能，提出领导干部要自励，自我约束，做到思想到位，形象到位，遵纪守法，尽职尽责。坚持对领导干部严格要求、严格管理、严格监督，定期考核与平时考核相结合。全年厂处级岗位系统实现交流39人次，提拔处级以上年轻干部58人，免职6人。重钢领导班子获得赞扬，中共重庆市委书记贺国强于2000年9月13日就《重钢情况汇报》作批示，肯定“在重钢（含兼并后的特钢）领导班子及全司职工的努力下，今年以来，重钢取得了可喜的成绩。”重庆市市长包叙定2000年11月7日视察重钢时，赞扬“从公司领导到职工的精神面貌都给人以鼓舞。”2000年12月17日，贺国强在《国内动态清样》（2000年12月8日第3108期）刊载《重钢集团实现扭亏》上批示，向重钢“集团公司领导班子及全厂职工表示热烈的祝贺和衷心的感谢。”

【“四个第一”扭亏脱困】

重钢公司1999年亏损2.37亿元，2000年1月重钢兼并重庆特殊钢（集团）有限责任公司后（重特公司1999年亏损3.59亿元）重钢集团1999年亏损5.96亿元，占重庆国有企业总额的45%。2000年初，重钢在“五管齐下”政策支持下，提出“营销是第一线，成本是第一竞争力，质量是第一信誉，科技是第一生产力”的扭亏脱困指导思想，2月25日重钢公司总经理唐民伟提出“落实责任，分片包干，突出重点，月月抓紧，按扭亏增盈要求作好工作”，对子公司以“量（产量）、本（成本）、价（价格）”为扭亏的着力点，提出年底扭亏为盈奋斗目标。一季度，实现工业总产值8.42亿元，比1999年同期增长6.63%，实现销售收入16.37亿元，比计划增长3.86亿元，亏损7702万元，同口径剔除特殊钢公司亏损3573万元，重组前的重钢实际亏损4129万元，与1999年同期相比减亏1598万元，减亏27.9%。2000年6月，重钢在消化特殊钢公司亏损1056万元的基础上实现利润1000万元，加上债转股免息，重钢6月赢利4001万元。7月27日，“重钢上半年经济分析会”认定，重钢公司上半年大幅减亏，多数子公司增效达到目标。重钢2000年上半年减亏1.06亿元，其中，原重钢部分实现利润2008万元，比1999年同期减亏9233万元，特殊钢公司亏损6789万元，比1999年同期减亏1413万元。至8月，重钢继续保持盈利水平，实现利润1924万元，与1999年同期相比，减亏17245万元。2000年9月30日，重钢实现盈利501万元，提前3个月实现扭亏为盈目标。

重钢将“营销是一线”作为扭亏的一个重要工作，把营销工作提到经济运行中心地位。领导干部抓营销一线，精兵强将上一线，政策激励到一线，科技攻关保一线。销售工作执行“冷静对待、妥善处理、优质服务”方针，增强“向一元钱要效益的市场意识，从定货源头控制品种结构、规格、数量,加强资源的平衡,以“近距离主导市场,远距离辐射市场,行业配套市场”为销售布局。重钢公司董事长、总经理、党委书记唐民伟对营销工作提出“六字方针”:人、机、法、教、管、查(人:重视营销队伍管理,提高营销人员素质;机:营销运行机制要健全、合理;法:法规、制度建设;教:加强营销队伍教育;管:管理;查:对财务、合同执行情况及分析业绩检查),保价促销。2000 年一季度钢材销售量与 1999 年同期相比增长 21.6%,产销率提高 4.72%,货款回笼总额提高 32.47%,其中货币回笼率提高 22.34%。1~6 月,销售成本同比增长 27.33%,销售成本降低 7.2%。2000 年,重钢全年销售钢材 157.24 万吨,产销率为 100.61%,年末钢材库存 3.9087 万吨,比年初库存减少 1.06 万吨,钢坯库存 0.1007 万吨,比年初减少 0.0387 万吨。2000 年,重钢实现产品销售收入 51.54 亿元,比 1999 年增长 45.23%,实现利税总额 4.36 亿元,比 1999 年增长 311.32%。

【重钢实现外贸扩权】 2000 年 7 月,国家外经贸部发外经贸发展审函[2000]字第 1543 号文件,同意重钢扩大进出口经营范围,实现外贸扩权,改制为外贸流通公司,为重庆市自营进出口企业的第一家改制企业。2000 年,重钢出口钢材 2.64 万吨,比 1999 年增长 225.93%,生铁 6.95 万吨,比 1999 年增长 245.77%,钢坯 11.2 万吨。比 1999 年增长 56.84%。2000 年,“以产顶进”钢材 10.59 万吨。重钢进出口总额为 8416 万美元,比 1999 年增长 46.34%,其出口金额为 4264 万美元,比 1999 年增长 135%,列重庆市出口 15 强第 4 位。出口中厚板、槽钢、板坯、生铁、钢管、硅钢片、轴瓦、摩托车等产品及劳务输出,其中中厚板创汇 461 万美元、板坯创汇 2154 万美元、生铁创汇 819 万美元、摩托车创汇 791 万美元。

【科技攻关保一线】 2000 年,重钢的科技工作围绕生产薄弱环节和发展总体要求,达到“科技攻关保一线”的目的。重钢获重庆市科技进步奖 10 项,经重庆市经委推荐申报国家技术创新项目 1 项。重钢以“技术含量高、经济效益好、严格控制数量”的原则确定科技项目立项,下达 4 批 47 项科技项目,全年投资 3094.5 万元(重钢公司支持 1402 万元,项目单位自筹资金 1492.5 万元,重钢公司担保申请贷款 100 万元,国家经贸委拨款 100 万元),11 个项目完成计划任务,8 个项目通过重钢公司科技成果鉴定。报重庆市技术创新项目 22 项,其中新产品开发 12 项,新技术推广和高新技术产业化项目 10 项;22 项项目全部完成投入运行后预计当年可增产值 2500 万元,利税 4100 万元。重钢公司受国家委托负责起草的国家标准《汽车车轮轮辋用热轧型钢》已由国家冶金工业局颁布实施。重钢承担的另一国家标准《造船用球扁钢》获审定。重钢根据国家容器钢对碳、硫含量和冲击值收严的情况,制定“铁水预脱硫 - 冶炼 - LF 炉炼 - 轧制 - 检验”新工艺。2000 年,重钢与国内外院校、科研单位合作引进、联合开发“垃圾焚烧炉设备国产化”、“转炉喷补料”、“降低钢板表面微裂纹”、“感应电渣离心浇铸”、“LF 炉精炼”、“发泡剂木屑 - 微生物系统治理污水”等高新技术项目。

2000 年,重钢成立重钢企业博士后工作站,公布 8 个博士后课题,其中 2 个课题已签约。申报职务专利 37 项,实施 28 项,获专利授权 49 项,兑现专利授权、受理奖金 6 万元。职工提合理化建议 19012 条,被采纳 9089 条,实施 5250 条,创效益 4044 万元。2000 年,重钢新产品开发以“高附加值化,微合金化,系列化”为原则,开发新产品 7 个(普钢),总量 9.25 万吨,产值 2.5 亿元,利润 5000 万元。开发特殊钢新产品 8952.91 吨,产值 6809.54 万元。

(刘光军)

“九五”概述

【重钢“九五”概述】 1998 年 4 月 14 日上午 10 时零 2 分至 10 时 58 分,中共中央总书记江泽民率中央有关部、委、办领导及重庆市党政领导视察重钢。江泽民总书记听取了重钢公司总经理郭代仪的汇报,到重钢七厂连铸车间生产现场了解情况并与职工交谈之后,分别在全国劳动模范黄荣昌家及下岗职工曾晗波家看望黄荣昌、曾晗波。

“九五”时期初,重钢由国家授权的享有国有资产经营权转变为依法享有法人财产权,按《公司法》将原《企业法》登记的重钢(集团)公司重新登记为重庆钢铁(集团)有限责任公司。重钢建立董事会、监事会和经理层管理体制,实行以产权为纽带的母子公司体制。按《公司法》将按《企业法》登记的电子、设计、汽车运输、热陶瓷、房地产、生活服务、机械制造等企业改制为重庆钢铁(集团)有限责任公司的全资子公司,将矿山等系统,按《公司法》组建为重庆钢铁(集团)有限责任公司的全资子公司,将4家集团成员企业按《公司法》改制为重庆钢铁(集团)有限责任公司的全资子公司,将重钢建筑安装公司与集体建筑安装企业重组改制为重庆钢铁(集团)有限责任公司的控股子公司。1996年1月12日,重钢11家经过改制的有限责任公司成立,为重钢的全资子公司。“九五”期间,重钢调整母子公司之间及子公司与子公司之间的经济和管理关系,母公司从事资本经营和资产管理,子公司从事生产经营,形成“母公司作为投资中心和资本经营中心,子公司作为利润中心,子公司下属单位为成本中心”,实施集权与分权管理。1997年8月12日,由重钢钢铁生产经营主体部分单位的资产及相关负债组成并将重庆恒达钢业股份有限公司股权投入的重庆钢铁股份有限公司创立。1997年,重钢有母公司1个、全资子公司16个、控股子公司6个、参股子公司2个。1998年,重钢有母公司1个、全资子公司18个、控股子公司7个、主要参股子公司2个。1999年,重钢有母公司1个、全资子公司20个、控股子公司4个,2000年,重钢有母公司1个、全资子公司21个、控股子公司5个。1996年2月,重钢组织机构设“九部一中心”(财务部、规划发展部、综合部、人事部、社会工作部、商贸部、钢铁事业部、产业部、党群工作部及技术中心),1998年2月,机构设置改为“四部一中心(财务部、发展协调部、综合部、人事部、技术中心),1999年11月8日,重钢发重集人劳发[1999]第470号文件《关于重庆钢铁(集团)有限责任公司机构调整的通知》,重钢进行机构调整,取消“四部一中心”的部级管理,处室部门内设科级机构。

“九五”期间,重钢进行现代企业制度试点。1997年4月,重钢经国务院批准为全国第二批120家企业集团试点单位(重钢于1995年6月为全国100家现代企业制度试点单位),1998年,重钢为国家重点联系企业512户之一,1999年4月,国家经贸委批准《国务院大型企业集团试点重钢集团试点方案》,重钢为国家大型企业集团试点单位。重钢按国家批准的方案,稳步推进现代企业制度、企业集团试点,由国家授权的国有资产经营权转为依法享有法人财产权,形成以资产为纽带,以母子公司体制为基础的企业集团。

“九五”期间,重钢的企业管理主要方式为“五必有”责任制。1996年重钢开展“五必有”工作(有岗必有职责、有职责必有指标、有指标必有考核、有考核必有效益、有效益必有分配)。1997年,重钢发重集综企发[1997]196号文件《重钢1997年深入落实“五必有”指导意见》。1998年5月,重钢发重集综企发[1998]第244号文件《关于完善落实“五必有”责任制制度的通知》,1999年,重钢印发《1999年进一步规范“五必有”责任制实施办法》,统一印发“五必有”责任书。至1999年3月,重钢在岗职工“五必有”责任书签订率为95%,重钢公司企管处每季组织一次“五必有”检查,半年通报一次检查结果。

“九五”期间,重钢资本融资投资主体出现多元化。1996年11月28日,重庆东源钢业股份有限公司6700万流通股A股股票在深圳交易上市,9时25分,“重庆东源”开盘价为12元。1996年12月29日,重庆钢铁(集团)有限责任公司被国务院证券委列入第四批38家境外上市预选企业。1997年3月19日,国家国有资产管理局发国资评[1997]254号文件《关于重庆钢铁(集团)有限责任公司组建上市公司并在境外发行H股上市股票项目资产评估立项的批复》。1997年10月17日,重庆钢铁股份有限公司H股在香港联合交易所上市,发行股票4.1亿股。

1996年9月4日上午,重钢淘汰最后一座平炉(铸钢公司一号平炉),结束平炉炼钢历史。1997年重钢连铸比为99.43%,居国内领先水平。1998年11月,中兴公司停止1座“产品单一,合同不足,成本高,亏损大”的10吨电炉生产;1999年5月27日,重钢六厂2座10吨氧气顶吹转炉中止生产;1999年6月30日,重钢四厂100立方米锰铁高炉停产;同年7月,机制公司一铸钢车间停产;8月,铁业公司淘汰土烧结工序。2000年6月,股份公司炼铁厂一烧结停产。2000年,重钢公司环境保护工作“一控双达标”通过重庆市环保部门的考核,重钢“一控双达标”任务完成。

1996年11月,重钢生产的20g、16MNR钢板获劳动部安全质量免检认证。重钢生产的普通船板、高强度船体结构钢自1995年12月开始至2000年,先后获中国(CCS)、英国劳埃德(LR)、德国劳埃德(GL)、韩国(KR)、美国(ABS)、日本(NK)、法国(BV)、挪威(DNV)及意大利(RLNA)等9国船级社工厂认证。2000年,重钢生产的“三峰牌”压力容器用钢板

16MnR、船体结构用钢板 A、B、D、AH32、AH36 再次获冶金产品实物质量“金杯奖”。1996 年 9 月,日本政府对华绿色援助节能示范项目、无偿提供技术及 23 亿日元主体设备,重钢自筹资金 5800 万元的重钢焦化厂煤调湿(CMC)调试,11 月 11 日,进行第一阶段负荷试车,1997 年 2 月 4 日一次性试车成功,3 月 21 日,正式投入运行。1996 年完成《大宝坡石灰石矿简易投产方案》,1997 年 9 月完成第一期工程 40 万吨/年规模施工设计,1998 年投资 1039.21 万元,占总投资的 43.64%,1999 年累计完成投资 2310 万元,占总投资的 77%,完成露天采场 3200 米矿岩运输公路。2000 年,大宝坡石灰石矿工程竣工。1997 年 1 月 21 日,五号焦炉投入运行,工程总造价 8000 万元,每年用精煤(干基)36.8 万吨,年产焦炭 27.97 万吨。铁水脱硫工程 1997 年 8 月开工,1999 年 1 月 31 日,铁水脱硫一号工位热试车,8 月,一号工位处理铁水 468 罐,单工位达到设计处理能力,12 月,脱硫率提高 70%。1997 年 9 月,重钢三号、四号高炉水处理二期工程开工,1998 年工程竣工,总投资 1052 万元,其中重庆市环保局环保工程贷款 700 万元。煤气洗涤水、冲渣水系统实现闭路循环,冲渣水不再排入长江。煤气洗涤水每小时 1400 立方米循环使用,冲渣水每小时 1200 立方米循环使用,每年节约排污费 200 万元。1997 年至 1998 年,重钢推广、应用、继续创新模糊控制技术第三阶段,至 1998 年底,重钢实现模糊控制技术改造项目 28 项,累计风机 49 台,炉窑 19 座,投入 1580 万元,节省燃气 5%,减少烧损 0.5%。1998 年 7 月 10 日,重钢与中国冶金设备总公司、北京钢铁设计院研究总院签订《重钢高速线材轧机总承包合同》,10 月,重钢高线指挥部与重钢设计院签订《高速线材工程设计合同》。1999 年,重钢高速线材工程全面实施,1999 年底,挖填方 35249 立方米,浇灌混凝土 12633 立方米,构件安装 363.4 吨,敷设管线 3600 米,共计完成土建工程 2180.43 万元,高线项目工程进度达到一级网络计划目标。2000 年 7 月重钢高速线材轧机项目投入试运行,重钢产品结构调整,开始向中厚板、薄板、高线、特殊钢生产线的格局发展。1998 年 2 月,重钢运输公司开发压缩天然气汽车(CNG),4 月、12 月改制客车、货车各 2 台(其中货车为重庆市的首台)。1999 年 5 月,重钢 CNG 加气站建成投运,为重庆市 1998 年 4 家规划建气站最早盈利及正常运行的气站。当月,重钢运输公司被有关部门批准为重庆市首家 CNG 汽车改车资质厂家。

1999 年 1 月 11 日,重钢三号转炉建成烘炉,12 日凌晨冶炼出第一炉合格钢水,至此,重钢已具备年产钢 200 万吨的生产能力,1999 年 2 月,重钢设计院引进日本木屑 - 微生物治污工程开工,9 月,木屑 - 微生物制污技术通过重庆市科委技术鉴定,列为 1999 年重庆市科技项目。1999 年,重钢股份公司七厂筹建 LF 炉,7 月,与 LF 炉主体设备中标单位西安鹏远电炉制造有限公司签订供货合同,2000 年 11 月 8 日,LF 钢包精炼炉建成投产。

“九五”时期,重钢完成固定资产投资 11.33 亿元,比“八五”时期的固定资产投资增长 48.48%,在完成的固定资产投资中,技术改造项目完成投资 71422 万元,比“八五”时期增长 6.14%。1999 年,重钢被评为全国“促进专利技术产业示范工程”项目单位,重钢总工程师室被评为“全国专利系统先进集体”。“八五”时期,重钢申请的专利年平均未超过 6 项,“九五”期间,重钢 1997 年至 2000 年分别为 16、28、94、37 项,4 年间共申请专利 145 项。“九五”期间,重钢职工提合理化建议 77372 条,被采纳 33224 条,实施 16374 条,创效益 8644 万元。开发新产品 109.41 万吨,创效益 11728 万元。

“九五”期间,重钢推进剥离企业办社会职能工作。1995 年 9 月,重钢向重庆市江北区政府移交自办的 1 所中学校、2 所小学校之后,1996 年 12 月 30 日,重钢向重庆市大渡口区政府移交 15 所中小学校。2000 年 12 月,铁业公司向重庆江津市政府移交 2 所中小学校。在重钢公司本部(大渡口)之外的重钢四厂、铁合金公司、綦江铁矿等单位自办的子弟学校的移交工作接近尾声。

“九五”期间,重钢的焦炭、生铁、钢、钢材的产量每年增长。1997 年焦炭产量比 1996 年增长 0.10%,1998 年、1999 年、2000 年分别比上年增长 0.95%、3.44%、0.18%,生铁产量 1997 年比 1996 年增长 13.30%,1998 年、1999 年、2000 年分别比上年增长 6.45%、7.09%、8.24%。钢产量 1996、1997、1998、1999、2000 年分别为 110.35 万吨、124.25 万吨、135.92 万吨、147.2 万吨、177.32 万吨。钢材产量在 5 年期间分别为 103.10 万吨、129.90 万吨、131.03 万吨、132.22 万吨、168.46 万吨。“九五”期间,重钢共计生产焦炭 548.85 万吨,比“八五”时期增长

15.66%,生产生铁709.14万吨,比“八五”时期增长25.70%,生产钢695.04万吨,比“八五”时期增长34.43%,生产钢材604.71万吨,比“八五”时期增长38.10%。

(刘光军)

【党建工作“九五”概述】

“九五”期间,重钢党建工作重点放在班子建设和党的组织建设工作上,1996年拟订《“四好”领导班子标准认定条件》,1997年制定《重钢开展“四好”领导班子的评选办法》,三次组织表彰40个达标“四好”领导班子和21个先进“四好”领导班子,“四好”班子达标率在80%以上。“九五”期间对厂处级领导班子考核力度加大,每年汇同人事部门对各二级班子不少于2次考核,根据考核结果不断调整充实厂处级干部队伍,5年间提拔205名厂处级干部。1995年末305名在岗厂处级干部平均年龄为45.9岁,大专以上文化占86.6%;2000年末在岗256名厂处级干部的平均年龄为43.25岁,大专以上文化占96.9%,平均年龄比“八五”末降低2.65岁,大专以上文化比例比“八五”末提高10.3%,在岗厂处级人数比“八五”末减少49人。“九五”期间,厂处级及后备干部送清华大学、重庆大学、重庆市经济干部管理学院等院校培训181人,比“八五”期间送外培训多99人。“九五”末,重钢集团二级党委24个,直属党总支2个,基层党支部(总支)615个,组织健全;党员队伍不断壮大,党员先锋模范作用发挥较好。基层党支部达标率达到86%;五年发展党员2583人,“九五”期末党员数18181人,占职工总数19.74%,比“八五”期末16.31%提高3.44%;党员先锋模范作用好和较好的比例占92%以上,保持了“八五”期间的水平。1999年2月,组织部获重钢公司党委授予的《1996—1998达标先进党支部》称号;1996年至2000年,组织部连续评为重庆市《当代党员》、《党员文摘》发行先进单位。

“九五”期间,党委组织部按重钢公司党委《三年规划》布署,加强领导班子建设和党的组织建设。1.组织开展“学习理论,奉献岗位,建功立业”演讲竞赛活动。各单位经过初赛,选拔10名优秀共产党员和基层党支部的代表在重钢公司举行的“七一”纪念演讲会上,汇报参加“双学”活动的收获及“立足岗位、奉献岗位、建功立业”的事迹。2.开展“党员示范岗”挂牌上岗活动,明确“党员示范岗”标准和活动方式、评选比例及评选办法等,并实施动态管理。1997年上半年,重钢党委首批授予1534名党员“党员示范岗”称号,占在岗党员总数的20%。经测评,在岗党员发挥先锋模范作用好和较好的比例达到96.16%。3.1997年,重钢党委开展“当初入党为什么、现在为党干什么、将来给党留什么”大讨论,并以这一主题活动为载体,在党内开展理想、信念、世界观、人生观和价值观教育。围绕主题设置“当代党员应树立怎样的世界观、人生观和价值观”、“党员应怎样增强本领,迎接市场竞争”等9个讨论专题。采取4种活动方式,一是各党小组、党支部通过党小组会,支部大会及党课组织学习座谈;二是各单位通过党员轮训组织专题宣讲;三是组织党员演讲等自我教育活动;四是围绕主题举办征文活动。各单位共组织专题座谈会503次,举行演讲汇报会71场,参加演讲的党员和入党积极分子636人次,《重钢报》收到征文120篇。4.1998年,重钢党委贯彻落实重庆市委《关于在全市党内开展全心全意为人民服务宗旨教育活动的意见》精神要求,在各级领导班子中开展“掌权为什么,用权干什么,当官图什么”征文笔谈活动,并在《重钢报》上开辟专栏,不定期刊登应征的笔谈征文。此次征文笔谈活动,是重钢党委《关于加强领导班子建设三年规划的实施意见》的重要内容之一,是重钢在党内开展的“当初入党为什么,现在为党干什么、将来给党留什么”大讨论活动的继续深入。部分子公司结合单位实际开展小型的笔谈交流活动,并在此基础上向重钢公司推荐优秀征文,整个活动收到征文54篇,《重钢报》刊登34篇,10篇征文分获一、二、三等奖。5.1999年,组织招聘国有企业经营管理者工作。重钢于1999年6月至8月参加了重庆市首次向社会公开招聘国有企业经营管理者工作,将重钢集团热陶瓷公司、益益久公司两个子公司的经理职位向社会公开招聘。2个职位共有48人报名(报热陶瓷公司经理的21名,报益益久公司经理的27名)参与竞争,报名者中有熟悉专业知识的知识分子、有博士、研究生等,也有较长时期从事生产经营的国有企业中层管理人员。经考核评审招聘王新才任重钢集团热陶瓷公司经理;黄果(重庆教育中等专科学校生物教师)任重钢集团益益久公司经理。

(滕明全 陈祖田)

【重钢工会“九五”概述】

“九五”期间,重钢工会1.坚持围绕生产经营的急、难、险、重任务开展群众生产活动。先后开展

"两降两增做贡献"、"学邯钢、强管理、保目标、增效益、提一条合理化建议、堵一条生产、管理环节漏洞，人均增效1000元"（"三个一"）等主题活动及劳动竞赛、合理化建议、技术革新活动。"九五"期间，共组织各种竞赛1325项，创效益9345万元；提合理化建议63523条，采纳34457条，实施13578条，创效益6735万元，以职工姓名命名和推广"税建国更换中间包法"、"黄勇补炉法"等一批先进操作法。2.1995年底与行政签订集体合同制度，坚持每半年一次就有关重大问题与行政进行平等协商，对集体合同执行情况进行检查；相继建立并制定职工董事、监事制度，《职工持股会章程》、《全心全意依靠职工办企业条例》、《厂务公开暂行规定》，修改并完善职工民主管理办法，职代会工作办法，建立职工法律咨询服务站等。3.调整了职代会工作程序，坚持企业重大问题和改革方案交职代会讨论、审议。"九五"期间共审议重大改革方案和涉及职工切身利益的事项共46个（项），职代会处理提案45件、建议和意见190件，民主评议厂（处）级干部3次，共评议厂（处）级领导干部782人（次）。2000年底，在5个子公司、10个车间、20个班组进行了深化厂务公开试点工作。2000年，重钢公司获重庆市厂务公开先进单位。4.抓好职工思想教育，抓好劳模的"选"、"树"、"学"活动。1996年、1998年先后召开"重钢集团模范职工、先进集体表彰大会"。1996年评选表彰特等模范四有职工10名，模范四有职工40名，先进集体10个，模范车间15个，模范六好班组80个；1998年评选表彰特等模范四有职工5名，模范四有职工25名，先进集体5个，模范车间15个，模范六好班组50个。坚持对劳模实行重奖和定期津贴，并办理劳模补充养老保险，达到"表彰一人，激励万人"争先创优的激励效应。5.开展历时三年的"跨世纪文明女职工素质达标"活动；组织50个工种计万名职工参加"钢花杯"职工技术竞赛，参加全国、省、市等部门举办的专业技术能手赛。6.坚持每四年举办一次职工运动会，每两年举办一届"红五月"歌咏比赛，每年举办一次大型职工文艺汇演。"九五"期间举办第二届、第三届女职工"钢城之星"比赛。1995年以来，重钢老年书画社完成《三国演义》、《红楼梦》（均配插图）、《邓小平文选》（第三卷）的手抄工作。7.相继完善职工困难补助办法、困难职工子女上大学补助规定，建立特困职工档案并纳入微机管理，建立劳模补充养老保险、职工医疗保险、大病统筹办法，以及养老、失业、再就业等保障机制。五年来，办理职工死亡劳保4320人，办理职工供养直系亲属死亡丧葬费1020人，办理遗属享受定期抚恤费、生活困难补助4625人，发放金额3298万元。参加职工医疗互助保险3.4万人，享受补助487人，补助金额98.9万元。与重钢公司行政共同建立重钢职工劳务市场，共办理岗位交流1339人，介绍职业874人（次），成立下岗女职工擦皮鞋队、家庭服务站，共有269人重新走上新岗位。1998年5月，组织下岗职工再就业明星评选表彰，评选出曾晗波、吴建秀等17名再就业明星。1998年4月，江泽民总书记视察重钢时接见了曾晗波。

"九五"期间，重钢工会保持了"全国模范职工之家"称号，先后获"全国工会社会保障先进单位"、"全国劳动保护先进单位"、"冶金局对口扶贫工作先进单位"、"全国先进劳动争议调解委员会"、"全国职工技协先进单位"、"全国职工体育先进单位"等称号。2000年11月，重钢工会主席潘向宇被增补为全总执委会委员，参加中国工会十三届三次执委会会议。

（龙学明）

【企业管理"九五"概述】

1.建立现代企业制度，规范法人治理结构。1997年4月，重钢被列入全国100家建立现代企业制度后的全国120家大型企业集团试点单位之一，按照《公司法》改制为国有独资公司。1999年4月12日国家经贸委批复《国务院大型企业集团重钢集团试点方案》。重钢建立董事会、监事会、经理层建立起企业法人财产制度。

按照国务院领导1999年12月18日关于重钢兼并重特，"五管齐下"（兼并重特、债转股、清产核资、国债贴息技改、加强领导班子建设），解决重特问题的指示精神，重钢制定《重钢兼并重特总体方案》和《重钢兼并重特后债权转股权方案》，于2000年1月完成对重庆特殊钢（集团）有限责任公司的兼并。兼并重特后，重特公司作为子公司已纳入重钢母子公司管理体制中。国家经贸委以国经贸产业[2000]1086号文件批复同意重钢实施债权转股权，转股额度为362245万元。

2.适应母子公司体制需要，重组公司管理机构和管理职责，开展结构调整。1996年，根据《重钢(集团)有限责任公司机构调整方案》,将重钢公司管理机构由“九部一中心”31个处室调整为“四部一中心”20个处室;按“五部十处室”原则,建立钢铁股份公司管理机构,钢铁股份公司下属生产厂管理机构统一按“三科一室”设置,精简科级机构29个,减少科级职数29个;重钢公司和钢铁股份公司管理机构均不设科级机构和科级职数,推行主办制度。1999年重钢机构调整,撤部设处24个,设置科级机构。

“九五”期间,重钢以《公司法》和《重钢建立现代企业制度试点总体实施方案》为依据,将过去以生产协作为基础建立的核心层、紧密层、半紧密层、松散层的集团成员改组为以资本为纽带的全资子公司、控股子公司,组建设立电子、房地产、机械制造等19个全资子公司,6个控股子公司。其中,重庆东源钢业股份公司于1996年11月在深交所上市。根据钢铁主业和非钢产业并举发展的战略思路,重钢组建重庆三环建设监理有限公司、新港装卸运输有限公司、三峰环卫有限公司。继续推进“主辅分离”工作,完成将股份公司的食堂、环卫绿化职能和人员移交生活服务公司管理。完成监理公司、职工医院、培训中心、电影院的内部分离。按照专业化、集约化、规模化的经营原则,实施企业结构重组,将重钢集团内从事机械制造加工的企业进行归并。根据这一原则,对子公司下属或代管的小法人企业进行清理和整顿,工商注销20家,停止经营、证照印章收缴统一管理18家,实行两块牌子、一套人员的3家。进行了子公司及下属法人企业投资主体多元化改革探索,对钢研所组建的英斯特模具公司,采取重钢公司和职工共同持股方式;在三峰环卫公司实施职工持股的改制。

3. 企业管理。“九五”期间,重钢贯彻落实重庆市《学邯钢、抓管理活动》精神,以真学、实学、落实见效为核心,以成本、资金、营销、质量为重点,开展“查、反、堵漏洞”活动,贯彻“生产围绕营销转,营销围绕市场转”经营方针,实施“用户满意工程”。在1997年清理各类管理制度基础上,修订、完善各项基础管理、专业管理和综合管理制度办法114个。按国家和重庆市统计局关于企业集团和钢铁企业新的统计制度和新的《钢铁工业指标计算方法》要求,完善综合统计、专业统计三级统计网络,完成5年的统计年报和日常统计工作。在第三次全国工业普查工作中,重钢被评为全国工业普查先进集体和冶金部工业普查先进集体一等奖。5年来,软科学和管理现代化创新项目立项100项,完成成果鉴定验收96项。获全国企业管理现代化创新成果奖2项,国家冶金局企业管理现代化创新成果6项,重庆市企业管理优秀成果奖26项,有74项成果分别获得重钢公司1995~1996、1997~1998年度科技进步奖,其中一等奖4项、二等奖10项、三等奖27项、四等奖33项。“九五”期间,重钢完成将重钢本部自办的15所中小学铁业公司的2所中小学校移交当地政府管理。1996年12月1日,重庆市劳动社会保险局以渝劳险[1996]828号文件成立重庆市劳动社会保险局重钢退管工作站,逐步将企业退管工作过渡到社会管理。1998年12月10日,重庆市公安局以渝公政发[1998]825号文件将原重庆市公安局重庆钢铁公司分局改编为重庆市公安局钢城分局,1998年12月26日正式授牌成立。钢城分局机构列入地方公安机构序列,其编制收归重庆市公安局统一管理。

4. 责任制考核。责任制考核主要以利润为中心考核子公司;对子公司实施资产经营责任制考核,对重钢公司负责人、职能处室、直属部门实施工作目标责任制考核,同时实施专业经济责任制考核;对各单位重点难点工作指标完成情况进行考核;职工收入与单位考核指标和个人考核指标完成情况结合。坚持企业管理以财务管理为中心,财务管理以奖金管理为中心,特别强化营销、资金、成本、质量、技术创新在企业管理中的重要作用,健全单位内部分配体系,加大分配奖励力度,较好地完成了由二级厂与子公司转变为子公司与子公司,由承包指标加内部合同考核转变为资产经营责任制、工作目标责任制考核工作。1996~1999年,推行“有岗必有责,有责必有指标,有责必有考核,有考核才有分配”的“五必有”责任制,从抓试点单位到在全公司开展全面落实、完善、规范“五必有”,实施面达100%。

(郑弘)

【重钢科技“九五”概述】

“九五”期间,重钢把技术创新作为生存和发展的主动力,确定技术创新工作的基本思路:“积极落实‘科学技术是第一生产力’的思想,紧密结合集团的发展战略和目标,以市场为导向,以提高市场竞争能力和经济效益为中心,大力开发、推广和应用新技术,一是改造传统的钢铁产业,不断增强市场竞争力;二是发展建筑建材、工程建设与监理、环保、电子等非钢产业,建立新的经济增长点,壮大集团经济实力。”重钢1995年底建立技术中心,1997年底成为国家级企业技术中心。经国家人事部批准,重钢1999年底成立企业博士后工作站。“九五”期间,重钢获得各级科技进步奖330项。重钢累计申报国内外专利180项,1999年重钢被国家知识产权局、国家人事部评为全国78个专利工作先进单位之一。

“九五”期间,重钢普通钢铁产品和特殊钢铁产品两条生产线均整体获得ISO9002质量体系认证,部分关键生产线获得ISO14000认证,重钢的普通钢材产品主要有中厚板、型材等5个拳头产品,85%以上产品按国际标准或国际先进标准生产,16MnR和20g锅炉钢板获国家免检产品,造船钢板取得英国、德国、美国、挪威、日本、法国、韩国、中国、意大利等9个国家船级社的质量认证。特殊钢材产品中的阀门钢和易切钢市场占有率全国第一,高工钢、特殊用途不锈钢、齿轮钢、弹簧钢等也占有较高的市场份额。重钢的钢材产品远销美国、日本等30个国家。

“九五”期间,重钢大力确保技术改造和技术开发投入,在全国率先淘汰平炉,优化工艺结构和产品结构,同时大力采用高新技术改造传统的钢铁产业。“九五”期间,重钢的吨钢综合能耗逐年下降,平均每吨钢下降372公斤标煤,下降幅度高达29.25%,与1996年比较,仅2000年一年,按160万吨钢计算其节约价值为3.1亿元;重钢共开发、生产和销售钢材新产品30万吨,实现利税3亿元,一批产品填补国内空白,取代进口,部分产品进入国际市场。

重钢在“九五”期间制定16个与技术创新有关的管理办法(主要有《推进技术创新管理办法》、《科技项目管理办法》、《职工合理化建议和技术改进管理办法》、《专利管理办法》、《科技成果管理办法》、《人才工程实施意见》、《建立新型人才激励机制促进技术创新的暂行办法》、《设立科技进步和教育发展奖励基金和重奖科技工作者办法》等),并在实践中不断完善,已初步形成技术创新优秀人才竞争和激励机制。重钢科技人员享有按技术创新项目实现效益10%~20%提成分配、增加工资、获补充养老保险(最高18000元)、疗休、破格评聘技术职称、优先送外培训、评先进、劳动模范等待遇。重钢每年要对大批管理、科技和操作人员进行培训,对科技人员进行知识更新的继续教育。

(金华聪)

【财务管理“九五”概述】

重钢“九五”期间财务管理主要体现在财务集中管理。1. 对重钢公司本部大渡口地区各子公司(不含产业公司)财务人员采取人事行政集中管理,对设置财务科(室)子公司的财务人员成建制纳入重钢公司财务处,以派驻形式管理,财务人员属本单位,财务处委派财务负责人。财务人员集中管理主要内容有:①劳动工资集中管理。改变财务人员收入与该单位效益挂勾的做法,采取派驻人员的收入由财务处发放,并形成相应制度。②人事任免权。财务机构负责人由财务处领导任免。③人事调配权。为形成竞争上岗的局面,不定期进行人员交流调整,“九五”期间交流调整180人次,其中科级以上人员40人次。④劳动考核权。财务人员集中管理以后,财务处建立奖惩考核制度,严格考核。

2. 财务人员上岗资格认定集中管理。大渡口地区以外的子公司(含产业公司)的财务人员管理,由于地域原因,其上岗资格由重钢财务处认定。对取得上岗资格人员,由重钢财务处以文件形式予以确定。财务人员流动需报财务处备案。财务负责人的任免由子公司提出人选,报重钢财务处批准后按干部管理权限正式任免。

(何昌礼)

【固定资产管理“九五”概述】 “九五”期间,重钢公司共计完成固定资产投资113324万元,比“八五”期间完成的固定资产投资额净增36979万元,增幅48.44%。在“九五”期间重钢完成的固定资产投资中,技术改造项目完成投资71422万元,比“八五”期间完成的技改投资增加4400万元。“九五”期间建成投产的技改项目达产后,可为重钢公司增加效益1.5亿元/年。

“九五”期间,重钢公司主要技改项目的建成投运,为重钢公司产品结构调整,节能降耗、提高经济效益发挥重要作用。重钢股份公司七厂3号转炉的建成投产,使重钢公司在淘汰落后的平炉、小转炉、小电炉后普钢生产能力达到年产180万吨钢的水平,满足了重钢“十五”期间结构调整的要求。高速线材轧机的建成,为重钢淘汰落后的复二重轧机及调整、优化轧钢品种奠定了基础。12000千瓦发电机组、三号、四号高炉改电动风机及焦炉煤调湿等项目的投产,大宝坡石灰石矿的建成及景星白云石矿的建设为重钢辅料矿山的顺利过渡创造条件。铁水脱硫及炉外精炼设施的建成投运,使转炉钢质量的提高得到保证。另有在建项目:炼铁厂球团矿技改项目、七厂方坯铸机高效化改造项目。新港公司三号码头建设、钢管公司 E_2 钢管及汽车摩托车用钢管技改、铁业公司烧结技改等项目的建成投产为重钢公司经济效益的提高形成新的增长点。完成职工总医院迁建、职工住宅建设及文体活动设施的建设等工程。

(吕学忠)

重钢“九五”技改项目投资表

(单位:万元)

序号	项目名称	批准总投资	“九五”期间完成投资	累计完成投资	新增能力或效益	备注
1	股份公司高速线材	20000	21463	21463	线材35万吨,利4358,税171	1999.8~2000.8
2	股份公司3、4号高炉电动风机	4450	4428	4428	效益1344	1998.3~1999.10
3	股份公司七厂3号转炉	3000	2691	2691	效益1800	1998.4~1999.1
4	股份公司铁水脱硫	3000	3064	3064		1997.8~1999.1
5	股份公司七厂炉外精炼	4450	3665	4471	年处理钢水80万吨	1994.10~2000.10
6	股份公司5号焦炉	8000	5088	6623		1994.2~1997.1
7	股份公司焦炉煤调湿	4900	5277	5492	利润630	1995.8~1996.12
8	股份公司五厂交交变频	1500	1433	1433	效益932	1995.7~1996.6
9	股份公司1.2万kW发电机组	2300	2347	2347	年发电7300万kWh,效益1000	1997.4~1998.2
10	股份公司3、4号高炉水处理	1052	920	920	降成本248	1997.11~1998.6
11	股份公司炼铁厂球团技改	6500	259	259		2000.10~
12	股份公司方坯铸机高效化改造	2000	1625	1625		1999.3~
13	股份公司大宝坡石灰石矿	3000	3279	3279		1997.6~2000.12
14	股份公司景星白云石矿	2311	712	712		2000.9~
15	股份公司其它项目		3712	3712		
16	铁业公司烧结技改	2234	1500	1500	利844,税138	1999.3~2000.12
17	耐火材料公司开发新型耐火材料生产线	1870	821	1770	利税620	1992.12~1996.12
18	热陶瓷公司铝碳长水口生产线	3100	1993	3087		1994.4~1996.3
19	新港公司3号码头建设	2900	2900	2900		1998.2~1998.12
20	铁合金公司电解电容生产线	2500	2500	2500	利税2021	1998.5~1998.9
21	钢管公司扩大 E_2 钢管及汽车摩托车管技改	2360	1749	2392	利税1100	1994.4~1996.6
	合　计	81427	71422	76664		

【合同预算“九五”概述】

“九五”期间,重钢坚持对进入重钢承接工程任务的施工企业进行资信年审,对经过准入评审和年审合格的单位发给《承接重钢工程任务卡》,凭卡承接重钢的工程任务。重钢公司工程项目批准立项后,进入市场前统一向重庆市主管部门报建登记,重钢公司建设项目报建率年年保持100%。“九五”期间,重钢对30万元以上项目全部推行招投标制,没有出现一例合同纠纷。此间,累计签订重钢及子公司施工合同2040个,签约金额92726.59万元,实现下浮金额2776.9万元,合同履约率100%。“九五”期间共计完成工程项目送审值127142.9万元,审定值89301.91万元,审减值37841.03万元。

1996年2月26日,重钢成立“冶金工业部重钢工程造价管理分站”,文兴淑任分站站长。

(肖家兴)

【劳资处“九五”概述】

“九五”期间,重钢劳资处先后名为“劳动人事处(1996年)、劳动人事(培训)处(1998年)、劳资培训处(1999年)。主要开展以下几方面工作 1. 推行现代企业制度试点,全面实施主辅分离,完成精干主体分离辅助及将18所中小学移交地方政府。精简机构,机关处室由“九部一中心”精简为“四部一中心”,处室由31个减为20个,处级负责人由54人减为32人。

2. 采取多种措施，稳步推进减员分流。1996年"重庆市重钢劳务市场"正式挂牌，制定《重钢(集团)公司减员分流实施意见》等文件和政策。1997年制定《重钢(集团)公司劳动合同管理办法》。1996年分流富余人员3283人，1997年1375人，1998年3700人，1999年3723人，重钢公司(不含特殊钢公司)在册人数由1996年的54431人减少到2000年末的37663人，净减16768人。3.1998年重钢成立"再就业指导中心"和26个再就业服务中心(站)。1998年进再就业中心人数4952人；1999年1731人，再就业培训2760人，筹集再就业资金1911.72万元；2000年进再就业中心24009人，出中心9897人，提前"双解"8873人，再就业培训4643人，通过向重庆市争取到再就业资金12828万元。4. 改革分配制度，用经济杠杆促进生产发展和技术创新。按照母子公司构架视子公司经营状况由政府核定工资总额，重钢11家子公司实行工效挂钩，8家子公司实行工资总额包干。出台《科技人员按项目效益提成分配办法》和《重钢集团公司经营班子增效奖励办法》。在重钢子公司之间打破分配上的"大锅饭"现象，按照"有效益才有分配"，"贡献大收入高"的原则实施分配。5."九五"期间，陆续出台《重钢(集团)有限责任公司人才工程实施意见》、《重钢(集团)有限责任公司技术带头人的选拔和管理办法》、《重钢(集团)有限责任公司技术业务尖子的选拔和管理办法》、关于建立新型人才激励机制促进技术创新暂行办法》等政策性文件。重钢有6人评为享受政府特殊津贴专家、2人评为省级优秀中青年专家，选拔出3批25人次重钢公司技术带头人、4名杰出科技(教育)工作者，评出高级职称334人，技师59人，高级技师15人，技术业务尖子121人。6.1998年2月，培训处合并到劳动人事处，劳动人事处全面负责重钢公司的职工培训计划编制，职教经费管理，高层次人才培训，单项培训及培训工作的督促及检查。组织管理人员计算机培训，与重庆大学、重庆经济干部管理学院联合举办后备干部培训班和工程硕士班，组织青年知识分子带项目外出考察学习。全员培训率每年均≥50%。

"九五"期间，劳资处先后获"重庆市十年职改工作先进单位"、"重庆市专业技术人员管理先进单位"、"重庆市人事系统先进集体"等称号；并有多篇论文分获市(省)、国家有关一等奖、二等奖、优秀奖等奖项。 (刘文玥)

【审计处"九五"概述】 重钢公司从1991年起一直被国家审计署命名为"全国内部审计工作先进单位"，同时也是部、省、市的内部审计工作先进单位。重钢审计处在重钢内部多次获得"文明处室"、"达标党支部"、"党支部旗帜"等荣誉称号。

"九五"期间，审计处将重钢的审计工作由偏重监督向监督与服务并重转变，由单纯的检查财务收支的真实性、合法合规性向真实性、合法合规性和效益性相统一的方向转变，完成审计项目243个，其中：财务审计67个、经济责任审计35个、经济效益审计15个、工程项目审计20个、内控制度评审，专项审计及调查等其它审计106个，提出审计建议491条，为重钢增收节支实现审计效益5607.60万元。

1998年重新修改制定《重钢公司内部审计制度》，并印发《重庆钢铁(集团)有限责任公司内部审计制度汇编》一书，供领导阅读和财务审计人员工作参考；1999年6月底，重钢47名专兼职审计人员全部获得"重庆市内部审计人员上岗证"，成为重庆市首批企业审计人员全部持证上岗的单位之一。2000年重钢内部审计实行"审计承诺制度"。

"九五"期间，重钢审计工作1. 以财务审计为基础，加强对子公司的财务监督，维护国家财经法规和企业规章制度，评价会计信息资料的真实性，促使国有资产保值增值，促进加强财务管理。2. 开展对子公司经营者的任期和离任的经济责任审计。3. 围绕重钢生产经营目标，开展经济效益审计和专项审计调查，为总经理和企业的领导层决策提供服务。4. 及时参与对重钢企业集团的资本营运的管理活动，加强对企业在合并、撤销、兼并、联营、股份制改造和对外投资的审计监督。5. 开展内控制度的评审，为企业降耗降成本增效益服务。同时对重钢的工程项目投资进行部分抽查审计。

"九五"期间，重钢有母子公司两级审计机构13个，其中专职机构8个：重钢公司审计处、中兴公司监审科、产业公司审计科、重钢四厂审监室、铁合金公司审计处、钢铁股份公司销售处审计组、钢管公司纪监审处、建设公司审计科，兼职机构5个：铁业公司财务处、耐材公司财务科、綦江铁矿财务科、太和铁矿财务科、机制公司集体企业经营科；有审计人员47人(财会类32人、工程类4人、经济类8人、其它类3人)，其中专职人员34人。

“九五”期间，重钢内部审计存在的主要问题：重钢在制度上缺乏就审计查出的问题对有关责任单位和责任人的审计处理处罚规定，这不利于“避免同样问题重复发生”，在一定程度上损害了审计的权威性。有些子公司至2000年底仍然没有设立内审机构。子公司内审机构人员组成结构单一，大部分为财务会计人员，难以开展如工程审计、生产经营审计等其它审计活动。部分有兼职审计人员的单位开展审计的力度不够。

（黄振华）

【进出口公司“九五”概述】 “九五”期间，重钢进出口公司按照重钢公司总体部署，利用国家“深化改革，扩大开放，加快经济发展”的良好政策环境，寻求“两种资源”和开拓“两个市场”，在经营思想上实现由计划经济的执行者向市场竞争主体的转变，在经营方针上由以出口创汇为中心向以效益为中心的转变，在经营方式上由自营为主向自营收购和代理进出口并举的转变，在经营内容上由单一外贸向以外贸为主、多角化经营的转变。“九五”期间，重钢进出口总额累计26569万美元，年均增长率6.7%，其中出口额由1996年的3154万美元增长到2000年的4264万美元，增长26%，位居重庆市出口企业十五强前列，出口产品也由“九五”初期的钢坯、中板扩展到型材、无缝钢管、生铁、铁合金、金属制品、小五金、塑料制品、摩托车、轴瓦等十多个品种，出口创汇累计13094万美元，出口退税累计6749万元。“九五”期间，通过与泰国伟成发集团合作，累计劳务输出管理人员，技术人员、生产和技术工人41人次，创汇127万美元。

重钢“九五”进出口额统计表

项目＼年度	1996	1997	1998	1999	2000	累计
进口额(万美元)	2034	2750	2429	2697	3565	13475
出口额(万美元)	3154	2646	1212	1818	4264	13094
合　计(万美元)	5188	5396	3641	4515	7829	26569

“九五”期间，重钢进出口公司实现国有资产增值，到2000年末，所有者权益由1996年的568万元增加到15521万元，增长率为2632%，年均增长率为520%，在消化重钢公司3000万美元的部分贷款利息后，累计实现营业利润2916万元。

重钢“九五”进出口利润统计表

项目＼年度	1996	1997	1998	1999	2000
营业收入(万元)	46041	21725	2428	11128	39941
营业利润(万元)	241	6	2689	487	－507
资产总额(万元)	46102	12790	24286	22516	22341
所有者权益(万元)	568	607	2409	851	15521

（周仕文）

【离干办“九五”概述】 “九五”期间，离干办坚持按政策规定落实老干部的政治、生活待遇，未出现老干部“两费”拖欠现象。1999年，根据重庆市渝委办[1999]98号文件精神，对重钢312名离休干部的离休金按政府机关公务员的工资标准调整到基本持平。1997年4月，离干党委召开第一届党代会。离干办凡重大问题均提交党委会集体讨论决定。离干党委有正式党员151人，设7个党支部，20个党小组。在重大政治原则立场上，做到与党中央保持一致。1999年7月22日，党中央决定取缔“法轮功”非法邪教组织，全体离休干部立即行动起来与“法轮功”作斗争，自觉抵制“法轮功”对本群体的危害。离干党委还对修炼“法轮功”骨干分子和犯严重错误者进行了处理，其中1人被开除党籍，1人受到留党查看一年的处分。离干办围绕“老有所养、老有所医、老有所学、老有所乐”开展老干部工作。每年与重钢公司团委一起组织部分老干部对青少年进行革命传统教育。组织老干部撰写革命回忆录《长河浪花》1～3卷，125万字。并组织老年书画社手书《邓小平文选》第三卷和《水浒传》、《三国演义》、《红楼梦》、《西游记》四大名著全集，共130多万字，在重庆市劳动人民文化宫参展。“九五”期间，离干办坚持每两年组织一次老干部外出健康疗休和健康体检。成立11个兴趣小组，做到月月有活动，季季有比赛。1995年，重钢公司党委被评为出席国家冶金工业部“老干部工作先进单位”。1996年、1997年、1998年连续三年重钢离干办被评为重庆市“老干部工作先进单位”。

（张美海）

【钢管公司“九五”概述】

1996年6月，列入重庆市重点技改项目的钢管公司“扩大生产E_2钢管和汽车、摩托车用小直径无缝钢管技术改造工程”（“50工程”）投资2220万元按期竣工投产，1997年达产，2000年产量达到9000吨。钢管公司的生产能力由原来的2.5万吨/年增加到3.5万吨/年。

1997年，投资100万元自行设计65吨冷拔机1台，1997年12月8日投入使用。投资40万元购置高压锅炉管、高压化肥管等产品的检测设备以及100吨万能材料试验机，四通道超声波探伤线各一台。投资16万元对76车间环形加热炉及退火炉的控制系统采用先进的模糊控制和变频技术。1998年10月对50车间15吨冷拔机采用变频技术进行控制。1999年投资40万元采用比较先进的YG100立式矫直机更新原有的五辊矫直机。2000年投资200万元购买一台LD－30多辊式冷轧管机和两台LG－30－H二辊环孔型冷轧管机，配置专用切管车床用于生产汽车、摩托车用精密冷轧钢管。1996年钢管公司首次购进3台微型计算机，到2000年底，有微型计算机及工业控制机共22台（套）。钢管公司从1997年初在50、76车间推广使用硬质合金拉模以降低生产成本，2000年拉模消耗76车间为18.21元/吨，50车间为7.22元/吨，全年节约模具费用76万元。

“九五”期间钢管公司按照“生产一代、设计一代、构思一代”的原则，开发新产品。1.1996年开发成功内齿管，当年生产19.73吨。2.钢管公司《汽车消声器用复合管》项目列入国家火炬计划，获得科技贷款500万元。到2000年，生产汽车消声器用复合管累计700余吨。3.40Cr、20CrMo及$45Mn_2$汽车半轴套管等合金钢管是钢管公司“九五”期间开发生产的重点新产品。2000年生产419吨。4.从1996年开始钢管公司试生产$\phi24\times6$、$\phi49\times10$、$\phi51\times3$、$\phi60\times8$等多种规格的高压锅炉管、高压化肥管。产品尺寸精度和高温性能、低倍组织符合GB5310－89、GB6479－86标准要求。产品经东方锅炉厂等单位检测及应用，全部达到技术标准及满足用户要求。5.1999年开发建筑行业推广使用的钢筋联接套筒用无缝钢管，制定该产品的企业生产标准，并在重庆市技术监督局备案，于2000年已向重庆市和西安等地区供货500吨。6.1997年开发精密冷拔钢管，生产规格$\phi22-77\times3-7$毫米。满足渝星紧固器材有限公司、重庆江陵厂等单位的需求，到2000年已生产230吨。7.1999年开始实施计划投资480万元的精密冷轧钢管项目。第一台LD－30多辊式冷轧管机于2000年元月4日投产，两台LG－30－H二辊环孔型冷轧管机分别于10月、11月投产。2000年生产摩托车前、后减振器用钢管366吨。

（袁德智）

钢管公司“九五”经济财务指标完成情况表

项目＼年份	单位	“八五”期间		“九五”期间						“九五”“八五”相比±%
		1995年	“八五”合计	1996年	1997年	1998年	1999年	2000年	合计	
总资产	万元	14453		15148.6	15708.6	14622	15799.8	17366.3		20.15
流动资产	万元	9170		8679.4	9885.1	8811.6	10049.5	11500.6		25.41
固定资产原值	万元	5288		6043.3	7072.9	7749.8	7939.5	8258.2		56.16
固定资产净值	万元	3397		4004.2	4916.3	5352.2	5283.7	5251.3		54.58
在建工程	万元	1565.5		2075.7	551.7	100	112.4	240.1		
长期投资	万元	320.5		389	355.5	358.2	354.2	374.2		16.75
短期借款	万元	2502		2321.7	2717.8	3061	3421	3541		41.52
流动负债	万元	7272		7512.3	7885.2	6637.9	7325.2	8782.9		20.77
长期借款	万元	2380		2230	2700	2600	2600	800		－66.39

年份 项目	单位	"八五"期间		"九五"期间						"九五""八五"相比±%
		1995年	"八五"合计	1996年	1997年	1998年	1999年	2000年	合计	
长期负债	万元	2277.5		2207.8	2168.6	2015.2	2157.5	339.9		-85.11
应收帐款	万元	4053		4258.2	4902.1	4674.1	5351.7	5046.8		24.54
产成品	万元	2013.5		2142.6	2415.2	2330.2	2396.8	1890.8		-6.1
净资产	万元	4903		5428.2	5654.8	5968.9	6317.1	8243.5		68.13
销售收入	万元	9638.5	40281.18	11028.8	11861.3	11331.8	11326.1	12600.6	58148.6	30.72
利润	万元	323.8	2744.15	329.9	330.7	300.8	302.7	390.1	1654.2	20.47
已交税金	万元	422.8	2087.42	562.45	550.4	745.3	797.6	850.4	3506.15	101.13
财务费用	万元	420		912.4	667.8	641.8	617.6	283.2	3122.8	
产量	吨	20087	85492	22947	25465	26753	27060	30010	132235	49.4
人均收入	年/元	7139	25544	9054	9650	9712	11470	11900	51786	66.69

（孙胜国　徐贵冬）

【铁业公司"九五"概述】 重钢铁业公司"九五"时期前三年累计亏损4000万元，"九五"后两年，铁业公司通过调整工艺结构和原料结构，总投资3000万元，建成年产20万吨烧结矿和年产10万吨球团烧结矿生产线各一条及相关的配套系统（矿石整粒，中和混匀，铁路电子秤计量，原料成品输送等）。在生产经营上采取"卡住两头"（供应和销售环节），"抓好中间"（生产组织节能降耗）、调整原料结构，实施优化配煤及优化配矿等措施，增加经济效益1200万元。"九五"末，在册职工由1999年1672人减至1422人，生铁成本由1997年的1350元/吨逐年降低到2000年的886元/吨。"九五"期间降成本增效8000万元，实现1998年控亏、1999年止亏、2000年扭亏为盈"三年三大步"目标。

（刘永文）

铁业公司"九五"生产经营情况统计表

项目	年度	1996	1997	1998	1999	2000
产品产量(吨)	生　铁	87794	91562	82520	95673	129000
	冶金焦	96658	98543	95250	93255	103801
	炉　渣	127096	101930	113422	97200	95172
	煤焦油	4706	5237	4327	4191	4034
	粗　苯	48				566
	发电量(万千瓦时)	2816	2818	3011	3100	3254
工业总产值(万元,1990不变价)		5540	5521	5114	5347	7013
资产总额(万元)		14450	16039	16593	17535	19364
产品销售(吨)	生　铁	87019	78418	77997	95910	137361
	炉　渣	123544	97646	115071	97200	94005
	煤焦油	4706	4948	4340	4182	4033
	粗　苯	43				484
销售收入(万元,不含税)		11443	9448	9092	9833	13416
利　税(万元)		794	553	82	745	1318
生铁全成本(吨/元)		1166	1142	1131	925	886
全员劳动生产率(元/人年)		32079	31585	29340	31980	48634
高炉利用系数(吨/立方米天)		1.10	1.16	1.04	1.21	1.64

【重钢四厂"九五"概述】 重钢四厂在"九五"期间，初步完成转换企业机制的变革，组建股份有限公司，重庆东源股票于1996年11月28日在深圳证券交易所上市。重钢四厂利用发行股

票筹集资金完成连续镀铅(锌)生产线、冷轧带钢轧机辊等技术改造,开发计算机局域网,完善波形梁生产线及新增焊管机组,建成钢制管杆生产线、大件热镀生产线、发兰钢带生产线;对原有生产工艺流程的技术装备进行扩产提质、配套完善的改造,并按产品结构调整需要,淘汰100立方米锰铁高炉。"九五"期间,抓企业产品质量、工作质量、服务质量及管理质量,贯彻GB/T19000～ISO9002系列标准质量体系,主要产品生产线1200毫米热轧薄板生产线通过国家ISO9002质量认证。"九五"期末重钢四厂形成年产11万吨热轧薄钢板,5万吨镀层产品和1万吨冷轧钢带的生产能力,热轧产量和产品主要技术经济指标创历史最高水平。

"九五"期间,重钢四厂在1999年产品滞销、经济效益滑坡,并出现亏损,2000年扭亏脱困。"九五"期间,重钢四厂钢材生产总量为517615吨,比"八五"增长7.92%,平均每年增长1.58%,其中热轧硅钢片422784吨,热轧普板65557吨,镀铅(锌)板21981吨,冷轧钢带4705吨,焊管2588吨;高炉锰铁40172吨;工业总产值129869万元,比"八五"降低4.3%(主要原因是高炉锰铁逐年压产至1999年6月关闭停产,"八五"锰铁产量91416吨,"九五"锰铁产量40172吨)。

(秦光华)

【产业公司"九五"概述】"九五"期间,产业公司受重钢公司的委托,对重钢多种经营集体企业实施归口管理的职能部门。1996年,产业公司有法人企业191个(含产业公司自身),固定资产原值22565万元,净值15891万元;职工23720人(其中全民职工6078人)。1998年,产业公司按行业、产业归口和有利于加强管理的原则,分别将所属的设备制造总厂、建设工程公司、四厂公司、三厂管理部、矿山炉料经营公司与矿山集体企业、驻外经营网点单位与办事处,划归重钢公司机械设备制造公司、建设公司、四厂、三厂、矿业公司和商贸部,划出企业114个。1999年,将汽修总厂和能源工程公司划归重钢集团运输公司和重钢集团房地产公司,再次划出4个企业,同时,撤销产业公司综合化工厂。经过调整后,产业公司所涉及的行业由原来的22个减少到17个,包括:金属加工、机械制造、内河航运、宾馆服务、餐饮娱乐、组团旅游、耐火材料、气体开发、技术咨询、精细化工、印刷装订、职业教育、电器仪表、建筑安装等。法人企业63个,驻外企业8个。

产业公司"九五"主要技术经济指标完成情况表

指标	单位	合计	1996年	1997年	1998年	1999年	2000年
工业总产值(1990年不变价)	万元	88688.29	19940.8	18139.08	19309.63	18716.25	12582.53
利　税	万元	8756.74	2226.3	1503.8	1716.6	1593.92	1716.12
销售收入	亿元	38.56	14.89	11.56	4.41	4.54	3.16

产业公司"九五"劳资情况表

年　份	职工总人数	工资总额	劳动生产率(元/人)	职工收入(元/人)
1996	21952	77434198	8654	3360
1997	14537	56078902	12215	3776
1998	8970	36034521	20939	3907
1999	8027	36530084	22108	4315
2000	6715	36375108	17229	4981

(邱振江)

【矿业公司"九五"概述】"九五"期间,矿业公司遵循"思想领先,转机换制,统筹规划,分路突围"的工作思路,促进矿山扭亏脱困。1996年组建矿业公司时,亏损2881万元,1997年减亏30.7%,此后逐年大幅减亏,"九五"末停止亏损。矿业公司先后制定财务、劳资、人事、生产、技术、党群工作20多项管理制度,组织对所属各矿兴办的法人企业进行清理、整顿,采用撤销、合并、申请破产等方式,自办法人企业由23家减少到12家。"九五"期间鼓励职工与企业解除劳动合同,买断工龄自谋职业，争取、利用再就业政策，办理职工进再就业中心和“特繁岗位”职工特殊工种退休，病退，减员分流，“九五”末，全民在册职工由组建初期7393人减至5157人，减员幅度达31.83%。

针对小南海白云石矿、歌乐山石灰石矿处于采掘末期面临闭坑的状况，寻求开发新的接续矿山。1997年6月，大宝坡石灰石矿开工，大宝坡石灰石矿采用股份公司为业主，由矿业公司小南海矿建设经营的建矿模式，2000年9月基本建成，形成年产40万吨石灰石生产能力。景星白云石矿2000年3月开工，采用股份公司为业主计划投资人民币2300万元，由矿业公司歌乐山矿建设经营的建矿模式，预计2001年6月基本建成，形成年产25万吨白云石生产能力。

“九五”期间，矿业公司先后涉足建筑、建材、能源、商贸、生物制品领域，初步形成一业为主，多种经营的格局。乐山粘土矿通过;转产经营，成为年产各种普通和特种耐火材料1万余吨的生产企业;綦江铁矿12000千瓦时电厂年发电5000万千瓦时。水泥生产规模由年产4万吨提高到10万吨。新建歌乐山矿年产20万吨机制砂生产线，8万立方米加气砖生产线和綦江铁矿电熔镁砂厂。“九五”末，非矿产业收入占矿业公司总收入的60%。

（吴文波）

【太和铁矿“九五”概述】

“九五”时期，太和铁矿由过去单纯追求产量转变为以市场为导向追求经济效益，确立营销的一线地位，坚持实行“压库、限产、促销”的方针。连续5年实现产销率大于100%，铁精矿库存由1995年19.97万吨，下降至2000年末10.51万吨。“九五”期间生产和销售规格块矿2.63万吨;次精矿0.26万吨;粗钛矿1.98万吨，钛精矿1.10万吨;硫钴精矿743吨;护炉球团矿3.10万吨。1998年太和铁矿提出“背水一战，三年扭亏，保生存求发展”，亏损额由1997年1498.8万元，下降到1998年772.1万元，1999年415.4万元和2000年90万元。“九五”期间，建成选钛生产流程和氧化球团厂，形成新的经济增长点;围绕生产经营和节能降耗关键环节，进行技术攻关。在册职工人数由1995年2497人减少到2000年末1634人。“九五”期间，太和铁矿经两次复查验收合格，保持冶金部“清洁矿山”称号，并巩固“四川省模范职工之家”、“凉山州文明单位”、“四川省重合同守信用企业”等创建成果。5年间新建职工住宅15707.47平方米，232户。新建单身职工宿舍1800平方米。闭路电视实现联网改造，职工家属可以收看到30多套电视节目。职工医院新添置10余件(套)医疗设备。

（周焱林）

【綦江铁矿“九五”概述】

“九五”期间，綦江铁矿形成发电、矿产品营销、电熔镁砂等支柱性项目，“以能源业为主、多种经营”的生产经营格局初步形成，亏损指标逐年下降。1.12000千瓦发电厂建成投产。綦江铁矿12000千瓦发电厂1994年12月动工，历时1年半，于1996年6月23日零点25分一次发电并网成功，该项目投资3755万元，安置职工212人。截止2000年末，机组累计发电19749.47万千瓦时，创利润1678.30万元，成为綦江铁矿稳定的经济增长点。2.綦江铁矿按照“开发高能耗产品、消化自发电力”的原则，于1999年4月建成电熔镁砂厂，生产镁砂产品965.81吨。3.亏损指标逐年下降。“九五”期间，重钢公司给予綦江铁矿的亏损补贴由1996年1234.60万元降为1997年800万元。从1998年起，重钢公司给綦江铁矿下达控亏指标而再未补贴，2000年末，綦江铁矿实际完成控亏指标229.30万元。4.綦江铁矿从1995年起，坚持实施一年一度机构调整、竞争上岗、减员分流工作。二级单位由1995年末27个减为2000年末17个。在册职工由1995年3062人减为2000年末2116人，净减946人。綦江铁矿1997年被评为重钢公司企业管理达标单位，发电厂被评为重钢公司先进车间建设单位。2000年，綦江铁矿获矿业公司强化管理年优胜单位。綦江铁矿矿运司铁路维护班QC小组获冶金部2000年度优秀QC小组称号。

（赖维远　赵钢）

【乐山耐火材料厂(乐山粘土矿)“九五”概述】 1996年乐山粘土矿废除企业用工终身制，企业员工全部成为合同制职工，实行竞争上岗。之后，又废止长效用工合同，实行定期合同。到2000年时，实行从社会招聘优秀人才，基本形成岗位能上能下，企业能进能出的企业用工机制。1996年，生产、营销人员实行任务与工资总额挂钩，其余人员与单位利润完成情况挂钩分配;1997年生产车间实行吨矿、吨砖工资制;1998年，机关人员实行200元/人月基础工资加效益与单位利润完成情况挂钩的分配，并试行营销人员费用包干办法;全厂实现档案工资记载与实际收入的分离，完善二次分配形式。2000 年 8 月开始，全厂在岗人员除营销人员和机修人员外全部统一以吨砖工资为分配标准。至此，全厂在岗人员 100% 实行了计件工资分配形式。

推行减员分流工作，循序渐进剥离企业办社会，办福利职能。逐年加大分流减员工作力度，“九五”期间解除劳动合同职工 163 人，在册职工减少 289 人；先后精减幼儿园、炸药库、油库、汽修班、总务科等机构；实施“九五”房改，废除企业的福利补助规定与职能。

依托重钢公司的整体优势，利用 1995 年底建成的特种耐火材料生产线和原有的高铝砖生产线，相继开发镁碳砖、尖晶石碳砖、磷酸盐砖、高炉用高铝砖、散装料等系列产品。1998 年停止 43 年的矿山采焙生产，完成从原料矿山到耐火材料专业生产厂的过渡。“九五”期间，强化内部全面质量管理，推行“贯标”工作，开展质量认证取得成效。

乐山耐火材料厂“八五”、“九五”主要指标统计表

“八五”								“九五”							
名称	单位	1991 年	1992 年	1993 年	1994 年	1995 年	Σ1/5	名称	单位	1996 年	1997 年	1998 年	1999 年	2000 年	Σ1/5
在册职工	人	591	604	596	611	604	601	在册职工	人	608	602	577	424	363	515
工业总产值（不变价）	万元	376	287	361	342.67	212	315.79	工业总产值（不变价）	万元	559	937	1520.67	1489.63	1397.31	1180.72
耐火砖产量	万吨	0.3425	0.347	0.3683	0.42	0.22	0.34	耐火砖产量	万吨	0.4568	0.6693	0.9523	1.9663	0.9663	0.8119
销售收入	万元	362.6	343.3	685	655.82	222.44	453.83	销售收入	万元	279	778.4	1423.3	2292.1	1257.73	1206.1
利　润	万元	-103	-253	-293	-432.76	-744.9	-365.33	利　润	万元	-651	-199.8	11.76	42.75	17.72	-155.71

（刘克付）

【质管处“九五”概述】

“九五”期间，重钢继续坚持以稳定产品实物质量为质量工作的中心，以用户满意为质量工作的归宿，按照 ISO9000 系列标准建立和完善质量管理体系，重钢产品质量，特别是重点产品实物质量稳定提高。重钢从 1994 年连续 6 年获重庆市“质量效益型企业”称号；按国际先进水平标准和国际一般水平标准生产的产品比例达 80%；累计 34 个产品 85 次获得国家、冶金部、四川省、重庆市优质产品称号；继 16MnR 钢板后，20g 钢板、20R 钢板又获国家劳动部安全质量免检认证，成为国内生产用户免检产品最多的钢铁企业，16MnR 钢板、20g 钢板获得冶金产品实物质量“金杯奖”，四川省、重庆市名牌产品称号，16MnR 钢板还于 1997 年获全国用户满意产品称号，冶金行业同类产品实物质量第一称号；造船钢板获冶金产品实物质量“金杯奖”、重庆市名牌产品称号，先后取得中国、英国、德国、美国、挪威、韩国、日本、法国、意大利等 9 国船级社认可证书；国家要求必须取得生产许可证的产品全部获得生产许可证；1998 年开发的球扁钢于 1999 年先后通过中国、英国、德国、美国、挪威、法国、意大利等 7 国船级社的认可，该产品填补国内空白，能完全替代进口。重钢生产的船用锅炉压力容器用钢板 410、490 级是我国首先取得英国 LR、中国 CCS 认证证书的钢材产品；中厚板生产线、恒达公司、钢铁股份公司分别于 1996 年、1997 年和 1998 年获得英国劳氏质量认证公司的 ISO9002 质量体系认证，重钢集团设计院于 1997 年获得中国设计质量认证中心的 ISO9001 质量体系认证；“三峰”商标被评为“重庆市著名商标”；国家实施产品质量监督抽查以来，重钢的所有产品均 100% 合格，1999 年 4 月 28 日，在“国家质量监督抽查 15 年新闻发布会”上，重钢作为企业代表之一（全国仅两家）在大会上作经验介绍。

（叶国华）

【焦化厂“九五”概述】

1996 年，焦化厂“四川省文明单位”工作通过验收。1996 年至 2000 年，连续保持“市（省）级文明单位”称号和 1994 年获得的“冶金部清洁工厂”称号。“九五”时期职工在册人数年平均为 1089 人，比前五年平均人数减少 110 人；“九五”时期厂全员劳动生产率（实物）937 吨焦/人年，比“八五”期间（791 吨焦/人年）增长 146 吨焦/人年。1997 年，重钢重点技改项目 5 号焦炉投产；从日本引进的环保项目煤调湿(CMC)开始运行。1998年,焦炭产量首破100万吨大关;三号、四号焦炉经全国冶金行业协会评定为"特级焦炉"。1999年,厂技改项目"炼焦工序分布式智能控制系统""一、二号煤塔静态轨道衡"投入运行。2000年,完成四号焦炉39#~42#炭化室翻修;"自动配煤系统"、"厂管理信息系统"两项技术进步项目完成,"焦炉测温及推焦管理系统"项目即将完成。

"九五"期间生产焦炭510.1万吨,比"八五"生产量(474.6万吨)增长7.6%;冶金焦合格率"九五"期间年平均为99.49%,比前5年平均提高0.94%;化产综合合格率"九五"时期平均为99.41%,比前五年平均提高1.09%;"八五"期间冶金焦M40年平均为77.41%,"九五"时期为78.24%,年平均提高0.83%;M10"八五"时期年平均为8.52%,"九五"为8.22%,平均降低0.3%;硫份"八五"年平均为0.83%,"九五"时期为0.9%,平均升高0.07%;灰份"八五"时期年平均为14.84%,"九五"时期年平均为14.56%,平均降低0.28%。消耗方面:吨焦耗干煤"八五"年平均为1.32吨,"九五"时期降为1.316吨。环保设施可开动率"九五"期间年平均为97%,比前5年平均提高3.64%;岗位粉尘合格率由"八五"期间82.92%,提高到"九五"期间的89.5%;综合排放合格率由"八五"期间的91.14%,提高到"九五"期间的92.87%。设备方面:1995的全厂A类、B类设备共有103台(套)、2000年增加到151台(套);设备总重由1995年5077吨,增加到2000年的8606吨。

(吴大河)

【重庆钢研所"九五"概述】 "九五"期间,重庆钢铁研究所工业总产值比"八五"时期增长31.62%,年均增长7.1%;科研项目累计完成40项,比"八五"时期下降20%,其中获重庆市科技进步三等奖1项,获重庆市优秀新产品奖1项,获重钢公司技术进步三等奖1项,上报国家3个专利项目正在审查之中;新产品产量比"八五"时期增加41.7倍,年均增长256.17%;技改资金投入比"八五"时期增加56.9%,年均增长11.92%;职工收入由1995年末的5200元/人年增加到2000年末的7500元/人年,年均增长8.16%;在职职工由"八五"末的349人减少至2000年末的116人,净减183人。

(梁敦德)

【建设公司"九五"概述】

重庆钢铁集团建设工程有限公司成立于1996年7月,1996年在册职工4981人,当年完成产值1.17亿元,利润73.5万元。"九五"末期,在册职工减少到3900人,年产值2.4亿元,利润300万元,分别比"九五"初期增长205%和408%。

1999年12月通过北京新世纪质量体系认证中心ISO9002质量体系认证。2000年通过ISO9002质量体系复查验收。"九五"期间完成重钢炼铁厂四号高炉大修,焦化厂煤调湿工程、炼铁厂五号高炉大修、动力厂12000千瓦发电机安装调试、七厂三号转炉工程、重钢高速线材厂建设、重医传染病大楼、重庆长江鹅公岩大桥钢箱梁制造及成桥施焊、大坪康定大厦、丰都新城区2.5平方公里综合管网、万州万安大桥钢桁架制造安装、成都钢厂一号、二号高炉、烧结系统大修、成都钢厂二号高炉热风炉新建、隆纳高速公路T、B段、贵阳锻造厂退火炉工程等大型检修、技改和市政建设工程。在重庆长江鹅公岩大桥钢箱梁制造中采用的"无焊马拼装及反变形焊接技术",达到国内先进水平,获"重庆市科技成果奖"和"百佳"QC成果奖。建设公司先后获"重庆市文明单位"、"重庆市模范职工之家"、"重庆市优秀建筑企业"、重庆市工交系统"十佳党委"、"重庆市质量效益型企业"等荣誉。铆工技师陈敬伦被评为全国"百佳技术能手",总经理张明富被评为"全国劳动模范"。

(马涛)

【机制公司"九五"概述】

"九五"初期,机制公司由原"重钢设备制造供应公司"更名为"重钢机械制造有限责任公司"。1997年12月,从机制公司划出一铸钢车间、二铸钢车间与重钢公司一炼厂(小平炉)合并成立铸钢公司,1998年12月铸钢公司撤销,一铸钢车间、二铸钢车间划归机制公司管理。1998年5月机制公司接管产业公司下属14家集体企业。2000年机制公司订货职能划归重钢股份公司装备处管理。

"九五"期间,机制公司工业总产值20578万元,机械产品总产量26899吨,销售收入12784.78万元。其中机械产品总产量、工业总产值分别比"八五"的89463吨、35759万元下降69.9%和42.5%。

"九五"初期,机制公司开展学邯钢,降成本,落实"五必有"活动。控制成本源头,从原材料采购开始,做到"货比三家"。制定降耗降成本9条措施。定期按"成本倒推法"进行成本价格核算。建立以“市场开发”和“营销”为龙头的“哑铃型”企业结构。建立设备管理信息网络中心和网站,实现内部微机联网。“九五”期间机制公司分流富余人员414人,进重庆市再就业中心600人。

“九五”期间,机制公司新建“轧辊生产基地”,盘活原封存的库房、设备形成新的经济增长点。全力开发产品,使重钢专利产品“双环减速器”成为拳头产品之一。对金工一厂移地新建,购进轧辊堆焊机,JB4063锯床等设备。“九五”末达到年产异型件2500吨,锻钢件12000吨,铸钢件7000吨的生产能力,成为重庆地区具有竞争实力的冶金机械制造企业。“九五”期间,机制公司获冶金工业部“重合同守信用”单位称号及重钢公司先进单位称号。

(旷贝多)

【运输公司“九五”概述】 1996年1月,运输公司由原重钢汽车大队改制为运输有限责任公司,注册资本金2100万元,自负盈亏。“九五”期间,运输公司按照《公司法》规定,健全法人治理机构,组建董事会及监事会、董事会5年内召开会议10次,形成会议决议14项,主持修订运输公司“九五”及“十五”规划。改制5年,运输公司所有者权益增加7%,年年实现保值增值目标。

“九五”期间,运输公司组建四中队,开发CNG(压缩天然气汽车)及参与成渝高速路运营,年年完成重钢公司下达的生产经营任务。

“九五”期间,运输公司实现新老班子平稳过渡。1999年末,重钢公司调整运输公司领导班子,原经理改任董事长,原生产经理改任行政负责人。实现平稳过渡,2000年度完成利润超目标3.6%,完成产值超目标1.1%。

运输公司“九五”经济指标完成情况表

项目 \ 年度	1996年	1997年	1998年	1999年	2000年
产值(万元)	2608	2789	2483	2760	3037
利润(万元)	120	198	100	77.5	82.3

(陈伟)

【房地产公司“九五”概述】 “九五”期间,房地产公司提出以开发房地产为核心,开展多角经营的思路。主要以开发国家安居工程为主,建成新山村小区总建筑面积50420平方米,总户数596户;月光小区总建筑面积83400平方米,总户数992户;钢花小区总建筑面积49100平方米,总户数356户,工程质量合格率100%。2000年10月动工兴建“朵力名都”一期工程建筑面积146742平方米,1151户。“九五”期间,完成职工建房28万平方米,3000套住房,总投资2亿元。成立为小区业主服务的万方物业管理公司,实行规范的物业管理。明天装饰公司发展成年产值452万元,成为大渡口区具有一定知名度的装饰公司。房地产公司在重庆注册“朵力”品牌房产。1999年被评为重庆市房地产开发企业50强,2000年获重庆市“重合同、守信用”企业称号和重庆市文明单位称号。

房地产公司“九五”主要经济指标完成情况表

项目	1997年	1998年	1999年	2000年
一、总收入(万元)	5764	14771	11607	13085
其中:房屋销售(万元)		7483	3221	4054
水电气经营(万元)	5227	6345	6570	7319
二、利润(万元)	106	309	312	338

(瞿勇)

【生活服务公司“九五”概述】 1997年,生活服务公司建立与母子公司体制相适应的运行机制,实现销售收入1942.53万元(含1996年电话改制收入遗留)。1998年、1999年、2000年分别实现销售收入1609.76万元、2233.17万元和2487.46万元,均全面完成当年的生产经营目标和各项考核指标。

“九五”期间,生活服务公司连续保持省级(重庆市)文明单位称号，同时获大渡口区委、区府“安全文明小区”，重钢公司“先进、达标‘四好’班子”、“模范职工之家”、“党风廉政建设先进单位”、“信访稳定工作先进单位”、“爱国卫生工作先进单位”、“计划生育工作先进单位”、“‘五四’红旗团委”等称号及重钢公司游泳比赛团体第一名等。

（陈昌国）

【计划生育“九五”概述】 “九五”时期，重钢本部（大渡口地区）年均计划生育率>99%，实际出生比计划少699人。“九五”期间，重钢坚持计划生育“一票否决”分级负责制。独生子女领证率年年为100%。1999年，开展避孕节育措施“知情选择”，开展B超孕环情检查服务，每年为安放节育环的育龄女职工提供一次环孕情B超检查，计划生育手术保持较低水平，“九五”比“八五”减少51.84%。“九五”期间，重钢人口学校坚持办婚前学习班、优生优育学习班，普及人口与计划生育基础知识教育。“九五”期间，重钢保持全国冶金企业计划生育工作先进单位称号。

（林世泽）

·名录与机构·

2000年重钢公司负责人名录

董事长　唐民伟
副董事长　苏兆贵（2000年2月任2000年12月免）
董　事　唐民伟
苏兆贵（2000年2月任2000年12月免）
秦海（2000年2月任2000年12月免）
樊道理
龚荣光（2000年2月免）
肖邦绪（2000年2月免）
朱建派（2000年2月任）
董林（2000年2月任2000年12月免）
唐自明（2000年2月任）
李德先（2000年12月任）
曾朝碧（2000年12月任）
潘向宇（2000年12月任）
职工代表董事　潘向宇（2000年2月任）
江涛（2000年2月免）
监事会主席　刘樱（2000年2月任）
张复（2000年1月至2000年2月任）
监事会副主席　侯行知　李成甫
监　事　王文金　王家兴　李强　叶金光
肖昌华　陈志勇　李德先　王祖琴
黄幼和　刘秀英

总经理　唐民伟
副总经理　樊道理　唐自明
苏兆贵（2000年2月任2000年10月调离重钢）
董林（2000年2月任）
罗福勤（2000年9月任）
肖邦绪（2000年2月免）
总经理助理　毛秀忠
副总工程师　龚文渠　周宏　曹敬明
王继盛（2000年1月退休）
邓强（2000年4月任）
周佐生（2000年4月任）
副总会计师　袁进夫（2000年7月任）
技术中心
主　任　董林
副主任　邓强

党委书记　唐民伟
党委副书记　秦海（2000年1月任）
朱建派（2000年1月任）
李成甫（2000年1月免）
龚荣光（2000年1月免）
纪委书记　李成甫（2000年1月免）
朱建派（2000年1月任）
工会主席　潘向宇（2000年1月任）
江涛（2000年1月免）

2000年重钢机关负责人名录

经理办公室
主　任　李德先
副主任　赵倩（2000年9月任）
主任助理　赵倩（2000年1月任）

北京办事处
主　任　刘大卫(2000年1月～2000年11月任)
副主任　胡世江(2000年1月任2000年11月主持全面工作)
吴雅(2000年11月任2000年12月调离重钢)
法规处
处　长　黄幼和
企管处
处　长　曾朝夕(2000年1月任)
档案处(档案馆)
副处长　黄二卫(2000年1月任主持全面工作)
监察处
处　长　张祖文
副处长　付宗祥　卢红(2000年1月任)
审计处
处　长　王祖琴(2000年11月退休)
副处长　袁学兵(2000年9月任)
行政管理处(信访处)
处　长　宋倪鹏
保卫处(重庆市公安局钢城分局)
处长(局长)　周毅
副处长(副局长)　徐培善
副处长　张斌(2000年5月任)
党委书记　周毅
副政委　张斌(2000年4月任)
卫生处(职工医院,2000年6月改为职工总医院)
处长(院长)　谭昌会
副处长(副院长)　李心甫　张俊
党委书记、纪委书记　李心甫
工会主席　陈周全
劳动工资处(培训处)
处　长　罗嗣宏
副处长　田永明
人事处
处　长　古咸效(2000年4月任)
职工培训中心(职工大学、党干校、中专技校)
主任(校长)　王洪展(2000年1月任)
岳庆(2000年1月免)
副主任(副校长)　周上涛　阎传义
党委书记　岳庆(2000年1月任)
王洪展(2000年1月免)
工会主席　岳庆(2000年1月任)
退休工作处
处　长　刘芝碧
副处长　卢志明
党委书记　曹选能
规划处
处　长　曹敬明(兼)
副处长　陈奇(2000年9月任)
刘勇(2000年9月任)
处长助理　陈奇(2000年1月任)
刘勇(2000年4月任)
经济运行处(安全环保处)
处　长　龚文渠(兼)
副处长　秦娜莎(2000年9月任)
鄢培(2000年9月兼)
处长助理　秦娜莎(2000年1月任)
总工程师室
主　任　李家春
副主任　金华聪
财务处
处　长　袁进夫
副处长　罗东秋
清欠办
负责人　周远贵
党委办公室(机关党工委)
主　任　苏全林(2000年4月任)
古咸效(2000年4月免)
副主任　陈祖田(2000年1月任)
书　记　苏全林(2000年4月任)
古咸效(2000年1月任2000年4月免)
韩靖灏(2000年1月免)
党委组织部
部　长　李德先
副部长　涂嘉陵(2000年4月免)
纪委
副书记　张祖文
党委宣传部
部　长　潘向宇
副部长　邓先明　谭亚夫(2000年4月任)
统战部
部　长　潘向宇
政研会

秘书长　袁广森(2000年7月免)

电视台

台长(副处级)　李成富(2000年7月任)

武装部

第一政委　唐民伟(2000年4月任)

政委　郭代仪(2000年4月免)
朱建派(2000年4月任)

第一部长　唐民伟(2000年4月任)
肖邦绪(2000年4月免)

部长　李明抗

离干办

主　任　甘幸兰

党委书记　甘幸兰

科协

秘书长　袁广森(2000年7月任)
兰钧鳌(2000年7月免)

企协

秘书长　程曼黎

工会

副主席　刘秀英

办公室主任　陈造(2000年5月任)
龙学明(2000年5月免)

生产部部长　陈仕恒(2000年5月任)
李厚祥(2000年5月免)

组织部部长　张发明

宣教部部长　吉明(2000年5月任)
陈仕恒(2000年5月免)

女工部部长　刘秀英(兼)

团委

书　记　罗琳

副书记　张兵

2000年重钢子公司负责人名录

重庆钢铁股份有限公司

董事长　唐民伟

执行董事　唐民伟
潘向宇(2000年8月任)
董荣华　陈山(2000年8月任)
曾朝碧　朱建派(2000年8月前任)
江涛(2000年8月前任)

独立非执行董事　吴中福　赵志錩

监事　朱建派　刘秀英　黄幼和　苏全林
王祖琴

监事会主席　朱建派(2000年8月任)
李成甫(2000年8月前任)

职工代表监事　刘秀英

总经理　唐民伟

副总经理　郭德勇　董荣华
陈洪(2000年11月任)
罗福勤(2000年11月免)

总会计师　涂德令(2000年7月任)

党委书记　陈山(2000年4月任)
朱建派(2000年4月免)

纪委书记　张祖文(兼)

工会主席　刘秀英(兼)

团委书记　罗琳(兼)

股份公司办公室(董事会秘书室)

主　任　张渝(2000年7月免)

副主任　游晓安(2000年7月主持全面工作)

董事会秘书　张渝(2000年1月任2000年8月免)
刘大卫(2000年8月任)

人力资源处

处　长　吴自生

财会处

处　长　涂德令

销售处

处　长　陈亚雄

副处长　安奇　李整

党总支书记　陈亚雄

原材料处

处　长　陈洪

副处长　赖学文(2000年9月任)

党委书记、纪委书记　刘云(2000年1月任)
陈光忠(2000年1月免)

工会主席　刘云(2000年1月任)
陈光忠(2000年1月免)

生产安环处

处　长　刘贤富

副处长　唐培怀(2000年1月任)
鄢培(2000年9月任)

机动处

处　长　罗绯

副处长　王珏(2000年9月任)

质量管理处
处　长　周宏(兼,2000年12月免)
副处长　贾安才(2000年12月主持全面工作)
　　杨龙
党委书记　储瑜琩
工会主席　储瑜琩

技改处
处　长　冯成伟(2000年4月免)
副处长　黎伟(2000年4月主持全面工作)
　　刘功林(2000年4月任)

装备处(2000年4月成立)
副处长　韩建文(2000年4月任主持全面工作)
党总支书记　黄文才(2000年4月任)

党委办公室(宣传处)
副主任(副处长)　黄成华(2000年5月任主持全面工作)

组织处(纪委、监察处)
处　长　陈山(2000年4月兼)
　　谭亚夫(2000年4月免)

焦化厂
厂　长　常根非
副厂长　马平(2000年9月任)
　　姚小虎(2000年9月任)
厂长助理　马平(2000年1月任)
技改指挥长　常根非(2000年9月兼)
技改副指挥长　姚小虎(2000年9月兼)
党委书记、纪委书记　曾永伟
工会主席　曾永伟

炼铁厂
厂　长　徐刚
副厂长　鲁德昌　郭明
　　雷有高(2000年1月任)
　　张理全(2000年9月任)
　　肖华高(2000年9月免)
技改指挥长　徐刚(2000年9月兼)
技改副指挥长　鲁德昌(2000年9月兼)
党委书记、纪委书记　王有志(2000年10月任)
党委副书记　王有志(2000年1月主持党委工作)
工会主席　周建(2000年1月任)
　　王有志(2000年1月免)

七厂(重庆恒达钢业股份有限公司)
董事长　董荣华
厂长(总经理)　孙毅杰(2000年4月任)
副厂长(副总经理)　孙毅杰(主持全面工作)
　　欧建军　陈文满
　　刘伟(2000年9月任)
厂长助理　刘伟(2000年1月任)
技改指挥长　孙毅杰(2000年9月兼)
技改副指挥长　欧建军(2000年9月兼)
党委书记、纪委书记　涂嘉陵(2000年4月任)
　　苏全林(2000年4月免)
工会主席　涂嘉陵(2000年4月任)
　　苏全林(2000年4月免)

五厂
厂　长　皮开鉴
副厂长　管朝晖　李红(2000年1月任)
　　罗运清(2000年9月任)
厂长助理　罗运清(2000年1月任)
技改指挥长　皮开鉴(2000年9月兼)
技改副指挥长　管朝晖(2000年9月兼)
党委书记、纪委书记　于光朝
工会主席　于光朝

型钢厂
厂　长　胡廷力
副厂长　刘树　李红宇　李兴国
技改指挥长　胡廷力(2000年9月兼)
技改副指挥长　李兴国(2000年9月兼)
党委书记、纪委书记　陈光忠(2000年1月任)
　　刘大龙(2000年1月免)
工会主席　陈光忠(2000年1月任)
　　刘大龙(2000年1月免)

高速线材厂(2000年4月前为高线指挥部)
厂　长　冯成伟(2000年4月任)
副厂长　王绍斌(2000年4月任)
　　陈志伟(2000年4月任)
党总支书记　冯成伟(2000年4月任)
党总支副书记　卢抗美(2000年4月任)

高线指挥部
指挥长　冯成伟(2000年1月兼)
副指挥长　王绍斌(2000年1月任)
指挥长助理　陈志伟(2000年1月任)

动力厂
厂　长　唐清(2000年9月任)
副厂长　唐清(2000年9月前主持全面工作)
　　沈勇革　黄龙强(2000年9月任)
厂长助理　郑含燕(2000年1月～2000年9月任)

技改指挥长　唐清(2000年9月兼)
技改副指挥长　沈勇革(2000年9月兼)
党委书记、纪委书记　高守伦(2000年7月任)
工会主席　高守伦

运输部

主　任　吴文才(2000年9月任)
副主任　吴文才(2000年9月前主持全面工作)
党委副书记、纪委书记　李学锋
工会主席　李学锋

钢研所

所　长　刘加才
副所长　程健　章金楠
　　曾兢(2000年9月任)
所长助理　曾兢(2000年1月任)
党委书记、纪委书记　陈捷(2000年10月前为党总支书记)

重钢集团中兴公司

经　理　罗应增
副经理　陈光渡　张奇顺
　　师荫侠(2000年1月任)
党委书记　罗应增
党委副书记、纪委书记　张奇顺
工会主席　张奇顺

重钢四厂

厂　长　李金春
副厂长　李兰天　尹开政
　　袁思胜(2000年9月任)
厂长助理　袁思胜
党委书记、纪委书记　黄清云
工会主席　曾庆琴

重钢集团矿业有限责任公司

董事长　梁正明
经　理　梁正明
副经理　刘贻民　董渝旭(2000年9月任)
经理助理　董渝旭(2000年1月任)
党委书记、纪委书记　甘伟前
工会主席　甘伟前

太和铁矿

矿　长　陈大元
副矿长　毛胜光　梁典德
党委书记、纪委书记　龚明斌(2000年12月任)
党委副书记、纪委书记　龚明斌(2000年1月主持工作)
　　葛林(2000年1月免)
工会主席　龚明斌

乐山粘土矿(乐山耐火材料厂)

矿　长　张正川(2000年2月任)
　　梁正明(2000年2月免)
副矿长　许祖强(2000年2月任)
　　周庆宝(2000年2月任)
矿长助理　许祖强
党委书记　张正川(2000年2月任)
　　梁正明(2000年2月免)
党委副书记、纪委书记　向利平(2000年2月任)
　　张正川(2000年2月免)
工会主席　向利平(2000年2月任)
　　张正川(2000年2月免)

綦江铁矿

矿　长　刘煜生
副矿长　唐仲华　周成彦(2000年9月任)
　　邓顺礼(2000年9月免)
党委书记、纪委书记　李春唯
工会主席　李春唯

歌乐山石灰石矿

矿　长　詹光模(2000年1月任)
副矿长　舒西刚(2000年9月任)
党委副书记、纪委书记　文家强(2000年1月任主持党委工作)
　　韩玖(2000年1月免)
工会主席　文家强(2000年1月任)
　　韩玖(2000年1月免)

小南海白云石矿

矿　长　王尚文
副矿长　李贤杰
党委书记、纪委书记　王光新
工会主席　王光新

重钢集团运输有限责任公司

董事长　文思中
经　理　文思中(2000年1月免)
副经理　雷敬川(2000年1月主持全面工作)
　　龙晓波(2000年9月任)
经理助理　龙晓波(2000年1月任)
党委副书记、纪委书记　牟少平(主持党委工作)

重钢集团机械制造有限责任公司

董事长　黄健
经　理　黄健

副经理　程进　钟兴荣　罗卫东
党委书记　黄文才(2000年4月免)
党委副书记　何明学(2000年4月任主持党委工作)
纪委书记　何明学(2000年4月任)
黄文才(2000年4月免)
工会主席　何明学

重钢集团建设工程有限公司
董事长　张明富
经　理　张明富
副经理　卢一琥　吕凤华　雷钦平
江世奎(2000年1月任)
党委书记　冯熙华(2000年1月免2000年12月任)
党委副书记　常晓冬(主持党委工作2000年1月任2000年12月免)
纪委书记　冯熙华(2000年1月免2000年12月任)
常晓冬(2000年1月任2000年12月免)
工会主席　冯熙华(2000年1月免2000年12月任)
常晓冬(2000年1月任2000年12月免)

重钢集团热陶瓷有限公司
董事长　龚文渠(2000年3月任)
经　理　王新才
副经理　毛勇(2000年1月任)
顾国强(2000年9月任)
经理助理　顾国强(2000年2月任)
党委副书记　张俊(2000年1月任主持党委工作)
王新才(2000年1月免)
纪委书记　张俊(2000年1月任)
工会主席　张俊(2000年1月任)

重钢集团房地产有限责任公司
董事长　周佐生(2000年3月任)
唐自明(2000年3月免)
经　理　黄必华
副经理　郑含燕(2000年9月任)
王珏(2000年9月免)
党委书记、纪委书记　陈怀萱(2000年12月任)
李果(2000年1月免)
党委副书记　陈怀萱(2000年1月任主持党委工作)
工会主席　陈怀萱(2000年1月任)
李果(2000年1月免)

重钢集团生活服务有限责任公司
董事长　唐世明
经　理　唐世明(2000年1月任)
李开田(2000年1月免)
副经理　潘龙云　毛辉(2000年1月任)
党委书记、纪委书记　唐坤厚
工会主席　唐坤厚

重钢集团电子有限责任公司
董事长　周佐生(2000年7月任)
王必达(2000年7月免)
经　理　王必达(2000年1月免)
副经理　李建中(2000年1月主持全面工作)
张桥川
经理助理　李强娇(2000年1月任)
付三强(2000年1月任)
党委书记、纪委书记　李保卫
工会主席　李保卫

重钢集团设计院
董事长　董林(兼)
院　长　董林(2000年7月免)
副院长　蒋工亮(2000年7月主持全面工作)
张佩(2000年9月任)
院长助理　张佩(2000年1月任)
党总支副书记　蒋工亮(主持工作)

重庆钢铁(香港)有限公司
董事长　唐民伟
总经理　周志宇(2000年2月任副处级)

重庆朝阳气体有限公司
董事长　王方柏
总经理　刘钟
副总经理　田丰渝(2000年1月任)
王建平(2000年9月任)
总经理助理　王建平(2000年1月任)
党委书记　刘钟
党委副书记　李家富
工会主席　李家富

进出口公司
总经理　肖邦绪(2000年1月免)
副总经理　强百谦(2000年1月任主持全面工作)
刘云(2000年1月免)

重庆新港装卸运输有限公司
董事长 毛秀忠
总经理 熊锡云
重钢集团机械化工程有限公司
董事长 汪海斌(2000年1月任)
经理 汪海斌
副经理 刘东(2000年1月任)
魏成华(2000年1月任)
明安灿(2000年1月任)
党总支副书记 明安灿(2000年1月任主持工作)
重庆三环建设监理有限公司(合同预算处)
经理(处长) 文兴淑
副经理(副处长) 袁晓彤(2000年9月任)
经理(处长)助理 袁晓彤(2000年1月任)
重钢集团特殊钢有限公司
总经理 秦海(2000年1月兼2000年10月免)
罗福勤(2000年10月兼)
常务副总经理 杨志炜(2000年1月任)
副总经理 张培(2000年10月兼)
谢朝义(2000年1月任2000年10月免)
陈德馨(2000年1月任)
邹云生(2000年1月任)
田中林(2000年1月任2000年10月免)
孙瑞彬(2000年1月任2000年10月免)
财务总监 曾朝碧(2000年1月任)
党委书记 张培
党委副书记、纪委书记 刘樱(2000年10月任)
詹正洁(2000年1月任2000年10月免)
工会主席 刘樱(兼)
副总工程师 冯仲渝、张景惠
徐立中(2000年6月免)
焦克和(2000年4月免)
郑永宁(2000年4月免)
唐海跃(2000年4月免)
副总会计师 周康友(2000年3月免)
副总经济师 陈红兵(2000年5月任)
吴省三(2000年10月任)
沈克复(2000年4月免)
党委工作部
部 长 张培(兼)(2000年1月任2000年3月免)
张新生(2000年3月任2000年4月免)
朱怀富(2000年4月任)
副部长 张新生(2000年1月任2000年3月免)
李志兵(2000年1月任2000年11月免)
范广恩(2000年1月任2000年6月免)
周红(2000年1月任)
工会
副主席 段辉平(2000年11月免)
李志兵(2000年11月任)
团委
书 记 潘利梅(2000年4月任)
纪监审计处
纪委副书记兼处长 范恩华(2000年4月免)
柳学萍(2000年4月任)
副处长 黄盛辉(2000年3月免)
王国粹(2000年1月任)
经理办公室
主 任 肖体庚(2000年4月免)
张新生(2000年4月任)
副主任 张有惠 吴雅(2000年11月免)
综合管理处
处 长 沈克复(兼,2000年4月免)
黄志强(2000年11月任)
副处长 黄志强(2000年11月免)
吴玉东(2000年4月免)
邹惠敏(2000年11月免)
生产处
处 长 谢朝义(兼,2000年4月免2000年10月任)
甄涛(2000年3月任2000年11月免)
副处长 杨照泽 甄涛(2000年4月免2000年11月任)
刘筱娟(2000年11月免)
装备处
处 长 张胜伟
副处长 陈重麟 黄道南
陈祥伟(2000年4月免)
何其明(2000年11月免)
兰平庄(2000年4月免)
技术中心
主 任 邹云生(2000年2月免)

徐茂君(2000年3月任)

副主任 徐茂君(2000年2月免)

龚坦虹(2000年11月免)

王玉 覃燕(2000年4月免)

江宏明(2000年4月免)

党总支书记 徐兵

供销公司(2000年1月由销售处、供应处合并,2000年4月撤销供销公司)

经 理 孙瑞彬(兼,2000年1月任2000年4月免)

副经理 阳崇明(2000年1月任2000年4月免)

袁昌文(2000年1月任2000年4月免)

唐诗贵(2000年1月任2000年4月免)

陈小平(2000年1月任2000年4月免)

雷勤(2000年1月任2000年4月免)

赵德钊(2000年1月任2000年4月免)

肖建明(2000年1月任2000年3月免)

党委书记 江毅(2000年1月任2000年4月免)

工会主席 范渝钢(2000年1月兼2000年4月免)

销售处

处 长 陈红兵(2000年3月任)

副处长 唐诗贵(2000年4月任)

陈小平(2000年4月任2000年7月免)

肖仁义(2000年11月任)

党总支书记 陈红兵(兼,2000年3月任)

王和武(2000年4月免)

陈敬华(2000年4月免)

黄其兵(2000年4月免)

张华明(2000年4月免)

罗宇(2000年4月免)

陈勇(2000年4月免副处级职务)

党委副书记兼工会主席 范渝钢(2000年1月免)

供应处

处 长 陈光福(2000年4月任2000年11月免)

王伟(2000年11月任)

副处长 袁昌文(2000年4月兼)

雷勤(2000年4月任2000年11月免)

王和武(2000年11月任)

党总支书记 袁昌文(2000年4月任)

劳动工资处

处 长 吴省三

副处长 张万荣(2000年11月免) 杨毓龙

再就业中心

主 任 吴省三(兼)

副主任 杨毓龙(2000年6月兼)

副主任 张万荣

财务处

处 长 何明海(2000年11月免)

副处长 罗彦 何远志

鞠晓勤(2000年4月任2000年11月免)

张儒超(2000年6月免)

党总支书记 罗彦(2000年4月任)

质管处

处 长 覃燕(2000年4月任)

副处长 肖仁义(2000年4月任2000年7月免)

吴培渝(2000年4月免)

杨应华(2000年4月免)

陈彬(2000年4月免)

唐志柏(2000年7月任)

党总支书记 肖仁义(2000年1月任2000年7月免)

刘兴龙(2000年7月任)

工会主席 刘兴龙(2000年11月任)

老干部处

处 长 刘昌泉

党总支书记 许新民(2000年4月免)

刘兴龙(2000年4月任2000年7月免)

刘昌泉(2000年11月任)

保卫武装处

处 长 张高富(2000年9月免)

江毅(2000年9月任)

副处长 唐永彬(兼人武部长,2000年4月免)

易发宏(2000年9月免)

张高富(2000年11月任)

党总支书记 张高富

党总支副书记 周吉权(2000年4月免)

退管处

处 长 周先智(2000年4月任)

副处长 崔建功(2000年4月任2000年11月免)

党委书记 唐建福(2000年4月免)

李加美(2000年4月任)

工会主席 张成孝(2000年4月免)

李加美(2000年4月兼)

计量能源处

处　长　徐开平
副处长　邹钢　何晓明
郑自德(2000年4月免)
党委副书记　邹钢(2000年4月任)
党总支书记　黄荣金(2000年4月免)

铁路运输队
处　长　王焕忠(2000年4月免)
吴开荣(2000年4月任)
副处长　牛云峰(2000年4月免)
党总支书记　赵金发
工会主席　赵金发(2000年4月兼)

汽运公司
经　理　李兴长(2000年4月免)
吴兴竹(2000年4月任)
副经理　苏传钼(2000年4月免)
党总支书记　童中德(2000年4月免)
吴兴竹(2000年4月兼)

房产处
党委副书记　任学(2000年4月免)
工会主席　任学(2000年4月免)
处　长　詹正洁(2000年2月免2000年11月任)
刘俊(2000年4月任2000年11月免)
副处长　刘俊(兼,2000年2月免2000年11月任)
任学(2000年4月任2000年11月免)
陈明全(2000年4月免)
党总支书记　刘俊(2000年4月任)

生活服务公司
经　理　刘兴龙(2000年4月免)
柳学萍(2000年4月任2000年4月免)
陶有文(2000年11月任)
副经理　陶有文(2000年4月任2000年11月免)
徐海云(2000年4月免)
党总支书记　柳学萍(2000年4月免)
范恩华(2000年4月任)
工会主席　柳学萍(兼,2000年4月免)

劳动服务公司
副书记　李纯作(2000年4月免)
经　理　周纪富
副经理　赵忠明　杨泽(2000年4月免)
李荣(2000年4月免)
谢茂福(2000年4月免)
党总支书记　赵忠民

工会主席　张国斌(2000年4月免)

外经处
处　长　卢保华

设计院
院　长　郑永宁(2000年2月免)
梁培(2000年2月任)
副院长　梁培(2000年2月免)
总工程师　郑永宁(2000年2月任2000年4月免)

医院
院　长　孙德超
副院长　胡丽砂(2000年4月免)
冯建川(2000年4月任)
党总支书记　杨春荣(2000年11月免)
段辉平(2000年11月任)
工会主席　谢宗敏(2000年4月免)
杨春荣(兼,2000年11月免)
段辉平(兼,2000年11月任)

计划生育办公室
主　任　朱如碧(2000年4月免)

清欠公司(2000年11月法律事务室并入,改为清欠法律办公室)
经理(主任)　刘建林(2000年11月由经理改为主任)
副经理(副主任)　刘登平(2000年4月免)
朱扬义(2000年4月免)
付大镛(2000年4月免)
李世明(2000年4月免)
张远东(2000年4月免)
龙利民(2000年4月免)

法律事务室(2000年11月并入清欠法律办公室)
主　任　刘登平(2000年4月任2000年11月免)

教育培训中心
主　任　粟伟
副主任　代善强(2000年4月免)
梁世平(2000年11月免)
王志中(2000年4月免)
张昌田(2000年11月免)
党总支书记　张昌田(2000年11月免)
粟伟(兼,2000年11月任)

经济研究室(2000年1月成立2000年4月撤销)
主　任　刘光阳(2000年1月任2000年4月免)
副主任　郑伦(2000年1月任2000年4月免)

调研员 王微根(2000年1月任2000年4月免)
吴铁华(2000年1月任2000年4月免)
付相文(2000年1月任2000年4月免)
樊清国(2000年1月任2000年4月免)

实业开发公司
经　理 肖体庚(2000年4月任)
副经理 陈先明(2000年4月兼2000年9月免)
阳崇明(2000年4月兼)
周纪富(2000年4月兼)
刘学东(2000年9月任)
刘筱娟(2000年11月任)

技改指挥部
指挥长 罗福勤(2000年11兼)
常务副指挥长 陈德馨(2000年11月兼)
副指挥长 张胜伟(2000年11月兼)
桂森(2000年11月任)
刘平良(2000年11月任)

来料加工办公室
主　任 桂森(2000年11月兼)

新区开发办公室
主　任 阳崇明(2000年11月任)
副主任 何其明(2000年11月任)

不锈钢冶炼厂(2000年11月厂撤销)
厂　长 桂森(2000年11月免)
副厂长 王远明(2000年11月免)
黄晓南(2000年11月免)
党委书记 饶德祥(2000年4月免)
刘庆洪(2000年4月任2000年11月免)
工会主席 张廉(2000年11月免)

炼钢厂(不锈钢冶炼厂2000年11月并入炼钢厂)
厂　长 张军
副厂长 庹开正(2000年11月免)
官正强 王体华(2000年2月免)
李顺成(2000年11月任)
党委书记 刘平良(2000年4月免)
刘庆洪(2000年11月任)
工会主席 冯世健(2000年3月免)
李顺成(2000年4月任2000年11月免)
张廉(2000年11月任)

型材公司(2000年11月厂撤销)
党委副书记 朱平域(2000年4月免)
孔龙(2000年9月任2000年11月免)
经　理 李正清(2000年11月免)
副经理 程祯义(2000年11月免)
党委书记 刘敦才(2000年9月免)
工会主席 孔龙(2000年11月免)

初轧厂(2000年11月厂撤销)
厂　长 陈伟(2000年11月免)
副厂长 周晓楠(2000年11月免)
党委书记 胡巍(2000年3月调离)
冯世健(2000年4月任2000年11月免)
工会主席 范幼棠(2000年11月免)

轧钢厂(2000年11月型材公司、初轧厂、锻材公司精锻车间合并成立)
厂　长 陈伟(2000年11月任)
副厂长 周晓楠(2000年11月任)
罗再旗(2000年11月任)
程祯义(2000年11月任)
冷渝湘(2000年11月任)
党委书记 冯世健(2000年11月任)
党委副书记、工会主席 孔龙(2000年11月任)

冷材公司(2000年11月改成冷材厂)
经理(厂长) 杜跃钰
副经理(副厂长) 任永平 徐坤
邓质均(2000年4月免)
党委书记 聂森林
党委副书记 黄治伦(2000年4月免)
工会主席 黄治伦(2000年4月免)
肖扬伦(2000年4月任)

板材公司(2000年11月改成板材厂)
经理(厂长) 余定刚
副经理(副厂长) 王伟(2000年4月免)
余泽林 贺宗仁
翁文全(2000年4月免)
窦文峰(2000年4月免)
党委书记 朱怀富(2000年4月免)
党委副书记 周吉权(2000年6月任)
工会主席 李贵祥(2000年4月免)
周吉权(2000年4月任)

炉料加工厂
厂　长 雷勤(2000年11月任)

锻材公司

经　理　陈红兵(2000年4月免)
郭赤峰(2000年4月任)
副经理　雷旭刚　冷渝湘(2000年11月免)
任富高(2000年4月免)
罗再旗(2000年11月免)
宋福建(2000年4月免)
党委书记　郭赤峰(2000年4月免)
党委副书记　范渝钢(2000年4月任)
工会主席　任富高(2000年4月任)

精研厂

厂　长　王伟(2000年4月任2000年11月免)
陈光福(2000年11月任)
副厂长　沈锡祥　罗伟(2000年4月免)
刘兵(2000年4月免)
党总支书记　沈锡祥

动力厂

厂　长　姚洪(2000年4月免)
杨真理(2000年4月任)
副厂长　赵彦明
党总支书记　黄国智
工会主席　黄国智(兼)

机械设备制造公司

经　理　陈先明(2000年9月免)
王世军(2000年9月任)
副经理　焦武全　束仁虎
党委书记　代岳湘(2000年4月免)
黄盛辉(2000年4月任)
工会主席　肖扬伦(2000年4月免)
黄盛辉(2000年4月兼)

耐火材料公司

经　理　冉隆庆
副经理　陈德明
党总支书记　罗永连
工会主席　罗永连(兼)

冶金建筑安装公司

经　理　王泽明
副经理　杨世奎(2000年4月免)　邹世成
刘以钢(2000年4月任)
党委书记　冯守席(2000年4月免)
江毅(2000年4月任2000年9月免)
党委副书记　易发宏(2000年9月任)
工会主席　刘家信(2000年4月免)
江毅(兼,2000年9月免)
易发宏(2000年9月兼)

渝州企业公司

经　理　吴兴竹(2000年4月免)
阳崇明(2000年4月任2000年11月免)
胥文学(2000年11月任)
副经理　刘庆新(2000年4月免2000年9月任)
官文田(2000年4月免)
刘学东(2000年4月免)
党委书记　胥文学(兼)
党委副书记　王琼英(2000年11月免)

新兴公司(2000年4月撤销)

经　理　殷吉秀(2000年4月免)
副经理　杨升福(兼,2000年4月免)
孔庆鄂(2000年4月免)
党支书记　杨升福(2000年4月免)

佳丰公司(新兴公司2000年4月并入佳丰公司)

经　理　杨佳林
副经理　殷吉秀(2000年4月兼2000年11月免)
望珂(2000年4月免)
张昌田(2000年11月任)
党总支书记　殷吉秀(2000年4月任2000年11月免)
张昌田(2000年11月任)
党委副书记　胡定国(2000年4月免)

重钢集团产业公司

董事长　唐自明(2000年3月任)
总经理　张渝(2000年4月任)
杨志炜(2000年1月免)
副总经理　冯熙华(2000年1月～2000年4月主持全面工作2000年11月免)
韩罗庆(2000年11月任)
赵伟(2000年11月任)
总会计师　韩罗庆(2000年11月任)
党委书记、纪委书记　常晓冬(2000年12月任)
冯熙华(2000年1月任2000年12月免)
吴培贞(2000年1月免)
工会主席　童玉凤

办公室

主　任　王虹(2000年1月任)

劳资企管处

处　长　赵伟(2000年1月任)

生产经营开发处

处　长　王升高(2000年1月免)
副处长　孙立(2000年1月任主持全面工作)
　　　　王志猛(2000年1月任2000年12月免)

财经处
处　长　韩罗庆(2000年1月任)
副处长　刘大卫(主持全面工作2000年1月免)

实体管理部(2000年12月成立)
主任(副处级)　王贵伟(2000年12月任)

轧钢总厂
厂　长　刘大龙(2000年1月任)
　　　　尹显辉(2000年1月免)
副厂长　刘三军(2000年1月任)

炉料总厂
厂　长　熊伏龙
副厂长　任立学(2000年1月任)
　　　　王贵伟(2000年9月任2000年12月免)
　　　　王志猛(2000年12月任)
厂长助理　王贵伟(2000年1月任)

材料总厂
厂　长　旷渝训
副厂长　陈浩

重庆三联公司(2000年12月撤销并入产业公司商贸公司,职务自然消失)
副经理　张克刚(主持全面工作)

商贸公司
经　理　王昌荣(2000年12月免)
副经理　张克刚(2000年12月任主持全面工作)
　　　　汪国钧　陈怀萱(2000年1月免)

重钢集团铁合金有限责任公司
董事长　武维平
经　理　谢泽强
副经理　伍天仁(2000年1月任)
党委书记　武维平(2000年1月任)
　　　　　胡先伟(2000年1月免)
纪委书记　胡先伟(2000年1月任)
　　　　　伍天仁(2000年1月免)
工会主席　胡先伟(2000年1月任)
　　　　　伍天仁(2000年1月免)

重钢集团铁业有限责任公司
董事长　胡门禄
经　理　李仁生
副经理　陈永伦　吴晓华
　　　　胡堂智(2000年1月任)
党委书记　戴光荣(2000年1月任)
纪委书记　戴光荣
工会主席　廖大金

重钢集团钢管有限责任公司
董事长　胥学春
经　理　熊明祥
副经理　宋大林　刘世文(2000年9月任)
经理助理　刘世文
党委书记　胥学春(2000年1月免)
党委副书记　徐祖华(2000年4月任)
　　　　　　邹广川(2000年1月任主持党委工作2000年4月免)
纪委书记　徐祖华(2000年4月任)
　　　　　胥学春(2000年1月免)
　　　　　邹广川(2000年1月任2000年4月免)
工会主席　李事远

重钢集团耐火材料有限责任公司
董事长　冯仁华
经　理　冯仁华
副经理　荀光义
经理助理　陈学锋(2000年4月任)
党委书记　冯大明(2000年1月任)
　　　　　冯仁华(2000年1月免)
纪委书记　冯大明
工会主席　冯大明

重钢集团重庆钢铁研究所
所　长　苌成山
副所长　蒋肃曾　王周树
党委书记　苌成山
党委副书记、纪委书记　吴登明
工会主席　吴登明(2000年6月任)

(人事处、组织部、特殊钢公司党委工作部)

本部目责任编辑　黄二卫
("名录"责任编辑　王素兰)
本部目责任校对　张　蓉

重庆钢铁(集团)有限责任公司组织机构图
(2000 年 12 月)

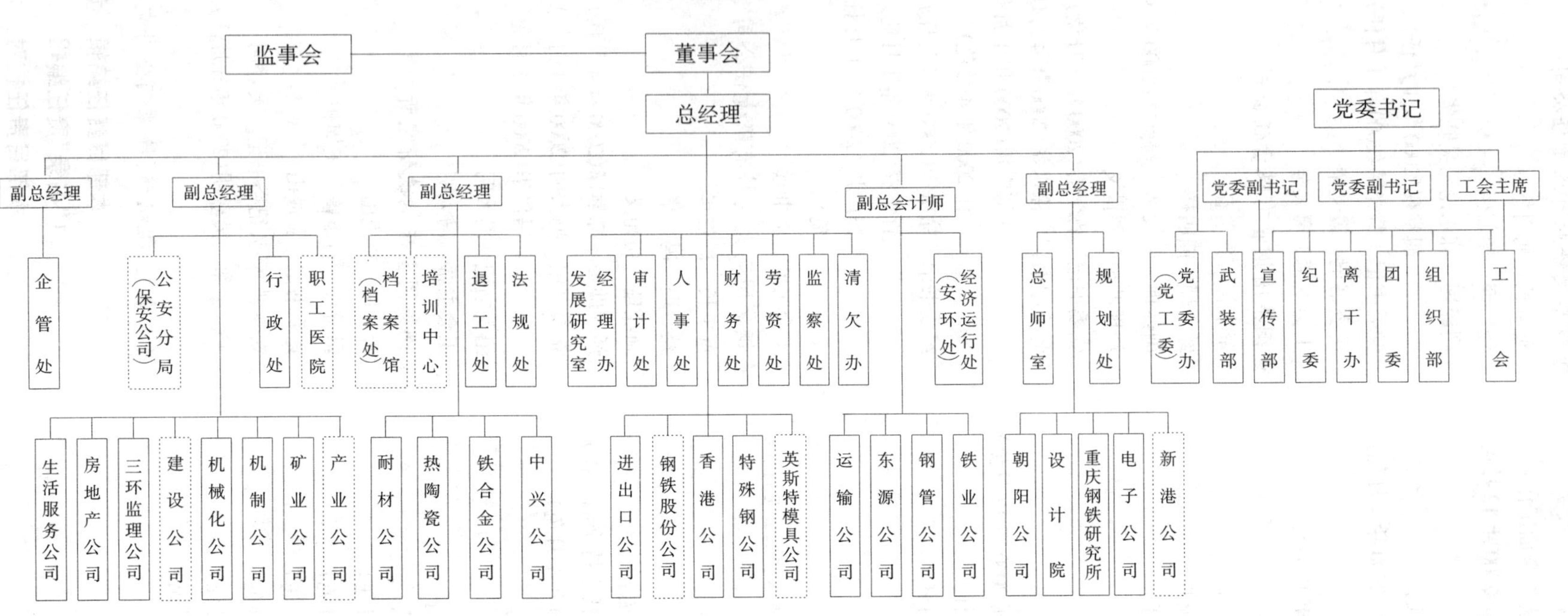

说明:

1. 重钢集团实行母子公司体制:母公司为重庆钢铁(集团)有限责任公司,下辖 26 家子公司,其中全资子公司 21 家、控股子公司 5 家(虚框示),英斯特模具公司由重钢公司委托股份公司钢铁研究所代管。
2. 母公司决策层设董事会;执行层设总经理 1 人(董事长兼任)、副总经理 4 人、总经理助理 1 人;监督层设监事会。
3. 党委设党委书记 1 人(董事长兼任)、副书记 2 人;工会设主席 1 人。
4. 母公司行政职能部门设 12 个处室(不含清欠办和承担社会职能的退工处),辖 4 个实体(虚框示);党委设工作机构 7 个(纪委与监察处为两块牌子,合署办公)。
5. 经济运行处(安环处)、运输公司、东源公司、钢管公司、铁业公司由副总会计师代管。

(重钢劳资处)

大事记

2000年大事记

1月3日

中共重庆市委副书记、重庆市常务副市长王鸿举率重庆市有关部门负责人就重钢兼并重庆特殊钢(集团)有限责任公司有关事宜到重钢现场办公。

1月11日

"重钢兼并重特动员会"在重钢召开。

1月17日

在"重庆钢铁(集团)有限责任公司干部大会"上,中共重庆市委组织部宣布重庆钢铁集团新班子组成。重庆钢铁(集团)有限责任公司贯彻国务院、重庆市政府决定,对重庆特殊钢(集团)有限责任公司实施兼并。

1月23日

国家环保总局宋瑞祥副局长一行到重钢公司考察环保产业。

1月31日

中共重庆市委副书记、重庆市常务副市长王鸿举、重庆市人大副主任唐情林、重庆市副市长赵公卿、重庆市政协副主席刘惠君来重钢慰问职工。

重庆钢铁集团特殊钢有限公司干部大会在特殊钢公司召开。重钢公司党委副书记朱建派宣布特殊钢公司领导成员任命决定,重钢公司董事长,总经理,党委书记唐民伟,重钢公司董事、特殊钢公司总经理秦海先后在大会上讲话。

2月18日

重钢为云南省重点工程大理至保山高速公路建设开发的新产品14号工字钢试制成功。

2月24日

重钢公司董事长、总经理、党委书记唐民伟在重庆市委书记贺国强特邀的14位科技专家西部大开发战略座谈会上作《传统产业大有作为》的专题发言。

2月25日

在重钢两级中心组集中学习会上,重钢公司总经理唐民伟提出"落实责任,分片包干,突出重点,月月抓紧,按扭亏增盈要求做好工作";"把握机遇、产(量)、(成)本、价(格)三管齐下保效益"

中共重庆市委副书记、重庆市常务副市长王鸿举(左二)、重庆市人大副主任唐清林(右三)来重钢慰问。

的要求，重钢公司副总经理樊道理通报分析重钢经济运行状况和母、子公司损益情况。重钢公司党委副书记朱建派主持会议并传达《江泽民同志在中纪委第四次全体会议上的讲话》。

3月6日

恒达公司三号转炉炉龄达8020炉。

3月9日

重庆市人民政府公布《1999年度重庆名牌产品名单》，重钢股份公司"三峰牌钢筋混凝土用热轧带肋钢筋 φ≤40 毫米"产品、特殊钢公司"重特牌阀门 4Cr9si2 冷拔材"获"1999 年度重庆名牌产品"称号。

重钢工会第十三届四十一次全委会暨第十一届职代会三十六次团长会审议通过职工住房集资解危(试行)方案。

3月16日

重钢五厂试轧成功公差范围 -0.3~0.1 毫米的船舶用钢板，精度在全国同行中领先。

3月17日

重钢 2000 年科技工作会召开。

3月28日

重钢召开"纪念重钢工会成立50周年暨扭亏脱困再动员大会"，重钢公司董事长、总经理、党委书记唐民伟向大会致辞并作扭亏脱困再动员报告；重钢工会主席潘向宇作《继续和发扬工会光荣传统为扭亏脱困振兴重钢再立新功》报告。中国机械冶金工会向大会发贺电，重庆市总工会副主席李军向大会致辞。

4月1日

重钢集团机制公司专利产品双环减速器在北京军事博物馆中国专利 15 周年成就展上展示。

4月3日

重庆市质量技术监督局、重庆市经济委员会发渝技监发[2000]39 号文件，重钢公司生产的三峰牌船用碳素及碳素结构钢板 6~32×≤2000×≤12000 毫米产品，重钢集团特殊钢公司生产的重特牌阀门钢 4Cr9si2 冷拔材产品为"重点发展的名牌产品"，重钢公司的船用球扁钢为"创造名牌产品"。

4月4日

重钢集团特殊钢公司与全国库存商品调剂(网络)中心重庆分中心就企业现有库存商品及低款物资和应收账款签订合作协议书。

4月5日

重钢"民兵政治教育试点"动员大会召开。重庆警备区政治委员王杰学少将、政治部主任李宗群少将、宣传处帅逊中校，重钢公司领导唐民伟、朱建派、潘向宇及大渡口区、人民武装部领导出席大会。

4月6日

中央电视台四频道《中国报道》栏目组采访重钢运输公司天然气(CNG)加气站。

4月18日

引进北京科技大学的具有我国 20 世纪 90 年代先进水平的专利技术"感应电渣离心浇铸"项目在重钢竣工投产。

4月19日

"重钢(集团)公司经济分析会"召开，重钢公司副总经理樊道理作重钢 2000 年一季度经济运行总结。重钢公司总经理唐民伟将一季度重钢的经济运行情况归纳为：生产稳定、营销强化、货款增长、成本下降、亏损下降、扭亏信心增强、各项措施到位。

重庆钢铁股份有限公司审核委员会成立。

4月27日

重钢职工张明富、钟勇、陈亚雄、熊伟、李亚西、杨安明 6 人参加重庆市劳动模范和先进工作者表彰会，重钢公司领导唐民伟、樊道理、朱建派、董林、潘向宇等为劳动模范送行。

张明富被授予"全国劳动模范"称号；张明富、钟勇、陈亚雄、熊伟、李亚西、杨安明被授予"重庆市劳动模范"称号。

4月29日

重庆市人民政府表彰 1999 年度"学邯钢、抓管理"活动中成效显著企业，重庆钢铁(集团)有限责任公司名列首位。

重钢召开"减员分流再就业工作会"，重钢公司党委副书记朱建派在会上就减员分流的必要性、重要性作讲话，重钢公司总经理、党委书记唐民伟指出，重钢要在 2000 年扭亏，并保持竞争力，必须减员分流。

5月1日

重庆钢铁(集团)有限责任公司被确定为 66 户"2000 年重庆市重点增长点工业企业"。

5月10日

重钢召开"传达全国、重庆市

劳模大会精神暨先进事迹报告会”。重钢公司党委副书记朱建派宣读《关于对张明富等6名全国劳模和市劳模给予表彰奖励的决定》;张明富、陈亚雄分别传达全国劳模大会、重庆市劳模大会精神并作先进事迹报告;钟勇作先进事迹报告;熊伟代表6名劳模宣读《倡仪书》。重钢公司总经理唐民伟号召全体职工以劳模为榜样,学先进、赶先进,为扭亏脱困建功立业。

5月12日

国家外经贸部副部长陈新华一行为制定西部大开发推进外贸大发展相关政策来重钢调研。

5月16日

唐民伟总经理就重庆钢铁股份有限公司4月份实现利润1306万元颁发嘉奖令,对出色完成生产经营目标任务的五厂、型钢厂、七厂、炼铁厂、焦化厂、动力厂、质管处、原材料处、钢研所、装备处予以嘉奖。

5月18日

“纪念重钢团委成立50周年暨表彰‘五四红旗团委’大会”召开。会上宣读中共中央宣传部副部长刘鹏的贺电,共青团重庆市委副书记陈大奎到会祝贺;重钢公司工会主席潘向宇在大会上致辞,重钢团委书记罗琳作《锐意进取自觉奉献为实现公司扭亏脱困目标作贡献》讲话,重钢公司党委书记唐民伟在会上作讲话。

5月20日

重钢高线35千伏电站一次通电成功。

5月23日

重庆市精神文明办公室、重庆市委工交工委宣传处及大渡口区精神文明办公室负责人来重钢就重钢创建重庆市文明单位进行复查。重钢公司党委副书记朱建派向复查组作自查汇报。

5月25日

重钢公司党委中心学习组成员集中学习江泽民总书记“三个代表”重要思想,重钢公司董事长、总经理、党委书记唐民伟谈学习“三个代表”的重要意义,重钢公司党委副书记朱建派谈学习体会。

5月29日

在国家冶金工业局、中国钢铁协会召开的“钢材(坯)出口座谈会上”,重钢2000年1~4月“按出口量”、“按出口增加量”、“按出口增长比例”、“按出口占钢产量超过10%以上”等指标分别占第9位、第8位、第1位、第3位,受到表彰。

6月2日

重钢党委组织各民主党派及党外知识分子代表学习座谈江泽民总书记“三个代表”论述。

6月9日

重庆钢铁股份有限公司1999年度股东周年大会召开,唐民伟任第二届董事会董事长、朱建派任第二届监事会主席。

6月13日

国家冶金工业局副局长单亦和一行来重钢调研。

6月14日

重钢职工唐民伟、何秉专、罗绯、郭明4人获全国冶金“节能增效竞赛先进个人”称号,税建国“快速更换中间包操作法”获“工人先进操作法”称号。

6月19日

重钢团委组织团员、青年代表座谈学习江泽民总书记“三个代表”重要思想论述。

6月20日

重钢开始“三五”普法验收。

重钢职工2000年无偿献血活动开始。

重钢工会召开学习“三个代表”座谈会。

6月21日

英国LRQA对重庆钢铁股份有限公司2000年上半年度现场复查:重钢质量保证体系运行持续有效,审核合格。

6月23日

重钢党建工作暨党支部书记工作研讨会召开,重钢党委副书记朱建派就党建研究的5项课题作讲话。

6月25日

23时,重钢高速线材加热炉点火烘炉成功。

6月30日

重庆恒达钢业股份有限公司1999年度股东大会召开。

重钢召开庆祝中国共产党成立79周年暨重钢扭亏脱困党内再动员大会,重钢公司党委副书记朱建派作《贯彻落实“三个代表”扎实推进“两力工程”在重钢扭亏脱困中充分发挥党组织和党员的作用》的动员报告。

7月2日

中共重庆市委书记贺国强、

重庆市副市长甘宇平到重庆长江鹅公岩大桥工地看望重钢集团机械化工程公司、重钢集团建设公司职工。

7月10日

“重钢债转股协议签字仪式”上午10时在重庆市政府底楼会议室举行,华融资产公司、信达资产公司、东方资产公司、长城资产公司等4家资产经营管理公司负责人、重庆钢铁(集团)有限责任公司董事长、总经理唐民伟在有关文本上正式签字。重钢债转股总额为362245万元。

重钢集团特殊钢公司向重钢公司汇报特殊钢公司党群系统开展控亏工作汇报。重钢公司党委书记唐民伟认为,特殊钢公司党的工作开展不错,围绕企业扭亏、减员分流、队伍稳定做了大量工作。重钢公司党委副书记朱建派、党委常委樊道理、张培、李德先、罗福勤对特殊钢公司的工作发表意见。

7月15日

重钢高线工程粗中轧机组热负荷试车成功。

7月17日

中央督查组(由国家劳动和社会保障部、中央办公厅督查室、中央组织部、国家经贸委组成)在重庆市委、市政府有关人员陪同下来重钢调研。重钢公司董事长、总经理唐民伟陪同中央督查组参观七厂、五厂并作工作汇报。

7月18日

国家质量技术监督局发第108号公告《2000年第1季度部分产品质量国家监督抽查结果》,重庆钢铁股份有限公司锅炉用钢板三峰牌10×1880×L、16×1800L及压力容器用钢板三峰牌16×1900×L、20×1500×L为合格产品。

7月21日

重钢高线工程预精轧机组转辙器热试车成功。

7月27日

“重钢上半年经济分析会”召开,重钢公司总经理唐民伟肯定重钢公司上半年生产经营取得成绩:大幅减亏,多数子公司增效达到目标;主业技术经济指标全面改善;资金回笼好转、周转顺畅,支付能力增强。

8月1日

重钢召开“重钢厂情教育经验交流会”。重钢公司董事长、总经理、党委书记唐民伟要求各级负责人做到思想到位、工作到位、形象到位,坚决打胜扭亏脱困的攻坚战。

8月3日

“重庆市企业管理年巡回演讲报告团”应邀来重钢作专题报告,重钢公司两级中心组成员到会听报告。

8月9日

重钢“三五”普法验收工作结束,验收结果:优秀单位30.76%,优良单位57.69%,合格单位11.53%。

8月10日

“重钢厂务公开工作暨经验交流会”召开。重钢公司纪委副书记张祖文传达中共中央政治局常委尉健行在全国厂务公开工作电视电话会讲话精神,重钢公司党委副书记朱建派就1999年5月至今推行厂务公开以来的情况作阶段总结,重钢公司总经理唐民伟强调继续针对热点、焦点,突出重点,拓展内容,创新形式,真实、全面、坚持不懈地把厂务公开工作开展下去。

8月15日

重钢集团机械化工程总公司与重庆市政府正式签署协议,中标承担“重庆轻轨较场口—新山村线PC梁”制作。

8月25日

“重钢高速线材轧机试运行动员大会”召开,重钢高速线材轧机试运行。重庆市人大副主任周建中、重庆市经委主任余远牧、重庆市委企业工委副书记张复及中钢集团副董事长金钟、中国工商银行重庆市分行副行长周永康等出席大会。重钢高速线材厂厂长冯成伟介绍高速线材厂的建设情况,重钢公司董事长、党委书记、总经理唐民伟在讲话中称,高速线材轧机试运行是重钢的一件喜事,是重钢朝“两板一线”的新型格局迈出的一步。

重庆市法制建设检查组来重钢听取“三五”普法工作汇报并现场检查,评价为:领导重视,认识到位;组织有力,措施落实;重点突出,点面结合;形式多样,整体推进;舍得投入,经费落实、普法并举,联系实际;分工明确,责任落实、不走过场,注重实效。

8月30日

重钢召开“重钢工会第十三届四十二次全委会暨第十一届职代会第三十七次团长会议”。

8月31日

截止当日23时52分,重钢七

厂月产钢量突破15万吨。

9月8日

“重钢思想政治工作会”召开。重钢公司党委书记唐民伟、副书记秦海、朱建派,重钢公司副总经理唐自明、董林、重钢公司党委常委张培、李德先、刘樱及各处室,各单位负责宣传工作人员参加。唐民伟在会上宣布,重钢从2001年开始设立“思想政治工作奖”。

9月12日

重钢发重集人事发[2000]第343号文件《关于不再实行重钢行政厂处干部助理制的决定》,取消重钢现行行政厂处干部助理制。

9月13日

中共重庆市委书记贺国强在《重钢情况汇报》上作批示:“……今年以来,重钢取得了可喜的成绩,为我市打好国企改革与发展攻坚战作出了重大贡献……”

9月15日

重钢科协召开第四次代表大会,大会选出重钢科协第四届委员暨四届一次常务委员,选举董林、邓强、袁广森分别担任重钢科协第四届主席、副主席 、秘书长。

英国劳埃德船级社(LR)、挪威船极社(DNV)、美国船级社(ABS)、德国船级社(GL)、法国船级社(BV)及中国船级社(CCS)等6国船级社一次性对重钢生产的A36、D32、D36控轧钢板试验结果认可签字。

9月21日

根据重庆市委要求,重钢公司党委在两级中心学习组成员中开展,“警示”教育,结合警示教育和观看《生死抉择》,学习《以案施教警钟长鸣——胡长清案件警示教育材料》。

10月11日

重钢机械化公司中标承建的重庆市轻轨工程PC梁铸钢支座获重庆市建委专家组评定。

10月12日

重钢公司中心学习组成员集中学习党的十五届五中全会公报。

10月15日

重钢举行焦炉煤气脱硫脱氢工程项目开工仪式。

10月20日

重钢举行引进法国阿尔斯通公司垃圾焚烧技术协议签字仪式。

10月24日

重钢报社举办《重钢报》创刊50周年庆祝活动。《重钢报》发纪念专刊。

10月25日

重钢举行中国人民志愿军抗美援朝出国作战50周年纪念会,重钢公司党委副书记朱建派、重钢工会主席潘向宇等领导与重钢公司16名志愿军代表共话沧桑。

10月27日

重钢公司副总经理董林在北京向国家经贸委汇报薄板工程项目工作情况并与韩国浦项制铁及日本三星物产公司洽谈合作事宜。

11月2日

重钢公司受国家冶金工业局委托编制的《造船用球扁钢》国家标准通过标准预审会。

11月7日

重庆市市长包叙定上午9时率市政府办公厅、市经委、计委、劳动和社会保障局、电力局有关领导视察重钢。重钢公司总经理唐民伟就重钢扭亏脱困、改革发展及“十五”战略思路作汇报。包叙定听取汇报并参观现场后,赞扬重钢精神面貌好;现场管理很不错;重钢的发展势头好,工作思路清晰。

11月8日

重钢庆祝中国第一个记者节,重钢公司党委书记、董事长、总经理唐民伟,党委副书记秦海、朱建派与重钢公司新闻工作者座谈。

重钢公司举行七厂LF钢包精炼炉投产仪式,重钢党委书记、董事长、总经理唐民伟赞扬LF炉的建成投产是重钢适应市场需求的明智之举,将有效改善重钢产品结构。

重钢职工总医院新院大楼落成。

11月9日

美国国际人民交流协会民间大使学术访华团一行13人来重钢访问。

11月10日

重钢科技人员两年一度的体检开始。

11月22日

七厂转炉带负荷清洗除垢科研项目通过由国家冶金工业局、重庆大学、长沙有色冶金设计院、重庆钢铁设计研究院等单位组成的专家组评审，认定为国内领先水平。

11月29日

重钢公司董事长、党委书记、总经理唐民伟在中央电视台接受采访，谈国企扭亏脱困经验电视讲话。

11月30日

重钢举行两级中心组学习会，深入领会党的十五届五中全会精神，重庆市委党校科社部主任、教授余凡受应邀作报告。

重钢公司对“三五”普法工作先进集体、合格单位及先进个人进行表彰。

12月1日

重钢受国家冶金工业局委托编制的《汽车车轮轮辋用热轧型钢》国家标准1999年11月获冶金信息标准研究院的标准审定会通过，由国家冶金工业局颁布执行。

12月5日

国家经济贸易委员会以国经贸投资[2000]1150号文件《关于重庆钢铁(集团)有限责任公司优质特钢生产线技术改造项目建议书的批复》同意重钢实施优质特钢生产线技术改造。

12月10日

在丁家垭口新建的“重钢集团”新厂门暨厂区观景台竣工。

12月11日

重钢公司开展2000年度民主评议厂处级领导工作。民主评议对象为重钢公司各子公司、厂矿(处室)领导班子和在岗领导干部及专职科级岗位工会主席。

重钢新厂门雄壮挺立

12月12日

重钢集团建设公司中标成都钢铁公司烧结10立方米球团矿竖炉技改工程。

12月17日

中共重庆市委书记贺国强就《重钢集团实现扭亏》(《国内动态清样》2000年12月8日第3108期)作批示：“重钢今年一举实现扭亏，为全市工业及国企整体扭亏立了大功，打了一场漂亮的扭亏攻坚战”。

12月18日

《重钢报》报道：重钢公司党委书记、董事长、总经理唐民伟到重钢集团特殊钢有限公司就特殊钢公司2001年生产经营思路发表讲话，提出“规模定位”、“产品定位”、“生产方式定位”、“资金支撑问题”、“管理问题”及“有关制度和激励机制问题”，鼓励特殊钢公司“争取三年内逐步扭亏走出困境。”

12月22日

中共重钢第九届委员会九次全体会议召开。重钢公司党委书记、董事长、总经理唐民伟主持会议，重钢公司党委副书记秦海代表党委作2000年工作情况报告，党委副书记朱建派就2001年党委工作要点(讨论稿)作说明。重钢公司党委委员出席会议，重钢公司纪委委员、党群部门有关负责人列席会议。

12月27日

重钢集团工会第一届暨重钢公司工会第十三届、第十一届七次职代会开幕。重钢公司总经理唐民伟作题为《加快发展调整结构深化改革巩固成果推进重钢持续健康发展》的行政工作报告，重钢公司副总会计师袁进夫作《关于2000年财务情况及业务招待费使用情况的报告》，重钢公司副总经理唐自明作《提案建议意见执行情况报告》，重钢工会主席潘向宇作《重钢(集团)各子公司2000年集体合同执行情况报告》。

12月28日

重钢举行“厂情教育工作总

结表彰会”。重钢公司董事长、党委书记、总经理唐民伟讲话，重钢公司党委副书记朱建派宣读表彰决定；重钢公司党委副书记秦海主持会议。股份公司、建设公司、矿业公司、东源公司、设计院、朝阳公司、机制公司、运输公司、铁业公司、钢管公司10个单位受表彰。

重庆市总工会主席刘文、重庆市冶金工会主任徐登银一行在重钢工会主席潘向宇、副主席刘秀英陪同下看望全国劳动模范黄荣昌。

（刘光军）

（本部目责任编辑　黄二卫
本部目责任校对　彭地富）

国务院领导同志批示复印件处理单

国务院文号 信9452

国务院领导同志批示题目

镕基、邦国同志12月13日在王万宾同志“关于重庆特钢严重不稳定有关情况的报告”上的批示

领导批示：

请镕基、万宾同志阅知
吴邦国 22/12

即送万宾同志，尽快研究。
23/12

请产业政策司通知：

重庆市、重钢、重特有关同志；财政部、劳动和社会保障部、冶金局有关同志；工商行、建行一位副行长；产业司、改革司负责同志：今天下午6:00召开会议，主要研究落实总理批示精神。

王万宾 24/12

国家经贸委办公厅　　　　年　月　日

经贸委收文
办件 3451号 1件
98年12月22日

现代企业制度试点

【重钢实现外贸扩权】 2000年7月，经国家外经贸部外经贸发展审函[2000]字第1543号文件批准，渝外经贸发[2000]278号文件转发，同意重钢扩大进出口经营范围，实现外贸扩权，改制为外贸流通公司，重钢成为重庆市自营进出口企业中的第一家改制企业。

（周仕文）

【重钢减员分流】 2000年，重钢全年实现在册职工净减10381人，减员幅度达16.70%，办理下岗职工进“再就业中心”24009人，出“中心”9897人，“中心”结存17825人，全年争取重庆市再就业政策资金12828万元。

减员分流主要措施：鼓励职工买断工龄，自谋职业8130人；竞争上岗，下岗进再就业中心，保障基本生活，引导和帮助下岗职工再就业；规范完善劳动合同制度，依法调整劳动关系，实行劳动合同到期终止；根据产品、产业结构和生产方式调整，科学合理归并岗位，编制定员，重钢建立“人员分流激励基金”，提供资金保障，支持子公司减员；强化劳纪执法，清查处理违章违纪人员。

初步效果：促进企业用工机制转换和职工观念转变，职工自谋职业信心增强。亏损严重的子公司依法推行劳动合同到期终止工作取得突破；资源枯竭矿山改制；职工队伍向“少数精锐”目标推进；再就业政策直接减少企业的当期人工成本支付。

（牟勇）

【重庆钢铁股份有限公司审核委员会成立】 根据香港联合交易所上市规则规定，重庆钢铁股份有限公司董事会于2000年4月19日召开会议，批准成立重庆钢铁股份有限公司审核委员会，通过审核委员会工作规则；同意由独立非执行董事赵志铝先生任审核委员会主席，独立非执行董事吴中福先生为审核委员会委员，董事会秘书张渝先生兼任审核委员会秘书。审核委员会为董事会辖下的非常设咨询机构，以独立检讨的方式协助董事会监察并审查公司财务汇报程序、质量和内部监控效能，为董事会决策提供建议和意见。

（宋其贵）

【重庆钢铁股份有限公司监事会工作】 2000年，重庆钢铁股份有限公司监事会召开会议3次，审议议案4项：4月19日，监事会会议通过本公司1999年度监事会报告书；6月9日监事会会议选举朱建派先生为本公司第二届监事会主席；8月22日，监事会会议同意本公司2000年中期业绩公告和中期报告，由董事会批准发布；通过《重庆钢铁股份有限公司监事会议事规则》，宋其贵先生为兼职监事会秘书。

（宋其贵）

【子公司财务决算财务收支审计】 2000年审计处在被审单位对提供的财务资料作出真实性、完整性书面承诺的基础上，对进出口公司和朝阳气体公司1999年年度财务决算进行审计。审计的主要内容：1999年主要经济指标完成情况及真实性；资产、负债、损益的真实性和净资产保值增值情况；对外投资及收益；重大经济决策计划、实施情况。审计处对股份公司型钢厂1999年1月～2000年5月的财务收支进行审计，主要审计型钢厂各种收入和支出的真实性、合规性、合法性和潜盈、潜亏、帐外资产、资金占用等情况。

2000年，重钢公司内部审计工作与社会审计组织相结合对机制公司、电子公司、设计院、热陶瓷公司、耐材公司、生活服务公司、新港公司、钢管公司、益益久公司、进出口公司10个单位1999年年度财务进行审计。

（王达容）

【重庆钢铁股份有限公司董事会、监事会换届】 2000年6月9日,“重庆钢铁股份有限公司1999年度股东周年大会”召开,大会审议并选举唐民伟、潘向宇、陈山、曾朝碧、董荣华等5位先生为本公司第二届董事会执行董事;选举赵志锠、吴中福2位先生为本公司第二届董事会独立非执行董事;选举朱建派、黄幼和、王祖琴、苏全林4位先生为本公司第二届监事会股东代表监事。2000年5月19日,重庆钢铁股份有限公司第一届职工代表大会第八次团(组)长会、工会主席联席会议以无记名投票等额选举方式,全票选举刘秀英女士为本公司第二届监事会职工监事。新当选的董事、监事分别签署《服务公约》、《遵守法律法规的仲裁合同》,任期均从2000年8月12日起至2003年8月11日止。

(宋其贵)

【医疗保险工作】 2000年重钢本部计划医疗保险金2990.5万元,其中个人应缴纳215万元,重钢应划拨2775.5万元;参保职工实际发生医疗费3021.6万元(含供养直系亲属),其中医疗保险金应付2824.1万元,职工需自付197.5万元,重钢实际划拨医疗保险金1743.7万元。2000年参保职工在职工总医院发生医疗费2746.5万元,其中职工个人缴纳现金164万元,医疗保险金应付2582.5万元,因实行按成本拨款,经医疗保险办公室审核后,财务处实际向职工总医院划拨医疗保险金1797万元。2000年外诊和转诊转院共发生医疗费275.1万元,实际报销241.5万元。职工离开重钢或死亡退还医疗保金34.9万元。

(傅继美)

【住房公积金缴存】 2000年,重钢加强住房公积金提取的规范化管理,出台行管发[2000]第3号文件《公司职工支取住房公积金事宜管理办法》。重钢公司住房公积金缴存比例为单位和职工个人各占6%,职工月汇缴人数由1999年21590人增加为21971人,汇缴单位由1999年72个增加为73个,月平均汇缴额由1999年106万元增加为110万元,全年总计1300万元,累计公积金4700万元。至1996年实行住房公积金制度以来,累计增长38%。

(何娟)

【铁业公司债转股】 2000年,铁业公司按重钢公司统一安排,对历年银行贷款进行清理,上报重钢公司。铁业公司贷款银行工行江津市支行根据重庆市分行的要求,对铁业公司历年贷款及抵押情况进行清理并上报,确认铁业公司符合债转股金额为4715万元。根据重钢公司内部指标调整,实现债转股金额为3000万元,并转增为重钢法人资本,其中长期贷款1510万元,短期贷款1490万元。2000年铁业公司通过债转股,减少利息支出(当年)157万元,资产负债率降为49.79%。

(刘永文)

【铁业公司子弟学校移交】 根据重庆市人民政府重府发[1995]188号文件《重庆市分离企业办社会职能试点的意见》,1996年开始,由重庆市经委牵头,重钢企管处、劳资处、培训中心、重庆市财政局、江津市政府、江津市教委、夏坝镇政府、铁业公司等单位的负责人对铁业公司中小学子弟校移交一事进行多次协商,对校产、校地、教师状况、教学设备、办学经费等方面进行清理并上报有关部门,但一直未能达成共识,使学校移交工作一拖多年。2000年,铁业公司多次与重庆市经委、财政局及江津市政府、教委衔接协调,于2000年9月19日签署移交协议。2000年11月17日,江津市政府组织江津市教委、人事局等5个部门赴铁业公司办理子弟学校移交手续。2000年12月27日,夏坝镇政府正式接收铁业公司子弟学校及30名教职员工和有关设施。

(刘春)

“重庆钢铁”H股2000年交易表

(单位:元)

月　份	最高价(港元)	最低价(港元)	收市价(港元)	成交股数(股)	成交金额(港元)
1.	0.420	0.350	0.350	41,682,000	15,747,150
2.	0.390	0.280	0.290	42,000	12,180
3.	0.345	0.270	0.315	49,724,000	14,838,797
4.	0.430	0.270	0.330	151,674,000	53,509,240
5.	0.400	0.280	0.300	123,870,000	44,935,320

月　份	最高价（港元）	最低价（港元）	收市价（港元）	成交股数（股）	成交金额（港元）
6.	0.375	0.305	0.325	49,560,000	17,103,160
7.	0.445	0.310	0.385	124,380,000	47,764,820
8.	0.570	0.385	0.425	361,774,000	176,944,266
9.	0.475	0.330	0.390	77,890,000	32,588,910
10.	0.395	0.275	0.335	27,736,000	9,086,480
11.	0.365	0.300	0.300	32,558,000	10,847,930
12.	0.325	0.270	0.305	13,152,000	4,142,880

注:重庆钢铁股份有限公司的总股本为1,063,944,000股,其中,413,944,000股为香港上市的外资股,全年交易换手率约为2.5。

（彭国菊）

本部目责任编辑　刘光军
本部目责任校对　彭地富

企业管理

工作机构

【经理办公室概况】 经理办公室是负责重庆钢铁(集团)有限责任公司秘书、文书、信息、行政接待、保密工作和董事会秘书室工作的综合管理部门,设秘书科、机要科、信息科、行政接待科和小车队,同时管理重钢外事办公室和重钢驻北京办事处。2000年在岗职工91人,其中管理岗位33人,操作岗位58人,具有高级技术职称的11人,中级技术职称的9人。2000年,经理办公室按照重钢公司"一个中心,二件大事,三个到位,四项要求"的总体工作目标,完成各项工作任务。1. 参与重钢公司的扭亏脱困工作,督促落实公司领导所安排布置的有关扭亏指示和措施。2. 参与"五管齐下"政策的落实工作,协助完成对特殊钢公司的兼并、债转股协议的正式签订、汽车用优质特钢生产线项目立项等工作。3. 抓好厂情教育活动。4. 协助做好稳定工作和反"法轮功"邪教组织工作。5. 全年共撰写各类文字材料120份,重要文字资料24份,共25万字;打印各类文件资料3600个,38000份,复印文件资料27000份;收发传递各类文件14800份,各类信件4500封。全年接待职工来信来访3000人次,处理经理公开电话90个,处理率100%;为离休干部、老领导服务270人次;接待来重钢进行贸易洽谈、学术交流、参观访问的内外宾27批220人次,各类会议和招商活动5个314人次,完成领导用车、外事用车、生产指挥用车、各种会议接待用车、老干部用车等各类公务用车任务,安全行驶52万公里,无人员伤亡事故发生。6. 全年节约接待费10万元。7. 经理办党总支及所属的一、二党支部,经机关党工委组织复查,继续保持达标先进支部称号;办公室经检查验收获机关党工委2000年度"文明处室"称号。

(李建业)

条目另见部目

【包叙定市长视察重钢】:《特载》

【财务处概况】 重钢公司财务处2000年有职工211人,其中高级会计师5人、会计师61人、注册会计师2人、经济师3人、工程师1人,大专以上文化程度人员占职工人数80.09%。财务处设成本管理科、资金管理科、资产管理科、会计管理科、费用管理科,派驻各子公司财务机构16个。1.2000年财务处围绕重钢公司扭亏为盈中心工作,对重钢公司经济效益进行动态预测和分析,提出存在的问题和解决措施,对亏损子公司监督扭亏脱困措施的落实,促进子公司完成年度利润指标。对外争取和利用国企脱困政策,做好债转股中的财务工作,推进债转股政策的落实,实现债转股总额362245万元。财务处完成对重钢公司承包的各项主要经济指标。2. 继续推行资金预算管理制度,做好资金监控和调度平衡。利用钢材市场复苏,加大货款回笼力度,全年货款回笼101.28%,比1999年同期上升1.18%。全年新增各类贷款37117万元,保证生产经营、职工工资发放、离退休人员养老金支付的需求。2000年,重钢集团资本性支出27821万元。支持重钢公司减员增效工作,支付人员分流基金1690万元。在贷款规模增加的情况下,提高资金使用效益,减少财务费用支出3067万元。3. 成立资产管理机构。牵头组织对重钢公司本部以外房地产的清理,提出管理办法和处理措施。组织对办公用车的清理，制定办法、规范办公用车管理。制定管理办法，对公款购置的移动电话折价处理。完成33家子公司、经济实体的产权登记年审和39.45亿元资产量的确认。处理闲置资产，变现金额32.3万元。收回无投资回报项目4个，收回投资2265万元。4.2000年，重钢财务处解决、处理兼并重特公司后财务方面的相关事宜；各子公司继续聘请中介机构对年度报表进行审计，在审计中未发现重大会计信息失真等问题；重钢集团50%以上单位的会计基础工作通过达标检查，实现年度目标；全年交流和调整人员52人次，其中科级以上人员14人次。

（何昌礼）

条目另见部目

【财务管理“九五”概述】:《重钢综述》

【审计处概况】 审计处是重钢公司执行企业内部审计监督的职能处室，受重钢公司总经理直接领导和重庆市审计局业务指导，依据国家财经法规和重钢规章制度，独立开展审计活动，对重钢所属子公司财务和生产经营活动真实性、合法性和效益性进行监督、评价、鉴证和服务。2000年末在岗职工15人，其中高级职称4人、中级职称4人、初级职称7人；下设财务审计科和效益审计科。2000年审计处完成审计项目35个，其中财务审计12个、子公司经理离任经济责任审计6个、工程结算审计4个、经济效益审计4个、其它审计9个；抽调7人配合重庆市审计局对重钢公司原总经理郭代仪进行离任经济责任审计。2000年审计重点放在对子公司经济活动真实性、合法性、有效性和子公司法定代表人经济责任审计上，强调监督和服务有机结合，强调为重钢深化改革、降低成本、提高质量、摆脱困境、扭亏为盈、健全内部控制制度、改善经营管理、提高经济效益、促进廉政建设服务。2000年，重钢内部审计实行“审计承诺制度”，要求在审计中，被审计单位的法定代表人、财务负责人和相关人员作出书面承诺，保证提供与审计有关的各种财务、会计和相关资料的真实性、合法性和完整性，以保证审计工作的有效性。通过审计，实现审计效益429.77万元，查出损失浪费587.74万元，提出审计建议61条供领导采纳。

（黄振华）

条目另见部目

【审计处“九五”概述】:《重钢综述》

【子公司财务决算财务收支审计】:《现代企业制度试点》

【人事处概况】 人事处是1999年11月重钢公司机构改革调整，从原劳动人事（培训）处人事管理科分离出来单独设立的管理职能部门，主要负责重钢公司行政厂处领导班子的管理和厂处干部的考察、任免、考核、培训等管理工作，担负重钢领导班子建设和领导干部队伍建设的管理职能。2000年末，人事处有职工4人，其中高级政工师1人，高级经济师1人，经济师1人，助理经济师1人，均为大专文化程度。

（吴安伟）

【劳动工资处概况】 劳动工资处下设人力资源科、科技人员管理科、工资保险科、职工培训科，2000年末有在岗职工19人。2000年，劳资处完成各项重、难点工作目标，重钢公司在册职工净减10381人；新进再就业中心24009人，出中心9897人，其中提前“双解”（解除劳动合同、解除进“中心”协议）8873人，再就业培训4643人，争取到重庆市再就业资金12828·万元；全员培训率达58.36%，超目标8.36%；全员劳动生产率3.28万元/人年，比1999年增长64.8%，在岗职工收入比1999年增长20%；博士后科研工作站招聘博士后2人，招聘大中专毕业生125人，引进专业人才6人；评选出“技术带头人”9人，“技术业务尖子”42人，考评出高级技师5人，技师31人。

2000年，劳资处获重庆市人事系统“先进集体”称号；《建立新型人才激励机制促进技术创新》获重庆市企业管理优秀成果二等奖；获重钢公司机关“先进文明处室”和保持“达标先进党支部”称号获表彰。

（刘文玥）

条目另见部目

【劳资处“九五”概述】:《重钢综述》

【重钢减员分流】:《现代企业制度试点》

【职工培训】:《文化教育》

【中青年干部（厂处级）培训】:《文化教育》

【攻读工程硕士学位送培】:《文化教育》

【继续教育学习与考察】:《文化教育》

【科级管理人员工商管理培训】:《文化教育》

【计算机培训】:《文化教育》

【管理人员外语培训】:《文化教育》

【重钢第十三届“钢花杯”技术竞赛暨第十四届“青工技能大王”竞赛】:《文化教育》

【总工程师室概况】 重钢总工程师室是重钢公司的技术管

理机构,2000 年末在册人数 20 人,其中重钢公司副总工程师 5 人,管理人员 14 人,副调研员 1 人,管理人员中具有高级职称 3 人,中级职称 9 人。1.2000 年初对重钢公司技术创新资金、技术创新人才激励、科技项目管理、科技项目招标投标、产品标准、工艺规程、知识产权、专利、科技成果、职工合理化建议和技术改进等管理办法进行制定、修订。2. 由各专业副总工程师牵头,从 100 个申报项目中筛选 14 项重大技术攻关项目计划总投入超过 1000 万元。3. 与各攻关小组负责人签订项目合同书。8 个项目已通过项目实施单位财务科核实和重钢公司财务处审查,直接经济效益 1196 万元。4. 根据“技术含量高,经济效益好、严格控制数量”的原则,由总师室牵头对已立项的 120 个科技项目进行清理,保留 19 个项目。全年先后下达 4 批 47 个科技项目;8 个项目通过重钢公司科技成果鉴定,11 个项目完成计划任务,等待鉴定。5. 全年经重庆市经委批准的技术创新项目 22 项,重庆市经委推荐申报国家技术创新项目 1 项。2000 年重钢公司获重庆市科技进步奖 10 项。与国内外高等院校、科研院所合作引进技术和联合开发的技术项目主要有:垃圾焚烧炉设备国产化、转炉喷补料、降低钢板表面微裂纹、感应电渣离心浇铸、LF 炉精炼剂和发泡剂、木屑 – 微生物系统治理污水技术等。6. 制定重钢公司《技术标准工作暂行管理办法》;牵头为产业有限公司制定 6 个产品的企业标准;完成铁前系统内控标准的制修订。7.2000 年,受国家冶金局委托,由重钢起草的国家标准《汽车车轮轮辋用热轧型钢》颁布使用,由重钢起草的《造船用球扁钢国家标准》通过国家审定;由重钢起草的《锚链圆钢国家标准》已完成初稿。8. 制定重钢公司《质量认证管理办法》,开展重钢公司“质量月活动”,组织对 16 家单位进行内部质量认证。9.2000 年申报职务专利 37 件,实施 28 件,获得专利授权 49 件。10. 制定《工艺规程和操作规程管理办法》,每月对各子公司及主要生产厂工艺规程和操作规程执行情况进行检查。

(汪婵)

条目另见部目

【重钢科技“九五”概述】:《重钢综述》

【重钢公司 2000 年科技项目计划】:《科技进步》

【重钢 2000 年技术攻关项目】:《科技进步》

【薄规格高强度船钢性能合格率低攻关】:《科技进步》

【专利工作】:《科技进步》

【企业管理处概况】 企管处主要负责重钢公司企业改革、企业结构调整、责任制考核、企业基础管理及统计工作。2000 年末在岗职工 12 人,其中高级经济师 2 人,高级统计师 1 人,经济师 2 人,统计师 1 人,初级职称 6 人。主要工作:1. 牵头制定《重钢兼并重特总体方案》、《重钢兼并重特后债权转股权方案》以及方案的申报和批复工作。2. 将特殊钢变更登记为重钢公司的全资子公司。汇同有关部门为特殊钢公司免掉欠息 5.9 亿元,实现债转股 14.1 亿元。3. 对重特的债权、债务进行清理,拟定重特方贷款行与重钢签订债务转移、担保还款协议及分年还款计划。4. 牵头研究制定收回东源公司控股权方案。5. 规范母子公司运行机制,制定《重钢集团母子公司管理通则》(试行)。6. 探索对具备条件的单位实行员工持股新机制:对重钢钢研所离心浇铸项目采取重钢公司和职工共同持股方式,组建因斯特有限公司,对三峰环卫公司实施职工持股的改制。7.完成制定《重庆市国有企业董事会工作规范》。8.全年完成对25个子公司、29个处室和重钢公司领导的年终考核工作。9.组织立项软科学项目和现代化管理创新项目12项,完成项目鉴定验收5项;推荐3项成果报送重庆市评奖,有2项获二等奖,1项获三等奖。10.制定《进一步强化内部管理的工作安排》《加强内部管理的指导标准》和《关于强化公司基础管理的八条规定》并按规定进行检查考核。11.完成统计年报、《中国钢铁工业五十年》重钢部分资料、《1999年公司主要生产经营指标》(领导手册)及《重钢集团统计网页》的编撰。

(郑弘)

条目另见部目

【企业管理“九五”概述】:《重钢综述》

【法规处概况】 法规处是负责重钢公司法律事务管理、处理对外经济纠纷及诉讼的职能部门。2000 年在册职工 10 人(高级职称 1 人、中级职称 1 人、初级职称 4 人)。主要职责:负责健全和落实重钢集团对外合同管理制度、对外诉讼案件管理制度;负责指导、咨询、检查、监督各子公司对外合同的订立、履行、变更、解除、争议的处理;负责对重钢公司及子公司标的在 10 万元以上的对外合同进行法律审查,出具法律意见;参与重钢公司及子公司对外重大合同的谈判和订立;负责归口管理重钢公司对外诉讼的起诉、应诉案件;负责重钢公司及子公司合同专用章、授权委托书的管理,按期检查和监督使用情况;负责重钢集团企业结构调整中企业设立、合并、撤销、兼并的登记注册,重钢公司和子公司企业法人营业执照的年检;负责办理商标著作权事项中涉及的法律事务。工作程序:重钢公司和重钢股份公司的法律事务直接由重钢法规处承办,其他子公司及所属企业的法律事务,按程序报批后由法规处办理。

(陈兴华)

【规划处概况】 规划处由投资规划科和国土规划科(对外称重钢国土办)组成。2000年末,全处在册职工13人,具有高级专业技术职称5人,中级专业技术职称4人,初级职称4人。主要工作:1.规划管理。2000年元月,重钢公司兼并重庆特殊钢(集团)有限责任公司后,重钢就“十五”发展规划重新作修改,把特殊钢公司的发展和参与西部大开发等有关精神纳入规划统筹考虑。2000年8月基本完成重钢公司“十五”规划编制工作。各子公司的“十五”规划经审查并修改后到年底,基本完成对各子公司“十五”发展规划的批复,通过对各子公司“十五”发展规划的审查,又组织对重钢公司“十五”规划第5次修改。2.固定资产投资。全年安排固定资产投资计划27188.57万元。至年底,完成固定资产投资34146万元。建成投产的主要项目有股份公司高速线材轧机、LF炉外精炼设施、大宝坡石灰石矿、职工医院迁建等工程。板带工程和汽车用优质特钢生产线两个项目2000年2月通过国家冶金局组织的专家论证。2000年12月5日国家经贸委以国经贸投资[2000]1150号文件对汽车用优质特钢生产线技术改造项目建议书作出批复,同意立项。股份公司高速线材轧机工程所需的1.5亿元贷款2000年12月底已到重钢公司帐上,有关项目审批手续正在完善。4月17日,以重集规划发[2000]第165号文件重新下达关于颁发《重钢(集团)公司固定资产投资管理暂行办法》的通知,进一步规范各单位项目立项、审批等程序。3.国土管理方面。全年办理职工优惠售房国有土地使用证3134户。2000年底,基本完成对特殊钢公司土地确权工作。从2000年元月到年底,分别办理重庆三峰环境产业公司抛式炉排垃圾焚烧炉建设工程、重庆冶金机械制造厂技改搬迁工程、重庆新港公司室内货场工程、房地产公司朵力小区、重庆朝阳气体公司30吨/日液化装置等工程的规划许可证等手续。

(吕学忠)

条目另见部目

【重钢固定资产管理“九五”概述】:《重钢综述》

【经济运行处概况】 经济运行处承担重钢公司生产经营、安全环保、运输与辅料、机动能源、电子计控等专业管理工作。负责贯彻落实各级政府和部门颁布法规和政策并监督实施,负责专业管理和统计,制定年度计划,组织协调仲裁专业纠纷,规范内部市场管理等。2000年,在册职工12人,其中高级职称2人,中级职称7人,初级职称3人。设3个科室:生产计划科、安全环保科、机电能计科。2000年,经济运行处主要工作:建立和完善各子公司经济运行宏观调控体系,加大生产计划执行监控与协调力度,完成国家总量控制目标和深加工任务。完善安全管理规章制度,建立安全生产保障体系,2000年事故指标比1999年下降。继续推行“一控双达标”工作和清洁能源工程,已完成的改造项目取得成效。抓节能降耗工作,2000年重钢公司吨钢综合能耗比1999年下降11.21%。修订和完善计量规章制度,加强关键部位的计量监督检查。成功地解决计算机2000年问题并安全度过千年和闰年。指导子公司开发内部市场所需的设备和耐材新产品,减少资金外流;进一步规范内部市场管理,严格控制外委外购。有效地协调子公司生产、机动能源、耐材、运输等方面的问题,重点做好对特殊钢公司有关生产、能源方面问题协调工作。组织对内部汽车运输、汽车修理企业资质进行复审。

(黄紫群)

条目另见部目

【重钢主导产品产量产值增长】:《生产经营》

【重钢工业总产值创历史纪录】:《生产经营》

【重钢完成国家下达的钢总量控制目标】:《生产经营》

【非钢生产】:《生产经营》

【行政管理处概况】 行政管理处2000年末有在岗职工17人,其中大专以上文化程度16人,具有中级职称的有7人,初级技术职称7人。设综合科、信访科、医改科、计划生育办公室4个科级机构。重钢公司献血工作领导小组、重钢公司医疗保险制度改革领导小组、重钢公司住房制度改革领导小组、重钢公司计划生育领导小组4个非常设机构的办公室设在行政管理处并负责日常工作，牵头处理重钢爱国卫生委员会日常工作。

2000年，行政处下发行管发[2000]第3号文件《重钢公司职工支取住房公积金事宜管理办法》、重集行管发[2000]第110号文件《关于印发〈重庆钢铁(集团)有限责任公司职工住房集资解危试行方案〉的通知》、重集行管发[2000]第273号文件《重钢(集团)有限责任公司关于对部分不配套住房实施加厕改造的(试行)办法》、重集行管发[2000]第438号文件《关于实施〈重庆钢铁(集团)有限责任公司职工群众逐级上访制度〉的通知》、行管发[2000]第003号文件《关于做好2000年减员增效下岗分流和再就业工作中信访接待工作的通知》。

2000年，组织职工1505人无偿献血，完成政府下达的2000年公民无偿献血计划指标，节省用血补偿金100万元。2000年，落实企业法定代表人计划生育责任制和"一票否决"分级负责制，建立《计划生育基础管理规范》和育龄女职工计划生育机读卡档案，按照"一证先行，无证否办"的原则，制定《重钢集团公司流动人口流动职工计划生育管理办法》。成立"下岗分流再就业来信来访接待室"，全年受理来信来访5249件人次，及时、就地、妥善处理职工群众关心的问题。27批4300人次的集体上访在基层单位内部化解，妥善处理到重钢公司的3批42人次的集体上访。在重庆市2000年度工交系统信访稳定工作会上重钢交流了经验，并被推荐出席全国信访工作先进单位表彰会。

(黄忠兰)

条目另见部目

【计划生育"九五"概述】:《重钢综述》

【医疗保险工作】:《现代企业制度试点》

【住房公积金缴存】:《现代企业制度试点》

【集资解危修建住房】:《职工生活》

【加厕改造】:《职工生活》

【无偿献血】:《职工生活》

【厂容绿化】:《职工生活》

【档案处概况】 档案处主要负责重钢公司档案、图书管理及编纂《重钢年鉴》暨史志编辑和为《中国钢铁工业年鉴》、《重庆年鉴》撰写条目、提供相关资料，进行对外宣传等工作，同时承担重庆钢铁股份公司档案实体管理职能，并对各子公司档案进行业务指导、执法监督和考核。2000年末，重钢公司档案专兼职人员336人，其中档案处在册职工37人，在岗职工26人。大专以上文化程度17人，中高级技术职称9人。重钢公司档案库房面积4515.2平方米，收集保存档案262607卷，图纸753039张，资料25275册，其中重钢公司档案馆库房面积为2570平方米，各类档案74399卷，图纸290687张。科技图书馆藏书16万册；编写《报刊信息》；2000年送书下厂服务249人次，155个单位，借阅书刊15744人次，计11965册。2000年，利用查阅档案16968人次、24278卷、10806张图纸。全年下基层进行档案业务指导266人次。2000年，利用档案为重钢公司创造直接间接经济效益655万元，其中，档案处为重钢公司创造直接间接经济效益340万元。2000年，重钢档案管理在巩固企业档案工作目标管理国家一级的基础上，重新修订《重钢(集团)有限责任公司档案借阅利用暂行规定》，制定《重钢有限责任公司档案鉴定销毁工作标准》、《重钢股份公司高线厂档案管理暂行办法》等。对特殊钢公司、钢管公司，股份公司五厂、七厂等21个子公司36个单位和机关处室的档案工作进行调查和业务指导、检查。督促高线厂建立和完善档案库房、柜架等基础管理；加强对重钢职工医院外科大楼、小南海矿粉碎机工程、小南海矿大宝坡公路项目、新港公司双式起重机及五厂、七厂、炼铁厂、动力厂等单位的技改项目、大修工程和月光小区、鑫城宾馆民用项目竣工资料管理。重点参加重钢高线工程项目、七厂铁水脱硫、小南海矿大宝坡、炼铁厂3号高炉、月光小区、钢花小区等项目工程的竣工图、资料的审核归档工作。2000年参加竣工验收16次，审核归档项目68个，竣工图纸198套，资料117本。整理设计院移交档案馆的科技档案底图3323套，图纸47783张、蓝图2460卷。对档案处大院围墙加固加高，安装防盗监控器，库房未发生"五防事故"。牵头协调组织档案鉴定人员对到期档案进行鉴定，完成计算机档案图文管理系统方案的编制。

2000年8月12日，《重钢年鉴》(2000)正式出版发行，在全国最早出版的年鉴中排列17位，并获"全国年鉴校对质量优秀奖"。《重钢年鉴》对外介绍重钢，为《中国钢铁工业年鉴》、《重庆年鉴》、《中国冶金企事业名录》、《新重庆企事业名录》、《中国重庆五十年大事记》、《重庆市情》等撰稿、并提供资料。完成《重钢科技发展史》框架方案，完成《重钢文艺体育志》框架方案及组织、收集、编辑、印刷、出版等系列工作。

2000年7月，档案处高线工程竣工资料管理QC小组被推荐参加全国冶金行列全面质量管理“马钢杯”竞赛，获优秀奖。档案处保持机关先进党支部、文明处室荣誉称号。

（王素兰）

【钢城公安分局概况】 钢城公安分局(保卫处)担负重钢公司治安保卫。设11个科、所(队)，民警70人、消防人员39人，护厂、经警、联防人员245人，辖各单位保卫干部165人。民警分布在大渡口区及江北区、綦江县。2000年1月1日，刘家坝、曾家村、李子林、大堰4个派出所正式挂牌运作。在对大渡口区外民警实行集中统一规范管理前，分别在三厂、四厂、綦江铁矿设立刑警(治安)一分队、二分队和三分队。

2000年，钢城公安分局挽回经济损失68.4万元。情报信息量较1999年上升80%；处置各类不安定事端32起，全部解决在基层。对“法轮功”习练者进行转化、帮教，遏制“法轮功”邪教组织在企业蔓延。确保生产要害部位无“三类”事故发生。派出所全年处置不安定苗头15起，协助破获刑事案件49件，指导创建“安全文明小区”40个。制定《公务用枪管理办法》，对枪支集中统一管理；依法处理擅自爆破的责任人2人。与重钢公司签订《治安保卫责任书》，并加强指导，使16个单位未发生刑事案件。在治安巡逻中，捉获违法违规人员226人，拦获各类物资42吨，挽回经济损失14万元。在安全检查中督促整改治安隐患130起，追究失职人员15人。在先后开展的6个以反盗、防盗为主要内容的专项斗争中，破获各类刑事案件58件，查处治安案件48件，打击处理85人，捉获上“网”在逃人员1人，挽回经济损失29.4万元。查处交通违章4368件，处理交通事故281件；出动火警118次；履行护厂管理职能，执行“两禁”通告，拦获各类物资价值25万元。按重庆市公安局开展“三项教育”的总体部署，以《公安机关人民警察内务条令》出台为契机，开展创“职工群众满意年”主题活动。警务公开，设立“局长接待日”，开通“局长公开电话”。民警7人、保卫干部9人受到重庆市公安局表彰。

（苏剑）

条目另见部目

【处置“法轮功”工作】:《特载》

【职工培训中心概况】 重钢职工培训中心是重钢公司从事教育培训任务的实体，具体承担为重钢公司各单位的改革、生产经营、管理、技术创新等提供教育培训和智力支持的职能。培训中心“撤科建部”，设“五部一室”：职培部、大专部、中技部和实习部、教学部和党政办公室。年末在岗职工205人，其中教师85人，管理人员156人，操作人员54人。职工中具有高级职称24人，中级职称69人，初级职称55人。

2000年6月，职工培训中心所属重庆冶金高级技工学校通过国家劳动部和社会保障部的检查验收合格。

（屈娟涓）

条目另见部目

【完成职工教育培训计划】:《文化教育》

【学生管理】:《文化教育》

【招生安置】:《文化教育》

【师资建设】:《文化教育》

【重钢职工总医院概况】

重钢总医院为集医疗、教学、科研、预防、社区服务为一体的综合性“二级甲等”医院，承担重钢职工、家属和社区群众20万常住人口的医疗、预防任务。有病床550张，年住院9000人次，3个门诊部年门诊量达45万人次。全院有在岗卫生技术人员684人，其中高级职称43人，中级职称163人。开展了断指(肢)再植、角膜移植、肿瘤根治、超声乳化、腹腔镜、血液净化、大面积心肌梗塞的救治、上消化道出血的内窥镜治疗等一批新技术，1990年被评为国家二级甲等医院，1996年通过“二甲”复审。“九五”期间，重钢职工医院获得省、市、局及重钢公司科技成果15项，在各级学术刊物上发表和交流论文277篇重钢职工医院作为川北医学院“教学医院”，先后接受川北医药院校实习生千余人次。重钢职工医院精神文明建设和行风建设取得成效，先后获得四川省“文明医院”、“重庆市信得过医院”和“重庆市工交工委文明单位称号”。1997年在重庆市率先实施职工医疗保险制度改革。

（龚鹏飞）

条目另见部目

【2000年科技人员体检】:《职工生活》

【职业卫生】:《职工生活》

【重钢职工总医院新院落成】:《职工生活》

【医疗工作运行】:《职工生活》

【重钢职工总医院门诊部】:《职工生活》

【退休职工工作处概况】

重钢退休职工工作处是负责重钢退休地县级干部及退休职工管理服务工作的职能处室，设综合管理科、劳动保险管理科、跃进村工作站、新山村工作站、九宫庙工作站、直属工作站，永辉实业公司，在册职工68人(管理人员32

人，操作人员8人，居家休息人员13人，从事多种经营人员13人），担负着重钢公司本部332名退休中干和11748名退休职工的管理服务工作，并负责对重钢"五矿二厂"（歌乐山矿、小南海矿、綦江铁矿、太和铁矿、乐山粘土矿、中兴公司、四厂）和"四厂一所"（铁合金公司、耐火材料厂、铁业公司、钢管公司、钢研所）以及特殊钢公司退管工作的业务指导。

2000年，重钢退工处全面落实退休职工"六个老有"（老有所养、老有所医、老有所为、老有所孝、老有所乐、老有所学），稳妥地推进养老保险制度的改革，落实退休职工各项劳保政策，为退休职工办实事，保持退休职工队伍稳定。2000年，退工处被重钢公司评为"模范职工之家"、"先进四好领导班子"等先进。

（陈世华）

条目另见部目

【退干服务管理工作】:《职工生活》

【老有所乐】:《职工生活》

【退休人员养老金实现社会化发放】:《职工生活》

【落实劳保政策】:《职工生活》

【为退休职工办实事】:《职工生活》

企业管理

【经理公开电话工作情况】 2000年元月12日，一职工反映安居工程1幢26号水表总阀损坏，不能正常供水；元月19日一职工反映渝岗村54幢总水阀破裂，影响居民日常生活。经理公开电话立即与房地产公司联系，房地产公司及时派人到现场处理，恢复正常供水。4月24日一职工反映，两次到一门诊看病血压器都坏了，病情未得到诊断。经理公开电话及时与重钢职工医院办公室联系，医院答复立即将旧血压器更换。5月15日新工一村189号、九宫庙36幢22号住户反映水压小；5月24日翠园路115号新工四村223号住户反映停电，经理公开电话向有关职能部门进行转达，反映的问题得到妥善解决。6月21日百花村724幢住户反映，该幢楼更换新天然气表后，安装位置比旧表位置低，不安全。经理公开电话及时与房地产公司联系，房地产公司派人前往查看处理。大堰三村住户反映，因修建朵力小区，把大堰三村一垃圾站撤掉，居民的生活垃圾及农贸市场的垃圾都倒在原垃圾站附近的几个垃圾桶里，影响环境卫生。生活服务公司立即采取措施，增设垃圾桶，将生活垃圾与农贸市场的垃圾分装。7月份由于高温天气，职工普遍反映电压不足，家用电器无法使用。房地产公司在较短时间内增设变压器，问题得到解决。11月20日马王二村6幢住房反映：该幢楼无闭路电视信号。经了解，原因是该幢楼放大器被盗，重钢电视台即时派人前往处理。12月18日大堰二村12幢1单元住户反映：该单元气压太小，热水器无法使用，房地产公司获悉后，即派人修复。

经理公开电话工作统计表

时间	行政生活		生产经营		党群工作		其它		合计	
	电话人次	占所接电话的%	电话次数	占所接电话的%	电话次数	占所接电话的%	电话次数	占所接电话的%	电话次数	处理率%
2000年1－12月	76	84.5	3	3.3	10	11.1	1	1.1	90	100

（李敏）

【重钢为"重庆市1997～1999年度保密工作先进单位"】 2000年8月，重钢公司被中共重庆市委保密委员会、重庆市人民政府评为"1998～1999年度保密工作先进单位"。重钢历来重视保密工作，重钢公司领导坚持深入保密部门和重点保密部位了解情况，研究解决保密工作中的实际问题。重钢公司成立保密委员会，重钢公司总经理任主任。重钢公司下属子公司都成立了保密委员会，机关各处室确定了保密负责人和具体经办人员。在保密工作管理上，着力加强保密制度建设和制度落实的监督检查：建立健全保密规章制度，及时对保密规章制度进行修订、补充和完善；开展经常性的保密检查和加强对重点保密内容、保密部位、涉密人员的防范、教育工作。组织学习传达上级保密会议精神和领导同志的批示和讲话。重点学习江泽民总书记对保密工作的三次重要批示。按照重庆市统一部署,采取多种形式,开展“三五”保密法制教育。开展《保密法》颁布10周年宣传月活动,组织重钢公司两级领导、专兼职保密干部和涉密人员近2000人,参加“奥士达杯”全国性的《保密法》知识竞赛。职工受教育面达100%,重钢公司两级领导及涉密人员教育考试合格面达100%。把日常的保密宣传教育与重点教育结合起来,坚持元旦、春节、五一、国庆等重大节日期间的重点教育;坚持抓好专兼职保密人员、要害工作岗位和各级负责人以及出境出国人员的重点教育;利用日常的中心组学习、组织生活、政治学习和班组生活等形式,进行宣传教育;对要害重点部位(岗位)采取相应的防范措施;坚持对二级单位保密工作进行业务培训和指导。改变过去保密工作由党委办具体负责的传统模式,由行政经理办具体负责,把保密工作纳入职工的“五必有”责任制进行考核,与经济利益挂钩,做到保密工作与企业管理的有机结合,重点抓好企业自身的先进技术、生产工艺、科研成果、专利,以及经营信息、经营策略和发展战略等商业秘密的保护工作,把握好“保”与“放”的关系。对国家秘密实行动态管理,不搞“一定终身”,开展对外交流和交往。

(李建业)

【2000年重钢的主要接待】

1. 内宾接待:2000年元月23日,国家环保总局副局长宋瑞祥一行19人来重钢公司指导环保工作。2000年元月31日,重庆市常务副市长王鸿举一行来重钢公司慰问生产一线职工。2000年元月31日,国家经贸委夏农处长一行3人,来重钢公司了解有关债转股事宜。2000年3月29日~30日,安阳钢铁公司副总经理史美伦一行4人来重钢公司进行技术交流。2000年3月27日~28日,广东绍关钢铁公司党委副书记陆建华一行2人来重钢公司考察学习。2000年4月6日,中国节能投资公司副总经理肖连生一行3人来重钢公司洽谈环保业合作事宜。2000年4月17日~18日,湛江港务局局长刘富才一行4人来重钢公司商讨合作发展事宜。2000年4月25日,团中央书记处书记孙金龙一行4人来重钢公司考察共青团工作。2000年5月12日,外经贸部副部长陈新华一行21人来重钢公司调研。2000年5月17日~31日,北京新华会计师事务所所长姜培维一行8人来重钢公司就重钢公司“债转股”事宜进行会计工作。2000年6月13日,国家冶金工业局副局长单亦和一行20人来重钢公司检查指导工作。2000年6月12日~16日,国家冶金工业局对标挖潜办公室原司长刘琦一行3人,来重钢公司检查企业对标挖潜情况。2000年9月25日~29日,国家冶金工业局钢铁研究总院主任刘天良来重钢公司帮助建立博士后工作站。2000年10月12日,重庆市政协副主席辜文兴一行来重钢公司考察。2000年10月20日,重钢集团引进法国阿尔斯通公司垃圾焚烧技术协议签字仪式在海逸酒店举行。2000年10月24日,在辽宁的全国政协委员视察团一行50人,由辽宁省政协副主席孙奇带队,来重钢公司考察国企改革。2000年10月30日,宝钢集团原董事长黎明一行6人来重钢公司参观访问。2000年11月7日,重庆市市长包叙定一行15人,来重钢公司调研。2000年12月5日,重庆市金属学会一届四次常务理事会在重钢公司召开。

2. 外宾接待:2000年元月18日~20日,新日铁中国营业部主办伊藤清春一行11人,来重钢公司进行煤调湿设备考察。2000年元月21日~27日,日本NEDO中心驻上海部部长小仓丰一行5人,来重钢公司谈烧结烟道热回收工程。2000年4月4日~8日,比利时、亚格斯、美国戈尔及ABB等公司专家8人来重钢公司寻求环保产业合作事宜。2000年4月7日~9日,日本住友金属工业株式会社参事森川英二一行2人,来重钢公司技术交流。2000年4月29日,香港渣打银行总经济师BohTomsiee一行5人,来重钢公司考察。2000年5月17日,澳大利亚昆士兰州投资贸易考察团龙心国际集团董事彼特·道森一行2人,来重钢公司洽谈三厂开发事宜。2000年9月26日,芬兰罗德基公司总代理尤哈来重钢公司交流铁水脱硫和转炉炼钢自动化技术。2000年11月9日,美国国际人民交流协会民间大使学术访华团steffou.mamn团长一行13人来重钢公司访问。2000年11月23日~27日,海问投资咨询公司经理钱龙刚来重钢公司受聘财务顾问。2000年11月29日~12月1日,德国富乐斯公司莱克休斯一行3人,来重钢公司谈判高炉喷煤工程技术引进事宜。

(朱敬群)

【领导班子建设】 加强领导班子建设是重钢公司2000年“五管齐下综合治理”的一项重要工作。1. 在1999年末实施撤部并处、精简机构的同时,新设立重钢公司人事处,负责厂处级班子的考核、任免等管理工作,突出和强化厂处领导班子建设的职能。2. 结合重钢扭亏脱困求发展的实际，提出贯彻重庆市委关于加强领导班子建设若干问题决定的《实施意见》，强调各级领导干部要增强使命感、责任感和荣辱感，做到思想到位、工作到位、形象到位，自警、自励、自我约束，做到遵纪守法，尽职尽责，具有人格力量。3. 从严格要求、严格管理、严格监督的目的出发，坚持定期考察与日常考察相结合，切实加大对各级班子和领导干部的考核考察工作力度，重点了解职工群众对领导干部存在的不足、弱点及需要注意问题的反映，注重考察领导干部业余生活圈、社交圈、家庭圈的情况，并通过及时转达考核意见，向班子成员个别"打招呼"等多种方式，增强班子建设的针对性。4. 按照中央关于深化干部人事制度改革的要求，坚持从重钢实际出发，探索加强领导班子建设的新渠道、新方式。先后进行领导干部任前公示、干部考察预告以及比较性考察等多种改革尝试，增强干部选拔工作的公开性、透明度以及职工对新任领导干部的公认度，防止干部考察工作的失真失实，营造一种"愿、敢讲真话，能听到真话"的环境和气氛，使干部的任用体现民意、合符民心。5. 进行两级领导班子的优化调整，全年实现厂处干部岗位交流 39 人次，提拔厂处以上年龄干部 58 人，免职 6 人。6. 坚持组织两级中心组成员学习党的方针政策、时事政治和企业经营管理知识。通过举办多种专题讲座、培训班以及送外培训等方式，加强领导干部的学习培训。

（吴安伟）

【重钢干部人事制度改革】 1. 探索选拔任用领导干部的新做法、新方式，先后推出干部考察预告制、领导干部任前公示制以及比较性考察等多种改革措施，开通和不断扩大听取职工意见的渠道，增强重钢选拔任用领导干部的公开性、透明度以及职工对新任领导干部的公认度。2. 抓好领导班子建设和领导干部的思想政治教育。2000 年，重钢公司人事处提出加强领导班子建设和干部队伍建设，树立领导干部良好形象的 9 个"三"的工作思路：坚持江泽民同志"三个代表"的重要思想，并身体力行"三个代表"；坚持"三讲"（讲学习、讲政治、讲正气）；坚持经常想"三个为什么"（参加革命为什么、现在当官做什么、将来身后留什么）；坚持树立"三感"（使命感、责任感、荣辱感）；坚持做到"三到位"（思想到位、工作到位、形象到位）；坚持三严（严格要求、严格管理、严格监督）；坚持"三自"（自警、自励、自我约束）；坚持关注和考察领导干部"三个圈"（业余生活圈、社交圈、家庭圈）；坚持"三做到"（必须做到遵纪守法，尽职尽责，要求做到给职工一个好印象，努力做到具有人格力量）。3. 做好定期考核与日常考察相结合，加大对领导班子和领导干部的监督管理力度。组织人事部门坚持定期考核，注重日常深入基层、深入实际调研，及时了解、掌握各单位领导班子及领导干部的思想、工作情况特别是班子及成员存在的差距和需要注意的问题，针对存在的问题，实行"打招呼"、转达考核意见等方式，帮助班子及成员不断改善自身，提高自己。

（吴安伟）

【实施全面预算管理】 2000 年，财务处对重钢集团全资及控股子公司全面实行预算管理。预算管理的主要内容为产品产销量、收入、产品成本、利润、期间费用预算，资本性支出预算，损益和现金流量预算。预算编制遵循严肃性、科学性。按照销售收入、利润比上年同步增长原则，实事求是原则，先进性原则，一致性原则，"自上而下"和"自下而上"相结合的原则开展工作。

预算经重钢公司批准，确定各单位 2000 年的收入、成本、利润目标，各单位根据目标进行分解、落实到各个利润、成本、费用中心，有的指标分解落实到个人，形成完整的管理控制目标体系。财务处每月 3 次对当月经济运行情况进行预测、分析，对每月经济运行结果进行考核，找出与预算的差异及产生的原因，提出措施；及时调整目标月进度，下达次月的收入、利润计划。

（戴征宇）

【2000 年责任制考核】 重钢 2000 年责任制考核，主要以利润为中心对子公司实施资产经营责任制考核，对重钢公司负责人、职能处室、直属部门实施工作目标责任制考核，同时实施专业经济经济责任制考核；加强对各单位重点难点工作指标完成情况的考核；职工收入与单位考核指标和个人考核指标完成情况结合；对职能处室职工的挂钩考核按 20% 的基本工资 + 100% 超额工资（奖励）执行。

对 18 个全资子公司和 7 个控股子公司和 1 家参股子公司实行资产经营责任制考核，方案设置为：利润、重点难点工作、精神文明三大项，挂钩比例分别是 60%、35%、5%；利润指标设计划、目标两档。2000年完成计划档,取得挂钩比例40%,完成目标档取得挂钩比例60%,在计划—目标档之间,取得对应的挂钩比例。其余指标只设一档,未达到,否决对应的挂钩部分,达到,兑现对应的挂钩部分。设置保底工资:做法是利润计划档为负数的子公司保底工资为2000年工资基数的60%,利润计划档低于1999年实现利润额的子公司保底工资为2000年工资基数的75%,利润计划档高于1999年利润额的子公司保底工资为2000年工资基数的85%。强调对各子公司的重点难点工作完成情况考核,对生产型子公司强调成本指标。各子公司重点难点指标设置的原则是:对工业生产型企业,着重考核成本(原燃材料采购成本、生铁成本)、产销率、货款回笼率、货币资金回笼率(含清欠)、产品售价、流动资金占用等指标;对非钢产业企业,着重考核对外创收收入、投资收益、利用高科技开发新项目新增利润、外部市场产品销售率等指标;对后勤辅助企业,着重考核成本费用利润率、流动资金占用、销售收入、财务费用等指标;对亏损企业,着重考核应收帐款、销售收入、资产负债率、成本费用利润率、清欠、减员完成率、扭亏增效等指标。对机械化公司试行以货币资金定额投资回报重钢公司为核心的责任制考核。

全年子公司资产经营责任制考核25家,其中矿业公司、钢管公司、铁业公司、房地产公司、设计院、监理公司、机制公司、电子公司、进出口公司、香港公司、生活服务公司、重研所、股份公司、建设公司、产业公司、朝阳公司、新港公司、机械化公司等18家子公司完成资产经营责任制考核指标,按100%兑现工资总额;四厂、运输公司、热陶瓷公司、铁合金公司、中兴公司、耐材公司6家子公司分别按98.64%、95%、80%、80%、80%、80%兑现工资总额,特殊钢公司按70%兑现工资总额。

对母公司的职能处室、党群系统职能部门和事业单位的考核指标设置为四类:通挂重钢公司利润指标占比例20%;分管业务范围内的重点难点工作指标占比例65%;管理费用占比例10%;精神文明占比例5%。对重钢公司负责人指标设置:行政负责人设三类指标:通挂重钢公司利润指标(20%);分管子公司的利润指标(40%);分管职能处室、直属部门的重点难点工作指标(40%);党群负责人设两类指标:通挂重钢公司利润指标(20%);分管业务范围内的重点难点工作指标(80%)。

征集、拟定、修订、确定2000年25个子公司的108项重点难点工作指标、29个处室的174项重点难点工作指标和20个负责人分管的110项重点难点工作指标。完成25份资产经营责任书、29份工作目标责任书和20份负责人工作目标责任书的签订。

全年完成对25个子公司、29个处室和重钢公司领导的年终考核工作。完成2000年1~12月日常责任制考核工作(25个子公司、29个处室和30个领导),按时组织召开责任制考核工作会,发出考核通报12期。

1~12月份专业经济责任制考核扣奖有9个子公司和2个处室,扣奖金额146565元。

(郑弘)

重钢公司2000年利润完成情况考核表

(单位:万元)

单位	1~12月累计				
	年计划	年目标	累计实际完成	与计划比	与目标比
重钢集团		0	2000		2000.0
股份公司	4800	12000	20126	15326.0	8126.0
特殊钢公司	-10000	-8742	-10801	-801.0	-2059.0
中兴公司	-1000	-800	-3397	-2397.0	-2597.0
四厂	-2300	-1100	308	2608.0	1408.0
进出口司	-1600	-1500	-1468	132.0	32.0
热陶瓷公司	-300	-200	-251	49.0	-51.0
电子公司	130	200	200	70.0	0.0
运输公司	70	80	83	13.0	3.0
建设公司	255	300	302	47.0	2.0

单位	1~12月累计				
	年计划	年目标	累计实际完成	与计划比	与目标比
机制公司	-100	0	89	189.0	89.0
房地产司	240	300	339	99.0	39.0
生活服务公司	-50	0	1	51.0	1.0
设计院	80	110	117	37.0	7.0
矿业公司	-600	-400	-210	390.0	190.0
产业公司	20	50	53	33.0	3.0
铁业公司	-100	0	168	268.0	168.0
钢管公司	200	300	390	190.0	90.0
耐材公司	-20	0	-472	-452.0	-472.0
铁合金公司	0	20	-1235	-1235.0	-1255.0
重研所	15	20	22	7.0	2.0
新港公司	400	500	501	101.0	1.0
香港公司	300	600	331	31.0	-269.0
朝阳公司	1500	1600	1607	107.0	7.0
监理公司	0	5	5	5.0	0.0
机械化公司	按专项考核,完成。				

（郑弘）

【软科学项目和现代化管理创新项目管理工作】 重钢2000年软科学项目和现代化管理创新项目立项12项,完成项目鉴定验收5项。

1.《建立适应重钢集团的新会计核算体系》。课题结合贯彻实施新会计法,对8个子公司开展现状调查,着重对母子公司适用的会计政策、会计工作组织、会计科目设置、会计报表编制进行研究,初步建立起适合重钢公司的会计核算体系。

2.《开展铁矿石效能监察不断完善管理制度》。课题针对铁矿石采购成本高,管理制度有漏洞,质量问题突出等问题,开展执法效能监察,对铁矿石采购全过程进行调查研究,分析出现问题的原因,提出改进措施。

3.《重钢文明单位体制的深化和创新》。课题对重钢文明单位建设的规范性、独创性、实效性等进行研究,将创建目标纳入党政年度工作目标,制定创建规划,用目标管理责任制落实创建工作职责。

4.《再就业工作的系统实践与理论探讨》。课题对重钢公司人力资源管理态势、富裕人员产生的原因以及再就业工作的必要性进行研究。提出的实施模式具有可操作性。

5.《加强专利管理提高企业技术创新能力》。课题以系统理论的管理思想和方法为基础,借鉴国内外知识产权管理的先进经验,结合重钢实际,提出加强专利管理,提高企业技术创新能力的模型,方法设计、程序和步骤。

向重庆市报送优秀成果3项:劳资处《建立新型人才激励机制促进技术创新政策研究》;产业公司《重钢厂办集团企业实行股份合作制改革研究》获重庆市企业管理优秀成果二等奖,宣传部《加强企业文化建设推进重钢健康发展》获三等奖。

（郑弘）

【“管理年”活动】 重钢将2000年确定为“强化管理年”。制定《重钢(集团)有限责任公司进一步强化内部管理的工作安排》(重集企管发[2000]第234号文件)。1. 制定《重钢集团母子公司管理通则》,完善母子公司法人治理结构运作规则和工作程序,明确相互间的权利、义务。建立决策、执行、监督相互制衡的机制。以子公司资产经营责任制、职能处室工作目标责任制、专业经济责任制为主要内容的综合考核机制基本形成。2. 学邯钢,强化资金管理、成本管理和质量管理。①坚持资金使用“三个循环”,2000年,重钢公司资金周转天数319天,比1999年加速65天。收回重庆建材股份公司等3家股权及北京豆花饭庄投资,计2265万元。②将原分散于机制公司、机动处、技改处的采供职能归并成立装备处,推行招、投标采购制度,降低原材料、设备采购成本8000万元。③重钢股份公司初步建立对标挖潜管理体系,2000年在21项指标中有 18 项好于 1999 年。④2000 年，重钢公司采取外部认证和内部认证相结合的方法推进贯标认证工作。朝阳公司通过北京新世纪质量认证中心认证，铁合金公司、矿业公司歌乐山矿等 16 个单位通过重钢公司内部质量认证或复查。2000 年，质量异议损失 1.68 元/万元工业总产值，同比下降 68%；接受重庆市级有关部门质量抽查合格率达 100%。3. 强化基础管理。①夯实“五位一体”（岗位、职责、指标、考核、分配）责任制度。促进各子公司生产经营目标的实现，股份公司、东源公司（四厂）、钢管公司、朝阳公司、新港公司利润同比增长 30%，其中股份公司实现利润 20126.2 万元，一举扭亏为盈，同比减亏增盈 22742.2 万元，成为重钢公司的盈利大户。股份公司、铁业公司、电子公司和建设公司销售收入同比分别增长 24%、27%、38%、20%。②制定重集企管发[2000]第 259 号文件《关于强化公司基础管理八条规定》，考核金额 15420 元，其中考核厂（处）级负责人 6 人。③修订企业基础管理台帐。对车间和班组原有的 16 本台帐进行修订，按删繁就简的原则归并为 5 本。车间台帐主要内容：车间主要指标完成情况、考核分配、职工个人工资收入、岗位作业标准基本情况、QC 小组活动、安全隐患检查整改登记、培训教育等。班组台帐主要内容：班组基本情况、班组消耗及主要指标完成情况、考核分配、职工个人奖金收入等。

（刘景忠）

【统计管理】 1. 完成 2000 年统计年报工作。2000 年，重钢的统计工作面临两项较大变化：国家冶金工业局新旧统计指标体系的转轨和重钢兼并特殊钢公司后的统计归并。2000 年完成 1999 年度《重钢集团统计年报》、《现代企业制度试点企业统计年报》、《重钢（集团）有限责任公司统计年报》、《冶金工业统计年报》4 套统计年报表。重新制定《重钢统计年报方案》，明确规定指标目录、统计口径、上报时间。按照国家冶金工业局的新规定，在各子公司安装新的统计软件，对综合统计人员进行软件操作培训，对重钢炼钢产品牌号和轧钢产品的品种规格重新进行归类，形成统一的钢号库和品种库。2000 年 11 月，重钢获重庆市统计局颁发的“统计工作先进集体”称号。2. 完善重钢母子公司统计体制。贯彻落实《重钢集团统计管理规定》、《原始记录管理标准》、《统计报表管理标准》等统计规章制度。组织有关部门、专业与特殊钢公司对口协调，帮助理顺统计关系，确定统计报表的报送渠道和对内对外上报指标的口径，实现重钢兼并重特后统计工作的顺利过渡。3. 组织开展统计普法学习。2000 年 8 月，根据重庆市统计局普法办公室的要求，重钢公司组织重钢（大渡口地区）统计人员及主管统计工作的领导参加统计普法学习和考试，参加考试的 88 人全部合格。4. 统计资料开发工作。①汇编《重钢五十年统计资料》。根据国家冶金局关于汇编《中国钢铁工业五十年》历史资料的要求，重新整理重钢 1950～1999 年的统计资料，分主要产品产量、钢分类产量、成品钢材按材质和加工方法分类产量、成品钢材分品种产量、成品钢材按组织生产的标准分类、能源消耗构成、工序单位能耗、主要技术经济指标、固定资产投资和年末生产能力、主要工艺装备、职工概况、财务数据共 12 个部分，并打印成册。②编制《重钢主要生产经营指标手册》（1999 年）领导手册，将重钢公司的人、财、物、供、产、销指标及国内主要钢铁企业主要指标和国际大钢铁公司的统计资料汇编成册。③编制《重钢集团统计》网页。

（沈小园）

【重点项目技术攻关】

2000 年 4 月、6 月，重钢公司以重钢总工程师室文件下达两批 14 个攻关项目。重钢公司副总经理、总工程师董林代表重钢公司与各专业副总工程师和项目负责单位责任人签订技术攻关项目合同书。项目合同书签订后，由各专业副总工程师组织相关人员制定计划任务书，经项目提出单位及参与技术攻关单位认可，报总工程师室备案后实施。14 个重点技术攻关项目中有 6 个达到攻关目标要求，2 个达到攻关考核要求，实现效益 1196 万元。

（王代江）

【科技项目管理】 重钢科技项目按照：“技术含量高、经济效益好、严格控制数量”的原则审批立项。2000 年重钢公司下达科技项目 4 批 47 项。全年实施结果，有 8 个项目通过重钢公司科技成果鉴定（项目实现的效益财务部门尚在审核），11 个项目完成计划任务，27 个项目按计划推进。科技项目资金采用多渠道筹集，即项目单位自筹一点，重钢公司支持一点，向银行申请贷一点的方式。2000 年，重钢全年科技投入（包括攻关项目投入）奖金计划 3212 万元，按进度投入资金 3094.5 万元，其中：重钢公司支持 1402 万元，项目单位自筹 1492.5

万元，由重钢公司担保申请银行贷款100万元，申请上级拨款100万元。

2000年，重钢组织申报重庆市重点技术创新项目2批，22个项目列入重庆市重点技术创新计划，其中新产品开发12项，新技术推广和高新技术产业化项目10项，由重庆市经委推荐申报国家重点技术创新项目1项。

（唐英）

【内控标准管理】 重钢全年制修订标准化管理文件计38个，协助有关单位完成内控有效标准文件的清理。1. 完成铁前系统内控标准的制修订。修订《铁矿石入厂取样、制样、检验和验收》、《铁矿石》等内控标准14个。2. 制定容器板新标准。修订后的容器钢国家标准自1月1日起执行。新标准对碳、硫含量和冲击值有较大幅度收严，其中低温压力容器钢板硫≤0.015%。重钢制定一套采用“铁水预脱硫→冶炼→LF炉精炼→轧制→检验”新工艺以控制钢中硫含量，同时对内控标准进行修订，展现重钢公司产品实物质量的稳定优势。3. 对薄规格高强度船钢强度偏高问题进行调研，摸索铌在钢中的最佳含量，使船钢强度控制在标准范围，性能合格率由91%提高到97%。4. 优化HP345工艺，降低生产成本。通过降碳、硫，调整铝含量，对HP345进行以“铝”代替“铝+钛”工艺的试验，各项性能符合标准。5. 制定兼容拉丝和建筑用钢材的内控标准《低碳钢热轧圆盘条》，建立高线厂内控标准体系。6. 适时对特殊要求产品标准进行更新。

（宿艳）

【合理化建议】 2000年重钢职工提合理化建议19012条，被采纳9089条，实施5250条，创经济效益4044万元，全年兑现合理化建议和技术改进奖278083元。

（张璇）

2000年重钢职工获“重庆市职工百佳合理化建议”名册

建议名称	建议人	建议人所在单位	创效益
以“模糊控制技术”改进加热炉实现降耗节能	王庆明、余崇文	重钢集团中兴实业公司	70万元
鹅公岩大桥钢箱梁板单元件预制变形焊接工艺	黄太明、彭祖国、张明富、卢一琥、伍德政	重钢集团建设工程有限公司	167万元
增加硅钢片装箱量建议	邓荣金	重钢集团公司第四厂	73万元
EAF装入法+LF炉外精炼冶炼21-4N新工艺	李顺成、李琦、焦克和、张君、杜志明	重钢集团特殊钢有限公司	350万元
出口模具钢材的技术开发建议	邓旭初、陈利益、李正清、张景惠、罗在齐、陈静、黄明、冯仲渝	重钢集团特殊钢有限公司	592万美元

（张璇）

【QC小组成果】 2000年，重钢公司QC小组活动获国家、重庆市奖励共30项，其中8个小组获冶金行业优秀质量管理小组称号；11个小组获重庆市优秀QC小组称号；3个小组获重庆市优秀质量信得过班组；重钢公司总师室获重庆市QC小组活动优秀组织奖；3人获重庆市QC小组活动优秀推进者奖。

（刘蓉）

【2000年质量认证工作】

1. 外部认证。2000年10月，朝阳气体公司通过北京新世纪质量认证中心认证。已获证的股份公司、设计院等单位通过年度监督审核。

2. 内部认证。2000年，重钢针对耐材、辅料类配套协作企业开展内部质量认证，16家企业通过内部质量认证或复查：

矿业公司歌乐山矿	大冶耐火材料有限公司
矿业公司乐山矿	金洲公司钢都服装厂
铁合金公司	产业公司冶金原料加工厂
矿业公司太和铁矿	产业公司冶金绝热板厂
产业公司先锋化工厂试验厂	冶金机械制造总厂工程处
志达公司炼钢材料分厂	冶金机械制造总厂铸造分厂
志达公司活性石灰厂	冶金机械制造总厂输送机分厂
产业公司材料总厂原料分厂	冶金机械制造总厂综合分厂

（刘蓉）

【重钢修订的国家行业标准《汽车车轮轮辋用热轧型钢》颁布实施】 重钢在1999年承担汽车车轮轮辋型钢国家行业标准的修订任务，经与主要使用单位和生产单位多次协商，同意将7.00T、8.0、8.5和8.00V这几个型号轮辋型钢纳入标准要求，并于1999年11月由冶金标准主管部门冶金信息标准研究院主持召开的标准审定会上一次获得通过。《汽车车轮轮辋用热轧型钢》已由国家冶金局颁布实施，2000年12月1日起执行。

（杜大松）

【《造船用球扁钢》国家标准通过审定】 国家标准GB9945是1988年制定的，产品尺寸规格与欧洲标准不兼容，对重钢球扁钢扩大生产量不利，2000年初重钢承担国家标准《造船用球扁钢》的修订任务。经与国内主要生产厂和使用单位多次商议，同意将重钢公司生产的欧标系列规格球扁钢纳入标准要求。经修订后的《造船用球扁钢》标准于2000年12月由国家冶金产品标准主管部门冶金信息标准研究院主持召开的标准审定会上通过。

（杜大松）

【制定企业标准】 2000年，总师室完成产业公司Q/CG201－2000《耐火浇注料》、Q/CG202－2000《免烘烤铁沟料》、Q/CG203—2000《合成渣》、Q/CG204—2000《脱硫粉剂》、Q/CG205—2000《沥青皮砂砖及铺烧料》、Q/CG206—2000《碱性炉衬用镁质半法喷补料》及电子公司Q/CG208—2000《2级静止式多用户交流有功电能表》等7个企标的制定，并通过重庆市质量技术监督局审定。

（宿艳）

【固定资产投资管理】
2000年5月16日，重庆市经委以渝经技术[2000]59号文件下达重庆市2000年重点技术改造项目第一批年度投资计划。安排重钢公司炼铁厂第二烧结车间技术改造项目，2000年计划完成投资5000万元。该计划同时下达重钢公司2000年自筹资金更新改造投资规模计划10000万元。2000年元月10日，重钢以重集规划发[2000]第25号文件下达电子公司葛老溪150吨轨道衡、30吨汽车衡更新改造及新增部分仪器仪表生产设备立项请示的批复。以后又分别以重集规划发[2000]第79号、88号、89号、105号、134号、159号、161号、164号、188号、222号、223号、242号、247号、257号、265号、268号、276号、277号、287号、288号、291号、312号、322号、330号、331号、350号、355号、371号、389号、398号、427号、430号、453号、规划发[2000]第2号等文件下达重钢股份公司2000年第一批固定资产投资计划、重钢股份公司更新改造措施项目投资计划、重钢职工医院迁建工程、特殊钢公司燃煤锅炉改燃气锅炉、特殊钢公司不锈钢冶炼厂电炉除尘系统技术改造以及各子公司生产措施、设备更新等年度投资计划。2000年重钢公司共计安排各单位固定资产投资计划27188.57万元，投资项目99项。

投资计划执行情况：重钢2000年完成固定资产投资34146万元。其中重钢股份公司完成25235万元，矿业公司完成3099万元（含大宝坡石灰石矿建设），其它单位完成5812万元。建成投产的主要项目：重钢股份公司高速线材轧机，累计完成投资21463万元；LF炉外精炼设施，累计完成投资1668万元；大宝坡石灰石矿，累计完成投资3279万元；重钢职工医院迁建，累计完成投资4525万元。

重点项目前期准备工作：板带工程和汽车用优质特钢生产线两个项目是重钢公司兼并重特公司后加快结构调整步伐、优化产品结构、提高重钢总体经济效益的重大措施。2000年2月16日，国家冶金工业局组织行业内有关专家对这两个项目的方案进行审查论证，并将审查意见于2000年2月22日以国冶发[2000]65号文件上报国家经贸委，建议国家有关部门给予支持。

重庆市人民政府于2000年2月16日以渝府函[2000]7号文件致函国家经贸委，恳请对重庆钢铁（集团）有限责任公司板带工程、汽车用优质特钢生产线两个项目予以批准立项。2000年12月5日，国家经贸委以国经贸投资[2000]1150号文下达《关于重庆钢铁（集团）有限责任公司优质特钢生产线技术改造项目建议书的批复》，同意项目立项，项目总投资9.3亿元，其中申请银行贷款5.8亿元，其余资金由企业自筹。至2000年底，板带工程立项审批手续正在办理。

2000年，重钢对原颁发的《重庆钢铁公司更新改造措施工作管理暂行办法》进行修改。2000年4月17日以重集规划发[2000]第165号文件形式重新下达关于颁发《重庆钢铁（集团）有限责任公司固定资产投资管理暂行办法》的通知。对重钢公司各单位固定资产投资项目的立项、方案编制、报批程序、投资计划下达、执行、检查及验收等作相应规定。

（吕学忠）

【规划国土管理】 国土管理:2000年9月13日,重钢与大渡口区人民政府新城区建设管理委员会签订《房屋、土地拆迁补偿协议》,主要内容是陈庹路建设占用重钢技校和重钢医院土地、房屋,由大渡口区新城管委会共计补偿重钢5229345.70元人民币。2000年12月基本完成特殊钢公司土地确权工作,对特殊钢公司4.67平方公里土地进行确权,涉及13个农村经济合作社和5个街道58个居民点,发放土地证162份。完成特殊钢公司地形图和地籍图基本测绘,报有关部门审查。对特殊钢公司土地进行评估,并按重庆市政府的要求进行处置。全年共办理马王一村至马王六村职工优惠售房国有土地使用证3134户,完成国有土地证验证151本。

规划管理:2000年1月20日,办理重庆三峰环境产业公司抛式炉排垃圾焚烧炉建设工程规划许可证(重规建证[2000]大字第0001号)。2000年3月20日办理重庆冶金机械制造厂技改搬迁厂房和生产辅助厂房建设工程规划许可证(重规建证[2000]大字第0010号)。2000年6月8日完成重庆金塔机电厂新建厂房规划手续(重规建证[2000]大字第0018号)。2000年7月11日办理重庆新港装卸有限公司室内货场建设工程规划许可证(重规建证[2000]大字第0024号)和一、二号码头建设工程规划许可证(重规建证[2000]局字第0231号)。办理重钢公司房地产公司开发的朵力小区规划手续(重规建证[2000]九字第0252号),并于2000年9月动工。重钢职工医院按批准的规划建成,经有关部门验收后于2000年9月投入使用。2000年11月17日办理重庆朝阳气体有限公司30吨/日液化装置建设工程规划许可证(重规建证[2000]大字第0042号)。

(何向东)

【编制“十五”规划】 重钢根据国家冶金工业局[1998]389号文件《关于开展冶金工业“十五”发展纲要编制工作的通知》于1999年元月19日成立“十五”发展规划编制工作领导小组。1999年8月、9月,重钢分别在北京、昆明两地举行的国家冶金行业“十五”发展规划研讨会上介绍重钢“十五”发展规划的有关情况,根据两次会议的讨论意见,重钢“十五”发展规划进行调整和修改,主要内容是产品结构调整,1999年底修改完毕。2000年元月,重钢对重庆特殊钢(集团)有限公司实施兼并,结合西部大开发的机遇把特殊钢公司的发展,参与西部大开发等有关内容纳入规划。重钢各子公司“十五”发展规划2000年10月编制完毕,报重钢公司汇总。重钢“十五”发展纲要编制工作可望2001年初完成。

重钢于1999年12月就各子公司开展“十五”规划的编制工作作出布置,要求各子公司成立主要负责人参加的工作班子,对编制规划的指导思想,基本原则及目标,规划内容及进度作出具体安排。规划处根据分工负责的原则,对各子公司编制“十五”规划工作进行指导、协调、服务。对编制规划难度较大的单位,由重钢公司副总经理带队重点指导。2000年9月末,各子公司的“十五”规划编制工作基本完成,报规划处进行初审后,就有关问题与产业公司、中兴公司、矿业公司、重庆钢研所等单位再次交换情况,提出修改意见。10月下旬,子公司规划编制工作结束,年末完成对子公司“十五”发展规划的审查、批复。

(陈奇)

【安全环保管理】 2000年,重钢公司发生各类工伤事故86人次,其中死亡3人,重伤9人,轻伤74人,千人负伤率1.489‰,均在年初下达的控制范围内。1. 根据母子公司运行特点,建立安全环保分级管理体制。2. 强化职工安全教育。坚持特殊工种作业人员持证上岗。2000年对248名职工进行培训,对4300名从事特种作业的职工进行复审。在每月举行的生产经营例会上传达上级和重钢公司有关安全生产的指示,通报安全生产情况,提出下阶段安全生产的重点工作和注意事项。3. 坚持生产现场“勤查严处”,每季度定期对各子公司进行安全巡查。2000年查出各类隐患460多项。4. 推行危险源管理,对生产现场存在的不安全隐患进行广泛的确认,对暂不能整改的隐患作为危险源加以控制。5. 落实专项资金,加大安全投入,提高安全监控能力,2000年,重钢公司购置89台便携式、34台固定式煤气检测报警器,新增防暑降温设施1013台、防爆应急灯323台。6. 按照国家要求实现“一控双达标”,完成炼铁厂一、二烧结关停工作,焦化厂脱硫脱氰工程正式开工建设。7. 推行清洁能源工作,2000年完成28个单位32台套2吨以下的锅炉和18台茶水炉的煤改气工作,重钢公司每年减少燃煤消耗10580吨。2000年对小南海矿、乐山粘土矿、焦化厂进行清洁工厂复查验收。

(郭相彬　余长生)

计量授权证书

渝计授（2000）011 号

重庆钢铁（集团）有限责任公司

根据《中华人民共和国计量法》第二十条，《中华人民共和国计量法实施细则》第三十条、第三十一条和《计量授权管理办法》的有关规定，授权你单位在单位内部对血压计，酸度计，体温计，分光光度计，比色计，心、脑电图机，医用诊断X辐射源，绝缘电阻表，汽车车速里程表，钢卷尺，尺，一氧化碳报警仪，压力表，天平，砝码，三相电能表，增铊，台秤，杆秤，案秤，婴儿秤，戥秤，体重秤，电子秤，吊秤，皮带秤，地中衡，地上衡开展周期检定工作。

有效期二〇〇〇年七月十八日至二〇〇五年七月十七日

二〇〇〇年七月十八日

【计量管理】 2000年重钢计量管理的主要工作：完善制度、强化监督、改善手段。制定《重钢计量标准器具与计量检定管理办法》、《重钢计量和自动化工程内部市场管理规定》等文件，规范计量管理。在重庆市庆祝《计量法》颁布15周年的大会上重钢公司被重庆市技监局授予“重庆市计量工作先进单位”的称号（渝质技监[2000]103号文件）。电子公司、股份公司七厂、五厂、特殊钢公司、钢管公司、四厂、铁业公司、产业公司轧钢总厂、矿业公司太和矿及重钢职工总医院等10个单位被评为“重钢集团计量工作先进单位”（重集经运发[2000]第337号文件。

2000年，重钢通过重庆市质量技术监督局复审和新增加的授权检定项目32项，有效期至2005年7月，证书号分别为渝计[2000]008、010、011号。建设公司钢城仪表公司生产的快偶和热电偶，产业公司金洲实业公司生产的重量变送器获重庆市“制造计量器具许可证”，证书号分别为渝制00000614号和00000697号。电子公司李翠莲获国家质量技术监督局首批颁布的“国家计量体系评审员”证书。）

（周新林）

【计算机管理】 2000年重钢电子管理工作：经运处牵头组织并安排重钢公司和各单位在计算机各敏感日期度过跨千年和闰年时关时应急办主要负责人、相关部门和技术人员坚守岗位，24小时值班。重钢公司计算机系统和设备安全度过千年和闰年。组织对股份公司19个部门和子公司计算机基础管理及安全制度综合检查评定和通报。加强计算机设备防雷击工作，下发《加强集团公司计算机设备安全管理的紧急通知》（经运发[2000]第7号文件和《计算机设备防雷技术要点》。建立重钢公司2000年计算机设备档案。

2000年重钢公司计算机设备总台数为1435台。

（黄紫群）

【机动能源管理】 2000年重钢机动管理主要工作：组织开展春、秋季设备大检查。规范备件采购程序管理，严格执行审批制度，备件内部加工制造2000年比1999年净增产值3591.65万元，增长率80.86%，2000年共节约外委资金416万元。股份公司七厂被评为全国2000年度“设备管理先进单位”，股份公司型钢厂和矿业公司小南海矿被评为重庆市2000年度设备管理先进单位。能源工作：推进重钢公司煤改气工程，吨钢综合能耗963.6公斤标煤，比1999年下降11.21%。实现钢、铁、材产量（除焦碳外）增长的情况下，做到增产不增能，增产又降能，2000年总能耗比1999年降低2.02%。2000年，重点协调“重钢特殊钢公司及铁合金公司生产用电享受优惠电价问题”、“铁合金公司电力附加费问题”和“矿业公司綦江铁矿小机组并网发电问题。”2000年特殊钢公司和铁合金公司享受超基数优惠电价，分别少支付电费200万元和500万元，同时，重庆市政府已同意特殊钢公司、铁合金公司进入重庆市封闭型企业，电价有0.042元/千瓦时作挂帐处理。“铁合金公司电力附加费问题”，重庆市物价局已向市政府提出减免铁合金公司1990～1997年电力附加费2013.2万元（此项工作正在办理中）。綦江铁矿12000千瓦和1500千瓦发

榮譽證書

重庆钢铁（集团）有限责任公司：

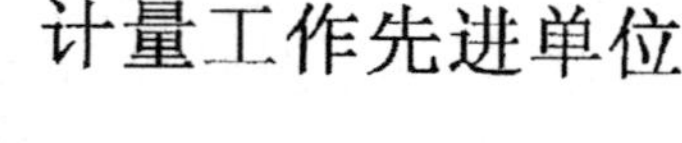

计量工作先进单位

重庆市质量技术监督局
二〇〇〇年九月五日

电机组属国家出台关于“10万千瓦以下机组逐步关停”的范围,经协调已通过重庆市经委认定,允许綦江铁矿进入资源综合利用发电企业,同意上网发电。

(冷强红　代朴)

【汽车管理】 2000年,重钢公司报废汽车97台(办公用车16台、客车22台、货车44台、其它车辆15台)其中:被盗汽车报废5台,因技术状况差提前报废13台,其它均按规定年限报废。全年有24个单位申请购置汽车72台,经重钢公司批准同意22个单位购置汽车66台,其中:大客车6台、中客车1台、大货车17台、小货车29台、办公用车5台、其它车辆8台。全年送修汽车(包括汽车和工程机械)4061台次,其中:大修194台次、总成大修(发动机)152台次、二级及以上维修304台次、小修3411台次。全年维修费433.6万元。10家汽修厂具备内部承修汽车资质。CNG汽车改造方面,全年对重钢内部汽车进行双燃料改造36台,其中:大客车22台、大货车9台、小货车5台。全年养路费、货附费节余40万元,停车场收费3.7万元。2000年,重钢公司公路总长83公里。其中:大渡口地区重钢本部公路总长52公里,主要有厂区公路及家属区公路。全年投入2000人次参与公路日常维护工作,疏浚边沟45000米,维护公路滑坡150米,新翻修公路1400平方米,收取挖掘公路损失费20万元。清理整顿违章占道经营5处。

(何世涛)

【企业档案工作目标管理】 2000年,重钢在巩固企业档案工作目标管理国家一级成果和保持全国档案工作优秀集体称号的基础上,有针对性地指导各子公司和职能管理部门对照国家档案工作目标管理的相应等级标准开展达标活动。全年对钢管公司、铁业公司、铁合金公司,以及股份公司各生产厂、矿业公司所属矿山和特殊钢公司等21个子公司36个单位按照《重庆市企业档案工作目标管理实施办法〈企业档案工作目标管理认定标准(认定一览表)〉》中的各项要求进行指导和检查,对各单位存在的问题提出整改措施,对重钢公司机关、股份公司机关等职能部门的档案管理进行指导。完成巩固重钢公司档案工作目标管理国家一级成果,推进子公司开展争创企业档案工作目标管理先进的调研报告。根据调研情况和调研报告,重钢公司领导指示并签发《关于重钢集团2001~2003年档案工作目标管理达标安排意见》。

2000年,重钢档案部门在完善重钢母子公司档案管理体制,强化重钢公司母子公司档案管理的法律程序和行政管理程序,推进重钢档案工作标准化、制度化、现代化建设中,制定、颁发《重钢(集团)有限责任公司档案鉴定销毁工作实施细则》、《重钢(集团)有限责任公司档案借阅利用暂行规定》,《关于贯彻执行重庆市档案局关于印发〈重庆市档案专业技术人员继续教育登记制度实施细则〉的通知》等制度,并指导产业公司、生活服务公司、铁合金公司、东源公司和部分职能处室修订完善档案管理制度,与电子公司一道完成《重钢(集团)公司图文档案管理系统及计算机管理方案》。

(彭地富)

【高速线材工程竣工资料管理】 2000年2月14日,由重钢质监站、重钢档案处、建设公司高线项目部、高线指挥部共同参加“高线建设项目单位工程划分审定会”,按照原冶金部YBJ《冶金工程质量检验评定标准》,划分单位工程,根本上改变重钢技改工程图纸心中无数、技术资料心中无底,施工单位交多少图就收多少的被动局面。各单位有关人员根据最新的“单位工程划分表”的内容,做到档案收集有依据,图纸审核有保障,图纸移交有明细。在工程施工过程中,随时了解工程进度和图纸增减情况,使增加的100套图纸的单位工程名称、施工图号、施工单位、资料负责人与施工现场实际吻合。档案处随时跟踪图纸变化,把增加的图纸补充到“单位工程划分表”中,并重新打印;制定图纸审核进度,在每周四下午档案审查协调会上提出,并在下一次协调会上检查落实情况。截止2000年年底,完成125套图纸,84本技术资料,41个单位工程的审核工作,图号准确率达98.5%。预计2001年元月底,高线56个单位工程和277套图纸能够全部审核验收进馆。

(郝高潮)

【兼并及停产企业档案处置】 2000年,重钢公司实施兼并重庆特殊钢(集团)有限公司后,重钢档案处与特殊钢公司档案部门联系,协调重钢公司档案管理与特殊钢公司档案管理关系,同意特殊钢公司保留国家企业档案馆(国家档案局注册编号4510068),作为重钢集团的子公司,档案工作接受重钢公司档案处管理和档案业务指导,其档案仍由特殊钢公司档案馆保管,纳入重钢集团档案合并统计。重钢股份公司六厂停产后，档案处参与有关六厂资产、档案等处置的各种会议，提出档案处置方案，指导六厂档案人员对当年产生尚未归档的文件材料进行收集、整理和归档，与已归档案卷一并造具清册，分别向重钢档案馆和股份公司七厂移交。至12月31日，完成向重钢档案馆移交进馆2844卷，其中，文书(党群工作、行政管理、经营管理、生产技术)档案613卷、会计档案2231卷；移交七厂科技档案(基建、设备)1792卷，底图5886张。

(彭地富)

【档案人员继续教育】 2000年，重钢发《关于贯彻执行重庆市档案局关于印发〈重庆市档案专业技术人员继续教育登记制度实施细则〉的通知》，要求"重钢档案专业技术人员除按渝档发[1999]40号文件所规定的各种培训外，凡具有高级、中级、初级技术职称的档案专业技术人员，每年应完成1篇以上学术研究论文，科研成果1个、档案工作消息、通讯报道1条，对未完成的档案专业技术人员，不得续聘或晋升专业技术职务，年度考核时不能评为优秀"的精神，举办"机关档案人员培训班"、"子公司档案人员培训班"、"子公司下属生产厂、矿档案人员培训班"、"股份公司高线工程建设档案人员、资料人员和项目现场管理人员培训班"、"矿业公司景星白云石矿工程建设档案人员、资料人员和项目现场管理人员培训班"等培训班5期，52个单位90人次参加，组织参加中国档案学会、重庆市档案学会举办的论文征集活动，并参加国家档案局、中国档案学会召开的纪念《科学技术档案工作条例》颁布20周年学术论文研讨会，全国大钢档案工作协作组会议，重庆市档案工作协作组会议，重庆市档案学会首届学术论文交流会议等，征集论文14篇，其中档案处郝高潮撰写的《如何有效监控非国有企业中对国家和社会有保存价值的重要档案》获中国档案学会征文三等奖，并刊载在《档案学研究》(2000年增刊)上，档案处彭地富撰写的《企业档案工作现代化的探讨》、《企业档案馆馆藏档案的分级管理》，档案处张思庆撰写的《档案开发要迎接知识经济的挑战》、《档案编研与信息开发的实践》、档案处王永全撰写《试论档案的"隐形"作用》等论文，分别在《冶金档案》、《重庆档案》刊物发表和在重庆市档案学会首届学术论文交流会上作为优秀论文交流。

(彭地富)

【档案鉴定工作】 2000年，重钢档案鉴定委员会进行调整，重钢公司副总经理樊道理任委员会主任，档案处副处长黄二卫任委员会副主任，经理办、党委办、技术中心办公室、财务处、劳资处、设计院和档案处的负责人为委员会成员。10月，为做好原大平炉、小平炉、小轧厂、锭坯厂、炼铁厂(137高炉)、耐火厂(原江边)等单位的基建档案、设备仪器档案，以及重钢公司(财务处)会计档案(1965～1985年)的鉴定、销毁工作，重钢档案鉴定委员会主任樊道理召集并主持"重钢档案鉴定工作会议"，确定2001年档案鉴定的范围，档案鉴定工作的组织领导、档案鉴定工作的原则和要求、档案鉴定工作人员组织与要求、档案鉴定费用和鉴定工作进度要求，并形成会议纪要(重钢公司经理办公室第45期)。12月初，鉴定委员会组织重钢公司财务处、档案处、经济运行处、股份公司机动处及设计院等单位召开工作会，具体落实责任和组织实施。同时，重钢公司以重集档案发[2000]第443号文件印发《重钢(集团)有限责任公司档案鉴定销毁工作实施细则》，指导档案鉴定销毁工作，2000年，重钢公司鉴定销毁档案(资料)2539卷，其中职工总医院1376卷，中兴公司1163卷。

(彭地富)

【档案知识竞赛】 档案处2000年按照《重庆市档案局关于组织参加"世纪科怡怀"档案法规与档案现代化管理知识大赛的通知》精神，组织重钢公司分管档案工作的各级负责人和档案人员参赛，将竞赛的有关事项以文件形式通知各单位参赛人员，同时订购《中华人民共和国档案法实施办法释解》和《中国档案报》竞赛试卷300份，要求各单位分管档案工作的负责人、档案专兼职人员必须参加答题。重钢公司有74个单位300人参加答题，收回试卷210份(部分单位将答卷直接寄到北京)其中：重钢公司领导5人、厂处级领导34人参加答题，评出优秀组织一等奖3个、二等奖6个、三等奖14个，获奖单位分别为经理办、劳资处、人事处，股份公司炼铁厂、型钢厂、焦化厂、运输部、股份公司人力资源处、股份公司销售处、股份公司机动处、七厂、技改处、高线厂、动力厂，中兴公司、东源公司、产业公司、特殊钢公司、矿业公司、钢管公司、铁业公司、铁合金公司，矿业公司太和铁矿。

(张蓉)

【培训中心减员分流】 2000年，重钢职工培训中心根据重集企管发[2000]第194号文件《关于培训中心改革的有关问题的决定》精神和减员分流要求，制定《重钢职工培训中心机构改革和减员分流方案》、《重钢职工培训中心待岗职工解决办法》，通过公布上岗条件、本人申请、考查考试、公布上岗名单等一系列工作，在岗人员自愿解除劳动合同4人、调离3人、除名2人，内部退休11人，截至2000年12月底，在岗职工由232人减至205人，在册职工由365人减至331人。

（屈娟涓）

【计划生育】 2000年年初，重钢召开计划生育工作会，重钢公司副总经理唐自明与52个子公司、单位负责人签订责任书。6月，重钢公司调整计划生育协会理事会：名誉会长唐民伟，会长唐自明，副会长朱建派、潘向宇，秘书长宋倪鹏，副秘书长林世泽。8月，重钢发重集行管发[2000]第323号文件转发中共重庆市委办公厅重庆市人民政府办公厅关于人口与计划生育工作"一票否决"的实施意见渝委办发[2000]14号文件，实行计划生育"一票否决"分级负责制。在2000年元旦、春节，"九·二五"中共中央《公开信》纪念日、10月14日第五次人口普查宣传日、10月28日"男性健康日"4次活动中，组织66个单位498人次参加，出动宣传车6辆，开展各种宣传服务项目739个。在重庆市计划生育技术服务月（5月）中，组织开展"为了美好的明天"人口环境资源知识竞赛活动；"六一"儿童节组织计划生育实物宣传品5380份慰问公司独生子女职工家庭；10月，开展"男性生殖健康"千人问卷调查等活动。重钢全年组织分发各种计划生育宣传资料12种/13307份。建立重钢育龄女职工计划生育档案；办理解决基层单位请示报告234件，审办生育证、独生子女父母光荣证1558个，配合第五次人口普查，组织开展重钢历年出生人口漏报、外来流动人口生育、计划外生育、捡抱养婴儿的清查登记工作。全年受理来访40件，查证群众举报、政府转办计划外怀孕生育6件，为6对符合《收养法》规定的职工办理合法收养登记。2000年，重钢落实依法行政、亮证执法、文明服务的工作程序，为计划生育工作人员配发计划生育"监督员证"。

贯彻执行重庆市人民政府流动人口计划生育管理"一证先行、无证否办"规定。年初启用重庆市统一的《流动人口避孕节育情况证明》。6月，查处群众举报小南海冶金机械加工厂外来临时工赵伯军计划外生育2胎；8月，组织26个单位开展外来流动人口用工情况调查；10月组织单身职工宿舍外来流动人口清查；12月对在册不在岗育龄男女职工进行调查。全年清退转办与重钢已解除劳动关系多年，户口、档案、组织关系仍在重钢的人员385人。

（林世泽）

法纪管理

【企业法律工作】 2000年的主要工作：1. 重钢初步建立对外合同的两级法律审查网络，即合同标的在10万元以下的由各子公司（单位）审查签订；合同标的在10万元以上的由法规处审查后签订。全年法规处审查的对外合同812个、标的126273万元。通过审查，重钢公司对外合同纠纷明显减少，达到事前防范的目的。2. 根据重庆市政府办公厅渝办发[2000]13号文件《关于重合同守信用企业认定命名办法》，申报重钢为重合同守信用企业的命名和认定，经大渡口区工商局检查验收。重钢以合同管理、审查、签订及履行规范、制度健全、台帐清晰而获得1998～1999年度重合同守信用企业的命名。2000年7月大渡口区向重钢颁发命名文件、奖牌、证书及《西南工商报》上的公告。3. 全年超额完成清欠目标值，收回资金（含以物抵款）580万元。4.2000年10月，与重庆市高级人民法院商议，由重庆市高级人民法院、重庆市第一中级人民法院、大渡口区人民法院共同为重钢公司清理执行积案，组成东北组、西北组、四川组到全国10多个城市，集中办理重钢公司胜诉生效判决案件的强制执行，收回资金248万元，签订分期还款协议148万元。5. 全年办理重钢公司诉讼案件8件，标的2800万元，其中被告案件3件，标的310万元；因兼并特殊钢公司引发的牵连重钢的案件10件，标的5500万元；其中异地法院执行特殊钢公司牵连重钢的案件十分突出，如洛阳中级人民法院查封重钢职工总医院资金380万元、湘潭中级人民法院查封重钢公司银行保证金帐户资金2000万元。重钢法规处一方面对异地法院执行行为提出异议，另一方面向重庆市政府、重庆市经委汇报，没让异地法院将重钢公司的资金划走。6. 参与重钢公司的企业结构调整，及时处理调整过程中出现的法律问题，在规定时间内办理重钢公司和子公司的企业法人营业执照年检。

（陈兴华）

【信访工作】 重钢2000年，受理职工群众来信来访5249件（人次），处理集体上访3批42人，化解企业内部集体上访27批4300人（次），完成市级以上部门交办的信访案件22件及重钢公司领导交办的47件全部办结并上报。全年未发生一起到市级以上机关的集体上访，农转非、死亡职工遗属大规模集体上访得以遏制。年初，重钢由于巨额亏损，兼并特殊钢公司，"减员分流进中心"等不稳定因素，重钢成立"下岗分流来信来访接待室"，制定关于处置集体上访和群体闹事事件的预案，下发行管发[2000]第003号文件《关于做好2000年减员增效下岗分流和再就业工作中信访接待工作的通知》、重集行管发[2000]第438号文件《关于实施〈重庆钢铁（集团）有限责任公司职工群众逐级上访制度〉的通知》，对信访三级网络组织机构进行整顿、调整，在25个子公司、厂（处室）、车间建立信访领导小组38个，配备专兼职信访工作人员368人，每月组织召开信访工作例会，不定期召开现场经验交流会，以会代培650人次。重钢坚持"及时排查、各负其责、工作在前、预防，为主"的工作原则。信访部门切实转变机关作风，变上访为下访，深入重钢集团特殊钢公司、铁合金公司、热陶瓷公司、中兴公司等一些特困企业、亏损企业和问题比较多的企业，掌握职工思想动态。对已发生的集体上访，不分昼夜做工作，及时就地平息，妥善予以化解，使大量的集体上访处理在企业内部。2000年8月15日，铁合金公司综合厂大集体职工130人的集体上访；2000年11月15日铁合金公司1986年以后参加工作的768名轮换工合同到期依法终止劳动合同的集体上访；2000年12月26日特殊钢公司因兑付"双解"（解除劳动合同、解除进中心协议）职工补偿金问题处理不妥引发几百人连续集体上访等均得到妥善处理。针对下岗分流工作中572名职工上访反映的问题，及时与所在单位和业务部门联系，得以妥善处理。为20世纪60年代精减人员查找历史资料，出具精减证明130份；为基层单位和职工群众排忧解难25件。2000年，重钢被评为全国信访工作先进单位，在重庆市2000年度工交系统信访稳定工作会上重钢作经验介绍。

（黄胜辉）

【查处伪劣矿石】 2000年，重钢股份公司纪监处组织有关单位查处江西萍乡、江西东路、湖南银泰、湖南茶陵、河北遵化、河北邢台、湖北汀祖、湖北隆昌、湖北陈贵等9个劣质矿石计59车，16船，12585.13吨，避免经济损失186.742万元。2000年元月20日、元月25日，纪监处接举报："到达重钢公司的江西萍乡、江西文竹规格矿中有混装的质量问题"，经现场勘验查证后，进行分层取样、化验，结果分别为青色矿品位56.45%，褐色矿品位54.84%和黄色矿品位56.32%，红色矿品位50.55%，决定对江西萍乡矿按低品位结算，江西文竹矿按判废处理，避免经济损失2.81万元。2000年7月4日、7月29日湖南银泰2车和湖南阳光4车精矿分别运入重钢时，检查发现2个单位精矿明显分层，其中银泰上层矿品位59.35%，下层矿品位40.82%。品位差达18.53%，阳光上层矿品位59.70%，下层矿品位56.89%，按合同条款规定分别作判废处理，并终止与供方签订的试供合同，避免经济损失14.78万元。2000年8月7日、8月31日和9月1日，股份公司纪监处分别接质管处原料监督站职工举报"河北遵化15车、河北华安先后有21车、6车运入重钢公司的精矿有优劣分层嫌疑"。经现场调查核实，取样化验分析后，认定遵化的15车、华安的27车属明显分层、上优下劣，根据事实和合同条款规定，对上述2个单位共42车矿石按判废处理，避免经济损失100.436万元。2000年8月15日至10月29日，股份公司纪监处相继接质管处"从湖北黄石港入重钢公司的精矿有质量问题"的举报。现场进行调查，发现到达重钢四码头湖北精矿存在红、黄、黑几种颜色混装，经分别取样、化验、结果品位差异较大，决定对同一船次混装精矿按低品位与供方结算，避免经济损失49.018万元。2000年9月27日、28日，股份公司纪监处查处湖北汀祖农工商总公司运入重钢的9车混装精矿，避免经济损失61.398万元。

（王云飞）

【对主要经营者离任进行经济责任审计】 2000年度，重钢审计处对重钢运输公司原经理文思中、电子有限责任公司原经理王必达、产业公司原经理杨志炜、生活服务公司原经理李开田、四厂原厂长徐祖华、重钢股份公司动力厂原厂长张渝的离任经济责任进行审计。审计的主要内容：任期内经营目标的完成情况；

任期内资产、负债、损益的真实性;任期内对国家财经法规和重钢公司规章制度的执行情况;任期内企业内控制度的制定及执行情况;重大经营决策的计划、实施、效果及有关情况;任期内职工收入及福利情况;对离任的经济责任审计应明确前后两届领导的经济责任;重钢公司总经理要求审计的其他内容。

(涂江涛)

【对郭代仪离任经济责任审计】 2000年3月~10月,重钢内审机构配合重庆市审计局抽调9名专职审计人员(其中审计处7名,子公司2名),对重钢公司前任总经理郭代仪作离任经济责任审计。审计处配合重庆市审计局对重钢公司本部、房地产公司、机制公司、热陶瓷公司、进出口公司、矿业公司、香港公司、产业公司、股份公司(炼铁厂、焦化厂、恒达公司、型钢厂、六厂、五厂、动力厂、运输部、销售处、原材料处)以及重钢销售处驻外营销网点(新疆公司、南宁公司、昆明公司、北京公司、兰州公司)的资产、负债及所有者权益等的审计。审计处作好审计后勤及重钢各单位的协调、配合工作,为重庆市审计局按计划完成上述单位的审计以及对郭代仪的离任经济责任审计创造条件。2000年,重钢还参加重庆市审计局组织对水城钢厂铁矿石成本的调查。

(李国惠)

【工程审计】 2000年,重钢审计处在对铁合金公司水池修复工程和铁业公司烧结技改工程结算审计中,发现建设单位在工程结算方面存在定额标准把握不够、乙方代购三材无采购发票、施工用水电费未扣缴等问题;在工程管理方面存在不符合重钢公司合同预算处和技改处有关建设工程现场管理制度的规定及工程竣工资料不完善等问题。对重钢公司合同预算处已办理竣工结算的工程进行随机抽查审计,抽审重钢三号码头办公楼、配电室及变电站工程、五厂浴室新建工程等工程项目的竣工结算,重点对工程量计算的正确性、定额套用及费用计取的合理性、现场签证的真实性、结算资料的完整性进行审查。查出工程款结算不实金额11.8万元,其中核减工程造价8.7万元,核增工程造价3.1万元。针对工程结算中存在的问题,提出10条审计建议。

(王光惠)

【经济效益审计】 1.对重钢股份公司七厂1999年度产品质量的审计,查出七厂产品质量波动大的主要原因,提出进一步完善工艺规程和质量管理制度、加大质量考核力度、质管处加强对辅料的质量监督等3条审计建议。2.对重钢股份公司型钢厂1999年度能源消耗情况审计调查。提出加强用能管理和用能检查的力度;重新设计生活水计量表量程,更换计量不准的原生活水计量表;恢复中轧氧气的计量,加强厂区防盗工作等6条审计建议。3.对钢管公司50机组投产后的经济效益审计。通过对该机组自1996年投产以来产量、质量、消耗和成本、利润等大量数据的综合分析,并对有关管理制度进行现场测试,揭示其效益逐年下滑的主要原因,提出面对市场变化,开发高附加值产品,拓展市场销路的审计建议。4.对矿业公司太和铁矿氧化球团矿项目经济效益审计。通过对该项目自1999年12月投产以来运行情况的审计调查,帮助企业查找项目迟迟不能达到预期目标的主要原因,对该项目产品的市场前景和经济效益作客观评价、提出抓紧实施工艺、设备的改造、完善;降低燃煤和粘结剂消耗、降低加工成本;抓好厂区粉尘治理,改善工作环境等4条审计建议。

(彭祖华)

【民警队伍建设】 1.2000年,钢城公安分局树立"向教育要素质,向素质要警力、要战斗力"的思想,抓6个方面的教育:开展"明厂情、抓机遇、扭亏脱困求发展"为主题的厂情教育;开展多种形式的党风党纪教育;抓"职业责任、职业道德"教育;开展"三五"普法教育和专业法的学习;加强辩证唯物主义无神论教育,提高预防"法轮功"及各类封建思想的侵蚀力;在民警和职工中倡导"讲团结、讲纪律、讲奉献"和"勇于献身、善于斗争、依法办事、文明执勤、热情服务"的精神。2.推行警务公开制度。在执法中接受群众监督,树立窗口服务形象。交警队和4个派出所设立举报箱和为民服务意见箱,对群众投诉逐一进行查处,并纳入经济责任制考核,保证反映的问题件件有回音;推行公开办事制度,设立局长接待日、建立督办、回访制度,开通局长公开电话。3.提高队伍业务素质。坚持每月以会代训的方式对保卫人员进行现场保护等知识培训,参培人员均达98%以上;购买法律法规书籍220套,供民警、保卫干部学习;送外培训交警、公安干警、消防警等共49人次。其中送重庆市进行公安业务培训37人次,消防业务培训7人次,重庆市交通业务培训5人次,民警持证上岗率达100%。4.推进公安保卫队伍正规化建设。制定《在公安保卫业务工作中收受礼品实行登记制度的规定》、《内部若干制度和职责》、《警诫制度》等加强队伍建设的规章制度。《警诫制度》实施以来,有9人受到警诫,受经责制考核1600元。全年查处群众来信来访2件,查处率达100%。重点查办民警及保卫人员的违法违纪案件,对违纪的3名人员进行了处理。

钢城公安分局党委连续6年评为重钢公司"巩固党风先进单位","三五"普法工作评为重钢公司的先进集体,连续2年评为重钢公司"先进职工之家",10名民警为"钢城卫士",7名民警和9名民警分别被重庆市公安局授予"优秀民警"、"先进保卫干部"称号。

(谢崇立)

【治安综合治理】 2000年,重钢治安综合治理工作经大渡口区政法委、综合治理委员会检查验收达标,评为综合治理达标先进单位。重钢信访处、股份公司原材料处被评为大渡口区治安综合治理先进单位。重钢五厂、重庆朝阳气体有限公司被评为大渡口区"安全文明小区"先进单位。刘征等4人被评为大渡口区治安综合治理先进个人。2000年,重钢未发生一起突发事件;未发生一起到市级以上机关集体上访事件;农转非、死亡职工遗属大规模集体上访势头得到遏制;27批4300人的集体上访化解在萌芽状态。来信来访、集体上访比1999年同期下降21%。

2000年,重钢与大渡口区委区府签订《保稳定保平安责任书》,年初,重钢公司副总经理与43个二级单位治安责任人签订《治安保卫责任书》。重钢公司党委副书记朱建派多次召开综合治理及稳定工作会议,并率有关职能处室负责人到特殊钢公司、铁合金公司妥善平息集体上访事件。重钢公司治安综合治理委员会本着"早预测、早发现、早处置"的原则,收集各类情报信息45条,按照预案要求及时协助有关部门处置各类不稳定苗头13起,处置不安定事端32起。重钢综合治理委员会贯彻落实全国人大常委会《关于取缔邪教组织,防范和惩治邪教活动的决定》,制定对重钢公司辖区内重点人头11名"法轮功"习练者的帮教转化对策,将责任落实到人,对4名重点骨干人头办"帮控转化"学习班2期,转化2名,查获收缴"法轮功"宣传品55件,遏制了"法轮功"在社会和企业的蔓延。适时开展"反盗、防盗、保平安"、"创建无毒单位"活动,以及"整治电力设施及通讯(电视)线路"等专项斗争。2000年7月,破获重钢公司办公楼连续发生办公室被盗系列案件,在10天的时间里将犯罪嫌疑人胡云辉抓获归案,追回赃款赃物价值5.2万元。2000年,侦破建设公司诈骗案、小车队诈骗案,挽回经济损失15万元。专项斗争期间,钢城公安分局破获刑事案件58件,查处治安案件48件,调解治安纠纷43件,收缴废钢铁40吨,锰铁1.2吨,废铜200公斤等物,挽回经济损失43万余元,处理违法嫌疑人85人。其中:逮捕12人、劳教4人、取保候审4人、治安拘留44人、治安罚款9人、治安警告12人。全年打击犯罪团伙10个,涉及成员37人,涉及案件12件。

2000年重钢继续开展创建安全文明小区活动,并纳入创重庆市文明单位考核内容。全年有75个单位申报创建安全文明小区。经重钢综治委于2000年11月对所申报的75个安全文明小区进行检查验收,40个单位验收合格。重钢根据大渡口区综治委、禁毒委《关于开展创建无毒社区活动的实施意见》要求,制定《关于开展创建"无毒单位"活动的安排意见》。2000年6月开展创建"无毒单位"活动,结合"6.26"禁毒宣传日,现场发送1000份禁毒资料、图片,播放《珍爱生命》禁毒录像片。全年《重钢报》、《班组讲话》刊登治安综合治理宣传报道131篇,重钢"三五"普法经重庆市委检查验收合格,重钢被推荐出席国家经贸委普法工作先进单位表彰会。

(唐红)

【消防管理】 重钢钢城公安分局消防科(重钢消防队)负责重钢公司消防管理。2000年,重钢各二级单位建立防火安全责任制,确定分管领导为二级防火责任人,将消防工作纳入任期管理目标。全年组织390人次检查97个单位,发现隐患177件,发整改通知书6份,督促落实整改资金15万元。全年对重点工种消防培训1820人次,训练义务消防员3649人次。对灭火器进行清理,重申禁止使用贮气瓶式干粉灭火器,督促单位落实资金12万元,重新添置新型灭火器。在原有3台消防执勤车的基础上,新购置一辆水罐消防车。全年出火警118次,其中生产区23次,社会区域95次。厂区无重特大火灾事故。

(简定华)

【道路交通管理】 钢城公安分局交警大队负责管理重钢公司厂区家属区道路67公里,管辖驾驶员1600人,车辆1000台,有

10个驾协会员小组和一个单位"交安办",重点对辖区车辆乱停乱放、尾气排污严重、非交通占道等违章进行整治。以实施"畅通工程"创建"平安大道"为主题,在大堰、渝岗村设交通安全咨询站4次,出动警力56次,印发宣传资料1700份,出动宣传车5辆次。组织驾驶员参加创建"畅通工程、平安大道"知识竞赛活动。定期到有车单位检查安全预防工作。完善7座以上客车的管理制度。年审驾驶员1343人(次)、车辆821台,检查长途车108台,检查7座以上客车605台。驾驶员入协会1221人。全年查处交通违章4368件,教育20人(次)。办理道路占道、挖掘许可证15件,办理超限运输准运证28件,在易发事故段安装、维护交通标识20块。处理道路交通事故281件,其中:重大事故4件,一般事故107件,轻微事故170件。事故造成经济损失33.6万元。

(丁晓玲)

【治安管理】 2000年,钢城公安分局组织358人次对重钢辖区568个部位进行安全防范检查,查出治安隐患38起,其中重大隐患11起,一般隐患27起。发出隐患整改通知书14份,口头整改24起,整改率100%,整改费用45万元。2000年,修订《关于经济责任制承包指标分解办法》、《关于清理保卫部门残留弹药》、《关于公务用枪管理办法》、《关于开展加强治安防范查漏、堵漏,减少公司物资被盗流失专项竞赛办法》等10个制度,对公务用枪实行集中管理,完善枪弹分别登记、借用、审批、归还等手续。分局设2名民警专管枪支、弹药,实行枪弹分离。重钢公安分局管理的枪支弹药经重庆市公安局、大渡口区公安分局多次验收检查,均达到标准。2000年,审批重钢綦江铁矿建安公司申报的重钢机制公司一金工车间移地改造土石方工程的爆破方案。坚持每月不定期检查,特别是重大节假日前重点检查相结合,组织民警到重钢公司各单位所属炸药库点,对炸药储存、领用措施、台帐、管理制度以及安全防范措施等进行检查。发现一般隐患4起均督促整改,整改费用3万元。治安巡逻小分队全年捉获违法违规人员226人,收缴废钢铁40吨,锰铁1.2吨,铜线圈5盘,废铜200千克,挽回经济损失14万元。根据重庆市公安局统一布置,先后组织8次大规模的夜间清查,全年出动清查力量1200人次,其中:处级29人,科级136人,干警420人,保干361人,治保241人,出动车辆33台次,共清查部位2500处,清查暂住人口756人次,设立交通检查卡12个。清查中破获刑事案件2起,捉获违法人员16人。对存在重大治安隐患的单位发整改通知书14份,考核有关失职人员38人,考核金额8000元。全年辖区内登记暂住人口1174人,暂住人口登记率100%,办证813人,办证率69%。

2000年的治安管理中,查处治安案件48件,查处率为97%,对65人给予治安处罚。

(唐红)

【生产要害部位管理】 2000年,新建生产要害部位1个,撤销1个,重新确定重钢公司要害部位74个、要害部位管理人员1113名。全年组织589人次对22个单位74个要害部位进行安全检查,查出隐患7起,督促整改7起,发整改通知书1份,督促落实整改资金2万元,要害部位隐患整改率100%。

(马渝凤)

【稳定工作】 2000年,钢城公安分局把维护内部稳定作为首要任务,针对重钢兼并重庆特殊钢(集团)有限公司后出现的新情况,把工作重心放在改革力度大、分流人员多的单位。加强情报信息收集和对信息员的管理。提高发现和预测不安定因素的能力。加强与特殊钢公司、铁合金公司、中兴公司等外区子公司和重钢集团紧密层单位的联系。与信调、劳资、工会、党委办等部门加强信息交流。全年收到信息45条,均逐一处置。在对出现的各类不安定事端进行分析的基础上,修订处置突发事件预案,制定《关于切实做好重钢集团特殊钢公司稳定工作,正确处置治安突发事件预案的意见》,使预案更具针对性和可操作性。全年共处置不安定事端32起,没有一起激化。

(尹华)

【派出所工作】 2000年1月1日,钢城公安分局所属刘家坝、曾家村、大堰、李子林4个派出所正式挂牌运作。各派出所设所长、教导员各1名,民警2~3名。钢城分局制定《关于加强派出所基础工作建设的意见》,提出工作标准,建立管理制度,明确工作职责。2000年,派出所接警424次,办理暂住证813个,妥善处置不安定苗头15起,协助破获刑事案件49件,指导辖区单位创建"安全文明小区"40个。

(苏剑)

【护厂管理】 2000年,重钢护厂工作以"围绕中心、突出重点、强化教育、严格制度、文明执勤"为方针,开展以厂情教育为主要内容的“反违规违纪、比爱岗敬业、树先进典型、堵大小漏洞”主题活动，完善“物资出厂证”的管理和物资出厂查验制度；对废钢铁和有色金属实行“两证一单”管理，落实专人办理“物资出厂证”。坚持每季度派员到原材料处废钢科核对各单位送交的废旧金属与护厂队所办物资出厂证数量是否相符。门卫执勤人员对出厂物资、特别是废旧金属出厂进行查验是否与出门证品名相符。在“物资出厂证”上签章收存，保证物资出厂安全。严格执行“两禁(禁止摩托车和营运出租车进厂和禁止厂内摆摊设点)通告，促进厂区有序管理。坚持护厂巡逻，以巡逻与守候、驾车巡逻与徒步巡逻相结合的方式对易造成物资流失场所加大巡逻力度。

2000年，在护厂工作中现行捉获偷盗生产物资363人，缴获废钢铁44.84吨，有色金属0.29吨及其它物资，价值58482元，处违管费13万元，挡获违反厂规人员564人。在巡逻检查中发现厂区围墙垮塌、低矮和需要维修的部位督促有关单位及时修复。

(戚宁)

【经济民警工作】 重钢经济民警分队主要担负重钢公司电站、生活水厂、煤气柜等要害部位的守卫、巡逻及突发事件的应急处置工作。2000年末在岗警士40人。在全年的守卫工作中，制止无手续进入要害部位69人，参加警卫工作6次，在巡逻中捉获偷盗嫌疑人员315人，拦获废钢铁2.6吨，有色金属110公斤，价值3000元。派出警士20人，参加公安机关开展的以反盗，打抢为主要内容的专项斗争。重钢治安保卫工作被重庆市公安局评为2000年先进集体。

(熊先沛)

【钢城治安巡逻队】 钢城治安巡逻队前身是巡逻小分队，始建于1997年底。2000年末，钢城治安巡逻队在岗人员18人，由民警担任正副队长。钢城巡逻队以巡逻与守候、驾车与列队徒步巡逻相结合的方式，对易发案场所、重点复杂场所巡逻检查。先后6次对葛老溪地区、刘家坝地区、型钢厂片区开展集中整治，打击偷盗、违规外卖废旧金属人员，全年出动1800人次，捉获犯罪嫌疑人226人次，拦获被盗的废钢铁、合金等各类物资42吨，挽回经济损失14万元；对单位提出整改意见7条，并督促落实；协助公安机关打掉一个盗窃团伙，追回被盗汽车1辆、电缆100余米。

(林先文)

人才开发

【中青年厂处领导干部送培】 2000年，重钢向清华大学、重庆市经济管理干部学院送培中青年厂处领导干部4批次49人。培训学习内容为：市场营销、管理经济学、公司理财、领导方法与领导艺术、国内外企业管理、工商管理、公共关系、思想政治工作等知识。

(吴安伟)

【政工职称评定】 重钢公司2000年政工职称评审工作本着从严控制、严格审查、淡化内部职称的原则(暂停内部职称评审)，通过申报摸底、审查，经各单位初级评审委员会评审，报重钢公司党委组织部审查批准，评出政工员9人、助理政工师16人；经重钢公司中级评审委员会评审，报重钢公司党委审查批准，评出政工师13人，向重庆市政工职称高级评审委员会推荐申报高级政工师4人。

(曹言慧)

【重钢第十三届“钢花杯”技术竞赛暨第十四届“青工技能大王”竞赛】 2000年1月至11月，重钢劳资(培训)处、工会、团委、宣传部共同举办重钢第十三届“钢花杯”技术竞赛暨第十四届青工“技能大王”竞赛，竞赛设车工、电工、行车工、起重工、锅炉工、制氧工、冷拔工、轧钢压下、耐火成型、高炉炉前、管理人员计算机、劳资管理、财会管理、销售14个工种岗位，1158人报名参赛，其中35岁以下青工741人，女职工303人。76名选手和4个班组获得名次，受到表彰。股份公司、机制公司、钢管公司、热陶瓷公司、四厂获群众性岗位练兵组织奖。

2000年12月19日，重钢召开第十三届“钢花杯”技术竞赛暨第十四届青工“技能大王”竞赛总结表彰大会。

(童稚洁)

重钢第十三届“钢花杯”技术竞赛暨第十四届“青工技能大王”竞赛获奖名单

项　目	选　手
劳资管理	罗永明(生活服务公司)
财会管理	周庆星(钢管公司)
计算机	李宇林(设计院)
车　工	王来孟(机制公司)
电　工	唐斌(股份公司五厂)
起重工	达朝辉(股份公司炼铁厂)
行车工	彭顺强(股份公司五厂)
轧钢压下	蹇丹(股份公司五厂)
冷　拔	敖顺东(钢管公司)
工业锅炉	李浦(股份公司动力厂)
成型工	贺武(热陶瓷公司)
制氧工	幸钢(朝阳公司)
高炉炉前(集体项目)	炼铁厂四高炉二大班
营销(集体项目)	销售处四川分公司

(童稚洁)

2000年重钢获国家高级职称人员名册

姓　名	性　别	学　历	单　位	职　称	获得时间
胡增才	男	大学	经理办	高级工程师	2000.11.17
魏　平	男	大学	矿业公司	高级工程师	2000.11.17
阮明文	男	大学	重庆钢研所	高级工程师	2000.11.17
蒋亚军	男	大学	钢管公司	高级工程师	2000.11.17
李晓宏	男	大学	建设公司	高级工程师	2000.11.17
郑　权	男	大学	建设公司	高级工程师	2000.11.17
张桥川	男	大学	电子公司	高级工程师	2000.11.17
汤　梅	女	大学	电子公司	高级工程师	2000.11.17
孙渝兰	女	大学	电子公司	高级工程师	2000.11.17
李曦明	男	大学	电子公司	高级工程师	2000.11.17
杨宝成	男	大学	设计院	高级工程师	2000.11.17
刘思明	女	大学	设计院	高级工程师	2000.11.17
李元毅	男	大学	设计院	高级工程师	2000.11.17
陈　冰	男	大学	设计院	高级工程师	2000.11.17
叶继承	男	大学	设计院	高级工程师	2000.11.17
徐洪峰	男	大学	设计院	高级工程师	2000.11.17
郭学勤	女	大学	设计院	高级工程师	2000.11.17
赵　红	女	大学	股份公司	高级工程师	2000.11.17
黄龙强	男	大学	股份公司	高级工程师	2000.11.17
聂喻梅	男	大学	股份公司	高级工程师	2000.11.17
吴安华	男	大学	股份公司	高级工程师	2000.11.17
陈耀华	男	大学	股份公司	高级工程师	2000.11.17
薛淮中	男	大学	股份公司	高级工程师	2000.11.17

姓　名	性　别	学　历	单　位	职　称	获得时间
管朝晖	男	大学	股份公司	高级工程师	2000.11.17
范学军	男	大学	股份公司	高级工程师	2000.11.17
夏　彤	男	大学	股份公司	高级工程师	2000.11.17
王　鑫	男	大学	股份公司	高级工程师	2000.11.17
张理全	男	大学	股份公司	高级工程师	2000.11.17
李玉才	男	大学	股份公司	高级工程师	2000.11.17
张正明	男	大学	股份公司	高级工程师	2000.11.17
刘　树	男	大学	股份公司	高级工程师	2000.11.17
李　巍	男	大学	股份公司	高级工程师	2000.11.17
刘　勇	男	大学	股份公司	高级工程师	2000.11.17
邹世成	男	大学	特殊钢公司	高级工程师	2000.11.17
李正果	男	大学	特殊钢公司	高级工程师	2000.11.17
雷旭刚	男	大学	特殊钢公司	高级工程师	2000.11.17
张合春	男	大学	特殊钢公司	高级工程师	2000.11.17
谢静红	女	大学	特殊钢公司	高级工程师	2000.11.17
黄　明	男	大学	特殊钢公司	高级工程师	2000.11.17
冯睿中	男	大学	特殊钢公司	高级工程师	2000.11.17
吴碧草	女	大学	特殊钢公司	高级工程师	2000.11.17
李清文	男	大学	特殊钢公司	高级工程师	2000.11.17
王健鹰	男	大学	特殊钢公司	高级工程师	2000.11.17
陈　彬	男	大学	特殊钢公司	高级工程师	2000.11.17
黎光福	男	大学	特殊钢公司	高级工程师	2000.11.17
甘朝福	女	大学	特殊钢公司	高级工程师	2000.11.17
何其明	男	大学	特殊钢公司	高级工程师	2000.10.27
李　彬	男	大学	特殊钢公司	高级工程师	2000.10.27
肖唯一	男	大学	特殊钢公司	高级工程师	2000.10.27
王祖琴	女	大学	审计处	高级经济师	2000.9.14
罗志明	男	大专	铁合金公司	中学高级教师	2000.12.8
詹嘉陵	男	大专	铁合金公司	中学高级教师	2000.12.8
夏钟屏	男	中师	矿业公司綦江铁矿	中学高级教师	2000.12.8
明先元	男	中师	矿业公司綦江铁矿	中学高级教师	2000.12.8
叶绍木	男	大学	东源公司	中学高级教师	2000.12.8
郑定芳	女	大学	东源公司	中学高级教师	2000.12.8
颜　可	女	大学	职工总医院	副主任医师	2000.9.12
孙德超	男	大学	特殊钢职工医院	副主任医师	2000.9.12

2000 年获重钢高级职称人员名册

姓名	性别	学历	单位	职称	获得时间
庞　勇	男	大学	股份公司	高级工程师	2000.11.17
辛国品	男	大专	股份公司	高级工程师	2000.11.17
陈光宏	男	中专	股份公司	高级工程师	2000.11.17
肖　亚	男	大学	股份公司	高级工程师	2000.11.17
袁晓彤	男	大专	三环建设监理公司	高级工程师	2000.11.17
廖进波	男	大专	建设公司	高级工程师	2000.11.17
李福初	男	中专	建设公司	高级工程师	2000.11.17

姓名	性别	学历	单位	职称	获得时间
李　平	男	大专	建设公司	高级工程师	2000.11.17
刘煜生	男	大专	矿业公司綦江铁矿	高级工程师	2000.11.17
胡　坚	男	大专	设计院	高级工程师	2000.11.17
罗忠群	女	大专	设计院	高级工程师	2000.11.17
陈　红	女	大专	设计院	高级工程师	2000.11.17
江　洪	男	大专	设计院	高级工程师	2000.11.17
魏绍雄	男	大专	特殊钢公司	高级工程师	2000.11.17
李　整	男	大学	股份公司	高级会计师	2000.11.21
谭礼侬	女	大专	财务处	高级会计师	2000.11.21
韩罗庆	男	大专证书	产业公司	高级会计师	2000.11.21

2000 年获重钢技术带头人名册

姓名	单位	专业技术名称	任期
付三强	电子公司	电气自动化	2 年
谭昌斌	股份公司炼铁厂	电气自动化	2 年
贺　镇	股份公司炼铁厂	机械设备	2 年
许渝萍	股份公司机动处	机械设备	2 年
顾国强	热陶瓷公司	耐火材料	2 年
付　丹	股份公司机动处	能源技术	2 年
宋晓菊	股份公司钢研所	理化检测	2 年
梁典德	矿业公司太和铁矿	矿山技术	2 年
余正星	重钢职工总医院	医疗卫生技术	2 年

2000 年获重钢技术业务尖子名册

姓名	单位	姓名	单位
周亚平	股份公司五厂	胡　健	东源公司
赵　飞	股份公司五厂	赵兴其	东源公司
吴现均	股份公司五厂	蒋光兴	机制公司
姜智平	股份公司七厂	万炳应	机制公司
税建国	股份公司七厂	程英明	机制公司
杨万和	股份公司七厂	廖放鸣	运输公司
李朝云	股份公司焦化厂	张恒录	生服公司
付德成	股份公司炼铁厂	高奇峰	生服公司
杨立华	股份公司炼铁厂	彭祖国	建设公司
陈敬心	股份公司炼铁厂	付彬林	建设公司
李　革	股份公司型钢厂	朱俊炜	建设公司
吴东岭	股份公司型钢厂	陈敬伦	建设公司
任渝南	股份公司型钢厂	刘兴富	朝阳公司
苏　克	股份公司动力厂	汤献民	朝阳公司
王世忠	股份公司动力厂	王朝华	朝阳公司
李正琦	股份公司高线厂	胡培智	电子公司
张　明	股份公司运输部	刘雯松	电子公司
熊栋祥	股份公司质管处	谢明霖	电子公司
陈长洪	股份公司钢研所	向　明	重庆钢研所
曾国民	中兴公司	赖久林	矿业公司小矿
宋大经	东源公司	龙腾明	矿业公司太矿

2000年高级技师名册

姓名	性别	文化程度	单位	工种	获得时间
周超伦	男	大专	培训中心	钳工	2001.1.2
蒋光兴	男	初中	机制公司	铣工	2001.1.2
蔺惜明	男	高中	股份公司	钳工	2001.1.2
李亚西	男	高中	特殊钢公司	电炉炼钢	2001.1.2
邓小渝	男	高中	特殊钢公司	电炉炼钢	2001.1.2

(本部目责任编辑　刘光军
本部目责任校对　张思庆)

生产经营

【重钢主导产品产量产值增长】 重钢公司2000年主导产品钢、铁、钢材、焦炭产量超额完成年目标计划，创历史记录。钢177.32万吨、铁165.55万吨、钢材168.46万吨、焦炭114.76万吨，同比分别增长3.60%、8.24%、4.19%、0.18%。

主导产品质量完成年目标计划主要因素：股份公司钢、铁、材质量同比增长14.97万吨、9.28万吨、30.85万吨，增幅为10.20%、6.47%、17.60%，其中，股份公司高线轧机自2000年8月25日投产试运行以来，生产逐步趋于正常，钢材产量达3.88万吨；重钢四厂、钢管公司钢材质量同比增加2.77万吨、0.29万吨，增幅为30.18%、10.90%；铁业公司铁、焦质量同比增加3.33万吨、1.05万吨，增幅为34.83%、11.31%。全年销售钢材169.49万吨，产销率100.61%。累计出口钢材2.64万吨、生铁6.95万吨、钢坯11.12万吨，同比增长225.93%、245.77%、56.84%。2000年末，钢材库存4.02万吨，比年初库存5.05万吨减少1.03万吨；钢坯库存9.42万吨，比年初库存10.76万吨减少1.34万吨。

（唐开荣）

【重钢工业总产值创历史纪录】 2000年，重钢公司工业总产值35.95亿元，同比增加3.31亿元、增幅10.16%，完成重庆市下达产值任务34.00亿元的105.74%。其中新产品产值完成2.67亿元，同比增长76.16%。重钢股份公司新产品开发、生产、销售9.28万吨、实现产值2.42亿元，同比增长73.89%。

工业总产值完成好的主要原因是主导产品钢、铁、钢材、焦炭产量增加，品种结构改善以及朝阳公司、建设公司、矿业公司、设计院、电子公司、机制公司等非钢产业子公司拓展外部市场，力度加大、收效明显。重钢公司钢铁产品深加工2000年完成7.06万吨，比1999年同期增长21.3%，实现收入2.03亿元。同比增长的单位有机械化公司、机制公司、重钢四厂、产业以司。矿业公司矿产品深加工也有较大幅度提高。机械化公司全年完成钢铁产品深加工2.35万吨，100%来自外部市场，占重钢公司钢铁产品深加工总量的33.29%，实现收入0.50亿元。重钢四厂完成钢铁产品深加工2.30万吨、占重钢公司钢铁产品深加工总量的32.58%，实现收入0.36亿元，产品92%来自外部市场。

（唐开荣）

【重钢完成国家下达的钢总量控制目标】 2000年，国家下达给重钢公司的钢总量控制目标为161万吨。重钢发挥炼钢生产能力，扩大出口钢坯、出口钢材和增大“以产顶进”钢材数量，全年钢生产177.32万吨，出口钢坯、出口钢材和“以产顶进”钢材折合钢量计26.15万吨(其中出口钢坯11.12万吨，出口钢材2.64万吨和“以产顶进”钢材10.59万吨按成材率88%折合钢量计15.03万吨)，扣除1999年同期出口钢坯7.09万吨、出口钢材0.81万吨按88%成材率折合钢0.92万吨，即1999年出口钢坯、钢材折合钢量计8.01万吨，2000年出口增量和“以产顶进”钢材折合钢计18.14万吨。全年钢总量控制比目标控制161万吨少1.82万吨，减幅1.13%，达到国家钢总量控制目标要求，得到国家经贸委认可。

（唐开荣）

【进出口与创汇】 2000年，进出口公司全年进口矿石168.5万吨，其中澳大利亚粉矿120万吨，印度粉矿42.5万吨，印度球团矿6万吨以及高线厂生产所需的6批次进口轴承，七厂所需的直读光谱仪和钢研所开发用的仪器，实际进口金额达到4152万美元，创历史水平。在寻求进口供应商的过程中，严格按照"比质比价、择优选取"的原则进行操作。通过优化运输方案，降低进出口货物运输成本和港口费用。

2000年，进出口公司把开展国际化经营和出口创汇作为重要工作，全方位打开出口通道，增加出口品种，扩大出口规模，全年出口创汇4264万美元，比1999年增长135%；列重庆市出口15强第4位。在出口产品中，中板22423.480吨，创汇4609217美元；槽钢1297吨，创汇295703美元；板坯111179吨，创汇21541373美元；生铁69496吨，创汇8192869美元；钢管117吨，创汇68755美元；硅钢片（以产顶进）4200吨，创汇1760000美元；轴瓦100片，创汇17250美元；劳务输出18人次，创汇129600美元；摩托车零件24350套，创汇7912960美元。其中，钢管出口越南市场、摩托车出口印度尼西亚市场均为首次。

（周仕文）

【实行区域价格政策】

2000年，重钢从全国市场实际出发，改变历来全国市场统一定价的作法，采取分品种和地区逐步实行区域价格政策。销售部门提出"近距离主导市场、远距离辐射市场、行业配套市场"的产品营销策略。用低附加值的普板、建材占领西南市场；用容器板、锅炉板、管坯等产品辐射东北、华北、西北、华东、华南等市场；用船用钢材（船板、球扁钢、锚链钢等）、矿用型材等产品占领船舶工业、矿机制造等行业配套产品市场。各个区域的销售分公司成为该地区某行业专用优质钢材供应中心，建立稳固的产品分销体系。在此基础上，当个别区域的市场疲软时，仅以适当的价格稳定最小规模的长期客户，把更多的资源调往价格较好的区域，在条件允许的情况下，参与全国各地区市场竞争，减少个别地区的市场异动对整个销售工作和经济运行效益的影响。针对建筑用钢材销售具有零售特点，对大中型固定客户执行按月定价，对零星客户，通过每周一两次不定期走访周边市场，及时提出价格调整意见。

（李春海）

【规范管理销售分公司】

2000年初，销售处提出强化销售分公司规范运作的工作思路，制定《2000年销售分公司销售费用考核管理办法》，对各销售分公司的业务管理、财务管理、资产管理、人事管理作出明确规定。建立分公司销售费用台帐、固定资产台帐、资金台帐以及各种分析图表，定期检查考核。在市场疲软时，敦促各分公司按进度计划完成销售和收款任务，未完成任务除给予考核外，在市场转暖后不再填补资源配额；强调各分公司在市场价格波动时，要千方百计保价、提价。2000年销售分公司实现钢材销售94.78万吨，完成计划123.1%，平均价格2216.38元/吨，回收货款25.28亿元，回款率105.56%，回收货币资金24.28亿元，回币率102.64%。

（李春海）

重钢股份公司销售网络表

单位	地址	负责人	电话(TEL)	传真(FAX)	邮编
四川销售分公司	成都市人民东路48号物资宾馆(8楼)	刘建	028－6783516	028－6783179	610015
上海销售分公司	上海市浦东南路2159号15层E	牟少智	021－68737520	021－58814359	200127
广东销售公司	广州市天河区黄埔大道中93号华江花园D4楼305室	邹岷	020－85556886	020－85578491	510630
沈阳销售分公司	沈阳市和平区和平南大街28号甲2	郭松	024－23231597	024－23231602	110001
北京销售分公司	北京市朝阳区小营路12号元亚运花园3号楼9G	唐诗涛	010－64937059	010－64937059	100101
云贵销售分公司	昆明市吴井路和平后村1号2楼	刘懿	0871－3124845	0871－3106373	650011
西安销售分公司	西安市新城区八府庄村91号院南楼东单元	李耀奎	029－6718450	029－6716643	710016
江苏销售分公司	南京市玄武区明故宫路19号西宫大酒楼侧楼311房	官忠学	025－4806817	025－4803280	210016
厦门销售分公司	厦门市开园区溪岸路78号美仁宫大厦1208市	罗再祥	0592－2038685	0592－2038685	361003

单 位	地 址	负责人	电话(TEL)	传真(FAX)	邮编
南宁销售分公司	南宁市江南路停车城三栋1单元201室	刘 立	0771-4818181	0771-4818814	530031
青岛销售分公司	青岛市抬方区嘉禾路30号1-301	周 键	0532-3766118	0532-3766118	266031
重庆销售分公司	重钢产业大楼502室	刘胜全	68841399	68847541	400080

【2000年船体用结构钢生产及认证】 2000年，重钢生产的球扁钢通过意大利船级社(一般强度级和高强度级，规格为≤320×13毫米)和中国船级社(一般强度级，规格为≤340×14毫米)工厂认证，至此，重钢生产的球扁钢已通过中国船级社(CCS)、英国劳埃德船级社(LR)、美国船级社(ABS)、挪威船级社(DNV)、法国船级社(BV)、德国劳埃德船级社(GL)和意大利船级社(RINA)7国船级社认证。重钢生产的球扁钢占国内市份额70%。重钢五厂控制轧制状态的高强度级船板通过中国船级社(CCS)、英国劳埃德船级社(LR)、美国船级社(ABS)、挪威船级社(DNV)、法国船级社(BV)、德国劳埃德船级社(GL)工厂认证，已生产1.5万吨控制轧制状态高强度船板交用户使用。2000年开发的E级系列船体结构用钢板(包括E、E32、E36，规格为：≤32毫米)通过英国劳埃德船级社(LR)、挪威船级社(DNV)、法国船级社(BV)、德国劳埃德船级社(GL)工厂认证。

(廖力)

重钢为各船级社生产的钢材统计表

(单位：吨)

船级社	球扁钢	钢板		合计
		一般强度级	高级度级	
英国(LR)	6615.597	38760.994	33200.732	78577.323
美国(ABS)	972.975	21630.491	8600.756	31204.222
挪威(DNV)	7646.147	9449.230	3657.020	20752.397
德国(GL)	5043.301	38231.048	8974.655	52249.004
法国(BV)	1760.260	6340.399	954.198	9054.857
意大利(RINA)	156.583	27939.608	2034.385	30130.576
韩国(KR)	——	4947.041	——	4947.041
中国(CCS)	4040.198	58266.062	9810.752	72117.012
合 计	26235.061	205564.873	67232.498	299032.432

【重钢16MnR钢板、20g钢板、一般强度级和高强度级船板再次获奖】 重钢生产的16MnR钢板、20g钢板、一般强度级船板分别于1995年和1997年获冶金部“实物质量达国际先进水平金杯奖”和“重庆市名牌产品”称号，两项荣誉于2000年到期。2000年初质量管理处将再创“金杯奖”和重庆市名牌产品纳入质量工作计划。通过资料的准备和申报，实物质量通过国家钢铁产品质量监督检验中心的认证、国家冶金工业局组织的专家组的评审，再次获产品实物质量达到国际先进水平“金杯奖”。3个产品通过重庆市技术质量监督局组织的专家组的资料审查、现场实物质量考核，再次获“重庆市名牌产品”称号，由重庆市人民政府颁发。重钢公司生产的16MnR压力容器钢板、20g锅炉钢板、一般强度级与高强度级船板保持国内领先水平。

(廖力)

“一控双达标”

【“一控双达标”完成】 2000年,重钢公司环境保护工作以“一控双达标”为重点。1.“炼铁厂一、二烧结改造粉尘治理”和“焦炉煤气脱硫脱氰工程”是重庆市下达的环保治理项目。2000年6月,炼铁厂一烧结车间停产,消除重钢公司一大粉尘污染源。重钢焦炉煤气脱硫脱氰治理工程经重庆市环保局同意纳入重钢技术改造项目,2000年10月15日,重钢举行焦炉煤气脱硫脱氰工程项目开工仪式。2.2000年,重钢贯彻重庆市政府决定,推行“清洁能源工程”,重钢争取政府补助金36万元,钢研所、运输公司等单位燃煤锅炉按期完成改造达标任务。3.炼铁厂四号高炉炉后料坑属重点污染治理项目,2000年投资130万元,完成项目的治理工程。4.按重庆市环保局要求,重钢投资5万元,完成焦化厂废水总排口安装电脑流量计和污水泵安装监控仪的任务。

2000年,通过重市环保部门考核,重钢公司“一控双达标”任务如期完成。

(余沛)

【继续执行ISO14001环境管理体系认证】 1999年,五厂、七厂通过ISO14001环境管理体系认证,2000年6月五厂、七厂通过第一次监督性审核。型钢厂2000年按进度要求完成环境管理体系内审员培训,建立体系文件。

(余沛)

【环境状况】 2000年,重钢公司厂区大气环境质量基本维持原状。全年大气平均降尘量47.5吨/平方公里月,大气中总悬浮微粒平均浓度0.645毫克/立方米,一氧化碳平均浓度1.92毫克/立方米,二氧化硫平均浓度0.20毫克/立方米,氮 氧化物平均浓度0.495毫克/立方米。全年未发生重大环境污染事故,污染综合排放合格率83.32%。

(余沛)

【一烧结车间停止生产】 炼铁厂一烧结生产线建成于1961年5月,烧结机设计面积为2×18平方米,属双系列,设计生产能力36万吨/年,固定资产原值714万元。一烧结机生产时机尾排放的粉尘浓度达800毫克/立方米,超过国家标准650毫克/立方米(国家标准:150毫克/立方米),被国家环保部门确定为2000年限期治理达标单位。2000年6月7日,重钢执行国家冶金工业局关于淘汰落后生产工艺的要求和贯彻国家环保总局关于“一控双达标”对环境治理的要求,决定炼铁厂一烧结生产线停止生产。

(陈居明)

【铁业公司“一控双达标”通过验收】 根据国家环保政策和江津市府津府[1999]239号文件以及津环发[2000]13号文件对环境治理“一控双达标”工作的具体要求,1999年10月铁业公司成立了以李仁生经理为组长的“达标领导小组”,按整改规划和要求先后投入130万元对污染源(点)及其环境进行整治。2000年在1999年投入1000万元治理原平地吹土烧结污染改善环境质量的基础上再投入30万元对烧结机尾进行除尘整治,争取国家环保贷款34万元。凡通过整治的地方,经江津市环保局环保监测站及环保监理所的抽查和监测,污染物排放均达到或优于国家标准。

2000年10月17日,江津市环保局副局长率5人验收小组,对铁业公司环境整治“一控双达标”工作进行验收,同意铁业公司“一控双达标”合格,并向铁业公司颁发《重庆市工业企业排污达标合格证书》。

(刘永文)

2000年6月停止生产的一烧结18平方米烧结机

非钢生产

【非钢生产】 2000年，重钢全年非钢生产收入为19.20亿元，比1999年增长23.52%，非钢生产收入比率为28%。

（唐开荣）

【渝长高速公路K_2合同段交验】 重钢集团机械化公司承建的国家重点工程渝长（重庆——长寿）高速公路K_2合同段，全长1.883公里，路面宽25.5米，双向4车道，包括2座Ⅰ型剪支组合梁构成的公路桥。1997年6月开工，1999年10月主体完工，2000年4月竣工交验。

（颜兴全）

【鹅公岩大桥钢箱梁和西引桥工程验收】 重钢机械化公司代表重钢组成重钢联合体，于1998年5月参与竞争投标重庆长江鹅公岩大桥钢箱梁制造工程，中标承接东岸52个节段钢箱梁制造和桥面工程。1998年10月重钢制造出首片满足设计要求的钢箱梁，并通过重庆市建委组织的专家组验评。2000年5月钢箱梁工厂制造全部完成。6月8日最后一榀钢箱梁吊装就位，由重钢联合体承制的鹅公岩大桥钢箱梁东段工程共计53榀钢箱梁，总重量7100吨全部安装成功，按进度实现鹅公岩大桥主桥合龙。机械化公司独自承建的鹅公岩大桥西引桥上部结构工程是鹅公岩大桥连接西部的引桥，主体由136片T型梁构成。1999年7月开工，2000年10月10日完成西引桥与大桥主桥合龙，实现136片T型梁的浇注、安装，质量100%合格，为此，获得重庆市政府10万元奖金。

（颜兴全）

【中标承建重庆高架轻轨PC梁工程】 重庆市城市轨道交通“较——新”线工程，东起渝中区较场口，西止大渡口新山村，全长17.41公里，采用跨座式单轨交通系统。“较——新”线第一期工程约1000~1600榀PC梁，首次招标大坪至大堰段标准梁320榀，机械化公司中标该段工程160榀PC梁的承建制造。2000年11月底完成PC梁生产基地建设，12月完成模具安装、设备检验。计划在2001年3月具备符合PC梁生产条件，4月正式开始PC梁制造。

（颜兴全）

【万州万安大桥钢桁梁制造安装】 万州万安大桥地处重庆万州地区，连接万州天城、龙宝两区，全长920米，主桥钢桁梁长284米，桥面宽23米，重800余吨，距河面高度50米，是国内第二座双塔三跨单索面钢管桁架砼叠合梁斜拉桥。要求合龙组焊的偏差≤30毫米。2000年2月，由重钢建设公司金属结构制造厂制造的71个节段钢管桁架梁从水路运达万州，大桥钢桁架梁从河东、河西两端同时采用顶推技术向桥中心延伸。10月26日，两段分别长142米的钢管桁架梁合龙，接合线偏差仅为5毫米。

（彭军民）

【承建大坪康定大厦】 重庆康定大厦位于重庆渝中区大坪支路21号，由甘孜州驻渝办事处出地，重庆美渡房地产开发有限公司开发，重庆市计委建设投资公司投资兴建的大型综合建筑楼。工程建筑面积38000平方米，地面32层，地下3层，合同造价3300万元，主要为商住楼，配套有停车场和大型商场。项目经重庆市建委招标站认可，采取定向招标。重钢建设公司在与重庆广厦一建和重庆九建两家单位竞标中夺标。2000年5月1日进场施工，聘请曾担任重庆市希尔顿五星级宾馆项目建设的总工程师负责康定大厦现场施工的技术工作，引进墩粗直螺纹连接技术和高层建筑高标号混凝土结构转换层施工技术。2000年，完成地下三层和裙楼第五层+18.90米、室外车库顶板、地下水池的砼浇筑工作，整个工期比计划提前20天，累计完成建安量1200万元，质量验收合格率100%。

（马涛）

【为重庆市动物园承运长颈鹿】 2000年4月，重钢运输公司接受重庆市动物园委托将两头非洲长颈鹿从沈阳运往重庆。动物园要求在运输过程中作到“三不能”：不能猛踩刹车、不能猛打方向盘、车起步不能太急。2000年4月17日运载长颈鹿车队从沈阳出发，经天津市、河北省、河南省、陕西省、四川省、重庆市6个省市，历经10天行程3324公里，将暂取名为“小不点”和“亚非”的一对南非雌性长颈鹿在“五一”节前平安运抵重庆。

（赵有科）

（本部目责任编辑 刘光军
本部目责任校对 陈雪梅）

技术改造

【优质特钢生产线技术改造项目立项】 重钢集团优质特钢生产线技术改造项目经国家经济贸易委员会2000年12月5日以国经贸投资[2000]1150号文件正式批复同意立项。

主要内容:1. 淘汰部分冶炼设备(仅保留30吨电炉和精炼设备各1台)和全部轧钢设备,利用特钢公司部分厂房、设备及公辅设施,改造为1台60吨超高功率电炉、1台LF精炼炉、1台VD/VOD精炼炉、1条合金钢连轧机及深加工生产线和钢丝生产线,并改造现有连铸机,形成电炉-精炼-连铸-连轧"四位一体"的先进生产线,年产钢30万吨、钢材26万吨、合金钢丝1万吨。2. 对轧机的选型要进一步研究,以降低投资。3. 原则同意引进国内尚不能制造的关键技术和设备,具体内容在可行性研究阶段确定。4. 项目总投资9.3亿元,其中固定资产投资8.9亿元(含外汇2973万美元),铺底流动资金0.4亿元。资金来源:重钢集团公司自有资金2.4亿元,申请上海浦东发展银行贷款5.8亿元,其余资金由企业自筹解决。5. 项目所需原料、电、水、气等配套条件,均由企业自行平衡解决。6. 按规定进行环境影响评估工作。国家经贸委要求重钢集团特殊钢有限公司据此编制项目可行性研究报告,并进一步落实改造资金。

(李显伦)

【高速线材工程投产】 2000年,重钢高速线材工程完成设备总重2400吨、装机总容量20333千瓦的设备安装及调试工作,分阶段完成设备单体试车,无负荷联动试车和热负荷试车工作,按期速成投产。

自1月中旬开始,步进式加热炉、水处理、供配电与轧线设备的土建工作相继完工。由于设备元器件的组织供应、设备制造质量、设备运输等诸多原因,2V、4V立式轧机、预精轧机、精轧机、全自动打捆机等主要设备未能按时运达工地,设备安装进展缓慢。4月25日,技改处、高线指挥部共同组织与工程建设相关的21个单位代表召开"奋战80天,建成高线工程动员大会",重钢公司总经理唐民伟在会上号召参建人员按期建成高线工程。各相关单位对再次调整的施工网络计划签字确认。5月20日,35千伏电站成功通电;6月25日,步进式加热炉成功点火烘炉;7月15日,初轧机组热负荷试车一次成功;7月28日,全线28架轧机热负荷试车成功;8月25日,交付试生产;10月1日,正式投产。高速线材工程建设完成挖填土石方78600立方米,混凝土浇筑25000立方米,建筑总面积28734平方米,安装设备2400吨,敷设电缆11万米,装机总容量20333千瓦,总计投资2.1亿元。

经国家冶金工业局工程质量监督总站重钢质监站对高速线材工程质量等级核定,63个单位工程中,47个优良,16个合格,高速线材项目工程质量核定为优良工程。

经过4个多月的生产运行实践,高速线材轧钢生产线最高终轧速度81.2米/秒,最高班产量409吨,最高日产量912吨。高速线材轧钢生产线采用多项设计优化方案:高线加热炉使用全转炉煤气作燃料,使公司转炉煤气回收利用量提高3500万立方米/年,钢坯输送辊道系统可实现钢坯热送热装;冷却系统选用国内先进的水处理技术,工业水实现全闭路循环,利用率达95%;该项目利用已停产闲置的旧厂房20034平方米,旧行车10台(总重264.5吨),节省建设投资3335.6万元。

(王承帆)

【高线步进式加热炉底设备制造】 重钢建设公司1999年11月中标重钢高线步进式加热炉制造和安装工程,炉底设备高线步进式加热炉的核心设备。该设备以前均由大连制造,在重庆尚属首次。炉底机械平移框架16500毫米×5440毫米×1320毫米,重18.6吨,加工精度要求平面度≤0.1毫米,垂直度≤0.3毫米,平行度≤0.3毫米。建设公司联合设计单位和江北通用集团反复研讨,决定分两段加工采用合适的工装,加工后再焊接的工艺措施,达到了设计要求。炉底设备中的水梁立柱分固定梁和活动梁,起着支撑钢坯、配合钢坯运动的作用,材料是普通钢,水梁立柱的弯头是由耐热铸钢铸造,是焊接性能非常差的材料,这两种焊接性能不同的材料焊在一起,还要求焊后无气孔等缺陷,X射线探伤合格,难度非常大。建设公司组织设计、焊接、检验等各方面专家,改进工装和设备加工工艺,经过多次试验,达到技术要求,整个炉底机械设备于2000年7月制造完工验收合格。

(黄强)

【高速线材工程施工】 由重钢建设工程有限公司总承包施工的重钢高速线材工程总投资2.1亿元,建安造价6000万元。于1999年10月15日正式动工,2000年7月15日结束设备安装及单机调试,进入热负荷试车,工期总计272天,比国内目前同类工程工期缩短近一倍,完成土石方5万立方米,砼2.5万立方米,新建和维修厂房2万平方米,制作安装机械设备及设备构件3000吨,制作安装油、水、气管道500吨,安装变压器16台,各类电控屏柜200台套,敷设各种电缆11万米。

在高线工程施工过程中,建设公司大量采用新工艺、新技术:加热炉炉墙采用整体浇注,炉顶采用可塑料捣打新工艺;炉内温度控制采用重钢自行设计的模糊控制节能技术;在轧线设备安装中,与建筑大学测量教研室合作,采用高精度的全站仪和水准仪进行放线测量控制;轧机安装采用无垫铁工艺;液压、润滑系统管道焊接采用氩弧焊工艺,管道清洁度超过NAS7级标准;电气自动化施工完成PLC控制系统、精轧机LCI交直交变频调速系统、大型直流电机全数字式直流调速系统、交流变频系统、DCS计模糊控制系统及大型工业电视网络系统的安装与调试。

(寇洪萱)

【重钢焦炉煤气脱硫脱氰技改工程】 重庆钢铁股份公司焦化厂炼焦用原料系重庆地区生产的南桐煤和永荣煤,硫成分含量较高,炼焦生成的焦炉煤气经燃烧后产生大量二氧化硫进入大气,是形成酸雨的主要物质。重庆市政府[1999]39号文件下达《关于重钢公司一控双达标限期治理项目》中,要求重钢焦炉煤气脱硫脱氰工程作为重点污染治理项目。重钢股份公司根据重庆市经济委员会[2000]52号文件“重庆市经济委员会关于同意重钢焦炉煤气脱硫脱氰工程项目立项的批复”的精神,实施技术改造。

焦炉煤气脱硫脱氰工程在重钢焦化厂化产车间原址进行改造。由鞍山焦化耐火材料设计研究总院负责工艺设计,重钢设计院负责公辅设施和土建设计。采用目前国内先进的HPF氨法脱硫工艺、DCS集散控制系统,设计能力处理焦炉煤气55000立方米/小时,主要工艺设施有冷凝鼓风装置、蒸氨装置、脱硫装置、硫铵装置、终冷洗苯装置、粗苯蒸馏装置。公辅设施有中控楼、循环水站、制冷站、空压站、供配电、热力系统、总图。项目占地面积4500平方米,建筑面积2252平方米,投资6949万元。技改工程分两期进行,一期内容包括:冷凝鼓风装置、蒸氨装置、脱硫装置、终冷装置和给排水、供配电、热力、总图等公辅设施,计划2001年12月15日完成。项目建成投产后煤气中硫含量由净化前的7克/立方米降至0.2克/立方米以下,可作为二次能源用于轧钢厂加热炉,燃烧后的废气达到国家规定的排放标准,具有显著的社会效益、经济效益和环保效益。二期内容包括:对现有硫铵装置、终冷洗苯装置、粗苯蒸馏装置进行改造。二期工程项目完成后,重钢焦化厂化产车间工艺流程更为合理、顺畅。

工程分为A、B两个标段。A标段内容为主要工艺设施,由中冶集团鞍山华安承包总公司进行工程总承包;B标段为公辅设施,由重钢公司技改处负责实施,施工单位是重钢(集团)建设总公司。工程于2000年10月15日正式开工。

(王光)

【转炉煤气加压机改造】 重钢公司原用的3台D300-12转炉煤气加压机于1996年投入运行。在实际生产运行中存在的问题:设备不能保证连续回收转炉煤气的工艺要求;由于设备结构不合理,检修难度大。1997年元月至1998年5月,3台加压机累计运行3710小时,因设备故障造成检修停机5200小时。

2000年,重钢发重集规划发[2000]第223号文件立项通过对转炉煤气加压机进行技术更新改造。从提高设备运转的可靠性出发,采用滑动轴承的支承形式并辅之以压力油作润滑,滑动轴承、轴承箱均采用水平剖分式结构,有利于轴承的拆卸和安装。在设备选型上,选用型号为AI340-1.062/0.952单级离心加压机。主要技术参数:升压11千帕;适用介质工况;煤气含尘量小于100毫克/立方米。

转炉煤气加压机技术更新改造投资25.7万元,设备由陕西鼓风机厂制造,重钢冶金建设公司承担设备安装,2000年8月1日动工,10月完成安装、试车,并投入运行。

转炉煤气加压机设备更新后,设备可开动率100%,实现转炉煤气吨钢回收46.5立方米,满足生产需要,符合环保要求。

(杨晓东)

【大宝坡石灰石矿工程竣工】 大宝坡石灰石矿工程是重钢矿山建设重点项目。1998年4月份开工,2000年底建成,总投资3000万元。大宝坡石灰石矿床位于中梁山背斜轴端南部高隆起部位南倾伏端,南北长约1.4公里,东西宽0.7公里,呈"U"字形展布。大宝坡石灰石矿建设场地位于大宝坡区域的东南面。建设项目包括破碎设施、公用设施和生活服务设施。破碎设施按工艺要求分粗破、中破、筛分、成品料仓及连接其间的皮带通廊。公用设施有泵站、空压站循环泵房、顶层高位水池、电站、空压站、锅炉房、小矿车库、机修铆焊车间、材料库、备件库、铁路料仓等。

大宝坡采矿设备包括潜孔钻机、气腿式凿岩机、液压挖掘机、推土机等,破碎筛设备包括复摆颚式破碎机、链式给破碎机、高效重型筛、皮带运输机、卸料车等。动力系统由电业局小南海白沙陀电站10千伏单回线供电。

大宝坡石灰石矿为露天开采,年产量40万吨,采用挖掘机装矿,汽车运输至破碎场,经破碎分级后再用汽车在新建的50吨全电子汽车衡计量后转至重钢公司。重钢大宝坡石灰石矿工程由股份公司投资,矿业公司小南海矿负责施工建设和生产管理,国家冶金工业局工程质量监督总站重钢监督站负责质量监督。

(张路俐)

【一号连铸机高效化改造】 七厂一号连铸机高效化改造是股份公司的一项短、平、快技改项目,由建设公司负责设备的安装调试工作。经质量检测认定:设备安装符合质量标准要求,系统联动热负荷试车一次成功。经改造后七厂一号连铸机送坯速度由2.2米/分提高到4.5米/分,连铸流间距中心线误差由18毫米减小到2.5毫米,整个工程改造工期10天。

(马涛)

【七厂LF精炼炉工程】 LF精炼炉主要用于转炉出钢后,按计划品种要求,通过向钢包内加入造渣材料、合金、并通电加热,对钢液进行成分、温度控制,提高钢液纯净度,使钢液成分合格、温度合适,以保证连铸工艺稳定,获得优质连铸坯。

该工程由重集发规发[1999]120号文批准实施。重庆钢铁研究设计院负责设计,重钢股份公司七厂负责施工协调,重庆华渝设计工程公司总承包,重钢技改处负责管理,重庆三环建设监理公司负责工程监理,工程总投资2000万元,2000年7月25日开工,9月30日设备全部安装完毕并进行单机试车,2000年11月8日建成投产。

(张鸿雁)

【选钛技改工程】 1995年太和铁矿建成设计年生产1.3万吨钛精矿的选钛生产流程,采用重-浮流程处理系统磁选尾矿。由于工艺、设备等诸多因素制约,

七厂LF精炉炼竣工投产

钛金属中的二氧化钛含量实际回收率仅10%,月产量3000~5000吨。1999年亏损10余万元。太和铁矿确定采用脉冲立环高梯度强磁机方案替代螺旋分级抛尾和摇床脱泥精选。经重钢公司批准以重集总师发[2000]第237号文件正式下达。选钛技改工程于8月13日动工,11月建成投入试生产。11月通过重钢公司检查验收,认为:“该项目成倍提高二氧化钛的回收率,提高资源利用率,有明显的经济效益和社会效益,处于国内领先水平。”项目投资380.5万元,新增生产能力0.5万吨。钛金属中的二氧化钛回收率36.39%,比原流程提高22.16%,钛精矿品位47.3%。各项技术经济指标达到设计水平。钛精矿单位成本较上年下降65.93元/吨。

(李健康)

【二烧改球团项目】 重钢炼铁厂二烧改球团工程采用杭钢成熟的技术,建设2座8平方米竖炉,设计年产80万吨球团矿。重钢设计院承担项目设计,重钢建设公司承担项目施工总承包。在保证工艺合理的前提下,尽可能利用二烧已建成的建构筑物,利用订货和库存的设备,盘活存量,节省投资。项目于2000年10月1日开工,截止2000年12月底工程进度为:焙烧室达到标高8.33米;干燥机室基础施工完毕;配料系统通廊支架基本形成,新建道路砼路面浇注完毕。预计球团项目2001年4月交付生产使用。

(李瑞娟)

【一号三号方坯铸机高效化改造工程】 实施重钢七厂一号、三号方坯铸机高效化改造工程,是解决七厂铸机能力与转炉生产能力不相适应的重大措施项目。1. 一号铸机工程。项目主要内容:铸机拉矫液压系统、结晶器支座、引锭杆、输送辊道、液面水冷系统、干油润滑系统。由重钢设计院承担设计,重钢建设公司、电子公司承建,技改处实施工程管理。工期从4月20日开始,4月30日完成。工程总投资1000万元,经有关部门评定,工程质量优良。2. 三号铸机工程。改造的重点:铸机二冷密闭室、弧型段喷淋管、自清洗过滤器、浊环水冷却塔拆除与更新。2000年4月3日开工,4月10日按期完成。

七厂一号、三号方坯铸机高效化改造后,一号方坯铸机由原设计能力30万吨/年增加到60万吨/年;三号方坯铸机设计能力由10万吨/年提高到20万吨/年。

(张鸿雁)

【四号高炉槽下技术改造】 四号高炉槽下技术改造工程总共分为两期,工程总投资为1322万元,其中一期工程投资94万元,1999年完成施工,二期工程投资1228万元,2000年9月16日开工、12月10日竣工,工程质量验收合格。二期工程为四号高炉槽下技术改造工程重点。二期改造工程分为三个阶段,2000年11月1日~11日其10天时间为停炉施工期,其前后两个时期为不停产施工阶段。主要内容有:槽下自动化控制、操作系统;槽下电气系统;电气上料系统;新增矿石、烧结矿、焦炭筛分及运输系统和返矿系统;新增槽下除尘系统;上料斜桥大面积恢复及加固处理等。计算机和电气系统由重钢设计院设计;衡器部分由重钢电子公司设计;环保部分由重钢建设公司设计;工艺流程、机械和土建部分由炼铁厂自行设计。由重钢建设公司、电子公司承担施工任务。

(陈居明)

【三号锅炉改造性大修】

动力厂三号锅炉系1960年投运的中压燃煤链条炉,1970年改为燃气炉,迄今运行40年,存在炉膛结构不合理,水冷壁面积偏小,出力不足;锅筒内表面腐蚀严重,无汽水分离装置,蒸汽品质差,造成汽轮机严重结垢;仪控系统老化,控制室布置不合理等问题。1999年委托东方锅炉厂进行总体改造方案设计(其中仪控系统由重钢公司设计院设计),重庆宇通公司提供主要设备及软硬件调试,徐州燃烧控制研究院承担锅炉熄火保护装置设备制造及安装调试。三号锅炉改造的主要内容:两侧墙及斜炉顶改为膜式壁;锅炉汽包增设百叶窗分离器、均汽孔板;燃烧系统采用两种不同形式的燃烧器,可分别适用高炉煤气和焦炉煤气作燃料;压力和流量检测仪表采用精度较高、较定性好的电容式变送器,采用电子点火装置和增设锅炉安全保护系统。

三号锅炉改造工程投资200万元,2000年8月30日开工,2001年1月投入使用。检验合格,主要技术经济指标达到设计要求。

(戴潇)

【炼铁站至七厂铁路技措工程竣工】 运输部炼铁站于1998年5月开始采用轴重40.25吨的100吨铁水罐车运输铁水,轴重超过国家特级荷载标准15.25吨,铁路轨道严重超负荷,加之炼铁区域的铁路设施已超过大修周期8年,钢轨磨耗超限,危及行车安全。重钢公司以重集规划发[1999]第338号文件,1999年8月

10日批准实施炼铁站至七厂铁路线路技术改造,工程总投资500万元。运输部汇同机动处派出专业技术人员到攀钢、鞍钢、首钢、包钢等单位学习考察,了解比较50型轨和60型轨的性能、工艺参数、设备配置、工艺布置,使用中存在的问题等。1999年9月确定采用50型轨方案。工程于2000年3月6日开工,11月23日按期竣工。经审查验收,综合评价为"优良工程"。

(曾勇)

【四码头块矿运输改造】

2000年重钢股份公司计划购进大量国内块矿经水路运抵新港码头转卸炼铁厂配料,由于新港码头现有卸转流程不适合块矿转卸,转卸效率较低且费用较高,股份公司6月份决定改由运输部四码头卸转块矿,并批准立项对四码头进行块矿运输改造。改造方案由运输部提出并组织实施。主要内容:利用四码头现有设备,减短炼铁厂M3皮带机一个料仓位的长度,安装给料机悬挂横梁和电气控制机构,以1号料仓为中转仓,用振动给料机直接装车。项目于2000年7月初动工,7月底完成,投资1.5万元。通过改造,四码头增加卸运块矿及其它相似物料(如球团矿、焦炭等)的功能,块矿卸船时间由原经新港码头的20小时/只降为2.5~3小时/只,卸转费用由22.5元/吨降为12元/吨,每年可节约块矿运输费105万元。

(曾勇)

【五厂热轧性能合格率提高】 2000年五厂针对原十一辊冷却能力弱,不能满足对钢板短时间内快速冷却影响钢板热轧综合机械性能的问题。决定将原有水幕水池水作为上喷淋用水加以循环利用。重新设计该系统的冷却水管及喷水孔直径、孔间距离及喷咀角度等参数,于2000年4月完成十一辊冷却区域的改造。改造后,系统冷却强度提高,冷却均匀程度改善,钢板强度偏低的问题得到有效控制。根据热天及冷天冷却特性对钢板综合机械性能的影响,对不同碳当量各种规格板材的终轧温度,终冷温度及过程控温作优化,制定《热天工艺生产要求》及《冷天工艺生产要求》的工艺制度;根据化学成分对钢板综合机械性能和对不同厚度板材冷却特性的影响,通过实验制定原料切割准备的《坯料合理选用原则》工艺制度。经采取上述措施,2000年,五厂热轧初试性能合格率达93.95%,热轧复试性能合格率达98.24%,创历史新高。

(胡家勇)

重钢集团机制公司轧辊项目于2000年11月28日提前一个月投产

【轧辊生产线投产】 机制公司受冲天炉熔炼设备的限制,轧辊产量和质量不能满足重钢公司轧钢工艺需求,使重钢公司每年外购轧辊耗资3000多万元。机制公司决定投资520万元引进当前轧辊冶炼先进设备－中频电炉,2000年6月正式启动"轧辊项目工程"。2000年11月28日,轧辊生产线建成投运。

轧辊项目主要内容:新增3吨、8吨中频电炉两套(4个炉体)、40吨台车式退火炉1座,炉前快速分析仪器、新型测温装置、行车电子计量等装置。中频电炉采用一个炉体两套不同功率、不同频率电源切换供电,既有效利用中频电炉较高的热效率,又能保证保温和熔炼均具有较高的功率因素,熔炼出的轧辊铁水有害元素含量低、成分均匀、温度适宜,保证所生产的轧辊具有良好的性能。轧辊项目实施后,生产能力可满足重钢公司型钢各类轧辊、四厂薄板辊及部分高线轧辊需要,达产后每年可新增产值1500万元。

(吴富强)

【一号焦炉维护】 焦化厂一号焦炉为58－Ⅰ型焦炉,1965年投产,炉龄36年。2000年,一号焦炉老化状况加剧,5月发生煤气导出系统诸塞情况。针对一号焦炉存在的问题,采取以下具体措施:1. 护炉铁件方面:更换横拉条19根,更换炉门框28个,修理更换炉门46个,更换焦侧钢柱5根。2. 炉体方面:对炭化室进行及时的挖抹补,其中问题较严重的9个炭化室平均挖补面积为2~3平方米,最大的达到7平方米;清扫立火道234个,清扫斜道243个;对25个小炉头进行重新砌筑,对27个蓄热室进行砖渣清理。对"四大车"进行大中修。通过采取上述措施,一号焦炉保持安全运行,并强化设备的日常点检维护工作。

(吴大河)

【景星白云石矿工程项目】 重钢景星白云石矿位于重庆市万盛区景星乡境内,矿床产于龙骨溪箱隆起背斜西翼,背斜轴部出露寒武系地层,矿层分上下两层,中间无夹层,层位稳定,结构单一,矿层总厚度平均53.1米,经四川省储委批准B+C级储量3087.84万吨,D级储量2288.7万吨,建设规模为年产白云石25万吨,预计可供开采约200年,可作为重钢公司的永久资源点。矿

区距万盛公路8公里,万盛至重钢有铁路相连,运距123公里。

重钢小南海白云石矿因生产能力逐年下降,可采矿量只能维持到2000年。景星白云石矿作为小南海白云石矿的接替基地,重钢公司以经计发[1995]第39号文件下达设计任务通知,重计委[1998]29号文件批复立项,2000年9月28日正式开工建设,合同竣工时间为2001年6月30日。工程建设总投资2311万元,其中,征地费1311万元,工程建设费1000万元,另外,尚有歌乐山矿400万元利旧设备待该项目建成投产后由重钢股份公司对其全面评估后全额认购。景星白云石矿主要工程内容:平基、公路、厂房、采场、排土场、高位水池、供风供电系统及设备安装等。主要构筑物:粗碎室、中碎室、筛分室以及与之相连的通廊。建筑面积900平方米。主要设备有破碎机、给矿机及圆振筛、空压机等。重钢景星白云石矿由股份公司投资,矿业公司(歌乐山矿)负责施工建设和生产管理,委托国家冶金工业局工程质量监督站重钢监督站负责质量监督。

(徐吉林)

本部目责任编辑　郝高潮
本部目责任校对　陈雪梅

科技进步

【薄规格高强船钢性能合格率攻关】 2000年,重钢生产的薄规格高强度级船板出现大量强度超标,月平均不合格30余批(突出表现为热轧A36级船板),重钢公司决定由总工程师室牵头组织攻关,限期解决。攻关组着手对成分进行优化,通过300余批生产数据的统计分析,认为该档船钢"铌"含量偏高,决定对厚度为6~12毫米的A36船钢铌含量进行优化试验。试验方案包括:将铌含量分为0.005%~0.012%、0.010%~0.014%及0.015%~0.018%三档,确定铸坯断面为170×1100毫米,钢的冶炼及浇注工艺及钢板轧制工艺控制、取样及加作试验项目,以对钢质进行综合评价。通过两轮共17炉计89批船钢的试验,对铌在薄规格船钢中含量进行了优化,使船钢强度控制在标准范围内,性能合格率由优化前的91%提高到97%。按试验结果将铌含量修订为0.008%~0.014%和0.015%~0.022%两档,并纳入标准管理。

(宿艳)

【PC梁铸钢支座试制成功】 2000年10月,机制公司着手开发重庆市政建设重点项目轻轨工程PC梁铸钢支座。PC梁技术含量高,材质特殊,工艺技术难度大,国内尚属首次。机制公司成立"PC梁铸钢支座攻关小组",在一个月内完成试制工作。2000年11月16日由重钢机制公司生产制造的R00和R100两种规格铸钢支座一次性通过性能测试及由重庆市专家和日本专家组成的评审团的评定。

(雷东)

【重钢光纤骨干网第一期工程开通】 资讯供给及决策支持信息系统是重钢公司MIS和CIMS总体方案中重要的组成部分。系统第一期工程于2000年4月开工,11月12日全线开通。系统收集重钢公司内部和外部的信息。系统在重钢公司办公大楼建立资讯供给中心服务器,由交换机,高速以太网交换机,ISDN、PSTN接口设备组成;采用光纤系统将重钢营销部门与重钢五厂、六厂、焦化厂、炼铁厂、七厂、动力厂、型钢厂、档案处、原材料处、运输部、高线等单位联接。资讯供给服务器和重钢公司办公楼内的财务系统、劳动工资人才库及生产管理系统联为一体。资讯供给系统作为重钢公司的信息总汇。兼作网络会议系统服务器及电子邮件服务器,系统具有办公自动化的部分功能。

(李萍)

重钢2000年技术攻关项目表(第一批)

名　称	主要目标	主要责任单位	牵头人
1. 炼铁厂四号高炉利用系数攻关	1999年:利用系数1.404t/m³d、入炉矿品位50.96%。 2000年:利用系数1.50t/m³d、不吃进口矿、以国内矿为主。计划1.50t/m³d、目标1.55t/m³d。经济效益=利用系数增加值×炉容×工作日历×铁厂吨铁固定费用=(1.50-1.404)×620×350×150=312(万元)	炼铁厂、钢研所、总师室	龚文渠

名　称	主要目标	主要责任单位	牵头人
2. 炼铁厂三烧结利用系数攻关	计划 > 1.50t/m²h、目标 1.55t/m²h。经济效益(利用系数每提高 0.01t/m²h):经济效益 = 利用系数提高值 × 烧结面积 × 日历工作时间 × 铁厂吨烧结固定费用 = 0.01 × 210 × 365 × 24 × 8/12 × 37 = 45(万元) 注:效益以 2000 年 5 ~ 12 月共 8 个月计。	炼铁厂、钢研所、生产处、总师室	龚文渠
3. 提高焦化工业萘回收率攻关	计划 7.0%,目标 7.2%。 经济效益:1999 年:焦化工业萘回收率 6.48%,工业萘产量 2592t。2000 年:焦化工业萘回收率 7.0%,预计工业萘产量可达 2800t。经济效益 = 工业萘产量增加值 × (工业萘销售价格 - 工业萘生产成本) = (2800 - 2592) × (4200 - 1500) = 56(万元)	焦化厂、总师室	龚文渠
4.2000 年普钢钢材产品质量异议损失减半	重钢目前钢材存在钢质较差,板材表面质量差和性能不稳定,型材外形尺寸存在波动和表面质量较差。预计 2000 年异议损失较 1999 年减半。1999 年质量异议损失达 219.6 万元。计划:全年质量异议损失 100 万元;目标:全年质量异议损失 80 万元。预计效益目标:139.6 万元。	型钢厂、钢研所、质管处、总师室	周　宏
5. 七厂板坯内裂和钢板拉裂攻关	1999 年钢板拉裂 2.96%,严重影响产品的实物质量和合同兑现率,隐藏交货后用户异议的危险。其主要的技术难点是钢板表面裂纹的形成机理、目前尚无统一的认识和看法。通过攻关,使钢板拉裂年降至 1.0% 以下,目标 0.4%。效益目标:413 万元。1999 年内裂率 0.832%,2000 年计划 0.7%,目标 0.4%。效益目标:66 万元。	七厂、钢研所、质管处、总师室	周　宏
6. 钢管及其它方坯重点品种钢攻关	1)七厂 3 号连铸机是原大平炉连铸机,装备水平低,生产线长,加上产品质量要求高,对顺利生产及保证质量不利;通过攻关达到或超过 1999 年的生产水平。1999 年:钢管炼成率为 85.36%、管坯低倍合格率 90%、管坯产量为 11602.976 吨。2000 年计划:炼成率为 85%、低倍合格率 90%、生产量 25000 吨;目标:炼成率为 85%、低倍合格率 96%、生产量 40000 吨。效益目标:80 万元。1999 年:深冲钢炼成率为 72.79%、深冲钢产量为 2646.848 吨,低倍、高倍合格率 75.22%。2000 年计划:炼成率达到 72%、生产量 3000 吨,低倍、高倍合格率 80%。目标:炼成率达到 75%、生产量 4000 吨,低倍、高倍合格率 85%。效果目标:260 万元。 2)45 号圆钢市场需求量较大,但重钢生产的 45 号圆钢由于钢质较差,产品质量达不到要求,因此,一直未进行批量生产。1999 年 45 号圆钢只生产 6 炉。2000 年计划:生产量达到 500 吨。目标:生产量达到 1500 吨。效益目标:30 万元。	七厂、钢研所、质管处、总师室	周　宏
7. 热处理钢板控冷工艺研究	五厂每年有近 300 批钢板因强度低而改判或判废,损失较大。钢板热处理后通过控制冷却速度提高强度的做法在国内没有先例,通过攻关确定合适的冷却速度、冷却温度以及均匀稳定的性能,良好的板型和表面质量的控制,年经济效益 150 万元以上。	五厂、钢研所、总师室	曹敬明

名　称	主要目标	主要责任单位	牵头人
8. 用 150 坯轧螺纹钢技术质量攻关	利用现有设备,解决用 150 坯轧螺纹钢一次成材,覆盖用 120 坯轧螺纹钢规格涉及的一系列技术难题	产业司、钢研所、质管处、总师室	曹敬明
9. 球扁钢生产技术攻关	型钢厂的球扁钢成材率较低,主要是生产难度较大,头尾变形较大,轧废较多。通过优化孔型系统,强化工模具制造和安装质量,控制操作管理,减少轧废,控制尺寸精度,在 1999 年基础上提高成材率 1%～5%以上,年经济效益 200～600 万元。	型钢厂、钢研所、质管处、总师室	曹敬明
10. 感应电渣离心浇铸技术攻关	1. 形成正常生产工艺①安全、设备、工艺规章制度化管理;②生产出质量合格的产品;③按时完成产品订货合同。 2. 产品、产量、效益:①开发成功≥10 个产品;②形成 1～2 个以上主导产品;③产量:从投产开始计、产量 500 吨/半年、1000 吨/年。④效益:计划 100 万元/年、目标 150 万元/年。	钢研所、总师室	邓　强

注:其他 5 个非钢项目涉及投资的待完善后,第二批下达。

重钢 2000 年技术攻关项目表(第二批)

名　称	主要目标	主要责任单位	牵头人
1. 智能网络仪表开发技术攻关	现场总线技术使测量控制设备实现数字化、智能化、网络化。采用现场总线标准 Can,计划开发的产品有:1. 计算机模块;2. 检测、执行仪表;3. 调节器、可编程控制器。2001 年起月产 10 块(台),以后随着开发模块的增加,逐渐达到每月 30～50 块(台)。每块利润 1000 元,预计 2001 年销售 300 块(台),利润 30 万元。2002 年全部模块开发完成,预计月产 50 块(台),利润 60 万元。本项目投资 90 万元,将在二年内收回投资。资金由电子公司自筹,重钢公司财务处按项目用款资金计划组织货币资金 90 万元。	电子公司、总师室	周佐生
2. 二氧化碳化学吸附法的研究和应用技术攻关	采用二氧化碳化学吸附法(改性乙醇胺法)改造原项目变压吸附法的工艺,技术路线先进、成熟、易于掌握,适宜在石灰窑尾气中提取二氧化碳产品。年生产二氧化碳产品 6000 吨(占系统能力 70%),产品售价 900 万元,年销售收入 474 万元,生产成本 357 万元,销售利润 108 万元,投资收益 66.3%,投资回收期静态约 2 年,动态约 3 年。项目总投资 264.3 万元。其中:产业公司炉料总厂自筹 64.3 万元,重钢公司财务处协助炉料总厂在银行贷款 100 万元,重钢公司贷款 100 万元货币资金按项目计划进度支付。	产业公司炉料总厂、产业公司、总师室	邓　强

名 称	主要目标	主要责任单位	牵头人
3. 重钢机制司轧辊技术改造攻关	机制司利用现有装备及条件,新建设8吨工频无心感应熔炼炉和3吨中频感应熔炼炉各一台,20吨卧式离心浇注机一台,台车式热处理电阻炉一座,以及相配套的炉前质量控制仪器,生产型钢厂、四厂、五厂和部分高线所需要的铸铁轧辊,年产各类轧辊460支,总重3292吨,约占重钢公司所需铸铁轧辊的80%。项目达产后每年可实现销售收入2099万元,年利润153万元,投资回收期4.1年。项目总投资480万元,全部由机制司自筹,由重钢公司按项目用款计划组织480万元货币资金。	机制司、总师室	邓 强
4. 太和铁矿选钛流程技术改造攻关	采用强磁-浮选方案代替原重选-浮选工艺流程,项目投产后,可形成年产1.5万吨的生产能力,获得销售收入586万元(含副产品),成本455万元,利润150万元,动态投资回收期2.4年,投资内部收益63.44%。项目总投资251万元。其中:太和铁矿自筹51万元,重钢公司贷款200万元,货币资金按项目用款计划支付。	太和铁矿、矿业公司、总师室	龚文渠

重钢2000年科技项目计划表(第一批)

(单位:万元)

序号	名 称	负责单位	投运时间	完成时间	科技费总额	已投资额	预测效益/年	备 注
1	计算机网络系统的建立数据采集、分析与决策	型钢厂	1999年12月	2000年12月	30	0	22	网络前期部分已完成
2	滚切式双边剪夹送辊道进口电机国产化研究	五 厂	1999年9月	2000年12月	26	0	30	设计制造完成,中修安装
3	延长100吨铁水罐寿命的研究及措施	炼铁厂	1999年12月	2000年12月	10	0	35	开始试验工作急需资金
4	7号锅炉计算机系统改造	动力厂	1999年12月	2000年12月	35	22	31.93	设计已完成专家系统建立
5	新风机轴运动系统再线监测	动力厂	1999年12月	2000年12月	25	0	26.7	已草签合同
6	501三连滑滑板氮化烧成开发	热陶瓷公司	1999年12月	2000年12月	50	10	200	重庆市新产品计划项目

序号	名　称	负责单位	投运时间	完成时间	科技费总额	已投资额	预测效益/年	备　注
7	应用10t/h冲天炉开发大型球铁轧辊	钢研所机制公司	1999年01月	2000年12月			107	
8	重钢电信话费管理系统的研究与开发	生活服务公司	1998年7月	2000年12月	35	35	22	该项目资金自筹,系统已投入运行
	合　计				211	67	475	缺口144万元

重钢2000年科技项目计划表(第二批)

(单位:万元)

序号	名　称	负责单位	投运时间	完成时间	科技费总额	已投资额	预测效益/年	回收期	备　注
1	高效化连铸技术	七厂	1999年10月	2000年12月	150	0	60	2.5年	
2	转炉连铸WDPF计算机系统的数据通讯及上位机	七厂	1998年6月	2000年12月	63	15	80	10个月	大部分完成差后期设备款
3	五厂精轧机甘油AGC改造	五厂	1999年12月	2000年12	437	30	395	1.1年	已试运行本年计划投资200万元
4	重钢CIMS系统五厂部分	五厂	1998年6月	2000年12月	96	0	60.6	1.6年	
5	焦化厂管理信息系统	焦化厂	1998年6月	2000年12月	73	60	40	1.8年	
6	焦化厂自动配煤系统	焦化厂	1998年12月	2000年12月	90	30	30	3.0年	设备调试完毕近期可投运
7	五高炉出铁场除尘风机模糊控制	炼铁厂	1998年12月	2000年12月	320	230	140	2.3年	待安装调试
8	焦炉测温及推焦操作管理	焦化厂	1999年12月	2000年12月	85.5	12.5	58	1.5年	差启动资金30万元
9	重钢电网调度自动化系统	动力厂	2000年6月	2000年12月	73	16.7	150	6个月	已开始进行网络施工

序号	名　称	负责单位	投运时间	完成时间	科技费总额	已投资额	预测效益/年	回收期	备　注
10	污水处理以及特制木屑及微生物菌种国产化研究	三峰环卫	2001年1月	2003年10月	330	50	480	11个月	2000年预计用款80万元,2001年150万元,2002年50万元
11	转炉用轻烧镁球和终渣改质剂	产业公司	1999年12月	2000年12月	95	20	90	1.1年	已论证,待立项
	合　计				1812.5	464.2	1583.6		资金缺口1348万元

重钢2000年科技项目计划表(第三批)

(单位:万元)

序号	名　称	负责单位	投运时间	完成时间	科技费总额	预测效益/年	备　注
1	五厂客滚船板的工艺技术开发及研究	五厂	2000年3月	2000年12月	0	35	
2	五厂厚断面轧制薄规格钢板板型研究	五厂	2000年1月	2001年3月	0	47	
3	五厂荒轧板型控制工艺研究与应用	五厂	2000年2月	2001年3月	0	27	
4	五厂薄规格钢板控轧中间控冷方式的研究	五厂	2000年2月	2001年3月	0	16	
5	五厂高强度船钢控轧控冷工艺研究	五厂	2000年7月	2001年3月	0	39	
6	五厂16MnR(CR)钢板正火工艺优化研究	五厂	2000年7月	2001年3月	0	20	
7	在Φ800轧机上超极限研制37号欧标球扁钢	型钢厂	2000年3月	2001年12月	0	358	
8	在650/550轧机开发14号工字钢	型钢厂	2000年1月	2001年3月	0	155	
9	Φ800轧机上开发25号型工字钢	型钢厂	2000年6月	2001年12月	0	83	
10	铁业公司精料工艺技术改造及应用研究	铁业公司	1999年1月	2000年12月	0	936	
11	七厂优化溅渣工艺、降低补炉消耗	七厂	2000年4月	2001年3月	0	750	

序号	名　称	负责单位	投运时间	完成时间	科技费总额	预测效益/年	备　注
12	A36M钢板开发及生产工艺研究	七厂	2000年1月	2001年3月	0	480	
13	15MnVNq钢板的研制开发	七厂	2000年1月	2000年12月	0	33	
14	转炉、方坯连铸35号、45号品种开发	七厂	2000年1月	2000年12月	0	28	
15	采用合成渣生产转炉低硫钢的工艺研究	钢研所	2000年5月	2000年12月	0	间接效益	
16	09CuPTiRe钢冶炼转炉品种开发	七厂	1999年3月	2000年12月	0	92	
17	3号铸机20CrMo钢冶炼、连铸品种研究开发	七厂	2000年1月	2000年12月	0	172	
18	优化工艺设备,降低炼钢氧气消耗	七厂	2000年2月	2001年6月	0	640	
19	优化转炉吹氩喂丝工艺	七厂	2000年7月	2001年6月	0	50	
20	优化炼焦煤资源,提高重钢冶金焦质量	原材料处	2000年1月	2000年3月	9.8	1000	自筹资金
21	原材料处信息管理系统	原材料处	2000年1月	2001年3月	48.5	130	自筹资金
22	垃圾渗滤液处理技术的研究	设计院	2000年9月	2001年9月	15	间接效益	自筹资金
23	蒽油脱水新技术应用	炼铁厂	2000年1月	2001年3月	10	5	自筹资金
24	LF精练剂和发泡剂	产业公司	2000年5月	2001年6月	120	61	科技贷款80万元,自筹40万元
	合　计				203.3	5157	科技贷款总额80万元,自筹123.3万元。

重钢2000年科技项目计划表(第四批)

(单位:万元)

序号	名　称	负责单位	立项时间	完成时间	科技费总额	预测效益/年	备　注
1	白内障超声乳化吸出术的临床应用研究	职工医院	2000年12月	2001年6月	45	16	自筹资金

序号	名　称	负责单位	立项时间	完成时间	科技费总额	预测效益/年	备　注
2	腹腔镜在腹部手术中的临床应用研究	职工医院	2000年12月	2001年3月	41.5	11.4	自筹资金
3	七厂计算机管理网络系统升级改造	七厂	2000年12月	2001年3月	30	间接效益	自筹资金
4	双10吨浮式起重电机电气系统改造	运输部	2000年12月	2001年6月	38	60	自筹资金
	合　计				154.5	87.4	

【鹅公岩大桥成桥施焊】 2000年7月至8月底，重钢建设公司承担重庆长江鹅公岩大桥东段部分成桥焊接工作，50名铆焊工完成全位置人工焊接量1.3万米。按设计要求，为加固每段钢箱梁间的连接，每条大环缝需全段焊接U型肋53块，球扁钢95块和纵模隔板、斜侧隔板等4块。

受施工现场环境条件限制，只能采用传统的焊码工艺。因桥上输送二氧化碳的管道太长，出现二氧化碳供气不足影响焊接质量，建设公司增设临时储气罐，避免因二氧化碳气体保护不充分出现的焊接表面气孔质量问题；为了控制因江风影响气体保护效果，采用塑料布蓬全封闭气焊；根据钢箱梁体积庞大、热量损耗大的特点，适当加大焊接电流，解决未熔合和未焊透缺陷的产生。成桥焊接的每一条大环缝经100%的超声波探伤，10%的射线抽检探伤；角焊缝全程磁粉探伤等质量检验认定全部合格。

（彭军民）

【五厂CIMS系统开发】 重钢股份公司委托重钢电子公司三峰软件信息系统公司对“重钢股份有限公司五厂CIMS一期工程”项目进行开发。三峰软件公司为五厂开发的应用软件：板坯自动跟踪系统；生产、计划、调度、统计分析管理系统；工艺在线指导系统；原料管理系统；成品库管理系统；半成品、热处理库房管理系统；质量管理系统；信息查询及办公自动化系统；系统维护及修改。

系统采用SCO VNIX WARE 7.0 WINDOWS NT操作系统，ORACLE 8i数据库进行应用软件开发，应用软件采用C/S和B/S结构混用。一期工程2000年8月开工，当年12月完成实现生产经营管理现代化。

（李萍）

【焦化厂管理信息系统开发】 重钢焦化厂管理信息系统由重钢集团电子公司承建，2000年10月开工，年底投入使用，投资90万元。此系统为重钢首次采用的光纤骨干网，机房到各大楼户外采用多模光纤作主干，分三路进入交换式集线器，服务器到交换式集线器采用100兆带宽；机动科、一、二炼焦车间占用10兆带宽；自动化、检修车间、配煤车间及煤调湿中控室占用10兆带宽；办公楼内财务科、企管科、技术科、生调科、厂长办公室占用10兆带宽。

系统包括以下内容：成本核算及控制分析，生产计划及调度，原料物资管理，固定资产管理，机动能源管理，质量管理，大中修及备品备件管理，劳资管理，业绩跟踪及评估，领导查询系统，系统维护及修改。软件平台采用SCO VNIX操作系统，TCP/2P通讯协议，Ora de 7.0大型数据库。

（李萍）

【炼铁厂管理信息系统开发】 炼铁厂管理信息系统主干光纤全部采用100兆带宽，机房设在炼铁厂办公楼内，按总体规划，服务器选用HPLXPRO企业微机服务器2台，配128兆内存，选用100兆/10兆，Switch和100BASE·THUB，将办公楼厂长办公室、调度室、计划科、技术科、物资科、办公室等部门联网。一期工程1999年10月开工，二期工程2000年10月开工。总投资95万元。

系统包括以下主要内容：生产调度及计划；原料物资管理；机动能源管理；固定资产管理；大中修计划及备品配件管理；劳资管理；成本控制及分析系统；领导查询系统；质量管理；系统维护及修改。按总体规划，原料、供料、五高炉、三烧、三高炉、四高炉等部门可采用相同结构，本次配备其中3个单位。每一位置配一台HOB和一台DTC。该系统于2000年5月正式投运。

（李萍）

【重庆朝阳气体公司数据远程采集系统】 重庆朝阳气体公司根据生产发展需要，要求设置数据远程采集系统将现场数据自动采集、自动传递至重庆朝阳公司调度中心计算机上。重钢集团电子公司承担数据远程系统的设计与建设。系统设计方案采用标准工业计算机，标准工程软件，标准Z/O模块。系统的维护、升级扩展、备品配件易于解决。系统于2000年6月动工，8月建成，运行稳定、可靠。除具备数据远程采集功能外，尚可用于一般管理。

（李萍）

【2000年专利工作】

1. 2000年重钢公司申报专利37项，实施28项，实施率为75.7%。获授权专利49项，专利实施效益983.376万元。2000年兑现专利受理奖35项、授权奖487项、奖励586人，专利授权奖、授理奖6万元。

2. 2000年4月，重钢的“双环减速器”等5项专利技术参加由国家知识产权局组办的“中国专利十五年成就展”和2000年8月由国家知识产权局和陕西省知识产权局组办的“第九届中国专利博览会”以及第二届重庆高新技术交易会展览。

3. 2000年年初，国家知识产权局王景川局长率全国专利示范工程项目检查小组对重钢专利示范工程项目和重钢的专利工作进行检查，对重钢的示范工程和专利工作予以肯定。

（胡荣珲）

新产品开发

【新产品开发试制】 2000年，重钢成功开发09MnCuPTi耐候钢板、A36M钢板、14号工字钢、37号球扁钢、08CuPVXt耐候角钢、15MnVNq钢板、Q345A－Cu钢板7个全新产品；试制特殊产品总量达9.25万吨，产值2.5亿元，利润5000万元。

1.09MnCuPTi耐候钢板。主要用于铁路列车车箱，具有耐大气腐蚀性能，钢中磷、铜含量高。试制钢板性能合格率100%，成材率90.65%。2.A36M钢板。重钢按美国ASTM标准规范生产的全新产品。主要用于三峡水电机械厂承担的国家重点工程德州电站的工程建设。全年生产1567吨钢坯，成材率90.28%，品种合格率98.70%，性能综合合格率99.38%。3.14号工字钢。根据云南省重点工程（大理——保山）建设需要，并与重钢16号工字钢配套销售。2000年5月完成孔型、导卫装置，轧辊设计和加工后进行首试，成材率、合格率分别达到92.27%和98.74%。4.37号球扁钢。造船业配套使用产品，一直依靠进口。产品宽度近370毫米，结构不对称，在Φ800轧机上开发，轧制难度大。此产品试制成功打破“英钢联”和“挪威”的国际垄断，填补国内空白满足国内造船业对球扁钢的需求。5.08CuPVXt耐候角钢，属耐大气腐蚀专用钢材。产品成材率和合格率分别达91.19%和95.74%。6.15MnVNq钢板。产品用于国家重点工程京——秦高速铁路建设。重钢重点解决钢中铝含量及表面裂纹缺陷的控制问题，完成试制合同，成材率89.71%，性能合格率100%。7.Q345A－Cu钢板。耐大气腐蚀专用钢板。全面履行订货合同，产品成材率92.07%，性能合格率100%。

（李朝钢）

【特殊钢新产品开发】 特钢公司2000年开发装饰不锈钢、新型齿轮钢、模具扁钢、易切削不锈钢、新型阀门钢等新产品，试制总量8952.91吨，比1999年增加

重钢2000年开发的新产品

639.47吨，产值6809.54万元，比1999年增加1412.54万元。1.无镍铁素体装饰不锈钢CT430。继1999年开发装饰不锈钢CT304、CT17-7H的基础上，2000年开发无镍铁素体装饰不锈钢CT430。2000年分两批生产796.68吨，其中连铸坯725.95吨，钢锭70.73吨。轧制跟踪表明，热轧、冷轧质量可靠，工艺稳定，成材率达90%。2.CZ1齿轮钢开发研制。CZ1新型齿轮钢是填补国内重型汽车用齿轮钢"空白"的项目，经重庆市科委立项，由特殊钢公司主研。2000年进行一轮台架试验。3.模具扁钢开发。2000年8月在Φ750轧机上直接用钢锭一火成材开发塑料模具钢扁钢P20、718、S50C获得成功。4.x60CrMnMoVNbN 2110奥氏体气阀材料，2000年试制51吨，成材率从7.78%提高到51.32%。5.x85Cr-MoV182。高碳马氏体气阀钢，用作重负荷柴油机进气阀。2000年试制40吨。6.3Cr20Ni11MoPB。奥氏体气阀钢。用作摩托车发动机排气门，2000年试制13吨。

（李清文）

【14号工字钢】 2000年，型钢厂开发型钢新产品14号工字钢，生产销售合格产品4419吨，产品主要用于国家重点工程云南大理至保山高速公路建设。

（杨荣万）

【"爱尔"牌家庭医用氧】 重庆朝阳气体公司2000年6月18日开发成功"爱尔"牌家庭医用氧产品及服务项目。"爱尔"牌家庭医用氧经重庆市药品监督管理局和重庆市医药管理局批准，按照国家标准GB8982-1998规定进行生产和检验，其产品责任保险由中国人民保险公司承保。"爱尔"牌家庭医用氧可改善和提高人体抗御疾病的能力，是诸多疾病的辅助治疗手段。产品具有轻便、安全、携带方便、自行操作、自我治疗降低医疗费用的特点。

（刘钟）

（本部目责任编辑 彭地富
本部目责任校对 陈雪梅）

文化教育

教育

【职工培训】 2000年重钢17228人次参加职工岗位资格培训、科级人员工商管理培训、厂处科干轮训、管理人员计算机培训、英语培训、管理人员和操作人员适应性培训、多能工培训、等级培训、技能培训、特种作业培训、工程技术(医疗卫生)人员、财务人员继续教育培训等各级各类培训,职工全员培训率58.36%。其中管理人员培训3505人次,培训率为56.77%;操作人员培训11683人次,培训率为50.21%;工程技术(医疗卫生)及财务人员继续教育培训为2040人次,培训率为83.09%。全年投入教育经费190万元,占工资总额的0.5%。

(童稚洁)

【中青年干部(厂处级)培训】 2000年9月至2001年1月,重钢委托重庆市经济管理干部学院对重钢45名中青年厂处级管理人员分两批进行为期两月的脱产培训,每期培训班总学时为280学时,开设政治理论、经济法、财务、营销、生产管理、领导科学与方法等课程及相关专题讲座。

(童稚洁)

【攻读工程硕士学位送培】 重钢公司2000年从各单位大学毕业生中选送24名工程技术人员到重庆大学分别就读"机械工程"、"计算机科学与工程"、"自动控制工程与工业工程"、"电子与信息工程"、"电气工程"、"建筑工程"、"冶金工程"等工程硕士学位。

(童稚洁)

【继续教育学习与考察】 2000年,重钢先后组织40名工程技术人员分别到邯钢、济钢、首钢、宝钢、南钢、三明钢厂、武钢、杭钢、马钢等企业进行专项考察、学习"冶金行业计算机集成制造及ERP"、"棒线轧机生产装备、品种开发、实物质量水平、改造和发展规划各项技术经济指标"、"转炉炉渣处理技术"、"燃汽轮机联合循环"、"内燃机车自行上架修理技术"、"设备状态监测工程"、"离芯铸造技术"、"焦炉煤气净化系统的新设备、新工艺"、"烧结新工艺、新技术"、"高层建筑立体施工"等项目。

(童稚洁)

【科级管理人员工商管理培训】 2000年1~12月,重钢公司举办科级管理人员工商管理培训班6期,重钢中兴公司举办一期。学习内容:《西方经济》、《会计原理与会计报表分析》、《市场营销》、《现代管理学》等课程,同时还举办"十五届五中全会"、"西部大开发"等专题讲座。办学采取半脱产形式,每周2个白天,2个晚上上课。

(童稚洁)

【计算机培训】 2000年重钢管理人员计算机培训主要是达标C级培训和A升B、B升C级的提高培训,同时还为股份公司部分特殊操作岗位开设计算机培训。在职工培训中心和太和铁矿两个办学基地,对565名管理人员和操作人员进行计算机理论、上机实作培训。其中A升B级培训88人,合格76人;B升C级培训229人,合格194人;C级培训118人,合格92人;股份公司操作人员B级培训50人,合格40人;重钢防疫站B级培训20人,合格19人;股份公司装备处操作人员B级培训20人,合格16人;高线操作人员计算机培训班培训40人,合格40人。全年共培训565人,合格477人,及格率84.42%。

(童稚洁)

【管理人员外语培训】

2000年重钢举办英语基础知识培训班和高级英语强化班。基础班分基础和中级两个等级班。基础班学习英语基本知识，中级班按大学四级的标准进行教学培训；高级班按大学六级的标准进行培训，聘请重庆大学外国语学院副教授王道坤授课。采取业余时间学习。74人参加基础班学习培训，74人参加中级班学习培训，59人参加高级强化班学习培训。

（童稚洁）

【学生管理】 2000年培训中心撤科建部，制定学生学籍管理制度、校园"十不准"处罚制度、班级量化考核制度和班主任量化考核制度。班主任实行坐班制。强化宿舍管理，完善宿舍管理制度，增加宿舍管理人员和保卫人员。对贫困家庭的学生开展送温暖活动。每月一次的文明教室、文明寝室及黑板报评比活动；对学生进行入学教育（含军训）、法制教育；组织学生参加班级广播操、篮球、羽毛球、足球比赛、歌咏比赛、卡拉OK赛、专题演讲比赛、成人高校校园歌手赛，参加"11.27"纪念活动、观看文艺演出；举办普通话培训班、礼貌礼仪专题讲座等活动。

（屈娟涓）

【招生安置】 2000年，职工培训中心大专学历招生67人（含预科生），中专技校招生121人，党校函授专升本招生72人，党校大专招生160人，电大招生33人。成功推荐有就业愿望的学生40名，推荐就业率85%。

（屈娟涓）

【完成职工教育培训计划】 2000年，培训中心开展各级各类职工培训5391人次，涉及厂处、科干、班组长、党支部书记、入党积极分子、财务人员、管理人员、技术人员、操作人员、复转军人等各类人员和政治理论、工商管理、岗位培训、继续教育、计算机、英语、中高级工、特种作业上岗、多能工、高线等专业培训。培训计划完成率100%。合格率96.7%。还分别为产业公司开办54人的下岗职工计算机培训班，为五厂COMS工程开办40人的操作人员计算机理论知识培训班，分别为中兴公司、东源公司等单位上门培训。完成大专5个班的毕业答辩。学历教育完成74个班次353门课的教学任务、教学计划完成率100%，学生毕业率93%。教师教学质量认可率>80%，学生考试考察成绩及格率>90%。

（屈娟涓）

【幼儿园工作】 2000年重钢幼儿园幼儿健康达标90%。幼儿食物中毒为零、幼儿走失率、事故率为零。继续开设宝宝班、艺术班、各类兴趣班及寒暑假小学生托管班，并为小学生提供午餐、午休。结合厂情教育九宫庙幼儿园开展服务明星评选，新山村幼儿园开展优质服务评比活动，由家长评出汪顺华、卢亚玲、颜艳3位服务明星及优质服务老师陈正香。针对保教工作中存在的薄弱环节，重钢幼儿园开展保育、保健、炊事及教师岗位业务竞赛，98%的保教人员通过幼教科组织的风琴达标考核。送8位园长参加为期一学年的重庆市教委组织的园长岗位培训学习。新山村幼儿园、九宫庙幼儿园、实验幼儿园、新工二村幼儿园参加重庆市幼儿教师自制教玩具比赛，新山村幼儿园获一等奖，九宫庙幼儿园、实验幼儿园、新工二村幼儿园获二等奖。

重钢幼儿园注重在一日活动中渗透素质教育，树立以幼儿发展为本的主体思想。1.2000年4月13日，重庆市教委素质教育检查组到新山村幼儿园对实施素质教育工作进行检查，认为企业幼儿园能在激烈竞争中不断发展，不断前进非常好。现在新山村幼儿园正在争创重庆市示范幼儿园。2.参加大渡口区优质教学活动竞赛。九宫庙幼儿园颜艳、田茂琴获竞赛二等奖，新工二村幼儿园丁琅、实验幼儿园罗雪获竞赛三等奖。3.新山村幼儿园、九宫庙幼儿园、新工二村幼儿园通过大渡口区教委素质教育工作目标考核小组抽查和综合考评评为1999~2000学年度实施素质教育工作目标二等奖。4.新山村幼儿园廖菲老师辅导的幼儿参加大渡口区"六一"少儿书画大赛分获一、三等奖，获重庆少儿科技创新大赛绘画组辅导一等奖，大渡口少儿科技创新大赛绘画组一等奖、三等奖；实验幼儿园参加重庆市"瀛丹杯"少儿基本体操比赛获二等奖；新山村幼儿园少儿舞蹈"好日子"、"杨柳青青"，九宫庙幼儿园少儿舞蹈"红红的蝴蝶节"参加重庆市首届"犀牛杯"少儿舞蹈大赛获优秀奖。

（陈雪春）

【创建重庆市幼儿智能教育基地园】 2000年，重钢九宫庙幼儿园、新山村幼儿园两所幼儿园参加重庆市幼儿智能素质教育研究。课题是重庆市教委教育科研重点课题，教育部"九五"教育科研重点课题"幼儿园学具教学的理论与实践"的子课题。"幼儿园学具教学理论与实践"课题是由中央教科所牵头，全国18个地市教育部门参加协作的教育部重点课题。1997年,新山村幼儿园、九宫庙幼儿园作为中央教科所幼儿园学具研究基地园,参加此项教研活动,新山村幼儿园教师刘静被中央教科所评为全国幼儿学具教学优秀实验教师。通过近4年的研究,幼儿智能素质得到全面和谐的发展,观察力、操作能力、交往能力、想象创造力提高。

2000年下半年,重庆市、大渡口区课题组对两所实验园进行验收,一致认为达到实验基地园验收标准,准予合格,并于2000年11月颁发合格证书,成为重庆市幼儿智能素质教育研究基地园。

(陈雪春)

【重庆冶金成人学院成立】 经重庆市人民政府批准,2000年1月,由重钢职工大学、西铝职工大学和特钢职工大学合并组建的重庆冶金成人学院正式成立并于2000年6月挂牌。

(屈娟涓)

文化

【重钢报社工作】 2000年,《重钢报》按照"一个重点、两年大事、三个到位、四项要求"的总体要求,宣传中心工作。1. 突出重点报道。配合重钢各个阶段的中心工作,《重钢报》及时报道生产经营、精神文明建设、厂情教育、企业管理、厂务公开等方面的重大新闻,配发评论员文章或社论。全年刊发生产经营重点稿件320篇,厂情教育重点稿件190篇,思想政治工作重点稿件120篇,减员分流再就业重点稿件100篇,文明单位创建重点稿件90篇,社会新闻稿件320篇。2. 宣传报道的时效性。重钢减员分流再就业工作会、一季度经济分析会、管理工作会等重要会议召开以后,报社采取临时加班等措施,在一季度经济分析会召开后的第二天发新闻。8月,重钢公司领导分三路深入生产一线慰问坚守岗位的职工,报社派出文字和摄影记者随同采访消息、图片第二天见报。3. 舆论导向和监督作用。《重钢报》全年发表社论和评论员文章8篇。4. 办报质量。《重钢报》全年正常出报253期,文字差错率为0.182‰,低于规定指标。分期推出报纸的改版计划,逐步实施改版方案。5. 通讯员培训。全年开办通讯员培训班10期,为各子公司、二级单位培训通讯员290人次。2000年8月开始,报社实行通讯员跟班实习,每月一期,由各子公司和二级单位填写推荐表,报社安排记者和编辑对实习通讯员进行一对一辅导。培训内容包括:新闻理论、新闻采访、写作训练、选稿、改稿及组版训练等,培训结束时,由记者编辑和报社对通讯员进行书面评议,并返回通讯员原单位。对评议合格者,报社发给特约通讯员证书。至年底,已分期培训实习通讯员15人。

(邓俊高)

【重钢集团电视台工作】 2000年,重钢集团电视台全年播出新闻2985条,策划系列报道、重点报道35个,送中央电视台播出5条,省级电视台播出59条,播出曝光新闻16条。摄制专题片7部,新闻播出总量、外送新闻等再创建台以来最高水平。播出自办栏目193期,为历年之最。其中《钢城视点》播出52期,《七彩荧屏》播出52期,《生活百分百》播出37期,《今天我上镜》播出52期,各栏目按照自己的节目定位,从不同的角度,用电视特有的语言,反映重钢各单位各行业的群体情况。同时将镜头移向社会,反映观众身边的凡人小事,再现真实的生活。

重钢集团电视台重点围绕2000年重钢厂情教育和扭亏脱困两年大事,开展系列宣传活动,推出系列报道"明厂情、抓机遇、求发展"和"厂情教育——管理篇"、"厂情教育——改革篇"。

2000年,重钢集团电视台完成电视台"收视费微机管理工程"、"演播室灯光改造工程"、"非线性视频网络工程"及"互动点播"等技改项目。

2000年,重钢集团电视台为全国企业电视协会理事会理事台,被评为中国冶金文化艺术联合会"影视工作先进单位"。

(李成富)

【特钢电视台工作】 特钢电视台成立于1988年9月10日,原名"厂广播电视中心"。建台初期,建有钢混结构总面积为929平方米的三楼一底电视大楼,投入180万元安装闭路电视系统,开通6个频道。1989年更名为"重特电视台"。1997年投入190万元安装加密电视,实行自缴收视费。1999年改造为光纤系统,并与重庆有线电视台联网,传输有线4套节目。2000年1月更名为"特钢电视台",开通34个频道。2000年,职工总数22人。自办节目一套,每周一、三、五播出《特钢新闻》,二、四、六重播《特钢新闻》,星期日播出《每周新闻集锦》。开办《新闻快递》、《五彩钢城》、《热点访谈》、《信息快讯》、《点播欣赏》、《百姓故事》、《每周一歌》、《它山之石》、《衣食住行》等栏目。有60平方米演播室1个,20平方米小演播室1个,50平方米前端控制室1个,数字卫星按收机20台,播控系统一套,Beracam专业摄像机及编辑机、非线性编辑机等设备。

2000年特钢电视台实行独立核算、自主经营、自负盈亏,向特钢公司返回20万元,特钢公司用返回款为电视台添置一套非线性编辑系统。

2000年3月,电视台开展“营销万里行”系列报道,记者到湖北、云南、贵州、四川、重庆等数十家用户,对产品质量、售后服务、合同兑现等问题进行实地采访,参加“营销万里行”有关人员受到特钢公司嘉奖。年初,为宣传“五管齐下”的综合治理措施,开辟《深化改革综合治理》、《明厂情抓机遇求发展》、《背水一战求生存》等大讨论栏目,播出《明厂情知任务树信心加压力》等系列评论员文章数十篇。开辟《下岗分流之我见》、《重上就业路》等专访栏目。全年共编发新闻稿1087条,专题报道30个,外发稿53篇。完成每周3次,每次不少于5条新闻的自办节目。

2000年10月投入10万元,开展一个月时间的“优质服务活动”。特钢电视台被重庆市广播电视局评为1999年度“中央加密电视管理工作先进单位”,被特钢公司评为1999年度“双文明建设”优秀集体。

(周红)

【重钢集团电视台获“影视工作先进单位”称号】 在2000年10月召开的全国企业电视台台长高级研讨会上,重钢集团电视台被中国冶金文化艺术联合会评为“1999~2000年度影视工作先进单位”,这是继重钢集团电视台被评为“全国企业双十优电视台”之后的又一荣誉。

重钢集团电视台不断增强电视台自我改造、发展的能力,按市场经济规律和“以台养台”的基本思路,1999年至2000年,在省级以上电视台播出新闻96条,其中中央电视台播出10条。

(邓泽平)

【《重钢报》创刊50周年纪念】 2000年10月24日是《重钢报》创刊50周年的纪念日,重钢报社举行庆祝活动。重钢公司党委副书记秦海、朱建派、工会主席潘向宇、团委书记罗琳、上级新闻和业务主管部门代表、中央驻渝新闻单位部分代表、国内大钢报社部分代表、重庆主要新闻单位负责人、各二级单位负责人代表、各通讯组长、骨干通讯员代表、《重钢报》历届负责人和老新闻工作者代表以及重钢报社全体职工300人参加。

重钢公司党委书记、董事长、总经理唐民伟为庆典活动题词:“站在时代前列,坚持正确导向;面向企业社会,促进文明建设。”重钢公司党委副书记秦海讲话,党委宣传部副部长兼《重钢报》总编谭亚夫作《坚持正确导向深化报纸改革》发言。重庆市委宣传部新闻处冯建新处长、重庆市新闻出版局报刊处廖承文处长、重庆市委企业工委副书记王友伟、中国冶金报社社长特别助理薛建华、重庆市记协常务副秘书长彭德汉、重庆日报社副社长文宗武、攀钢日报社总编刘永瑞、西铝报社总编汤莉、《重钢报》历任总编代表王克俊、通讯员代表代丛贵先后发言。

(杨为民)

【重钢科技图书馆】 2000年,重钢科技图书馆共订购中文期刊203种,外文科技期刊14种,报纸42种。采购图书860册,依照《中国图书馆图书分类法》(第四版)分类,按照国家有关标准进行著录和目录组织。对5248册专业性过期期刊合订本重新进行分类加工。全年新办借书证112个,办理阅览证148个。接待读者17500人次,借阅中外文图书、报刊和工业技术标准等文献51000册次。利用图书流动服务车下厂服务151个单位(次),走访二级单位的技术部门130次。开展“文献信息重点课题服务”活动,收集有关重钢公司技术改造的课题43个,无偿提供科技期刊文献138篇,科技图书32册,专业标准43个。

2000年科技图书馆编发《报刊信息》6期,14万字。科技图书馆与重钢团委合作,开展“重钢青年新世纪读书活动”,每周定期在《重钢报》上开辟新书介绍专栏,介绍新版图书。

(唐克洪)

【重钢工会图书馆】 重钢工会图书馆2000年4月迁至大堰二村,图书馆全年藏书14万册,办证1000人,面向社会服务,接待读者6.5万人(次),改造17个旧书架,全年购买新书1200册,订阅92种期刊、16种报纸。坚持每周开放6天,每天9时至20:30时开放。

(余明模)

【钢花影剧院】 钢花影剧院根据重钢公司[1999]510号文件精神和全国总工会关于以文养文的方针,从2000年1月1日起,自负盈亏。3月和6月相继出现当月亏损。钢花影剧院采取措施,加强与重庆市电影公司和中国电影公司联系,争取进口大片,提高上座率;提供电话订票和上门送票等服务项目,稳定团体观众;到二级厂矿进行电影宣传活动15次;举办获文化部金奖的川剧节目《金子》专场演出,举办"笑星晚会"演出;与大渡口区教委联合推出暑期学生电影卡;在重庆全市首创春、秋两季学生专场电影;组织开展学生影评活动,2000年11月,营业收入58840.9元。全年共实现营业额40万元,与1999年相比提高1.2倍。

2000年6月,钢花影剧院经理应香港经贸发展学会邀请、受重庆市电影公司委托,以中华300强影剧院代表的身份赴香港参加第四届"香港国际影视展暨学术研讨会"。

(李建冬)

【重钢文联工作】 2000年3月,重钢文联副秘书长孙建军参加在重庆召开的"中国西部文学联动笔会"、"北碚缙云山西部文学创作中心揭牌仪式"、"重庆市作协西部大开发文学采风动员誓师大会"活动,叶辛、张贤亮、舒婷、阿来、李钢等作家、诗人对《钢花》杂志的作品及重钢作者的作品进行审读、评价。4月21日至22日,重钢文联组织作者在南山公园举行"重钢集团劳动模范事迹通讯稿修改会暨报告文学笔会。"8月中旬,《钢花》杂志2000年第1期推出"重钢劳模报告文学专辑"和"炼铁厂文学社金刀峡笔会作品选登",刊文16篇。12月28日,《钢花》杂志配合重钢公司扭亏脱困工作,推出"太矿文学社作品选"和"钢城春秋"等新专辑、新栏目,刊文45篇。特钢业余作者王作全、李益品被吸纳为重钢公司业余文学创作骨干。文学社廖帝学、沈舟、李科、陈农等20余位作者在市级以上报刊发表作品78篇(首),获奖7项。

2000年10月,杨必位画作《盛年之纪》、《笑送夕阳过斯山》入选辽宁美术出版社出版的《重彩山水画选萃》;蹇文波的画作《三思图》5月份入选中国美协主办的《世纪风中国画展》,并编辑成册;《秋雨》、《榴石图》于9月、12月入选中国美协主办的"2000年中国画展"、"新世纪中国画·书法精品展",均被选编入集。重钢文联推荐水华的《金鸡报晓》等12篇代表作编印2001年挂历。

(孙建军)

【重钢文体活动中心】 重钢工会文体活动中心自1999年8月主体工程水上乐园竣工并经试运行后,2000年5月19日正式对外开放。重钢文体活动中心位于大渡口区大堰二村,占地面积8000平方米,主要场馆有水上乐园(包括标准游泳池、冲浪池、儿童戏水池、环形漂流池各1座)、乒乓、台球棋牌活动及会议室8间,能容纳1400人、集水上健身、休闲娱乐、承办会议活动三大功能为一体的大型文体娱乐场馆,属重庆市大型水上乐园之一。2000年,文体中心配合重钢扭亏脱困向生产单位发放"超目标创水平、战高温夺佳绩"游泳慰问券等免费招待票2500张,并向扭亏工作成效显著的厂处(子公司)发放优惠价游泳票1万张。承接"重钢集团2000年职工游泳比赛"及部分厂(子公司)职工游泳赛,承接重钢集团第一届第七次职代会分会场及部分子公司职代会会议接待服务工作。文体中心水上乐园标准游泳池全年每天早上为重钢冬泳分会会员开放。2000年文体中心水上乐园夏季开放98天,计185场,接待职工顾客5.1万人次,文体活动中心全年接待职工6万人次。

(钟桂富)

【文化艺术活动】 2000年重钢组织春节文艺晚会,200名职工演出16个节目;组织160人的歌舞及龙灯节目参加大渡口区春节演出;组织"三八节"文艺演出,决赛出12名"钢城之星";组织"五一"音乐晚会,邀请重庆民族乐团演出;组织重钢集团国庆大型文艺晚会,260人参演;组织小型文艺演出18场。邀请来重钢演出的节目有获文化部金奖的川剧《金子》、获全国"群星奖"舞蹈大赛创作金奖的舞蹈、获'99中国少儿器乐大赛第1名的二胡独奏、以及电影《麻将棒棒手》剧组的笑星大串演。承办重庆市"篮剑杯"电影歌曲卡拉OK大奖赛颁奖晚会;举办2场巴蜀"笑星晚会"。组织参加全国第九届青年歌手大赛,魏莹莹获重庆赛区业余组美声唱法银奖;组织参加全国第三届"荷花奖"国际标准交谊舞比赛,郑之东、陈宾鸿获常青组(老年)冠军;参加2000年"新意识杯"全国体育舞蹈锦标赛,获常青组冠军;参加"黄果树杯"全国部分城市国标舞、交谊舞公开邀请赛,获拉丁舞常青组冠军;参加重庆市第二届体育舞蹈公开赛暨重庆市机关、企业、大学生国际标准交谊舞比赛,获拉丁舞丙A组第一名、伦巴舞单项第一名。

美术书法活动:"'重阳节'重钢明厂情抓机遇求发展龙年老年人书画现场比赛",52人参赛,作品67件,分老年和中年组进行评奖,82岁的最长者被授予特别奖;

3月组织30件作品参加由重庆书画社举办的重庆迎春10人书画作品展，曾朝华被誉为重庆画鸡一绝；老年书画社创作的204幅书画作品中有86件作品装订成册，参加《中华千禧金龙年》画册比赛，获重庆市二等奖；参加由中国美术家协会为推动和繁荣新世纪的中国画创作、发现与培养新世纪美术人才而举办的“2000年全国中国画作品展”，《秋雨无声》入选；参加第二届《光明日报》美术奖“人济杯”中国画大赛，《榴实图》获优秀奖；参加文化部中国展览交流中心和河南省中国画研究院共同举办的《跨世纪著名中国画家作品邀请展览》，《荷塘印象》入选并获优秀奖；参加由中国美术家协会、云南世博会宣传文化大型活动部、云南省美术家协会共同主办的《世纪·中国风情》中国画大型展览，《三思图》入选；参加“双申杯”全国书画艺术大赛，《春光明媚》获铜奖；参加全国“大红鹰杯”首届中老年书画大赛，长1800毫米、宽970毫米的《夜来赏花时常思我故乡》，被中央电视台书画院收藏；《梅花敢向雪中出》被《美术之友》选刊，同时被收录于《中国扇子艺术精品集》；《盛年之纪》、《笑送夕阳过斯山》入选辽宁美术出版社出版的《重彩山水画选萃》。

为纪念重钢工会成立50周年，与重钢电视台联合制作电视专题片《历程》，组织文体积极分子以表演节目和回忆讲述的方式参与。组织摄影作品和重钢职工画家屡次赴日本、美国等展出和在国内顶级大赛中获奖的作品编辑出版“2001年重钢挂历”。

（孔萍）

【职工体育活动】 2000年，重钢全年组织职工体育竞赛及活动19次2851人参加。指导基层文体活动及开展周末活动45次3650人次参加。发挥单项协会群团组织办体育的积极性，抓好中老年健身体育活动。重钢棋队在元旦、春节、五一、国庆四大节日里坚持开展大象棋残棋有奖测验和象棋、围棋应众擂台赛。重钢公司团委在“五四”期间举办有16家单位参加的“恒达杯”重钢青年7人制足球赛和有17家单位参赛的重钢集团首届青年消防运动会。重钢老年体协坚持每季度办一届“健康杯”门球赛，全年共办4届，39队参赛。重钢桥牌协会自筹资金于11月举办有12单位参加的重钢职工桥牌比赛。重钢冬泳队25名队员参加重庆市2000年元旦漂流长江活动，11月12日成立重庆市冬泳协会重钢分会，发展会员128人。重钢信鸽协会组织春季和秋季竞翔活动6次，共放飞5085羽。重钢太极拳全年办训练班5期，参训学员314人。9月底组织180人参加“庆国庆、庆重阳”武术表演。重钢退工处、中干站、离干办3单位分别组成体育代表团，参加大渡口区首届老年人运动会，退工处获团体总分第1名。3月，在全国桥牌通讯赛重庆赛区比赛中，重钢桥牌队员全洪明、黄堂中获南北组第1名。5月，在重庆市“冷酸灵杯”体育健身舞大赛中，重钢太极拳社改编的《木兰单扇》获表演一等奖。10月，在重庆市第18届“足协杯”足球甲级队联赛中，重钢建设公司队获第3名。12月，在重庆市老年体协第一届委员会暨表彰会上，重钢太极拳社跃进村教学辅导点获重庆市“先进辅导站”称号，重钢太极拳社冷华权、重钢冬泳协会张鼎馨获重庆市“优秀辅导员”称号。

（邓开富）

【离休干部的文体活动】

2000年，重钢离休干部的文体活动项目由11个增加到13个，文体队伍从12个队增加到14个队，全年组织离休干部参加重庆市、大渡口区、重钢和离干办自办各种文体活动130次，参加人数2100人次。2000年3月，离休干部桥牌队参加重庆市桥牌协会组织的“2000年重庆市老年桥牌团体赛”获团体第3名。2000年4月，离休干部袁文庆参加由重庆市老干局、老龄委、老体协、台球协会共同举办的重庆市第四届老年人台球比赛，获台球花式个人第4名。2000年9月，离休干部马志文、潘嘉祥参加大渡口区第一届老年人运动会，分别夺得竞技麻将第1名和第2名，并获该项目团体第4名。2000年9月，离休干部任自聪、岑鹏、钟士福获大渡口区第一届老运会象棋团体第6名。2000年9月，离干陈福全、曹振才、徐恒祯、张浩获大渡口区第一届老运会钓鱼团体第6名；2000年2月，离干门球队参加重庆市“迎春全民健身活动门球赛”大渡口赛区获第8名。2000年9月，离干门球队参加巴南区、九龙坡区、大渡口区、渝中区老干部门球赛获第2名。2000年12月离干桥牌一队参加大渡口区迎“元旦”老年人桥牌邀请赛获团体第1名。

离干办现有重庆一级社会体育指导员1人，台球国家二级裁判1人，门球国家二级裁判1人，门球国家三级裁判1人。

（吴德书）

【退休职工文体活动】

2000年，重钢退工处组织332名退

休中干开展象棋、川牌、麻将、乒乓“迎新春棋牌赛”；组织参加2000年重庆市举办的“全民健身”活动门球通讯比赛（大渡口赛区），获第1名；各工作站根据自身的特点组织参加3个街道组织的春节文艺演出，参加人数250人，先后组团参加大渡口区举办的首届“老年人运动会”，获乒乓、象棋、钓鱼、竞技麻将、门球5个项目比赛团体总分第1名；组织参加重庆市举办的“国益杯”老干部桥牌邀请赛，获第1名；2000年教师节组织150名退休教师到大渡口公园开展教师节游园活动；组织参加重庆市在市劳动人民文化宫举办的“敬老活动周”游园活动，组织“赶猪、打铜锣、猜谜语、投篮、填成语”等10个游艺项目，发出奖品7600份，使用活动经费12000元。

（陈世华）

刊物

【《重钢报》】 《重钢报》由重钢（集团）有限责任公司主办，中共重钢（集团）有限责任公司委员会主管，以宣传企业、贴近职工、服务社会为办报宗旨。重钢报4开4版，周五刊。国内统一刊号为CN50-0023。社长潘向宇、副社长邓先明、总编谭亚夫、常务副总编邓俊高、副总编谭真、总编助理杨为民。读者对象为重钢集团职工、家属及大渡口区市民，发行范围为重钢集团所属单位、大渡口区有关单位、部门及零售。主要在全国冶金行业企业报和重庆市企业报之间进行交流，并向重庆市委宣传部、重庆市委企业工委、重庆市新闻出版局、重庆市新闻工作者协会、新华社重庆分社等单位和部门赠阅。2000年5月下旬，重钢报社购置计算机2台，并与原有计算机（1台）实现共享，转载新华社二路新闻电讯稿件。2000年11月上旬，重钢报社与新华通讯社签订黑白图片新闻供稿协议，与新华通讯社重庆分社签订二路新闻电讯、五路新闻电讯和新闻报刊剪辑共三路文字新闻供稿协议，并随即开通供稿。

（邓俊高）

【《重庆特钢》报】 《重庆特钢》报中共重钢集团特殊钢有限公司委员会主办。1952年11月创刊，4开4版，周三刊，周一、三出正报、周五出周末版。重庆市新闻出版局登证批准出版，登记证号为NO:035，印数5000份。

《重庆特钢》报有编辑、记者8人，具有高级职称的2人、中级职称的4人。设编辑组、记者组、电脑照排室。一版为要闻版，二版为生产经营、社会新闻版，三版为理论学习、文摘版，四版为副刊版。主要栏目有《今日谈》、《社会透视》、《社会一角》、《周末通讯》、《工作研究》、《社会档案》、《金瀑》、《周末好时光》等30多个，报纸在特殊钢公司范围内发行。2000年，《重庆特钢》报共出版发行117期，先后开辟《贯彻职代会精神系列谈》、《下岗分流减员增效实施再就业工程系列谈》、《明厂情抓机遇扭亏脱困求发展》、《营销万里行》等重要栏目5个，刊发评论员文章63篇。组织记者到湖北、四川、贵州、重庆地区采访用户数十家。

《重庆特钢》报2000年有2篇稿件被重庆市企业报协会评为好新闻二、三等奖，1篇被冶金新闻工作者协会评为三等奖。

（李显伦）

【《重钢管理》】 《重钢管理》，重庆新闻出版局核发（渝内字[2000]－215号）；16开本，64页，10万字，季刊。重庆钢铁（集团）有限责任公司主管。重庆钢铁（集团）有限责任公司企业管理协会主办。主编樊道理、副主编李德先、常务副主编程曼黎、编辑部办公室主任康忠。1985年9月创刊，至2000年12月止共出刊86期。2000年出版4期，全年共刊登论文91篇，文摘19篇，信息40条，共计35万字。2000年全年4期发行6000本，读者对象为重钢各单位，并与全国钢铁行业、冶金管理部门及部分大专院校交流。

（康忠）

【《思想工作》】 《思想工作》由重钢党委主管，重钢党委宣传部、重钢职工思想政治工作研究会主办，为职工思想政治工作理论研究类刊物。重钢公司各级党政管理人员为主要读者对象，并定期与全国各省、市62家大中型企业政研会刊物进行交流。季刊，16开，56页，11.2万字，彩色封页。经重庆市新闻出版局批准为重庆市内部资料，2000年准印证号：渝内字（00－304）号。主编朱建派、常务副主编袁广森、邓先明。2000年出版4期，每期印数1300册，全年刊载文章124篇，插图109幅。2000年《思想工作》开辟《学习贯彻十四届五中全会精神》、《学习贯彻“三个代表”重论述》、《厂情教育》、《热点探讨》及《视点》等重点栏目板块。开辟专版，登载国内外短信息，每期短信息平均28条。

（车明华）

【《重钢技术》】 《重钢技术》由重钢公司主管，重庆钢铁集团技术中心钢研所主办，季刊，16开，64页，96000字。主编章金楠、副主编石春华、责任编辑崔艳。准印证号：渝内字(00)－(237)号，创刊于1958年，至2000年12月共出版发行43卷，178期；2000年出版4期，发行量1600本。《重钢技术》以科技进步、技术创新服务为宗旨，主要刊登焦化、炼铁、炼钢、轧钢、铸造、耐火、理化检验、土建、机械、电子、环保等专业的经验总结和科技成果，也刊登国外冶金技术译文和动态信息。除在重钢内部发行外，主要发往全国冶金企事业单位、冶金科研院所、大专院校和有关部门，并与全国冶金技术刊物交流。读者对象：冶金企事业单位专业技术人员和管理人员，科研院所科技人员和大专院校师生。

(崔艳)

【《重钢机动能源》】 《重钢机动能源》系重庆市新闻出版局批准的303号重庆市内部资料期刊，季刊，16开、48页，500册，创刊于1958年，至2000出版发行54期。2000年，出版39.48万字。重庆钢铁(集团)有限责任公司主管。重庆钢铁股份有限责任公司机动处主办。主编董荣华、责任编辑罗绯。

(张炳生)

【《钢花》】 2000年，《钢花》经重庆市新闻出版报刊管理处批准，改为半年刊。主编潘向宇、副主编刘秀英、吉明、孙建军。《钢花》2000年全年出刊两期，16开本，72页，主要刊载《重钢劳模报告文学专辑》、《炼铁厂文学社金刀峡笔会作品选》，《太矿文学社作品选》等专辑和推出《钢城春秋》、《戏苑试笔》、《名著赏析》等新栏目。

(孙建军)

史志

【《重钢年鉴》获全国年鉴校对质量优秀奖】 由中国出版工作者协会中国年鉴研究会主办的年鉴校对质量评比活动已举办五届，其奖次为合格、良好、优秀。《重钢年鉴》连续两次参评均因有一处或半处校对差错而为合格。编纂出版《重钢年鉴》(2000)时，编辑部总结经验，制定《〈重钢年鉴〉校对管理办法》，采取多人初校，专人复校，一人负责的工作方法。对校对人员进行责任心教育，对校对结果注重考核。2000年8月，对初校进行考核，扣奖4人次140元，奖励5人次130元；2001年初，根据《〈重钢年鉴〉校对管理办法》，再次考核，扣奖2人次45元，奖励8人次580元。在整个校对工作中，主编、副主编、编辑及聘请的校对人员各司其职各把一方。对原件的抄正由专人审校，对一校工序采取复校管理，二校工作仍用一校的严要求操作，三校、四校采用不同方式交叉作业，相互检查。2000年11月，在自检满意的情况下，将《重钢年鉴》(2000)卷送北京中国年鉴研究会参加评比，随后接受年鉴研究会随机指定的6处每处5000字的自查。在对30000字的自查中，编辑部组织多人检查，未发现差错，将自查结果报中国年鉴研究会审核。2001年3月初，中国年鉴研究会发出贺信，祝《重钢年鉴》(2000)跃过“良好”获年鉴校对质量优秀奖，并决定在《年鉴信息与研究》杂志封面上刊登《重钢年鉴》彩照。

(刘光军)

【《重钢年鉴》又为“最早出版的年鉴”】 1999年11月15日，重钢发重集档案发[1999]第478号文件《〈重钢年鉴〉(2000)编纂出版工作的通知》，提出“《重钢年鉴》(2000)截稿日期为2000年2月29日”及“2000年1月1日至3月20日一审、二审完毕”的工作目标。重钢年鉴编辑部总结《重钢年鉴》(1999)获全国“1999年度最

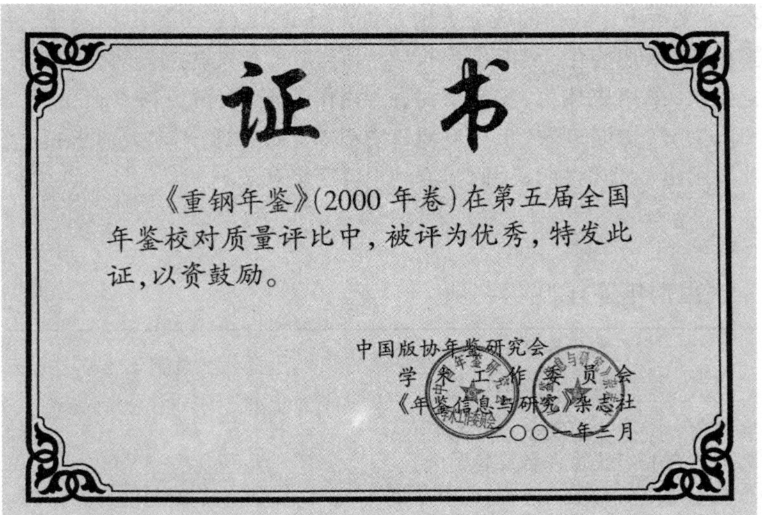

证 书

《重钢年鉴》(2000年卷)在第五届全国年鉴校对质量评比中,被评为优秀,特发此证,以资鼓励。

中国版协年鉴研究会
学术工作委员会
《年鉴信息与研究》杂志社
二〇〇一年三月

早出版的年鉴”(第18位)之经验,编纂2000卷时,在组稿、审稿、校对等工作中都围绕着“《重钢年鉴》尽早尽快服务企业”的指导思想加强管理。2000年3月17,《重钢年鉴》(2000)一审完成,4月10日完成三审,5月23日终审后书稿送至四川科学技术出版社;7月2日开始一校,7月16日三校完毕,8月12日,《重钢年鉴》(2000)正式由四川科学技术出版社出版发行。新闻出版署主管的《年鉴信息与研究》2000年第3期刊发《〈重钢年鉴〉(2000)出版》的消息,在这期公布的“2000年度最早出版的年鉴”中,《重钢年鉴》(2000)为第17位。

(刘光军)

【《建国初期的二十九兵工厂与一零一厂》编纂发行】

1999年12月,中国人民解放军重庆市军事管制委员会接管第二十九兵工厂(重钢前身)50周年纪念,重钢公司举行纪念活动。1999年10月7日,重钢年鉴编辑部受重钢公司指派,接受搜集、整理、编辑有关二十九兵工厂军管会时期的史料任务。重钢年鉴编辑部通过参加座谈会、采访当年军管会工作人员、查阅资料等工作,决定编撰一部以“中国人民解放军重庆市军事管制委员会接管第二十九兵工厂50周年纪念”为主题的史料书籍。经过多项工作后,从七八个书名中选中两个,几经研讨,确定为《建国初期的二十九兵工厂与一零一厂》。

《建国初期的二十九兵工厂与一零一厂》,1999年10月构思,确定主题,设计框架,编辑人员分工。11月份完成采访、搜集资料暨作者完稿,12月26日,军管会接管工厂之纪念日,完成一审。从接受任务到一审完毕,在两个月时间里,重钢档案处发动全部档案人员采访、搜集资料,在重庆、成都、北京走访当年军管会、西南工业部领导刘星、刘柏罗、李文采及吴路青、杨青等老同志,查阅、搜集、整理重钢档案馆、重庆市档案馆、四川省档案馆、中央档案馆及重庆市图书馆所藏资料150万字。国家档案局杨公之副局长多次指示中央档案馆为重钢查阅提供方便,重庆市档案局陆大钺局长、余述文副局长专门就重钢阅档一事作出“热情接待,全力服务”的指示。

2000年1月3日,《建国初期的二十九兵工厂与一零一厂》在四川新华印刷厂排印,2月初,装订7册“样书”分送重钢公司领导、二十九兵工厂军管会领导及部分工作人员审阅。3月正式付印。2000年6月2日,重钢召开“《建国初期的二十九兵工厂与一零一厂》首发式暨赠书仪式”。重钢党委副书记朱建派向二十九兵工厂军管会部分工作人员暨在重钢的老红军、老八路、老同志赠阅。随即,重钢公司向各单位、重庆市有关部门赠书。

《建国初期的二十九兵工厂与一零一厂》20.30万字,12.25印张,16开,硬精装,1000册。刘星、刘柏罗分别题辞:“编写二十九厂(一零一厂)这本书很好”、“发扬两论创业精神永远奋力开拓前进”。重钢公司董事长、总经理、党委书记唐民伟作序,刘柏罗为本书顾问,主审肖邦绪,特邀主编杨祖玉,主编黄二卫,责任编辑、版式设计刘光军。署名作者23人,51篇文章、42幅档案图片(不含彩图)、19份原件(不包括图片)。全书以史籍志书之形式,由文献原件、事件综述,回忆文章组成《概述》、《创建新业》、《重大贡献》、《组级领导》、《政治斗争》、《学习与培养》、《表彰与激励》、《往事重现》、《名录》9部分。记事

纪实,用单个事件记载1949年12月至1952年12月经济恢复时期,重钢职工为新中国建设、发展作出的重大贡献。各部分既独立又包容,不作先后排列、重要与否之分,各文章不作纯粹的区分类别。遵循"史以述为主,不以作为长"之要求,采用史体言,实事求是,事同文异,文同事异,事可互见,文无重出。对原件的采用不作删节,不改原意,文笔工拙不论,保留当时的行文体列。对资料的使用作考证,钩稽史料,匡正谬误。不求全而求真,不求大而求精,坚持字字有来历。

(刘光军)

《重钢年鉴》(2000)奖项

组稿先进单位奖 (按来稿先后)	优秀条目奖 (按成书顺序)	重钢年鉴奖
总工程师室 经济运行处 纪委监察处 股份公司党委办公室 钢管公司 重钢党委宣传部 东源公司	《重钢开展国家大型企业集团试点》(郑弘) 《重钢招聘国有企业经营管理者》(滕明全) 《1999年重钢内部市场管理》(冷强红、黄紫群) 《查处广东粤侨分层混装矿石》(王云飞) 《"以产顶进"》(彭通平、李树清) 《一号连铸机高效化改造》(曾祖谦) 《七号电站拆迁》(邱阳) 《重钢股份公司科技项目》(股份公司钢研所) 《厂务公开工作》(张发明) 《民兵预备役工作》(李敢) 《退休职工增加基本养老金》(陈世华) 《股份公司生产概述》(王国霞) 《重钢六厂建厂40周年》(梁星全、叶贵勤) 《企业负责人生产经营责任制管理》(邱振江) 《营销工作"一个基础两个重点四面出击"》(徐贵冬)	股份公司办公室 进出口公司 钢管公司 建设公司 机械化工程公司 铁业公司

(档案处)

(本部目责任编辑 刘光军
本部目责任校对 陈雪梅)

党委工作

工作机构

【党委办公室概况】 重钢党委办公室是中共重庆钢铁(集团)有限责任公司委员会的综合办事机构,担负着承上启下和综合、协调、督办、服务的职能。在重钢机构建制上,中共重庆钢铁(集团)有限责任公司机关工作委员会的行政关系挂靠重钢党委办公室,称为重钢党委办公室(机关党工委)。2000 年末,重钢党委办公室(机关党工委)定员 15 人,其中管理岗位定员 9 人,操作岗位定员 6 人。管理岗位设党委办公室主任、机关党工委书记 1 人,党委办公室副主任 1 人,秘书科长 1 人,一般管理人员 6 人(实际在岗 5 人)。管理人员中高级政工师 2 人,政工师 4 人,助理政工师 1 人,政工员 1 人。

2000 年,党委办公室协助重钢党委负责人安排部署全年、阶段性重点工作。牵头制定《重钢党委 2000 年工作要点》,提出季度、半年党委重点工作建议。抓好重钢党委安排部署工作贯彻落实的督促检查。牵头组织重钢党委常委带队检查督促基层党委展开推进党建重点工作;牵头组织每季书记例会,检查基层党组织贯彻落实重钢党委安排工作的情况;按照重钢党委每月工作重点,指导督促基层党组织抓好贯彻落实。牵头抓好反对“法轮功”邪教组织的斗争。及时传达贯彻党中央和上级党组织关于与“法轮功”斗争的部署和要求,切实制定和督促落实全年各敏感时期的对策措施,做好对“法轮功”重点人头深挖摸排、帮教监控及办班转化教育的协调工作。牵头抓好稳定工作的协调。对困难、停产和结构调整、减员分流任务重的单位重点关注,加强工作指导,牵头作好稳定工作预案,对发生的不稳定和集访事件,牵头协调各有关部门和单位,妥善化解和处置。做好信息和调研工作。全年收集整理上报重要信息 87 条;调研总结基层党委上半年工作的推进情况、开展党内主题活动的情况及加强和改进思想政治工作、开展厂情教育、深化党风廉政建设的有效作法和经验,指导和促进面上党建工作的开展。根据重钢领导班子成员及有关处室负责人调整的情况,牵头清理重钢 42 个非常设机构,提出调整、归并、撤销的建议。参与重钢兼并重庆特殊钢(集团)有限责任公司工作,牵头组织重钢党群部门与特殊钢公司党群部门就兼并后党群工作的管理、理顺进行了衔接沟通。承担完成每月对党群部门的工作责任制考核,并参与重钢经济责任制考核工作班子每月的考核工作。做好重钢党委秘书、机要、保密、文书处理、会务组织、来信处理、来访接待和后勤服务工作。全年起草党委文件和重要文字材料 11.7 万字,编发《工作简报》17 期、《党委大事记》12 期、《学习参阅材料》7 期,收发传递各类文件材料 34546 份,打印各类文件材料 524 个 32534 份,承担党委各种会议会务工作 62 次,接待来访 128 人次。处理转办信件 131 件。2000 年,党委办公室保持了机关“文明处室”,党办党支部保持了“达标先进党支部”,有 1 名同志被推荐为重庆市反对“法轮功”斗争先进个人,2 名同志被评为重钢稳定工作先进个人。

(陈祖田)

【党委组织部概况】 重钢党委组织部是中共重庆钢铁(集团)有限责任公司委员会的职能部门。主要负责党的组织工作、领导班子建设、党群管理人员管理、党员发展、教育管理、党费管理、评定政工职称管理、领导班子民主生活会、党群干部人事档案管理、党刊订阅发行管理、厂处级干部培训等工作。党委组织部定员6人。2000年末在册职工6人(年初在册职工7人),其中退居二线的专务员1人,具有高级职称的2人。

2000年11月18日,按照重庆市企业党建研究会的要求,重钢牵头组织召开重庆市企业党建研究会九龙坡分会研讨会,24人参加了研讨会活动,交流研讨文章10篇,会上发表论文4篇,获奖论文6篇,其中重庆钢铁股份公司党委撰写的《适应股份制企业运作要求,探索党建工作新路子》一文获优秀论文一等奖。2000年重钢党委组织部被评为重庆市党刊发行先进单位、重钢公司机关作风建设竞赛优胜单位,并保持重钢公司机关文明处室、达标先进党支部称号。

(唐胜平)

条目另见部目

【党组织建设"九五"概述】:《重钢综述》

【党委宣传部概况】 重钢党委宣传部和统战部两块牌子,一套班子,是重钢党委主管职工宣传思想、精神文明建设和统一战线工作的职能部门,机构设宣传科、新闻科、统战综合科、重钢报社、重钢电视台。重钢职工思想政治工作研究会和"三五"普法办公室挂靠宣传部。到2000年底,在岗职工83名,其中,管理技术人员51人,生产操作人员32人。2000年,党委宣传部在重钢公司党委领导下,坚持以邓小平理论和江泽民总书记"三个代表"重要思想为指导,认真贯彻落实党的十五届四中全会、五中全会精神,以生产经营为中心,以厂情教育、扭亏脱困和创建重庆市最佳文明单位为重点,开展宣传思想工作,加强精神文明建设。2000年,重钢电视台被中国冶金文化艺术联合会评为1999—2000年度影视工作先进单位;副部长谭亚夫被评为重庆市2000年度宣传思想先进工作者;副部长邓先明被评为重庆市"三五"普法先进个人。

(杨忠福)

条目另见部目

【厂情教育】:《特载》

【《重钢报》】:《文化教育》

【重钢报社工作】:《文化教育》

【《重钢报》创刊50周年纪念】:《文化教育》

【重钢集团电视台工作】:《文化教育》

【重钢电视台获先进称号】:《文化教育》

【纪委监察处概况】 重钢公司纪委监察处负责重钢公司的党风廉政建设,经济类、失职类违纪违法案件的调查处理,以及执法效能监察工作的开展等。并负责对各子公司纪检监察工作的业务指导和督促。下设党风(信访)室、案件检查室、执法监察室和审理室。2000年末,有在岗职工22人,居休1人。有高级职称的3人,中级职称10人。

(邓春春)

【离休干部工作办公室概况】 2000年底,重钢离干办共有离休干部319人(含特殊钢公司69人),其中老红军4人,享受副地厅级以上政治生活待遇离休干部50人(含特殊钢公司12人)。在岗职工12人,其中管理人员8人,操作人员4人。离干党委有正式党员151人,下设7个党支部,20个党小组。1.2000年5~6月,离干办分三批组织66名老干部分别到厦门、福州、昆明、西安、承德等地进行健康疗休。2.对法轮功骨干分子和犯严重错误的党员进行党纪处理,其中被开除党籍1人,受留党查看处分1人。3.全年收到老干部反映要求落实"两个待遇"方面的问题13件,除1件待中共重庆市委审批以外,其余12件已落实。4.6月份,离干办与重钢团委一起,组织部分老红军、重钢公司原老领导、老八路和重钢的团干部及先进青年到"红岩魂纪念馆"和红岩村参观座谈,对青少年进行革命传统教育。5.10月份分3批共组织30名地厅级离休干部健康体检,其中在重钢医院体检23人,在重庆医科大学附属医院体检7人。6.离干办与重钢医院多次协商,解决了老干部就医难问题,每周星期三下午由重钢医院派专人送药到老干活动室。7.2000年5月,根据渝劳办发[2000]106号文件规定,离干办对重钢241名(太和铁矿、乐山粘土矿除外)离休干部增加工资。8.全年组织老干部参加重庆市、大渡口区、重钢公司各种比赛46次,共540多人参赛,并取得了较好名次。

(张美海)

条目另见部目

【离休干部的文体活动】:《文化教育》

【重钢团委概况】 重钢团委现有直属团委(总支)25个,基层团委(总支)26个,团支部246个,团员3188名,35岁以下青工15981人。专职团干部36名,兼职团干部12名,其中,处级管理人员3名,科级管理人员26名,一般管理人员19名,重钢团委机关管理人员5名。

2000年，重钢团委在重钢兼并重庆特殊钢(集团)有限责任公司后，及时组建重钢集团特殊钢公司团委，先后调整组建机械化公司团总支、股份公司高线厂团总支和装备处团总支。按照创建五四红旗团委和全国团建创新试点工作要求，实施基层团组织按期集中统一换届工作，2000年先后有股份公司动力厂、焦化厂、型钢厂、重钢设计院、职工总医院、生活服务公司、房地产公司、钢管公司、铁业公司、中兴公司、耐火材料公司和重庆钢研所等12个单位完成团组织的换届改选工作。

2000年，重钢团委按照重钢公司“一个中心”、“两件大事”、“三个到位”、“四项要求”的总体目标，在团员青年中开展“明厂情、抓机遇、扭亏脱困求发展”的主题教育活动和形式多样的厂情教育活动。汇同党委宣传部、工会开展“形象化教育”活动，组织职工自编自演以“职业道德、社会公德、家庭美德”教育为主题的文艺汇演活动。以庆祝重钢团委成立50周年为契机，召开纪念大会，开展一系列宣传活动和文体活动，利用《重钢报》、《重庆青年报》、《中国冶金报》、重钢电视、重庆卫视等宣传阵地组织专栏、专版、专题片系列报道宣传重钢共青团工作。先后举办首届“钢铁杯”青年消防运动会、“恒达杯”青年足球赛和“世纪朝阳”文艺汇演。继续开展重钢青年新世纪读书活动，发展重钢青年读书会会员800余名，新成立理论学习组，组织开展“学理论、明形势、增素质”的青年读书系列活动。进一步开展“争创青年文明号、争当青年岗位能手”活动和“青安杯”竞赛活动。组织开展“团员青年身边无安全事故、无质量事故”主题劳动竞赛。举办第十四届青工“技能大王”竞赛，开设车工、电工等14个工种，741名青工参赛。汇同重钢劳资处、党委宣传部、组织部举办第四届“十佳青年科技明星”、“十佳青年岗位明星”评选活动。开展“五四红旗团委”创建活动。围绕重钢生产经营中急、难、险、重工作任务和创建重庆市最佳文明单位的工作目标，开展青年突击队活动和青年志愿者活动以及社区服务、共建文明社区等活动。

2000年，重钢团委先后被团中央、国家冶金工业局、重庆市团委评为“全国企业青年创新创效活动先进单位”、“全国冶金系统青年职工创新创效活动优秀组织单位”、“全国冶金系统青安杯竞赛大钢赛区优秀组织单位”、“重庆市先进团委”称号。

(张兵)

【武装部概况】 2000年重钢公司武装部定员16人，其中管理岗位7人，操作岗位9人。武装部机构设军事人防科和政教综合科，主要负责重钢公司民兵预备役工作、拥军优属工作和人防工作。下辖32个二级单位武装部(含重钢公司大渡口区外各单位)，其中，年初恢复了朝阳气体有限公司武装部，新设电子公司武装部，接收了特殊钢公司武装部。2000年，利用旧库房改建可容80人的民兵国防教育培训中心，统一组织换发专武干部制式服装，修订完善武装部工作职责、制度。重钢公司共有专、兼职武装干部(含第一部长、政委)63人。装备有双37高射炮、高射机枪以及通信器材等，有人防洞2.8万平方米，人防警报台2个及其它人防设备设施。2000年3月，经重庆警备区通报任命，重钢公司党委书记、董事长、总经理唐民伟为重钢公司武装部第一政委、第一部长，重钢公司党委副书记、纪委书记朱建派为重钢公司武装部政委。

(许明光)

党的工作

【中共重钢(集团)有限责任公司委员会工作】 2000年重钢公司各级党组织围绕重钢公司“一个重点、两件大事、三个到位、四项要求”开展党组织的工作。1.学习贯彻党的十五届四中全会精神，为扭亏脱困奠定思想基础。在江泽民总书记“三个代表”重要论述发表和十五届五中全会召开后，重钢公司党委和各单位党组织都及时对“三个代表”和五中全会精神的学习作出部署安排。重钢公司党委和各单位党组织坚持两级中心组集中学习制度、脱产轮训制度，健全完善并实施党委主要领导责任制度、学习成果汇报和经验交流制度、学习检查考核通报制度。2000年，举办学习十五届四中全会精神学习班10期，轮训厂处级干部273人，科级干部200人；重钢公司中心组小集中学习6次，两级中心组大集中学习8次，出勤率达90.5%；各单位党组织轮训党员8439人，参训率达97.15%，职工政治学习受教育面达98%。

2.继续厂情教育。在总结1999年开展厂情教育的基础上，

重钢公司董事长、党委书记、总经理唐民伟
冒酷暑到生产一线慰问职工

2000年的厂情教育突出注意及时性、广泛性、针对性、有效性和激励性。各单位党组织结合本单位扭亏脱困工作的实际，在职工中广泛开展"我为扭亏脱困作贡献"活动，2000年1～10月，重钢公司全体职工提出合理化建议16387条，采纳8207条，实施5135条，创经济效益(含间接效益)4023.02万元，挖潜堵漏洞6277个。

3. 领导班子建设力度加大。制定《重钢(集团)有限责任公司贯彻〈中共重庆市委关于加强领导班子建设若干问题的决定〉的实施意见》，以思想、工作、形象"三到位"要求各级领导班子和成员，要求各级领导干部自警、自励、自我约束，为职工群众树立榜样，以人格的力量凝聚职工扭亏脱困。加强各级领导班子的思想政治建设和厂处级干部的业务培训。上半年，在重钢党校举办6期学习十五届四中全会精神厂处级干部培训班，并对厂处级干部参加培训学习的情况进行通报。下半年，举办1期学习十五届五中全会精神厂处级干部培训班，并组织45名新提厂处级干部和后备干部参加重庆市经济干部管理学院的培训学习。继续开展以"学习、团结、勤政、廉洁"为主要内容的创"四好"领导班子活动。重钢党委组织部与重钢人事处一起对35个厂处班子进行半年工作考核。下半年，开展对厂处领导班子及成员的民主评议和考核。根据德才兼备的标准和"忠诚重钢事业、维护重钢利益"、"想干事、会办事、干实事"的具体标准考核、选用干部，进行"干部考察预告制"、"任前公示制"尝试，并对经营管理不善、扭亏打不开局面，违规违纪、不干实事、影响班子团结，群众对其行为、形象反映较大的领导班子或成员及时进行调整。

4. 党组织和党员的作用在扭亏脱困中有效发挥。①在新设立的机械化工程公司、钢铁股份公司高速线材厂、装备处、原材料处等单位组建党委，并指导这些单位党委建立健全工作制度，迅速正常开展工作。在兼并特殊钢公司后，调整配齐特殊钢公司党委班子，指导特殊钢公司党委精减工作机构，理顺工作关系，保证特殊钢公司党组织工作与行政工作同步到位。②强化党建责任制的落实，把党建工作任务分解落实到党委委员和基层党支部，党委委员指导、协调基层党支部抓好工作的落实。根据结构调整、减员分流、党支部换届，及时调整健全党支部班子。在党校举办了两期支部书记培训班。把专兼职党支部书记的工作业绩与其每月收入分配挂钩。开展党支部工作色度考核和流动红旗"星级支部"竞赛。③各单位党委坚持以"四带头、两个前列"(带头参加改革、带头推进技术创新、带头遵章守纪、带头完成生产工作任务；党员完成生产工作任务指标在班组前列，党员班组长所在班组完成生产工作任务指标在车间前列)要求和教育党员。为重钢扭亏脱困、重庆大发展、西部大开发献计献策，重钢党员共献计献策3500条，参与面达94%。④坚持以党建带团建，指导共青团抓好"推优"工作，不断扩大入党积极分子队伍。全年有447名职工向党组织递交入党申请书。2000年举办入党积极分子培训班4期，培训入党积极分子420人，发展新党员455人。⑤加强党建工作研究，探索新形势、新体制下加强和改进党建工作的方法和途径。股份公司党委探索的《实现生产经营目标党组织工作保证体系》，获重庆市党建研究成果一等奖，被重庆市委企业工委上报中组部，作为重庆市推荐建党80周年表彰的成果。⑥开展党内主题活动。各单位党委在继续开展"争先创优"、"支部达标晋级"、"党员示范岗"、"党员业绩管理"等活动的同时，开展"降成本、增效益、当先锋"、"讲贡献、创佳绩、争一流"、"三无"(无废品、无差错、无事故)、

"两减半"(钢质废品和质量异议两减半)、"争当四个能手"(销售能手、增效能手、收款能手、优质服务能手)、"我为扭亏尽一份责任、干一件实事"等党内主题活动。在2000年扭亏脱困工作中,达标党支部达到90.56%,其中先进达标党支部占46.53%;党员完成生产工作任务在班组前列的8465人,占在岗党员的83.42%,党员班组长所在班组完成生产工作和任务指标在车间前列的有1900人,占党员班组长的89.54%,党员中生产技术业务骨干8398人,占在岗党员的82.76%,全体在岗党员发挥先锋模范作用好和较好的比例达94.32%。

5. 继续加强党风廉洁建设。①以警示教育为重点,分阶段、分层次、有重点地在党员干部和重要部门管理人员中进行"一看、二学、三讨论、四整改提高"的党性党风党纪教育。看:组织广大党员干部观看电影《生死抉择》、收看电教片、图片展;学:分层次组织党员干部学习反腐倡廉理论和典型案例剖析材料;讨论:在"看"、"学"的基础上,组织不同层次人员联系本单位生产经营管理实际和存在的问题讨论,提出意见建议和整改措施,并引导党员干部开展"四查四看"(查权力意识,看自己是否秉公用权;查责任意识,看是否尽职尽责;查民主意识,看是否自觉接受监督;查自律意识,看是否存在不廉洁)。②进一步落实党风廉洁建设责任制,促进领导干部廉洁自律。对直接影响领导干部形象的手机、办公小车、秘书配备和出国问题进行专项清理和规范。重钢公司和厂处两级领导班子开好廉洁自律专题民主生活会,对照中纪委四次全会对国有企业领导干部提出的"五条规定、八不准"进行了自我检查。2000年,有5名厂处级以上干部上交了无法拒收的礼金6.3万元,18名厂处级以上干部报告了购房、装修、子女出国等方面的情况。③强化监督制约机制,从源头上防治腐败。对采购、营销、财务等重要部门加强监督制约、对矿石、煤炭等大宗原材料采取分散制约和对设备、备件采购进行集中管理。从厂务公开的工作机制、厂务公开的内容、厂务公开的程序和时间、厂务公开的载体、厂务公开的监督和考核等5个方面进行规范,并把厂务公开与厂情教育、深化改革、企业管理、党风廉政建设相结合。厂务公开在重钢公司已建立和形成三级公开网络,形成以职代会、厂情发布会、职工代表对话会、厂务公开栏为主要载体的行之有效的公开方法和形式。④2000年,重钢效能监察立项93个,提出监察建议203条,建章立制129个,挽回损失440.38万元,避免经济损失1528.59万元,节约资金3146.75万元。⑤2000年1~11月,重钢公司纪检监察部门共收到信访举报128件,受理案件线索38件,立案20件,其中大案13件,要案4件,大要案占立案数的85%。对22人给予党纪政纪处分(其中厂处级干部5人),挽回直接经济损失210万元。

6. 进一步加强精神文明建设和思想政治工作。①两级党委坚持每季一次的职工思想状况调查分析制度,及时总结交流、宣传推广各单位加强和改进思想政治工作的经验、效果和典型事例。重钢总结推荐建设公司党委、股份公司七厂动环车间党支部做好职工思想政治工作的经验,已被重庆市委企业工委以《工作简报》编印下发全市各企业学习借鉴。②继续开展与"法轮功"邪教组织的政治斗争,对33名未转化的"法轮功"人员进行集中办班教育转化,已有15名"法轮功"人员基本转化。③重钢公司党委调整了精神文明建设指导委员会成员。2000年,各二级单位在保持原有各级文明单位称号的基础上,又有6个单位通过重庆市委企业工委文明单位的检查验收,3个单位通过重庆市文明单位检查验收。完成"三五"普法工作,科级以上干部共1419人参加了重庆市干部法制理论知识考试,参考率98.2%,合格率100%;25个子公司和二级单位"三五"普法工作经重钢验收合格。重钢"三五"普法工作通过重庆市法制建设领导小组、法建办、市委企业工委联合组织的检查验收,并被推荐为重庆市和国家经贸委"三五"普法先进单位。

(曹代平)

【领导班子建设】 2000年,是实施重钢(集团)有限责任公司党委加强领导班子建设三年规划和党建三年规划的第三年,也是重钢从困境中奋起,克服困难,扭亏脱困取得突破性进展的一年。1. 加强学习,提高领导干部综合素质。重钢两级领导班子成员带头自觉学习马列主义、毛泽东思想和邓小平理论,坚持"讲学习、讲政治、讲正气"。学习和贯彻党的十五届四中全会《决定》精神和江泽民同志关于"三个代表"的重要思想,坚持两级领导班子中心组学习制度。重钢公司党委和各单位党组织坚持两级中心组集中学习制度、脱产轮训制度、健全完善并实施党委主要领导责任制度、学习检查考核通报制度。2000年重钢公司中心组小集中学习6次,两级中心组大集中学习8次,出勤率达90.5%。2000年举办厂处级管理人员学习十五届四中全会《决定》精神轮训班6期,轮训厂处级干部273人。同时,向全公司通报厂处级管理人员参加十五届四中全会轮训班学习情况,应到338人,实到273人,出勤率达81%。2000年送清华大学学习1人,送重庆市经济管理干部学院学习3人,重钢与重庆市经济管理干部学院联合办班两期,每期两个月,共培训厂处级管理人员及后备干部45人,经考试全部合格。2.坚持领导干部民主生活会制度。重钢党委一直坚持领导干部要过双重组织生活会的制度,两级领导班子成员坚持每年一次民主生活会。2000年各单位领导干部民主生活会制度坚持率为100%,民主生活会的主题是根据重庆市委企业工委的要求召开《领导干部廉洁自律专题民主生活会》,班子成员到会率为96%。提出措施和整改措施完成率为100%。综合评价领导班子民主生活会质量好的单位占30%,较好的占70%。重钢党委组织部、纪委、人事处派出25人次参加所属单位的领导班子民主生活会。3.推行干部人事制度改革,严格干部管理,加大考核力度。2000年为贯彻中共中央办公厅印发的关于《深化干部人事制度改革纲要》,结合重钢实际在提拔任用干部上试行"干部考察预告制"、"任前公示制"尝试,在股份公司焦化厂进行试点,对拟任焦化厂副厂长姚小虎进行了任前公示。对产业公司,股份公司销售处、原材料处领导班子成员进行干部考察预告制,职工普遍接受并赞同这种考察干部的方式方法。在坚持对厂处级干部定期考核的同时,加大了日常考核和跟踪考察的力度。上半年,重钢公司党委组织部与重钢人事处一道对35个厂处班子进行了半年工作考核。下半年,重钢党委组织部、人事处、工会一起开展了对77个厂处领导班子及成员的民主评议,考核41个厂处班子及班子成员,跟踪考察3个单位。对经营管理不善、扭亏打不开局面,违规违纪、不干实事、影响班子团结,"三到位"做得比较差的领导班子及成员及时进行了调整。2000年共调整厂处领导班子69个,交流厂处领导干部39人,新提拔使用58人,免职6人。

(贾志刚)

【党支部建设】 坚持在基层党支部中开展"党支部达标"晋级活动,对党支部工作实行目标管理。要求各基层党支部把改革和生产经营工作的重点、难点、关键、薄弱环节作为开展支部工作的着力点。在支部达标的目标设置上,加大对党支部和党员在完成生产工作任务中发挥作用的考评比例。各单位党组织普遍实行车间行政工作和支部工作指标同下,考核同步的办法,有的单位还对车间主任、支部书记实行连带考核,交叉否决。党委组织部在党校举办两期党支部书记业务知识培训班,培训党支部书记154名。除编写《工作简报》指导面上支部工作的开展外,还请支部工作取得成效的党支部书记给新上岗的支部书记讲课。2000年,重钢公司达标党支部518个,占考评党支部总数的90.56%,其中达标先进党支部214个,占达标党支部总数的46.53%,均达到了重钢公司党委的要求。

(邓泽萱)

【发展党员工作】 2000年重钢党委针对三年来重钢公司出现递交入党申请书人数逐年下降情况开展专题调查,对存在的问题采取措施。重钢党委组织部和重钢党校联合举办两期党支部书记培训班,对近三年新上岗的154名党支部书记进行党务工作培训,重钢党委组织部和重钢团委以各种方式总结推广先进单位的工作经验,把推荐优秀团员青年入党作为向党组织输送新鲜血液的工作主线,形成以培优、学优为先导,育优、推优为渠道的发展优秀团员青年入党的工作模式。做到6个坚持:坚持在制定发展计划前进行调查摸底;坚持从党委、党支部、党小组层层落实扩大入党积极分子队伍工作责任制;坚持分层次开展"谈话"工作;坚持对基层党支部发展党员工作的日常检查和指导;坚持抓好入党积极分子的教育考察和入党前的集中培训;坚持把发展党员工作列入"党支部书记业绩考核"的主要内容。2000年,发展新党员455名,比1999年增加77名;新递交入党申请书的人数为447名,比1999年增加80名,实现重钢公司党委的工作目标。

(何正寿)

【后备干部推荐工作】 2000年重钢党委遵照中共重庆市委企业工委"关于推荐国有企业领导人员后备人选"通知的要求,决定推荐一批重钢领导人员后备人选。推荐的对象和数量:重钢公司正职:党委书记、董事长、总经理。重钢公司副职:党委副书记、副董事长、副总经理、工会主席;正职按1比2推荐,副职按1比1推荐。推荐的基本条件:思想政治素质好,认真执行党和国家的方针、政策与法律法规;有强烈的事业心和责任感,遵纪守法,廉洁自律,求真务实,联系群众;熟悉本行业业务,系统掌握现代管理知识,具有金融、科技、法律、计算机和网络等方面的基础知识,有组织协调和决策能力;身体健康;推荐的资格条件:具有大学本科以上学历或大专学历具有高级专业技术职称;具有企业厂处级以上领导职务任职经历。工作业绩特别突出者可不受任职经历限制。年龄在40岁以下。正职后备人选一般不超过50岁。2000年11月3日由重庆市委企业工委组织主持召开重钢在岗厂处级领导干部参加推荐重钢领导人员后备人选会议。中共重庆市委企业工委副书记刘良才作讲话,此次会议共到会厂处级人员216人(含特殊钢公司25人),推荐出一批比较优秀的人员作为重钢公司后备干部。

2000年重钢公司在对领导班子及后备干部进行定期考察和跟踪考察的基础上,对个别班子、个别岗位进行了交流和调整,从后备干部中提拔使用14人,其中助理提副职9人,科级提副职5人。

(贾志刚)

【基层党组织建设】 2000年,重钢公司党委有直属子公司(二级单位)党委24个,直属党总支2个,基层党支部(总支)615个,党小组1496个(不含党组织关系不在重钢的矿业公司太和铁矿、乐山耐火材料厂)。2000年,重钢公司各级党组织坚持以重钢改革发展稳定为已任,围绕重钢公司"一个重点、两件大事、三个到位、四项要求"的大政方针,开展党组织的工作。年初,各基层党委(总支)根据重钢党委组织部的要求对党员进行轮训。8439名党员参加轮训,参训率达97.15%。围绕"西部大开发、重庆大发展、企业怎么干",引导党员献计献策。全体党员共献计献策3500条,党员参与面达94%。组织党务工作人员参加党建调研,向重钢公司推荐46篇研讨文章。2000年6月23日成立重钢党建研究会,并召开"重钢党建工作暨党支部书记工作研讨会"。重钢党委组织部与党委宣传部一道,组织拍摄党建典型电视片《党员风采》和在《重钢报》上开辟"党旗飘扬"栏目,集中在党的生日"七·一"前后播放和刊登。党委组织部根据母子公司体制要求,做好各单位党组织换届改选和转机建制单位党组织的组建工作。协助、指导乐山耐火材料厂、小南海矿、重庆钢铁研究所、铁业公司、房地产公司、生活服务公司和股份公司炼铁厂、动力厂、型钢厂党组织的换届改选工作。及时组建特殊钢公司党委、纪委,机械化公司党总支委员会、股份公司高速线材厂党总支委员会、装备处党总支委员会。各单位党组织在继续开展"争先创优"、"支部达标晋级"、"党员示范岗"、"党员业绩管理"等活动的同时,启动开展"降成本、增效益、当先锋"、"讲贡献、创佳绩、争一流"、"我为扭亏尽一份责任,干一件实事"等党内主题活动。党员完成生产工作任务在班组前列的有8465人,占在岗党员的83.42%,党员班长所在班组完成生产工作任务指标在车间前列的有1900人,占党员班组长总数的89.54%,党员中生产技术业务骨干8398人,占在岗党员的82.76%;全公司在岗党员发挥先锋模范作用好和比较好的比例达94.32%。

(邓泽萱)

【查处特殊钢公司财务处受贿挪用公款案】 2000年初,重钢兼并多年亏损的重庆特殊钢(集团)有限责任公司后,重钢纪委监察处对特殊钢公司内部违纪违法问题进行清理查处,将涉及特殊钢公司财务处的一起案件线索列为突破重点,派出调查组进驻特殊钢公司,历时数月,突破特殊钢公司财务处处长何明海受贿11万元,伙同财务处资金科长文廷玉挪用公款50万元,供自已和文廷玉的儿子进行营利活动;副处长鞠晓勤受贿3万元;文廷玉与其丈夫特殊钢公司新兴公司下属的聚兴公司经理张必华,套取现金36.8万元据为已有;张必华挪用公款13.8万元的窝案、串案及原特殊钢公司财务处处长周康友、处长助理李运泽分别受贿3.1万元的问题。

(邓春春)

【查处案件】 2000年,重钢公司纪委监察处收到信访举报128件,受理案件线索38件,立案20件,其中大案13件,要案4件,大要案占立案的85%。对22人给予党纪政纪处分,其中党纪处分15人,行政处分20人;受党纪处分的厂处级干部5人,科干5人,其他5人;受政纪处分的厂处级干部5人,科干6人,其他人员9人,通过办案挽回直接经济损失210万元。

(邓春春)

【效能监察】 2000年,重钢公司效能监察立项93个,提出监察建议203条，建章立制129个，挽回经济损失440.38万元，避免经济损失1528.59万元，节约资金3146.75万元。主要针对生产经营中的重点环节和薄弱环节开展效能监察。股份公司围绕矿石采购，查处伪劣矿石1.25万吨，避免经济损失186.72万元，对重钢的违纪计量人员和违规供矿方作出处理。同时加强对取制样操作的监督，实行取制样人员随机抽签安排制；炼铁厂和原料站共同取制样制；专业技术人员和大班长现场跟踪、随机抽查制；取制样人员轮换制等，杜绝伪劣矿石流入下工序。五厂针对轻轨盗用严重的问题，加强对轻轨保管、领用的管理，使轻轨领用量比1999年同期减少51.85吨，节约生产费用16.33万元。

（邓春春）

【专项清理】 2000年，重钢清理个人拖欠公款272人次642万元，收回资金289万元。针对废旧油、废钢铁流失严重的问题，重钢制定《对工业润滑油的使用实施效能监察的暂行办法》，回收各类废油77.69吨，价值44.8万元。加强对废钢铁回收的管理，挽回经济损失11万元，节约资金17.5万元。

（邓春春）

【对采购发包招投标实施监督】 2000年，重钢公司对152个招投标项目实施监督，其中工程项目24个，设备采购项目106个，原材料采购项目22个。节约工程项目资金288.88万元、设备采购资金1430.72万元，原材料采购资金761.07万元，医药采购资金11.8万元，累计2492.47万元。

（邓春春）

【警示教育】 2000年，重钢在党员领导干部中开展警示教育活动，组织14200名党员干部观看反腐倡廉故事片《生死抉择》并讨论。在警示教育活动中，各单位还在党员干部中开展“一看、二学、三议、四查”活动。组织播放《胡长清案件警示录》、《戚火贵的黑白人生》等电教片，组织学习《邓小平论党员领导干部廉洁自律》、江泽民总书记关于“三个代表”的重要论述，以及成克杰、胡长清等典型案例剖析材料等。在各单位巡回展出贪污贿赂图片展。组织党员领导干部在以案说纪活动中，联系自身实际“四查四看”（一查权力意识，看自己是否秉公用权；二查责任意识，看是否尽职尽责；三查民主意识，看是否自觉接受监督；四查自律意识，看是否存在不廉洁）。

（邓春春）

【清理公款购买手机、小车】 2000年，重钢在抓领导干部廉洁自律工作中重点对领导干部用公款购买的手机和各单位的小车进行专项清理，清理出手机464部，按现行市价的30%折卖给个人，并规定任何人一律不得再用公款配置手机。清理办公用小车395辆，没收三家驻外单位豪华小车3辆。重新制定下发办公用车管理办法。

（邓春春）

【2000年二级单位党委换届】 1. 中共重钢集团重庆钢铁研究所第六届委员会、新一届纪律检查委员会选举结果：王周树、苌成山、吴登明、覃昌明、蒋肃曾5位同志为中共重钢集团重庆钢铁研究所第六届委员会委员，向明、许文林、吴登明、周明亮、高艳5位同志为中共重钢集团重庆钢铁研究所新一届纪律检查委员会委员。苌成山同志任中共重钢集团重庆钢铁研究所第六届委员会书记。吴登明同志任中共重钢集团重庆钢铁研究所第六届委员会副书记、新一届纪律检查委员会书记。

2. 中共重钢集团矿业有限公司第一届委员会新一届纪律检查委员会选举结果：王尚文、甘伟前、刘贻民、李春唯、梁正明、黄真庆、詹光模7位同志为中共重钢集团矿业有限公司第一届委员会委员，王光新、文家强、甘伟前、黄真庆、葛利强5位同志为中共重钢集团矿业有限公司新一届纪律检查委员会委员。甘伟前同志任中共重钢集团矿业有限公司第一届委员会书记、新一届纪律检查委员会书记。

3. 中共重庆钢铁集团铁业有限责任公司第五届委员会、新一届纪律检查委员会选举结果：代光荣、李仁生、吴晓华、陈永伦、陈德贵、胡堂智、廖大金7位同志为中共重庆钢铁集团铁业有限责任公司第五届委员会委员，代光荣、朱承祥、张吉、陈廷荣、陈德贵5位同志为中共重庆钢铁集团铁业有限责任公司新一届纪律检查委员会委员。代光荣同志任中共重庆钢铁集团铁业有限责任公司第五届委员会书记、新一届纪律检查委员会书记。

4. 中共重庆钢铁集团房地产有限责任公司第一届委员会、新一届纪律检查委员会选举结果：张红、陈怀萱、郑含燕、黄必华、舒朝平5位同志为中共重庆钢铁集团房地产有限责任公司第一届委员会委员，王朝容、吴世泽、张亚东、陈怀萱、唐晓林5位同志为中共重庆钢铁集团房地产有限责任公司新一届纪律检查委员会委员。陈怀萱同志任中共重庆钢铁集团房地产有限责任公司第一届委员会书记、新一届纪律检查委员会书记。

5. 中共重庆钢铁集团生活服务有限责任公司第四届委员会、新一届纪律检查委员会选举结果：毛辉、方清华、唐世明、唐坤厚、潘龙云5位同志组成中共重庆钢铁集团生活服务有限责任公司第四届委员会委员，王庆福、冷妍、罗永明、唐坤厚、蒲永彤5位同志为中共重庆钢铁集团生活服务有限责任公司新一届纪律检查委员会委员。唐坤厚同志任中共重庆钢铁集团生活服务有限责任公司第四届委员会书记、新一届纪律检查委员会书记。

【组建党委、纪委】 1.2000年1月14日，组建中共重钢集团机械化公司总支部委员会。明安灿同志任中共重钢集团机械化公司总支部委员会副书记（主持工作）。2.2000年1月27日，组建中共重庆钢铁集团特殊钢有限公司委员会、中共重庆钢铁集团特殊钢有限公司纪律检查委员会。张培同志任重庆钢铁集团特殊钢有限公司党委书记；詹正洁同志任重庆钢铁集团特殊钢有限公司党委副书记、纪委书记。

（曹言慧）

【在党外人士中开展“九五”建功活动】 重钢党委从1996年开始，在党外人士中开展以“爱国爱党、敬业爱岗、风雨同舟、振兴重钢”为主要内容的“九五”建功竞赛活动。内容：立足岗位，兢兢业业干好本职工作，全面完成各项生产（工作）任务；围绕提高产品质量、降耗降成本、强化管理、提高效益积极提合理化建议；结合本单位生产经营中的重点、难点和关键环节开展技术攻关活动；主动承担参加重钢技改、科研项目的论证和实施工作；为重钢产品销售和引进项目、资金、技术、人才牵线搭桥；自觉遵守党纪国法和重钢公司的各项规章制度。1. 成立以重钢党委副书记为组长、统战部部长为副组长、各民主党派、侨联、少数民族联谊会、重庆市知识分子联谊会重钢小组等组织负责人为成员的“九五”建功竞赛活动领导小组。2. 下发《关于在党外人士中开展“九五”建功竞赛活动的意见》（重钢党发[1996]6号文件）。3. 各民主党派、重庆市知识分子联谊会重钢小组等有关组织坚持年初做好组织发动工作、半年进行检查，年终总结评比工作。4. 适时组织经验交流会，请民主党派和有关组织介绍如何做好组织发动工作的经验。

“九五”期间，24人（次）党外人士因成绩突出受到重钢公司党委表彰，91人（次）受到表扬。

（杨忠福）

【政治理论教育工作】 2000年年初，党委宣传部在《2000年宣传思想工作要点》中对全年政治理论教育工作提出意见。每个季度末通过《重钢宣传》对阶段性的政治理论学习提出计划安排。2000年，重钢先后组织职工开展了党的十五届四中、五中全会精神，中央和重庆市委、市府关于重钢兼并重庆特殊钢（集团）有限责任公司的决定，江泽民总书记在中纪委第四次全委会上的重要讲话，江泽民总书记关于“三个代表”的重要论述，重庆与西部大开发，厂情教育，新《会计法》，《产品质量法》等内容的学习。重钢公司党委专门发文，对加强两级中心组成员的理论学习提出要求。重钢公司健全完善并坚持党委主要领导责任制度，学习、研讨制度，两级中心组集中学习制度，脱产轮训制度，“述学”报告制度，成果汇报和经验交流制度等一系列学习制度。全年组织两级中心组集中学习10次，并对全体厂处级负责人分期分批进行一次脱产轮训。全年两级中心组成员学习出勤率达到90%以上。党委宣传部坚持不定期地到各单位检查面上的学习情况，检查内容包括单位和个人的学习计划、学习出勤、学习笔记、讨论记录、心得体会文章等，定期通报厂处级负责人参加两级中心组集中学习的情况。

（阳国）

【文明单位创建工作】 2000年，重钢以“巩固重庆市级文明单位，向重庆市最佳文明单位推进”为工作目标，开展创建工作。3月、10月两次调整重钢精神文明建设指导委员会成员；制定和实施《重钢（集团）有限责任公司2000年文明单位建设暨争创重庆市最佳文明单位工作规划》，将创建工作细化为28项具体工作，逐一落实责任部门。按季召开指委会和按月召开创建最佳文明单位联络员会；通过《重钢报》开展“创建最佳文明单位的知识问答”连载，重钢电视台开展“文明单位巡礼”创建文明单位电视专题片展播等活动；修建重钢新厂门，“观景台”，厂区公路路标牌、标语牌，以及厂区公路绿化工程，在重钢厂区公路沿线新建景点和草坪。作好创建最佳文明单位检查验收工作，规范制作汇报材料、电视专题片、荣誉册、资料台帐等。年初，重钢共有16个单位申报新创各级文明单位。2000年，重庆朝阳气体有限公司、重庆钢铁股份有限公司质管处、重庆钢铁股份有限公司五厂创建重庆市文明单位通过检查验收;重庆钢铁股份有限公司、重庆钢铁股份有限公司炼铁厂、重庆钢铁股份有限公司动力厂、重庆钢铁股份有限公司原材料处、重庆钢铁集团产业有限公司炉料总厂、重庆钢铁集团铁业有限责任公司创建重庆市企业工委文明单位通过检查验收;重钢产业公司创建重钢公司文明单位通过检查验收。

至2000年底,重钢共有重庆市文明单位10个,重庆市企业工委文明单位(含同级文明单位)17个,重钢公司文明单位10个。

(龚洋)

【2000年职工思想状况调查分析】 一季度:1. 职工对“两会”寄予期望,希望重钢抓住机遇求发展。对党中央提出实施西部大开发战略表示拥护支持,重钢应做好西部大开发这篇文章,希望重钢主动争取政策,争取资金,争取项目,推进重钢发展。2. 台独分子极度猖狂,职工义愤填膺,决心为祖国统一作出贡献。职工十分关注台湾海峡局势,表示支持党和政府按“一国两制”构想和江总书记八项主张早日解决台湾问题,拥护支持党和政府采取任何措施,包括使用武力解放台湾。3.2000年一季度,重钢出现较大亏损,职工心态复杂,议论颇多。许多职工指出,重钢1999年11、12月份就已止亏,为什么2000年一季度又连续亏损?特殊钢公司1999年下半年以来生产任务不饱满,许多机台停停打打,企业持续亏损,职工对完成今年方针目标信心不足,对企业能否走出困境心中无数。2000年是歌乐山矿石灰石闭坑前生产的最后一年,由于新的支柱产业尚未形成,歌乐山矿职工对前途感到忧虑。热陶瓷公司1、2月累计亏损近200万元,职工对企业现状痛心失望。綦江铁矿由于没有新的经济增长点,靠原有手段经营,1、2月控亏指标均超计划,职工担心不能扭转这种局面。职工医院今年因费用核减,实际需自找四个月工资,职工担心不能按月发放工资。四厂由于清欠工作难度越来越大,职工忧心忡忡。中兴公司现有钢管生产解决不了职工的吃饭问题。一季度职工80元增资被取消,而且基本工资也没拿齐,职工中埋怨情绪抬头。歌乐山矿由于资金紧张,奖金不能按时发放,职工医疗费拖欠较多,加之水泥、加气砖生产线职工月收入只有200元左右,部分职工有怨气,一些技术含量高的工种人员则想往外跑。炼铁厂有职工认为,人员一年年减少,工作一年年增加,考核风险加大,收入却在减少,产生抱怨情绪。机制公司出现亏损,2月份600多名职工每人只有300元工资,少数职工亦有怨气。职工认为,对一季度亏损的原因,应实事求是地讲清情况,消除职工疑虑;对存在的问题和不足,要发动职工群策群力攻关;希望制定措施办法,要多思考、多研究,看是否有可行性,以避免朝令夕改。职工们普遍对重钢新班子寄予厚望,特别对“三个到位”、“四项要求”的提法表示赞赏,希望新班子团结一致,大胆管理,带领重钢走出困境。4. 面上反映出的其他热点问题。一是职工普遍关注今年的减员分流工作。职工认为,按比例搞“一刀切”的方法不可取,应从各单位实际出发减员,担心再减无法正常进行工作。特殊钢公司反映,由于分流政策未出台,职工都在等待、观望,且传言很多。职工们希望畅通分流渠道,尽可能考虑职工的切身利益。建设公司等单位职工中40岁左右人员比例较大,这些职工大多既无文凭,又别无所长,也无年龄优势,担心下岗后全家老小生活无着落。机制公司职工反映,居家休息人员和其他职工到“中心”,若干年后政策变化,怎么办?热陶瓷公司将有550人进“再就业中心”,消息一公布,职工反映强烈,大多数职工对自己三年后的命运感到茫然。还有些职工认为,进“中心”后按社会平均工资缴保险,比现在缴得少,今后退休了工资会少些,因而有看法。二是一些职工对兼并重庆特殊钢(集团)有限责任公司仍有疑虑。少数职工认为,重钢兼并重特是政府行为,是在为政府解难。重钢在自身面临重重困难的情况下接收难以“起死回生”的重特,会被拖垮。特殊钢公司反映,由于兼并政策落实太慢,一些职工感到兼并不兼并没有什么区别。这些职工认为以前党中央、国务院对特殊钢公司还要过问,现在没有谁过问了,希望重钢能扶持一下。三是分配是职工的又一热门话题。铁业公司职工反映说:“1999年全公司职工奋力拼搏实现了止亏,调资有望了,可到现在都没有响动。”一些职工从信息网上了解到公务员将连续三年大幅增加工资,担心重钢这类国企职工的收入在若干年后与社会平均收入水平比有较大差距。炼铁厂有职工反映,生铁产量屡创新高,但现在拿的奖金不如以前10万吨产量时的奖金多。1999年奖金打折发

放,以为年终结算该补的要补,结果一分钱也没补,因而感到失望,有意见。綦江铁矿1999年11月起暂停增资。听说不少单位增资已兑现,该矿职工希望给他们一个说法。他们认为如确实没有经济能力增资,也应把增资部分纳入职工档案记载。四是不稳定因素仍然突出。特殊钢公司拖欠职工债券等欠帐,包括外诊医疗费、专项集资、股票产权证和收入券等,职工反映很大。中兴公司小轧厂名存实亡,剩下的百多名集体职工面临发不出基本生活费的境地。这些职工心态相当不稳,已私下议论,一旦生活费停发,便要找中兴公司和重钢公司领导要饭吃。冶金轧钢厂部分职工认为收入低,冶金材料厂职工因工资拖欠,停产不干。冶金轧材厂职工对该厂个别领导人有意见,将小字报贴到了红楼。另外,农转非劳动力老化人员和非因工死亡职工遗属要求享受最低生活费标准和增加生活费,仍时有上访。

二季度。1. 职工高度评价“三个代表”重要思想,结合实际认真学习贯彻。职工们普遍认为,学习“三个代表”的重要思想,从企业来讲,一定要从发展生产力这个根本任务出发,围绕生产经营中心,搞好各项工作。共产党员要提高工作效率,追求工作效果,真正代表先进生产力的发展要求。2. 重钢生产经营形势趋好,职工精神振奋,扭亏脱困信心增强。职工普遍认为,通过厂情教育,重钢扭亏增盈措施到位,2000年扭亏脱困的目标大有希望。许多职工提出,“钢材市场热,头脑不能热”,要冷静思考,绝不能再犯以前的错误,做到在市场形势不好时也有朋友。3. 面上反映出的其它热点问题。一是减员分流仍是职工关注的热点。职工认为,减员分流搞了多年,每年都按比例减员,这样按比例减员会挫伤职工的积极性,应根据各单位实际情况实施减员分流工作。有的岁数较大的职工认为下岗机率较大,工作则得过且过。销售处反映,该处部分外站职工上岗上不了,下岗的股份公司又不办理,“双解”单位不给补贴,还要职工签字自愿不要补贴,因而这些职工意见很大。二是分配是职工关注的又一热点。一些单位的职工反映,近几个月公司生产经营形势好转,经济效益回升,但在收入分配上体现不明显,认为这样不利于调动职工的积极性。三是炼铁厂职工认为二烧技改是酝酿已久的项目,当初也有人提出过造价与现在相近的球团矿烧结方案,为什么没有被采纳,因而带来损失。重钢应建立决策的科学程序和相应的责任制。4. 各单位反映需要重钢公司协调解决的问题:一是炼铁厂职工反映,缴纳养老保险多年了,职工本人每月都按时上缴了,重钢该给职工缴的部分缴了没有,听说有的单位因效益不好,根本就没有给职工缴,重钢的子公司会不会出现这种情况。建议各子公司对此有个明确的说法。二是退工处反映,居住在渝钢村加厕住宅的部分退休职工希望重钢将这部分住宅纳入出售范围出售。一些退休职工提出,大病医疗保险当初听说是只搞五年,今年是否不搞了,希望得到答复。三是房地产公司共查出违章窃能者四五百户,并先后4次在《重钢报》上公布,然而不少单位并未按规定给予相应处罚,希望各单位引起重视,对窃能者予以处理。四是热陶瓷公司职工反映,重钢有些单位宁愿到外面买耐火制品而不用重钢产品,如有的单位1999年消耗七千万元的耐火制品,但只用了重钢一千多万元的产品。希望做到“肥水不流外人田”。

三季度:1. 广大职工对生产经营工作满意,对实现扭亏脱困目标充满信心。职工普遍对重钢的生产经营工作给予了好评。特殊钢公司职工对分期分批兑付内部集资债券和逐步报销外诊医疗费等表示满意,认为重钢公司和特殊钢公司做了一件大好事。四厂兑现去年的增资后,职工的不满情绪平息。2. 职工普遍对腐败现象深恶痛绝,对开展警示教育和惩治腐败拥护支持。3. 面上反映出的其它热点问题。一是许多职工对思想政治工作得到进一步重视感到欣慰。职工指出,思想政治工作绝不能有“春天、冬天、夏天”之分,不能想抓就抓,不想抓就不抓,需要就抓,不需要就不抓。一定要把它摆在经济工作和其它一切工作的生命线的重要位置,坚持不懈地抓下去。二是湘鄂渝惊天大案也是不少职工关注的热点,职工们普遍希望对湘鄂渝恶性案件的罪犯从重从快严惩,以维护安定团结的局面。4. 各单位反映需重钢公司协调解决的问题。一是退工处许多退休职工对“跃进村加厕方案”至今未动表示不满,对钢花集资解危房工程的进度也不满意。有的退休职工说:“集资时收钱积极,建房就不积极,到时交不了房,我们要通过法律索赔。”另外,居住在新山村球场边乌龟凼的退休职工要求尽快改善居住条件的呼声再起,居住在建设村的退休职工也再次提出加厕的要求。二是重钢公安分局反映，有的二级单位对治安防范工作不重视，往往是“出了问题想到它，不出问题忘了它”，保卫人员专职少，兼职多，还成为减员的重点对象；思想政治工作做得不够，可以通过思想政治工作解决的问题不能很好地解决。矛盾激化后，又往公安部门一推了事。三是中兴公司待岗在家的职工纷纷要求上岗，只要有工作，无论是干什么，或在那里干，都可以接受。四是铁业公司职工对铁业公司职工生病指定到重钢医院就医反映强烈。住进重钢医院，他们就给你大量高价自费药，希望重钢不要指定重钢医院一家给该司职工治病。五是生活服务公司反映，宿管科在 2000 年 8 月安置大学生和转业军人时，连续发生两起原住宿职工欲强占宿舍，不服从管理人员调配，进而殴打管理人员的事情。这一问题仅靠生活服务公司无力解决，他们希望重钢公司引起重视，早作决策。

四季度：1. 职工热情盛赞五中全会。职工们普遍认为，党的十五届五中全会是在世纪之交我国即将胜利完成“九五”计划，改革开放和现代化建设进入新的发展阶段的历史时刻召开的一次重要的会议。2. 对重钢 2000 年工作充分肯定，对重钢前景充满信心。职工对重钢公司领导班子表示信任支持。重钢今年提出的“一个重点、两件大事、三个到位、四项要求”的工作方针，完全符合重钢的实际，体现了实事求是的作风。重钢能够扭亏为盈，与正确决策是分不开的。重钢新班子团结、勤奋、廉洁、干劲大，办实事，并狠抓“警示教育”，严惩违法行为，增强了职工对领导的信任度。把厂情教育作为两件大事之一来抓，确实是抓住了根本。厂情教育活动是近年来重钢开展的各种教育活动中最成功的一次。3. 面上反映出的其它热点、难点问题。一是生产经营形势好转了，职工中希望增加收入的呼声较高，职工认为，扭了亏、有了效益，希望在年终分配上有所体现。重钢公司职工平均工资与国家公务员的收入差距大，在扭亏为盈的情况下适当增加工资有利于巩固和进一步调动职工的积极性。另外，不少职工希望加大 1999 年增资进入工资的比例。二是减员分流仍是一些职工关注的热点问题：减员分流工作越来越难办了；减员分流操作上要具体情况具体对待；不要让职工感到，被减就意味着失业，今后只有过苦日子；希望减员分流应把工作重点放在让职工实现再就业上。职工希望多向市里争取政策。如女职工 20 年工龄办理退休，男职工 30 年工龄办理退休，市里的事业单位可以实行，为什么企业就不能争取实行。三是重庆市从 7 月 1 日起提高职工遗属的生活费，重钢未执行，遗属意见很大，不断上访。四是极少数“法轮功”分子的违法活动也有所反弹。4. 各单位反映需要公司协调解决的问题。一是型钢厂职工希望不要拆除大型轧机。如果拆除了，薄板生产线建设期间的生产怎么办，建议三思而后行。另外，希望早作决策，尽快实施棒材改造方案。二是炼铁厂、原材料处、动力厂、五厂、质管处等单位反映，应尽快解决“文明单位”创建工作的奖励兑现问题。三是职工希望制定规章要多从实际出发，为基层着想，具有可操作性。四是多宣传非钢产业，对科技含量高的产品在资金等方面给予大力扶持，同时，希望重钢的重大活动，扩大集体企业职工的参与率，产业公司轧钢总厂职工视新的 12 万吨棒材生产线为其“生命线”，希望在政策上、资金上大力支持，尽快改造建成这条生产线。五是职工总医院反映，希望重钢全额发放工资，希望职工医院收入按实际额度向该院拨款，希望解决该院新院建设的资金缺口和贷款。六是房地产公司反映，农转非人员长期不缴水电气费，造成房地产公司上百万元的损失。若采取停供能措施，又担心引发不稳定因素。七是生活服务公司职工反映，股份公司的食堂、环卫人员等划归生活服务公司后，转交协议一直未签，职工有想法。八是机制公司职工反映，现在该司生产任务严重不足，但发现仍有工件拿出重钢公司外又返回到该司制作的情况。他们认为，国内大钢厂 0.5 千克以上的锻造件拿出去制作都控制得较严，重钢可借鉴，切实保护好内部市场。九是设计院反映，方案议而不决给设计工作造成难以想象的困境，以至长期以来形成边设计、边出图、边施工的不正常的模式。

（党委宣传部）

【重钢“三五”普法工作】

重钢自 1996 年至 2000 年开展了“三五”普法工作，体现“六抓、六到位、六确保”的特点：抓提高认识，组织到位，确保普法工作规范有序地进行；抓制度建设，督促到位，确保普法教育扎实有效推进；抓层次教育，重点到位，确保普法对象法律素质的提高；抓广泛宣传，深入到位，确保普法学习生动活泼地开展；抓依法维权，落实到位，确保企业和职工的合法权益得到维护;抓治理整顿,措施到位,确保依法治企,从严管企有成效。五年中重钢自编《法律法规选编》和《职工普法读本》共10辑,100万字,涉及法规61个;建立"三有、四同"的制度,学习"有专门制度、专门时间、专门考核",开展工作时作到"同布置、同检查、同考核、同表彰",实行分层教育,分层考核。

按重庆市"领导重视,保障有力;制度健全,措施落实;重点突出,普及到位;宣传到位,形式多样;普治并举,取得成效"的验收标准和重钢公司"组织领导、宣传教育、依法治企"三大项26小项百分制打分验收中,100%的单位都达到标准的基本要求,股份公司、中兴公司、原材料处、钢管公司、设计院、铁业公司、机关党工委、保卫处、质管处、运输部、炼铁厂、动力厂、焦化厂、乐山矿、太和矿、小南海矿、炉料总厂、金洲公司等19个单位为普法先进单位。

中共重庆市委法制建设领导小组、中共重庆市委企业工委的"三五"普法检查验收小组对重钢的"三五"普法工作用了八句话评价:"领导重视,认识到位;组织有力,措施落实;重点突出,点面结合;形式多样,整体推进;舍得投入,经费落实;普治并举,联系实际;分工明确,责任落实;不走过场,注重实效。"

(柳万民)

【机关党的建设】 1. 机关各处室以学习中共十五届四中全会《决定》为主要内容,围绕如何落实本单位重点工作及措施进行讨论,机关党工委对学习作了安排,一是与重钢改革发展尤其是扭亏脱困的实际相结合;二是与"我为扭亏脱困作贡献"献计献策活动相结合;三是与加强机关作风建设相结合,特别要求党员领导干部带头学习、率先垂范,用"三个代表"的要求指导和检验各项工作,真正做到思想到位、工作到位、形象到位。2. 机关厂情教育活动结合处室管理工作的重点,把扭亏脱困和加强管理结合起来,把解决当前的困难和促进长远的发展结合起来。机关厂情教育注重针对性,注重鼓舞职工士气,振奋精神。3. 加强党支部建设,发挥党组织和党员的作用。①及时进行支部组建、换届改选、调整充实支委等工作。新组建支部1个,换届改选支部10个,4个支部增补支委、任免书记。做好入党积极分子队伍的培养教育,坚持标准,积极发展。机关写入党申请书的44人,确定为积极分子的29人;全年送培入党积极分子13人;培养、考察、发展新党员10人;组织13名新党员参加重钢"七一"纪念大会并宣誓。开展党建工作暨支部书记工作研讨。组织撰写研讨材料6篇,在机关"七一"座谈会上进行交流,推荐2篇参加重钢研讨会。②进行党员轮训,重点放在"明厂情、抓机遇、扭亏脱困求发展"教育活动上,以总支、支部为单位开展,采取集中讲课、学习讨论、组织参观、测验等多种形式进行。各处室行政领导和支部书记亲自讲课,支部对党员发挥先锋模范作用提出明确要求,对轮训效果进行了测验。在岗党员437人全部参加轮训,党员的"四了解"、"四清楚"面达到100%。③开展支部达标晋级活动。年初修订印发《2000年机关党支部达标晋级考核标准》。上半年针对查找的差距,提出支部工作的五项要求。年底,经过各支部自查申报,机关党工委检查验收,机关32个总支、支部中、新晋级达标先进支部4个,保持达标先进党总支、支部21个,达标支部6个。④开展"我为扭亏脱困作贡献"主题活动。机关党工委组织各支部参加"西部大开发,重庆怎么办,企业怎么干"献计献策活动,提各种建议69条,被重钢评为先进单位。4. 加强党风廉洁建设。①在重钢开展以案说纪警示教育活动,机关各处室以各种典型案例在职工、党员特别是党员领导干部中开展反腐倡廉教育。组织观看《生死抉择》影片并组织讨论。②年初和7月,分别召开了1999年下半年和2000年上半年处室领导班子民主生活会,各处室班子成员均按要求对照检查半年来的思想和工作实际,找出差距和问题88条,定出整改措施98条。机关党工委对两次民主生活会的情况分别进行通报,指出存在的问题,提出改进意见。5. 完成"三五"普法任务。上半年对机关"三五"普法工作进行自查总结,上交总结报告和验收申请。下半年接受"法建办"组织的检查验收,一次通过,总体评价优秀,被评为重钢集团"三五"普法先进单位。组织机关处、科两级管理人员参加了重庆市2000年干部法制理论知识考试,平均成绩91.9分。

(张开平)

【机关作风建设】 1. 继续开展创建文明处室先进单位活动,重点抓好履行职责、加强管理、搞好服务的结合。2000年,纪委监察处、劳资处、经理办、武装部、总工程师室等处室获机关"文明处室先进单位"称号。2. 加强职业道德建设。重新修订完善机

关岗位行为规范，制做岗位行为规范座牌600个，实行亮牌办公；继续推行服务承诺制度，各处室没有违诺现象发生，机关职工基本能够规范使用文明服务用语。3.机关各处室贯彻重钢公司“加强管理工作会”精神，按照“改进工作作风、提高办事效率、确保工作质量、改善服务态度”的要求，获基层单位好评。机关党工委全年在29个基层单位进行了机关作风问卷测评，满意较满意率为93.66%；机关处室间的横向测评，满意较满意率为98.35%。

（张开平）

【重钢集团2001年党建工作会议】 2000年12月29日，重钢集团2001年党建工作会议在科技大楼一会议室召开。重钢公司党委委员、纪委委员，重钢公司行政负责人，重钢公司机关处室负责人，各子公司、二级单位党政工团主要负责人，钢铁股份公司、特殊钢公司、矿业公司、产业公司直属单位党委书记176人出席大会。会议由重钢公司党委副书记秦海主持，重钢公司党委副书记朱建派代表重钢公司党委作《扎实工作开拓进取在推进重钢持续健康发展中创造新的业绩》报告，重钢公司党委书记唐民伟在会上作了讲话。会上，对1999年以来在职工中开展的“学邯钢、做主人，提一条合理化建议、堵一个生产经营漏洞、人均降耗增效1000元”的“三个一”活动进行了总结和表彰。

（陈祖田）

老干部工作

【离休干部体检】 2000年，重钢根据上级关于两年一次对离休老干部进行体检的规定，将地厅级以上与县处级以下的离休老干部分别安排体检，2000年是地厅级离休老干部体检的时间。此次体检共22人，年龄最小的70岁，最大的82岁，平均年龄74.2岁。体检项目有内科、外科、五官科、妇科及血常规、尿常规、肝功全套、血脂、血糖、癌胚抗原、X线正侧位胸片、B超、胫颅多普勒、心脏造影、心电图、CT等18项。体检结果，老干部罹患的主要疾病多为脑动脉硬化、心血管疾病，耳鼻喉科疾患、白内障、脑萎缩、骨关节病等。

（叶永友）

【离休干部增加工资】 2000年，重钢根据渝劳办发[2000]106号文件《关于企业离休人员增加离休费有关问题的通知》精神，按同职务在职人员晋升一个工资档次的增资额增加离休费；正厅局级40元/人月，副厅局级35元/人月，正县处级30元/人月，副县处级及其以下的离休人员25元/人月，增资时间从1999年10月1日起。本次增资人数为312人。

（吴建霞）

【离休干部医疗保健工作】 2000年，每周星期三上午，重钢职工总医院安排医师到离干办为老干部诊病处方，下午由重钢职工总医院安排人按处方配取药品，送到离干办老干部手中。建立了家庭病房。每月由重钢总医院老年科派人对行动不便的老干部巡诊上门诊治疾病及保健咨询。在重钢公司诊治疾病的老干部的医药费用，直接记入帐卡。在老干部突发急险危重疾病或损伤之时，可通知离干办或老干部本人或家属与重钢小车队联系派车。在外地居住（包括异地安置及年老后到子女身边居住）的老干部与转诊（有部份系居住在重钢公司本部而自行外诊）的老干部发生的医药费逐年增多，2000年外诊经费为70余万元。

（叶永友）

【为离休干部服务】 2000年，离干办制定《重钢离干办职工行为规范》。分三批组织离休干部健康疗休。66人到厦门、福州、昆明、西安、承德等地疗休。实现老干部期盼多年的送医送药到老干活动中心的老大难问题。离干办还与重钢医院一起对长期卧床不起的离休干部开设了家庭病床、由职工医院老年科担负每月定期的家庭巡诊。

(黎忠万)

统战工作

【重钢统战工作】 2000年,重钢统战工作。1. 建立和健全统战工作制度。制定下发《重钢(集团)有限责任公司党委常委联系党外代表人士制度的通知》,使每一位党委常委明确自己所联系的2名党外代表人士,并对如何加强与党外代表人士的联系提出明确的要求。制定《重钢(集团)有限责任公司统一战线工作条例》,对重钢统战工作的对象、内容、原则、方法、组织体系、工作职责、制度和规定等做明确规定。《重钢(集团)有限责任公司统一战线工作条例》被重庆市委统战部以文件形式向全市转发。2. 坚持通过多种形式向统战代表人士通报情况,听取意见和建议。重钢党委书记、董事长、总经理唐民伟、党委副书记朱建派等领导先后在统战人士春节、中秋茶话会和重钢公司的重庆市、大渡口区人大代表、政协委员会上通报重钢公司改革和生产经营情况。党委坚持领导班子民主生活会前,召开民主党派和党外代表人士座谈会征集意见。3. 根据中共重庆市委统战部的要求,经重钢党委常委会讨论,向中共重庆市委统战部推荐6名优秀党外干部。4. 在统战人士中组织《一个中国的原则与台湾问题》、《学习江总书记“三个代表”论述》、《学习贯彻五中全会精神》、《学习江总书记在全国统战工作座谈会上的讲话》等各种学习、座谈会。5. 继续在党外人士中开展“九五”建功活动。年初,召开1998年~1999年度“九五”建功活动总结表彰会,对8名先进个人、37名积极分子给予了表彰,对2000年如何进一步深入开展“九五”建功活动进行动员。在2000年度“九五”建功活动的基础上,又推荐出23名先进个人。6. 全年共接待统战人士来访32人(次),为“三胞”亲属来公司探亲和观光解决用车3人(次),为186名台属、侨属办理台(侨)属证。

2000年10月12日,由重庆市政协副主席、中共重庆市委统战部部长辜文兴带队,重庆市府办公厅、重庆市政协、中共重庆市委统战部等有关部门组成的检查组来重钢检查贯彻落实重庆市政协工作会议精神情况,并进行统战工作调研。辜文兴副主席对重钢党委认真贯彻中共重庆市委政协工作会议精神,坚持把统战政协工作纳入重要议事日程,加强对统战、政协工作的领导,建立健全制度,采取多种形式发挥政协委员和统战人士的作用给予肯定。

2000年,重钢党委统战部拟写的《加强党的领导坚持两个结合努力做好企业统战工作》和《提高认识加强领导切实做好党外代表人物工作》两篇经验交流材料分别在重庆市统战部长会和重庆市培养选拔女干部、少数民族干部、党外干部会上进行书面交流;《重庆统一战线》、《重庆政协报》和《统战信息》等市以上刊物刊用重钢党委统战部送出的稿件和工作信息8篇。

(杨忠福)

【重钢民主党派】 2000年,重钢有6个民主党派共226名成员。

1. 中国国民党革命委员会(民革)重钢总支,党员62人,陈文满任主任委员,周愚任副主任委员,全开华、胡羽、宋晓菊任委员。民革重钢总支下设3个支部。2. 九三学社在重钢有社员110人。2000年,九三学社在重钢的各级基层组织进行了换届。新一届九三学社重钢基层委员会由蓝均鳌任主任委员,张群力、曾朝夕任副主任委员,张小青、余挺进、王之光、李翠华任委员;一支社由曾朝夕任主任委员、赵红任副主任委员,余挺进、王培生、赵力任委员;二支社由张小青任主任委员,甘谦任副主任委员,张群力、申泽慧、罗贵芳任委员;三支社由王之光任主任委员,张鼎馨任副主任委员,陈世政、王远诚、杨学芳任委员;东源支社由黄云任主任委员、何翔、张继琪任委员;中兴公司小组由张鹤祥任组长,胡安国任副组长。3. 中国农工民主党(农工民主党)在重钢有党员25人,建立农工民主党重钢支部,其中,大渡口区有党员16人,陈北超任主任委员,吴安华、向淑鑫、郑建华任委员。农工民主党中兴公司小组有党员9人,由蔡青任组长,余绍义任副组长。4. 中国民主同盟(民盟)在重钢有盟员17人。阎传义任民盟重钢支部主任委员,朱波、张盾任委员。5. 中国致公党(致公党)在重钢有党员8人,张敦梅任组长。6. 中国民主建国会(民建)在重钢有4名会员,其中大渡口地区2人,钢管公司2人,分属民建大渡口支部和巴南区支部。

(杨忠福)

共青团工作

【重钢青年创新创效活动】 2000年,重钢团委按照共青团重庆市委员会关于在青年职工中开展创新创效活动的总体要求,以"推动企业技术创新,实施科技兴企"动员和组织团员青年实施创新创效活动。活动渗透到重钢生产、经营、管理、技术等各个方面。各级团组织依托"青年知识分子协会"各分会,青知技术小组和课题攻关组,组织青年科技人员针对工艺、技术、质量、设备、能耗的重难点问题,开展创新攻关活动,全年完成项目89个,实现经济效益400万元。各级团组织组织青工开展"五小"QC活动,全年完成"五小"QC攻关项目125个,创经济效益270多万元。2000年4月25日,团中央孙金龙书记视察重钢时,对此项工作给予充分肯定。2000年10月,重钢团委被团中央授予"全国企业青年创新创效活动先进单位"称号。

(张兵)

【重钢团委实施全国团建创新试点工作】 2000年10月,重钢团委被团中央团组字[2000]10号文件《关于确定第二批全国团建创新试点单位和试点方向的通知》确定为第二批全国团建创新企业类型试点单位之一。试点方向是:进行企业团组织按期集中统一换届。重钢团委下发《关于重钢开展全国团建创新试点工作的通知》(党组发[2000]4号),确定24家团组织作为试点单位,制定团建创新试点工作方案,并于2000年10月22日召开"重钢团建创新试点工作启动大会"。整个试点工作分为:宣传动员、工作培训、组织实施、总结评价四个阶段进行。重钢团委对团员青年分布状况和团组织的状况进行清理、统计和分析,按照配齐配强班子的总体要求,制定厂、车间二级团组织负责人标准;开展一次示范选举,摸清底数、确定人数、精心筹备的基础上,在股份公司五厂团委先行试点。2000年11月至2001年4月共6个月内全面展开并完成各级团委、总支、支部集中统一换届工作,使团委按每3年一届,团总支、团支部每2年一届的换届改选时间,进行按期统一集中换届工作。股份公司五厂、股份公司焦化厂、中兴公司等12家单位完成基层团组织按期集中统一换届工作。

(查春萍)

【重钢团委创建"全国五四红旗团委"活动】 2000年初,重钢团委被确定为"全国五四红旗团委"创建单位。重钢团委把创建"全国五四红旗团委"活动同创建重钢"五四红旗团委"活动相结合,明确创建"全国五四红旗团委"的内容:1. 班子建设。重钢团委把按期换届作为班子建设的重点,配齐配强团的各级班子。2. 加强对团干部的教育、培训工作,实行团干部业绩考核制度,建立健全团内各项制度。3. 主题活动。开展"立足岗位作贡献,创新创效兴重钢"的青年振兴企业行动;坚持开展争创青年文明号(生产线)、争当青年岗位能手、青年安全杯竞赛、导师带徒、岗位练兵、技能大王竞赛以及青年突击队等活动。以庆祝重钢团委成立50周年为主线,开展"世纪朝阳"文艺汇演、"恒达杯"青年足球赛、首届"钢铁杯"青年消防运动会等文体活动。4. 支部建设。以党建带团建为依托,联合党委组织部,开展"一个党支部带一个团支部"活动,全年共立科技攻关项目175个,参加活动的党员达2244人次,团员青年达3435人次,实现经济效益1585万元。5. 活动阵地。进一步巩固和完善已有的活动阵地的基础上,整合资源,优化外部环境,积极争取活动经费和政策支持。创建活动分为:组织发动、制定措施、建立机制、组织实施、自查评比、验收评价。

重钢团委还根据母子公司运行体制的实际,建立创建工作的管理激励机制,对创建"五四红旗团委"实行目标考核、动态管理,各单位按季填报完成情况表,小结季度工作,明确下季度工作重点,经本单位党、团组织认可后上报,重钢团委逐一检查、落实并按季度、年度进行考核、评价,并反馈意见、建议。2000年,股份公司焦化厂团委获"重庆市十佳五四红旗团委"称号,特殊钢公司轧钢厂团总支荣获"重庆市五四红旗团支部"称号。

(查春萍)

【重钢第四届"双十佳"青年明星】 2000年9月,重钢团委汇同劳资处、党委组织部、宣传部举办重钢第四届"十佳青年科技明星"、"十佳青年岗位明星"评选活动,历时三个月。

十佳青年科技明星:

贺　镇(股份公司炼铁厂)
蒋光胜(电子公司)
杨　君(股份公司钢研所)
黄晓懑(职工总医院)
朱　斌(股份公司七厂)
李志红(股份公司动力厂)
陈晓波(设计院)

吴富强(机制公司)
屈　毅(产业公司)
周汝俊(股份公司焦化厂)

十佳青年岗位明星:

付彬林(建设总公司)
何云峰(特殊钢公司)
张德滢(股份公司质管处)
杨　芒(股份公司销售处)
杨学东(中兴公司)
徐　春(股份公司七厂)
闯绍光(股份公司型钢厂)
周成林(铁业公司)
黄　斌(房地产公司)
黄喜雪(职培中心)

(张兵)

【纪念重钢团委成立50周年】 2000年5月18日,重钢团委成立50周年。4月20日至5月19日,重钢团委先后在《重钢报》、《重庆青年报》刊登《生产经营中的生力军》、《重钢建团50年回眸》、《重钢创建五四红旗团委活动蓬勃开展》等20篇系列报道,在重钢电视、重庆电视中播出6集系列报道《团旗下》以及重钢创新创效活动的专访等,集中展示重钢共青团以及广大团员青年在公司改革发展中作出的积极贡献和丰硕成果。5月18日,召开纪念重钢团委成立50周年暨表彰“五四红旗团委”大会,表彰在“五四红旗团委”创建、“青年文明号(生产线)”创建、“青安杯”竞赛等活动中涌现出的先进集体和个人。5月18日,在神女峰宾馆组织召开重钢团委历届书记座谈会,17位历届团委书记和重钢公司党政工团领导共庆重钢团委成立50周年。在4月29日举办6个比赛项目17家单位参加的首届“钢铁杯”青年消防安全运动会,特殊钢公司首次组队参赛并获集体一等奖,5月18日举行青年自编自演的“世纪朝阳”文艺汇演10多个单位、100多名团员青年参加演出,1000名职工观看了表演,股份公司炼铁厂、电子公司并列获文艺演出一等奖。5月16日至28日,举办16支队伍参赛的“恒达杯”七人制青年足球赛,经过36场小组预赛、半决赛和决赛,股份公司炼铁厂、五厂、建设公司分别获得冠、亚、季军。

(张兵)

人民武装工作

【民兵政治教育改革试点】 2000年3月,重钢武装部接受重庆警备区在重钢开展民兵政治教育改革试点的工作任务。试点工作主要围绕以组织民兵提高“两力”和适应“两个战场”为主线,探索新形势下企业民兵教育的新机制。重钢建立组织领导机构,成立以重钢公司党委书记、武装部第一政委、第一部长唐民伟为主任,重钢公司党委副书记、武装部政委朱建派为副主任,重钢公司工会、组织部、宣传部、党委办、经理办、财务处、劳资处、武装部、团委等部门负责人为成员的教育试点工作委员会,设立计划工作组和教材编写宣传组。设有武装部的各二级单位,均建立教育领导小组;车间、工段亦建立相应的组织,民兵班还选定了教育辅导员。确定各单位党委书记为民兵政治教育第一责任人,将民兵政治教育纳入目标责任,建立健全民兵政治教育制度及考核办法。确定教育基本形式,发挥重钢电视、《重钢报》、《重钢宣传》、《班组生活》、《职工之家》和《宣传专栏》的优势,实行“六体”共振;民兵教育内容着重突出4个方面:教育民兵增强兵的意识,以实际行动为维护祖国统一作贡献;教育民兵投身改革,在扭亏脱困中当先锋;抓好对民兵理想、信念、宗旨、职能的“四个教育”;对民兵进行性质任务、光荣传统和团结创新迎接新挑战、在两个文明建设中作出新贡献的教育。2000年6月6日,重钢公司唐民伟总经理在重庆市民兵政治教育改革经验交流会上作交流发言,会上播放了重钢民兵政治教育录象片。重钢的经验已被成都军区转发西南战区。

(许明光)

【重钢预备役部队活动】 根据重庆市陆军预备役高射炮兵师司令部关于预备役部队整组的命令,重钢预备役部队通信连于2000年4月5日至4月20日进行整组工作,整组后的预备役部队通信连官兵共79人(其中调整预任士兵5人)。2000年4月27日至29日,根据司令部命令,抽调预备役士兵37人(其中建设公司15人,生活服务公司8人,房地产公司7人、机制公司7人)和重钢武装部预任军官6人共计43人进行军事共同科目训练,7月18日接受预师司令部的军事训练考核验收,一次性验收合格。2000年12月,重钢新增预任军官2人:经重庆预备役高炮师司令部下达任职命令,任命重钢武装部蒋兴琪为预师指挥营情报参谋,授上尉军衔;重钢七厂武装部张永华为预师指挥营通信连载波技术员,授上尉军衔。

(罗仁东)

**【参加重庆市城市防空演

习】 2000年6月,重钢武装部接受中共重庆市委、重庆市府、重庆市警备区组织的代号为“渝盾1号”的重庆市夜间城市防空实弹演习任务。重钢成立演习训练办公室,由重钢党委书记、武装部第一政委、第一部长唐民伟任主任,重钢党委副书记、武装部政委朱建派任副主任,武装部部长李明抗负责全面指挥组织实施。演习训练办公室下设筹划协调组、教学训练组、宣传教育组、后勤保障组和安全管理组。分别从炼铁厂、动力厂、七厂、运输部、机制公司、房地产公司、建设公司、运输公司、热陶瓷公司和职工培训中心等单位抽调80名民兵、27名专武干部共107人参加演习训练工作,将民兵组成一个高炮连,分为2个排,8个班。演习任务从2000年6月19日开始至7月30日止为期40天。6月28日、7月13日、7月24日3次组织高炮连在南岸区黄桷垭“一棵树”进行夜间对空实弹射击演习,消耗炮弹400发,牵引火炮进行摩托化行军累计250多公里,人员、武器、车辆安全无事故。重钢公司被中共重庆市委、重庆市府和重庆警备区评为重庆市城市防空演习先进单位;12家抽人参加演习的厂、子公司被大渡口区委、区府、区人武部评为先进单位,5家立三等功,32名人员受嘉奖。

(杨盛学)

【拥军优属工作】 根据重钢在义务兵家属优待金发放兑现工作上存在的问题,1999年底,劳资处、财务处和武装部联合下发《重钢(集团)公司关于贯彻市政府第85号令进一步做好义务兵家属优待金发放的通知》,重钢武装部对各单位义务兵家属优待金落实兑现情况进行了检查。2000年,重钢公司义务兵家属优待金兑现率达100%。2000年1月22日,由重钢公司武装部牵头,重钢公司总经理唐民伟带队,率经理办、人事处、武装部等单位负责人对驻渝十三集团军、重庆警备区、重庆武警总队、重庆陆军预备役高射炮兵师和大渡口区人武部进行走访慰问,并赠送慰问品。春节期间,重钢武装部代表重钢公司对重钢(大渡口区地区)230名老红军、烈属、革命伤残军人、驻边海防、高原部队的重钢军属进行走访慰问,发放慰问品。1月26日,组织召开“2000年春节老红军、军烈属、复转退伍军人代表座谈会”;27日,组织了两场电影招待会,对公司机关复转退伍军人进行慰问;“八一”节前,重钢武装部代表重钢公司向驻渝部队和军事院校寄发慰问信致以节日祝贺。10月25日,重钢武装部牵头组织召开重钢纪念抗美援朝50周年志愿军老战士代表茶话会。

2000年,重钢对优抚对象的慰问面达95%以上。

(李增强)

【专职武装干部队伍建设】 2000年年初,完成重钢公司及各子公司武装部机构、人员的调整,恢复1个武装部(朝阳气体有限公司武装部),新设1个武装部(电子公司武装部),接收1个武装部(特殊钢公司武装部)。调整、任命5个单位(建设公司、原材料处、运输部、朝阳公司、电子公司)的武装部长。坚持每月召开一次武装干部工作会,并将此作为抓好专武干部队伍建设的一种经常性、制度化的形式。3月、10月两次组织各单位武装部长为期10天的军事教学法、民兵整组、队列指挥、高射机枪等专业技术业务培训,理论考核平均成绩96.3分,步枪实弹射击总评优秀。

(李敦)

【民兵预备役工作】 1.完成一年一度的民兵整组及预备役登记统计工作。2000年民兵整组从2月下旬开始至4月上旬结束,完成对21个单位民兵组织的整组工作。重钢公司(大渡口地区)现编有民兵营15个、民兵连99个、民兵应急分队18个,民兵总数3448人(其中基干民兵11个连1059人,普通民兵84个连2389人,民兵专业分队4个连253人)。民兵干部347人(按任免权限下发了任职通报);服预备役3448人(其中服一类预备役1059人,服二类预备役2389人);与军事专业对口的地方专业技术人员1368人。2.完成民兵军事训练和演习任务:①组织重钢高炮民兵连(高炮8门,民兵107人)参加重庆市城市防空演习。②完成轻武器实弹射击训练,全年组织实弹射击21次,参加1000余人次,用弹8259发。③完成职工培训中心新生班54名新生为期一周的军事训练。④组织两次各10天的武装部长业务培训。3.坚持武器出入库登记、定期检查、擦拭保养及安全值班制度。4.完成冬季在重钢公司青年职工中的征兵任务。2000年重钢适龄青工报名应征30人,送体检6人,为部队输送合格兵员3人。5.组织民兵参加两个文明建设。2000年3月,与重钢报社联合恢复了停刊多年的重钢报民兵专版,并完成每月一期的民兵专版组稿出刊工作。全年组织完成新闻稿件136篇,被刊用115篇。组织民兵52人次上街学雷锋为民服务活动。组织了巡逻小分队护厂护库、巡逻执勤。洪讯期间各单位组织民兵防洪抢险应急分队。

(李敢)

【民兵复转退伍军人开展扭亏脱困活动】 2000年,重钢组织发动民兵、复转退伍军人开展扭亏脱困活动。成立以党委书记唐民伟为主任、党委副书记朱建派为副主任,工会、劳资、武装部等10个部门负责人为成员的民兵"参建"工作委员会;各二级单位也建立由行政第一把手担任组长的民兵"参建"工作小组;质管处、运输部、建设公司、炼铁厂、七厂等单位还成立民兵攻关突击队。4月,重钢召开"重钢民兵为企业扭亏脱困作贡献动员誓师大会",唐民伟总经理和重庆警备区政委王志学少将、重庆警备区政治部主任李宗群少将到会并作指示;7月、10月,召开专题会议进行动员。把民兵扭亏脱困工作纳入各级领导目标责任制,实行按级负责、层次管理,实行"五坚持":坚持把思想发动纳入党组织和宣传部门的工作内容;坚持把民兵奖励费用纳入经理、厂长的奖励基金开支;坚持把武装工作情况纳入党委和各级班子年终工作的考核内容;坚持把组织动员民兵,复转退伍军人开展扭亏脱困活动纳入武装部长年度考核目标;坚持每年召开一次民兵"参建"经验交流暨总结表彰大会。利用重钢电视、《重钢报》宣传媒体,开展以"突出改革参建教育,坚定民兵扭亏信心和决心,突出机遇教育,增强民兵,复转退伍军人为扭亏脱困作贡献的责任感和使命感,突出实干教育,增强民兵,复转退伍军人履行参建职能的自觉性"为主题的"三突出"教育。全体民兵和复转退伍军人带头创新实干,充分发挥了7大作用:一是围绕企业扭亏脱困目标,发挥民兵、复转退伍军人在企业攻坚中的骨干作用。二是围绕第一生产力发展,发挥民兵、复转退伍军人在科技兴企中的先锋作用。三是围绕企业物资管理要求,发挥民兵、复转退伍军人在质量监控中的模范作用。四是围绕西部大开发的市政建设发展规划,发挥民兵、复转退伍军人在基础设施建设中的创新作用。五是围绕第三产业需求,发挥民兵、复转退伍军人在优质服务中的能动作用。六是围绕企业安全稳定,发挥民兵、复转退伍军人在护厂维稳中的卫士作用。七是围绕西部大开发战略,发挥民兵、复转退伍军人在寻求新经济增长点中的突击作用。在2000年重钢民兵、复转退伍军人扭亏脱困活动中,15个先进集体、60名先进个人受到表彰。

(李明抗)

协会工作

【重钢思想政治工作研究会】 2000年,重钢思想政治工作研究会有片区学组4个,政研分会39个,个人会员420名。重钢政研会设专职人员2名。4个片区学组活动面达100%。重钢公司政研会6月上旬至7月中旬,根据重庆市政研会下达的课题,开展"企业政工队伍建设状况调查分析"重点课题调研,召开政工人员座谈会2次,发抽样调查问卷100份,形成调研报告,上报有关部门和全国冶金、重庆市政研会。各片区学组和分会提交研究成果,重钢上报全国、全国冶金行业、重庆市政研会优秀成果6项。其中重钢公司唐民伟《对促进重钢非钢产业发展的思考》,朱建派《结合企业实际加强和改进思想政治工作》论文,分获全国冶金政研会第十五次年会优秀论文奖。重钢公司政研会《建立和完善定期职工思想状况调查分析制度》,获2000年重庆市政研会优秀论文三等奖。在全国冶金政研会第十五次年会上,李成甫获"全国冶金政研会创业开拓荣誉奖",袁广森获"全国冶金优秀思想政治工作研究会干部"的称号。在重庆市政研会2000年秘书长会上,重钢政研会对外专题介绍政研工作的典型经验和作法。重钢公司政研会主办的《思想工作》会刊,在保持原有栏目特色的基础上,围绕重钢改革发展和扭亏脱困,开设了《学习贯彻十四届四中、五中全会精神》、《学习贯彻"三个代表"重要论述》、《厂情教育》、《热点探讨》等栏目;开辟3个专版,登载国内外短信息,平均每期28条。会刊全年出版4期,每期11.2万字,全年刊载文章124篇。坚持按月、按季向全国、全国冶金、重庆市政研会通报研究会活动情况;配合上级政研会开展专题调研活动1次,提供重要信息7条,报刊发表6条。订阅上级政研会报刊8种;订阅由全国政研会编印的《2001年加强和改进思想政治工作知识台历》发放至有关部门和子公司。重钢政研会先进事迹入选由全国政研会编辑出版的《创新之路》一书。

(车明华)

【特殊钢公司政研会】 特殊钢公司职工思想政治工作研究会成立于1987年1月,已召开5

次年会。2000 年,特殊钢公司政研会调整领导机构,修改《重钢集团特殊钢有限公司职工思想政治工作研究会(章程)》。政研会下属团体会员单位 49 个,并按生产单位、经营单位、非钢产业分成三个片区开展活动,组建政研学组 10 个。全年组织"党建工作"、"党风廉政建设"、"工会工作"三项论文评比活动,收集论文 95 篇,表彰 30 篇论文作者。组织"沙区党建征文"评比活动,3 篇论文分别被评为二、三等奖。结合企业实际,围绕扭亏脱困、减员分流等中心任务展开全面研讨活动,撰写论文 21 篇,先后在《特钢政工》和《重庆特钢》报上发表。2000 年,政研会会刊《特钢政工》出刊 5 期,发表各种论文 58 篇,编辑出版《班组学习》9 期,25 万字。总结交流二级单位在党建、精神文明建设、思想政治工作、厂情教育等方面的经验 10 份。

(李显伦)

【重钢企业管理协会】 1.《重钢管理》开展扭亏征文活动收到征文稿 40 篇,刊用 21 篇。2. 年初发"2000 年组稿要点"的基础上,重点地组织重钢公司各级负责人和各专业口人员撰写专稿。2000 年,组织刊载唐民伟总经理专稿《治厂必先治党治党务必从严》;樊道理副总经理专稿《抓住西部大开发的机遇大力推进技术创新提高重钢集团公司的市场竞争力》;唐自明副总经理专稿《在阵痛中崛起》;董林副总经理专稿《技术创新是重钢改革和发展的巨大动力》;罗福勤副总经理专稿《加强营销工作的实践与思考》;七厂厂长孙毅杰等《恒达环境管理体系建设和实施》、重庆成人冶金学院院长王洪展的《西部大开发重庆钢铁工业分析》;技术中心主任金华聪《重钢专利工作现状及对策》、规划处刘升春《矿山建设项目投资渠道之探索》。3. 落实重钢"强化管理年"的工作计划,制定《重钢管理》编辑部"强化管理年"工作要点。一是将强化管理年有关工作纳入征文专栏,补充征文稿件的相关内容,组织各单位投入管理年活动。二是强化自身通联队伍管理。本刊编辑部有 70 名特约通讯员。截止 2000 年 12 月 10 日,来稿 216 篇,是 1999 年的 1.8 倍,刊用率上升 25%。4. 与重钢团委合作开展"青年管理论文赛"活动,征稿 70 篇,刊用 11 篇。5. 开展《重钢管理》征求改进意见及需求调查工作,发出调查表 60 份,返馈率达 85%,提出建议或改进意见 30 多条,提出单位具体需求达 40%。有较高参考价值得分率为 80%;对版式、编辑质量、发行管理评价为较好的得分率分别为 75%、70%、78%。6. 向《冶金经济管理》推荐文章。《冶金经济管理》、《企业家论坛》专栏先后发表重钢公司领导樊道理、唐自明、董林的署名文章。7. 组织企协所属专委会及团体会员单位部分负责人观看《A 管理模式》电影。8. 组织专家咨询组为钢铁股份有限公司高速线材轧钢厂进行"组织管理体系方案"论证。9. 在重钢电视台举办"邯钢经营与管理"讲座。10. 申办完成在上级各类协会中重钢负责人任职的调整手续;调整增补编委会成员;完成企协咨询部划归企协管理的接收手续。

(程曼黎)

【重钢科学技术协会】 2000 年,重钢科协有 17 个专业委员会,4 个老年组织和 1 个青年知识分子组织,1532 名科协会员。专职管理人员 9 人,在秘书长领导下开展工作。重钢科协被重庆市科协评为第六届"讲理想、比贡献"竞赛活动先进集体。在 2000 年 9 月 15 日召开的重钢科协四届会员代表大会上,选举产生新一届科协领导班子,把重钢公司一批技术带头人和技术骨干充实到科协的各级组织。清理会员,对 1532 名科协会员换发会员证。重钢科协向上级协会、学会推荐理事或委员 17 名;向重钢公司推荐技术带头人 9 名;推荐论文 132 篇在全国、省、市学术交流会上交流或发表。重钢科技馆开展学术、科普活动 250 次,1.2 万人次参加。2000 年,重钢科协组织签订综合性的技术咨询合同 23 个,开展技术服务 25 次,向重庆市推荐 21 名咨询专家。科技人员提合理化建议 11470 条,实施 3594 项,年创经济效益 2816 万元,参加"讲理想、比贡献"竞赛活动 2600 人次,完成项目 51 项,其中技术攻关 14 项,技术论证 21 项,推广新工艺、新材料 16 项。

2000 年重钢公司科协第四届常务委员、主席、秘书长名册

常务委员 邓强、刘加才、苌成山、李建中、李家春、邹云生、张明富、周宏、周佐生、袁广森、袁进夫、郭德勇、曹敬明、龚文渠、常根非、董林。

名誉主席 唐民伟

主　　席 董林

副 主 席 邓强

秘 书 长 袁广森(兼重钢科技咨询公司经理)

副秘书长 汪祥义

重钢公司科协换届后的各专委会主任委员、副主任委员、学术秘书名录

矿山专委会

主任委员:梁正明

副主任委员:王尚文

学术秘书:魏平

焦化专委会

主任委员:常根非

副主任委员　马平

学术秘书　吴庆德

炼铁专委会:

主任委员　龚文渠

副主任委员　郭德勇、徐刚、李仁生

学术秘书　兰洪

炼钢专委会

主任委员　周宏

副主任委员　邓强、孙毅杰、兰钧鳌、冯仲渝

学术秘书　李斌、何宇明

轧钢专委会:

主任委员　曹敬明

副主任委员　皮开鉴、刘加才、邹云生、熊明祥、李兴国、袁思胜

学术秘书　何玉福

自动化专委会

主任委员　李建中

副主任委员　付三强、何秉专、徐开平

学术秘书　侯刚

冶金设备专委会

主任委员　董荣华

副主任委员　冯成伟、汪蜀浩、罗绯

学术秘书　许渝萍

运输专委会

主任委员　吴文才

副主任委员　雷敬川

学术秘书　韩建洲

能源专委会

主任委员　唐清

副主任委员　付丹、王珏、刘钟、何秀明

学术秘书　吴辉

电机专委会

主任委员　周佐生

副主任委员　沈勇革、吕少伟

秘书长　罗朝珍

质量专委会

主任委员　李家春

副主任委员　贾安才、邹云生、刘世文、袁思胜、孙立

学术秘书　陈肃

安全环保专委会

主任委员　叶光扩

副主任委员　刘贤富、唐培怀

学术秘书　郭相彬

理化专委会

主任委员　程健

副主任委员　杨龙、王升高、朱波、黄启波

学术秘书　李涛、宋晓菊

土建专委会

主任委员　张明富

副主任委员:黎伟、肖蕾、汪海斌

学术秘书　黎伟

耐火材料专委会

主任委员　冯仁华

副主任委员　顾国强

学术秘书　陶权、李兴

医药卫生专委会

主任委员　谭昌会

副主任委员　周学敏、张俊

学术秘书　丁德琴

教育专委会

主任委员　王洪展

副主任委员　田永明、江华荣、阎传义、周上涛

学术秘书　方国定

青年知识分子协会

理事长　刘加才

副理事长　陈文满、黎伟、肖华高

秘书长　张兵

（汪祥义）

【重钢职工技术协会】　成立于1984年4月11日的重庆钢铁(集团)有限责任公司职工技术协会是重钢公司工会直接领导、重钢职工自愿结合开展群众性科技活动的社会团体,是中国职工技协的基层组织,重庆市职工技协的团体会员。2000年重钢技协当选为全国钢铁企业技协联合会理事单位,重庆市职工技协副会长单位,重庆市职工技术进步奖励基金委员会副主任单位,重庆市职工技术进步奖励基金财经监督委员会委员单位。设有技协办公室和技协技术服务部,专职人员4人。会员3900人,下设基层分协会29个,在同级工会领导下围绕本单位生产经营、技术创新等开展“四技”服务活动。有2个专业协会,在重钢技协领导下独立开展活动。

全年各技协会员提合理化建议413条,采纳717条,实施250条,创经济效益900多万元。开展技术培训、技术讲座1445人次,技术比赛参加人数达7573人次。开展推广新技术、新工艺29项,技术攻关18项,创效益达961.8万元。开展“技术开发、技术转让、技术咨询、技术服务”的“四技”服务活动。以人才、信息、技术和组织为优势,开拓市场,先后为重庆南桐矿务局,重庆18中学校、重庆华能滤油机械制造公司等18个单位开展“四技”服务活动。共签“四技”

服务活动合同21项，上交国家税金6万元。获重庆市技协2000年度技术服务竞赛先进集体荣誉称号。

重钢技协领导班子

名誉会长：唐民伟

顾问组长：朱建派

会　　长：潘向宇

副会长：刘秀英　邓强　周佐生　刘樱

秘书长：黄其祥

（黄其祥）

【科协学术活动】 2000年，重钢科协开展学术活动45次，2560人次参加，向重钢公司领导提出建议书24份，均获采纳实施。1.2000年1月，炼铁厂五高炉炉底温度超过上限值800摄氏度，科协炼铁专委会制定维护方案，实施后全年炼铁产量可达80万吨以上。炼铁专委会根据世界最优炉料结构，讨论决定上球团为最优方案，并形成建议书报重钢公司采纳实施。2. 焦化专委会针对焦炉燃烧室的翻修、烘炉、开工方案进行反复论证，并走访了国内其它焦化厂，形成建议书报重钢公司领导批准实施，使焦炉按期达产。3. 轧钢专委会组织对重钢公司轧钢系统“十五”规划编制及结构调整方案的制定，形成《重钢集团轧钢系统“十五”及过渡期结构调整方案》。对重钢产品结构调整的重大项目“板带工程”，反复论证，基本完成“板带工程”前期的产品大纲、厂址选择、工艺布置、设备选型、环评大纲等技术准备工作。4. 自动化专委会提出对重钢公司现有自动化系统改造中选用经济实用和真正低成本的DCS(集散控制系统)应用软件立足自行开发的建议，经采纳实施后，在对转炉和四号、五号高炉计算机系统改造中节约费用近百万元。5. 土建专委会针对二烧主厂房的建设与拆除、焦化厂行车轨道梁加固，组织土建专家利用休息日到现场会诊，提出解决方案。对运输系统重钢公司路桥的重载运行方案、高线厂高效沉淀池抗渗漏方案、朵力小区定位与开发的设计方案进行论证。6. 矿山专委会对太和矿选钛流程“强磁—浮选”方案、太和矿扩邦延深方案、太和矿再磨再选工艺方案进行论证，提出方案，其中选钛流程技改攻关项目已于2000年10月建成投运，各项技术经济指标均达到或超过设计水平，并于11月29日经有关专家评审验收。7. 能源专委会对“七厂用氮量平衡及供应措施方案”、“葛老溪区域锅炉煤改气项目”、“氧气厂新建18000立方米氧气机组”、“十一号水站凉水塔改造方案”进行了论证，向重钢公司领导提出建议书4份。8. 电机专委会提出今后重钢主要电源从目前的双山电站转移到大渡口区新建220千伏电站，在大渡口区新建电站出4回110千伏电源，专供重钢电力的建议，重钢公司已采纳。电机专委会与能源专委会共同提出重钢公司三号电站升压扩容方案。

外部的学术交流活动：全年共组织6次外部学术交流。参加外部交流的科技人员456人次。先后承办四川省金属学会与重庆市金属学会炼钢、连铸学术年会、重庆市金属学会耐火材料学术年会等。安环专委会主任委员叶光扩撰写的《聚硅氯化铁在处理乳化油废水中的应用》在全国冶金行业论文评选中获奖；自动化专委会副主任付三强撰写的《重钢大型加热炉模糊控制系统》论文在《世界仪表与自动化》杂志上发表。

（汪祥义）

（本部目责任编辑　彭地富
本部目责任校对　周　力）

工会工作

职工代表大会

重钢集团工会第一届暨集团公司工会第十三届第十一届职工代表大会第六次会议提案建议意见执行情况报告

(2000 年 12 月 27 日)

重钢公司副总经理　唐自明

主席团、代表同志们：

我受重钢(集团)有限责任公司委托，向大会就十一届六次职工代表大会提案、建议、意见作执行情况报告。

1999 年 12 月，公司第十一届六次职工代表大会会期和闭会期间，行政收到职工代表对公司生产经营、企业管理、改革发展、劳动工资、生活后勤等方面提出的提案、建议、意见共 40 件，均进行了处理，并向提案、建议、意见人给予了书面答复。在 40 件提案、建议、意见中，已经办理了 24 件，正在办理的有 3 件，条件不具备或不符合政策规定不能办理，或需要加以说明的有 13 件。在 40 件提案、建议、意见中，生产经营方面和企业管理方面的有 20 件，占提案、建议、意见的一半，充分体现了公司广大职工高度的主人翁责任感，说明广大职工对公司的生产经营和发展十分关心。对这些提案、建议、意见，公司行政极为重视，进行了认真研究，提出了相应的解决办法，并责成有关部门办理，现将职工代表提出的提案、建议、意见执行情况作如下说明。

一、已经实现和部分实现的提案、建议、意见

关于产业公司职工代表提出的“建立技措项目责任制”的提案。此提案很好，公司有关职能部门已着手制定技术改造工作管理办法，其中关键的一条内容就是项目的责任制，待公司研究之后即可下发执行。我们真诚地感谢职工代表对技改工作的关心、支持，并恳请职工代表随时指出技术进步、技术改造中的问题和不足，使公司生产经营取得更好效益。

关于股份公司质管处职工代表提出的“加强公司资产管理”的提案。集团公司实行母子公司管理体制，对母子公司之间的关系及管理，于今年 2 月 3 日公司颁发了《重钢集团母子公司管理通则(试行)》，对子公司经营管理以及子公司负责人的管理作了具体规定。销售网点也改为销售分公司，对其经营和资金已实行了集中管理。

关于培训中心职工代表提出的“重钢以技术创新高标准、高起点开展专项技术攻关活动”的提案。此提案已采纳。集团公司已从全方位开展了生产、技术、工艺攻关，今年分两批共 14 项已全部下达，并在实施工作中见到了初步成效。

关于中兴公司和钢管公司职工代表提出的“加强技术攻关，提高管坯内在质量，保持 20g 锅炉管部优产品品牌”的建议。此建议很好。集团公司派出副总工程师专门负责此项工作，股份公司也十分重视，年初已成立了由钢研所牵头，七厂、质管处、型钢厂等单位参加的管钢攻关组，目前攻关工作正在有序进行，管钢质量也有一定程度改善。

关于产业公司职工代表提出的“球扁钢批量组织生产”的建

议。此项建议非常好。股份公司已于1999年12月下旬安排了批量生产，每月批量在300—500吨左右，而且各种规格量相应增加，提高了在市场的占有率。

关于股份公司运输部职工代表提出的“加强管理、杜绝偷盗”和“关于废金属废钢资源严重被盗的防范打击”的建议。这两项建议公司非常重视，立即责成钢城公安分局采取措施，加强管理。钢城公安分局针对葛老溪废旧金属、工业原材料被盗严重的问题，从1999年6月中旬开始，开展了以“打现行、破大案、追逃犯、整治治安复杂场所”为主要内容的“严打整治百日活动”，整治中将葛老溪地区作为治安复杂区域进行重点整治。在整治过程中，钢城公安分局共出动公安干警、保卫人员、护厂队员共189人次，捉获现行违法犯罪人员156人，缴获废钢铁31.8吨、生铁26.5吨、合金5.7吨，挽回经济损失14.8万元，给犯罪份子以有力的打击。同时钢城公司分局坚持“以防为主，打防结合，标本兼治”的方针，开展了以“抓安全、查隐患、堵漏洞、整治突出治安问题”为主要内容的安全防范活动。今年元月，分局刘家坝派出所选址设在葛老溪料场，已正式挂牌工作。股份公司原材料处也将保卫科设在葛老溪，同时中夜班由两名职工带领聘请的退役武警巡逻。公安分局进一步强化内部管理，制定了《外聘退役武警的管理制度》，退役武警实行二年轮换一次，坚决惩治违法违纪人员，增强公安干警和护厂人员的责任心，提高业务素质，保证厂区环境的稳定。

关于铁合金公司职工代表提出的“请求加强对集团公司下属铁合金公司的财务监管”的建议。公司对大渡口地区以外子公司的财务人员在1998年就实行了上岗资格登记和确认，对其人员按要求今年进行了继续教育培训，对其财务管理采取不定期检查。对管理较差的子公司，集团公司财务部门将进一步加大检查力度。同时也请各位职工代表监督，多提宝贵意见。

关于股份公司质管处职工代表提出的“加强新产品开发的可行性研究，减少质量异议损失和决策失误”的建议。此建议很好。今后新产品开发要结合公司装备水平，对有难度的开发项目，需经科协炼钢、轧钢等专委会论证，确保开发产品的质量，减少异议，增强产品的市场竞争力。同时技术部门对开发产品实施保驾护航，开展技术攻关，解决生产中的工艺技术问题，提高质量，减少损失。

关于产业公司职工代表提出的“解决产业公司因历史原因造成的资金结算问题”的意见。对三联公司和轧钢总厂形成的138帐户透支，集团公司考虑到产业公司实际困难，已没有作为分配货币资金的考核指标。从今年5月起，已取消了10%的沉淀资金，按当月内部银行结算的收支净额全额分配货币资金。

关于铁业公司职工代表提出的“认真完善、落实内部市场有关规定，内部能办到的事绝不到外部去解决”的意见。1998年集团公司实施母子公司体制运行后，狠抓了内部市场规范管理，并于1998年8月制定下发了《重庆钢铁(集团)有限责任公司内部市场管理规定(暂行)》，文中明确集团公司内部市场的产品、工程及检修、服务等，在质量、价格服务同等条件下，实行内部优先的原则；之后，对各类别情况相应制定了一系列支撑性管理文件，使内部市场管理进一步得到规范。由于集团公司内部市场涉及面广，情况也较复杂，公司还要不断总结，不断完善。内部市场总的原则是“大局为重，立足内供，公平竞争，同等优先”。作为每个子公司都是维护内部市场健康发展的成员，都应自觉参与监督内部市场规范运作，在上下共同努力下，我们相信内部市场管理会朝着规范，健康的方向发展。

关于铁业公司职工代表提出的“强化集团规划功能，统一规划各子公司的专业化发展，发展规划应纳入总的盘子”的意见。集团公司要求各子公司结合集团发展规划，编制好“十五”发展规划，各子公司除了与集团发展规划要保持相对平衡外，要有自身的发展特色。特别是非钢产业子公司更要突出各自的特点，走自己专业化发展的道路。各位代表还有什么好的意见和建议，欢迎多和我们职能处室联系。

关于产业公司职工代表提出的“集团公司对下属子公司在居休人员政策上应统一尺度对待”的意见。集团公司内各子公司居休人员工资均由各子公司承担，产业公司居休人员工资以前由集团公司承担，从1998年开始，逐步由产业公司自行承担。落实居休人员政策，各子公司要做到一视同仁、平等竞争。子公司作为一个法人实体，现应自行承担本公司的居休人员工资。集团分配资金时，视资金状况和子公司生产经营情况进行分配。产业公司下属各总厂的资金平衡应由产业公司协调。

关于股份公司型钢厂职工代表提出的“加大汽车尾气三大‘死角’时间整治力度”的意见。公司极为重视，责成钢城公安分局对该意见进行了认真研究，采取交警路面执勤纠违和定期、定点检查相结合的整治方法，严格管理，过硬执行。调整勤务岗位作息时间，对三大‘死角’时间进行专项整治，有效控制、严格查处。

关于东源公司职工代表提出的“集团公司应为重钢四厂的发展导航”的意见。集团公司把重钢四厂的生存与发展摆在了重要位置。今年2月26日樊道理、董林两位副总带领各相关部门前往四厂，分现实生产及发展两个专题进行了广泛的讨论，并在关于重钢四厂结构调整及“十五”发展规划的会议纪要中明确了其“发展方向是板带材产品的延伸和深加工”，把产品定位在“以镀锌板为代表的涂镀层产品，有市场前景的精密冷轧薄带产品，钢材深加工产品和其他非钢产业的产品”。沿着这种思路开展工作，目标已经基本明确。

关于股份公司质管处职工代表提出的“公司考核分配模式应有利于激励一线生产工人积极性”的意见。股份公司钢股办[2000]第40号文已较为充分全面地考虑了股份公司各单位考核指标的难易程度、重要性等因素，并在分配上拉开了差距。今年各二级单位的分配只与其本单位考核指标挂钩，而不与股份公司利润挂钩，即不再实行分配上的打折作法，且公司只对各二级单位进行考核分配。至于单位职工个人的收入分配，除与所在单位的考核指标和职工个人业绩挂钩外，还要由本单位的考核分配办法来确定。

二、正在办理的提案、建议和意见

关于东源公司职工代表提出的“东源公司资产重组”的意见。公司已经研究决定东源公司的资产重组方案，现正在实施过程中。由于所涉及的问题多，有些问题难度大，目前正在抓紧落实。

关于培训中心职工代表提出的“加大重钢国有经济所有制结构调整力度”的建议。集团公司对下属子公司、小法人和事业型单位(含培训中心)的改革已纳入计划安排，将逐步实施包括职工持股在内的一系列改革措施。

关于产业公司职工代表提出的“给予解决公司山下搬迁、危房拆迁中集体职工的安居住房问题”的意见。根据目前政府规定的房改政策，已全面停止福利分房，公司今后也不再修建福利房，但为解决居住危旧房职工的居住困难，从今年起公司采用集资解危、招商引资等多种方式建房，以逐步改善职工的居住条件。

三、根据有关规定，目前不能办理，或需要加以说明的提案、意见和建议

关于矿业公司綦江铁矿职工代表提出的“把綦江铁矿离退休职工的户籍在大渡口部分交公司管理”的意见。目前，集团公司所属的矿山及其他单位在大渡口居住的离退休人员较多，各单位实行独立经济核算，离退休人员的养老金由统筹和非统筹两部分组成，统筹由社保局支付，非统筹由企业自负，目前还不具备属地管理的条件。

关于中兴公司 职工代表提出的“对中兴公司钢管厂进行技术改造性搬迁”的建议。按照国家的产业政策，中兴公司Ø76机组属国家规定被淘汰的落后设备。对于中兴公司的发展，除中兴公司积极创造条件外，集团公司历来是作为大事来抓，希望中兴公司尽快走出困境。中兴公司职工对中兴公司的生存发展极为关心，表现出主人翁的精神，值得提倡和发扬。

关于铁业公司职工代表提出的“争取实行集团公司及各子公司国税定额上交政策”的建议。根据国家有关政策规定，国税上缴政策只能由国家税务总局决定变更，故该建议暂不能实施，只有等待有合适的时机再行争取。

关于铁合金职工代表提出的“返回电力附加费，向政府争取电价优惠政策”的建议。关于减免1990年~1997年电力附加费的问题，1998年以重集发规发[1998]第273号文上报市经委，经过协调，铁合金公司于1998年列入重庆市封闭型企业，电力附加费作挂帐处理。1999年11月集团公司再次以重集发经发[1999]第350号文上报李德水副市长，经过努力，李副市长于1999年12月27日批示：“请财政局牵头组织有关单位研究一下，看哪些可免，哪些是非交不可的，算个帐报财政审定”。根据李副市长批示，财政局将此文转物价局处理。物价局于2000年2月16日上午召集有关单位开会，对重钢铁合金公司要求减免电力附加费的问题进行了研究，并以渝价[2000]102号文上报市政府，提出重钢铁合金公司从1990年~1997年可减免电力附加费2013.2万元，现已报市政府领导。关于电价的优惠问题，公司曾在市有关会议上发言，要求实行电

价优惠,并于1999年7月重钢与重庆市冶金工业管理局、重庆市化学工业管理局三家联合以重冶局发[1999]20号文上报市政府“关于尽快出台对高能耗产品实行优惠电价的紧急报告”,但至今未得到市里的答复。

关于股份公司质管处职工代表提出的“取缔西昌弯丘铁矿就地验收、就地付款”的建议。西昌在过去相当长的时间,作为公司铁矿石的主要资源地之一,为重钢的生存发展作出了很大的贡献,且是经公司同意设立的机构,只是由于近年整个铁矿石市场、资源取向、运输状况的改变,以及公司对铁矿石质量要求的不断提高,其作用有所减弱。西昌工作组在当地购矿,采取就地验收、付款的方式,是国内钢铁企业通行的方式,且就地取样化验以及到厂后的取样化验,均是由质管处负责。目前西昌仍有几万吨矿石,西昌站今年办理矿石的数量有所增加。在目前状况下,暂不撤销西昌工作组。

关于产业公司职工代表提出的“解决建筑用钢材市场占有率,发挥已属于淘汰Ø500以下轧机晚期效益”的建议。根据国经贸《关于下发2000年钢铁总量控制实施方案要点的通知》、《关于清理整顿小钢铁厂的意见》和《国家冶金工业局关于坚决落实钢铁生产总量控制目标的紧急通知》等有关文件精神和集团公司实际情况,不宜恢复六厂生产。从集团公司整体利益出发,为满足650轧机部分品种和高线一次成材需要,股份公司已决定2000年4月年修后就取消120方坯,生产150方坯。关于集团建筑钢材的生产问题,集团公司总师室正在牵头调查、核实产业公司、长江钢厂用150方坯生产螺纹钢、圆钢的品种规格方案,其宗旨是保证集团稳固占有重庆市建筑用钢材市场,获得集团最佳效益。因此产业公司轧钢总厂要根据各部轧机的实际情况,想方设法对轧机适当的改造,适应用150方坯生产建筑用钢材,扩大其品种规格,提高产品质量、产量。

关于铁业公司职工代表提出的“封闭贷款,生产专用”的建议。封闭贷款政策性强,集团公司多次与市政府有关部门和银行联系、商洽,但因贷款条件要求较高,未予批准。

关于铁合金公司职工代表提出的“集团公司应给铁合金公司政策上的扶持,协助落实资金和办理产品出口许可证”的意见。集团公司十分重视铁合金公司的扭亏工作,在政策上已给予了许多支持,特别是在债权转股权工作中,经过争取,将银行借款485万元转为股权,减少了财务费用支出,同时多次与市政府有关部门和银行商洽贷款事宜,由于各种原因,终未予批准。关于产品出口许可证一事,可委托重钢进出口公司办理。

公司希望各位代表对公司的改革发展、生产经营、企业管理、技术创新等提出更多更好的提案、建议和意见,充分发挥企业主人翁精神,为重钢的生存发展做贡献。

重钢各子公司2000年集体合同执行情况报告

(2000年12月27日)

重钢工会主席　潘向宇

各位代表、同志们:

按照《重钢(集团)有限责任公司关于建立平等协商、集体合同制度的暂行规定》和集团公司的有关要求,今年7月和11月各子公司对集体合同的执行情况进行了自查。在自查的基础上,集团公司分两次对各子公司的集体合同执行情况随同党建检查一道进行了检查。现将检查情况向公司职工代表报告。

一、各子公司集体合同签订情况

2000年重钢(集团)公司共有25家子公司,应签集体合同的子公司有21家,实际签订集体合同的有20家。20家子公司有:钢铁股份公司、特殊钢公司、产业公司、矿业公司、东源公司、钢管公司、铁业公司、建设公司、房地产公司、设计院、中兴公司、机械制造公司、朝阳公司、电子公司、运输公司、新港公司、生活服务公司、热陶瓷公司、耐火材料公司、机械化公司。比1999年增加了5家子公司,即特殊钢公司、热陶瓷公司、朝阳公司、新港公司、机械化公司。

1家未签订集体合同的子公司为铁合金公司。该公司因长期亏损严重而无法签订。

香港公司、进出口公司、监理公司和重庆钢研所因情况特殊未列入签订范围。

二、各子公司集体合同执行情况

从集体合同检查的情况看，今年各子公司集体合同的执行情况总体较好，甲乙双方基本满意。

(一)生产经营目标进度完成情况

各子公司按照集团公司关于落实“一个重点、两件大事、三个到位、四项要求”的总体要求，把提高经济效益实现生产经营目标作为扭亏脱困，推进集体合同贯彻落实的重要内容；各级工会发动职工积极开展“提一条合理化建议、堵一个生产环节漏洞、人均增效一千元”的“三个一”的活动，围绕生产经营的重点、难点开展多种形式的劳动竞赛，协同行政努力实现各项经济技术指标。经检查，今年1～10月，20家子公司中有17家子公司完成了利润进度目标档，分别是：矿业公司、钢管公司、铁业公司、设计院、机制公司、电子公司、运输公司、生活服务公司、钢铁股份公司、建设公司、产业公司、新港公司、朝阳公司、机械化公司、东源公司、房地产公司、热陶瓷公司。只完成了利润进度计划档的单位没有。有3家未完成利润进度计划档，分别是：中兴公司、特殊钢公司、耐材公司。集团公司由于全体职工的共同努力，1～10月实现利润981万元，集团整体扭亏脱困，一举摘掉了亏损帽子。

(二)涉及职工利益的主要条款执行情况

1. 劳动用工方面

在20家子公司中，应签订劳动合同的总人数为54222人，实际签订人数为54080人，签订率为99.74%；其中有12家子公司的签订率为100%。未达到100%的主要是精神病患者，居休后外出人员，被审查人员等。此外，各子公司根据公司的要求和企业自身的需要，加大了分流分离力度，1～11月职工进再就业中心的人数为17279人，出中心人数为5316人。同时，坚持“先企业内部调剂、后面向社会招聘”的用工原则，通过鼓励职工自谋职业，企业开辟新岗位安置等方式实现再就业4675人，全面完成了今年的进出中心任务，确保了本企业用工秩序的稳定。

2. 劳动报酬方面

各子公司的职工劳动报酬严格按考核支付，职工工资的分配方式基本以岗位技能工资为主，其它分配方式作补充。职工人均收入与去年同期比较有增加。

在执行最低工资标准、最低生活费标准的政策中，各子公司依法办事，保证了在岗职工工资和下岗职工的基本生活费按时足额发放。

3. 工作时间和休息休假方面

今年虽然进一步加大了分流分离的力度，但是各子公司坚持按照《劳动法》规定的工作时间和休息休假制度执行。特殊情况需要加班加点的，也按有关规定完善了手续，或以其它方式进行了补偿。个别生产任务不饱和的子公司暂时取消了年休假制度。

4. 保险福利方面

大渡口区范围内的子公司养老保险、失业保险企业承担部分由集团公司财务处统一扣取，职工个人承担部分由各子公司在职工工资上扣取后交集团公司财务处，现两金已足额缴纳；大渡口区外的子公司有不同额度的欠缴情况。按照集团公司的统一安排，各子公司均实行和办理了有突出贡献职工补充养老保险；大渡口区内子公司实行了职工家庭财产补充保险；按照重集工发[1996]261号文件及重集卫发[1999]273号文件的规定，各子公司对参加了医疗保险制度改革和大病互助保险基金会的职工，已足额缴纳了全年应缴部分的保险金。

在职工福利费提取上，各子公司均按国家有关规定进行了提取，并按政府规定划拨了住房公积金。职工困难补助8281人，补助金额78万余元；“庆谈访”29402人次，费用98万余元；职工疗休养(集团公司组织的除外)8601人，疗休金额298万余元，疗休地点包括海南、九寨沟、北海等几十个旅游胜地。

5. 劳动安全与卫生方面

各子公司在抓安全生产和劳动保护方面十分重视，严格执行各项劳动安全、卫生、环境保护法律、法规；积极开展全国性“安康杯”劳动保护安全生产劳动竞赛，保证劳动用品按时发放；加强检查，及时发现问题，及时整改。截止11月底，发生工亡职工2人，重伤9人，轻伤92人。各项安全指标均低于市里下达的标准。

6. 工会经费划拨、上解方面

大渡口区14家子公司工会经费内划已到位，集团工会并按规定予以上解；大渡口区外东源公司、钢管公司、矿业公司工会经费按月足额划拨，其余子公司存在一定差距；工会经费上解除钢管公司外，其余也还存在一定的差距。

7. 职工培训方面

今年以来，各子公司进一步加大了职工培训的力度，截止11月底，共培训15986人次(不含特钢)，全员培训率达54.15%；工程技术人员(含医疗卫生、财务人员)的继续工程教育1891人次,教育率为77.02%。两项培训率均高于年初制定的目标。

三、集体合同执行情况检查中存在的问题及建议

1. 劳动合同问题。按照有关规定,企业内所有职工均应与企业签订劳动合同。但是从检查的情况来看,还有少数几个子公司劳动合同签订率未达到100%;尤其是代管的集体企业签订劳动合同的情况更差。公司有关部门及子公司要对未签订劳动合同的职工作进一步研究分析,提出切实可行的措施,确保劳动合同签订率达到100%。

2. 养老保险金、失业保险金的解缴问题。养老保险、失业保险是社会保障体系的基础之一,直接关系到每个职工的具体利益,关系到改革、发展、稳定的大局。从1~11月的情况看,国企部分欠缴的不多,代管的集体企业部分与要求存在相当的差距。这个问题,各子公司要采取切实可行的措施予以解决。

3. 集体合同职工覆盖面问题。按照全总的要求,集体合同的职工覆盖面要达到90%以上。重钢集团公司从整体来讲,已经达到了92.5%。但是,其中集体职工仅为66.8%。主要原因是部分集体企业正处于改制过程中。这个问题的解决一方面仍应坚持改制一家,签订一家的作法;另一方面要在没有改制又是法人企业的集体单位中积极推行平等协商、集体合同制度,没有必要等到改制以后再签订集体合同。

4. 工会经费划拨、上解问题。工会经费的划拨、上解近几年来一直存在一些问题,各子公司应引起高度重视,按照有关规定及时划拨、上解。

5. 工资协议问题。今年11月,劳动和社会保障部颁发了《工资集体协商试行办法》,要求国内企业依法开展工资集体协商,签订工资协议。并明确规定工资协议作为集体合同附件,与集体合同具有同等效力。国有企业要在试点的基础上逐步推开。因此,各子公司在签订2001年集体合同时,要认真学习、贯彻、落实《工资集体协商试行办法》,进一步完善平等协商、集体合同制度。

关于2000年财务情况及业务招待费使用情况的报告

(2000年12月27日)

重钢公司副总会计师

袁进夫

各位代表:

我受集团公司委托,向大会作重钢(集团)公司2000年财务情况及业务招待费使用情况的报告,请予审议。

2000年是国有企业三年扭亏脱困的最后一年,集团公司抓住今年钢材市场回暖的有利时机,外抓市场强化营销,内抓管理降耗降成本,同时充分利用兼并特钢后的债转股和再就业的政策支持,通过全集团公司广大职工的共同努力,实现了重钢集团整体扭亏为盈,预计全年实现利润2000万元,为重庆市国有企业扭亏脱困作出了重大贡献。

一、2000年财务情况

(一)利润完成情况

1999年集团公司出现巨额亏损,原重钢部分亏损23743万元,重特部分亏损35876万元,共计亏损59619万元。今年1~11月份在消化特钢亏损10030万元后,全集团实现利润1558万元,全年预计实现利润2000万元,比去年扭亏增盈61619万元。

1. 主要增利因素

(1)强化营销,市场环境改善,增利19404万元。

今年,集团公司以市场为导向,适时调整品种结构,强化销售,提高重钢产品的市场占有率,多产适销对路的优质高利产品。钢材销售量全年预计由上年的152万吨上升到170万吨,增销18万吨。平均售价由上年的2303元/吨提高到2415元/吨,每吨升高112元,全年预计增利19040万元。

(2)苦练内功,加强管理,大力降低成本、费用,增效21479万元。

一是从源头抓起,降低原材料采购成本8000万元;二是强化生产组织,增产降成本3000万元;三是推进技术进步,节能降耗4600万元;四是强化管理,降低管理费用、财务费用和各项支出5800万元。

(3)充分争取和利用政策,减少支出21100万元。

一是银行贷款债权转股权,从今年四月一日起停息,当年减少利息支出10200万元;二是利用再就业政策,使企业减少支出10900万元。

2. 各子公司利润完成情况

今年,子公司效益状况比上年有明显改善,特别是股份公司利润大幅度增长为全集团扭亏作出了重大贡献。集团公司所属25个子公司中,全年预计盈利有16家,预计实现利润26339万元,比

上年增利27212万元。其中:钢铁股份公司20040万元,比上年增加22666万元;朝阳公司3206万元,比上年增加1686万元;四厂284万元,比上年增加2355万元;新港公司506万元,比上年增加183万元;钢管公司402万元,比上年增加99万元。

全年预计亏损子公司9家,1～11月已亏损15029万元,预计全年能控亏16590万元,比上年减亏24695万元,其中:特钢公司减亏25175万元、铁合金公司减亏112万元、热陶瓷公司减亏224万元、矿业公司减亏207万元。

(二)资金运作情况

2000年集团公司资金运作较好,货款回笼增加,资金占用下降,资金周转加速,资金支付能力增强,资金运转基本处于良性循环状态。

1. 货款回笼情况

今年,集团公司在强化营销的同时,加大货款回笼力度,把当期货款回笼情况同营销人员经济利益挂钩,效果非常明显。1～11月应收货款598481万元,实收货款601952万元,货款回笼率100.58%,其中:货币资金481478万元,货币回笼率80.45%。全集团资金周转319天,比上年加速65天。职工工资、煤、矿石、电、气、运费、税金、利息等维持简单再生产的资金支付得到保证。

2. 应收帐款情况

近几年来,应收帐款居高不下,一直是困扰集团公司资金周转的一个重要因素。今年,公司利用大环境转暖的有利时机,加大对老欠款的催收力度,采取抵、抹和法律清欠等手段,取得较好效果,应收帐款由年初的207.176万元,降为11月末的199814万元,降低7362万元。但应收帐款仍偏多,远远高于同行业平均水平,截止今年11月底,特钢公司应收帐款余额59487万元、四厂应收帐款余额28317万元、中兴公司应收帐款余额12771万元。

3. 工程项目投资情况

由于今年资金状况较好,公司加大了技改资金的投入,全集团资本性支出27821万元,其中:

股份公司1.8亿元,其中:高线厂14285万元、铁厂球团矿1272万元、大宝坡石灰石矿和景星白云石矿投入1603万元、七厂方坯连铸高效化747万元。

特殊钢公司1250万元。

矿业公司1146万元,其中:歌矿175万元,太和铁矿756万元,其中:球团矿105.6万元,选钛整改163.3万元。

四厂730万元,其中:液压折弯机332万元、冷轧单张镀机厂房接长352万元。

机制公司837万元,其中:轧辊攻关项目424万元、金工车间移地改造268万元。

4. 银行贷款增减情况

今年初,集团公司贷款余额572724万元,1～11月份新增贷款17461万元,其中:特殊钢公司10000万元、股份公司5500万元。1～11月份归还贷款7189万元,其中:股份公司4188万元、母公司1300万元、房地产公司610万元。当年净增贷款10272万元,主要是特殊钢公司新增加。全集团债转股前贷款余额582996万元,债转股后贷款余额235902万元。

5. 对外投资情况

今年,集团公司按“收缩战线、有退有进”原则,调整投资结构,收回无投资回报项目4个,共收回投资2265万元,其中:转让重庆建材股份公司股权应收回投资2833万元,按合同规定已收回投资1700万元,余下部分明年底收回;转让北京卡斯特公司股权收回投资265万元,转让北京东方投资咨询公司股权收回投资200万元;收回北京豆花饭庄投资100万元。

集团公司向中国光大银行参股3900万元,将获取稳定收益。

(三)职工劳保福利支付情况

随着集团公司今年财务状况的好转,职工社会保险费的上交得到保证,职工福利得到明显改善,职工的合法权益得以保障。

1. 职工养老保险费和离退休经费情况

今年1～11月份集团公司共计提职工养老保险费13047.6万元,上交和支付离退休经费13743.5万元,做到了当期职工养老保险费全额上交社保部门和按时支付离退休职工工资,大渡口本部全年预计补缴历年养老保险费欠帐500万元。

2. 职工失业保险费情况

今年1～11月份集团公司共计提职工失业保险费869.8万元,已足额上交,保证了集团公司“双解”工作的正常推进。

3. 人员分流激励基金情况

为搞好集团公司减员增效工作,今年建立了“人员分流激励基金”,1～11月份按工资总额计提1311.6万元(不含特钢),分流职工支出1180.5万元,有力地推动了集团公司人员分流工作。另外,为支持特殊钢公司、产业公司、中兴公司分流人员,集团公司抽出资金,给予上述三单位借款,以解决分流人员一次性补偿问题。

4. 职工住房投入情况

今年集团公司在力所能及的前提下,积极改善职工住房条件,1~11月在解决集资解危房、住宅加厕和计提补贴职工住房公积金等方面投入709.5万元。

5. 职工福利费情况

1~11月份,集团公司计提福利费6763.3万元,实际支出6349.6万元。其中:职工医疗方面支出4456.8万元,保证了职工基本医疗需要。福利设施支出310万元,慰问、看望职工和职工困难补助支出353万元。

集团公司投资4525万元修建的新职工总医院已投入使用,大大改善了职工的医疗条件。

(四)兼并及债转股情况

1. 兼并重特情况

今年元月份,重钢实施兼并重特,兼并前重钢总资产86.36亿元,总负债58.57亿元,资产负债率为67.82%。兼并后重钢集团总资产116.33亿元,总负债95.11亿元,因重特帐面净资产为-6.57亿元(总资产29.97亿元、总负债36.54亿元),兼并后集团公司的资产负债率上升到81.76%。

2. 债转股情况

集团公司积极推进债转股政策的落实,经不懈努力,于2000年7月10日签订了债转股协议。重钢债转股方案及债转股协议已经国务院批准,国家经贸委于2000年11月14日以国经贸产业[2000]1086号文下达,债转股总额为362245万元,其中:

中国工商银行325889万元

中国银行23489万元

中国建设银行8617万元

中国农业银行4250万元

根据债转股方案,债转股后,重钢集团公司注册资本金为454153万元,其中:

重钢代表市政府持股91908万元,占总股本的20.24%;

华融资产公司持股325889万元,占总股本的71.76%;

东方资产公司持股23489万元,占总股本的5.17%;

信达资产公司持股8617万元,占总股本的1.9%;

长城资产公司持股4250万元,占总股本的0.93%;

债转股后重钢资产负债率下降到51%。

(五)1999年子公司利润分配情况

根据重集企管发[2000]第63号《重钢集团母子公司管理通则(试行)》规定,“母公司是重钢集团范围内国有资产的投资主体,对子公司依法享有资产收益权”,集团公司对子公司1999年利润进行了分配。

1999年对盈利子公司除按规定计提所得税、弥补以前年度亏损后,剩余利润60%留给子公司作效益积累,40%分配给投资者,即上交集团公司财务处。今年以来,集团公司共收到上交利润473万元,其中:

进出口公司130.5万元

新港公司101.1万元

房地产公司83.6万元

电子公司55.1万元

建设公司34.8万元

设计院28.4万元

运输公司18.3万元

机制公司16.8万元

生活服务公司4.1万元

另外,机械化公司已上交2000年承包利润150万元。

二、业务招待费的使用情况

根据财务制度规定,企业在生产经营和对外交往中,可按销售收入的一定比例列支业务招待费,2000年1~11月份集团公司按销售收入应计提业务招待费890万元。在对外交往中,根据纪委的规定和有关制度,本着“必要、节俭、适度、热情”的原则,严格控制开支范围、标准和必须经领导批准才能开支的程序进行支出。全集团1~11月份共开支业务招待646.6万元,比制度规定比例降低27.35%。

三、2001年财务工作要点

尽管今年集团公司已实现扭亏为盈,但盈利能力还比较脆弱,除股份公司外其他盈利子公司盈利额较少,而几个亏损子公司亏损额较大,盈亏品迭后集团公司处于盈亏边缘。2001年将面临运输紧张、原材料涨价以及产品价格走势不确定等诸多不利因素,因此,我们必须加倍努力工作,把我们自身的工作做好,把各项措施真正落实到实处,集团公司2001年各项经营目标是能够实现的。

2001年财务工作要点是:

1. 加强全面预算管理,巩固扭亏成果,实现5,000万元利润目标。

各单位要根据集团公司批准的2001年财务预算指标,作好分解落实工作,要求横向到边,纵向到底。在全集团公司实施全面预算管理,搞好供、产、销、收款全过程的预算控制,使各子公司效益状况明显改善,成本进一步降低,把亏损单位和亏损额降低在最低限度,实现集团内部子公司的扭亏脱困。

2. 继续强化资金、资产、财务人员的集中管理。

资金、资产、财务人员的集中管理,是公司加强财务管理重要措施,要继续坚持。继续实行财务人员轮换交流制度。以全集团的会计达标升级来推动会计基础工作的提高,提高会计人员的依法办事能力,确保会计信息真实、可靠。

3. 加大技术投入,搞好“对标挖潜”工作,努力降耗降成本。

加大对球团矿、喷煤、矫直机等“投入少,见效快”项目的投入,加大对环保等非钢项目的资金投入,提高重钢产品的技术含量和重钢集团的市场竞争力。继续开展“对标挖潜”工作,找准问题和差距,添措施,重落实,努力降耗降成本。

4. 盘活存量资产,减少资产损失。

集团公司截止11月底存量资产占用395453万元,占总资产的33.18%,其中:应收帐款199814万元,存货175168万元、长期投资20955万元,存在潜在风险。因此,必须加大应收帐款催收力度,减少资金占用和坏帐损失;尽快将闲置、积压、报废资产变现,减少损失。加快外地闲置房地产处置进度。继续对长期无投资收益的项目进行清理,尽量变现收回。加强对办公用车管理,减少管理费支出。

5. 在力所能及范围内,改善职工福利,逐步改善职工住房条件。

【职工民主管理】 1.2000年3月9日,重钢公司工会委员和职工代表团长联席会议选举潘向宇为重钢公司职工董事,江涛不再担任重钢公司职工董事职务。10月13日,根据重庆市委市府对重钢建立外派监事会的部署,重钢公司工会委员和职工代表团长联席会议选举刘秀英为职工监事。上半年,重钢公司的13个董事会、监事会任期届满的子公司和新建的机械化公司、三环建设监理公司均依法民主选举产生本公司新任或首任职工董事、职工监事。8月30日,重钢公司召开工会委员和职工代表团长联席会议,通过工会委员会、常委会、经费审查委员会和“两会”各专门委员会成员以及公司劳动争议调解委员会的工会代表、职工代表的替补、增补。2. 重钢公司2000年度民主评议厂处级领导干部工作于12月11日至2001年1月10日进行。本次评议对象增加了厂处单位专职科级岗位的工会主席;评议内容增加厂务公开等情况;民主评议和年度考核同时进行的单位实行事前“预告公示制”,职工可直接向考核组反映情况。信任票按操作人员、一般管理干部、科级干部、厂处级干部4类分别填写,对认为不称职的领导干部,可在备注栏内简要指明问题或涉及方面,参评人员还可自愿署名。3.2000年12月27日~28日,重钢工会第一届暨重钢公司工会第十三届第十一届职代会七次会议召开。重钢公司总经理唐民伟作《加快发展调整结构深化改革巩固成果推进重钢持续健康发展》的行政工作报告,重钢公司副总经理唐自明、重钢工会主席潘向宇分别作《提案意见执行情况报告》和《子公司2000年(集体合同)执行情况报告》、《工会工作报告》(书面)。会议新增一项议程:由重钢公司副总会计师袁进夫作《财务情况报告》。会议对发展非钢产业、加大人才资源开展和用好分配激励机制等问题提出了建议意见。全年重钢公司召开工会委员会和职工代表团长联席会议6次,对《2000年责任制考核实施方案》、《职工住房集资解危(试行)方案》、《职工特殊困难补助办法》等进行了审议。4.2000年11月,重钢进行十一届六次职代会提案执行情况检查。本次检查采取召开座谈会的方式,选择职工普遍关注的提案进行检查,提案专委会成员、相应的提案人和承办部门负责人到会,由承办部门汇报提案处理情况,直接回答检查组的提问。

(雷丽霞)

工会工作

【重钢工会概况】 2000年末,重钢公司工会机关在册职工132人,其中编制内(在岗)职工63人(管理岗位41人,操作岗位22人),编制外重钢公司领导1人,专务员2人,居家休息29人,协议保留劳动关系4人,参军1人,企事业多经人员27人,技协5人。机构设置有组织部、生产部、宣教部、女工部、企事业部、办公室。重钢工会还继续管理重钢技协、重钢劳动争议调解办公室、重钢体协、重钢文联、劳动竞赛办公室、职工消费合作社。全年,重钢公司工会职工办理“双解”(解除劳动合同,解除进“中心”协议)38人,进再就业中心7人,办理退休3人,调离工会2人。年末,重钢厂(处)以上单位工会组织44个,会员55750人。

2000年1月,潘向宇任重钢工会主席,2000年12月,潘向宇参加中华全国总工会十三届三次执委会,增补为全总执委会委员。

(江敏)

条目另见部目

【重钢工会"九五"概述】:《重钢综述》

【重钢文体活动中心】:《文化教育》

【文化艺术活动】:《文化教育》

【职工体育活动】:《文化教育》

【重钢工会图书室】:《文化教育》

【钢花影剧院】:《文化教育》

【《钢花》】:《文化教育》

【职工生活工作】:《职工生活》

【工会组织建设】 1.2000年3月28日,在"纪念重钢工会成立50周年暨扭亏脱困再动员大会"上,重钢公司对1997~1999年度的建家活动进行表彰,授予重庆钢铁股份有限公司炼铁厂等13个厂(处)单位工会"模范职工之家"称号;授予重庆钢铁股份有限公司等8个厂(处)单位工会"先进职工之家"称号;授予重钢集团产业有限公司等3个厂(处)单位工会"合格职工之家"称号;授予重钢集团建设工程有限公司电器修造厂等32个车间级工会"模范职工小家"称号;授予重钢集团钢管有限责任公司50车间热轧一班等131个工会小组"模范职工小家"称号。2.2000年1月21日,在重钢工会第一届暨重钢公司工会第十三届委员会第四十次全体会议上选举潘向宇任重钢(集团)有限责任公司工会委员、常委、主席和重钢集团工会委员、常委、主席;免去江涛重钢(集团)有限责任公司工会委员、常委、主席和重钢集团工会委员、常委、主席职务。3.东源公司、重庆钢研所、运输公司、房地产公司、矿业公司等单位工会、职代会换届。4.根据企业兼并和机构调整,组建重钢集团特殊钢公司工会委员会,建立新组建的机械化公司工会委员会。5.2000年6月,举办工会干部适应性培训班,对工会9个重点业务问题进行授课,80名基层工会干部参加培训。

(郝力)

【"阳光工程"】 重钢的厂务公开工作被誉为"阳光工程"。2000年,重钢的厂务公开工作逐步向车间延伸,初步形成重钢公司、子公司(厂矿)、车间三级厂务公开工作网络和党委领导、行政主体、工会牵头、纪委协同的厂务公开工作格局。重钢抓"6个结合"把厂务公开渗透到企业的各项工作之中。一是厂务公开与厂情教育相结合,凝聚人心。把1999年的亏损实情、扭亏措施和总体要求告诉职工,扭亏脱困进展情况向职工通报。二是厂务公开与企业兼并重组相结合,使兼并重特工作平稳推进。三是厂务公开与深化企业改革相结合,促进减员分流。各单位减员分流做到政策、方案、条件、纪律、结果"五公开",不搞"暗箱"操作。四是厂务公开与强化管理相结合。重钢先后实施大宗原材料采购、建设工程项目、设备备品配件采购、技改项目、废旧物资销售、技术攻关、药品采购等7项招投标制。全年,股份公司原材料采购成本同比降低7100万元,生产成本降低1670万元。五是厂务公开与党风廉洁建设相结合,推动领导班子建设。对典型案例以简报、电视、报纸等多种形式分析、曝光,在部分单位实行干部任前公示制和比较考核试点,对领导干部公款购买手机、办公用车全面清查。六是厂务公开与民主参与相结合,加强科学民主决策。

2000年上半年,进行厂务公开问卷调查、重点调研。8月,召开厂务公开工作暨经验交流会,传达尉健行在全国厂务公开电视电话会议上的讲话,钢铁股份公司、特殊钢公司、四厂、炼铁厂在会上交流了经验,重钢公司党委副书记朱建派对厂务公开工作进行总结和部署,重钢公司党委书记、董事长唐民伟对各级领导要认真实施厂务公开、自觉接受群众监督提出了要求。12月,重钢公司再次召开会议,推广建设公司厂务公开工作的经验作法。

针对本单位职工普遍关心的热点问题,炼铁厂坚持每季一次厂务公开对话会,请职工"点菜",领导"配菜"。电子公司每月一次工会主席与职工代表组长联席会议公开厂务。建设公司针对本单位流动性较强的特点建立内容规范的流动厂务公开栏。矿业公司将公开栏内容分解落实到各有关部门,纳入经责制考核。一些规模较大和较分散的单位定期收集"职工思想反映",编写《每月厂情》发至班组。七厂将厂→车间→班组→职工的分配情况输入电脑,随时查阅、监督。股份公司制定了车间厂务公开实施办法,抓好厂务公开向车间、班组的延伸。

(张发明)

【劳动争议调解工作】 1.组织建设:督促新建单位新港公司、机械化公司、股份公司高速线材厂、装备处、销售处、原材料处建立劳动争议调解委员会;对重钢公司劳动争议调解委员会三方代表进行调整,新调解委员会工作代表:刘秀英、陈造、陈仕恒、刘卫国、陈德玉、赖元萍、赵东旭;行政代表:罗嗣宏、田永明、韩华美、王素碧、张祖文、张斌、黄胜辉;职工代表:冷志珍、马胜清、胡晓琴、曾庆果、钟福蓉、王维庆、李德生。电子公司、四厂、型钢厂、铁合金公司等二级劳动争议调解委员会也根据人员的变动情况进行相应的调整。2. 业务培训：送外培训劳动争议调解干部3人，对劳资人员进行业务培训时就劳动争议方面的内容进行专门培训、考试；3. 接待处理运输公司职工周滨病假期限、待遇问题，产业公司三联公司职工张富金解除劳动合同问题，对机械制造公司通用设备厂职工集体上访给予答复。协助处理铁合金公司职工到期终止、解除劳动合同等事项引发的集体上访。全年两级劳动争议调解组织接待处理职工来访1356人，来信811封，集体上访16起，涉及职工488人。解答劳动法律法规方面问题41个。调解劳动争议43件，涉及职工57人。4. 在每期的《职工之家》刊物上的《劳动法律信箱》专栏中回答职工提出的养老保险、职工医疗保险与职工互助医疗保险、劳动合同解除、职工加班工资、日工资、小时工资，法定休息、休假的规定等方面的问题。

（焦志华）

【“三个一”主题活动】 2000年，重钢工会发出“全员抓扭亏、深化三个一”的号召，继续在职工中开展群众性的“提一条合理化建议、堵一个生产经营环节漏洞、人均增效一千元”的“三个一”活动。全年，参加“三个一”活动职工47989人(次)，职工提出合理化建议16387条，采纳8207条，实施6538条，创经济效益(含间接经济效益)4023万元；挖潜堵漏洞6277项次，实现创效千元的职工21965人。“三个一”活动有以下特点：1. 目标明确。扭亏脱困是重钢各项工作的重中之重。2. 起步较早。2000年“三个一”活动，一改过去春节后才启动的老习惯，在1999年底召开职代会时就作出安排和部署，建立健全组织机构和申报程序。3. 发动充分。通过职代会、工会全委会、职工代表团长会以及《重钢报》、《重钢电视》、《职工之家》、《工会信息》对“三个一”活动作宣传、动员和部署；各子公司利用各种形式的会议、黑板报、宣传橱窗等宣传手段层层作宣传、动员和布署。4. 重点突出。重钢工会在“三个一”活动中，注意针对企业生产经营的重点、难点和关键，与子公司一道开展了6项重点劳动竞赛。5. 通过“三个一”活动，合理化建议数、采纳数、实施数、经济效益均创造历史最高水平。在“重庆市职工百佳合理化建议表彰大会”上重钢代表作题为《建立机制开发才智深入持久地开展合理化建议》的经验介绍，有5项合理化建议获“重庆市职工百佳合理化建议”称号。

（冯忠来）

【开展《重庆市工会条例》执法检查】 2000年10月，重钢公司开展《重庆市工会条例》实施贯彻落实情况的检查，各单位对执行《条例》的情况进行总结，找出差距与问题，提出整改措施。查找的重点：按职代会职权规定有关重要问题是否均已提交职代会审议或讨论；企业制定涉及职工利益的改革方案、规章制度等问题时，是否有工会代表参加，听取工会的意见；是否按规定建立了集体合同制度、职工董事监事制度、厂务公开制度；是否按规定缴纳职工养老、失业、医疗等保险费；是否按时、按比例拨交工会经费；工会依法履行职权做得怎样等。检查采取单位自查与重钢公司抽查相结合的方式。各单位均上报书面总结材料，重钢工会将检查情况汇总后，向重钢公司党委常委会议进行专题报告。检查情况表明，重钢各级领导有较强的法律意识，总体情况好。进步比较明显的是：在集体合同制度方面，除一个子公司因亏损严重暂未签订集体合同外，其余均已签订，比1999年增长33%；在职工董事、职工监事制度方面，各子公司的职工监事已全部到位，职工董事只有一个由重钢与另外一个国有企业联合投资设立的有限责任公司暂未到位；重钢对工会经费拨交率有较大幅度上升。11月，重钢公司作为唯一的企业代表，向重庆市人大检查组集中作汇报，受到好评。存在的差距与不足：部分兼职工会主席工作时间到位不够、个别单位未按规定足额缴纳养老和失业保险金等。

（张发明）

【女职工“四争”素质达标活动】 2000年重钢工会在女职工中开展“四争”(争创一流工作业绩；争当技术能手；争当“红管家”；争创文明女职工、文明家庭)达标活动。争创一流业绩达标活动：组织女职工开展做好每一项工作，把住每一个工作环节和工序，开展全年无人身设备事故、质量事故，及优质服务、微笑服务、承诺服务等活动。争当技术能手达标活动：先后开展一周一题技能赛、行车工、车工、化验工、计算机、普通话等活动，出现车工女状元游文治、化验工女冠军张德莹、计算机女明星崔艳、劳资管理女能手罗永明等一批技术尖子。争当“红管家”活动：开展立足本岗位，向管理要效益堵跑冒滴漏活动，全年降本增效109万元。争创文明女职工、文明家庭活动：开展女职工素质达标钢城之星评选活动，评出12名“钢城之星”，表彰重钢巾帼建功“双十佳文明家庭”、“五十佳女工班”、“百佳女职工”。召开女职工素质达标交流会，特殊钢公司、产业公司、炼铁厂、动力厂4个单位分别在会上作经验交流。举办家庭烹饪、家庭栽花、养花、插花技艺培训班。开展定期与不定期检查女职工劳动保护规定执行情况，全年无侵权行为发生，并参与全国总工会女职工部开展《中国妇女发展纲要》调研活动和全国妇联开展“妇女思想状况调查”活动，撰写重钢贯彻落实《中国妇女发展纲要》执行情况汇报材料和如何做好职业妇女思想政治工作建议。开展西部大开发话环保征文活动，征文124篇，获奖征文50篇。

2000年，重钢公司在岗女职工达标率88.24%，超重庆市总工会目标18.24%，五厂、机械化公司等7个单位100%女职工实现自定达标目标；炼铁厂和动力厂女工班实现整体达标。重钢工会女职工委员会获重庆市巾帼建功先进单位称号。

（陈德玉）

【机关工会工作】 2000年，开展重钢公司机关作风建设竞赛活动。竞赛内容包括遵纪守法、深入基层、服务态度、办事效率、工作质量和目标责任制进度完成情况6个方面，每季评比一次，分别请重钢公司领导、基层单位及有关部门评分（并召开基层单位代表座谈会征求意见），全年评选先进单位。先后有7个单位获得季度优胜，党委组织部、经济运行处、行政管理处获年度机关作风建设先进单位称号。机关职工全年提合理化建议232条，被采纳139条，实施91条。创经济效益上千万元。制定《机关“庆、谈、访”活动实施办法》和《机关特殊困难补助实施办法》。全年开展“庆、谈、访”活动及困难补助涉及职工152人次，金额18265元。分两批组织机关职工41人赴九寨沟、黄桷树旅游及安排28人参加重钢公司赴海南、西安等地疗休。向灾区人民捐赠衣被1739件，参与捐赠人数475人，占机关职工总数的60%，人均捐赠数量在重钢公司名列前茅。

在女职工素质达标活动中，有2个女职工班（科）组、5名女职工和2户家庭受到重钢公司表彰。根据重钢公司统一安排，组织开展了2000年机关各部门、处室负责人的民主评议工作。

（龙志敏）

【劳动模范管理工作】 2000年4月，重钢根据国务院和重庆市人民政府关于评选全国和重庆市劳动模范的安排和部署，组织评选和推荐出席全国和重庆市劳动模范表彰大会的代表，建设工程有限公司张明富被国务院授予全国劳动模范荣誉称号；股份公司销售处陈亚雄、股份公司七厂钟勇、钢管公司杨安明、设计院熊伟、特殊钢公司李亚西等5人被重庆市人民政府授予重庆市劳动模范荣誉称号。重钢在“五一”节前后集中采取召开劳模报告事迹会、利用重钢电视台、《重钢报》、《职工之家》、《钢花》等媒体和橱窗、光荣榜等，开辟专辑、专版和专栏宣传6名劳模的先进事迹。在元旦、春节期间，重钢公司党政领导登门看望和慰问殷天寿、喻中元等劳模代表，11月，重钢公司工会主席潘向宇和副主席刘秀英陪同重庆市总工会主席刘文、重庆市冶金工会主任徐登银等，对重钢的全国劳模黄荣昌、三厂94岁高龄的全国劳模胡文海进行慰问。8月，重钢公司工会副主席刘秀英到股份公司焦化厂二炼焦车间生产现场，将全国总工会赠送给一线全国劳模的一部手机送到胡方智手中。对享受突出贡献职工补充养老保险的职工进行考核。组织部分劳动模范到海南、九寨沟、西安等地短期疗休。向前来重庆进行劳模管理专题调研的全国总工会经济工作部劳模管理处林处长一行，汇报重钢改革开放以来加强劳模管理工作的作法，受到上级领导的好评。

（刘卫国）

【对口支教与对口扶贫工作】 根据国家冶金工业局、中共重庆市委组织部关于继续做好对万州瀼渡镇冶金小学和开县岩水乡的对口支教与对口扶贫工作的要求，重钢公司扶贫工作办公室到万州瀼渡镇冶金小学和开县岩水乡进行实地考察，并与当地领导一起研究和拟定对口支援与对口扶贫的项目和资金。2000年5月，重钢将首批5万元捐款连同重钢职工培训中心捐赠的25张双层铁床、25床棉被以及1000件衣、裤，送到万州瀼渡镇冶金小学。此后，重钢公司扶贫办又三次下万州，一是陪同国家冶金工业局扶贫办领导到瀼渡镇冶金中、小学检查、指导落实扶贫工作情况；二是参加在1998年由重钢公司定向捐赠修建的龙宝民政福利院竣工剪彩活动；三是将重钢公司15万元捐款和重钢公司工会经大修一新的一辆旧小车，捐赠给瀼渡镇冶金小学用于修建该校幼儿园。2000年,股份公司五厂工会发动职工开展向失学儿童献爱心的“春蕾”活动,募捐6000元,对开县岩水乡23名失学儿童进行对口帮扶。重钢公司向开县岩水乡捐赠10万元,用于公路建设。开县岩水乡党委、政府还向重钢赠送题有“帮乡扶贫的楷模、岩水人民的知音”的锦旗一面。

全年,重钢公司向万州瀼渡镇冶金小学和开县岩水乡累计捐赠人民币30万元及物资。2000年11月13日,在国家冶金工业局召开的扶贫工作总结表彰会上,重钢公司工会副主席刘秀英介绍经验。重钢公司被授予“扶贫工作先进单位”称号。

(刘卫国)

【工会财务工作】 2000年,重钢工会财务工作:1. 建立完善各单位工会会费收缴制度,全年会费收缴率达99%。2. 建立完善各单位工会经费计拨明细台帐,加强工会经费计拨的检查协调,全年工会经费拨交率达70%(货币资金拨交率为63%)。3. 对《工会机关经费管理办法》、《重钢工会固定资产管理办法》进行修改完善,制定《重钢工会财务人员职责》,实行定期财务工作会议制度,财务分析制度。4. 按预算控制费用支出,将水电费、汽车费、电话费等费用指标实行量化,分解落实到部室。5. 对工会各部室的固定资产进行清理,摸清家底,并将固定资产的保管、使用、职责分解落实到人头。

(肖桂英)

【工会宣传教育工作】 2000年,重钢工会宣传教育工作:1. 开展“明厂情,做主人”活动。电子公司开展职工“警示语”征集活动,矿业公司开展“明厂情、添措施、比贡献”活动,特殊钢公司开展职工思想动态调查等活动。重钢公司工会与重钢报社联合举办“西部大开发、重庆大发展、贡献在岗位”征文活动,征文70余篇,评出一等奖3篇,二等奖5篇,三等奖8篇。2. 抓住重钢工会建会50周年契机,继续厂情教育。召开“纪念重钢工会成立50周年暨扭亏脱困再动员大会”;在《重钢报》、重钢电视台刊播重钢工会建会50周年回眸系列报道;组织老工会工作者回厂参观、座谈,进行革命传统教育;举办重钢工会50年成就图片展览;制作反映重钢工会50年风雨历程的电视专题片《历程》,在重钢电视台播放。3. 着力提高职工队伍整体素质的宣传与运作。各级工会广泛开展“钢花杯”暨青工“技能大王”竞赛,女职工“争创一流工作业绩,争当技术能手,争当‘红管家’,争创文明家庭”的“四争”达标活动,重钢公司女职工“四争”达标率达88.24%。重钢全年组织职工技术培训、练兵比武716期(次),20444人次。4. 组织评选6名出席全国和重庆市的劳模,开展“以劳模为榜样,学先进,赶先进,为重钢扭亏脱困建功立业”宣传学习活动;命名13个模范职工之家,32个车间级模范职工小家和131个班组级模范职工小家,148名先进工会工作者和先进工会积极分子,表彰“双十佳”家庭、“50佳”女工班和百佳女职工。5. 完成并向重庆市总工会和重钢公司企管处报送《母子公司体制下集团工会运行机制的探索》、《母子公司体制下集体合同的研究》、《建立职工医疗互助保险完善医疗保障体系》及《企业文体阵地的走向》等课题研究。

(海鹰)

【重钢工会成立50周年活动】 2000年3月26日是重钢工会成立50周年纪念日。1.3月28日上午,重钢召开“纪念重钢工会成立五十周年暨扭亏脱困再动员大会”,重钢工会主席潘向宇作《继承和发扬工会光荣传统为扭亏脱困振兴重钢再立新功》报告。重钢公司董事长、党委书记、总经理唐民伟讲话;中国机械冶金工会向大会发来贺电;重庆市总工会副主席李军、重钢群团组织代表罗琳、重钢老工会工作者代表耿松柏分别向大会致词。2.3月24日至4月1日在《重钢报》、重钢电视台陆续刊播重钢工会成立50周年回眸系列报道:《光辉的历程丰硕的成果》、《广泛发动职工大力开展群众性经济技术活动》、《坚持两个“维护”努力为职工办实事》、《加强和完善民主管理坚持职代会制度》、《深入开展建家活动增强工会凝聚力》、《塑企业形象展企业风采》共6个方面内容。3.3月28日下午,召开“纪念重钢工会成立50周年老工会工作者座谈会”,重钢工会历届老主席和全国著名劳模黄荣昌等参加会议,会后,组织各届老工会主席游览参观新重庆的市容市貌。4. 举办重钢工会50年成就图片展览。5. 制作反映重钢工会50年历程的电视专题片《历程》。

(罗丽霞)

本部目责任编辑　彭地富
本部目责任校对　张思庆

职工生活

住房

【国家安居工程钢花小区竣工】 2000年11月25日由重钢房地产公司开发的国家安居工程钢花小区峻工验收合格后向业主交房。小区位于重庆市区南部,袁茄公路东面,占地2.37公顷,总建筑面积5000平方米,绿化面积30%。小区住宅按安居工程标准设计、施工及配套,房间采光、通风良好,保证明厨、明厕、明厅。小区内采用无能耗污水处理,污水排放达到国家一级排放标准,厨房采用变压式排油烟道设计,防止油烟对小区环境污染。小区设立了纯净水站,实行净化水供水到户。

(陈希)

【集资解危修建住房】 至2000年,重钢仍有20世纪50~70年代建设的危旧房5000余户。重钢制定重集行管发[2000]第110号文件《关于印发〈重庆钢铁(集团)有限责任公司职工住房集资解危试行方案〉的通知》,对逐步改善职工的居住条件提出实施意见。计划修建的168户集资解危户中,首期92户于2000年10月动工修建,用于拆迁属危房的钢花村8幢的职工住房。职工个人按重庆市房改领导小组公布的(1999~2000年)四类地区公有住房出售价格的下限即580元/平方米,再优惠10%即522元/平方米进行集资建房。职工个人所缴集资款与综合成本价的价差由职工所在单位补贴每户约7000~8000元。此项工程预计于2001年5月份峻工。

(何娟)

【加厕改造】 重钢发重集行管发[2000]第273号《重钢(集团)有限责任公司关于对部分不配套房实施加厕改造的(试行)办法》,对不配套房的加厕改造提出实施意见,对尚能继续居住并符合条件的房屋实施加厕改造工程。先期对跃进村5幢楼房190户进行加厕改造,每户由重钢公司出资3000元,共60万元,2000年底竣工。

(何娟)

医疗

【医疗工作】 2000年重钢总医院接待门诊516756人次,与1999年相比增加0.27%;住院人数8366人,同比增加3.89%;疾病治愈好转率95.24%,比1999年增加0.38%,疾病诊断符合率99.84%,比1999年增加0.26%;抢救成功1293人,比1999年增加30.61%,抢救成功率90.48%,比1999年减少1.1%。

(龚鹏飞)

【职工医院搬迁】 新建的重钢职工总医院是一座较为现代化的医院,于1998年9月8日破土动工,2000年9月1日正式建成,同年9月8日新医院试营运。医院建筑总面积44449平方米,占地总面积43334平方米,建筑占地面积10260平方米,绿化面积18633.6平方米,绿化率43%,其中主楼建筑面积22400平方米。内设中央空调、中央供氧、中央负压吸引、中央笑气、中央传呼、中央消防等6大中央系统。开放病床550张,床位使用率达83%。新医院设计科学,布局合理,设备先进,功能齐全,环境优美,空气清新,为病人提供安全舒适的治病生活环境。新医院内所有通道采用无障碍设计。

(龚鹏飞)

**【特殊钢公司职工医疗工

作】 2000年,职工医院购入急需的监护仪、呼吸机等医疗设备共计40万元。完成职工医院门诊楼搬迁的选址、设计、钻控等工作。继续实施医疗保险改革方案,规范工伤用药范围,实行病人选择医务人员改革。全年接待入院病员1894人,门诊124028人,手术2229人。按时进行防疫检查和预防接种,计划免疫1079人次,预防接种7303人次,对高温和有毒有害工种职工体检1376人次,全年传染病发生人数比1999年减少10%,全面完成计划生育指标,计划生育率100%,独生子女领证率100%,综合节育率>90%,人流引产率<1%,无大月份引产,无计划生育恶性事件。

(张伟德)

【重钢职工总医院门诊部】 一门诊部。一门诊位于大堰三村新建的重钢职工总医院住院部底层。设急诊科、观察室、心肾科、呼吸科、消化神经内科、老年科、骨科、普外科;胸、脑、泌外科,妇产科、五官科、肿瘤科、感染科等科室。配有药房、挂号收费处、出入院处。急诊科为一门诊重点科室,急诊抢救室有中心供氧、中心负压吸引等多种先进设备,西门子900C呼吸机(西德产)、电击除颤仪MI723.84330(美国惠普)、心电监护仪$AgilentA_3$(美国惠普)、多参数床房监护仪DS—5100E(北京福田)、单道心电图机FX—2111(北京福田)、电动洗胃机等。并有专用电梯供抢救病人使用。

中心门诊部(三门诊)。中心门诊建于1990年5月,地处大渡口革新村居民生活区中心地带,服务半径15000米,服务人口6万余人,占地面积3000平方米左右,建筑面积4000平方米。在岗在册职工93人,其中高级职称3人,中级职称25人,并聘请退休专家及高资医师3人常年坐诊,住院部专家每周轮流到门诊坐诊。有各种万元以上设备30台。设康复科、五官科、口腔科、中医科、内科、外科、妇产科、儿科、皮肤科、激光室、精神科、肿瘤科、放射科、特检科、检验科等20个科室,内科和外科24小时全天接诊,日诊病量750~950人次,门诊各科室除对专业常规多发病种进行门诊诊断、检查、治疗外,还承担急诊抢救、出诊、门诊手术等。开展了美容、性病、激光冷冻治疗、口腔牙颌矫形、义齿修复、洁牙、斜弱视治疗、验光、面瘫等各种疾病后肢体功能恢复的训练治疗,并承担各种常规体检任务。

二门诊部。二门诊位于大渡口新工二村,有副主任医师、主治医师及主管护师等医护人员45名,设观察床20张。装备有美国超4B超机,心电图机KC—400MAX光机,颈椎电脑牵引治疗床,电脑磁疗机,电脑中频治疗仪,激光治疗仪,医用显微镜等门诊医疗设备。开设内儿科、外科、妇产科、中医科、康复治疗科、功能检查等6个科室,对各种专业的常见病、多发病的诊治有较丰富经验,对心力衰竭、复杂性心力失常、冠心病、心肌梗死、各类休克、急性中毒、慢支炎、肺心肿、肺心病的治疗以及各类疾病的抢救治疗,具有较高的医疗水平,开展中西医治疗专科,对慢性肝病的治疗,肾病综合症、老年慢性哮喘支气管炎、类风湿关节炎的防治,有独特疗效。2000年签订家庭服务合同103份,常年每季度上门服务一次。

(戴亚男 戴鸿家 赵德才)

【重钢公司参保职工住院床位费及其他收费标准】 1. 新建大楼普通床位,每床20元/日;改建普通床位,每床18元/日。

2. 特需病房床位,每床60元/日,仅限于老红军、重钢公司副总经理以上的领导以及享受地专级以上待遇的使用;其他医保病人自愿申请住特需病房者,超出普通床位金额的费用由病人自己承担。

3. 精神科、肿瘤科、传染科等专科病房,执行普通床位收费标准。

4. 住院病人乘座电梯和使用服务灶的燃气费,按每人每天1元收费,从收取的押金中扣取。其他人员乘座电梯实行单向收费,按每人次0.5元收费(门诊病人凭检查化验单可免费)。

5. 本收费标准自2000年9月5日起执行。

——重集行管发[2000]346号

【职业卫生】 2000年,重钢坚持职业卫生为生产服务,为生产工人健康服务的宗旨,劳动卫生医师进车间、厂矿进行职业卫生监督、检查、现场调查、测试,效果评价与“三同时”管理共计820余人次,加强高线厂污水处理,焦化厂、装备处及特殊钢公司放射防护管理。作好有害作业现场防护设施管理,作好防尘、防毒、防暑降温和一氧化碳防护工作。举办各厂矿专兼职职业卫生人员学习班3次;为动力厂、炼铁厂举办一氧化碳防护学习班(班组长)3次。完成焦化厂、炼铁厂、型钢厂、五厂、七厂、动力厂等暑季高温、噪声监测共434个点,1336个数据。并配合炼铁厂、焦化厂、动力厂生产检修,参与煤气

2000 年重钢科技人员体检表

病种 \ 性别(人数) \ 年龄	40 岁以下		40～49 岁		50～59 岁		60 岁以上		发病率(占体检总数百分比)
	男	女	男	女	男	女	男	女	
	79 人	47 人	750 人	556 人	533 人	93 人	279 人	10 人	
高脂血症	16	3	293	99	201	34	63	4	30.38%
结膜炎	10	4	118	50	104	10	47	1	14.66%
高血压	3	1	94	49	113	18	61	4	14.61%
脂肪肝	10	0	110	38	92	19	36	2	13.08%
胆结石	4	3	30	56	37	9	35	2	7.5%
乙肝表抗阳性	7	2	66	35	47	3	10	0	7.24%
糖尿病	4	1	50	19	37	3	33	2	6.35%
膝关节病	3	2	20	49	38	7	23	2	6.14%
心脏疾病	0	0	30	31	39	2	29	1	5.62%
肺部疾病	1	0	19	2	13	0	49	1	3.62%
肾结石	0	0	4	2	8	2	2	0	0.77%
肝　炎			3	1	2	0			0.25%
癌　症			2		1				0.128%

说明:重钢从 2000 年 11 月 10 日开始历时两个多月进行 2000 年科技人员体检。68 个单位参检,应检人数 2578 人,实检人数 2347 人,其中男性 1641 人,女性 706 人。

(陈兵)

管道抽堵盲板作业时一氧化碳防护监测、监护和焦化粗苯等密闭式储罐检修,氧气浓度、有害气体监测、监护以及建设公司承建的重庆长江鹅公岩大桥焊接作业区域的环境监测、监护共 40 余人次。组织焦化厂、四厂、五厂、七厂、动力厂、型钢厂、建设公司、房地产公司、铁业公司、小南海矿等有毒有害作业工人职业性体检和高线厂新工人、炼铁厂劳务工上岗前体检以及铁合金公司“双解”(解除劳动合同,解除进“中心”协议)职工体检 5878 人次。其中:粉尘作业人员 2460 人次,高温作业人员 1928 人次,噪声作业人员 1361 人次,炼焦作业人员 363 人次,苯作业人员 386 人次,一氧化碳作业人员 368 人次,锰作业人员 148 人次,特殊工种人员 754 人次。

2000 年全年召开职业病诊断会 42 次,进行职业病诊断 5800 余人次,急性一氧化碳中毒诊断 9 人,新诊尘肺 4 人,其中Ⅰ期 3 人,Ⅱ期 1 人,尘肺晋期 2 人(Ⅰ→Ⅱ期);新诊慢性苯中毒 1 人。

2000 年粉尘合格率 78.55%,尘肺病人平均死亡寿命 74.69 岁。

(谭柄泉)

【重钢职工总医院新院落成】 2000 年 9 月 1 日正式建成(1998 年 9 月 8 日破土动工)的重钢总医院新院是一座较为现代化的医院,位于重庆市外环路主干道和大渡口区双山工业区交汇处,新医院占地总面积 43334 平方米,建筑总面积 44649 平方米,绿化面积 18633 平方米,其中主楼建筑面积 22930 平方米,内设中央空调、中央供氧、中央笑气、中央负压吸引、中央传呼、中央消防等 6 大中央系统。新医院设计较为科学,布局合理,设施先进,功能齐全,环境优雅,为病人提供舒适的就医环境。新医院完善服务职能,机构设置科学、合理,适应医疗市场竞争需要,设有心肾科、呼吸科、骨科、烧伤科、普外科、五官科等 16 个临床科室,三个门诊部,代管卫防科、职防所、敬老院。职能部门设有人事科、财务科、办公室。医院拥有全身 CT、AK—超 100 人工肾、电子系列内窥镜、彩色多普勒、诱发电位、多功能麻醉机、全自动生化分析仪等价值在 10万元以上的医疗设备 174 台,基本能满足医疗需要。

(龚鹏飞)

【2000 年爱国卫生工作】

全年清除垃圾 22818 吨,疏通沟渠 52451 米,治理卫生死角 557 处;全年投资 500 万元,对厂区的环境绿化进行局部改造,增加绿化面积3万平方米。开展两次灭鼠活动，投放鼠药800千克，鼠密度控制在国家标准以内，工业鼠害为零。开展灭蝇、灭蟑螂活动，分发消杀药物奋斗呐15千克，奋斗呐悬浮剂80瓶，敌克迅喷雾剂280瓶，消杀面积123800平方米。贯彻《传染病防治法》，加强疫情的监测和分析，全年发生传染病370例，发病率389.5‱。全年婴幼儿建卡，建证600人，建卡率100%，接种率100%，预防接种10855人次，门诊接种9648人次，"四苗"（卡介苗、脊灰糖丸、麻疹、百白破）覆盖率100%。卫生监督检查726点次，从业人员健康体检714名，体检率100%，发健康证710份，"六病"（结核病、脊椎灰质炎、白喉、破伤风、麻疹）调离4人，举办集体食堂和清饮卫生管理学习班各一期，培训管理人员122人，全年监测采样1009件，合格774件，合格率76.7%。编印《职工疾病防治手册》10000份，发放到各单位各班组。

（罗茂秋）

【无偿献血】 2000年重钢根据重庆市献血办和大渡口区政府无偿献血要求，制定《关于组织公司职工2000年无偿献血的通知》（重集行管发[2000]第227号文件），通过电视、报纸进行宣传，《重钢报》、重钢电视台连续一个多月刊登、宣传有关献血的资料、标语近百篇次，献血办公室将《献血须知》和《献血与健康》印发给每位报名参加献血的人员。"献血办"根据各单位适龄献血人数，给各单位下达献血指标。2000年6月20日至7月6日，组织职工2030人体检，1505名职工无偿献血，共献血30.1万毫升，超额完成重庆市、大渡口区政府下达的献血任务。为重钢节约用血补偿金100余万元。

（傅继美）

生活服务

【职工生活工作】 2000年，春节期间，组织各级工会牵头开展"进万家门、知万家情，解万家难"的送温暖慰问活动，慰问特困职工2000人，发放特困慰问金50.2万元，到市区医院和重钢医院慰问住院的病、伤职工530人及敬老院的23名孤寡老人。全年建立特困职工档案3229户6549人。修改完善《重钢集团公司职工特殊困难补助办法》，各级工会共办理职工特殊困难补助8281人次，金额779010元。修改《重钢集团公司庆谈访活动管理办法》，各子公司建立相应的实施办法。全年，两级工会开展"庆谈访"活动29402人次，慰问经费981468元，资助577名职工子女上大学，资助金额140427元。在重庆市总工会发起的"向灾区人民献爱心"活动中，两级工会组织发动职工捐赠衣物31957件（套），参加捐赠活动的职工23355人。办理职工死亡劳保4320人，发放一次性丧葬费、抚恤费1380万元。

2000年，34000名职工参加重钢互助医疗保险，职工缴纳互助金额62万元。220名患大病的职工享受互助医疗保险基金的补助，金额377259.55元，对未享受补助就离开重钢或死亡的372名职工进行退款，金额24000元。

重钢公司职代会职工生活专委会，对《重钢集团公司职工换购住房实施方案》、《重钢（集团）有限责任公司关于对部分非配套住房实施加厕改造的试行方案》等关系职工切身利益的办法进行讨论、审议。全年接待有关医疗、住房、食堂用餐等职工生活方面的来信来访45起。

全年安排156名伤病职工前往重庆市内的五指山、南温泉、杨家坪等疗养院疗养；重钢公司及各子公司组织9208名职工到九寨沟、黄果树、海南、华山、越南等地进行短期旅游休养。

（文伟）

【招待所餐饮部开业】 2000年元月18日，重钢招待所餐饮食品部正式开业，当年营业额为80多万元，比1999年翻两番。重钢招待所逐步实现住宿、餐饮一体化，全年接待会议11次，接待住宿6532人次，住宿收入76.5万元。

（张劲）

【职工食堂改革】 2000年，生活服务公司对各食堂人员作调整，将三食堂与十食堂合并，重点搞好十食堂、八食堂。八食堂、十食堂做到24小时供应饭菜，把饭菜送到施工（检修）现场。为保住三食堂原有的市场，每天在马王一村、大堰二村设供应点。职工食堂全年完成43万元创收指标。

（张劲）

【职工宿舍管理】 2000年，全年安置住宿职工176人，退宿职工87人。各单位在册住宿职工1500人，实际住宿人数为2100人。查处违章用能25次，收缴电炉264个。

（张劲）

【重钢电信服务】 2000年，重钢电信分局开通来电显示和ISDN功能，并对分局线路进行整改。1月份完成外线维护区域划分，交换设备和传输设备维护权限划分，在原有基础上对分局人员定员定岗；2月、6月分批完成外线维护岗位、机务技术岗位和通讯电工岗位人员的技术培训；10月，在新山村开设电讯营业厅，除收取“6884”局电话费和办理正常电信业务外，还代收重庆市局电话费和手机费等。用户8810户，比1999年增加1083户，开通来电显示480门。重钢电信分局利用共建优势，承揽了月光小区、静寓小区、钢花小区的主干电缆工程，2000年完成五厂总机搬迁，氧气厂调度机工程验收，电子公司、炼铁厂、高速线材厂、焦化厂等单位的调度机更换安装工程，网站调整工程，电子公司光缆敷设工程等工作。

（张劲）

【厂容绿化】 重钢兼并重庆特殊钢（集团）有限责任公司后，绿化总面积由942.54万平方米增至1257.54万平方米，已绿化面积由245.09万平方米增加为321.93万平方米。

重钢把绿化环境，美化厂区，改善生态作为企业生存发展的重要组成部分，作为企业实施形象工程的重点提上议事日程，纳入“两个文明”建设考核指标。重钢召开专门会议，落实责任部门和责任人，在抓好厂容治理、环境绿化的基础上，注重向美化方面发展，提高厂区绿化美化档次，从绿化布局，苗木配置到树木、花草管护等实行专业化管理，力求草坪、花卉、乔灌木科学搭配，形成软硬复盖相结合的多层次格局。按照统一规划、统一管理、层层落实、注重实效的原则，拆除危旧房320户，由重钢生活服务公司专业绿公工程人员统一规划、设计、施工，新建重钢厂门、重钢厂区公路标语牌、路标牌、重钢厂区公路绿化工程及“观景台”、高速线材厂8357平方米、重钢总医院2400平方米、重钢厂区公路3210平方米（丁家垭口至钢花支路口、李子林至中山堂）、钢花小区8000平方米的绿化工程。

2000年，重钢用于厂容环境整治、绿化美化费用超过500万元，其中，绿化费用为241万元，比1999年增加84%。先后完成新建园林景点310个，30000平方米，其中：花坛220个，面积4840平方米；小游园1个，面积40平方米；绿化点15个，面积21470平方米；山石水池52个；廊架3个；雕塑6尊；沿江绿化50平方米；护坡绿化600平方米；堡坎绿化180平方米；垂直绿化2300平方米。突击整治厂容厂貌环境卫生9次，淘汰杂乱树种，新栽补栽有品味的植物花卉、树种，种植乔灌木41.97万株，藤本0.67万株，绿篱5314延长米，草坪3.78万平方米，苗圃29800平方米，生产毛叶丁香等苗木129000株，花卉1.3万盆（株）。重钢各子公司清除工业垃圾22818吨，疏通沟渠52451余米，清除卫生死角557个。

2000年，重钢加大全民义务植树和绿化宣传力度。2000年，重钢在厂区、马王一村至五村等家属区种植黄桷树、小叶榕、刺桐树、毛叶丁香、节兰草等乔灌木59550万株。全年办理砍伐、移栽手续8件，移栽树木1200株，绿化执法17件，砍危树90余株。重钢利用重庆市园林局批准的园林绿化资质参与了渝长高速公路、重庆本福房屋开发公司屋顶花园的规划设计。

（黄忠兰）

【厂区通勤车服务】 运输公司承担重钢公司各单位职工上、下班接送任务，日运输趟次为300次，接送职工10000人次。重钢公司共有19个单位需要厂区通勤车服务，运输公司针对任务紧，趟次多，路线繁杂，设站问题等，部署作出“三定”（定人、定车、定线路）。设立优质服务举报电话，凡经用户投诉属实事件，将按规章制度严格考核责任人，用户对服务质量不满意的驾驶员，可以申请变更。实行驾驶员安全否决制，对安全行车不稳定、事故次数、责任、经济损失都有明确的规定界线。2000年运输公司自检组被大渡口区“安全办”、“驾协”评为“安全先进集体”。2000年更新12台汽车，车辆出勤率达到95%以上，每月由技术员牵头对设备进行大检查，每周由安全员牵头对车辆进行安全大检查，并建立基础台帐。

2000年，运输公司还投入2台通勤车从事大渡口区内的社会运输，年初线路为住院部—九宫庙，由于住院部迁入新职工总医院后，线路改为职工总医院（新住院部）—马王五村—大堰—百花村往返。

（管邦新）

退休工作

【落实劳保政策】 2000年重钢退工处贯彻重庆市渝劳险[1999]136号文件，为退休职工调整基本养老金后出现的工龄记载有误的问题，进行重新核对，并报大渡口区社保局批准，为659名退休职工更改补发养老金，补发金额 223337.44 元；贯彻渝财会[2000]第 32 号文件，办理从事财会工作年满 30 年工龄的退休职工荣誉证书的上报工作；按照重庆市社会平均工资的提高，为工伤、矽肺退休职工调整护理费，同时为工伤死亡遗属相应调整生活困难补助费。按照重钢公司退休职工死亡劳保政策，为 319 名重钢退休职工办理死亡劳保，金额 1452444 元；为 110 名新增遗属办理生活困难补助，补助金额 5540 元。

（陈世华）

【为退休职工办实事】 2000 年，重钢退工处继续开展片区管理，分类服务的“优质服务竞赛”活动。在盛夏时节，为 1170 名 80 岁高龄、孤寡、病瘫老人送去防暑降温药品；及时发放退休职工生日费 9303 人，发放金额 209300 元，发放困难补助费 5773 人，补助金额 386850.02 元，发放遗属生活费 17190 人次，金额 824258.80 元，办理退休职工医药费报销 545 人，金额 245860 元，按照重钢《职工大病互助医疗保险基金统筹》规定，为 65 名退休职工办理大病医疗补助，补助金额 124026.6 元，为 239 名退休职工遗属退还大病互助医疗保险金，退还金额 14339 元，完成 8906 名退休职工大病互助医疗的收款工作，收款金额 116153 元，接收重钢公司新退休职工 845 人。接待处理退休职工来信（访）72 件，办理结婚、离婚 25 件，调解受理各类纠纷 75 件，调解率为 100%。2000 年，为 24 名职工（退休职工）子女考上大学给予补助，补助金额 5650 元。组织开展春节“送温暖”活动，对 540 户特困退休职工进行走访慰问，慰问金额 35000 元。组织春节慰问 12190 人，发放春节慰问金 365700 元，配合重钢房地产公司做好钢花村 8 栋危房的拆迁工作，收缴住房集资款 370140 元，为退休职工办理转户手续 210 户。组织 320 名重钢退休中干参加体检。

（陈世华）

【退休人员养老金实现社会化发放】 2000 年，重钢贯彻《国务院关于切实做好企业离退休人员基本养老金按时足额发放和国有企业下岗职工基本生活保障工作的通知》精神，在继续推进养老保险金实行银行代发和邮局代发工作，确保企业退休职工基本养老金按时足额发放的同时，加强与重庆市、大渡口区社保局的联系，2000 年 9 月，将养老金统筹费用由企业垫支改为由社保机构委托银行代发，实现养老金发放主体的转移，重钢退工处管理的重钢本部 11748 名退休人员养老金实现由社会服务机构发放。

（陈世华）

【退干服务管理】 重钢退工处下设退干服务工作站，是专门为已退休的重钢公司级、厂处级和高级知识分子（统称“退干”）服务的工作机构。有退干 332 人，其中重钢公司级 11 人，厂处级 302 人，高级知识分子 18 人。工作人员 4 人，其中站长 1 人，退干党总支书记 1 人。按地域划分为 12 个片区，各片区设立党支部，有中共党员 307 人。退干服务站每月召开一次退干大会，请退工处党委书记传达重要文件并作形势任务等方面的讲话，各党支部每月安排一次组织生活，或组织本片区全体退干集中学习一次。第六支部对 1 名痴迷“法轮功”的党员提出了组织处理意见。全年参加球、棋、牌等类的各项比赛的有 840 人次，慰问伤病及家境困难的退干 386 人次。养老金和其它有关费用均做到足额按时发放，保持了退干队伍稳定。

2000 年退干 3 人逝世。

（徐兴隆）

本部目责任编辑　彭地富
本部目责任校对　张思庆

子公司

重庆钢铁股份有限公司

重庆钢铁股份有限公司是重钢公司控股的境外上市公司，固定资产原值 38.8 亿元，具有年产 180 万吨钢、160 万吨钢材的生产能力。2000 年完成工业总产值 19.41 亿元。其主体设备及工艺技术处于国内先进水平；通过 ISO9002 质量体系认证。拳头产品为中厚板、大中型钢、高线产品，其中 16MnR、20g 钢板获国优金奖、劳动部用户免检产品、冶金部实物质量“金杯奖”及省、市名牌产品等荣誉。船板钢先后获中国、英国、法国、德国、美国、挪威、韩国、日本、意大利等 9 国船级社质量认证。

董事长、总经理：唐民伟
办公室电话：023－68845566
传真：023－68845030
023－68842582
地址：重庆市大渡口区
钢铁路 30 号
邮编：400084

CCEMS
Certificate Of Registration
ISO 14001:1996
Registration Number
076
This is to certify that the Environmental Management System of
CHONGQING HENGDA STEEL INDUSTRIAL CO. LTD
(THE NO:7 PLANT CHONGQING IRON & STEEL CO. LTD)
LiZiLin · Dadukou District · Chongqing · China
Has been assessed and found to be in conformity with the requirements of
ISO 14001:1996
and the scopes covered by the system are
Production and Management of Steel Slab and Billet
Duration of Validity:
15 December 1999—15 December 2002
ISO14000 REGISTERED FIRM
Director, On behalf of CCEMS
NATIONAL ACCREDITATION OF CERTIFICATION BODIES
No.66
China Center for Environmental Management System
CCEMS/CCEMS

七厂、五厂获得的
140001 环保认证书

五厂厂区

七厂厂区

重钢公司董事长、党委书记、总经理唐民伟（左前六）2000 年 8 月 24 日为高速线材轧机试运行剪彩

高速线材投产，重钢产品结构迈出大步。

重钢股份公司高速线材轧钢厂施工现场

重庆钢铁
股份
有限公司

重庆钢铁股份有限公司

重钢股份公司以“质量是第一信誉”为出发点，开展“质量卫士”竞赛、技术练兵等活动加强、提高职工的质量意识，其产品质量享有盛名。

厂长孙毅杰

重庆钢铁股份有限公司

七 厂

（重庆恒达钢业股份有限公司）

重钢股份公司七厂是以现代化“三位一体”炼钢新流程为目标的全连铸转炉炼钢厂，是重庆钢铁股份有限公司控股的子公司，固定资产6.9亿元，主要设备有50吨转炉3座，弧形连铸机4台，900吨混铁炉1座，CAS－OB装置1座，铁水脱硫装置1座，LF炉1座，具备年产钢180万吨的能力，生产过程全自动化，并先后获得ISO9002质量管理体系、ISO14001环境管理体系认证证书，是重钢钢坯生产供应的主要基地和利润源泉。主要产品：容器钢、锅炉钢、船钢、管钢、硅钢等。

厂长：孙毅杰
电话：023－68846104
传真：023－68870121
地址：重庆市大渡口区石槽门
邮编：400081

重钢股份公司
动力厂

重钢生活水净化站

12000千瓦发电机组

重庆钢铁股份有限公司动力厂主要担负重钢本部、大渡口区部分地区生产和生活用能供应任务。2000年创建重庆市企业工委文明单位并获城市供水企业二级资质证书。主要供应能源产品有电、生活水、工业水、软水、工业风、煤气(高炉煤气、焦炉煤气、转炉煤气)、天然气、蒸汽、压缩空气等。固定资产原值5.68亿元,净值3.31亿元;动力设备2850台(套),动力管网、线路40万米。2000年全厂主要能源产品产量稳步提高,电、水、工业风、煤气产供量分别较1999年有较大增长,自发电总量达18086万千瓦时。

厂长:唐清
党委书记:高守伦
厂办电话:68843138
地　址:重庆市大渡口区中山堂
邮　编:400084

一号电站景点

重钢集团产业公司隶属重钢公司，总资产4亿元。各类工程技术专业人员及员工近7000人，有7个专业化生产总厂，主要从事金属加工（轧制钢材）、冶金炉料、化工、耐火材料、建筑、仓储及房地产开发、机械制造、印刷工业与食用CO_2气体、高科技电器、各种规格型号的高低压开关柜的生产，以及宾馆、旅游业等，年产值达7亿元。

重钢集团
产业公司

总经理：张　渝

电　话：023－68845262

传　真：023－68845262

地　址：重庆市大渡口区

邮　编：400080

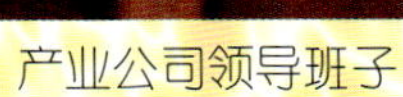

产业公司领导班子

产业公司办公大楼门厅

产业公司 轧钢总厂

轧钢总厂主要生产建筑类钢材，钢材的年加工能力在10万吨以上，产值达2.5～3亿元。主要产品品种规格有φ10～56毫米圆钢、φ12～40毫米螺纹钢、4～7.5号角钢、8号工字钢、8公斤轻轨、φ17～56毫米锚链钢、5～6.5号刮板钢、10～12号球扁钢、10吨轮辋钢、φ4～10毫米冷轧带肋钢筋。其中，螺纹钢获国家免检产品和重庆市优秀产品称号；冷轧带肋钢筋生产线是我国目前规模最大、装备最先进的生产线之一。

重钢公司董事长、党委书记、总经理唐民伟，副总经理唐自明、重钢公司党委副书记秦海，大渡口区常务副区长石国文等为1.5万吨冷轧带肋钢筋生产线投产剪彩。

螺纹钢轧钢生产线场景

产业公司 炉料总厂

炉料总厂拥有设备、技术先进的石灰生产线、二氧化碳气体生产线和废钢铁处理加工生产线，年产值25000万元，年产石灰15万吨、CO_2气体6000吨、处理加工废钢铁40万吨，同时还年产200万条编织袋面向社会，是重庆市企业工委文明单位，连续多年荣获重庆市及大渡口区“管理好、守合同、讲信誉、重质量”企业的殊荣。

工业与食用CO_2气体生产线

炉料总厂厂景

不定型耐火材料生产线

产业公司
材料总厂

材料总厂是以生产不定型耐火材料为主导产品的专业生产厂，拥有西南最大、最先进的不定型耐火材料生产线，主要产品有喷补料、焦油砖、浸渍罩、辅烧料、合成渣、铁水槽、免烘烧料及绝热板等。年销售收入5000万元。开发的“混铁炉用铁水槽”获得国家专利，“浸渍罩”、“氧枪”产品获得重庆市科技进步奖。

材料总厂生产的飞旋牌水性PVC防水油膏

产业公司
商业贸易公司

商业贸易公司主要经营金属材料、建筑材料、化工产品及原料、石油制品、五金交电、日用百货、副食的批发、零售以及汽车运输、文化娱乐、技术咨询、家电维修、摄影、摄像、商业服务等业务。

商贸公司茂源车队车场

产业有限公司
实体管理部

实体管理部是产业有限公司的生产经营实体。引进和开发了重庆市规模最大的钢渣磁选生产线，并建有生产能力最大的苯系列产品生产线，乙炔生产线和碱水剂生产线，主要产品有钢渣、粗苯、甲苯、二甲苯、工业萘、酚醛树脂、硼酸、减水剂和乙炔气等，年销售收入 6000 万元。

碱水剂生产线储存装置

产业有限公司
驻外企业管理部

驻外企业管理部是产业有限公司的驻外企业投资实体，拥有近 1 亿元资产，主要从事宾馆、餐饮、旅游、仓储、建筑、房地产行业的经营。位于重庆市渝中区黄金地带的神女峰宾馆是重庆市定点接待外宾和旅游团体的酒店，钢陵轮船公司开辟了在长江黄金水道的旅游客运和货运，有荣泸公路营运和都江堰龙池风景区的咏雪村及重庆南岸涂山雕塑公园的旅游景点等。

粗苯、甲苯、二甲苯生产线装置场景

位于重庆南岸涂山雕塑公园的竹园小区一角

安装在重钢炼铁厂球团矿生产线上的 CDY—1 除尘器

神女峰宾馆中餐厅

产业有限公司
金洲实业有限公司

金洲实业有限公司是重钢集团产业公司全资子公司，是一个以生产电子产品和高新技术产品为主导产品的企业，主要从事高低压开关柜、屏、箱、板，工业振动设备、通用设备、专用设备的研制、开发与生产。同时还开发生产专利产品 CDY—1 除尘器，替代进口的 ZBQ 重量变送器和 IPM 高频逆变直流弧焊机等高新技术产品。

重庆新港装卸运输有限公司

熊锡云总经理

重庆新港装卸运输有限公司系重钢公司的控股子公司，由重钢公司和重庆长江轮船公司于 1998 年 2 月合资组建，为获得港口经营权的国有股份制企业。拥有一艘 1000 吨级浮吊趸船，两座吊装能力分别为 40 吨和 20 吨的吊机，两个分别为 4000 平方米和 1500 平方米的货场以及两座吊装能力为 40 吨的门式行车及 3000 平方米的大型汽车停车场。码头的设计生产能力为年吞吐量 50 万吨。注册资金 2000 万元，2000 年末，资产总额 3720 万元，固定资产 2710 万元；营业收入 1072 万元，利润总额 500.7 万元，分别比 1999 年增加 26% 和 55%。

重庆新港公司的浮吊码头是重庆地区设施先进、功能齐全的滚装式码头，可直接进行车船装卸作业，安全可靠地装卸各类散货、件杂货、机电设备、集装箱及各类汽车、码头紧靠成渝铁路线，并与四通八达的公路直接相连，仓储条件优良，各种货物集散在此均可通过水路、公路、铁路，是一条理想的现代化港口装卸运输生产线。

服务宗旨：竭力为每一位客户提供优质、快捷、经济实惠的服务。

重钢集团运输有限责任公司

重钢运输公司是重钢全资子公司，注册资本金2100万元。座落在重庆市大渡口区袁家岗——茄子溪主干道九校平交路口西侧建设村71号。

重钢运输公司有各类型汽车200台，自改制以来，以转变观念为前提，以增产不增人为重点，以车用压缩天然气的开发为先导，全面走向市场。改制4年，所有者权益上升10%，其经营业绩列重庆市同类企业较好水平，是重庆市50强重点运输企业之一和汽修行业AAA企业。重钢运输公司领导班子多年被评为重钢公司先进四好班子，企业是全市工交系统文明单位，2001年重钢公司先进单位。重钢运输公司雷敬川经理、牟少平书记携全体职工诚待客户，欢迎用户前来交流洽谈业务，共谋发展！

重钢运输公司参与社会运输竞争，2000年调动42台重载车参加重庆长江鹅公岩大桥荷重试验。

传真：023－68847991
电话：023－68846666
023－68847777
邮编：400080

重庆钢铁集团特殊钢有限公司

【重钢集团特殊钢公司沿革】 重钢集团特殊钢有限公司坐落在重庆市西北部的歌乐山下、嘉陵江畔，厂区沿江由南向北延伸。南自磁器口刘家坟，北抵井口镇，南北长3.8公里，东西宽0.35~1.4公里，总面积4.2平方公里。

特殊钢公司始建于1934年4月1日，初由四川省地方军阀筹办，后由国民政府军政部接办，定名为军政部兵工署第二十四兵工厂。1937年1月8日炼出西南地区第一炉电炉钢，主要生产常规武器用钢。1949年12月7日，重庆市军事管制委员会接管炼钢厂，1950年7月更名为西南工业部第二十四兵工厂，1951年3月1日改为西南工业部第一零二厂，1955年更名为重庆第二钢铁厂，1972年6月更名为重庆钢厂，1978年10月更名为重庆特殊钢厂，1992年9月更名为重庆特殊钢公司，1993年建立成为重庆特殊钢(集团)有限责任公司。1999年12月，国务院决定对重庆特钢(集团)有限责任公司实行“五管齐下”的综合治理措施。2000年1月10日，被重庆钢铁(集团)有限责任公司兼并，厂名更名为重庆钢铁集团特殊钢有限公司，为重钢集团具有独立法人资格的全资子公司。

在解放前的12年中累计产钢3.6万吨，钢材2.4万吨；品种10个。新中国成立后，电炉钢产量平均每年以16%的速度增长，钢材每年以17%的速度递增，到1993年形成综合生产能力的年度电炉钢33万吨，材24万吨，精密合金500吨，是全国重点冶金骨干企业，高工钢生产基地之一。1995年元月18日国家统计局公布重庆特钢公司连续6年为中国最大500家工业企业之列，曾排名120位，属国家大型一类企业。

60多年来，特殊钢公司由当初只能生产单一的军用钢种发展成为主要生产不锈钢、高工钢、合金结构钢、合金工具钢、碳素结构钢、碳素工具钢、弹簧钢、轴承钢等8大类钢种和精密合金800个钢号7000种规格的板、棒、丝、带、管产品，主要产品有阀门钢、易切钢、齿轮钢、高工钢和不锈钢等。产品广泛用于国防、军工、航空、航天、航海、石油、化工、机械、汽车、电子、电力、铁路、交通等行业，部分产品销往美国、德国、日本等国家及欧洲、美洲东南业地区。1949年至1999年累计生产优质电炉钢829万吨，优质特殊钢材574万吨，上交国家利税17.4亿元。企业具有直接的进出口经营权。具有完整的工程设计和较强的产品研制开发能力，可根据用户特殊要求供货，已通过ISO9002体系质量认证。改革开放以来，特殊钢公司共获得国家科技进步奖20项，国家发明奖10项，专利8项，省、部级科技进步奖154项，飞环牌气阀钢4Cr9Si2和Y15L冷拔材先后获得国家银质奖。

特殊钢公司职工人数1949年为2643人，1993年为18454人(职工人数最多的一年)。特殊钢公司拥有特钢、精密合金和设计3个科研所、2000名科技人员，其中高级科技人员222名，46名专家享受政府特殊津贴待遇。

特殊钢公司从1983年至1991年，先后获重庆市以上荣誉称号153项。其中国家、部级49项，省级31项，市级73项。1987年被国务院工业普查领导小组授予“国家级先进单位”，1989年为“国家二级企业”，1986年至1991年连续6年保持“四川省职工思想政治工作优秀企业”,1996年,获“全国思想政治工作优秀企业”称号。

20世纪90年代,由于企业领导思想观念没有及时转变,企业陈旧设备没有及时改造,产品结构没有及时调整,致使生产经营不能适应市场经济发展造成产品积压,资金沉淀,货币难以回笼,生产难以为继的恶性循环。加之管理混乱、决策失误,企业主要领导弄虚作假,隐瞒亏损,把大量资金投入未经国务院批准动工的新区建设工程,导致企业严重亏损,资不抵债,濒临破产。对此,重庆市政府、国家冶金工业局、国家经贸委、国务院多方面采取措施帮助和拯救特殊钢公司。2000年1月,国家决定由重钢公司对特殊钢公司实施企业兼并,并全面贯彻“五管齐下”的综合治理措施。

(李显伦)

【概况】 重庆钢铁集团特殊钢有限公司系2000年元月10日重钢正式兼并重庆特殊钢(集团)有限责任公司后成为的重钢集团全资子公司,具有独立的法人资格。2000年,特殊钢公司贯彻落实国家“五管齐下”综合治理措施和重钢公司“一个重点、两件大事、三个到位、四项要求”的工作方针,进行“优化品种结构、强化经营管理、加快技术进步、提高产品质量、稳妥减员增效”的工作目标,全年完成钢产量14.87万吨,钢材产量11.96吨,实现销售收入52780万元,亏损10801万元,比1999年减亏25072万元。在册职工人数由年初的14976人减为9513人,在岗职工人数由年初的12220人减为5511人,全年累计进“再就业服务中心”12860人,出“中心”5358人,厂处级机构由年初的67个合并、精简为38个,处级干部由年初的230人减到109人,科级干部由年初的601人减 为230人。全年职工“双解”(解除劳动合同、解除进“中心”协议)5103人,支持职工“双解”费用6523万元。在实施“五管齐下”综合治理措施中,共减免原重特公司所欠银行利息5.9亿元,实施债转股金额14.38亿元,企业资产负债率由1999年的121.96%降为79.5%。2000年12月5日,国家经贸委以国经贸投资[2000]1150号文件正式批复特钢生产技术改造项目建议书,同意特殊钢公司用国债贴息新建一台60吨高功率电炉、一台LF精炼炉、一台VD/VOD精炼炉、一套合金负连轧机的加工生产线和钢丝生产线,并改造现有连铸机。形成电炉—精炉—连铸—连轧“四位一体”的先进生产线,达到年产钢30万吨,钢材26万吨,合金钢丝1万吨的生产规模。

2000年特殊钢公司查处各类违纪案件43件,挽回经济损失200万元。新建绿化草坪7300平方米,辖区内全年无特大火灾、交通和治安灾害事故发生。

(李显伦)

条目另见部目

【优质特钢生产线技术改造项目立项】:《技术改造》

【特殊钢新产品开发】:《科技进步》

【《重庆特钢》报】:《文化教育》

【特钢电视台】:《文化教育》

【特钢职工医疗工作】:《职工生活》

【经理办公室概况】 经理办公室是负责特殊钢公司秘书、文书、信息、行政接待、保密工作和档案、电讯工作的综合管理部门。设秘书(信息)科、文书科、综合(保密)科、档案馆、电讯公司、招待所和小车队,并管理特殊钢公司驻北京、成都两个办事处。2000年初在岗职工161人,年末在岗职工92人,其中管理人员36人,操作人员56人,具有高级技术职称的8人,中级技术职称的9人。全年减员69人,减幅43%。2000年经理办公室主要工作:实

特殊钢公司生产的精密合金

施“五管齐下”综合治理措施履行经理办公室职责，为领导决策提供信息服务，对执行领导决策进行督促检查，做到事事有措施，件件有回音，全面完成领导交办的各项工作任务，确保政令畅通。推行“模拟市场核算，实行成本否决”经营机制和从严管理、过硬考核的竞争激励机制，层层分解指标到科室、岗位和个人。部门费用(办公费、招待费、电讯费)各月及全年均控制在指标内。服务基层，全年无一条逆向考核意见。贯彻ISO9002标准，重新修订7个作业文件。修订完善部门、科室和岗位职责标准。电讯公司和招待所继续推行风险抵押承包经营，按市场机制运作，实行费用自理、工资自担，全年确保职工工资足额按时发放。撰写文件及各类资料161份，审查核稿560份，打印各类文件和资料2100份，复印文件资料5200份。收发(转)各类文件2980件，收转各种邮件3240件。出版经济信息周刊46期，收发传真信息1500条，提供利用网上信息4500条，网上发信息500条。完成重大接待活动9项，组织完成招商会、全国技术交流会等重要会议活动19次。书面督查督办重大行政决定事项34件。

（池和祥）

【劳动工资处概况】 2000年7月，劳动工资处将原来的6个科室合并为劳动力管理、工资培训、综合保险、再就业服务中心办公室4个科室。原有职工26人，2000年末，在岗职工20人，其中大专以上学历18人，中级以上职称12人，中共党员17人。劳动工资处主要负责劳动组织、工资分配、养老失业保险、工人调配、劳动纪律、职工培训、再就业管理等工作。2000年，特殊钢公司副处级以上领导干部定员减少143人，科级管理人员定员减少384人。3次调整工资奖励分配考核办法。对9041名离退休职工退休金统筹和非统筹部分进行清理，对1161名管理人员、2435名工人进行岗位培训。

（李文军）

【财务处概况】 财务处2000年初有职工176人，年末为84人，其中会计师33人，经济师1人，工程师1人，具有大专以上文化程度人员占职工总数93%。财务处设成本科、资金科、会计科、价格科、财务管理科、内部银行、稽查科及17个派驻财务机构。1.实行资金集中统一管理，按资金计划以资金平衡预算和现金流量表为核心进行资金动态管理，完善“一支笔”审批制度，对资金的收支进行有效监控和调度使用。2.对各种产品品种、规格，制定接近市场价格的内部价进行倒推成本，做到亏损产品不生产，盈利产品多盈利，形成具有特色的目标成本管理考核体系；3.在价格委员会领导下，多次调整产品销售价格和物资采购价格，对销售实行最低限价，对采购物资实行最高限价；强化抵抹物资的价格审批。4.参与实施“五管齐下”政策中债转股、清产核资等工作，处理闲置设备，盘活存量资产，保证资产保值增值；5.建立健全原始记录，规范会计科目、凭证、帐薄、报表的编制。坚持班组核算和考核，坚持开展经常性的财务物资大检查。抓好新《会计法》培训及3个会计准则的培训，全年共培训财会人员300人和250名中层干部。6.办理“双解”(解除劳动合同，解除进“中心”协议)32人，老职工待遇29人，完成减员要求。

2000年底，特殊钢公司在产量减少的情况下实现销售收入51591.7万元；管理费用为11120.4万元，比1999年降低468.9万元；财务费用为1386.9万元，比1999年降低2320.9万元；利润总额为－10801万元，比1999年减亏24970万元；可比产品成本－2550万元，可比成本降低率－7%。

（刘廷健）

【生产处概况】 2000年3月，原生产处（含总调度室）和安全环保处合并组成新的生产处。生产处下设生产科、调度科、库管科、安全科和环保监测科等5个科室。在职人员由84人精简为44人，其中管理人员30人，工人14人，具有大专文化8人，大学文化14人，中级职称14人。生产处是生产、安全综合归口管理部门，代表特殊钢公司总经理行使生产指挥权。管理职能：接收审核销售处订货合同并负责合同的组织生产，编制特殊钢公司月度生产经营计划及生产日报、旬报，制定有关生产管理制度及考核办法，负责特殊钢公司锭、坯管理，牵头组织召开生产经营方面的会议，收集掌握生产数据及动态，下达各种生产调度指令，负责协调电、气等能源使用及费用支付；组织贯彻及监督对国家安全环保方针政策及法规的执行情况，提出安全、环保措施规划和阶段计划，提出并审查监督各单位在大、中修、技改项目实施过程中主体工程等安全环保设施“三同时”并参与验收，组织开展对各级人员进行安全生产教育，对安全环保人员进行工作指导和素质培训，及时准确向特殊钢公司及上级部门上报各类安全、环保的有关数据报表及资料等。2000年主要工作:抓有效高附加值品种生产,特别是抓好货款回笼好的不锈钢生产,控制碳钢生产。抓有效组织生产,降低生产成本。抓合同完成率及现款合同生产。抓安全环保和文明生产。由于特殊钢公司资金紧缺,炉料不能按时供应,致使合同完成率偏低,用户信誉不佳。2000年,特殊钢公司千人负伤率为3.092‰,月均千人负伤率0.281‰,全年发生一起1人死亡事故,无重伤。轻伤、重伤、死亡指标均低于重庆市政府下达的责任指标。

(唐海同)

【装备处概况】 装备处于1999年12月1日由原机动处、技改处和财务处的预决算科合并组成。下设计划综合科、设备备件科、维护科、动力科、合同预算科和工程科。职工133人,其中管理人员94人,生产操作人员39人。经过2000年5月和10月两次下岗分流后,在职人员精简为60人,其中管理人员41人,生产操作人员19人,具备高级职称的6人,中级职称22人,初级职称13人,工人技师1人。装备处是设备大、中修项目和技术改造项目立项与实施以及设备管理的主管部门。2000年,装备处着重抓内部管理,重新编制和修订内部职责标准、主体承包指标分解、内部考核管理、安全、消防、能源管理等34个内部管理文件;重新编制和修订特殊钢公司与装备处两级作业文件,强化和完善质量保证体系的管理;组织设备系统领导和骨干参加的设备点检知识培训班,下达关于开展设备点检工作的初步意见;组织对二炼钢厂和三炼钢厂的大修及中板厂、炉料加工厂的800吨液压剪的中修;组织对薄板厂三号轧机两品报废牌坊的大断面(400×700毫米)裂纹修复,规定由锻钢锅炉向一轧钢厂、中板厂、建安厂和一炼钢厂供热,新建点向冷拔公司、设备公司铸造厂、三炼钢厂和铁运处供热。国家财政贴息贷款支持的汽车用优质特钢生产线技改项目,已通过国家经贸委审查并以国经贸投资[2000]1150号文件下达技术改造项目的建议书批复。

(朱耀胜)

【技术中心概况】 技术中心是负责科研开发、工艺、技术管理以及科技项目管理、标准化、新特产品销售、理化检测的技术部门。1999年10月特殊钢公司组织结构调整时,由原特钢研究所、技术处和总工程师办公室合并而成。2000年底,在册职工由年初280人调整为169人,其中专业技术人员67人,具有高级技术职称的24人,具有中级技术职称的36人。技术中心下设办公室、工艺科、标准科、结构钢室、不锈钢室、工模具钢室、新特公司、科协、物理室、化验室、加工室、调度科和机动科。2000年,技术中心制定特殊钢公司级管理文件40项,生产技术通知127项,工艺试验通知67项;招标15项,成果7项;收集474项合理化建议,实施427项,创948万元的经济效益。新特产品产量8953.11吨,产值6809.54万元;技术攻关8项措施创效2181.45万元。

(甘元有)

【物资供应处概况】 2000年3月,根据重钢特劳发[2000]47号文件精神,撤销供销公司,成立物资供应处(恢复到1999年前物资供应与销售两处分设的体制)。下设原料科、化建科、钢铁料科、仓储科、综合管理科。仓储科下设仓库、供应站7个。全处2000年底有职工91人(年初为201人)。1. 理顺物资供应渠道,大宗物资的采购采用主渠道供货。2000年物资实际到货额29819万元,其中钢铁料到货130426吨,到货额14781万元(废钢80276吨,生铁37164吨,切头12985吨);合金类到货19875吨,到货额9757万元(铬系合金6292吨,锰系合金1410吨,钨铁259吨,钼铁102吨,钒铁136吨,铝197吨,电极1509吨);化建类物资到货额5232万元。2. 配合质管、技术等部门对物资供户进行质量体系认证,全年共认证合格23家。3. 实行招标采购。合金类物资按简易招标程序采购;化建的劳保用品,已实行招标。4. 全年采购支出35321万元,串换额为18027万元,串换比为51.4%,其中原料科串换比59%,化建科串换比87.5%。5.2000年除镍板、铝锭、铝线因市场价格大幅上扬导致成本升高外,铬系、锰系、钨铁、钼铁等品种降幅都在10%以上。1~12月份合金采购财务结算到货额8595万元,降低采购成本524万元;1~12月份辅料、建材财务结算到货额5565万元,成本降低150万元。6. 制定《物资招标采购管理办法》、修订《采购合同管理办法》、《采购物资验证管理办法》等相关文件。各科建立详细的供户档案,物资到货明细台帐等。继续实行主要物资收发存日报表制度,实行物资采购及资金支付情况周报表制度。

(王元中)

【质量管理处概况】 特殊钢公司质量管理处主要职责:负

责进厂主要原辅材料的质量监督、验收和质量确认；对炼钢、开坯、成材的主要关键工序进行过程质量监督；钢锭、钢坯、钢材的外形检验和质量综合判定；负责钢铁产品的无损检测；产品质量异议的处理和仲裁；质量奖惩和考核；质量统计；公司质量保证体系的综合管理；对供方或协作厂的合格评定等。2000年底在岗职工272人(原有职工424人)。设有质量管理科、质量体系管理科、用户服务中心、无损检测科、综合科和11个质检站。2000年质量指标完成情况：钢锭合格率99.66%，钢材合格率99.69%，分别比1999年降低0.08%和提高0.08%。废品总量346.383吨，比1999年减少598.819吨，废品率25.680千克/吨，比1999年减少16.250千克/吨。用户复验率99.70%，比计划提高0.21%，异议损失12.970千克/吨，比计划减少0.71千克/吨。

(王星渝)

【计量能源处概况】 计量能源处1998年12月由原计控处和能源办公室合并组成，负责特殊钢公司计量检测、自动控制、计算机开发应用、能源管理。2000年末，在册职工由年初的218人分流为114人，其中高级职称6人，中级职称12人。设计量管理科、自动化科、能源科、综合科和衡器计量车间等4科1车间。主要工作：依法自主对本企业实施计量管理和计量监督、能源管理和节能监督。建立企业最高计量标准器，组织开展量值传递，归口统一管理计量器具，实施计量器具检定或校准，全年检定(校准)各类计量器具9670台件。负责计量器具、自动化仪表、计算机及其器件的计划审核、采购供应、入厂检定(校准)、保管发放以及报废鉴定审查、统一回收利用处理。负责特殊钢公司一、二级物资量、能源量的计量检测和数据采集与管理。仲裁企业内部计量纠纷，处理特殊钢公司外部计量异议。加强销售库的进出产品计量工作。负责组织建立企业测量设备的计量确认体系，贯彻ISO9002标准，制定检验、测量和试验设备管理的程序文件、作业文件；贯彻ISO10012国际标准，实行全面计量管理。负责企业引进、新建、技改、大修项目中有关计量检测、自动控制和计算机应用部分的工程项目的立项、审查、会签、计量测控系统的设计、施工或管理，以及计控项目的竣工验收。创建特殊钢公司生产、销售计算机管理信息系统。负责国家有关节能工作的方针、法规、标准及上级各项节能规定的贯彻，制定各项能源管理制度并监督执行。制定节能中长期规化及年度节能技改措施计划，组织推广节能先进经验、新工艺、新技术、新设备、新材料的应用，并对节能新材料的试验、使用进行认定，组织节能技改、大修项目节能效果的验收，制定和审定公司内外各种能源消耗定额。2000年，计量能源处被重钢公司评为“计量工作先进单位”。

(徐开平)

【综合管理处概况】 特殊钢公司综合管理处2000年1月由体改办、企管处、经协办、计划处合并成立综合管理处。4月份，经协办分离，经济研究室并入综合管理处。综合管理处设计划统计科、企业管理科、经济研究室3个科级机构。2000年末在岗人数7人，其中中级职称6人，初级职称1人。主要职责：负责特殊钢公司企业改革，经济责任制考核，企业基础管理，年度生产经营计划，统计管理及经济信息研究工作。主要工作：会同财务处协同重钢公司完成14.38亿元债转股工作；汇编重庆钢铁集团特殊钢有限公司《管理标准汇编》；两次调整年度生产计划和品种结构；按时完成月度统计报表和年报工作；组织实施对各二级单位统计人员的业务培训；收集和整理特钢经济发展信息；制定经济责任制及指标分解。

(石永勤)

【销售处概况】 2000年3月，根据重钢特劳发[2000]47号文件精神，撤销供销公司，成立销售处，负责特钢公司的钢材订货、钢材发运、钢材销售。销售处设管理科、综合科、仓储科3个职能科室，辖北方、江浙、中南、华南、西南、重庆等6个分公司。职工人数由年初245人年末减为143人。2000年，销售处贯彻特殊钢公司“保价、促销、清欠、回款”的经营方针，坚持优化用户结构、优化品种结构、优化区域市场的营销策略；外抓市场，重点抓大公司、大用户、大订单；内抓管理。2000年，销售处完成对销售分公司机构的调整，将原11个销售分公司合并为6个。销售处拥有钢材资源调配权，负责协调特殊钢公司各炼钢厂、轧钢厂的合同执行，按照销售总收入的一定比例提取销售费用包干使用，并负责对各销售分公司的指标、任务、费用等实行检查、考核、评比。

(刘伟强)

特殊钢公司销售处 2000 年营销指标完成情况表

名　称	单　位	1999 年	2000 年	2000 年与 1999 年相比
销售量	吨	198370	113726	－84644
销售收入	万元	68236	42289	－25947
货币收入	万元	37231	34166	－3065
产销率	%	102.08	101.24	－0.84
货款回笼率	%	101	113.3	+12.30
货币回笼率	%	46.2	68.1	+21.90
平均售价	元/吨	3440	3718	+278
合金比	%	58.55	74.10	+15.22
高合金比	%	6.60	10.50	+3.90

【进出口公司概况】 特殊钢公司进出品公司是经国家对外经济贸易部和重庆市外经贸委批准授权，于 1992 年 12 月 8 日成立，代表特殊钢公司开展进出口贸易，引进和利用外资，洽谈与国外的合作经营、劳务输出等业务的独立法人单位。法人代表罗福勤，经理卢保华。外贸业务归口重庆市外经贸委管理。设置外贸科、外事科、财务科，职工 9 人，其中管理干部 8 人，工人 1 人，工程师 5 人，助理工程师 1 人，大学本科以上学历的职工占总数的 55%。2000 年，1. 发挥工模具钢在国际国内有较好声誉的优势，确定以工模具钢轧、锻、剥皮材为出口优先品种，全年订货品种中，高工钢、模具钢等高附加值钢材订货量 568 吨，出口高合金比占 22%；2. 坚持每份合同组织有关技术、生产、财务等部门对规格、数量、技术要求、生产周期及价格等进行评审，签出评审结论。在收到银行信用证或 20% 的订金后才生产，全款到位才发货，保证 100% 收回货款；3. 将各项指标分解到各科和个人，将工资 100% 与指标挂钩考核；严格按照 ISO9002 质量保证体系运作，规范进出口业务管理，在 2000 年度质量体系复查中，未发现任何不合格项；4.2000 年，与特殊钢公司财务处一道重新制定出口产品价格，确保每笔合同有销售利润。2000 年向美国、德国、印度、巴基斯坦等国家签订出口工模具钢合同，向日本、古巴签订出口结构钢等外贸合同 3249.479 吨，价格 317 万美元。完成交货 2522.07 吨，创汇 201.82 万美元。完成出口退税款 145.30 万元，全年进出口公司实现利润 22.58 万元。销售积压产品 91 吨，收回资金 138 万元。2000 年，完成特殊钢公司 1500 立方米制氧化机润滑油从德国进口工作，签订精锻机 SKF 轴承合同。2000 年还核销特钢公司 1995 年以进料加工复出方式从日本进口的 1 万吨废钢。

（杨守明）

【纪监审计处概况】 纪监审计处于 1999 年 12 月按照重特劳[1999]160 号文件精神，由原纪委、监察处、审计处合并而成，实行一套机构三种职能。下设办公室、案件检查室、监察室和审计室。负责特殊钢公司党风廉政建设，违纪违法案件的调查处理及执法效能监察工作等，并负责对各二级单位纪检监察工作的业务指导和督促。审计工作执行企业内部审计监督，对各二级单位的财务和生产经营活动的真实性、合法性和效益性进行监督、评价和鉴证。2000 年末在岗职工 11 人，其中纪监人员 6 人，审计人员 5 人；具有中级职称 6 人，初级职称 5 人。2000 年，在特殊钢公司和各二级单位均建立党风廉政责任制及分工，通过多种手段实行责任追究。全年移送案卷 6 件，其中大要案 3 件，对 6 人次给予党纪政纪处分。通过查案和开展效能监察挽回经济损失 198.82 万元。2000 年，开展审计项目 22 项，其中财务收支审计 10 项，工程审计 3 项、离任审计 2 项、专项审计 7 项，查处违纪金额 900 万元，增加企业经济效益 200 万元，作出审计决定（意见）50 条。

（吴培华）

【党委工作部概况】 特殊钢公司常委工作部于 2000 年 1 月由党委办公室、党委组织部（特殊钢公司人事处）、党委宣传部合并组建的有多项职能的综合工作部门，负责党委系统的综合协调，协助党委抓党组织建设、思想建设、精神文明建设、宣传思想政治工作、统战工作，在党委和行政的领导下搞好干部管理、技术职称评定、来信来访及调解工作。下设6个机构：组干科、文秘科、理论宣传科（精神文明办公室、政研会办公室）、信访科（调解办公室）、《重庆特钢》报社、特钢有线电视台。2000年末，在岗职工45人，其中管理人员33人，操作人员12人，管理人员中大专以上文化33人，高级政工师3人，政工师16人，工程师3人。完成的主要工作：牵头草拟党委年度工作规划、工作总结、党委月度思想政治工作要点。来信来访接待4864人次，其中集体上访43起4191人次，调解726人次。推进机构改革和下岗分流顺利进行，干部减员1232人，其中退休、“内退”、“双解”（解除劳动合同、解除进“中心”协议）882人。为81人评审专业技术职务任职资格；对38个直属党组织的缺额委员进行增补，发展新党员59人，开展“创先争优”活动、“为重特控亏作贡献”活动；开展厂情教育和每月召开职工思想分析会，开展创建文明单位和文明小区活动；《特钢政研》全年出刊5期；为73人办理侨属证；关心知识分子，执行党的统战政策。

（朱怀富）

【保卫武装处概况】 保卫武装处是由原特钢公司武装部和保卫处于1999年12月1日合并成立。主要职能是负责特殊钢公司治安管理、交通管理、消防监督、护厂管理、民兵工作、兵役登记和兵役征集、人防工作。2000年初在岗人员392人，年末312人，其中，保卫干部36人，经济民警64人，消防队员12人，联防队员191人，武装部人员9人。设综合科、生产保卫科、治安科、交通科、军政科、经济民警中队、消防队（年末将稽查队、护厂队撤消）5个科两个队。2000年，配合石井坡派出所开展“严打”专项整治和“扫六害”活动，全年出动警力538人次，重点整治易发案部位、工棚等57次，查出并督促整改隐患43处。全年收集各类信息59条，配合特殊钢公司完成“嘉钢破产案”债券清算兑付，“特钢公司内部集资券”兑付及特殊钢公司的两次下岗分流等工作。查处“法轮功”邪教组织的非法活动，全年办学习班3期，对练功者中的18名重点人员帮教转化，已经转化14人。制定《规范服务车缴费规定》、《重庆钢铁集团特殊钢有限公司厂区道路交通管理处罚办法》等规章。完成烈属、伤残军人优待金的发放，武器保养，人防设施维护，沉渣池的清理等工作，稽查队为公司挽回经济损失92.81万元。

（黎勇）

【老干部处概况】 老干处设综合科和管理科。2000年初工作人员11人，年末7人。老干处党总支有正式党员361人，离休干部党员50人、退休处级以上干部党员306人，在岗工作人员党员5人。下设7个党支部，24个党小组。享受离休待遇的老干部69人，其中享受地厅级待遇的12人；享受县处级待遇的45人；享受科级待遇的12人。抗日战争时期参加革命的16人；解放战争时期参加革命的53人。副处级以上退休干部325人，其中地级退休干部8人；县处级退休干部317人。老干处是负责离休老干部和退休处级以上干部的安置管理和服务工作的部门。具体负责离休老干部、退休处级以上干部政治、生活待遇的落实；加强离、退休老干部思想政治工作，保证老干部队伍稳定；切实为离、退休老干部服务。2000年的主要工作是：坚持和完善每月一次老干部政治学习及党员组织生活制度；重要会议及重大庆祝活动邀请老干部代表参加；“三大节”慰问老干部；组织老干部参加重庆市老干局的春节游园活动，参观黄花园大桥等市政建设，使老干部七项政治待遇得以全面落实。坚持每月老干部思想分析会制度。落实老干部生活待遇，做好老干部服务工作，保证离休老干部“两费”的发放；按渝劳发[2000]106号文件规定，为离休老干部按不同级别增发离休费，最低的增加25元/月；最高增加40元/月。接待老干部来信来访183人次。协助离休干部家庭办理有关房屋、水、电、气设施维修63户次。探视、慰问、走访生病住院、家庭病床老干部163人次；办理1名离休老干部、8名退休处级干部的丧事。接送老干部就医、参加学习活动、办事用车527趟次，安全行驶9837公里。坚持以活动室为中心，开展每天的老干部门球、台球、棋牌、跳舞等非药物保健活动。

（瞿亚铭）

【退休职工管理处概况】 退休职工管理处设管理科室3个（退管科、离养科、综合科），敬老院1个，退管站18个，在岗职工18人，其中管理人员15人（含退二线领导2人），操作人员3人。退管处管理正式退休职工8723人，离养居休等内退职工2981人。敬老院住有鳏寡孤独人住老人50人。退管处党委有片区党总支5个，退管站党支部18个，处机关行政党支部1个，共产党员1941名。退管处配合有关部门稳妥地开展

特殊钢公司俱乐部外景

对特殊钢公司职工债券的登记兑付工作，对拖欠多年退休职工的医药费的登记报销工作。配合有关部门，开展对法轮功练习人员的帮教转化工作等。2000年，组织开"服务工作上台阶竞赛评比"、"文化茶园竞赛评比"、"乒乓球比赛"、"雀鸟争鸣"和重阳节系列文娱体育活动。组织慰问特困退休职工814人，慰问特困退休党员13人，重阳节慰问90岁以上退休老职工22人，探视、补助、慰问退休职工997人次。

（蒋兴成）

【工会概况】 2000年，特钢工会有下属二级单位工会38个，车间、科室分工会90个，工会会员小组890个，工会会员5300人；配备专职直属工会主席17人，兼职直属工会主席21人。工会机关有职工13人（2000年初为28人），其中管理人员11人，生产操作人员2人；工会机关设置"两委一办"：生产生活委员会（含女工委员会）、宣教文体委员会、办公室（含组织和民管）。特殊钢公司工会是特殊钢公司职工代表大会的常设机构，职工代表大会设有提案审查、生产保护与合理化建议、生活福利、宣传教育等4个专门工作委员会。有图书馆、影剧院、歌舞厅、足球运动场、篮球体育馆、儿童乐园、文体活动室、游泳池等文化体育设施，并负责日常管理。特钢工会办有3个经济实体：职工技协、职工消费合作社、金三角商贸公司。

（田密）

【团委概况】 2000年元月，重钢兼并重庆特殊钢（集团）有限责任公司后，撤销中国共产主义青年团重庆特殊钢（集团）公司委员会，2月23日组建中国共产主义青年团重庆钢铁（集团）特殊钢有限公司委员会，第一届委员会设立委员7名。2000年末，特钢团委有直属团委（总支）31个（年初38个）；基层团支部88个（年初107个）；团员785名（年初1689名）；35周岁以下青工2456名（年初5103名）。专职团干部5名（年初17名），兼职团干部28名（年初23名）。其中，处级管理人员1名，科级管理人员6名（年初14名），一般管理人员20名（年初24名），工人6名（年初2名）。特钢团委机关管理人员2名（年初3名）。2000年，特殊钢公司团委1. 做好团员青年的政治思想和形势任务教育工作，2. 在下岗分流中充分发挥共青团的作用。3. 继续在各级团组织中开展"团员青年多干实事，多作贡献"主题活动；以"青年文明号"竞赛为载体，全年挖潜增效89.7万元。4. 开展"五四红旗团支部"创建活动，以"班子建设好、支部建设好、主题活动好、阵地建设好"为着力点。2000年，轧钢厂团总支被共青团重庆市委评为"五四红旗团支部"。5. 开展"青年安全监督岗"活动，举办"青安岗"业务培训班；在各直属团组织中开展"青安杯流动红旗"竞赛，进行现场大检查，查出隐患567项，整改369项；2000年特殊钢公司团委获全国冶金系统"青安杯"竞赛特钢赛区"先进集体"称号。6. 以"青安岗"带动"青质岗"，开展青年质量员监督岗活动；联合组织"新质量法知识抢答赛"。7. 开展青工岗位技术练兵、青年岗位能手、青年文明号活动。组织40名职工参加重钢第十三届"钢花杯"第十四届青工"技能大王赛"7个工种的比赛，轧钢厂职工李亚铭获压下工种的"技术尖子"称号；推荐炼钢厂的何云峰参加重钢"双十佳"评比，获"十佳岗位能手"称号。8. 继续办好《团内情况》，成立"共青团宣传报道组"。9. 开展青年自愿者活动，坚持为敬老院和职工家属做好事，支持社区"创建文明小区"工作。

（潘丽梅）

【生产经营情况】 2000年，特殊钢公司由于资金紧缺，炉料不能按时供应，炼钢系统待料停产频繁，加工机台无法满负荷生产，决定适当控制生产规模，优化品种结构，停止无利润或亏损较大品种和工序的生产，选择有一定附加值、市场较好、回款有保证的品种生产。5月，关停二炼钢厂、一轧钢厂600轧机和300轧机，进行人员下岗分流。11月，再关停三炼钢厂和二轧钢厂750轧机以及中板厂等单位、机台，再次下岗分流。特殊钢公司主线只保留一个炼钢厂和一个轧钢厂生产。

2000年特殊钢公司产值、主要产品产量完成情况：全年完成产值(1990年不变价)34325万元，同比减少28.3%，完成全年产值任务37000万元的92.77%。钢完成14.86万吨，同比减少38%，钢材完成12.08万吨，同比减少38.29%。2000年特殊钢公司出口钢材产量2522吨，全年出口创汇202万美元。2000年销售钢材12.08万吨，产销率101.24%，同比下降0.84%，钢材库存9220吨，同比下降3459吨。全年货款回笼率100%。2000年特殊钢公司空亏目标8740万元，实际控亏总额10801万元。

2000年特殊钢公司产品质量消耗完成情况表

名称		单位	年计划	实际完成	1999年同期
质量	1. 钢锭合格率	%	99.72	99.66	99.74
	2. 钢材合格率	%	99.41	99.69	99.61
	3. 复验合格	%		99.70	99.88
消耗	1. 金属料消耗	千克/吨	1060	1057	1056
	2. 钢铁料消耗	千克/吨		978	995
	3. 合金料消耗	千克/吨		70.3	49.81
	4. 电极消耗	千克/吨	6.82	6.47	7.58
	5. 冶炼电耗	千瓦时/吨	590	575	635
	6. 吨材气耗	立方米/吨	398	475	382
	7. 钢锭模消耗	千克/吨		10.9	8.1
	8. 炉墙平均寿命	炉/届		45.34	49.14
	9. 炉盖平均寿命	炉/届		55.25	51.7
	10. 钢锭成材率	%	80.5	77.72	80.36
能耗	1. 吨钢综合能耗	千克标烧/吨		990	850
	2. 吨钢可比能耗	千克标烧/吨		822	723

（石永勤）

【**科技工作**】 1. 招标攻关课题。2000年，特殊钢公司《连铸坯一火成材轧钢工艺技术攻关》、《连铸生产20CrMnTi并实现一火成材》、《优化EAF—LF—CC三联工艺提高铸坯低倍合格率》、《炼钢工艺试验及废品减半攻关》、《炼钢厂连铸坯一火切割攻关》、《装饰用不锈钢品种开发》6个课题完成标的要求，创经济效益280.8万元，并由招标办公室组织课题验收，兑现奖励金10.07万元。由于生产经营方案调整等原因，《阀门钢21—4N工艺攻关》、《高工钢碳化物不均匀度攻关》、《新型齿轮钢品种开发及攻关》等4个课题延至2001年继续。撤销《含Pb易切钢品种开发》、《美国GE公司不锈钢品种开发》、《水丝裂纹攻关》、《火车提速弹簧钢品种开发》、《模块生产工艺开发》5个课题。2. 科技项目管理。2000年，下发《科技项目管理办法》、《科技项目责任制》和《科技项目奖励办法》。立项的科技项目有《高速钢中心裂纹攻关》、《2Cr13连铸工艺开发》、《250轧机T12A冷拔坯料网状合格率攻关》3项，正在按计划进度组织实施。2000年向上级部门申报的科技项目13项，其中向重庆市科委申报8项，向重庆市经委申报3项，西部大开发科技攻关项目2项。《重型汽车齿轮钢CZ1的研制与应用》、《双辊连铸高速钢薄带产业化技术》(作为合作单位)、《EAF—VOD生产低、微碳铬铁》3个项目经批准立项，分别获拨款10万元、50万元和1万元。其他项目正在评审之中。3. 设置技术主管。2000年7月，在8个专业中选拔技术业务带头人任技术主管，第一批设置技术主管22人，其中一类技术主管13人，二类技术主管9人。技术主管在其各自专业领域内，负有主持解决技术难题，同时负责培养专业人才、收集专业信息，为生产经营决策提供依据。

（李清文）

【**质量管理**】 特殊钢公司2000年，1. 制定和完善《关于订货技术条件相关质量责任划分管理办法》等25个质量管理制度。2.

对不同工种、不同专业的105名质检人员进行专业技术培训，在“质量月”活动中，实现质量事故和违规减半(同比减幅59.28%)，下工序复验不合格率减半(同比减幅59.40%)的目标。3. 质量事故从1999年的146次 至80次(减幅45.21%)，重点违规从211次降至118次(减幅44.10%)。4. 全年用户异议407件，经济损失129万元，比1999年减少56件，减少损失66万元。每件用户异议处理周期13天。5. 原辅材料验收减少损失212.7万元，废品损失减少310.5万元，减少质量导致损失84.9万元。

(王星渝)

【合理化建议暨技术改进工作】 2000年特殊钢公司职工提合理化建议474条，被采纳442条，实施429条，983人(次)参加活动，签订重大科技招标项目15项，验收7项。获特殊钢公司合理化建议、技术改进成果奖253项，成果取得经济效益948万元。2000年3月，合理化建议、技术改进委员会办公室召开各二级单位分管该项工作的联络员座谈会交流经验。2000年拨款118370元奖励合理化成果和重大课题招标项目。

合理化建议技术改进成果奖统计

项　目	成果奖	经济效益
直接利用高工钢废材生产重熔电渣大断面	二等奖	75万元
电渣重熔挽救报废坯材及闲置坯	三等奖	25万元
双联法冶炼20CrMnTi钢	三等奖	20万元
600轧机主电机运行特性改变提高轧机负荷能力	三等奖	40万元
高刚三辊滚动轴承轧钢	三等奖	
9SiCr降低HB硬度攻关	三等奖	18万元
∮双倍尺坯热轧薄板工艺技术攻关	三等奖	66万元
关于75kW以上电机转子修理方法改进	三等奖	20万元
打通200方连铸生产工艺路线提高成材率	三等奖	21.5万元
加强质量管理大幅度提高公司钢坯砂磨质量	三等奖	

(任毅)

【设备备件管理】 2000年，装备处制定备件管理办法，规定备件管理的各级审核制度制定设备入库验证制度在订货选择分承包方时，遵循“先公司内，后公司外；先设备制造公司，后大小集体；先近后远”的“三先三后”原则。

装备处向各分厂提出对备件修旧利废的要求。2000年，修旧利废节省资金30万元。在资金紧缺，难以按原来“三定”要求储备备件的情况下，基本保证了急需备件的供应。装备处坚持每周一工作会制度，检查和布置备件管理工作。坚持谁主管谁负责的“一条龙”管理制度。对发生的备件质量记录进行清理统计并送计划综合科备案。对炼钢、轧钢生产线上的备件和工模具管理严格按轻、重、缓、急作出安排。

特殊钢公司2000年设备消耗费用统计表

项目＼费用	计划费用(万元)	实际完成(万元)
备件消耗	1614	1118
工模具消耗	916.4	812.3
维修(含机物料)	1393	991

(朱耀胜)

【非钢生产】 特殊钢公司从事非钢产业的企业有：汽运公司、耐火公司、设备公司、建安公司、房产公司、生活服务公司、佳丰农业有限公司、职工医院、红雪饮料厂、精密铸造厂、庆锋机械厂、综治公司、新治公司、扎伊尔公司、成人教育学院、电视台、电讯公司、重特宾馆、渝州企业公司、劳动服务公司、南达火花塞厂共21个单位。基本状况：基础差、底子薄，对特殊钢公司主线生产经营的依附性较大，开拓外部市场能力不强，非钢产品的发展呈下降趋势。2000年底实现销售收入11305.6万元，比1999年减少6011.40万元，下降34.7%，实现利润-132.08万元，比1999年增亏365.71万。

(张伟德)

【纪检监察审计】 1. 领导干部廉洁自律工作。2000年，特殊钢公司以两级领导干部为重点，坚持以教育为主、预防为主的方针，全年对科级以上干部进行市场经济理论、法制教育培训600人次。利用胡长清、成克杰等重大典型案件对党员干部进行警示教育，组织领导干部600人次观看反腐倡廉影片《生死抉择》，特钢电视台播放《反贪大要案》专题纪录片并召开座谈会讨论。对领导干部实行“谈话打招呼”制度，同时实行信访举报本人说明情况制度。全年责成6名厂处级干部就信访反映出的某些问题作出书面说明。加强对领导班子民主生活会的指导督促，班子成员自觉对照《廉政准则》进行检查和自我批评的力度有所增强。开展手机、小汽车专项清理工作，清查用公款购买手机70部，已将其中65部折价处理给执机者，收回折价款36897元。查清用公款购买小汽车66辆，其中，轿车30辆，属特殊钢公司小汽车队的9辆，其余车辆在各二级单位使用。2. 党风廉政建设责任制。重新修订《公司级领导和有关部门党风廉政建设分工包项责任制的通知》，各二级单位制定相应的实施办法。2000年度，组织处理14人，纪律处分4人。3. 查处案件。2000年特殊钢纪委监察处收到信访函62件，其中属匿名举报32件，署名举报30件；按涉及人员级别分为处级14件、科级13件、其他人员35件。其中澄清12件，了结48件，正在办理2件，办结率96.77%。全年移送案件6件，党纪处分3人，政纪处分3人。配合重钢公司纪委、沙坪坝区检察院查处何明海系列案，挽回经济损失80万元。4. 效能监察。2000年特殊钢公司为使效能监察窗口前移，主动参与招投标工作。责成装备处、房产处、物资处制定工程、大宗物资采购，招投标实施细则。参与劳保用品、新厂区集中锅炉站、800吨精锻机、冷拔厂房等备品备件招标，通过招标采购，减少支出71.2万元。5. 开大河沟12幢住宅工程、华隆公司三炼钢厂大修等3个工程项目决算审计。6. 全年开展重特綦江锻钢厂厂长离任及重特公司广州经营部经理离任2项离任审计。7. 费用包干单位季度审计工作，并由纪监审计处每季对销售处，清欠公司等单位承包指标完成的真实性进行审核。

通过审计全年查处违纪金额900万元，增加企业经济效益200万元，作出审计决定(意见)50条。

(吴培华　王国粹)

【领导班子建设】 1.2000年特殊钢有限公司党委以党的十五届四中全会《决定》为指针，开展以“三讲”和“三个代表”为主要内容的党性、党风、党纪学习教育活动。按照重钢公司提出的“一个重点、两件大事、三个到位、四项要求”，要求公司、厂(处)两级领导班子成员做到思想到位，工作到位，形象到位，确保国务院批准的“五管齐下”综合治理措施顺利实施。2. 重庆特殊钢(集团)有限责任公司被重钢公司兼并后，特殊钢公司领导班子进行了精减和调整，班子成员由原来的10人减为7人，精减幅度为30%，平均年龄由53.1岁下降为46.6岁，领导班子7人均系大学文化程度。3.2000年4月和2000年11月特殊钢公司分别两次对厂(处)级领导班子进行精减和调整，采用撤并机构、减少职数等方式，对厂(处)级领导班子进行重新组建和任免，对调整下来的厂(处)领导干部进行妥善安置，厂(处)级领导干部由原来的242人减为91人，减幅62.39%，平均年龄由49.73岁，下降为46.21岁，本科以上学历由原来的32人增加到45人，专科学历由原来的31人增加到38人，中专(高中)8人。

(陈翠萍)

【党建工作】 1. 制定发展新党员50~60名的计划；2000年3月和10月分别举办两期入党积极分子培训班，122人积极分子参加培训。以生产一线工人、青年、知识分子为党员发展重点，全年发展新党员59名，完成计划93.3%，一线工人37名，占发展总数62.7%，35岁以下的青年党员34名，占发展总数57.6%，知识分子52名，占发展总数89.8%，减少无党员班组，由1999年的14.72%下降到9.7%，党员班组长由1999年的48.2%上升到51.22%。2. 基层党组织建设。特殊钢公司党委对下属的直属党组织进行调整，由原来的41个直属党组织调整为38个，其中直属党委11个，

特殊钢公司中心塆生活区

直属党总支21个，直属党支部6个。基层党支部（总支）203个。对38个直属党组织的缺额委员进行增补。举办一期党支部书记培训班，53人参培。2000年末特殊钢公司党员总数为4238人，其中离退休党员2292人。3.开展“创先争优”活动，评出6个先进党组织、10个红旗党支部、54名优秀党员、32名优秀党务工作者。在党员中开展“打好攻坚战，控亏作贡献”的主题竞赛活动，节约创造价值865万元，挖潜堵漏创造价值312万元，修复设备75台（件），义务贡献2618小时工时。2000年12月20日特殊钢公司党委牵头主持召开重庆市企业工委党建研究会沙坪坝区分会党建论文发表会，沙坪坝区14个企业会员单位到会，收到党建论文44篇，评出一等奖2篇，二等奖3篇，三等奖4篇，特殊钢公司分获二、三等奖各一篇。一、二等奖论文获得者在大会上进行交流，大会对获奖者进行了表彰。4.以江泽民同志“三个代表”的重要论述为重点，对党员着重抓“四个教育”（一是马克思主义唯物论和无神论教育、加强党的全心全意为人民服务的宗旨教育、厂情教育、“进入新世纪，树立新观念，迈出新步伐，作出新贡献”为内容的“四新”教育）。按照“讲、评、定”的方法，对特殊钢公司2307名党员进行民主评议，评出优秀党员336名，合格党员1966名，基本不合格党员3名，不合格党员2名，对2名不合格党员作出劝其退党的处理。

（陈翠萍）

【厂情教育】 特殊钢公司按照重钢公司的“一个重点、两件大事、三个到位、四项要求”的工作方针，利用特钢电视台、《重庆特钢》报等新闻媒体，通过《特钢改工》、《班组学习》等宣传刊物，

利用各单位黑板报、专栏等宣传工具，开展厂情教育。先后编写4期30000字的“厂情教育”宣传提纲，阐述特殊钢公司存在“五大危机”：亏损严重，资不抵债，所有者权益－6.6亿元；资产质量差；技改决策失误；工艺装备落后，技术水平低；社会负担沉重，全员生产率（增加值）仅11.13万元等现实情况。分析实施“五管齐下”综合治理的重要性。

在厂情教育方法上做到“三结合”：厂情教育与企业改革相结合；厂情教育与推行厂务公开相结合；厂情教育与党内开展的“我为扭亏作贡献”活动相结合。着重向职工讲清三个方面的问题：讲清鉴于目前特殊钢公司的形势，本着背水一战求生存的原则，必须以最小资金投入、最小流动资金占用、最小亏损，生产的产品必须有边际效益及百分之百货币回笼的原则。讲清调整生产经营方案必须遵循效益原则，详细通报调整生产经营方案后实现减员增效及增收节支的保证措施。讲清关停机台是坚决贯彻控制总量、调整结构、提高效益的产业方针。

特殊钢公司的厂情教育工作于2000年7月在“重钢公司厂情教育经验交流会”上作了经验介绍。

（李显伦）

【工会工作】 2000年，特殊钢公司工会以“管理创先、科技创新、队伍创优、扭亏增效”为重点开展工会工作。1.开展“班组管理创先进，科技创新献良策，立足岗位建功业，劳动竞赛创效益”为主题的“三创一增”活动，组织职工围绕生产经营各个环节，提合理化建议2874条；开展多种形式的岗位技术练兵培训478次，参加人数4579人；开展以“挖潜、降耗、保质、增效”为主要内容的多层次、多形式的劳动竞赛435项次。炼钢厂职工李亚西获重庆市劳动模范称号。2.推行厂务公开，深化职工民主管理。完善规范每年两次职工代表大会制度，于2000年2月24日、7月25日分别召开八届七次、八次职工代表大会；完善规范平等协商和集体合同制度，讨论、审议、签订2000年《集体合同》，并于6月、11月两次对2000年《集体合同》执行情况进行质询检查；完善规范企业重大决策提交职代会主席团（扩大）会审议制度，全年召开5次职代会主席团（扩大）会，讨论、审议通过《重钢兼并重特议案》、《关于开展下岗分流减员增效实施再就业工程的意见》、《关于集资债券兑付办法》等文件；完善规范业务招待费使用情况报告制度，在八届七次职代会上首次由特殊钢公司行政领导作《业务招待费使用情况报告》；完善规范职代会提案征集制度。全年征集111件议案，经审查立案28件，全部按规定程序转有关部门逐项督办并及时回复提案人。完善规范民主评议领导干部并将结果报告职代会主席团制

度，牵头并与党委工作部门一道对特殊钢公司47个直属单位领导班子和在岗副处级以上领导干部、直属科级工会主席、主任工程师149人从德、能、勤、绩、廉等5个方面进行民主测评。推行厂务公开，成立厂务公开领导小组，制定11个实施细则；全年出刊7期厂务公开栏，举行职工对话会12次，厂情报告会3次。开展“建家”活动，于3月17日组织召开2000年工会工作暨1999年度“建家达标”命名表彰会，对1999年度建家工作进行总结，表彰4个“模范职工之家”、15个“先进职工之家”、7个“合格职工之家”、43个“模范职工小家”、97个“先进职工小家”。其中，铁运处工会获重庆市“模范职工小家”称号。3. 履行维护职能，为职工排忧解难办实事。建立两级特困职工家庭档案700户，并实行动态管理，全年组织4次大范围的两级“送温暖”活动，慰问困难职工6255人次，慰问金额29.4万元；全年累计发放工亡职工救济费、抚恤金、丧葬费、困难补助费125万元，补助困难职工2278人(次)。针对职工反映的热点、焦点问题，组织职代会主席团和职代会生活福利委员会成员进行医疗、住房、厂区生活环境的质询检查。搞好女职工特殊权益保护，开展“女职工素质自我达标”活动，参加达标活动的3164名在岗女工有3128人实现达标目标，达标率93.48%。及时向有关部门核实49名除名人员的情况；调解劳动争议5件，处理率100%。4. 坚持每季度职工思想分析，并将收集的63条职工意见和建议进行归纳整理分析后为领导决策提供参考。坚持开展“我为特钢争光”季评好事活动，2000年前三个季度收到各直属工会上报的96件好人好事，评选出23件。全年组织开展大型文体活动6次，参加人数2000多人次，观众6万人次。5. 举办“工会组织职能和工会主席职责”专题讲座、女职工工作、劳动保护等培训班，培训工会干部127人次，组织开展工会工作调研活动，收到论文30篇，其中10篇论文分获优秀论文一、三、三等奖。制定《工会机关目标管理考核细则》、《工会机关定点联系直属工会的工作制度》。坚持开展季度直属工会工作竞赛，三个季度共有25个直属工会获优胜奖。全年特殊钢公司工会机关上报(外送)信息64篇，被重庆市总工会、重庆市冶金工会采用39篇；收集直属工会及委办信息518篇，采用153篇；编发《工会工作》12期。年初下发《关于进一步规范工会经费拨付及会员会费收缴的通知》；利用工会文体场地，扩展“有偿不唯偿”娱乐活动项目。重视资产管理，实行资产登记制度。按季清产核资。6. 组织开展建会50周年系列庆祝活动，召开特殊钢公司工会成立50周年庆祝大会、老工会工作者座谈会；组织撰写特钢工运纪念文章，并编辑出版《工会建会50周年专辑》。

(田密)

【下岗分流】 特殊钢公司在2000年4月、11月开展了两次大的下岗分流工作，全年累计进再就业中心12860人，其中，上半年累计进“中心”3486人，累计出“中心”5358人，其中，上半年出“中心”1264人，2000年底在“中心”人数8599人，与企业协商解除劳动合同关系5170人。筹集再就业基金6427万元。为搞好下岗职工的再就业，特殊钢公司制定下岗职工培训管理办法，对培训对象、培训目的、培训专业、培训内容、培训经费等作出规定。2000年先后举办食品饮料培训110人(男43人、女67人)，汽车弹簧生产专业培训80人(男60人、女20人)，机械制造专业培训50人(男35人、女15人)，轧钢专业培训50人(男42人、女8人)，金加工专业培训350人；培训就业率达到80%。为下岗职工提供就业信息596条，提供就业指导人数1610人次。

(李文军)

【为职工办事】 特殊钢公司1. 截止2001年1月，已兑付拖欠职工多年的集资债券7824万元(尚余190万元属持券人未去兑付)。2. 职工医院门诊楼搬迁改建工程已破土动工；职工医院购入除颤仪、监护仪、呼吸机等40万元医疗设备。3. 对19名劳模、标兵和1376名从事高温、有毒、有害工种的职工进行健康体检。4. 新建厂区绿化草坪7300平方米；完成全长470米的民主坪家属区公路和全长380米前进坡家属区公路改造工程。5. 竣工前进坡12栋、14栋集资房，建筑面积7193平方米；峻工光荣坡原八宿舍改为“青工楼”住宅工程，面积1790平方米，竣工原财务处大楼改造为住宅楼1988平方米；完成以民主坪地区的简易楼房和平房为重点的房屋维修14385平方米。6. 在春节、“五一”、“十一”和工会建会50周年期间，开展“送温暖”活动，为特困职工家庭送大米、食用油、副食品及慰问金，慰问特困职工1935名，送慰问金153812元。7. 对前5年欠职工的外诊医疗费审核报销52万元，对尚欠的305万元向职工出具欠条，逐步报销，并为100名职工报销拖欠多年的疗养费。8. 为工伤、职业病住院治疗的职工恢复营养伙食。凡工伤、职业病住院治疗期间由医院食堂供给每人每天4.6～6.4元营养伙食。9. 为9名特困职工子女上大学解决资助金9800元；为544

名困难职工的子女入学提前兑付债券58.88万元。

（田密）

重庆钢铁股份有限公司

【概况】 重庆钢铁股份有限公司系重庆钢铁(集团)有限责任公司控 股子公司,1997年8月12日创立并在香港联交所上市。总股本106394.4万股,其中:香港上市H股41394.4万股;非上市国有法人股65000万股。主体设备有焦炉4座、高炉3座、烧结机1台、转炉3座、混铁炉1座、连铸机4台、轧机5套、自备发电机组6台等。年生产能力为冶金焦105万吨、生铁170万吨、钢180万吨、钢材160万吨。2000年完成工业总产值36.34亿元(现行价),职工在册期末人数15356人。2000年4月重钢股份公司成立装备处和高速线材轧钢厂。高速线材轧钢厂于6月25日加热炉点火炉成功,7月15日热调试试车成功,8月投产。2000年,股份公司开发出14#工字钢、37#球扁钢、ASTM—A36钢板、09MnCuPTi耐候钢等6个全新产品。主导产品20g、16MnR船板保持了国家实物质量达国际先进水平"金杯奖"称号。重钢股份公司2000年获得重庆市质量效益型企业、用户满意企业、质量规模先进企业及国家"以产顶进"先进单位等称号。

（何平）

条目另见部目

【重庆钢铁股份公司监事会工作】:《现代企业制度试点》

【重庆钢铁股份有限公司审核委员会成立】:《现代企业制度试点》

【重庆钢铁股份有限公司董事会监事会换届】:《现代企业制度试点》

【"重庆钢铁"H股2000年交易表】:《现代企业制度试点》

【人力资源处概况】 人力资源处是重钢股份公司劳动用工、工资分配、社会养老、失业保险、职工培训等工作的职能部门。设组织人事科、工资保险科和培训科。在岗职工16人,其中大专以上学历11人,高级职称2人,中级职称8人。主要工作:1.完成2000年减员分流工作。2000年末公司在册人数为15351人,比1999年末净减394人,实减768人,完成重钢公司减员计划153.60%;2000年在岗管理人员比1999年末减少127人,减幅为7.3%(其中,两级机关减少111人,减幅为10.39%)。2.股份公司劳动合同签订率为99.6%,其中有固定期劳动合同3612人。2000年依法解除劳动合同285人。3.制定高线厂实施"大工种"、"多能工"、"劳动储备制"管理办法。4.下发《关于加强工程技术人员队伍建设建立新型激励机制的管理办法(试行)》文件。5.制定和完善《重钢股份公司工资总额管理办法》、《重钢股份公司单项奖管理办法》6.突出考核分配的重点。经营班子管理效益分成;销售系统实行销售费用包干;再降采购成本效益分成;科技人员效益分成。7.组织举办"第二届职工技能竞赛暨青工技术明星赛。"全员培训率达56.09%,培训管理人员达1108人次,培训操作人员达5545人次,选送优秀工程技术人员攻读硕士研究生16人(鼓励职工自费攻读硕士、博士学位),选送高线厂职工到外地培训90人,办理高线厂职工培训班10个,338人次,举办英语六级强化培训30人,开展技师和高级工培训43人。

（左锡军）

【销售处概况】 销售处负责重钢股份公司钢材及副产品的销售,设5个科室(订货科、合同科、市场科、分公司管理科、综合科)13个分公司,在册人数393人,在岗人数310人。

2000年实现出库销售量147.83万吨(财务口径为156.92万吨),较1999年的138.58万吨增加9.25万吨。收回货款40.68亿元,较1999年的31.86亿元增加8.82亿元。货款回笼率102.27%,较1999年的101.63%提高0.64个百分点。收回货币34.38亿元,较1999年的21.14亿元,增加13亿元。货币回笼率84.51%,较1999年的66.13%,提高18.38个百分点。全年钢材坯平均售价2126元/吨,较1999年的1953元/吨,提高173元/吨。全年钢材平均售价2181元/吨,较1999年的1984元/吨提高197元/吨,钢材售价由元月的1912元/吨提高到12月的2295元/吨,增加383元/吨。资金占用53494万元,较1999年末的61858万元下降8364万元。各项业务指标全面超额完成。2000年,销售处减员61人,办理"双解"(解除劳动合同,解除进"中心"协议)手续44人。

（李春海）

条目另见部目

【实行区域价格政策】:《生产经营》

【重钢股份公司销售网络册】:《生产经营》

【规范管理销售分公司】:《生产经营》

【原材料处概况】 原材料处是负责重钢原材料、燃料和辅料计划、采购、供应的管理职能处室,2000年末有职工813人(其中管理技术人员140人,高级技术职称5人,中级技术职称22人)。

2000年主要工作：1.制定《重庆钢铁股份有限公司原材料处招标采购办法》，明确招标采购的范围，招标采购的程序及责任和考核。通过招标采购把隐蔽的权利公开化。2.采取合理、经济的运作方式（进口矿国内运输方式，大船拼装方式），优化运输线路，降低运输费用。3.对质量、数量不符要求的原材料坚决给予拒付。4.制定《重庆钢铁股份有限公司原材料处合同管理办法》。

2000年采购成本比1999年下降8000万元。原材料、燃料及辅料供应总额182236万元，铁矿石综合品位61.63%，比1999年提高0.25%，冶金焦硫份0.82%，比1999年降低0.05%。

（孙忠强）

【生产安环处概况】 生产安环处2000年末有在岗职工66人，其中高级职称4人、中级职称21人、操作人员15人，完成股份公司下达的减员指标。开展的主要工作：坚持以炼铁生产为中心组织生产，抓好各生产工序的动态平衡；促使原料、焦化、动力等单位为炼铁生产稳定顺行、增产创造条件；炼钢生产加速推进转炉复吹，优化铁水脱硫，降低钢铁料消耗，增加冷料配比，强化炉外精炼及高效连铸。保质、保品种满足轧钢生产需要；轧钢在有效生产的前提下，适应多品种、多规格生产要求，形成市场竞争优势；确保合同按生产周期交货，按月100%完成合同。2000年是股份公司安全环保教育年，生安处对车间级负责人实行安全环保资格认证，修订、补充股份公司安全环保管理规章制度。继续推行安全环保目标风险承包和开展对照规程找差距的安全生产活动。按期完成"一控双达标"任务。强化技改、新建项目安全环保"三同时"管理，开展"三废"综合利用。

（裴伟）

条目另见部目

【"一控双达标"完成】：《生产经营》

【继续执行ISO14001环境管理体系认证】：《生产经营》

【环境状况】：《生产经营》

【机动处概况】 股份公司机动处是股份公司设备能源管理部门，年末在岗职工51人，管理技术人员46人，其中高级工程师13人，工程师22人。2000年4月根据钢股人发〔2000〕第89号文件将机动处生产设备备件采购职能划归装备处。2000年股份公司通过设备管理创优，恒达钢业股份有限公司被评为全国设备管理优秀单位，型钢厂被评为重庆市设备管理优秀单位，七厂、型钢厂、焦化厂被评为股份公司设备管理先进单位。

（曾庆增）

条目另见部目

【《重钢机动能源》】：《文化教育》

【技术改造处概况】 重钢股份公司技改处负责股分公司技改项目的管理工作，即从工程前期的规划、立项、计划的执行实施，到后期管理。技改处设计划科、合同科、工管科、质监科和综合科（国家冶金局重钢质量监督站），在册人数48人。2000年底在岗管理人员39人，生产操作人员2人。具有高级职称7人，中级技术职称10人，具有监理工程执业资格4人。2000年，技改处的主要工作：1.完成股份公司高速线材建设工程。2.2000年10月七厂LF炉工程建成投运。3.2000年4月30日七厂方坯铸机高效化改造工程完工并一次性热负荷试车成功投产。4.2000年12月小南海大宝坡矿工程建设完工，具备40万吨/年的石灰石矿生产能力。5.对矿业公司景星白云石矿工程建设、炼铁厂二烧改球团项目建设、焦化厂脱硫脱氰工程建设等在建工程项目实施管理。2000年，技改处职工提合理化建议60条，被采纳45条，实施17条，采纳率76%，开展QC小组活动创成果5个，其中1个成果获国家冶金局系统三等奖。

（张娟）

条目另见部目

【重钢焦炉煤气脱硫脱氰技改工程】：《技术改造》

【大宝坡石灰石矿工程竣工】：《技术改造》

【七厂LF精炼炉工程】：《技术改造》

【景星白云石矿工程项目】：《技术改造》

【一号三号方坯铸机高效化改造工程】：《技术改造》

【质量管理处概况】 质量管理处是重钢股份公司归口管理质量工作职能部门，主要负责质量管理、质量监督、质量检验及质量异议仲裁处理工作。质管处2000年末在岗职工554人，设17个科、站、室（处办公室、党委办公室、人事行政科、质量体系科、质量服务科、焦铁原料科、炼钢科、轧钢科、焦化理化室、原料质检站、炼铁质检站、七厂质检站、五厂质检站、五厂理化室、型钢质检站、型钢理化室、高线质检站。）

2000年，质管处以"钢质废品减半、质量异议损失减半"的工作目标，开展厂情教育，组织质量攻关，强化生产过程监督控制，质量指标稳定提高（稳定提高率91.67%）；市级及其以上抽查8次，15个品种全部合格；全年无二级及其以上质量事故，三级质量事故较1999年下降两次；质量体系通过LRQA两次复审并通过扩大范围的认证注册；《质量手册》、

《程序文件》完成更版修订并有效运行；热轧带肋钢筋、造船用钢板、容器钢板获"重庆市名牌产品"称号；造船钢板、锅炉钢板、容器钢板再获冶金产品实物质量"金杯奖"。股份公司获重庆市2000年"质量效益型企业"、"用户满意企业"、"质量降损先进企业"称号；取得全国优秀QC成果1个，冶金行业优秀QC成果6个，重庆市优秀QC成果5个。

（叶国华）

条目另见部目

【质管处"九五"概述】:《重钢综述》

【2000年船体用结构钢生产及认证】:《生产经营》

【重钢16MnR钢板20g钢板，一般强度级和高强度级船板再次获奖】:《生产经营》

【重钢股份公司钢铁研究所】 钢研所2000年末在册职工192人，设15个科级机构。固定资产原值799.40万元。主要职责是负责制定重钢中长期技术进步和技术创新发展规划、产品结构调整方案、工艺技术标准；新产品、新技术、新工艺的开发研究和试制；科技项目、科技成果、技术革新、合理化建议及工艺技术规程、技术经济指标的管理；负责工艺技术攻关和工艺技术事故的处理；负责理、化、耐检验分析及仲裁；负责重庆市钢铁产品质量的监督检验等。

2000年新立项目及1999年结转项目共计61项，累计完成投资额1325.7万元，结项鉴定28项，实现效益1366.7万元，有20项待鉴定，有13项正在实施中。新产品开发试制坚持"高附加值化、微合金化，系列化"的方针，全年开发试制新产品7个，累计完成特殊产品试制总量达9.25万吨，实现产值2.5亿元，利润500万元。

2000年，股份公司新立科技项目承包106项，已验收37项；实现技革成果87项；职工提合理化建议4965条，采纳2877条。预计技革、合理化建议及技术经济承包共实现经济效益约800万元。生产合格管坯68571.415吨，比1999年增加56750.139吨，各项性能指标均超历史水平。

对标挖潜管理工作是重钢钢研所进入股份公司后新增加的工作职责。全年股份公司主要工序成本（焦炭、烧结、生铁、连铸方坯）与1999年相比均有不同程度的下降。其中有10项成本对标指标刷新率为90%。技术类21项对标指标中，刷新率为80.95%。组建"重钢集团英斯特模具有限公司"，一期工程投入433万元，2000年4月18日投入试生产，产品月销售收入100万元。

2000年重钢钢研所获重钢公司命名的安全文明小区称号，通过重庆市工交系统文明单位复查验收。

（刘家林）

条目另见部目

【新产品开发试制】:《科技进步》

【装备处概况】 2000年3月24日，重钢调整设备采供体制，2000年4月6日重钢股份公司决定成立装备处，5月1日正式运作。装备处在册职工370人，在岗职工305人，各类专业技术人员54人，设办公室、计划科、合同管理科、机械订货科、三电订货科、内部订货科、仓储运输科等7个科室（仓储运输科下设9个库房，20个库点）。库房总面积4万平方米。装备处主要负责生产、维修、技术改造和管理所需用的设备备件的采购及供应工作；负责制定设备备件公开采购供应的办法和制度，并进行相关的管理工作；负责设备备件的招投标管理工作；执行重钢公司下达的采购计划及统计工作；负责采购供应的结算及资金支付；负责控制管理范围内的资金占用和管理工作；控制所供设备备件的质量和管理；负责一级设备库供应管理和二级设备库专业化管理的业务指导工作。

2000年5～6月，装备处对机制公司划转有关设备备件采供、库管的资产进行清理并对划转的库存设备备件7832.62万元资产进行清点移交。8～12月对库存设备备件进行清理盘点，并配合普华会计师事务所对库存设备备件进行盘点抽查工作。5～12月签订合同1877份、16104.60万元，其中招投标合同45份、4989.69万元。制定设备备件供应管理授控文件20个，通过英国劳氏认证机构的ISO9002质量体系贯标认证。装备处成立时，库存设备备件资金点用为8601.61万元（机制公司划转7832.62万元，机动处占用768.99万元）。2000年年底处理老库存973.78万元，库存设备备件资金占用降低到8274.36万元，比期初值降低327.25万元，降低率为3.80%。

（装备处）

【党办（宣传处）概况】 重钢股份公司党委办公室、宣传处实行一套机构，同时履行党委办公室和党委宣传处职能：党委办公室和党委宣传处的日常工作、股份公司厂情教育、文明单位建设、"三五"普法教育、职工思想政治工作研究、统战、武装及《班组生活》编辑工作等。党委办公室（宣传处）下设宣传科。2000年末在岗职工4人，其中高级政工师1人、政工师1人、助理政工师1人、政工员1人。2000年按照重钢公司"一个重点、二件大事、三个到位、四项要求"的工作方针，重点抓学习贯彻党的十五届五中全会精神和江泽民总书记“三个代表”重要讲话精神的有关工作；抓好厂情教育；进一步完善“实现生产经营目标党组织保证体系”；组织开展“盈利目标要实现我们怎么干”和“质量与效益”大讨论、演讲、征文活动及“我与《重钢报》”征文活动；坚持开展季度职工思想状况调查分析；组织开展股份公司创建重庆市企业工委文明单位工作；协同开展股份公司技术竞赛活动和“支部、车间、班组”达标晋级活动；牵头组织股份公司及所属各单位“三五”普法验收工作，并全部合格；编发《股份公司党群工作纪要》、《班组生活》月刊；协同开展股份公司民兵政治教育工作。2000 年，股份公司党委办公室（宣传处）保持了文明处室称号，并获重钢公司宣传系统同业务竞赛先进单位称号。

（黄成华）

【组织（纪监）处概况】 重钢股份公司党委组织（纪、监）处实行一套机构，分别履行党的组织、纪检和行政监察的职能。组织（纪、监）处设组织科、纪监科。组织科分管二级党委（总支）的换届改选、基层党支部建设、党员教育管理、组织发展、党群管理人员管理、围绕生产经营开展各种党内活动等工作；纪监科分管党风党纪教育、违纪违法线索和案件的查处、党风廉洁建设、执法效能监察等工作。

重钢股份公司党委组织（纪、监）处有在岗职工 4 人（处长由股份公司党委书记兼任），其中，科长 1 名，一般管理人员 3 名；政工师 1 名、助理经济师 1 名、助理政工师 1 名。

2000 年，组织（纪监）处重点开展以下工作：对“法轮功”处置工作；“降成本、增效益、当先锋”党内主题活动；进一步深化“实现生产经营目标党组织保证体系”；二级党组织换届改选；设立“党员安全岗”；“党支部达标晋级”活动；发展党员；党员轮训；关心党员工作；“党建带团建”工作；落实党风廉洁责任制；党风廉洁教育、“警示教育”活动；巩固和创建重钢公司“党风先进单位”；执法效能监察工作；信访举报处置工作等。

（谭敏剑）

条目另见部目

【查处伪劣矿石】：《企业管理》

【股份公司工会概况】

2000 年，重庆钢铁股份公司工会有下属二级厂处单位工会 14 个，专（兼）职工会管理人员 42 名，占职工总数的 0.31%。在册工会会员 15273 名，在岗工会会员 12572 名。股份公司工会下设办公室，管理人员 5 名。2000 年 12 月，股份公司工会被重庆市总工会命名为“重庆市模范职工之家”。

2000 年 12 月 15 日，股份公司工会组织召开重钢股份公司工会第一届暨第一届三次职工代表大会，全年共召开职代会专委会 7 次，对《2000 年重钢股份公司经责制考核分配方案》、《重钢股份公司 2000 年减员分流有关政策规定》、《2000 年重钢股份公司职工增资考核兑现意见》等 7 个办法和规定进行审议；10 月，股份公司工会主席刘秀英当选为重钢公司监事会职工监事；股份公司工会代表职工在职代会上与企业签订《重钢股份公司 2000 年集体合同》。年末，股份公司劳动合同签订率达 99.61%，比 1999 年提高 0.09%。2000 年 8 月，制定《重钢股份公司关于深入加强车间级厂务公开工作的实施（暂行）办法》，开展日常性的督促检查工作，形成股份公司、厂处、车间三级厂务公开体系。2000 年 12 月，两级工会组织 1200 名职工代表对 64 名厂处领导进行民主评议，同时参与对部分领导干部的年度考核工作。

2000 年，股份公司工会继续在各单位工会中组织开展“提一条建议、堵一个漏洞、人均增效 1000 元”的“三个一”活动，12337 名职工提合理化建议 9153 项，采纳 5060 项，实施 1985 项，实现成果 201 项，创效益 835.58 万元，9500 名职工达到“千元职工”标准；全年组织开展重点项目劳动竞赛 29 项，各单位工会开展劳动竞赛活动 97 项，两个层次的劳动竞赛活动共创效益 1420.72 万元。

2000 年，股份公司继续在各车间、班组组织开展“达标晋级”活动，与党委、行政、团委共同召开“五十佳”职工表彰大会，与党委、人力资源处、团委共同组织股份公司第二届职工技术，460 名职工参加 12 个工种比赛。

2000 年，股份公司两级工会共对 673 名特困职工进行建档；按照修改后的“庆谈访”实施办法规定，对 3292 名职工进行 481263 元补助。在 2000 年春节，对 239 名困难、伤病职工及劳动模范登门慰问；办理职工劳动保险 23 人，支付丧葬、抚恤费计 22 万元；资助 41900 元帮助 182 名职工子女上大学；开展向贫困山区人民的献爱心捐赠活动，6805 名职工捐赠衣物 8845 件（套）。全年组织职工 6353 人次进行短期旅游休养和疗养。2000 年 5 月，股份公司工会组织开展“明厂情、强管理、增效益”为主题的首届职工合唱比赛，12 个单位 600 名职工参赛。

（窦辉）

【股份公司团委概况】

2000 年，重钢股份公司团委有直属团委（总支）、直属团支部 14 个，基层团支部 86 个，团员 1226 人，

35岁以下青工5047人。2000年组建成立高线厂团总支、装备处团支部。股份公司有专职团干部10人,兼职团干部6人,团委设书记1人、办公室主任1人、干事1人。2000年的主要工作:开展生产经营形势任务教育和青年思想道德文化建设;组织团员青年开展主题为"明厂情、抓机遇、扭亏脱困求发展"的厂情教育活动;在青工中开展"三个代表"的大讨论及召开专题座谈会;组织青工学习"十五"计划;结合重钢建团50周年等重大纪念日开展系列活动;坚持开展青年志愿者活动;开展青年科学、文化、技术、业务素质培训,举办第二届"青工技术明星"竞赛;开展"导师带徒"、"新世纪青年读书"活动;开展"挖潜增利、创新创效作贡献"主题竞赛,"青知"科技项目攻关,立项71项,创经济效益425.4万元;开展团支部"五小"活动,承担项目69项,实现经济效益259.2万元;开展创建"青年文明生产线"活动;开展"青年身边无安全、质量事故"活动;开展创建"五四红旗团委"活动";开展团建创新工作;开展"一个党支部带一个团支部"项目承包活动,立项90项,创经济效益225万元;做好"推优"工作,全年推荐151人;开展团内工作调研4次。

（吴冬）

【考核分配工作】 2000年,重钢股份公司以钢股办发〔2000年〕第40号文件印发《重钢股份公司2000年考核分配办法》,在考核分配办法中突出以下特点:强化对关键生产环节和关键攻关项目的考核分配;强化对炼钢厂的品种计划完成率和轧钢厂的钢材合同兑现率的考核分配。突破了股份公司效益完成多少与股份公司内部各二级单位的考核分配的限制,进一步完善内部激励机制,公正客观地评价二级单位因生产方式发生变化或股份公司保证条件不到位,而需要剔除考核的诸多问题。

（余志雄）

【统计工作】 2000年,重钢股份公司完成1999年统计年报工作;完善股份公司各单位主要技术经济指标创水平数据统计;重要统计指标采用图表分析法;对外报数严格执行报出责任与审核制度;新建高线厂按规定及时建立统计管理体系;规范中板产量的统计计算。2000年是冶金工业试行新的生产指标统计体系的第一年,股份公司组织二级单位对建立新统计指标体系开展业务培训,按照新指标体系的要求,编制新旧对照表,下发相关单位,以便统一口径对钢种、钢材品种等数据进行重新确认和划分。

（周智）

【合同管理】 2000年,重钢股份公司针对生产经营需要,组织内部工序单位之间及重钢公司内部之间签订动力能源合同、运输合同、关联交易合同共40个。处理内部合同争议8件,金额1066054元,关联交易合同争议3件,金额26663元。根据新建厂生产组织需要,及时签订工序之间的内部经济合同。组织机动处、原材料处及各二级单位,对原材料、辅料、设备、备件及修复件的504主要供货(修复)商(厂)进行清理。重新拟订合同授权书3份。

（肖朝云）

【车间建设标准化生产现场管理】 1. 车间建设:股份公司坚持"三合一"和"四统一"基础管理模式,进一步完善《重钢股份公司关于深入开展车间(班组)、支部、职工之家建设达标晋级活动的实施办法》及验收标准。达标评价标准实行年度制,取消车间建设达标荣誉的终身制。2000年,申报车间建设的车间81个,年终,经检查评分,获模范称号的车间18个、先进称号的车间32个,分别占总数的22.2%、39.5%,有1096个班组申报达标,达到模范班组标准的有169个,占总数的15.4%。

2. 标准化工作:建立以管理标准、技术标准和工作(岗位)标准为主要内容的标准化体系。完善和补充股份公司标准化委员会,设立标准化办公室,分设管理标准审查小组(在股份办公室)和技术标准审查小组(在钢研所)。先后完善和制定《重庆钢铁股份有限公司管理标准编写规定》、《重庆钢铁股份有限公司文件、标准的编号规定》、《重庆钢铁股份有限公司标准化管理标准》等基础性标准,同时督促各职能处室和二级单位制定或修订管理标准、技术标准、工作(岗位)标准及"三大规程",为ISO9000通过英国LRQA复审,及2000年五厂、七厂ISO14000环保认证提供了基础条件。

3. 生产现场管理。贯彻《重庆钢铁股份有限公司定置管理标准》,组织五厂、动力厂到长安公司现场参观学习,计127人次。

（张兴平）

【信息管理与研究】 股份公司2000年全年完成重点研究课8个:《加入WTO对重庆钢铁工业的影响与对策》、《部分冶金企业近期节能增效劳动竞赛和推广工人先进操作法经验摘要》、《关于对公司开展节能降耗挖潜增效工作的建议》、《国内线材生产及市场分析》、《关于重庆新港装卸运输有限公司发展情况的调查》、《对重钢股份合作制企业的调查与建议》、《西部大开发下重钢板材产品分析》、《对股份公司"十五”规划纲要的建议》。完成分析研究性文稿:《经营研究是公司扭亏脱困的源头应该引起高度重视》、《对重钢集团公司战略发展思路的思考与建议》、《重钢产业战略发展选择及思索》、《重庆钢铁股份有限公司“十五”计划纲要草案修改意见》、《未来5年重钢面临的经营环境》、《搞好球团项目提高重钢炼铁水平》、《对重钢实行股权多元化的一点建议》等。全年整理编辑《市场动态与价格》22期。行使重钢公司的信息报送管理职能,2000年受重钢公司经理办委托,7月份下发《关于加强集团公司信息报送工作的通知》,履行重钢公司信息报送的管理职能。全年共收到各单位报送的信息1100篇(条),从8月份起恢复编发《重钢信息》共9期,与22个兄弟单位进行资料交流。发放考核通报一期(经办发[2000]第14号),下达2001年信息报送计划经办发[2000]第16号文件。

(邹开平)

【生产管理】 2000年,重钢股份公司全年生产焦炭104.38万吨,完成全年目标计划的100.37%,比1999年略有下降;生产铁152.6万吨,完成年目标计划的98.48%,比1999年提高6.47%;生产钢161.76万吨,完成年目标计划的102.38%,比1999年提高16.99%;生产钢材126万吨,完成年目标计划的116.68%,比1999年提高15.4%。外加工钢材量14万吨,完成年目标计划的116.75%。在以炼铁为中心的生产组织中,炼铁厂三座高炉的生产均衡稳定,三高炉月产量均稳定在3万吨以上,并有3个月的月产量达到或超过历史最高水平;四高炉月产量有4个月达到或超过历史最高水平;五高炉月产量有8个月稳定在6.9万吨以上。3座高炉除四高炉外,三高炉、五高炉年产量均创历史最高水平。在炼钢生产管理工作中,以“提质、节铁、降耗”为生产技术方针。全年板坯内裂率0.79%,比1999年下降0.13%,因内裂改判的板坯5915吨,比1999年减少近万吨。七厂钢铁料消耗1085.443千克/吨,比1999年下降8.157千克/吨,热铁水单耗920千克/吨,比1999年下降104克/吨。全年计划钢种炼成率94.92%,比1999年提高2.25%,全年12个月中,月产量达到或超过去年历史最高水平的有7个月。炼钢生产在生铁未完成年目标产量的情况下,钢产量达到目标要求,并创历史水平。

在轧钢生产组织管理中,4台轧机(高线轧机扣除外)除280轧机外,年产量全部创历史水平。特别是五厂中板轧机,12个月中有7个月的产量在6万吨以上。2000年的最高月产量比1999年的高最月产量净增1万吨。2000年原计划安排3.6万吨,实际生产6.8万吨,同比提高481.33%;矽钢坯,原计划安排13.15万吨,实际生产19.88万吨,同比提高45.51%。球扁钢原计划安排1.8万吨,实际生产2.5万吨,同比提高112.7%,造船板原计划安排20万吨,实际生产27万吨,同比提高45.04%,新产品钢板的生产完成量比1999年提高24.13%。全年合同完成率达99.74%,其中型钢厂和高线厂的合同完成率均达100%,五厂合同完成率99.53%。全年产销率100.61%,其中型钢厂110.21%,高线厂97.42%,五厂99.75%。

(王国霞)

【生产调度指挥】 1.2000年5月26日18时40分焦化厂一炼焦车间连续发生集气管堵塞、消火车下道、炉门框变形脱落等设备事故,生安处及时到现场组织协调,制定方案措施,于28日8时20分抢修完工,恢复生产。在焦化厂事故期间每天少出焦炭400~500吨,生安处组织汽车从江边焦炭料场大量内转焦炭到炼铁厂焦炭料场,保证了炼铁正常生产。

2.生安处与有关部门,对高线厂的生产准备共同制定方案和措施,高线轧机正式生产后,由于原有的坯料辊道运输系统(坯料直送)因故未如期建成投运,生产处及时与有关部门协调采用汽车和火车两种运输方式供坯保产,满足了高线厂轧机生产。

3.为保证高炉矿石入炉品位的提高,股份公司决定高炉配球团矿。生安处与运输部共同策划,制定球团矿的运输方案,决定球团矿用船运到重钢四码头,再用汽车在四码头一号料仓转运到炼铁厂矿一线料场。7月,运输部用一个月的时间对四码头进行技术改造,达到汽车转动要求。10月11日重钢外购球团矿抵达四码头,及时卸船上岸。10月17日铁厂高炉正式投用球团矿,矿石入炉品位从年初的54%提高到55.5%。

(蔡春和)

【运输工作】 2000年全年钢材发运140.47万吨,其中,铁路发运钢材74.67万吨,水陆联运42.15万吨,均创历史水平。厂内运输量创水平1002万吨。注重协调航运、码头、新港的水运工作。四码头在超负荷运转情况下,完成起卸量95.6万吨,七码头22万吨,新港发运出口产品17.46万吨,国内产品24.67万吨。2000年,多次协调特殊钢公司废钢、生钢从新疆、陕西、河南发运的运输问题,协调铁业公司的矿石、生铁的发运问题,协调歌乐山矿、小南海矿的石料,綦江铁矿的矿石、白煤,四厂的矽坯及产品发运。全年仅用35辆自备车完成往年115辆敞车和37辆翻斗车才能完成的运量。

(鄢培)

【安全管理】 2000年,重钢股份公司发生工伤亡事故41起,伤亡42人,其中死亡事故1件,死亡1人;重伤事故2件,重伤2人;轻伤事故38件,轻伤39人;千人负伤率3.19‰。2000年是重钢股份公司的“安全教育年”。1.把厂、车间、班组的“三级”安全活动作为大事,生产安环处每月对各单位“三级”安全活动情况进行一定比例的抽查,每季度综合评价打分,分别给予奖励。型钢厂长期坚持每月一次分轮班的全厂职工学习,厂部安全员到班组抽查安全学习情况,并出题对职工进行现场问答。七厂厂领导坚持每月到车间进行一次安全讲话;焦化厂配煤车间每周将安全学习的内容和要求书面下发班组。2.生安处、人力资源处组织4期车间主任安全环保知识培训班,培训154人,全部取得“安全环保上岗资格证。”3.开办8期特种作业人员培训班,248名特种作业人员受培训,复训特种作业人员4300人。开展第10次全国“安全生产周”活动。4.修订颁发22个安全管理程序文件,炼铁厂、动力厂、七厂、型钢厂等单位也对本单位的安全管理文件和安全操作规程进行修订。5.各单位根据股份公司1号文件精神,分解落实安全生产指标。在重钢股份公司领导、厂处负责人和专职安全管理人员中实行安全目标风险抵押承包。设立“危险源管理”、“皮带机安全管理”、“防止金属熔液熔渣打炮”等7项安全竞赛奖。6.坚持安全工作的“勤查严处”。重钢股份公司全年共查处故事和未遂事故26起,处罚115660元,查出各类隐患111项,整改111项,整改率100%。7.重新确定重点危险源25个,坚持对五号高炉实施特别维护措施,使其始终处于受控状态。要求各单位对各类危险源每周至少检查1次,班组必须每天检查并作好记录。对高线厂接触煤气人员39人组织专项培训,对煤气设施,危险源管理工作、锅炉、压力容器、起重机、皮带机、电器、厂内机动车、油库、炸药库等重点危险源组织专项安全检查,查处隐患131项,整改127项。新增CO便携式报警仪89台,固定式34台。8.重钢股份公司3月份对“夏防”的各项工作进行安排布置,逐月检查实施情况。投资30万元实施葛老溪主排洪沟的治理工程;各单位组织清理厂房屋面积灰,主排水沟;对防雷设施进行预防性试验;新增防降设施913台,其中空调231台,轴流风机163台,电扇508台,冷风机11台。保证了5月1日起清凉饮料的供应。“冬防”工作在10月份作布置,11月份对“冬防”工作进行检查。9.推行年修、技改工程安全管理业主负责制。2000年年修从1月14日五厂开始,到5月7日七厂一号转炉点火,历时数十天,检修11个大的系统,仅发生轻伤事故1起,实现年修无重伤以上故事。10.对高温、有毒岗位的职工2325人进行职业健康体检,对1998年以来的145名工伤职工进行了工伤性质认定。

(周新)

【销售市场运作】 2000年初,在市场经济运作困难的情况下,销售处提出从源头抓起,从订货抓起,加强销售计划性工作,突出处本部的销售指挥调度中心作用,对外(各分公司)提出订货品种,数量要求,对内(公司生产、技术等部门)通过有效协调,制定出有利的生产计划。二季度以来,随着市场的好转,在合同保产的压力初步缓解后,由于资源紧张带来合理订货、增产增收的问题。开始实行按照时间节点订货的工作方法,按期向各地的销售分公司提出指导性订货意见,优先把球扁钢、管钢、矽钢、工字钢等优利品种、规格合同拿回来。通过对各销售区域的总量控制以及不同品种和规格产品产销量的控制,引导市场向供给不足的方向发展,不断优化产品结构,优化价格组合。同时通过合理调整规格组距的价差,控制薄规格品种的生产量,增加中间组距 钢板和管钢等产品的销售量。年初通过控制普板的出货量,提高西南市场的普板价格,随后又大力推销容器板、锅炉板等产品,控制船板出货量,一方面增加高附加值产品比例,另一方面提高船板销售价格,始终保持重钢产品在有利的价位体系上运行。

(李春海)

【销售财务资金管理】 销售处2000年坚持以资金管理为工作重点,建立动态预警系统。通过财务管理对客户的资金占用量和帐龄进行分析,综合考虑各个用户的生产经营情况、生产规模、资金状况,对客户的资信等级进行排序,确定相应的滚动资金上限和帐龄上限,在临近上限时进行报警。一旦发生预警,立即通知所在销售分公司加强帐款催收,订货科停止签订新合同,合同科暂停执行已签订待发运的同合。对一些老欠款单位必要时动用法律手段进行清欠。对于资信等级不高的用户,坚持“先款后货”的原则,并通过控制发货量,避免货款流失。2000年实现销售收入的全额回笼和资金占用大幅降低并收回老欠款6874.72万元。重视资金流向的控制。要求各销售分公司严格执行“收支两条线”的制度,在日常工作中有专人逐日按进度计划检查各分公司的资金回笼情况,对于未完成资金计划的分公司除按规定处以罚息外,还要纳入业绩考核,并及时给予通报。2000年销售处共收回货币资金34亿元,较1999年增加13亿元。

(李春海)

【原材料供应】 大宗原材料供应:原材料处强化采供计划管理,按生产所需组织供应。在煤炭供应中,根据历年来对洗煤厂家的煤质状况及近年来煤炭市场疲软的特点,提出提质不提价的采购方案。全年洗煤平均灰份9.21%,硫份0.94%,同比分别下降0.7%、0.15%,焦炭灰份、硫份、M40、M10累计均控制在目标值指标内。在矿石供应中,确定国内块矿的采购以北方精矿为主。合金供应工作中,建立特种合金复验入库制度;淘汰不合要求的供应商。辅料供应主要职责:确保生产、检修、技改工作所需物资。

2000年,对亏吨、水份超标以及质量不符要求的原材料给予拒付并加大扣款力度。2000年就查处劣质矿石一项,避免经济损失186.74万元。拒收不符合质量标准的合金313.26吨,避免经济损失14.28万元。没收弄虚作假的废钢5车、氧化铁7车。

(张晴)

主要经济指标完成情况表

名称	单位	2000年指标		实际完成	完成率(%)
		计划	目标	累计	累计
利润	万元	0	600	1707.2	310.4
矿石综合品位	%	60.00	61.00	61.63	102.72
冶金焦硫份	%	0.88	0.84	0.82	107.32
冶金焦灰份	%	13.90	13.50	13.18	105.46
保产率	%	100		100	

主要原材料物资供应数量表

品名	供应金额(万元)	供应数量(万吨)	比1999年增减
铁矿石		231.11	3.17
煤炭		142.48	-7.30
合金		3.27	0.33
生铁		13.40	6.82
废钢铁		25.37	-4.71
耐火材料		12.83	3.18
钢材	9448	2.93	-3.24
水泥	823	2.08	-0.94

【招投标管理】 2000年5月装备处正式运作以来,相继制定《重钢股份公司备件订货管理办法》、《重钢股份公司机电设备备件招标投标管理办法》、《重钢股份公司装备处合同管理评审制度》、《装备处订货工作程序》、《装备处订货人员行为准则》、《投标单位资质、资信评价标准》等管理制度及办法,编制一系列相关的表格,即《设备、备件邀标单位确定表》,《开标代表签到表》及《设备、备件招投标评审表》,构筑配套的法规体系。2000年装备处组织招投标68项,签订招投标合同45项,合同金额为4989.69万元,降低采购费用651.77万元,压价率达13.06%。

(装备处)

【招标采购工作】 原材料处全年采购资金总额19亿元,占股份公司销售收入的60%左右。2000年初提出加大招标采购的力度,完善招标方式、方法。1月成立原材料处内部招标领导小组,制定《重庆钢铁股份公司原材料处招投标采购办法》。成立以原材料处处长为组长,副处长、管理科、财务科及纪监单位为组员的处内招标领导小组。规定招投标采购的范围,程序以及责任和考核。规范招标采购工作程序:编制招标计划,编制正式的招标文件。(招标文件应对标的、数量、质量、技术参数、特殊要求、交货期、投标截止时间以及其他需要说明的条款作出明确规定。)招标领导小组根据审定的具体情况和意向性的单位(须是经过质管处认证调查后确定的综合信誉较好的单位),发出招标书。在综合评价投标方的基础上确定中标单位和中标价格或最高采购限价。向中标单位发放正式的中标通知书,签订供货合同。

对不适宜招标采购的零星原材料,采取每月召开一次价格审定会进行定价的方式:价格会分为4个组(炼钢组、炼铁组、炼焦组、公共组),各组的组长分别由各生产厂的厂长担任,邀请股份公司有关职能部门参加,共同对零星采购的原材料价格进行审核。2000年原材料处对53种大宗原材料进行了招标采购,节约采购成本1133万元。

(张晴)

【原材料供应计算机网络】 原材料处于2000年初开始建立适合现代化管理需要的原材料供应管理信息系统。系统包括材料、原料、废钢、设备维修管理、人事工资、文书资讯和系统管理7个子系统。一期工程实施原料、人事工资、文书资讯和系统管理等系统。系统包括局域网和广域网,局域网分布于处办公楼内,广域网分布于各供料点和业务点及驻外机构。系统由1台服务器、18套计算机、10台打印机、网络设备、系统软件、应用软件等构成。数据库采用ORACLE8I,网络操作系统采用WINDOWSNT。2000年年底,实现合同管理、人事工资管理、处内数据、信息共享。

(申志强)

【"两减半"质量目标实现】 2000年,股份公司质量工作以"钢质废品减半,质量异议损失减半"的"两减半"为目标,钢质废品率由1999年的2.96%下降到2000年的0.97%,减少率达67.23%。钢坯综合合格率达99.79%,比历史最高水平提高0.09%;拉裂率由1999年的2.96%下降到2000年0.97%,减少67.23%。因炼钢原因造成的质量异议损失由1999年的852961.36元,下降到2000年的325781.67元,下降61.81%,实现钢质废品减半的目标。质量异议损失由1999年的2196486.29元,下降到2000年的796691.24元,减少率达67.23%。2000年对全国61家原辅料供货企业进行现场质量认证,认证合格率为88.52%。贯彻外购大宗原料规定,重点加强入厂铁矿石的质量管理,共检验入厂铁矿石235.97万吨,综合品位(TFe)达61.59%,比历史最高水平提高0.21%;有害元素磷含量0.095%,比1999年下降0.012%;硫含量0.062%,比1999年下降0.05%;综合品位≤50%的铁矿石2378吨(含内转),比1999年同期减少1426吨;杜绝不合格矿石127164吨,占总量的5.30%。建立炼钢用原辅料抽查制度,坚持全过程的精料方针。焦化优化煤质资源结构攻关,焦炭灰份、硫份分别比目标下降0.34%、0.02%,比1999年分别下降1.19%、0.05%;M40强度指标较目标增加0.21%,比1999年提高0.83%;炼铁优化矿石资源系统攻关,使磷含量达到0.18%;炼钢通过降低板坯内裂、拉裂攻关,使板坯内裂、拉裂分别较1999年降低0.39%、0.527%;矽钢坯废品降低为0.76千克/吨。中板优质品整张改判较1999年减少131.89吨,中板热轧性能初试合格率较去年提高2.59%。

2000年股份公司考核各厂(处)的24项质量指标,计划完成率达100%,较1999年计划完成率提高10.53%,比1999年提高的有8项,稳定的有14项,稳定提高率为91.67%。在19项目标档指标中,完成的有14项,目标档完成率为72.22%;接受重庆市及其以上抽查8次,15个品种,抽查合格率100%。

(廖万萍)

【质量异议减少】 2000年股份公司共收到用户质量异议投诉142件,比1999年190件减少48件,其中板材91件,型材51件;发生索赔性质量异议82件,赔偿损失796691.24元,比1999年索赔金额2196486.29元减少1399795.05元,减少率达63.73%。其中:板材赔偿311767.22元(有5件质量异议属1999年遗留问题,赔偿27966.27元);型材赔偿484924.02元(有2件质量异议属1999年遗留问题,赔偿3739元)。属新产品造成的质量异议赔偿为438741.61元,占赔偿总额的55.07%;属用户超标要求造成的质量异议赔偿为9055.98元,占赔偿总额的1.14%;大生产造成的质量异议赔偿为348893.65元,占赔偿总额的43.79%;质量异议率为0.306‰,万元工业产值质量异议损失率为2.19元/万元,超额完成"质量异议损失"减少半目标。

(廖万萍)

【股份公司质量保证体系通过英国劳氏质量体系认证】

2000年12月,股份公司按照ISO9002-94标准建立的与国际惯例接轨的文件化的覆盖公司所有生产厂及钢材产品、钢坯、生铁及焦化化工产品的质量保证体系通过英国劳氏质量体系认证公司LRQA的认证注册。2000年,股份公司决定在1998年按ISO9002-94标准建立的覆盖轧钢产品、炼钢产品的质量保证体系的基础上建立覆盖钢材、钢坯、生铁、化工产品在内的质量保证体系。2000

年8月正式建立成功并推入试运行。

（汪金泉）

【继续开展“质量卫士”竞赛】 “质量卫士”竞赛是质管处在一线质检工中开展的重点竞赛项目。自1997年7月以来，472名一线质检工参加竞赛，273名职工获得每月竞赛优胜提名，194人(次)获得半年竞赛优胜奖，先后命名表彰30名“质量卫士”。1998年“质量卫士”竞赛纳入重钢股份公司重点劳动竞赛项目。2000年，质管处工会将“质量卫士”竞赛与“两减半”主题活动；与党内开展的“降成本、增效益、当先锋”竞赛相结合，把竞赛作为引导职工为实现“两减半”目标而努力工作的载体，首次将“质量卫士”候选人的事迹材料公布于所在生产厂，接受所驻厂职工的评议、监督。2000年在8个站(室)的472名参赛职工中，164名获“质量卫士”优胜提名，96人(次)获优胜奖，竞赛产生出10名第三届“质量卫士”，并在8月份进行命名表彰。

（贺勇）

【《质量手册》《程序文件》完成更版修订】 重钢股份公司1998年按照ISO9002－94国际质量保证模式建立，覆盖七厂、型钢厂、五厂、运输部及有关处室在内的文件化的质量保证体系，当年通过英国劳氏质量体系认证公司的认证注册。2000年股份公司决定修改股份公司质量手册，程序文件以及三层次的支持性文件，以建立覆盖所有生产厂并涉及钢材、生铁、钢坯以及焦化化工产品

在内的质量保证体系。

新版手册中的质量方针目标由重钢公司董事长、总经理、党委书记唐民伟拟定并发布。质量方针：从严过细，全员参与，科技为本，品牌第一，为用户提供满意的产品和服务。质量目标：1．主导产品国内领先，赶超国外先进水平。2005年，实物质量达到国内先进水平产量比≥50%，达到国际先进水平产量比≥30%。2．实施名牌战略。创名牌产品8个，名牌产品比≥40%。3．以用户满意为中心。产品质量和服务评价的满意程度平均达到90%。

（汪金泉）

【质管处创建“重庆市文明单位”】 2000年，质管处被批准创建“重庆市文明单位”(质量管理处1991年被评为“重庆市文明单位”)后，重新制定质管处创建“重庆市文明单位”工作规划，在创建工作中努力做到“三高”(规划上高标准、工作中高要求、活动中高质量)，以创建活动为载体，开展创文明站(室)、文明班组、当文明职工等创建活动。2000年11月14日，质管处创建“重庆市文明单位”通过由重庆市、大渡口区“文明办”、重庆市企业工委等单位组成的检查组检查验收。

（陈肃）

【对供应商清理及资质审查】 2000年，装备处按照ISO9002－94质量体系的要求，对62家内部设备备件承制厂进行资质审查，对每个企业管理制度、质量保证体系、工艺规范的执行、原始记录、技术装备能力、检测手段、专业技术人员及工人素质状况、产品质量、产品价格、交货周期及售后服务等方面进行综合评定、打分及分类结果：A类25家、B类17家、C类20家。对股份公司以外的设备备件供应商进行清理，装备处成立以来主要交往的供应商447家，直接直供375家，代理供应72家，建立《供应商情况调查表》填写建档，并按建档情况进行逐家资质审查。

（装备处）

2000年股份公司主要产品产量及能耗表

（单位：万吨、万吨标煤）

比较＼项目	钢	生铁	钢材	焦炭	总能耗
1999年	146.7979	143.3727	123.5943	105.2290	146.2327
2000年	161.7654	152.6456	140.0547	104.3827	144.8272
同比%	10.20	6.47	13.32	-0.804	-0.96

2000年股份公司能耗主要技术指标表

项目＼比较	单位	1999年	2000年	同比(%)
吨钢综合能耗	千克/吨	996	893	-10.34
外购电量	万千瓦时	59063.057	62204.75	+5.32
自耗电量	万千瓦时	45869.586	48344.802	+5.396
吨钢电耗	千瓦时/吨	312.4676	298.8575	-4.355
自发电量	万千瓦时	16692.172	18086.04	18.350
外购天然气	万立方米	3220.127	3405.128	+5.745
自耗天然气	万立方米	1304.153	1490.8439	+14.315
吨钢耗天然气量	立方米/吨	8.884	9.220	+3.78
吨钢耗新水	立方米/吨	40.61	37.60	-7.41
吨钢综合氧耗	立方米/吨	63.8963	63.8718	-0.038
企业能源亏损	千克/吨	69	64	-7.25
综合钢铁比	吨/吨	0.9766	0.9436	-3.38
吨铁焦炭耗量	吨/吨	721.32	681.7131	-5.49

2000年股份公司主要工序能耗指标完成情况表

（单位：千克/吨钢）

对比＼项目	焦化	烧结	炼铁	炼钢	Ø800	Ø650	Ø280	中板
1999年	161	86	499	17	80	90	78	78
2000年	140	80	453	17	75	79	77	79
%	-13.4	-6.98	-9.22	0	-6.25	-12.2	-1.28	+1.28

（付丹）

【设备劣化倾向管理】 “全面推进重要设备的劣化倾向管理”是股份公司2000年机动工作重点之一。股份公司年初制定《重钢股份公司设备劣化倾向管理试行办法》，全年由股份公司计划组织并实施的重要关键设备劣化倾向管理项目25个、设备40台，实际实施23项35台设备，完成率92%（七厂1#～3#转炉耳轴系平面轴承、运行中轴承间隙无法定期检测，一号、二号连铸机回转台因需揭盖无法实施），各二级单位自已确定设备并组织实施的劣化倾向管理139项（其中动力厂未统计入内）。型钢厂在大型、中型、线材三条生产线共28台关键设备上开展精密点检和劣化倾向管理工作，每周检测一次。

（许渝萍）

【设备检修】 股份公司于2000年3月22日～5月6日和9月16日～11月25日两次组织有多家单位参加的“联合大检修”，并开展设备大检查，先后对五高炉、四高炉、转炉、五厂常化炉、Ø2450轧机、Ø800轧机、Ø650轧机及相应的动力管网，公用设施等进行中修以上规模的检修。2000年股份公司外委工程费用5000万元(不含备件、材料费)目标控制在4800万元。全年先后签订外委工程合同256份,且均按计划实施,实际使用外委工程费4358.45万元,比目标控制费用节约441.55万元。对设备大检查中查出的96项工业建筑缺陷进行了专项治理,到年底已整改36项,其余60项已作出整改规划。

(谭家治)

2000年股份公司设备大中修工程统计表

单位	设备名称	计划工期(h)	实际开工时间	实际竣工时间	实际工期	与计划工期比较(±h)
铁厂	四高炉槽下改造	240	11月1日8时30分	11月12日0时25分	255.9	+15.9
	五高炉年修	144	4月18日8时	4月24日18时10分	154.2	+10
	三高炉3#热风炉	1128	3月22日8时	4月30日16时	944	-184
	三烧Ⅰ系列	240	4月14日8时	4月24日23时15分	255.5	-15.5
	三烧Ⅱ系列	240	4月18日8时	4月27日23时35分	31.7	-8.3
焦化厂	1#焦炉拦焦车平台改造	84	11月4日19时	11月8日7时	84	0
	4#焦炉拦焦车平台改造	84	4月17日20时	4月20日24时	76.00	-8
七厂	1#转炉大修	1008	4月1日19时20分	5月6日17时45分	838.5	-169.5
	2#转炉年修	240	4月18日12时04分	4月27日23时50分	227.8	-12.2
	3#转炉年修	144	3月26日8时	4月1日12时	148	+4
	混铁炉年修	600	4月4日17时	5月3日22时	701	+101
	1#连铸机改造	264	4月21日8时	5月1日21时40分	253.7	-10.3
	2#连铸机年修	72	4月18日8时	4月21日12时45分	76.3	+4.3
	3#连铸机年修	96	4月3日8时	4月8日8时	120	+24
	4#连铸机年修	96	4月3日8时	4月8日8时	120	+24
	公用设施年修	24	4月19日8时	4月20日8时	24	0
动力厂	燃气净化设备改造	196.5	11月2日13时30分	11月10日13时30分	192.00	-4.30
	4#风机大修	720	3月20日8时	4月20日16时	752	-16
	双新钢线大修	144	4月18日8时	4月24日8时	144	0
	热力3#风机送风管搬迁	196.5	11月2日13时30分	11月6日20时30分	103.00	-93.30
	热力3000kw发电机励磁装置改造	220	11月1日14时	11月9日23时30分	2191.30	-0.30
	计控—净化仪表系统拆除安装调试	226	11月1日8时	11月10日14时	222.00	-4.00
型钢厂	Ø800轧机中修	480	11月6日15时	11月25日19时30分	475.30	-4.30
	Ø650轧机中修	408	4月3日8时	4月18日22时25分	374.5	-33.5
五厂	Ø2450轧机中修	432	1月14日8时10分	1月31日12时30分	412.5	-19.5
	双边滚切剪	552	1月12日8时10分	2月1日21时30分	493.3	-58.7

注:2000年建安费5000万元,按4800万元控制(不含备件费、材料费)。

【动力工作】 2000年度,三号、四号高炉电动风机全面启用,高炉供风系统进一步优化,全年仅发生一次内部系统原因的高炉断风事故。股份公司供电系统新上高线、七厂LF炉、机制公司中频炉等3个35千伏电站,增容53300千伏安。实施一号总降6千伏进线、母联13台开关设备的更新改造项目。制定《110千伏电源非正常停电应急方案》、《电网功率因数管理办法》、《电力设备试验、定值审定、入网程序管理标准》。全年供电系统无重、特大事故发生,一般小事故及违规操作事故大幅降低。2000年自发电量为18086.04万千瓦时,比1999年增加8.35%。全年获电力局奖励112万元。对多年不能正常运行的10立方米万高炉煤气柜进行了专项的密封机构检修,2000年10月31日投入生产后运行正常。2000年转炉煤气回收量达到34.69立方米/吨钢。

(王树樑)

【备件管理】 2000年股份公司备件管理体制进行变革,成立装备处;收回委托重钢集团机制公司代理外订货及仓储管理权,推行备品备件集中采供模式。

制定《重钢股份公司备品备件管理办法》、《重钢股份公司机电设备备件招标投标管理办法》、《重钢股份公司备件订货管理办法》、《仓储运输管理办法》、《备件供应质量管理办法》、《生产急需备件零星采购管理办法》、《设备备品备件修复管理办法》。

2000年二级单位资金平均占用为12943.65万元，与1999年同期相比下降552.69万元。由装备处牵头，各有关单位参与，对机制公司移交的7832.62万元库存资产进行两次清理，其中可用件5250.77万元，报废件919.29万元，可利用件662.56万元，按可利用度决定的降价损失355.62万元，回收残值306.94万元。由机动处组织完成重钢公司内部分承包方资质评审工作，评定合格分承包方62家，其A类25家、B类17家、C类20家；已开展的外订货厂商资质评审11家，发出整改通知4家，A类5家，B类2家。2000年共签订内部合同1073份，合同金额7389.61万元；外订合同1909份，合同金额16899.63万元。内部修复合同97个，金额6719255.47元；外委修复合同40个，金额3605482元，其中招投标合同4个，金额1740000元。

（颜裕庆）

【技术攻关】 2000年，在重钢股份公司主要技术经济指标中，超历史水平的有14项，达行业平均水平的有8项；达行业先进水平的有2项。在股份公司考核各二级单位的23项（高线成材率指标除外）。在主要工艺技术经济指标中，全年完成计划档的有23项，占考核指标数的100.00%；完成目标档的有20项，占考核指标数的86.97%；达到历史水平的有16项，占考核指标数的69.57%；指标好于1999年的有22项，占指标数的95.65%。

1. 焦化。全年生产冶金焦99.93万吨，冶金焦率完成95.73%；焦化厂纳入考核的5项指标均完成计划和目标，其中冶金焦灰份达到13.16%的历史水平，冶金焦率和冶金焦M40达到行业平均水平。2. 烧结。全年生产烧结矿230.27万吨，较1999年增产1.85万吨；烧结固体燃料和三烧利用系数分别达到62.00千克/吨和1.563吨/立方米小时，利用系数达到历史水平和行业平均水平。3. 炼铁。在考核高炉系统的4项指标中，除休风率未完成目标外，高炉利用系数和综合焦比均达到历史水平，生铁合格率达到行业先进水平。4. 炼钢。2000年合格钢量达到161.76万吨、钢铁料投入消完成1085千克/吨的历史水平。钢产量较1999年增产23.50万吨，在考核七厂的6项指标中，全部完成计划和目标，并且全面刷新历史水平，铸坯合格率达到行业先进水平。5. 轧钢。全年型钢厂大型、中型和线材成材率均完成计划和目标，并且大型和线材成材率达到历史水平。考核五厂的3项指标均完成计划和目标，较1999年有不同程度的改善。

（游洪）

2000年股份公司主要技术经济指标完成情况表

名称		指标单位	历史水平	行业先进水平	1999年值	2000年计划	2000年目标	2000年实际
焦化	冶金焦率	%	95.75	97.08	95.54	93.00	94.00	95.73
	冶金焦硫份	%	0.77	0.45	0.87	0.85	0.84	0.82
	冶金焦灰份	%	14.35	11.31	14.35	13.90	13.60	13.16
	冶金焦M40	%	79.51	89.96	78.38	77.00	78.50	79.21
	冶金焦M10	%	7.56	5.14	8.09	8.50	8.20	7.90
炼铁	烧结燃料消耗	吨/平方米小时		46.57	62.00	65.00	62.00	62.00
	三烧利用系数	吨/平方米小时	1.409	1.900	1.409	1.350	1.450	1.563
	生铁合格率	%	100.00	100.00	100.00	99.70	100.00	100.00
	高炉利用系数	吨/立方米小时	1.691	2.900	1.691	1.700	1.800	1.795
	高炉综合焦比	千克/吨	618.00	479.00	620.00	590.00	585.00	593.00
	高炉休风率	%	1.80	0.79	3.00	4.00	3.00	3.71

名称		指标单位	历史水平	行业先进水平	1999年值	2000年计划	2000年目标	2000年实际
七厂	钢铁料投入消耗	千克/吨	1094.00		1094.00	1100.00	1095.00	1085.44
	铸坯合格率	%	99.70	99.79	99.65	99.65	99.73	99.81
	热铁水消耗	千克/吨	943.00		943.00	970.00	950.00	920.00
	表面原始合格率	%	86.58		85.25	86.50	87.68	91.73
	铸坯收得率	%	98.31	98.98	98.31	97.00	97.50	98.59
	转炉炉龄	炉/届	6136	8379	6136	5000	6500	8045
型钢	大型成材率	%	96.67		96.67	95.75	96.60	96.69
	中型成材率	%	96.00		95.49	95.00	95.50	95.93
	线材成材率	%	93.91	95.57	93.91	93.10	94.00	94.57
五厂	普板成材率	%	90.66		90.60	90.50	90.80	91.42
	专用板成材率	%	88.10		88.10	88.00	88.10	88.40
	热轧性能合格率	%	98.09		98.09	97.78	98.00	98.25
高线	线材成材率	%				88.00	92.00	90.30

【股份公司科技管理】 1. 重新制定并颁发3个科技管理实施办法:《重钢股份公司科技项目招标投标管理实施办法(暂行)》、《重钢股份公司对外技术合作项目管理实施办法(暂行)》、《重庆钢铁股份公司科技项目实施管理办法(暂行)》。

2. 科技项目实施实行合同制管理,实行工程化管理和实行招标投标制。

3. 科技开发资金实行“有偿使用、效益回报”。坚持“五定一保”原则:定项目、定人员、定指标、定效益、定期检查,投资项目的还本付息时间最长不超过3年。

4. 全年共计征集、初审科技项目89项,组织项目可行性论证60项,经重钢公司领导审批正式发文立项38项,其余项目待批。2000年完成科技项目48项,其中结项鉴定31项,待鉴定17项,尚在实施中的项目13项;已完成的项目实现经济效益1366.7万元。

5.2000年,受理技术经济承包合同200项,经领导审查批准立项106项,奖励金额31.01万元;至12月12日,检查验收81项,奖励金额24.18万元。

(甘林)

【股份公司科技项目完成情况】 1. 焦化厂自动配煤系统。提高焦炭质量、增加产量、减轻操作工人的劳动强度,提高自动化控制水平,年经济效益达到114.78万元。

2. 延长100吨铁水罐寿命的研究及措施。通过采用新型耐火材料,改进砌筑工艺及砖型设计,在3个铁水罐上进行试生产并获得成功,铁水罐使用寿命从250次提高到590次以上,改善操作人员工作条件,节约能源消耗,年经济效益达到51.16万元。

3. 重钢七厂氧枪冷却水泵站模糊控制。该项目根据转炉氧枪的工作规律,采用模糊控制软件,利用现有计算机系统自动控制变频调速装置。将氧枪冷却水量按冶炼工艺要求进行合理控制,达到节能目的,年直接经济效益为26.1万元。

4. 滚切式双边剪夹送进口电机国产化研究与应用。项目利用重庆电机厂的电机检测设备和制造能力,确定国产电机的各项参数,并保证原控制系统的兼容性,满足生产工艺要求,经安装、调试获得成功,为2000年五厂产量创历史最高水平作出了贡献。与进口电机相比,每台节支35万元,6台合计210万元。

5. 型钢厂中型轧机主电机全数字控制系统改造。该系统采用西门子的6RA24为主控制系统利用小功率系统控制、驱动大功率系统。使型钢一号、二号轧机轧制速度分别提高37.5%和33.3%,节约项目投资,产生直接经济效益150.2万元。

6. 推广应用新型十字轴式万向联轴器。针对原轧机联轴器寿命低、装配结构不合理,十字轴损坏严重的现状。对装配结构进行设计优化,克服了轴径向破坏力和原装配结构缺陷,项目实施后联轴器寿命由3~4个月提高到9个月以上,部分联轴器使用寿命超过一年。项目投资49.2万元,投资收益率达71%。

7. 七号锅炉计算机控制。通过对锅炉生产控制系统参数预测,及锅炉热效率的计算;将经验数据与数学模型相结合,建立燃烧控制专家系统,对燃烧空燃比进行寻优控制,达到节约燃料,优化设备运行的目的,并可对工艺运行参数进行分析和诊断，年经济效益达到13.1万元。

（甘林）

【“对标挖潜”】 制定股份公司2000年对标挖潜工作规划，制定财务成本类对标指标16项；技术经济类对标指标21项，涉及国内冶金对标企业有：邯钢、济钢、攀钢、水钢、武钢和首钢等7家，主要对标指标有：焦炭成本、烧结成本、生铁成本、钢坯成本、中板成本、线材成本、螺纹钢成本、焦炭硫分和灰分、高炉利用系数、焦比、七厂钢铁料消耗、钢材成材率、钢材合格率、股份公司综合能耗、股份公司自发电量等共36项。在16项财务成本类对标指标中，对标企业涉及国内5个冶金企业，有11项指标完成对标目标计划，完成率达68.75%；其中成本对标指标10项，完成7项，对标指标完成率达70%，8项成本对标指标创历史水平，成本指标刷新率达80%。未完成的对标指标是：焦炭成本、普中板成本、普线成本；未刷新历史水平的指标是：焦炭成本和普线成本。其中烧结成本、生铁成本、铸坯成本、低合金中板成本和螺纹钢成本控制较好，与1999年相比：烧结成本下降27.9元/吨，生铁成本下降43元/吨；方坯成本下降83元/吨，板坯成本下降75元/吨，低合金成本下降55元/吨，螺纹钢成本下降123元/吨。

21项技术经济类对标指标中，对标企业涉及国内8个冶金企业，2000年有18项指标完成对标目标计划，完成率达85.71%，未完成的对标项目是：冶金焦率、高炉利用系数、焦比；有17项对标指标破历史水平，指标刷新率80.95%；有20项对标指标比1999年有明显改善，指标改善率达95.24%。

（游洪）

【钢研所科技项目】 2000年，股份公司钢研所开展各类科技项目32项，实现经济效益600万元。

1. 感应电渣离心浇铸生产线建立及品种开发。完成建厂和试生产任务。截止2000年底共开发H13、X46Cr13、35CrMo、20#、4Cr5MoSiV1、5CrMnMo等10个电渣环件产品及3Cr20NiMo、4Cr10SiMo、4Cr5MoSiV1等10个品种钢锭。

2. K60铁道垫板研制。该项目是重钢与铁道部联合参与国际竞标并夺标的项目。实施至2000年5月，生产合格品9800吨。产品的化学成分、机械性能均达到技术协议的要求，产品成材率和合格率分别达到93.44%和98.66%，实现经济效益200多万元。

3. 冲天炉开发大型球墨铸铁轧辊。股份公司钢研所与机制公司利用10吨冲天炉开发大型球墨铸铁轧辊，重点解决了轧辊制造过程中“球化不良”和“断裂”等技术难题。2000年共生产120支供大型轧机用取得成功。

4. 09CuPTiRe耐候钢转炉冶炼工艺研究。该产品主要用于制造铁道车辆。2000年试生产4200吨，化学成分和综合性能达到技术指标的要求，实现经济效益190万元。该品种成功的转入转炉连铸生产。

5. A36M钢板生产工艺研究。该产品是按美国ASTM标准生产的电站用钢。全年生产1567吨钢坯，化学成分合格率100%；钢板成材率达90%、品种合格率达到98%、综合性能合格率99.38%，形成在重钢条件下生产A36M钢并符合ASTM规范的技术标准。

（何约模）

【完善实现生产经营目标党组织保证体系】 1. 股份公司党委根据生产经营不同阶段的具体情况，确定具体保证目标。年初，确定“实现利润1.2亿元”的保证目标；7月，确定“下半年再创利润1.2亿元”、“技术经济指标全面刷新”和“创建重庆市企业工委文明单位”三大保证目标。各单位党委（总支）和各党支部、党小组、党员也根据各自分解的生产经营指标，确定各自的保证目标。

2. 各级党组织按照股份公司党委、二级单位党委（总支）、党支部、党小组和党员这五个层次，对应公司和各生产厂（处）、车间、班组、岗位所负责的生产经营指标，明确各级党组织和每个党员的任务和责任。从每个党员所在岗位到党小组所在班组、党支部所在车间，直至各二级单位党委（总支）及公司党委，都根据所负责的生产经营指标，制定出确保目标实现的计划和措施，并明确时间进度、具体责任人和奖惩考核办法。

3. 股份公司各极党组织根据本单位、本车间的生产经营任务，从思想保证、组织保证、工作保证、制度保证四个方面制定措施，做到“目标明确、任务具体、检查落实”。

4. 股份公司党委坚持把生产经营任务的完成情况作为检验党组织战斗力的主要标准，把实现生产经营进度目标与党组织和党员发挥作用进行对应检查，并把保证生产经营目标实现中发挥党组织和党员作用及效果作为各级党组织负责人工作业绩考核、评价、奖惩的主要依据之一，以及评选党内各类先进的主要条件。

重钢股份公司党委把建立“保证体系”的探索与实践作为加强和改善新形势下股份制企业党建工作的作法被重庆市委组织部和重庆市企业工委组织处推荐到

中组部，作为建党80周年全国表彰的党建工作先进单位的候选经验之一。这一作法还在全国部分中心城市国企党建工作研究会上进行交流，并在重庆市企业工委九龙坡片区党建研究会上获一等奖。

（黄成华）

【股份公司文明单位建设】 2000年，股份公司、动力厂、原材料处、炼铁厂4家单位通过创建重庆市企业工委文明单位的检查验收；质管处、五厂创建重庆市文明单位工作接受重庆市“文明办”、大渡口区“文明办”和重庆市企业工委的检查验收；型钢厂、焦化厂、七厂保持重庆市文明单位称号的工作全部合格。

2000年，重钢股份公司获“重庆市文明单位”称号的单位有型钢厂、焦化厂、七厂、运输部；获“重庆市企业工委文明单位”称号的有五厂、质管处、钢研所、动力厂；获重钢公司文明单位称号的有股份公司、炼铁厂、原材料处、装备处。

（吴明利）

【股份公司“三五”普法教育】 股份公司在2000年“三五”普法实践中，坚持做到“6个落实”。1.组织领导落实，各单位成立了领导小组，确定专门机构和工作人员。2.规划落实。股份公司各单位全部制定“三五”普法规划，坚持把普法工作纳入党委年度工作的重要内容，做到季度和每月有安排，年度有小结。3.骨干队伍落实。股份公司建立了公司、各单位以及车间、班组四级普法教育网络，并采用送外培训和自培相结合的方式对普法骨干进行培训。4.工作职责落实。对各级负责人和工作人员明确具体的职责，把普法教育与党政工作一同安排、检查、考核，形成一级抓一级，层层抓落实的责任体系。5.学习时间落实。股份公司各单位注意解决“工学矛盾”，在岗职工普法率和普法参考率均达100%。2000年下半年还组织股份公司科级以上干部参加重庆市组织的“依法制市”法律知识考试。6.经费落实。

2000年股份公司和所属各单位全部通过上级部门对“三五”普法工作的检查验收，股份公司被评为重钢公司“三五”普法工作先进单位。

（吴明利）

【厂情教育】 股份公司两级班子坚持将增强职工队伍凝聚力、战斗力作为厂情教育的主旋律，把厂情教育作为激励职工积极性，推动生产经营发展的有效形式和载体。股份公司领导采用分片包干，每人负责指导、联系几个单位的方式，抓好厂情教育的落实，各单位党政工负责人带头讲厂情，并做到一级抓一级，层层抓落实。各单位党委书记、厂长、工会主席带头参加讨论和征文活动，将本单位实现盈利目标的措施、办法在职工中进行宣传。股份公司针对生产经营不同阶段的情况确定厂情教育的重点。分两个阶段开展“目标教育”。年初，重点宣传重钢公司、股份公司职代会精神及本单位所承担的生产经营目标任务；7月，按照重钢公司总经理唐民伟在上半年党建工作检查时提出的“下半年实现利润1.2亿元，全面刷新技术经济指标，创建重庆市企业工委文明单位”三大项新目标，再次在职工中开展“三大新目标”宣传教育。在钢材市场回升，效益增长的情况下，加强“居安思危”的教育。各单位将厂情教育与厂务公开结合起来，定期召开厂情发布会。炼铁厂在组织职工开展讨论时，做到“一讲、三查、三清楚”（结合实际讲明厂情；查自己有无危机感和忧患意识，查自己是否真正树立成本意识，查自己是否尽心尽职、工作到位；清楚公司实际状况，清楚炼铁厂现实厂情，清楚自己努力的方向）。股份公司把厂情教育作为党员轮训的重点内容，并在培训方式上注重形式多样。各单位采用集中轮训与支部轮训相结合，专题讲座，组织党员收看电教片，组织参观，以及发动党员提合理化建议、举办厂情教育培训班、自编厂情教育材料、开展厂情教育知识竞赛、厂情教育黑板报竞赛等方式开展厂情教育。股份公司将厂情教育与党内开展的“降成本、增效益、当先锋”活动，以及在职工中开展的“我为创效增利作贡献”主题活动相结合，组织开展重点项目劳动竞赛29项。各单位自筹资金组织开展劳动竞赛112项，两个层次的劳动竞赛共创效933.27万元。2000年6月，股份公司召开厂情教育经验交流会，对股份公司各单位、各车间厂情教育的工作情况及效果进行评比，奖励和表彰了先进单位。

（黄成华）

【股份公司思想政治工作】 1.制定《股份公司贯彻〈中共中央关于加强和改进思想政治工作的若干意见〉的实施意见》。2.江泽民总书记关于“三个代表”的重要论述发表后，股份公司及时转发有关文件，对学习“三个代表”重要论述进行安排布置；股份公司中心组进行2次专题学习；同时通过《班组生活》将“三个代表”重要论述的主要精神在职工中宣传。3.组织职工学习党的十五届五中全会精神，股份公司党委作出具体学习安排，要求突出重点，正确把握“发展才是硬道理”的精神实质。4.坚持将日常思想动态调查与定期分析相结合,每季召开一次党委会专题研究分析职工思想动态,针对职工思想实际,有效发挥思想政治工作"知人心、得人心、暖人心、稳人心"的作用。及时理顺情绪、化解矛盾,维护稳定。5. 为强化厂情教育,开展"盈利目标要实现,我们怎么干"大讨论、征文和演讲活动;为推进提质增效工作,开展"质量与效益"征文、演讲活动;为激发职工热爱重钢的激情,与重钢报社联合开展"我与《重钢报》"征文活动。结合减员分流、安全环保、重点设备检修等重点工作,开展宣传工作。6. 开展政研会活动,27 篇论文参加股份公司第三届政研会评选。7. 股份公司和所属各单位全部通过上级对"三五"普法工作的检查验收,其中原材料处、质管处代表重钢公司通过重庆市有关部门的检查。

(黄成华)

【党建工作】 1. 继续实施"实现生产经营目标党组织保证体系",初步形成系统化、规范化、制度化的党建工作机制。2. 股份公司领导班子分片包干,每人负责指导、联系几个单位,做到一级抓一级,层层抓落实。针对生产经营不同阶段的情况确定厂情教育重点,并将厂情教育与厂务公开结合,与党内主题活动结合。股份公司被重钢公司评为"厂情教育先进单位"。3. 以思想、工作、形象"三到位"要求各级负责人,强化两级班子成员的警示教育;进一步健全中心组学习制度;分期分批组织厂处级负责人参加各种培训;继续以创建"四好"领导班子活动为载体,加强领导班子建设。4. 抓好党内"降成本、增效益、当先锋"主题活动,各党支部组织以党员为主体的攻关项目 182 项。5. 股份公司在机构调整的情况下(高线厂、装备处成立后),及时组建党组织,使这些单位的党建工作正常有效开展。召开党建工作研究会,总结交流党建及支部建设经验。2000 年发展党员 161 名。6. 制定《股份公司贯彻〈中共中央关于加强和改进思想政治工作的若干意见〉的实施意见》;坚持每季召开一次党委会专题研究分析职工思想动态,针对职工思想实际开展思想政治工作;紧扣生产经营、减员增效、分配等工作重点开展宣传思想工作。组织科级以上干部参加重庆市组织的"依法治市"法律知识考试;组织职工学习贯彻江泽民总书记关于"三个代表"的重要论述;组织职工学习党的十五届五中全会精神。7. 根据有关单位班子成员调整情况,及时调整党风廉洁建设责任制分工,增强管理人员特别是各级负责人的廉洁自律意识和遵纪守法的自觉性。8. 股份公司和各单位坚持把易造成资金、资产、资源流失的弱环节,生产、经营、管理中存在的漏洞、职工群众反映强烈的热点、难点问题作为执法效能监察立项的重点,选题立项 23 项。9. 股份公司党委、行政把创建重庆市企业工委"文明单位"作为重点工作,纳入各自的年度工作目标,2000 年 10 月 25 日,通过重庆市企业工委的检查验收。

(黄成华)

【党组织保证体系】 1999 年,股份公司党委把构建"党组织保证体系"作为党委工作的重点加以落实,先后在重庆市和中共中央组织部组织的党建工作交流中获得好评。

2000 年,股份公司常委明确规定,整个体系所要保证实现的目标包括:年度生产经营任务、成本、利润目标;技术创新目标;深化改革目标;安全生产工作目标;职工队伍稳定目标;中长期发展目标。股份公司按照公司党委、二级单位党委、党支部、党小组和党员五个层次,对应公司、各生产厂(处)、车间(科室)、班组、岗位所负责的生产经营指标,明确各级党组织和每个党员的任务和责任,构建了上下衔接、左右协调、纵横互保的责任保证体系网络。从每个党员所在的岗位到党小组所在的班组、党支部所在的车间,直至各二级单位党委、公司党委,都根据所负责的生产经营指标,制定出保证目标实现的计划和措施,做到"自上而下一级抓一级、自下而上一级保一级"。通过建立健全有关制度和办法,使党组织为实现生产经营目标构建的体系及各项工作、活动做到制度化。坚持把重点放在"有效性"上,把实现生产经营进度目标与党组织和党员发挥作用对应检查,并把保证生产经营目标实现中发挥党组织和党员作用及效果,作为各级党组织负责人工作业绩考核、评价、奖惩的主要依据之一,以及评选党内各类先进的主要依据。

(谭敏剑)

【开展"降成本增效益当先锋"党内主题活动】 2000 年,股份公司党委针对重钢亏损严重、股份公司生产经营任务艰巨的现实情况,在党内开展"降成本、增效益、当先锋"竞赛活动,全公司共计立项 208 项,创经济效益 1140.54 万元。七厂炼钢车间党支部等 13 个党支部、五厂行车车间吊钳班班长陈仁贵等 60 名共产党员受到股份公司党委表彰。

在党内开展"降成本、增效益、当先锋"主题竞赛活动,是落实"我为创效增利作贡献"对党员的具体工作要求。年初,股份公司党委对活动作出安排:一是做到目标明确，要求各单位党委认真制定活动实施办法，明确目标，制定措施，落实责任人；二是突出重点，要求各单位党委根据本单位的工作性质和特点，找准活动的重点。组织发动全体党员和职工有针对性地开展活动；三是做到任务量化，要求各单位党委针对技术创新、降耗降成本、技术经济指标上水平等内容开展的工作，既要有年度性的任务，也要有阶段性的任务，每一个支部、每一个党员都应明确在活动中的具体任务，知道要攻克什么难关、完成什么任务、实现什么目标、收到什么效果；四是注重实效，要求各单位党委针对降成本、增效益的关键问题，将活动的组织发动、项目确立、措施制定和实施、效果检验、制定巩固措施等全过程抓住不放，抓出成效；五是结合实际、形式多样，做到内容和形式相统一。在活动开展过程中，股份公司党委组织处每月到各单位了解掌握情况、研究和指导工作，每季对活动开展情况进行检查和考核，促进工作落实。

（谭敏剑）

【效能监察】 2000年，重钢股份公司效能监察共计立项23个，其中降低采购成本，节约费用8个；把好入厂原材料和出厂产品质量关4个，查堵漏洞，完善管理11个，提出监察建议77条，建章立制70个，增创效益1200万元，避免经济损失600.18万元，节约采购成本185.48万元。1.力求选题立项准确。要求各单位认真做好选题立项工作，并多次到原材料处、炼铁厂、焦化厂、七厂、五厂等单位进行摸底调查，确定立项。纪监处根据各单位的立项情况进行初查，领导审定后，以文件下发各单位，做到项目落实，措施得力。2.开展经济性检查和抓重点落实。每月下基层检查1~2个单位效能监察的实施情况，对在实施过程中遇到的困难，主动参与协调解决。焦化厂在加强外委工程管理的执法效能监察工作中，首先从制度上把关，强调外委工程的立项、审定、程序、对施工单位的资质进行审查。五厂在实施对备品、备件的效能监察工作中，先后派专人跟踪精轧轧辊掉皮、精轧上连杆滑块断裂，激光测厚仪激光管使用周期短等质量问题向厂家提出索赔，挽回经济损失31.6万元。七厂在劳务用工控制的立项中，对单位的劳务用工岗位进行清理清退多余人员38人，节约成本28.50万元。炼铁厂在加强运输带粘接管理的过程中，派专人到现场跟踪考核，按岗位（机号）、带宽、冷（热）接、数量、价格进行考核结帐，上半年支付修复费用26.05万元，与1999年同期相比，节约8.89万元。3.针对降低采购成本，开展招投标工作。在招标前，审查需方书面订货计划。开标前，审查投标截至时间和标书密封情况。开标后，对投标方的资质、资信、近期业绩、投标项目方案及说明、质量保证、售后服务等进行综合评审。对评标中出现意见不一致时，采取打分形式进行表决。全年参加86项采购招标项目的监督工作。

（王云飞）

【巩固和创建党风廉洁建设先进单位】 1.股份公司及各单位党委制定“党风廉洁建设责任制”严格执行责任追究制度，并进行责任分工，层层抓落实，群众对领导班子清正廉洁认可率达99.56%。7个单位保持“党风廉洁建设先进单位”称号，5个单位创建“党风廉洁建设先进单位”。2.以创建“四好”领导班子活动为载体，采取在厂处级负责人中开展以“三讲”、“三个代表”为主要内容的党性党风教育、组织科级以上负责人参加各种培训班、法制讲座、“三五”普法学习及送外培训多种方式加强领导班子建设。股份公司及二级单位有11个单位的班子被重钢公司命名为达标“四好”班子，两级班子成员中未发现违纪违法行为。3.落实领导干部廉洁自律各项制度，有12名科级以上负责人报告了个人及家庭的重大事项；有4人次上交无法拒收的现金共18050元；各单位做到向职代会报告业务招待费的使用情况。4.提高领导班子民主生活会的质量，做到会前广泛征求意见，会上认真对照检查，会后落实整改。5.信访举报工作。收到信访举报15件，办结15件，办结率100%。6.效能监察立项23项，增创效益1200万元，避免损失600.18万元，节约采购成本185.48万元，提监察建议77条，建章立制70个。参与招投标监督86项，节约外委、外购资金1755.28万元。查处弄虚作假、劣质矿石59车，16船，避免经济损失186.74万元。7.专项清理。对公司所属单位和职能处室用公款购买移动电话及支付话费和办公用车的情况进行清理，清理出51部公款购买的移动电话，按规定处理给个人；清理出小轿车、面包车、旅行车、吉普车等102辆。

（潘永顺）

【党组织组建、更名、换届】 2000年6月，组建中共重庆钢铁股份有限公司装备处总支部委员会，黄文才同志任党总支书记；组建中共重庆钢铁股份有限公司高速线材轧钢厂总支部委员会，冯成伟同志任党总支书记，卢抗美同志任党总支副书记。

2000年10月，中共重庆钢铁股份有限公司钢研所总支部委员会组建为中共重庆钢铁股份有限公司钢研所委员会,同时组建中共重庆钢铁股份有限公司钢研所纪律检查委员会。

2000年6月,中共重庆钢铁股份有限公司动力厂第八届委员会、新一届纪律检查委员会选举结果:沈勇革、郑含燕、高守伦、唐清、黄龙强当选为中共重庆钢铁股份有限公司动力厂第八届委员会委员;李志红、何世洪、张明程、高守伦、袁泽林当选为中共重庆钢铁股份有限公司动力厂新一届纪律检查委员会委员,高守伦同志任中共重庆钢铁股份有限公司动力厂第八届委员会书记、新一届纪律检查委员会书记。

2000年6月,中共重庆钢铁股份有限公司型钢厂第三届委员会、新一届纪律检查委员会选举结果:李红宇、李兴国、陈光忠、陈东升、胡廷力当选为中共重庆钢铁股份有限公司型钢厂第三届委员会委员;王励予、王刻福、刘树、陈光忠、钟福容当选为中共重庆钢铁股份有限公司型钢厂新一届纪律检查委员会委员,陈光忠同志任中共重庆钢铁股份有限公司型钢厂第三届委员会书记、新一届纪律检查委员会书记。

2000年9月,中共重庆钢铁股份有限公司炼铁厂第五届委员会、新一届纪律检查委员会选举结果:王有志、周建、郭明、徐刚、雷有高当选为中共重庆钢铁股份有限公司炼铁厂第五届委员会委员;王有志、王龙才、周邦林、鲁德昌、黎宗全当选为中共重庆钢铁股份有限公司炼铁厂新一届纪律检查委员会委员,王有志同志任中共重庆钢铁股份有限公司炼铁厂第五届委员会书记、新一届纪律检查委员会书记。

2000年12月,中共重庆钢铁股份有限公司质量管理处第四届委员会选举结果:叶国华、陈肃、周宏、贾安才、储瑜瑁当选为中共重庆钢铁股份有限公司质量管理处第四届委员,储瑜瑁同志任中共重庆钢铁股份有限公司质量管理处第四届委员会书记。

2000年12月,中共重庆钢铁股份有限公司钢研所第一次党员大会、新一届纪律检查委员会选举结果:刘加才、陈捷、杨君、杨念东、章金楠当选为中共重庆钢铁股份有限公司钢研所第一届委员会委员:石春华、刘家林、李朝钢、陈捷、肖亚当选为中共重庆钢铁股份有限公司钢研所新一届纪律检查委员会委员,陈捷同志任中共重庆钢铁股份有限公司钢研所第一届委员会书记、新一届纪律检查委员会书记。

(林素芳)

【党组织建设】 2000年,重钢股份公司党委下属11个党委,直属党总支3个;基层党支部(总支)139个,其中在岗党支部(总支)126个、退(居)休党支部13个;党员4285人,其中在岗党员3048人。党员参训率99.46%;建立党员责任区1011个、党员示范岗654人、党员安全岗592个、党员联系群众9820人次、党员发挥先锋模范作用好和较好的96.88%;党内立项攻关208项,完成208项,实现效益1140.54万元。2000年,126个在岗党支部、113个党支部保持或晋升为达标党支部,其中81个党支部保持或晋升为达标先进党支部,20个党支部被评为模范党支部。全年计划发展党员143人,实际发展党员161人,完成发展计划的112.59%,占在岗党员5.28%;递交入党申请书和入党积极分子人数780人,其中,当年递交入党申请书197人;无党员班组比1999年下降1.95%,10人以下的无党员班组比1999年下降1.95%;10人以上的无党员班组比1999年下降0.56%,党员班组长比1999年增长2.77%,其中,五厂、质管处、原材处、钢研所等单位无党员班组保持为零。2000年重钢股份公司党委1.继续实施“实现生产经营目标党组织保证体系”。根据生产经营不同阶段的重点、难点、确定不同的具体保证目标;根据生产组织构成情况和生产经营指标情况,以及党组织组成情况,建立责任保证体系;根据生产经营任务,从思想、组织、工作、制度等方面制定相关的保证措施;建立考核评价体系,对保证体系运作情况和效果进行检查。2.发挥党组织和党员作用,促进生产经营任务顺利完成。利用党的组织生活、党员轮训和“党员责任区”、“党员业绩管理”、“党员示范岗”、“党员安全岗”、“党员联系群众制度”等形式加强对党员的教育和管理。围绕生产经营中心开展党内主题活动,组织党支部、党员针对生产经营中的重点、难点、关键和薄弱环节开展攻关。3.加强基层党支部建设,开展党支部达标晋级活动。坚持“三合一、四统一”,抓好党支部的经常性工作,完善细化标准,按照标准检查验收;突出党支部发动党员有效降成本、增效益、攻难关与“党员示范岗”、“党员安全岗”、“党员责任区”有机结合;明确职责,落实责任,一级抓一级,及时召开党支部书记研讨会交流党支部工作经验。4.贯彻党的“坚持标准保证质量,改善结构,慎重发展”的工作方针,坚持有领导、有计划、有落实地作好组织发展工作。按照重钢公司党委“发展党员数要≥在岗党员的4%”的要求,制定全年的发展党员计划;建立和健全培养、教育、考察入党积极分子的制度,加强对入党积极分子的培养和教育;突出重点,整体推进,确保党员队伍的文化结构和年龄结构得到改善。把组织发展工作同降低无党员班组和增加党员班组长结合起来，注重对生产中的骨干、班组长加以积极引导，重点培养。

（林素芳）

【“质量异议损失减半”活动】 股份公司针对1999年度质量损失的问题，在2000年的工作中，将“质量异议损失减半”活动作为厂情教育的重要内容。2000年5月，下发《关于开展“质量损失减半”活动的通知》股份公司党委宣传处与《重钢报》联合举办“质量与效益”征文活动，应征稿件近100篇，刊登46篇。在股份公司中分两大片区进行“质量损失减半”的征文赛和演讲赛，举办“质量与效益”演讲赛3场，14家单位26名选手参赛开展技术质量攻关，设立炼钢、钢板、型材攻关组，各攻关组每两周召开一次专业分析会，找出质量异议产生的原因，制定预防措施。由股份公司工会制定并汇同党委、行政下发《关于在股份公司有关单位开展“用户质量异议损失减半”劳动竞赛活动的通知》，组织五厂、型钢厂、七厂、质管处、钢研所等5家主要涉及产品质量的单位参赛。2000年股份公司异议损失79.67万元，比1999年减少139.9万元，同比减少63.73%。股份公司考核的24项质量指标100%全部完成，容器钢板、锅炉钢板、造船钢板通过重庆市名牌产品复查，申报国家的“金杯奖”通过评审。

（赵东旭）

【车间厂务公开工作】 2000年9月，重钢股份公司发钢股党发[2000]31号文件《重钢股分公司关于深入加强车间级厂务公开工作的实施（暂行）办法》的通知。各单位开展车间厂务公开的主要情况：1. 各单位及其各车间主要抓住车间生产经营目标任务、自主资金作用、考核与分配、职工生活困难补助情况等职工普遍关注的问题重点予以公开。具体作法：把车间职工收入分配明细情况与厂部计算机联网，实现分配的有效公开；坚持每季定期召开车间厂务公开信息发布会；把奖金分配作为公开的重点，强化奖金的分配管理。采用文件、简报、墙报等形式进行公开；2. 坚持以车间职工代表大会为厂务公开的主要载体，与车间建设、建家活动相结合，与强化企业管理、民主管理相结合。采取在部分车间进行试点，找出车间推行厂务公开中易出现的问题以及一些好作法，包括各车间在公开方面的特殊性与普遍性，及时加以总结推广，促使车间厂务公开工作扎实、有效开展。3. 自股份公司在各单位推行车间厂务公开工作以来，各单位的车间班子都注意事先按调查研究基本现状、集体讨论重点情况和车间职代会审议通过主要公开事项等一系列程序规范运作，先后制定公开工作的组织、管理、实施和监督等制度和办法，加强对职工群众厂务公开活动的宣传，同时作到事前参与、强化事中介入和注重事后测评。

（桂文斌）

【职工民主管理】 1.2000年，股份公司职代会各专门委员会讨论、审议并通过有关奖惩、工资、生活福利等方面的制度、规定和办法7个，主要包括《2000年重钢股份公司经责制考核分配办法》、《重钢股份公司职工增资考核兑现意见》、《重钢股份公司2000年减员分流实施意见》、《重钢股份公司2000年减员分流有关政策规定》、《重钢股份公司关于深入加强车间级厂务公开工作的实施（暂行）办法》、《重钢股份公司职工特殊困难补助办法》等。2.2000年5月19日，股份公司第一届职代会第八次团（组）长会采取无记名投票方式等额选举，全票通过股份公司工会主席刘秀英当选为股份公司第二届监事会职工监事。3.2000年8月，股份公司对厂务公开协调小组进行调整，股份公司书记陈山担任组长，股份公司副总经理郭德勇、纪委书记张祖文、工会主席刘秀英任副组长，小组成员主要由股份公司党委办公室、工会办公室、纪检处等相关职能部门人员组成。9月制定《重钢份公司关于深入加强车间级厂务公开工作的实施（暂行）办法》，在股份公司各车间推行实施车间级厂务公开制度，构建股份公司厂务公开三级网络体系。4. 组建成立重钢股份公司装备处工会委员会、重钢股份公司高速线材厂工会委员会，指导和督促装备处、高线厂完成本单位职代会的组建和股份公司职工代表的推选产生工作。5. 结合股份公司开展的“达标晋级”活动，重点加强对车间、班组民主管理工作的指导、检查和督促。6.2000年12月15日召开重钢股份公司第一届三次职代会。主要内容：讨论和审议股份公司副总经理郭德勇《抓住机遇巩固成果深化改革调整结构不断增强市场竞争力》的行政工作报告，讨论和审议总会计师涂德令《2000年公司财务工作报告》，讨论和审议工会主席刘秀英《2000年集体合同执行情况报告》，股份公司副总经理董荣华作关于职工关心的分配问题的专题厂情发布。参加大会的正式代表281名，列席代表4名。7. 坚持推行集体合同平等协商制度。完成股份公司2000年集体合同的协商、修订和签订工作，先后召开5次集体合同协商工作会，对公司2000年集体合同执行情况进行逐项检查，同时接受并通过重钢公司检查。2000年，股份公司集体合同从协商、拟订、签订，以及生产经营的完成，劳动用工、劳动报酬、工作时间与休假、安全劳动保护、保险福利、工会经费的划拨、上解、职工培训等方面合同履行率达100%。

（桂文斌）

【以签订契约为保证的劳动保护工作】 2000年来，股份公司工会职工劳动保护工作全面实施以签订契约为保证，以组织竞赛为形式的工作格局，强化职工劳动保护工作的开展，全年各单位工会共进行728次安全生产和劳动保护检查，查出事故隐患1378件，整改1331件，整改率达96.6%。全年股份公司发生工亡事故1起，重伤2人，轻伤39人，千人负伤率为3.19‰，各项指标均在控制范围之内。

2000年股份公司与所属各单位继续签订《劳动保护风险承包书》，具体规定承包方的承包指标、抵押与奖励、考核标准等4项16条。承包书规定，只要发生工亡事故，无论责任在何方，扣风险抵押金100%。年底由股份公司工会依据各单位安全指标完成情况，进行考核。5月9日，股份公司工会开展“防暑降温劳动竞赛”活动，在进入暑期前，各单位对所有的防暑降温设备进行清理与检修，对工作现场的设备做到勤检查勤维护，保证降温设备的运转率达到100%；饮料清洁卫生，及时保证供给；建立健全防暑降温设施台帐。职工在暑期没有发生中暑及重大人身事故。积极开展“安康杯”竞赛活动，主题：“我要安全、我会安全、从我做起、保证安全”。竞赛目标：力争竞赛期内无工亡事故，轻、重伤事故在控制范围内，无重、特大设备事故发生。组织职工参加安全生产征文、“安康杯”知识抢答赛等形式多样的活动，以“掌握安全生产知识、迎接新世纪”为主题，以“提一条安全生产建议、当一天安全检查员等‘十个一’”为内容，组织职工在厂区公路上进行长跑，在终点举行签名仪式。2000年9月股份公司工会代表参加在新疆举行的“中国钢铁企业工会劳动保护联合会”，重钢股份公司工会撰写的《抓住薄弱形成特色促进劳动保护工作上台阶》劳动保护工作经验材料在大会上作经验交流。论文《浅议企业经济效益与安全劳动保护的关系》获得二等奖。

（赵东旭）

【合理化建议“金点子”竞赛】 2000年，股份公司继续开展“提一项合理化建议、抓一项技术创新、实现一项成果命名”的合理化建议“金点子”竞赛活动，组织发动12337名职工提合理化建议9287项，采纳4693项，实施3177项，实现成果207项，创效益1984万元。股份公司在开展合理化建议“金点子”竞赛活动中，利用电视、报刊、简报、信息传递以及职工大会、班组生活会等形式对职工进行宣传教育，在活动中每月召开一次工作会、每季开展合理化建议“红旗单位、优胜个人、最佳建议”的评比，鼓励职工发挥聪明才智为企业献计。2000年3月24日，股份公司召开“重钢股份公司合理化建议工作表彰会”，对七厂等3个先进单位、五厂等2个表扬单位、炼铁厂铸铁车间等5个先进车间、钢研所工艺室等10个先进班组和七厂马金梅等35名“金、银、铜点子”职工给予表彰奖励，以职工姓名命名“蒋维扬隔断法”。

2000年，完善《重庆钢铁股份有限公司合理化建议管理办法》、《重庆钢铁股份有限公司职工合理化建议“金点子”竞赛办法》、《重庆钢铁股份有限公司职工群众性活动成果命名办法》，进一步明确工作职责、工作程序、申报资料、报表、建议范围、奖励标准、审批、奖励、表彰、成果命名程序等。

股份公司在开展合理化建议活动中，开展“党员提一条合理化建议”、“党支部技术攻关”、“职工在旅游疗休期间提一条建议”、“我为降耗增效献一计”等专项活动。激励广大党员和职工奉献智慧。炼铁厂在高炉进行年修期间，开展“年修专项合理化建议活动月”活动，一个月内职工提建议34项，采纳24项，实施24项。五厂热处理车间、自动化车间、机修车间均实现人均提一条合理化建议。七厂职工马金梅全年提合理化建议达80项。

（赵东旭）

【重钢股份公司工会获“重庆市模范职工之家”称号】 重钢股份公司工会成立近三年来，树立“建家就是建企业”的思想，按照“安全、文明、严纪、效益、温馨”的建家标准，独立和创造性地开展工会的建家工作。

1. 抓好组织建设和制度建设工作。成立7个日常性工作机构及各重点工作运作机构；制定并完善9个基础性文件和制度；坚持按规定定期召开职工代表大会，讨论和审议长远发展规划及有关职工生活的重大事宜；按规定坚持推行集体合同和平等协商制度，依法从劳动工资、休息休假、福利待遇、安全环保方面按《劳动法》的规定维护职工的合法权益。工会委员会、职工代表团（组）长会和专委会依法对《重钢股份公司劳动合同管理办法》、《重钢股份公司关于减员分流的实施意见》、《关于重钢股份公司职工增资考核兑现意见》等 18 项涉及企业改革和职工切身利益的方案、办法进行讨论和审议。坚持做到收足、管好、用好工会经费，并按规定足额上缴工会经费，上缴率每年达 100%。2. 根据重庆市总工会《关于贯彻落实工会工作总体思路，把建设职工之家活动提高到新水平的实施意见》的要求，股份公司工会组织职工开展“明厂情、增效益、做主人”主题活动，并重点以“三个一”活动推进工会建家工作。三年来共组织开展劳动竞赛活动 244 项次，参赛职工 39177 人次，取得劳动竞赛效益 2789.19 万元；发动职工提合理化建议 22108 条，采纳 13327 条，实施 6769 项，创效益（含间接效益）2120 万元；堵塞生产及管理方面的漏洞 2728 项，减少效益流失 1619 万元，11671 名职工达到“千元职工”目标；坚持每年在各单位开展防暑降温竞赛、创建安全职工小家和安全“十个一”等活动，坚持每年在主要生产单位工会推行劳动保护风险抵押承包，开展日常性安全巡检与隐患整改活动，在按规定对高温、有害有毒及其他职工定期健康检查和普查的同时，按规定定期对女职工实行特殊劳动保护，3. 切实履行“职工生活第一责任人”的职责。三年来，共建立困难职工档案 673 份，实施对特困职工的动态管理；修订和完善职工困难补助办法，按规定坚持开展“庆、谈、访”活动和“送温暖”慰问活动；办理死亡职工劳动保险 66 人，发放丧葬、抚恤费 62.5 万元；接待并处理来信来访职工 41 人次，处理率达 100%；两级工会共办理困难职工补助 7145 人次，补助总金额 111.62 万元；两级工会组织开展职工短期休养活动，参疗职工达 9348 人次；组织发动职工开展赈灾济困捐赠活动，共捐款 18.67 万元，捐物 21121 件（套）；资助 182 职工子女上大学，资助金额 41900 元。举办重钢股份公司首届职工合唱比赛、庆祝建国 50 周年和迎接澳门回归职工卡拉 OK 赛、职工拔河赛、女职工硬笔书法等文体活动，参加活动的职工达 13000 人次。4. 三年来，工会建家建设与行政的车间建设和党委的支部建设同步开展，按照“三合一”和“四统一”的运作模式，开展以班组经济核算、车间（班组）环境整治为重点内容建家活动，坚持组织定期和不定期的建家活动调研、交流、检查和指导等，并以“班组长工作研究会”、“班组结对子”等活动丰富建家活动的形式；对建家活动中的好的做法与经验加以总结和推广。三年来，评选命名车间模范职工小家 57 个，评选命名模范职工小家（班组）591 个，模范科室 24个，股份公司合格级以上职工小家达到 67.98%。股份公司已有 4 个单位被重钢公司命名为模范职工之家，重钢股份公司工会办公室连续三年被重钢股份公司党委评为“模范文明处室”，重钢股份公司工会被重钢公司命名为“先进职工之家”。2000 年 9 月，通过无记名投票的方式进测评，会员对股份公司工会的信任率达到 92.00%。

（桂文斌）

【劳动竞赛活动】 1. 组织形式。股份公司工会打破传统封闭的组织体系，把竞赛工作由工会独家负责扩展到由党政工及基层单位联合组织开展的方式进行。在五高炉、三烧结年修现场组织开展的“年修现场立功竞赛”活动中，重钢公司、股份公司两级领导到场参加评奖、送喜报。在型钢厂组织开展“Ø280 轧机周冠军大班竞赛”中，股份公司党政工领导敲锣打鼓把奖金送到一线获奖职工手中。2. 项目选择。股份公司劳动竞赛领导小组注重在找准生产经营关键和重点上下工夫。针对焦化厂一号焦炉超期服役已达 10 年炉体严重老化，在焦化厂组织开展“抓特维，促稳产，保炼铁竞赛”、“增焦保铁攻关赛”等竞赛活动，竞赛期产量、质量指标月月达到公司要求。为抓住型材产品市场销路看旺的有利时机，及时在型钢厂组织开展“快速换辊竞赛”、“提高球扁钢成材率竞赛”，在五厂组织开展、提高产量“周冠军大班竞赛”等活动，在动力厂、运输部等单位，相应开展有针对性的竞赛活动。3. 领域拓展。股份公司劳动竞赛领导小组将竞赛的领域延伸到采购、销售、能源及降低质量损失 4 个方面。在原材料处组织“保供保产竞赛”，在销售处组织“‘四个能手’及‘冠军销售分公司’竞赛”，在股份公司组织开展“节能增效”竞赛，“质量损失减半”活动等。4. 激励方式。股份公司劳动竞赛领导小组在劳动竞赛的物质激励与精神鼓励的方式上作了探索和实践。在物质激励上，劳动竞赛经费的来源：采取划拨劳动竞赛专项资金、设立单项攻关竞赛奖、经理奖励基金切块、单位自主资金等多渠道筹集。全年各单位自筹劳动竞赛资金达 94.02 万元。在竞赛奖励的兑现上强调及时性，采取旬兑现、周兑现甚至日兑现的方式。在精神鼓励上，通过电视广播播映、报纸报道、编发竞赛快讯、喜报、简报、建立立功卡等多种形式进行宣传表彰。

此外，股份公司工会继续与党委、人力资源处、团委共同开展以“大工种”、“多能工”、“岗位成才”为主要内容的公司第二届职工技术竞赛暨青工“技术明星”赛，460 名职工参加 12 个工种的比赛，同时各单位工会举办技术练兵活动142项次，涉及工种87个，参加比赛的职工为5629人。

2000年，股份公司组织开展重点项目劳动竞赛29项，各单位结合自身实际开展劳动竞赛活动97项，两个层次的劳动竞赛活动创效益1420.72万元。

（窦辉）

【“挖潜增利创新创效作贡献”主题活动】 2000年，股份公司团委在团员青年中开展“挖潜增利、创新创效作贡献”主题竞赛活动。活动历时7个月，3600人次参与，创造经济效益684.6万元。1. 开展厂情教育活动，引导青工树立搞好重钢扭亏脱困、降本增效的信心和决心；宣传重钢公司2000年生产经营方针、目标任务和阶段性重点工作，全年开展形势任务教育活动92项，青工受教育面达94%。自办《团情讯息》6期、举办“党、团、厂情知识”抢答赛、举办首届“爱我重钢”青年风采展示活动、组织召开基层青年知识分子座谈会。2. 以钢股团发[2000]20号文件作出“挖潜增利、创新创效作贡献”主题劳动竞赛活动安排。活动主要依托各单位“青年知识分子协会”组织签订项目攻关书71份，实现经济效益425.4万元；以团支部为主体开展“五小”活动，46个团支部签订69个“五小”项目，实现经济效益259.2万元。3. 在青年集体中开展创建“青年文明生产线”活动；开展“青年身边无安全、质量事故”活动；采取风险抵押承包方式开展“青年安全杯”竞赛，履行“青安岗”的“查、促、反、保”职能，全年查出隐患421起，整改402起，新设置标识牌238块。建立“青年质量监督岗”，组织开展质量监督和巡查工作92次。与人力资源处、党委宣传处、工会联合举办第二届职工技术竞赛暨“青工技术明星”竞赛。开展“导师带徒”活动。全年师徒结队123对，其中多能工和主要生产技术工种、关键岗位的师徒结对占60%。

（吴冬）

【股份公司“五四红旗团委”创建活动】 2000年，重钢股份公司团委按照重钢团委统一安排，在14个直属团委(总支、支部)中继续开展创建“五四红旗团委”活动。以“班子建设好、主题活动好、支部建设好、活动阵地好”作为基本评价标准：1. 班子建设。按照团内组织工作和团建创新工作要求，对班子任职到期的8家单位团组织实施集中统一换届选举工作。2000年11月，股份公司团委下发《共青团重庆钢铁股份有限公司委员会组织工作若干规定(修订版)》(钢股团发[2000]39号)，建立健全“三会两制一课”制度、台帐登记管理制度、团员管理及团费收缴制度等工作制度。2. 主题活动。坚持以服务企业生产经营、服务青年健康成才为出发点，组织开展“青年安全杯”竞赛、创建青年文明生产线、青年创新创效活动、青年志愿者服务、新世纪读书活动以及促进青工岗位成才的“青工技术明星”赛等活动。3. 支部建设。坚持抓好基层团支部和团小组建设，按期做好所属团支部的换届改选工作；落实团内工作制度，将团员发展、团费收缴、团员管理等工作纳入系统化管理；在86个基层团支部中开展“五四红旗团支部”竞赛活动，举办“团支部工作经验交流会”。4. 阵地建设。帮助基层团组织落实工作场地，改善工作环境。抓紧建设活动场地，先后建立21个“青年读书屋(角、架)”、青年活动室、青年之家等阵地。

2000年，重股份公司焦化厂团委创建为“重庆市十佳五四红旗团委”。

（向英）

【“青年文明生产线”活动】 2000年，重钢股份公司团委在生产一线的重要工序(岗位)和管理、服务型的青年班组(集体)中开展争创“青年文明生产线”竞赛活动。以创建“青年文明生产线”为契机，强化班组自主管理。申报参赛的15个青年班组(集体)均按照创建活动要求，制定完善班组管理办法，严格执行考核制度，做到民主管理制度化、规范化。实施创新创效行动，对标挖潜、降本增效。各参赛班组共开展QC攻关10项，实施小改小革20项、提合理化建议163条。七厂连铸一车间二号铸机切割乙班自行摸索出的定尺精度微调长尺和切割火焰调配技术，使股份公司连铸坯定尺精度水平保持在0～20毫米，居全国同行业行先进水平。

通过“青年文明生产线”活动，股份公司开展项目攻关、修旧利废等活动，全年实现降本增效909907元。型钢厂大维车间机行班等10个青年班组获2000年度重钢股份公司“青年文明生产线”称号。

（向英）

【青年技术创新活动】 2000年，重钢股份公司各单位团委(总支)以“青年知识分子协会”、青年项目攻关组为依托，组织签订项目攻关书71份，实现经济效益达425.4万元。各单位相继建立活动小组，把科技项目攻关工作渗透生产经营的全过程，并与降本增效工作、解决生产中的技术难题结合。炼铁厂“青协”机电专业组的三烧二混元减速机改造项目，降低备件费50%，全年节约价值30万元；七厂炼钢车间工艺组的完善炼钢工艺提高重钢出口坯综合炼成率项目，达到出口坯综合炼成率≥95%的目标。2000年12月，共青团重庆市委徐强副书记到重钢调研时，对股份公司团委的技术创新活动方式给予肯定。

（吴冬）

【焦化厂概况】 焦化厂是重钢股份公司下属的生产单位，主要生产炼铁工序用冶金焦，以及相应的化工产品，如工业萘、硫铵、粗苯、调配焦油、电报沥清等。2000年，焦化厂行政机构设3科2室1站（机动科、技质科、生产安环科、厂办、技改办公室、点检站）；6个车间（原料车间、配煤车间、一炼焦车间、二炼焦车间、回收车间、焦油车间）；党群机构设党办、工会、团委。年末在册职工1170人，其中在岗1018人。不在岗人员中，居家休息126人，读书2人，伤病8人，长假10人，暂休假6人。在岗人员中生产操作人员945人（其中技师8人），管理技术人员73人（高级技术职称7人，中级技术职称27人）。焦炉4座，年生产能力为110万吨，其中一号炉为58—1型45孔焦炉，投产时间为1965年；三号、四号、五号焦炉为JN43—80型42孔焦炉，三号、四号焦炉投产于1988年，五号焦炉于1997年投产。全厂AB类设备共515台（套），其中A类44台（套），B类107台（套），设备总重8606.56吨。固定资产原值5.21亿元，净值3.38亿元。

2000年，焦化厂生产任务完成情况：焦炭目标计划为104万吨，实际达到104.38万吨；成本目标计划≤398元/吨焦，实际为397.96元/吨焦；利润目标计划20万元，实际达到282万元。主要质量指标冶金焦M40计划278.5%，实际达到79.2%；灰份要求≤14.5%，实际为13.16%；硫份要求≤0.85%，实际为0.82%。工序能耗由1999年吨焦173.17公斤标煤降至2000年的吨焦161.32公斤标煤；吨焦煤耗（干煤）由1999年的1.313吨降至2000年的1.299吨。全面完成股份公司下达的生产经营目标。

2000年，焦化厂通过“重庆市文明单位”和“冶金部清洁工厂”的复查验收。

（吴大河）

条目另见部目

【焦化厂“九五”概述】:《重钢综述》

【一号焦炉维护】:《技术改造》

【计算机管理】 1.建立“管理信息系统”（CIMS）包括生产过程数据信息系统、生产调度系统、成本核算和控制系统、劳资管理系统、原料物资管理系统、固定资产管理系统、机动能源管理系统、大中修管理及备品备件管理系统。该系统的建立使各子系统有机地结合在一起，实现了管理信息的集成和管理信息共享。2.“自动配煤系统”采用8台电子皮带秤，一套西门子SIMATICS7—300计算机控制系统。主要包括生产工况在线监测、自动计算最优配煤比、故障自诊断、生产管理自动化、领导查询系统，配煤生产过程的最优控制。具有3种工作方式：手动工作方式、自动控制方式和系统自动控制方式。系统实现配煤准确度达79%以上；模型计算配煤比，预测焦炭质量；系统控制精度达到3%；年经济效益30万元。3.“焦炉测温及推焦管理系统”主要研究推焦电流的自动检测，无线传输、推焦车、拦焦车、消火车、装煤车的自动位置识别，焦炉炉温的自动测量及分析等。其技术关键在于抗强干扰情况下无线传输系统与计算机的实施通讯，采用美国爱克新无线通讯设备。系统的实施，达到自动采集高温计测得的直行和横墙温度并存储；自动计算K均，K安并生成报表；自动绘制直行及横墙温度曲线；自动识别各大车位置；自动采集推焦时间、推焦电流和装煤时间；自动编制推焦计划；自动计算K_1、K_2、K_3，并形成报表，实现焦炉操作自动化。

（黄湘渝）

【合理化建议活动】 2000年，焦化厂职工全年提合理化建议771条，采纳417条，实施159条（6个项目获股份公司合理化建议成果奖，生产经济效益57.4万元），经济效益95万元。

（龚泽祥）

【QC活动】 2000年，焦化厂全厂登记QC小组123个，QC成果112项，完成率达96%，经济效益76万元。评出一等奖28个，二等奖48个，三等奖36个。推荐9个优秀成果参加股份公司评审，其中二炼设备、技质科行政、焦油蒸馏3个QC成果获一等奖，其余获二等奖。技质科行政QC小组“控制集气管压力波动”成果获国家冶金局成果奖。

（龚泽祥）

【炼铁厂概况】 重钢股份公司炼铁厂是集原料、供料、烧结、铸铁和高炉冶炼为一体的连续性生产企业。主要产品为炼钢用生铁（铁水），主供股份公司七厂转炉炼钢使用。炼铁厂地处重庆大渡口区李子林，厂区占地面积48万平方米。2000年末，在岗职工2354人，另有劳务工250人，合计为2604人。在岗职工中管理技术人员212人，占在岗职工总数的9%，生产操作人员2142人，占在岗职工总数的91%。职工中具有高级技术职称的有18人，中级技术职称的82人。工人技师11

人。全厂机构设置科室为四科二室:厂办、党办、机动科、物资料、生产科、综合科,群团组织有工会、团委,另设专门的技改指挥部一个。生产车间为一烧结(2000年6月7日停止生产,车间建制暂未撤销)、三烧结、三高炉、四高炉、五高炉、原料、供料、检修、自动化、铸铁、化验和点检站(车间属性)。固定资产原值为8.9亿元,净值为3.23亿元。全厂主要生产设备:容积为620立方米高炉2座,容积为1200立方米高炉1座,面积为105平方米烧结机2台,面积为18平方米烧结机2台,旋臂堆取料机3台,混匀堆料、取料机各1台,旋转翻车机1台,Ø900、Ø2100圆锥式破碎机分别为3台和1台,滚筒式水渣转鼓2台以及其它配套生产设备若干台套。2000年,生铁产量达152万吨,较1999年增加9万吨,创历史纪录;终止一烧结车间生产;实施球团矿技改项目;ISO9002质量标准体系通过LRQA现场审核,并获得审核组向劳氏公司总部推荐注册资格;四号高炉槽下技术改造工程完成,结束了炉后上料用人工称量车的历史;创建重庆市工委文明单位,全年入炉烧结矿品位达54.4%;继续实行吨铁(矿)超额工资奖励承包政策以及技术攻关单项奖励的管理办法。

炼铁厂2000年
主要技术指标完成情况

生铁产量(万吨)	152.6
利用数(吨/立方米天)	1.786
焦比(千克/吨铁)	593
生铁合格率(%)	99.99
三烧结矿产量(万吨)	240.3
三烧结矿合格率(%)	92.37
生铁成本(元/吨铁)	984.5

(陈居明)

条目另见部目

【一烧结车间停止生产】:《生产经营》

【四号高炉槽下技术改造】:《技术改造》

【创建重庆市企业工委文明单位】 炼铁厂曾先后获并保持"重钢文明单位"、"党风先进单位"、"四好领导班子"以及"重庆市模范职工之家"等荣誉称号,2000年提出创建重庆市企业工委文明单位的工作目标。2000年10月25日,重庆市企业工委检查验收组来厂实地检查后,炼铁厂通过重庆市企业工委文明单位检查验收。

(陈居明)

【ISO9002质量体系通过LRQA审核】 炼铁厂建立质量保证体系工作从1997年下半年开始,质量体系选择GB/T19002—ISO9002—1994《质量体系生产、安装和服务的质量保证模式》标准中的18个要素,并按ISO9002标准要求编写形成27个程序文件、19个质量手册文件的质量保证体系。该体系文件为01版本,于1998年1月起正式实施。在运行实施过程中,炼铁厂颁布经过修改完成的02版本程序和质量手册,新版本质量体系文件于2000年9月1日开始正式实施。1998年1999年先后送外委托培训内部审核员6人,作为本厂ISO9002质量标准管理骨干人员。6人均取得重庆市质量体系认证中心的注册资格证书,具备企业内部审核和第二方审核的资格。

炼铁厂组织以内审员为骨干,各专业技术人员参加的内部审核检查组。质量体系审核工作1998年进行4次内审,查出不符合项55项,经采取纠正预防措施,相关单位整改,所有不符合项均在当年内全部关闭;1999年进行4次内审,接受LRQA代表回访审核1次,查出不符合项13次,经整改均在年底关闭;2000年进行6次内审,查出不符合项28项,经整改已全部关闭。通过内部审核检查,除对发现的各类问题进行及时纠正外,同时还采取相应的预防措施,修改更正作业指导书20项,新建管理制度办法10项。02版本质量手册和程序文件执行后,炼铁厂内审组分工艺、设备和自动化3个系统再次对现场所涉及的每一种质量记录进行清理,发现有空缺的记录及时按规定给予补齐或说明。对需要记录而又没有建立记录的地方重新建立记录。2000年下半年,在英国劳氏公司LRQA认证专家正式对炼铁厂ISO9002质量体系实施现场审核前,厂部内审组和公司审核组再次分别对炼铁厂的重点工序和关键岗位进行重点审核,实施了最终关闭不符合项复查及模拟LRQA现场审核指导工作。2000年12月4日~8日,炼铁厂正式接受英国劳氏公司LRQA3位专家代表全方位的现场审核,审核的内容和范围包括27个程序文件,质量手册以及大量的支持性文件,生产现场作业指导书和全厂10个生产车间、5个职能部门。审核结果没有不符合项(简称:大黄牌)发现,结论为炼铁厂质量保证体系的运行和实施真实有效,符合ISO9002标准。12月8日下午LRQA审核组长宣布审核结果,同时宣布立即向劳氏公司总部推荐注册,炼铁厂ISO9002质量体系通过LRQA审核。

(陈居明)

【七厂概况】 2000年,重庆钢铁股份有限公司七厂执行"全连铸生产组织管理制度",按"调度作业管理办法"落实责任与考核,开展多项小指标劳动竞赛。全年产钢161.8万吨,比1999年增加23.5万吨,其中8月份生产

15.03万吨，10月份生产15.04万吨，突破15万吨大关，创历史纪录。实现成本1410.48元每吨，实现利润3031万元。2000年七厂通过开展“百日质量活动”，开展降低板坯内裂及钢板表面微裂纹、降低氧耗等技术攻关项目，板坯内裂、钢板表面微裂纹、氧耗分别比1999年减少1775吨、16394吨、3.49立方米吨。产品综合合格率达99.79%，比1999年提高0.04%。全厂9项主要技术经济指标全面提高改善。全年开发B36、A36M等新品种11个，交库合格量10139吨，创经济效益92万元。管钢由年产几千吨上升到月产1.5万吨的生产能力。职工提合理化建议2014条，采纳1209条，实施838条，创效益118.7万元。组建239个QC小组，登记329个QC课题；发表QC成果303个，获重钢股份公司优秀QC成果12个，精炼车间技术组发表的《提高滑板使用次数降低钢包耐材成本》获国家优秀成果奖。七厂设备系统规范点检定修制，全面推行重要设备劣化倾向管理。完成炉外精炼LF炉建成投产，一号转炉计算机系统改造，风碎渣冷却塔建设等技措改造项目，设备可开动率比1999年上升0.19%，设备事故、故障停机率比1999年降低0.74%。七厂被中国设备管理协会评为“第五届全国设备管理先进单位”。2000年，七厂开展安全文明生产现场评价活动和反违章反事故活动，检查、整改安全、环保、消防隐患494项，考核违规人员349人次，举办“第七届职工消防运动会”。全年重伤1人，轻伤4人，无工亡、无重大污染、无重大火灾、无重大交通事故，千人负伤率2.17‰，岗位粉尘合格率99.41%，环保设施随主机同步运行率99.90%，污染物综合排放合格率99.67%，2000年6月30日，

国家环保总局华夏环境管理体系审核中心通过七厂ISO14001环境管理体系运行的第一次监督复审。

2000年末在册职工2594人，在岗职工2233人(生产操作人员2085，管理技术人员148人)。在岗职工中具有大专以上学历的281名，获中级技术职称的46人，高级技术职称的13人，高级技师1人，技师6人。2000年，实施管理科室职能分离，专业科室“立法”，企管科“执法”。2000年通过重庆市文明单位复查验收。

(赵长利)

【七厂钢产量创历史水平】 2000年，七厂坚持“以连铸为中心、炼钢为基础、设备作保证”的全连铸生产组织方针，执行“全连铸生产组织管理制度”，炼钢生产以班计划兑现保日、旬、月计划的完成，创造均衡、稳定的生产局面。对事故坚持“三不放过”的原则处理，实行“事故报告书制度”，把事故与岗位人员、管理人员业绩挂钩。一号、二号、三号转炉自年修开炉后漏钢事故为零；四号铸机全年无溢漏，回炉率控制在0.26%；消灭了转炉倾翻、钢包坠落等重大事故的发生。实施“节铁、增钢”举措，优化钢铁料结构，全年铁水消耗仅为919千克/吨钢。

2000年七厂全年生产合格钢161.8万吨，创历史纪录，比1999年增加23.5万吨。七厂已具备年产钢180万吨的生产能力。

(庞勇)

【“百日质量”活动】 2000年6月23日至9月30日期间重钢七厂在全厂范围内开展“百日质量”活动。七厂广泛收集钢坯金相图片、实物照片、质量缺陷实物样品、文字数据资料等质量展览素材，举办质量展览。发动职工围绕“质量是生产出来的，不是检验出来的”开展质量大讨论，并在职工中开展“我为质量献一计”活动。厂领导带队走访下工序用户。在全厂推行标准化作业，修订关键工序的岗位作业标准，将新的《产品质量法》的有关内容摘录形成《产品质量法宣传材料》打印200份下发班组，组织职工学习。通过开展“百日质量”活动，违规次数得到控制，夹杂物导致废品率、拉裂率、内裂率与活动前相比，分别降低56.04%、19.23%、18.59%、69.15%。

(冉广秀)

【七厂新产品开发】 2000年，七厂开发的新产品：A36M、

09MnCuPTi、H08A、20CrMo(3#机)、35#(3#机)、Q275(3#机)、15MnVNq、08CuPVRE、E(认证)、E36(认证)、Q195LS等共计11个品种。新产品生产情况:A36M交库合格量1018吨,合格率99.82%;09MnCuPTi交库合格量509吨,合格率99.69%;H08A交库合格量220吨,合格率99.98%;20CrMo(3#机)交库合格量1141吨,合格率99.44%;35#(3#机)交库合格量212吨,合格率99.30%;Q275(3#机)交库合格量149吨,合格率99.57%;15MnVNq交库合格量449吨,合格率99.81%;08CuPVRE交库合格量283吨,合格率99.2%;E(认证)交库合格量267吨,合格率99.27%;E36(认证)交库合格量131吨,合格率99.45%;Q195LS已进入大生产,合格率99.37%。重点产品生产情况:容器钢交库量50180吨,合格率99.72%;锅炉钢交库合格量101939吨,合格率99.85%;船钢交库合格量250667吨,合格率99.80%;管钢交库合格量83104吨,合格率99.66%。

(安昌遐)

【七厂获"第五届全国设备管理优秀单位"称号】 2000年,七厂获"第五届全国设备管理优秀单位"称号。七厂全面贯彻TPM,建立全员生产设备管理体系,执行"以点检定修为核心的全员生产维修"设备管理方针。建立以《点检标准》、《给油脂标准》、《维修技术标准》和《维修作业标准》4大标准为标志的文件化的设备管理体系,并配套建立"操作点检卡"、"维护点检卡"等70种原始记录卡。以《TPM分工协议》明确设备操作人员和维护人员的设备维修职责,建立设备三级点检体系,规范点检,提高点检实效,制定《专职点检管理办法》和《点检员工作手册》,以追求专职点检标准化。建立定修模型,坚持按PDCA循环对定修进行全过程管理。推行设备劣化倾向管理,量化反映设备状况。坚持每月一次设备综合检查。抓预放为主,对已发生的事故按"三不放过"原则进行处理。

(黄文权)

七厂获"企业设备管理优秀单位"称号

【五厂概况】 重钢五厂2000年末在册职工1441人,其中在岗职工1160人,管理技术人员110人,操作人员1050人,居家休息190人,请长假25人;具有高级职称的11人,中级职称的38人,技师8人。全厂设有9个车间(原料车间、热轧车间、精整车间、热处理车间、成品车间、动力车间、机修车间、行车车间、自动化车间)。设3科1室(机动能源科、技术质量科、生产安环科)办公室、党办、工会及点检站。2000年,全厂发表QC成果142项,其中机修攻关QC小组课题《确保磁力对中装置液压缸使用周期》获国家冶金局优秀QC成果奖。提合理化建议1883条,采纳928条,实施600条。主要生产设备:三段式加热炉3座,60吨推钢机6台、粗轧机1台、2450精轧机1台、11辊矫直机1台、辊底式常化炉1座,双边滚切剪1台。2000年6月,重钢五厂ISO14001环境贯标监督审核通过。2000年技术进步项目有:热处理钢板控冷工艺研究;高强度船板控轧替代正火工艺研究;容滚船板的技术开发和生产应用;2450精轧机干油AGC技术改造项目,投入试运行;炉号跟踪系统投入在线运行;CIMS系统按进度计划推进等科技项目。五厂主要从事生产容器板、锅炉板、船板、普板、低合金钢板、桥梁板、碳结板等各种钢板。广泛用于国防、矿山、冶金、交通、建筑、能源等各行各业。固定资产原值3.337亿元,净值1.308亿元。全年工业总产值为97811.19万元,比1999年同期增加11.82%,超历史水平11.82%。劳动生产率838022元/人,钢材综合成本为1709.17元/吨,超目标11.17%元/吨,综合成材率89.69%,品种率96.27%,综合性能合格率98.25%,全年轧制量693903吨,超计划10.14%,发出量695365吨,超计划10.38%。优质品率为39.77%,比1999年同期提高5.53%。2000年11月接受重庆市文明单位验收。

(陈晓玲)

条目另见部目

【五厂热轧性能合格率提高】:《技术改造》

【五厂全年轧制钢板69万吨】 2000年,五厂在双定尺比例高达67.91%,专用材比例高达55.65%的情况下,于2000年12月3日实现全年生产钢板63万吨、轧制钢板69.5万吨超历史水平的记录。1.2000年,五厂共生产钢板695583.321吨,消耗钢锭坯775543.237吨,综合成材率达89.69%,比1999年上升0.03%;其中专用材成材率达88.38%,比1999年上升0.04%;普材成材率达91.39%,比1999年上升

0.43%。2. 对《重钢五厂定尺坯料的验收技术条件》进行修订,将坯料退料的长度偏差下限控制为-12毫米,使"-8~+4毫米"切割公差要求落实。3. 针对170×1100小断面坯料轧制不同船规的船板,采取套轧计划,以期实现块单重,提高产量。4. 在编制生产日计划前了解轧机轧辊的磨损情况,科学合理地将不同宽度、厚度的钢板在遵循工艺标准的大前提下,实施合并类项,组织规模生产。

(曹升)

【五厂主要工作成效】 1.2000年,重钢五厂按照"安全生产保顺行,抓好双倍尺提指标,突双'99%'降交货期"的生产技术指导思想,在中修17天的情况下,产量达到69.5万吨(轧、剪、入、出量均突破69万吨)的历史纪录。2. 热轧性能合格率98.24%(12月份全厂突破99%,达到99.08%),比1999年提高0.15%;普板成材率92.02%,比1999年提高1.06%,其中低合金板提高1.54%;专用板成材率88.54%,比1999年提高0.2%,其中容器板提高0.74%;综合块品种率97.34%(12月份达到97.85%),在船板和双定尺比例大幅上升的情况下,比1999年提高0.03%。3. 全年降成本500万元。4.2000年,五厂发生4轻4微事故,实现"五无"(无重伤以上事故,无环境污染事故,无重大设备事故,无重大火灾事故,无负主要责任的交通事故)。5. 环境管理体系通过国环中心的督促审核。安全文明小区建设通过重钢公司及大渡口区专项检查验收。6.2000年11月通过LRQA的年度复审,无一观察项和黄牌,名列重钢公司第一;通过容器板、锅炉板、船板、桥梁板等名牌产品的例行检查和抽查,合格率均达到100%;厚规格≤25毫米高强度船板控轧替代正火交货通过LR、ABS等6个船级社的工厂认证和产品认证;7.E、E32、E36船板填补国内空白。8. 质量异议比1999年减少10件,赔偿金额比1999年减少23.6万元,实现"质量异议减半"攻关目标。9. 设备事故时间比1999年(同口径下)减少1227分钟。10. 加热炉能耗降到50千克标煤/吨以下的全国先进水平,比1999年降低1.1千克标煤/吨。

(郑琳隆)

【党建工作】 1. 五厂党委坚持"三会一课"制度,做好对党员的教育和管理。2000年,厂党委召开党建和思想政治工作研讨会及党支部书记工作研讨会,总结交流党建工作及支部建设的经验:注重党组织在企业发挥"三个"作用,参与重大问题的讨论和决策。2.2000年,五厂制定厂情教育的具体实施方案,结合生产经营的实际情况自编教材进行层层宣讲。五厂党委根据各个不同时期的生产、工作重点,结合本单位实际,采取喜闻乐见的形式开展厂情教育。五厂厂情教育活动获股份公司"优秀单位"称号。通过厂情教育活动,推进厂务公开工作。3. 推行"岗位行为规范"活动。安排生安科、成品库两个对外窗口单位职工自编自演"窗口单位文明用语"为内容的戏剧小品;树立样板,发挥榜样的教育力量。按照创建文明单位规划和职工行为规范要求,对职工行为规范按月进行抽查,每季度进行普查。五厂推行的职工"岗位行为规范"活动在重钢公司得到推广。4. 开展"工业旅游"。2000年五厂党委组织实施"工业旅游"塑形工程,党委坚持开展全方位的爱岗敬业素质教育和文明生产活动,并开展主题为"三化"的环境整治活动(净化生产现场、美化班组环境、优化定置管理)。

(孙耿浧)

【型钢厂概况】 2000年,型钢厂设生产安全科、技术质量科、机动能源科、劳企科、办公室、点检站、大型车间、中型车间、线材车间、大维车间、中维车间、成品车间和钢坯车间13个科室、车间。在册职工1576人,其中在岗职工为1254人,在岗生产操作人员1149人(技师15人、技术业务尖子3人、高级工15人);在岗管理技术人员105人(高级职称15人、中级职称15人);在岗职工322人、其中精神病及癌症病17人,居家休息249人(管理技术人员20人),工伤17人,长假8人,暂休假26人(管理技术人员2人),长事假3人,息工假1人,参军1人。型钢厂有Ø800毫米大型轧机生产线、Ø650/550毫米中型轧机生产线和Ø280毫米轧机生产线。大型轧机的主要产品为大型槽钢、槽帮钢、深冲扁钢、铁道扁钢、普通圆钢、轮辋钢、球扁钢、工字钢、角钢及圆管坯、机修坯和其它钢坯。2000年生产钢材30.65万吨,创历史最好水平。中型轧机的主要产品有:中型槽钢、槽帮钢、轮辋钢、刮板钢、工字钢、圆钢、球扁钢、角钢、圆管坯、薄板坯,以及其它普通方圆坯。Ø280轧机的主要产品为Q195~Q295的6.5毫米和8毫米盘圆。2000年,Ø280轧机限量生产。型钢厂三条生产线的产量合计达到68.43万吨,创型钢厂自1990年组建以来最高水平。

(陈维斌)

【厂情教育】 2000年,型钢厂成立以厂长为组长的"明厂情、抓机遇、增加盈利、扭亏脱困求发展"教育活动领导小组,研究制定厂情教育计划,对各车间、科

室分层次开展厂情教育活动。针对不同时段的厂情,用《型钢厂简报》、《职工学习参考资料》等多种形式,结合实际,开展宣传教育。出黑板报12期,办橱窗8次,张贴标语60条。向《重钢报》和重钢电视台投稿180篇,刊(播)用80篇。编写《职工学习参考资料》,每月出一期《型钢厂简报》,组织通讯员参加《重钢报》举办的"我为扭亏脱困作贡献"征文活动,投稿10篇,刊用2篇;组织10名职工参加股份公司在七厂召开的"我为扭亏脱困作贡献"经验交流会。

(陈东升　陈维斌)

【高速线材厂概况】 重庆钢铁股份有限公司高速线材轧钢厂2000年4月6日成立,工厂位于重庆市大渡口区李子林三岗门,占地面积4.0316万平方米。高线厂下设"两部一室"(生产技术部、设备部和办公室),不设车间,科室和车间合二为一,通过厂、部(室)、作业区、班组四个层面开展工作,实现"扁平化"的管理。2000年末在册职工226人,在岗职工225人,平均年龄31岁,大学专科以上文化程度104人,具有高级专业技术职称8人,中级专业技术职称13人,技师5人。

2000年高线厂主要工作为设备安装调试、工程竣工和试生产两个阶段。2000年5月20日,高线工程35千伏和6千伏电站通电;6月25日加热炉点火烘炉成功;7月15日粗、中轧段热负荷试车一次成功,8月25日高线工程全线热负荷试车成功。进入试生产后,针对设备通过连续轧制,工艺、设备问题逐渐暴露,设备故障停机率较高,备件、工 模具准备不充分等因素,高线厂成立"高线达产攻关队",开展以实现高线达产,理顺管理、理顺工艺,提高设备作业率为目标的技术攻关。完成"活套控制参数的优化","立活套起套辊结构改进","预精轧机组、精轧机组轧辊冷却水控制改进","夹送辊辊缝调整改进",、"PF线二号链能力校核验算"等30项技术攻关项目和26项管理攻关项目。产量从8月的593吨上升至12月的15320吨;产品成材率从8月的69.93%,上升至12月的91.48%;产品合格率从8月的98.67%上升至12月的99.22%;作业率从8月的23.48%上升至12月的48.64%;产品综合成本从9月的2354元/吨,降至12月的1979元/吨。

(张宁)

条目另见部目

【高速线材工程投产】:《技术改造》

【高线厂劳动用工分配制度】 高线厂通过简化职能、精干机构、精简编制、灵活用工、搞活分配以及强化考核等对劳动用工分配制度进行配套改革。在简化工作职能方面,确定高线厂不承担维修和机修职能,只承担设备点检、计划检修、配件订货等设备管理职能,维、检、修和配件加工通过外委的方式进行。在精简机构和定员编制方面,确定高线厂不设车间,只设生产技术部、设备部和办公室"二部一室",实行"扁平化"管理。在灵活用工方式方面,确定在高线厂实行大工种、多能工和在技术含量低的操作岗位使用劳务工及强化劳动合同的动态管理。在分配方面,通过实行以岗薪制为主的多种分配形式,按职工工作能力和劳动成果进行分配。

2000年股份公司先后制定下发《关于核定下达高速线材轧钢厂科级机构及定员编制的通知》、《重钢股份公司关于在高速线材轧钢厂推行大工种的管理办法》、《重钢股份公司关于在高速线材轧钢厂建立劳动储备制的管理办法》和《重钢股份公司关于在高速线材轧钢厂推行多能工的管理办法》等文件;并与高线厂一起完成对所有生产操作岗位(按劳动责任、劳动技能、劳动强度和劳动环境4个方面20个要素)进行劳动评价及归类。

高线厂先后制定《高速线材轧钢厂大工种实施办法》和《高速线材轧钢厂多能工实施办法》;对职工劳动合同期满的先行终止劳动合同,经过考核后,重新续签短期劳动合同;在技术含量低的生产操作岗位上使用劳务工,2000年劳务工数量占全厂用工总数的30%。

(杨淑礼)

【运输部概况】 重庆钢铁

股份公司运输部位于重庆市大渡口区钢铁路，主要承担重钢大渡口地区的铁路运输和码头装卸作业任务。铁路线路横贯整个重钢主厂区，重庆端至渔鳅浩渣场，成都端至刘家坝地区，与成渝铁路相连接。2000年末，厂区占地面积10万平方米，公用房等建筑面积为4.35万平方米。主要生产设备有蒸汽机车16台，内燃机车13台，蒸汽吊车3台，铁道车辆512辆，码头2个(四码头承担重钢矿石到达起卸任务，七码头承担重钢焦炭、炉渣外发装船任务)，铁路线路78.036公里。固定资产原值3.304亿元，净值1.656亿元。2000年10月，运输部进行机构调整，行政系统设3科1室(运输安全科、机动能源科、人事行政科、行政办公室)和10个生产车间、车站(装卸机械检修车间、机车车辆检修车间、机务车间、电务车间、原料车站、炼铁车站、炼钢车站、轧钢车站、葛老溪车站、刘家坝车站)，党群系统设党委办公室、部工会、部团委。2000年底在册职工1393人，在岗职工1149人。在岗职工中生产操作人员1053人，管理技术人员96人。

2000年，运输部全面完成各项生产经营任务。全年累计完成铁路运输量1002.32万吨，完成计划的105.51%；完成码头吞吐量118.26万吨，完成计划的147.83%；路局车停时完成9.0小时，较计划减少9.0小时；厂车停时完成0.50天，较计划减少0.09天；实现利润308.73万元，完成目标利润102.91%。

2000年3月18日，运输部获“重庆市文明单位”称号。2000年，先后获重钢公司“三五普法先进单位”、“十佳五四红旗团委”和股份公司“厂情教育先进单位”等荣誉；巩固了重钢公司“党风廉洁建设先进单位”、“先进四好领导班子”、“模范职工之家”等荣誉。

(曾勇)

条目另见部目

【炼铁站至七厂铁路技措工程竣工】:《技术改造》

【四码头块矿运输改造】:《技术改造》

2000年运输部主要技术经济指标完成情况表

序号	名　称	单　位	指标值		完成值	比　较	
			计划	目标		比计划	比目标
1	利润	万元	50	300	308.73	+258.73	+8.73
2	保产率	%	100	100	100	0	0
3	高炉铁罐摆罐率	%	98	98	99.1	+1.1	+1.1
4	七厂铁水正点率	%	97	97	99.8	+2.8	+2.8
5	备件及工模具资金占用	万元	170	168	153.78	-16.22	-14.22
6	精神文明	%	100	100	100	0	0
7	铁路运输量	万吨	950	950	1002.32	+52.32	+52.32
8	路车停时	小时	18	18	9.0	-9.0	-9.0
9	公司车停时	小时	0.59	0.59	0.50	-0.09	-0.09
10	厂车装车计划兑现率	%	99	100	100	+1	0
11	运输综合能耗	千克/吨	0.78	0.76	0.76	-0.02	0
12	四码头起卸量	万吨	65	65	95.68	+30.68	+30.68
13	七码头起卸量	万吨	15	15	22.58	+7.58	+7.58

(曾勇)

【提前两个月完成全年目标利润】 运输部2000年围绕实现300万元目标利润，对各项指标分解下达，全部17个车间(站)、科室共计分解130项指标，各车间(站)、科室又将指标向班组、岗位和职工个人层层分解下达。继续推行目标成本管理，定期召开每月初的资金计划平衡会，坚持行政“一支笔”审批资金制度。截止10月，运输部累计实现利润307.58万元，提前两个月全面完成全年300万元目标利润，完成目标利润的102.91%。

(曾勇)

【建立在运输生产中的党组织保证体系】 2000年运输部党委巩固了重钢公司“党风廉政建设先进单位”、“先进四好领导班子”、“模范职工之家”等成果，被“重庆市文明单位”称号。1.在运输安全生产中党组织保证体系把“党支部工作色度管理”、“支部书记工作业绩管理”、“党员示范岗”和“党员安全岗”管理融为一体，明确工会、共青团、武装部等部门的保障职能，重新对“一班人”按设备检修，运用两大系统,区域分布划分工作范围,明确责任。各车间(站)党支部书记、支委、党小组长落实相关责任。实行月检查,季考核。2.开展“降成本、增效益、当先锋”竞赛活动。选定攻关项目50个,97条具体措施,创经济效益83.41万元。装卸机械检修车间党支部组织党员工程技术人员对四码头一号、二号皮带运输机实施降坡升位和一号转运仓技术改造,解决了雨天卸矿皮带打滑和不能卸块矿、球团矿的难题。3.编写“运输部厂情教育宣讲材料”,领导带头,层层宣讲,并通过办墙报、黑板报、专栏、大讨论、征文笔谈等形式对党员和广大职工进行宣传教育。部中心组成员,机关和各车间(站)管理人员按制度组织学习《“三讲”教育读书》,学习江泽民总书记“三个代表”重要思想、“党的五中全会精神”。在职处干、科干写学习心得体会文章31篇。4.实施“一站式”现场办公制度。工会与行政签订共保集体合同,为职工办实事5件。团委推荐20名优秀团员青年作为党的发展对象。签订15对“导师带徒”合同。

(林阳全)

【动力厂概况】 动力厂是重庆钢铁股份公司的二级单位,主要担负重钢本部、大渡口地区和刘家坝地区的生产和生活用能供应任务。下设4个科室(生产安环科、经营计划科、点检站、厂办公室),一个临时机构(技术改造办公室)和6个车间(供水车间、供电车间、燃气车间、热力车间、动力车间、计控车间)。2000年末在册职工1325人,在岗职工1062人,其中管理技术人员103人,生产操作人员959人。固定资产原值5.68亿元,净值3.31亿元。

动力厂主要供应能源产品有电、生活水、工业水、软水、工业风、煤气(高炉煤气、焦炉煤气、转炉煤气)、天然气、蒸气、压缩空气。主要能源供应设备有源水站4个,起水水泵机组18套,起水能力每小时16896立方米;高压变电站6座,其中110千伏总降压变电站2座,35千伏变电站4座,总降压变电站主变容量为24×10^4千伏安;汽轮鼓风机3台,电动风机2台,工业风生产规模每分10940立方米;中温中压燃气锅炉8台,其中35吨/时锅炉5台,40吨/时锅炉2台,75吨/时锅炉1台,蒸气生产规模每小时330吨;发电机组6套,其中1500千瓦发电机组1套,3000千瓦热电发电机组1套,4500千瓦TRT发电机组1套,4500千瓦凝汽式发电机组1套,6000千瓦凝汽式发电机组1套,12000千瓦凝汽式发电机组1套,年发电生产能力达1.75亿千瓦时;高炉煤气清洗系统3套,煤气净化水污泥处理系统2套,10万立方米高炉煤气柜1座,3万立方米转炉煤气柜1座,转炉煤气加压站1座。

2000年,主要能源产品产量分别为:水22229.61万吨,工业风261024万立方米,蒸气171.87万吨,压缩空气12381.96万立方米,自发电18086.09万千瓦时。实现销售收入83692万元,利润160万元。在主要技术经济指标中,焦炉煤气放散率5.18%,高炉煤气放散率7%,供电力率94.05%,蒸气利用率94.91%,供水循环率80.1%。动力环保设施同步运转率、环境污染综合排放合格率达到100%。

(邱阳)

条目另见部目

【三号锅炉改造性大修】:《技术改造》

【转炉煤气加压机改造】:《技术改造》

动力厂主要能源产品产量完成情况表

序号	名 称	单 位	2000年计划	2000年实际	比1999年(%)
1	供电总量	10^4千瓦时	77800	80256.81	5.94
2	自发电量	10^4千瓦时	17500	18086.09	8.35
3	供水总量	10^4吨	20880	22229.61	10.71
4	热力蒸气	10^4吨	170	171.87	-3.19
5	余热蒸气	10^4吨	7.65	5.45	-25.24
6	工业风	10^4立方米	260000	261024	2.18
7	高煤回收量	10^4立方米	300000	312186.6	8.15
8	焦煤回收量	10^4立方米	42000	41790.27	-0.41
9	天然气外购量	10^4立方米	2400	2544.98	6.37
10	转炉煤气量	10^4立方米	7100	6491.11	39.39
11	压缩空气	10^4立方米	15500	12381.96	-8.19

序号	名　称	单　位	2000 年计划	2000 年实际	比 1999 年(%)
12	刘家坝电	10^4 千瓦时	6639	6995.82	2.37
13	刘家坝水	10^4 吨	372	315.61	-26.49
14	刘家坝天然气	10^4 立方米	780	832.5	0.6

【安全生产】 1. 提高职工自我防护能力。①以 2000 年 1 号文件下发《2000 年安全环保、消防工作规划》和 2 号文件《2000 年安全风险抵押承包办法》,明确各级负责人是安全生产、环境保护、消防工作的第一责任人,将全厂职工的收入与安全生产直接挂钩。②对厂安委会和安全机构进行调整,通过竞争上岗增设 2 名安全环保专职管理人员。③相继举办班(站)长、生产骨干、安全员培训班和党员轮训班,参加人数 400 人。举办 3 期煤防作业班和 2 期司炉工学习班,参加人数 270 人;组织燃气专业人员、煤防站人员到西安参加煤气防护安全技术培训。④开展 11 次反事故模拟演习,参加工种有外线电工、维护电工、输配电工、水泵工、司炉工、汽轮机(风机)工、电焊工、煤防作业等工种,参加人员 400 人次。⑤开展"全国安全生产周"、"安全知识抢答赛"等活动,普及安全知识。2. 完善规程。①重新审定全厂各工种的《安全规程》、《操作规程》、《维护检修规程》,拟定《重钢(集团)公司煤气使用管理办法》。重新修订、健全《煤气安全规程》和《煤气操作规程》。②在青年安全监督岗、女工安全监督岗的基础上开展党员安全监督岗活动。③坚持每月召开安全例会,布置当月安全环保工作。④煤气防护机构被正式授予重钢(集团)有限责任公司煤防站,赋予煤防站更大的职责和权力。3. 增大设备投入。①添置呼吸器、固定式一氧化碳报警仪等安全监测仪器。②以煤气系统存在的安全隐患为突破口,提出整改方案并组织实施。热力锅炉高煤、焦煤进口总管抽堵板处改造并加设水封;五号、六号锅炉增设水封;改进作业平台 5 处;新增盲板阀 3 个。③在危险源控制管理方面落实责任单位和责任人,加强对重点危险源的管理。

动力厂 2000 年全年实现无重伤、无工亡事故,无火灾、无责任交通事故,设备故障停机率较往年大幅下降,因动力厂自身责任造成的风机断风事故仅发生 1 次,未发生大面积的区域停电事故。动力环保设施同步运转率达 100%,环境污染综合排放合格率达 100%,未发生一起环境污染事故。

(邱阳)

【"三个一"活动】 2000 年,动力厂继续开展以"提一条合理化建议,堵一个管理、生产环节漏洞,人均增效 1000 元"为主要内容的"三个一"活动,实现全厂人均增效 1000 元。在开展此项活动中,动力厂党、政、工负责人多次在生产设备检修会、党支部书记例会、分工会主席例会上进行动员,各车间抓好标准化操作、保证工序质量,保证安全供能;开展反事故演习,确保电网、水网、气网安全可靠运行;组织专业人员查堵水、电、气漏洞,减少能源亏损;开展"班组经济核算",注意点滴节约;自己动手改造、安装设备、仪表。2000 年,全厂实现合理化建议项目 23 项,创效益 111.95 万元,其中查处违章用能单位 13 家,挽回损失 11.95 万元。

(张明程)

【实现生产经营目标党组织保证体系】 2000 年,动力厂党委在总结 1999 年党建工作的基础上,对实现生产经营目标党组织保证体系进行完善补充,按照厂党委、党支部、党小组和党员四层次,对应厂、车间、班组、岗位层层负责的生产经营指标,明确各级党组织和每个党员的任务和责任,形成上下衔接、左右协调、纵横交错的保证网络。1. 把工作目标细化,党群各部门根据自己的工作内容细化工作目标,各支部按期填报工作报表。以厂情教育为重点。在职工中开展"我与动力厂风雨同行"主题活动,在党内开展"保安全、降成本、增效益、当先锋"主题活动以及工会"三个一"、团委"争创五四红旗团委"、开展青工技能竞赛等活动都围绕生产经营进行。2. 厂党委及各党支部分别建立实现生产经营目标党组织保证体系,其中厂党委保证体系目标有 22 项,工会保证体系目标 5 项,团委保证体系目标 5 项;各党支部制定目标管理并上墙,党员与群众结成"一帮一"对子,每个党员制定了个人规划,保证完成本岗位的生产经营任务,每个党小组保证完成所在班组的生产经营任务,每个支部保证完成所在车间的生产经营任务,厂党委保证动力厂生产经营目标的实现。各党支部按厂党委的中心工作和生产经营任务,按四大体系把工作任务分别落实到支委、党小组、党员个人,并结合自身的工作职责、岗位,注重支部在贯彻中的措施落实。4. 完善考核体系,加大考核力度,做到考核指标量化,厂党委每双月对各党支部进行检查,半年评比、奖励,对在检查中发现的问题及时指出,督促改进。①厂领导班子成员严格要求自己,发挥整体功能,把"三个代表”的要求落实在具体工作之中。②在巩固党支部达标晋级活动中，把党支部设置的目标内容纳入达标晋级考核。2000年民主测评中，各支部班子发挥作用好的认可率达100%；党员发挥先锋模范作用较好以上的占97.9%。有两个党支部被股份公司授予模范党支部，党支部达标率100%，其中达标先进率87.5%。③以“保安全、降成本、增效益、当先锋”开展党内主题活动。全厂各党支部共立项63项，完成60项，创经济效益346.8万元。在党支部组织开展“党员安全岗”竞赛活动，组织开展“党员安全岗”工作交流，全厂设立“党员安全岗”48个，明确和落实党员在安全生产中的责任。全年“党员安全岗”查隐患618次，查出隐患416项，提出安全整改措施455条，消除设备安全、质量隐患415项，反违章指挥55次，坚持安全教育667次，达到党员身边安全一个点，带动身边职工安全一大片的目的。④坚持参与重大问题决策制、民主评议制、党员联系群众制、厂务公开制、“三会一课”制等，明确规定各级党组织负责人参与生产经营、改革发展、人事任免等重大问题的决策。在实际工作中，厂党委按期召开党委会、党支部书记例会，各支部坚持“三会一课”制，党委书记每天按时参加生产碰头会，参加生产经营分析会、考核会，各支部书记参与车间的生产经营分析，各级党组织负责人参与生产经营的决策。

（彭立川）

【厂情教育】 2000年，动力厂厂情教育：1. 结合实际学邯钢和先进企业的管理经验，加大内部管理力度，制定系列安全保产和能源管理措施，确保措施落实。2. 开展学习规程、贯彻规程的活动；坚持三级安全教育制度，严格“三规两纪”；完善全员安全风险抵押承包办法。3. 厂党政领导坚持深入基层办公，向职工讲厂情，使职工树立正确的观念。厂党委每季以调查问卷形式搜集基层职工思想状况，为职工解决实际问题。4. 发动党员在安全保产、设备检修、挖潜堵漏、提高工艺水平、有效管理等全方位发挥先锋模范作用；每个党员制定规划，每个党支部拟定活动项目，并对项目实行动态管理，落实责任区域。5. 把厂生产经营目标、方针、重点工作、重大决策等职工关心的热点问题向职工和职工代表公布；组织工段长、分工会主席、班站长与厂党政工负责人进行直接对话，就厂生产、管理、职工奖惩以及加强车间、班组建设等方面工作进行讨论。

（卢宗蓉）

【创建重庆市企业工委文明单位】 2000年，动力厂以“重在建设，贵在坚持”为创建工作方针，开展文明单位创建活动。年初，将精神文明建设任务与生产经营计划同时下达到各单位，同时进行检查考核，年终兑现。把加强车间、班组、科室建设作为创建工作的重点，把班组全方位自主管理与职工建家活动融为一体，对部分重点站所值班环境进行改造，改善厂容厂貌。加强对职工的劳动纪律和职业责任心教育，抓好定置管理和生产现场管理，强化原始台帐和原始记录等基础管理工作。2000年10月25日，动力厂通过重庆市企业工委文明单位验收。

（卢宗蓉）

【制定《“十五”规划纲要》】 2000年，动力厂根据重钢公司“十五”期间对水、电、气等外部供应条件的需求，制定《“十五”规划纲要》。《“十五”规划纲要》以满足“十五”期间重钢公司钢铁生产发展的需要为宗旨，以保证动力各系统的安全性、供能连续性、经济性为原则，对动力各系统作出如下定位：

1. 供水系统。加快改造速度，提高供水质量。对十五号水站取水头、三高炉、四高炉片区主干管、十一号水站到十二号水站主干管、江边一号水站到沉淀池的主干管、老水站的电气系统进行更新改造，提高水的循环利用率，减少排放。新建老热力区域、三高炉、四高炉区域、焦化区域以及喷煤和板带厂的循环水系统，使循环水利用率从现在的80%提高到90%左右。2. 供电系统。解决一号、二号总降和新建板带厂、新建制氧110千伏电站电源的安全问题。从电业局新建的220千伏电站出线，所铺设4条110千伏电源线，治理谐波污染。在电网中增设消谐装置，二号电站110千伏开关设备更换为GIS全封闭组合电器。解决片区供电负荷的安全性问题。在焦化、轧钢区域各建1座35千伏电站，使供电系统能为重钢的生产发展，长期稳定地输送电能。3. 热力系统。重点放在解决煤气回收与热力蒸气容量及发电装机容量之间需求的平衡，热力安全生产隐患，第三台电动力风机建设，五号气动风机及附属设施的改造，以及完善对高炉生产的安全供风条件上。4. 燃气系统。完善燃气系统设施，建立煤气混合加压站，满足高线、薄板、轧钢对煤气供应热值参数的要求。改造三高炉、四高炉煤气洗涤系统，与高炉冶炼强度配套。完善煤气储存及输送设施，有效利用煤气，减少煤气损失。完善压缩空气系统，确保稳定供气。5. 刘家坝地区。因六厂停产，该地区的水电气供应能力过剩，为使供应设施能力得到充分利用，在丰收坝水厂投产前，可适当改造生活水处理设施、铺设延伸主管网线，提高供水能力及质量。6.计控及自动化控制系统。提高动力系统自动化水平，完善计算机网络通讯光缆工程，建立生产调度信息自动化系统和动力信息数据库，实现主要生产信息自动监测、跟踪、保护、控制。

（邱阳）

重庆钢铁集团产业公司

【概况】 重庆钢铁集团产业公司是重钢的控股子公司，是具有法人资格的集体性质的股份制企业。是以科技为先导，工业为主体，发展第三产业为重点，科工贸相结合的跨地区的多功能的企业联合体。2000 年，固定资产原值 20772 万元，净值 14465 万元；职工 6604 人（含全民职工 1566 人），有各类专业技术职称的职工 733 人，其中具有高级技术职称的 23 人，中级技术职称的 199 人（含集体职工 41 人）。下设办公室、经营协调处、劳资企管处和财经处 4 个职能管理处（室）和下属的 12 个专业管理科室；7 个总厂（公司或管理部）、60 个法人企业（其中 6 个驻外单位）。

2000 年实现销售收入 3.16 亿元（按 1999 年同口径计算，超过 4.54 亿元）。盈利 81.48 万元（按 1999 年同口径计算，为 839.48 万元），上交国家税费 1634.64 万元（大渡口地区企业）。新开发产品、项目 15 个，11 个投入生产或试生产，投入开发资金 201.1 万元，产出达到 902.69 万元。发布招聘信息 12 期，编发招聘简报 5 期，对外寻找用工单位 128 个，提供岗位 1215 个，先后 5 次组织 144 名下岗职工参加应聘，113 名下岗职工实现再就业。举办在岗职工培训 3966 人次，其中产业公司机关负责培训 1662 人次；送重钢公司培训班有 138 人；免费培训下岗集体职工 180 人，全民职工 600 人。重庆市就业局给予产业公司 10 万元奖励。

2000 年，产业公司炉料总厂通过重庆市企业工委文明单位验收；产业公司通过重钢公司文明单位验收；重庆华锋电器有限公司和重庆宏伟包装厂创建为产业公司文明单位。全年计划发展党员 26 名，实际发展 34 名，完成计划的 130.77%，其中生产一线骨干 18 名，占发展总数的 52.94%。对申报的 11 个先进达标党支部进行检查验收，现有在岗党支部 48 个，达标党支部 42 个，占 87.5%，其中，达标先进党支部 17 个，占达标党支部的 40.5%。产业公司的“三五”普法工作经重钢公司“法建办”检查验收合格。2000 年产业公司职工提合理化建议 967 条，被采纳 363 条，实施 241 条，“查、反、堵”漏洞 160 件，创效 560.94 万元，创千元职工 485 人，创万元班组 18 个。在重钢公司两年一届的“双十佳”青年评选活动中，产业公司推荐的 1 人获“十佳”科技明星称号。产业公司团委获“全国冶金系统最佳青年安全监督岗”称号。

（邱振江）

条目另见部目

【产业公司“九五”概述】：《重钢综述》

【主要工作完成情况】 1.销售收入。全年实现销售收入 3.16 亿元，其中，在重钢公司以外的创收收入超过 5000 万元，按 1999 年同口径计算，产业公司 2000 年销售收入超过 4.54 亿元。2.利润。全年实现利润 81.48 万元，超过重钢公司下达的 50 万元利润计划，并同时消化内部产品、劳务价格下调、职工政策性增资和全民职工 50%代发工资从 2000 年起转为自行解决等减利因素 758 万元。3.技术创新。全年实施科技开发项目 42 项，技改项目 2 项，新产品开发项目 8 项，提合理化建议 967 条，采纳 363 条，实施 214 条，实现成果 43 项，创经济效益 560 万元。4.安全生产。各项安全考核指标全部控制在计划范围内，全年职工工亡、重伤人数为零，轻伤 8 人，千人负伤率 1.08‰。5.质量管理。螺纹钢获重庆市名牌产品称号；工业企业消灭无标生产工作通过技监部门考核验收；内部认证、复查（审核）产品 31 个，股份公司分承包方评价产品 28 个；ISO9000 贯标认证工作开展试点；组织培训市级内审员 23 人。6.减员分流。全年减员 1130 人，职工总数由年初的 7708 人降到年末的 6604 人，降低 14.32%，全民职工净减少 312 人，集体职工净减少 792 人，完成重钢公司下达的全民职工减员指标的 297.14%。7.2000 年产业公司处理来信来访 161 件（起），接待上访 604 人次（其中集体上访 23 起，接待 123 人次），来访处理率 100%，全年控解、化解可能上访事件 6 起，涉及 539 人次，评为重钢公司信访稳定工作先进集体。

（邱振江）

【企业资产摸底】 1.清理产业公司的财务状况，发《重钢产业公司财务会计账务清理工作的通知》，制定 8 个方面的清理事项（各种明亏挂帐、各种往来帐存在的呆坏帐、流动资金、固定资产损失、超期待摊费用潜亏、起期递延资产潜亏；超期无形资产潜亏；实物的潜亏，含存货，固定资产与会计帐面不符;长、短期投资损失)。从2000年3月开始,历时3个月进行财务状况的全面清理。清查出产业公司不良资产8642.1万元(其中,呆坏帐4773.07万元,存货损失276.2万元,固定资产损失91.55万元,其它损失35.9万元,未提足的折旧、利息、工资附加(含三金)等潜亏分别为172.87万元、642.5万元、249.86万元,投资损失2185万元),挂帐性明亏4693.7万元,另清理三联公司各种损失4388.84万元,共计1.7亿元。2.根据重钢公司“摸清家底、收缩战线、加强管理、加速开发”的要求,实施对产业公司8000万元的对外投资项目进行逐一清理、效益评价、分析及清算工作,规范对外投资行为。①达成退出北京豆花饭庄经营的协议,收回投资补偿金100万元,达到尽可能减小投资损失的预期目的。②对原重庆水美环境工程有限公司终止经营,使合作方转让股权,退出水美公司。并与重庆紫龙建筑安装公司经营班子合并,统一管理。③制定海渝公司的解体方案。④对荣昌分公司公路经营,按动态和静态方式分别进行边际效益与风险的评价分析,终止该项目贷款时承担的为三联公司还贷788万元附带条款,寻求扭亏和退出的办法。⑤解决了咏雪村旅游公司山庄未转固和重钢公司与产业公司共同投资685万元修建的龙池公路未建帐遗留问题,对该公司与神女峰旅游公司的投资额进行确认,作出按期交纳投资回报的规定。⑥对改制股份合作制的重庆燕川实业有限公司历年来的投资、借款进行清理核实,拟定借款确认书、还款协议、分红确认书和投资协议,明晰燕川公司与产业公司的产权关系。

(邱振江)

【项目开发】 2000年,产业公司项目开发创产值1500万元,利润1000万元。组织实施的科技攻关项目有炉料总厂的二氧化碳生产线技术改造和冶金渣综合利用。科技立项的项目有材料总厂复合造渣剂项目和LF炉外精炼剂与发泡剂项目;技术改造项目有轧钢总厂的150方技改项目和炉料总厂的石灰窑技术改造项目。新开发产品项目8个,金洲公司的ZBQ重量变送器获重庆市技术监督局颁发的生产许可证,可投入批量生产和提供使用,高频逆变弧焊机研制成功。青龙嘴仓储场地实现当年开发,当年盈利。

(邱振江)

【减员分流】 制定《重钢产业公司分流和再就业实施意见》和《下岗分流进中心政策问答》等7个文件,制定8条通道,多渠道分流的具体办法,指导企业开展减员工作。将产业公司全民职工减员210人、集体职工减员798人的具体指标下达各单位。通过采取对违纪人员开除、除名;“四大”工种(高空作业、井下作业、有毒、有害工种)和女职工提前退休;合同工到期终止劳动合同;特困企业动员职工协商解除劳动合同;鼓励职工自愿解除劳动合同等措施。2000年产业公司共减员1130人,其中净减1104人。2000年3月,产业公司享受全民职工进再就业中心的政策,全年,全民职工进中心945人,“双解”(解除劳动合同、解除进“中心”协议)出“中心”256人,从重庆市就业局获得资金513万元(其中生活费117万元,养老及失业金170万元,“双解”人员补偿金、奖励226万元),获重钢公司分流人员激励金126万元。

产业公司按照上级部门对进“中心”必须接受一次培训的要求,适时开展营销、烹调、计算机、家政服务等6个适应性强、操作性强的专业培训班,免费培训下岗集体职工180人,全民下岗职工600人。

2000年,产业公司为下岗职工寻求用工单位128个,提供工种200个,提供岗位1215个。发布招聘信息12期,招聘情况简报5期,前后5次组织下岗职工参加重庆市的九龙兆、渝海公司等单位组织的现场招聘活动,144名下岗职工参加应聘,113名下岗职工实现再就业。

(邱振江)

【企业结构调整】 2000年,产业公司按照“明晰产权,理顺管理,精简机关,充实总厂,削减法人”的原则,制定《产业公司企业结构调整方案》,进行结构调整。1.精简产业公司机关。产业公司机关的处室由原来的5个调整为4个;科室由原来的20个削减为12个;机关职工由原来的111人精减为80人。2.完善总厂结构。重新明确7个总厂(公司或管理部)级单位:轧钢总厂、炉料总厂、材料总厂、商贸公司、金洲实业公司、实体管理部、驻外企业管理部。7个总厂的机关也相应缩编和精减机关人员。对一批无资金、场地,又无生产能力的企业实行合并、撤销或关闭。全年合并企业3家,三联汽修厂、结构件厂合并到紫龙建筑安装公司;撤销或关闭企业9家(异型轧钢厂、铝化厂、废渣厂、钢球厂、钢都家具厂、钢都果品饮料厂、马王轧钢厂、冶金原料加工厂、兴北公司)。3.妥善处理资产、人员问题。对原已停止经营或无力继续经营的法人企业和分支机构进行清理。全年注销、吊销、停业44家企业和分支机构的营业执照。对二氧化碳厂的原始投资进行清理后，重新确定产权结构，理顺了产权关系。

（邱振江）

【厂情教育】 产业公司及所属各总厂成立厂情教育领导小组。产业公司制定《厂情教育实施意见》，对厂情教育两个阶段的工作作出安排。编写厂情教育的宣传材料，并将重钢公司唐自明副总经理1月31日在产业公司见面工作会上的讲话等印发各班组学习讨论。年初，召开科级以上管理人员、各总厂党政工团负责人和法人代表共130人参加的厂情教育动员大会，产业公司党政负责人进行宣传。炉料总厂、轧钢总厂负责人给职工讲形势、讲任务，把每月完成生产经营的进度情况，可比单位、可比时间段指标汇编成学习材料，下发到班组。材料总厂在国庆期间，请回建厂以来的老领导，利用节日座谈会的形式，给全体党员，生产骨干、车间和机关管理人员讲述艰苦创业史，组织开展"我为扭亏脱困作贡献"征文活动，召开经验交流会。炉料总厂党委介绍"如何做好思想工作，为扭亏脱困作贡献"的经验，轧钢总厂党委介绍"抓好效能监察，提高企业经济效益"的经验。产业公司党委分别组织产业公司和重钢第四片区"我为扭亏脱困作贡献"演讲，13名选手参赛。2名推荐参加重钢公司演讲赛的选手获三等奖，产业公司党委获组织奖。9月15日，产业公司组织开展"看西部、知重钢，促生产"抢答赛，以机关和各总厂为单位组成7个队，21名选手参加竞赛。产业公司把每月一期的《产业信息》作为班组学习的第一手资料，全年登载厂情教育文章56篇，占登载文章总数的42.1%。发动职工参加重钢公司组织的"减员分流之我见"、"我为扭亏脱困作贡献"征文活动，征文稿12篇，《重钢报》刊用3篇。撰写厂情教育文稿105篇，其中《重钢报》刊用3篇，《重庆商报》刊用1篇，《中国冶金报》刊用3篇。产业公司和各总厂还组织2000人次参观《西部大开发》、《警示教育》图片展。

（邱振江）

【轧钢总厂概况】 产业公司轧钢总厂是具有法人资格、实行独立核算、自主经营、自负盈亏的集体企业。总厂下属分支机构和归口管理的法人企业7家（重庆冶金轧钢厂、重庆冶金轧材制品厂、重庆钢都小型轧钢厂、重庆冶金轧材加工厂、轧钢总厂冷轧分厂、重庆金属材料制品厂、永辉实业公司）。资产总额6256万元，其中固定资产原值5512万元，净值3550万元、流动资产2572万元。职工1445人（其中全民职工96人、集体职工1349人，集体职工中农转非职工146人），管理人员98人（工程技术人员7人，中、高级职称的58人）。轧钢总厂的产品是重钢公司产品的延伸和补充，年钢材生产加工能力10万吨。主要产品品种规格有Ø10～56毫米圆钢、Ø12～40毫米螺纹钢、4～7.5号角钢、8号工字钢、8千克轻轨、Ø17～56毫米锚链钢、5～6.5号刮板钢、10～12号球扁钢、10.00T轮辋钢、Ø4～10毫米冷轧带肋钢筋，其中螺纹钢保持重庆市市优产品称号。

2000年轧钢总厂完成产量任务8.7万吨，实现销售收入2791万元，均创历史纪录。开发生产10～12号球扁钢、Ø33～Ø54毫米锚链钢、63～75#角钢、10.00T轮辋钢4个新品种钢材2887吨。2000年，总厂《12万吨半连轧棒材生产线的可行性方案》已上报审定，完成《1.5万吨冷轧带肋钢筋生产线》的可行性论证、设备选型、合同谈判、工厂选址、设备定货，预计2001年4月可以投产。组织推动《年产12万吨钢材剪切配送中心》的前期论证。2000年，完成279名职工的减员分流工作，完成产业公司下达计划的130.4%，职工总数由年初的1724人减为年末的1445人。

（顾红岚）

【材料总厂概况】 重钢产业公司材料总厂主要生产不定型耐火材料系列产品，是具有法人资格，实行独立核算、自主经营、自负盈亏的生产型企业，下辖9家法人企业，2个分支机构，管理机构设3科1室，注册资金1000万元，固定资产原值2800万元。2000年末职工1649人，其中全民职工155人，管理人员115人，其中高级专业技术职称4人，中级专业技术职称27人。年实现销售收入5100万元，利润30万元。主要产品：浸渍罩、铁水槽、铺烧料、绝热板、喷补料、石英水口、接缝料、镁络钙涂料、LF炉精炼剂与发泡剂、脱硫粉剂、铁沟预制件、免烘烤料、低水泥档墙、半干法喷补料、防水、防腐涂料等。其中LF炉精炼剂与发泡剂列入2000年重庆市重点技术创新项目；终渣改制剂2000年通过国家专利局对产品的新颖性、创造性、实用性的审查获专利证书；设计的"晶鼎"牌商标已获国家商标局颁发的证书。先后投资建成浇注料生产线、浸渍罩生产线、尖晶石浇注料生产线、补炉料生产线、镁络涂料、绝热板生产线、半干法补炉料生产线、防水、防腐涂料，建材等生产线。装备水平在西南地区均属领先地位，可生产钢铁企业所需不定型耐火材料系列产品5万吨。

2000年，完成重庆钢洲锻造

厂的外迁和实现“先走入后关门”的要求，职工全部分流完毕。进再就业服务中心119人，解除劳动合同92人，全年净减职工153人。

（谢昭富）

【炉料总厂概况】 2000年，炉料总厂全年实现销售收入5004.5万元，实现利润113万元，分别超计划完成任务。固定资产原值3005.08万元；净值1719.7万元；现有债权811.8万元，债务1079.8万元，职工1639人，其中各类专业技术人员126人。2000年全民职工进入再就业服务中心113人；“双解”（解除劳动合同、解除进“中心”协议）出中心17人；全年分流减员138人。2000年主要产品产量：石灰生产63333.96吨；石灰粉生产26248.05吨；废钢铁加工252700.27吨；二氧化碳2117.65吨；编织袋180.57万条；轻烧白云石33391.21吨。总厂的冶金石灰、轻烧白云石、碳化稻壳、合成渣、保护渣、钢水净化剂等通过重钢公司的产品质量复查以及股份公司分供方评价。

2000年，自筹资金40万元对炼钢材料厂原料工段更衣楼进行改造，面积1200平方米；自筹资金72.2万元新增立式车床1台，电焊机2台。对活性石灰厂20座石灰窑进行全面的技术改造。由白煤代替焦碳，利用系数由原0.2提高到0.4，石灰成本降低30元/吨。石灰窑技改工程被重钢公司评为优良工程。

2000年，二氧化碳攻关项目确定为“2000年第二批重钢公司科技攻关项目”，总投资264.3万元。2000年，组织实施丁家垭口重钢公司大门和观景台工程、重钢公司行政办公大楼红楼维修工程等计51项，创收440.46万元。

2000年，炉料总厂创重庆市企业工交委文明单位通过验收。完成“三五”普法教育任务，被重钢公司评为先进单位。2000年，职工提合理化建议359条，采纳80条，创效益132万元，“查、反、堵”创效3.9万元，两项合计创效135.9万元。炉料总厂被评为重钢公司“三个一”活动表扬单位。

（黄荣芬）

【商业贸易公司概况】 重钢产业公司商业贸易公司是实行独立核算，自主经营、自负盈亏、具有法人资格的经营型集体企业。注册资金600万元，职工294人，其中全民职工181人，集体职工113人（含农转非职工34人）。管理机构设2科1室，下辖11个分公司和8个法人企业。商贸公司以批发、零售、代购代销、维修等为经营方式，主要经营金属材料、建筑材料、化工产品及原料、石油制品、五金交电、消防器材、日用百货、纸巾生产、餐饮服务、副食、汽车运输、现代化办公家具、文化娱乐、技术咨询等，兼营矿山产品、家电维修、摄影摄像、商业服务等业务。2000年完成销售收入2020万元，上交税利25万元。2000年底，根据重钢产业公司产劳发[2000年]100号文件《关于重钢产业公司机构调整的通知》，12月正式将三联公司纳入商贸公司管理。

（华军）

【三联实业公司概况】 产业公司三联实业公司是一个实行独立核算、自主经营、自负盈亏，具有法人资格的生产经营型企业。职工506人，其中全民职工240人，集体职工266人（含农转非职工87人），管理机构设3科1室。主要从事轧钢、拉丝、销售钢材、有色金属、铁矿石、建筑材料、化工产品、日用百货、饮食服务等生产经营业务。2000年实现销售收入336万元，控亏108万元。2000年，对长期无岗位的职工集体进再就业中心，共计218人，对1986年10月1日后进厂的合同制职工，实行进再就业中心后“双解”（解除劳动合同、解除进“中心”协议）共计31人。对马轧厂集体职工和农转非职工实行买断工龄，终止劳动合同，共计59人。

2000年，承接完成铜梁县农业电力网络改造部分线路敷设工程，创利税8000元，销售钢板300吨，实现销售收入150万元，创税7万元。

根据重钢产业公司产劳发[2000年]100号文件《关于重钢产业公司机构调整的通知》，撤销三联公司总厂编制，保留法人资格，划归商贸公司管理。

（华军）

【重庆金洲实业有限公司】 重庆金洲实业有限公司是经改制后具有法人资格的综合性企业。下设3科1室，所属8家企业（其中法人企业2家，分支企业6家）职工255人（中级职称以上专业技术人员15人）。主要产品：高低压成套电器、振动设备系列、MC尼龙、镶嵌石墨轴瓦、劳保用品等，同时承接行车制造、电机及冷冻设备修理业务，其中电机修理、冷冻设备修理的项目获重钢内部资格认定。劳保服装、劳保皮鞋、振动系列设备获重钢内部质量认证证书。劳保服装、劳保皮鞋、振动设备、MC尼龙、50吨以下行车检修及30吨以下行车制造、镶嵌石墨轴瓦获重钢股份公司定点生产制造资格。新产品ZBQ重力变逆器其性能和各项技术指标通过重庆市技术监督局鉴定，并由重庆市技术监督局上网销售；CDP—1型布袋除尘器一次通过验收，投入运行。绝缘栅控晶体管（IPM）高频逆变弧焊机，完成样机试制，经重庆市电科所检测性能良好。全年实现销售收入1073.5万元,完成计划的113%,利润30.7万元,完成计划122.8%,资产保值增值率为114.22%。获重钢公司“三五”普法先进单位;机关党支部评为达标先进支部,机关通过重钢综治委“安全文明小区”验收,所属企业华锋电器有限公司通过产业公司文明单位验收。2000年,分流分离富余职工108人,占职工总数的39.71%。

(柏宗旭)

重庆钢铁集团矿业有限公司

【概况】 重庆钢铁集团矿业有限公司是以重钢为投资主体的国有独资公司,具有独立的法人资格,实行自主经营、独立核算、自负盈亏、自我发展的经营方式。矿业公司按照公司章程设董事会、监事会,配备经理层管理人员;党群系统设党委、纪委、工会;下设行政办公室、党委办公室、生产科、技术科。下辖歌乐山矿、小南海矿、綦江铁矿、乐山耐火材料厂(乐山粘土矿)、太和铁矿、珙县留守处。2000年末在册职工5157人,在岗职工4136人,离退休职工5381人。注册资金1.8亿元。矿业公司主要生产经营铁精矿、钛精矿、铁矿石、石灰石、白云石、白煤、水泥、轻质建材、机制砂、电熔镁砂、特种耐火砖等。矿业公司2000年目标利润亏400万元,实际完成-186.6万元,比目标少亏213.4万元(重钢公司要求全年控制亏损在400万元内)。

(许国满)

条目另见部目

【矿业公司“九五”概述】:《重钢综述》

矿业公司通讯录

名称	地址	邮政编码	电话
重钢集团矿业有限公司	重庆市大渡口区大堰一村81幢	400080	68846964
歌乐山矿	重庆市沙坪坝区歌乐山	400036	65505784
小南海矿	重庆市大渡口区跳蹬镇	401325	65950930
綦江铁矿	重庆市綦江县赶水小渔沱	401439	48794048
太和铁矿	四川省凉山州西昌市太和镇	615041	0834-2503271
乐山耐火材料厂(乐山粘土矿)	四川省乐山市沙湾区	614900	0833-3441205
重钢珙县留守处	四川省珙县官沱村	644500	0831-4321660

【基本建设】 1.大宝坡石灰石矿完成供电、筛分主体多项扫尾工程,2000年9月建成投产。2.景星白云石矿确定建矿模式,争取到矿山建设和生产的税收减免政策,2000年3月正式开工,预计2001年6月基本建成。3.完善太和铁矿球团矿工艺、设备,月产量由1000吨提高到4000吨。4.完成太和铁矿选钛技改项目,10月份联动试车一次成功,钛精矿月产量由300吨提高到1000吨。5.綦江铁矿投资100万元实施配煤场改扩建。6.矿业公司承接与重钢公司球团矿厂配套的膨润土厂建设任务,预计2001年一季度建成投产。

(吴文波)

【“管理年”工作】 2000年,矿业公司根据《重钢(集团)有限责任公司进一步强化内部管理工作的工作安排》制定《重钢集团矿业有限公司进一步强化内部管理实施方案》,矿业公司实行领导划片包干指导负责制,各单位相应成立“强化管理”领导班子,制定《强化内部管理实施方案》。

矿业公司制定《矿业公司营销费用包干办法》、《矿业公司2000年责任制考核实施方案》、《矿业公司2000年学邯钢抓管理方案》等管理制度22个,要求各单位对历年的管理办法、岗位职责、各项规章制度进行清理。綦江铁矿制定管理办法、责任制度117个,其中新订62个,修订55个;歌乐山矿新订管理制度6个,修订规章制度4个,补充规章制度4个;小南海矿新订管理制度5个;乐山粘土矿修订40个管理办法、标准及规程,新订管理办法3个;太和铁矿新订管理办法7个。

2000年初,矿业公司将重钢公司下达的生产经营指标,以资产经营责任制承包的形式,将指标分解到各矿。各单位将利润、产量、质量、成本、重难点工作等指标,以承包形式层层分解到车间、班组、个人。各单位将成本指标分解到工序、岗位与个人分配挂钩,形成指标保证体系。矿业公司坚持每月一次考核会,并以“考核通报”形式公布考核结果,建立岗位、职责、指标、考核、分配

5个环节组成的“责任明确、层次分明、内容清楚、管理有效”的五位一体的责任体系。

矿业公司坚持资金集中统一管理,每月对资金收支动态进行预测、分析、实行统一平衡,确保当期收入保当期支出。

矿业公司以建立质量控制体系为中心,按ISO9000系列标准控制产品质量。太和铁矿修订铁精矿质量管理办法,制定钛精矿、细磨矿、球团矿的质量管理办法,产品质量保持稳定,输出合格率达100%,全年未发生质量议异,并通过重钢公司ISO9002质量认证。乐山粘土矿开展以全面质量管理为内容的“质量年”活动,完善从采购到产品出厂、售后服务整个企业经营全过程的质量管理办法,推行“贯标”工作,9月通过重钢公司的内部质量认证复查,并取得四川省质量技术监督局颁发的镁碳砖、钢包砖、热风炉砖等高档耐火材料的生产许可证。歌乐山矿水泥、石灰石通过重钢公司ISO9000系列认证,歌乐山矿轻材厂通过加强产品质量管理,产品质量由同行业倒数第一提高到同行业中上水平,加气砖合格率由90%上升到97%,并于2000年7月取得重庆市建委颁发的“重庆市加气砖准用证”。

矿业公司一开年就把营销工作作为重中之重,制定实施《矿业公司营销费用包干办法》。各矿也制定实施细则。2000年矿业公司销售铁精矿17.2万吨,其中内销13.4万吨,比1999年增加1万吨;新开发的护炉球团矿全部外销,石灰石、白云石主动适应钢铁主线产品结构调整需求,产销率分别达95%和101%;綦江铁矿电厂上网电量由计划3900万千瓦时/年,增加到4600万千瓦时/年,矿丁销量达到4.3万吨,比1999年增长349%。

年底,矿业公司以重集矿发[2000]82号文件《关于开展加强内部管理工作检查的通知》要求,对所属各单位“管理年”工作实施成效进行检查。矿业公司强化管理工作领导小组从2000年11月21日开始,采取听汇报、看现场、深入车间、班组、查资料、评价打分的方式,对各单位的标准化、规章制度、计量工作、车间建设、班组建设、专业管理、领导班子建设等进行检查,太和铁矿获第1名;綦江铁矿、乐山粘土矿、小南海矿、歌乐山矿分别获得第2、3、4、5名。太和铁矿获企业管理先进单位,綦江铁矿获企业管理优胜单位,乐山粘土矿获企业管理表扬单位。

(许国满)

【营销工作】 2000年,矿业公司制定实施《矿业公司营销费用包干办法》,全年销售铁精矿17.2万吨,同比增长5%;石灰石、白云石产销率分别达95%和101%。綦江铁矿矿丁销量达4.3万吨,同比增长349%。矿业公司全年实现销售收入1.5亿元,比1999年增加258万元。争取再就业政策资金2020万元,获地方政府税收减免294万元,实现扭亏脱困目标。

(吴文波)

【减员分流】 2000年3月,矿业公司作为“三类”企业享受再就业有关政策。2000年是矿业公司减员分流力度最大的一年,全年向再就业中心输送下岗职工3263人,“双解”(解除劳动合同,解除进“中心”协议)339人,净减员984人。具体作法是:制定《关于做好2000年减员增效和再就业工作实施意见的通知》;从矿业公司到各矿均成立减员分流领导小组;利用各种宣传工具和各种会议向职工宣传,转变职工的择业观念。确定减员分流的途径,清理离岗人员,对长期离岗又未办理手续的予以除名;鼓励职工与单位解除劳动合同,给予一定的奖励;利用国家政策,办理职工提前退休;下岗职工进入再就业服务中心。

(许国满)

矿业公司2000年减员分流情况表

(单位:人)

单位	年初在册	年底在册	指标	年末进中心	“双解”	退休	其他	净减人员
歌乐山矿	775	628	15	144	108	38	1	147
小南海矿	380	358	20		1	19	2	22
綦江铁矿	2646	2116	100	1978	155	362	13	530
太和铁矿	1858	1634	100	300	58	163	1	222
乐山粘土矿	424	363	15	0	16	44	1	61
机关	60	58		1	1	3	+2	2
合计	6141	5157	250	2423	339	629	16	984

【太和铁矿概况】 2000年，太和铁矿继续执行“限产、压库、促销”方针，停产5个月，累计采剥总量128万吨，生产铁精矿20万吨，钛精矿0.48万吨、球团矿3.1万吨。销售矿产品21.7万吨。施工产值293.3万元，年工业总产值（现价）4974万元，利税786.30万元，亏损90万元，比矿业公司下达的控亏指标100万元减亏10万元。年末固定资产原值15460万元，净值12067.7万元。职工3682人，其中：在岗职工1503人（管理技术253人，生产操作岗位职工1250人），离退休职工2048人。有采矿、选矿、氧化球团3个主要生产车间，机电、运输2个辅助生产车间和机械化施工、建筑安装、顺达实业公司3个多种经营单位。15个职能部门和管理科室。太和铁矿《生产自立措施方案》设计生产能力为年处理铁原矿70万吨，生产钒钛铁精矿35万吨，经过几年的产品结构调整，2000年设计生产能力8万吨的氧化球团厂投入试生产，选钛流程技术改造成功。2000年，钒钛铁精矿通过内部质量认证。太和铁矿继续保持冶金部“清洁矿山”、四川省“模范职工之家”、四川省“重合同、守信用”企业，凉山州文明单位、凉山“十大纳税企业”称号。

（李健康）

条目另见部目

【太和铁矿“九五”概述】：《重钢综述》

【选钛技改工程】：《技术改造》

【实现减亏增效目标】 2000年太和铁矿围绕实现减亏增效总目标，继续执行“限产、压库、促销”方针。2000年停产5个月，安排7个月的时间集中生产，减少费用支出。制定《营销费用包干使用办法》，全年销售总量21.7万吨，初步扭转销售工作的被动局面。球磨机台时处理量保持在45吨/台时以上，选钛技术改造作为重钢公司的重点科技项目从开工到调试生产，历时3个月，月产量从500吨升至1500吨，各项技术经济指标达到或超过设计能力。氧化球团矿从8月份起月产量达到4000吨以上。小时产量达到并超过设计台时。全年银行贷款余额降低360万元，减少财务费用支出18.2万元，销售货款回收率达95%。铁精矿通过重钢公司ISO9002质量内部认证。全年亏损90万元，比矿业公司下达的控亏指标减亏10万元。

（李健康）

【物流管理】 2000年，太和铁矿计量器具周检率达100%。完善剥离计量改造地中衡及通道等计量基本条件。各种分配考核指标均以吨位为单位。2000年，车辆装载率提高50%左右，平均月采剥量达到15万吨，比1999年每月增产1万吨。在平均运距增长500米的情况下汽车燃油单耗指标比1999年降低0.016千克/吨，全年少耗油18880公斤，节省资金79296元。铲装效率提高，电耗降低，节约资金18054元。

（周焱林）

【綦江铁矿概况】 綦江铁矿位于重庆市綦江县赶水土台镇，距重庆市159公里，距綦江县城76公里，是重钢集团矿业有限公司的下属矿山，原为重钢公司铁矿石生产供应基地。解放初期，綦江铁矿是全国四大矿山之一。因资源枯竭等原因，从1979年起开始限产至1986年全面停止采选矿生产，1989年根据部发[1989]冶矿第379号文件，綦江铁矿正式封闭矿井。停产转向后，綦江铁矿致力于开发和建设新项目。主要的生产经营项目有火力发电、矿产品营销、建筑安装、电熔镁砂、机修加工及劳务输出等。2000年末，全矿有在册职工2116人（其中：居家休息467人），比1999年净减530人。离退休人员2371人。设有9个科室：矿办室、党办室、财务科、劳人科、经安科、机动科、矿工会、退属科、保卫科；8个车间级二级单位：发电厂、矿运司、建安公司、驻渝办事处、镁砂厂、综合部、职工医院、子弟校。2000年，綦江铁矿全年实际完成控亏指标－229.30万元，比计划减少亏损70.70万元。完成与矿业公司签订的“双文明”承包指标。

（赖维远　赵钢）

条目另见部目

【綦江铁矿“九五”概述】：《重钢综述》

2000年綦江铁矿主要指标完成情况表

项　目	单　位	计　划	实　际
内利	万元	－300	－229.30
销售收入	万元	4500	5177.00
发电量	万千瓦时	5500	6099.32
铁矿石	万吨	3	4.45

项　目	单　位	计　划	实　际
白煤组运量	万吨	8	6.94
铁路运输	万吨	45	60.44
镁砂	吨	1200	672.81
发电单位成本	元/千瓦时	0.2319	0.22
增效减亏	万元	1403	1172.64
安全		无死亡、重伤、轻伤小于7人次	无死亡、重伤1人次、轻伤2人次

【生产经营】 綦江铁矿按照有利于企业生产力的发展，有利于企业综合实力的增强，有利于企业职工生产水平提高的“三个有利于”的原则，制定《綦江铁矿营销费用包干管理办法(试行)》，明确营销费用的提取比例、管理程序和审批权限，把营销工作成果与营销人员的收入挂钩。电力销售在电力市场供大于求、电力企业普遍降低上网量的情况下，2000年，綦江铁矿实际上网发电量比原计划增加700万千瓦时，减少压负荷损失。铁路货运开展“优化条件、优惠待遇、优质服务”的“三优”活动，稳定大客户，全年铁路货运量60.44万吨，创历史最高水平劳务输出以加强和稳定原有劳务岗位为主拓展其他业务。2000年，全年销售白煤6.94万吨，矿石4.45万吨。

（赖维远　赵钢）

【“强化管理年”活动】 按照重钢公司强化内部管理工作会议的要求，綦江铁矿制定《重钢集团矿业有限公司綦江铁矿进一步强化内部管理实施方案》，2000年定为“强化管理年”。以修订、完善管理办法、规章制度和岗位作业标准为核心，建立适应现代企业规范运行的管理体系。全年制(修)定管理制度、管理责任制、岗位责任制76个，岗位作业标准59个，管理标准18个。规章制度、管理办法装订成管理手册、岗位作业标准、管理标准汇编并予以颁布。制定《重钢集团矿业有限公司綦江铁矿“十五”发展规划》，提出綦江铁矿未来五年发展能源业、电力深加工业的发展方向和目标。制定《重钢集团矿业有限公司綦江铁矿2000年责任制考核实施办法》，将产量、质量、成本、利润、安全等重要的经济技术指标，以责任书表格等多种形式落实到责任人，全年1567人分解落实3924条指标，形成岗位、职责、指标、考核、分配五位一体的责任体系。责任制逐月考核638人次，考核金额17480元。基础管理以生产现场的规范化管理为重点，加大定置管理、设备包机制管理和原始台帐管理。全年新制定置牌51块，包机牌98块。13种规范性原始台帐记录实行定人定向、归口管理。2000年11月29日～30日，经重钢集团矿业有限公司强化管理年活动领导小组现场检查验收评比，綦江铁矿获矿业公司强化管理年优胜单位称号。

（赖维远　赵钢）

【下岗分流】 綦江铁矿2000年末有职工2116人，全年在册人数净成530人。2000年，制定《綦江铁矿关于减员增效职工进入再就业服务中心实施方案》，对职工进再就业服务中心工作，享受政府按三类企业给予的优惠政策。利用职工进就业服务中心后三个月“双解”(解除劳动合同、解除进“中心”协议)可享受政府奖励和经济补偿的政策，鼓励职工“双解”。全年办理“双解”147人。按照“以产定岗、以岗定员”、“精简、高效”、“一岗多职、工作满负荷”的原则，实施一年一度的竞争上岗、择优上岗、机构调整工作。二级单位由19个精简为17个；减少科技管理人员4人，减幅12%；一般管理技术人员减少33人，减幅13.58%；操作人员减少170人，减幅为14%。

（赖维远　赵钢）

【厂情教育】 2000年，綦江铁矿按照广泛性、超前性、针对性“三性”要求在职工中开展厂情教育，编写7期厂情教育材料，打印1170份下发组织职工学习。结合内部改革，要求职工转变“等、靠、要、包”等观念，树立新的择业观，提高职工适应各项改革措施的承受能力，100%在岗职工、90%退居家休息职工、60%职工家属接受教育。2000年，綦江铁矿未出现集体上访等事件。

（赖维远　赵钢）

【歌乐山矿概况】 重钢集团矿业有限公司歌乐山矿是重钢的石灰石生产基地，位于重庆市沙坪坝区歌乐山，矿区占地82万平方米。主要产品有石灰石、水泥、加气砖。石灰石产品包括0～25毫米、25～40毫米、40～80毫米3个粒度规格；水泥产品包括325#、425#矿渣硅酸盐水泥；加气砖产品分尺寸和容重和两种规格；各类(种)设备231台(套)。2000年底，歌乐山矿有在岗职工499人

(管理技术岗位 55 人),居家休息职工 96 人,离、退休职工 474 人;设有矿办公室、财务科、设备供应科、生产技术科、销售科、综合科 6 个科室和石灰石车间、机修车间、渝西水泥厂、轻质建材厂、车队 5 个车间和 3 个附属法人企业及 1 个合资企业。固定资产原值 8856.52 万元,净值 5085.40 万元。2000 年工业总产值(接现行价格计算)为 1892、24 万元,利润 -21.49 万元,上缴税金 275.31 万元。歌乐山矿迄今已开采 42 年,矿石资源即将枯竭,2000 年底矿山可采储量为 37 万吨。

(胡玲)

歌乐山矿 2000 年主要经济技术指标统计表

名　称	单　位	计　划	实　际
1. 工业总产值	万元		1892.29
2. 利润	万元	-22	-21.49
3. 采剥总量	吨		465891
4. 产品产量			
石灰石成品矿	吨	300000	322032
水泥	吨	80000	41015
加气砖	立方米	40000	31144
机制砂	吨		36475
5. 质量			
输出矿石综合合格率	%	≥97	100
出厂水泥综合合格率	%		100
加气砖产品合格率	%		97
机制砂一级品率	%		100
6. 产品销售量			
石灰石	吨	300000	313481
水泥	吨	80000	40403
加气砖	立方米	40000	33571
机制砂	吨		36015
7. 产品成本			
石灰石	元/吨	17.23	15.87
水泥	元/吨	190	194.72
加气砖	元/立方米	109.73	110.47
8. 采矿全员劳动生产率	吨/人·年		1246.81
9. 千人负伤率	‰		1.38
10. 岗位粉尘合格率	%		92.31
11. 工业废水重复利用率	%		48

(胡玲)

【加气砖生产创历史水平】 2000 年,歌乐山矿轻质建材厂生产加气砖 31144 立方米,销售 33571 立方米,产品生产成本 110.47 元/立方米,利润 -1.21 万元,产量、销量、成本、利润 4 项经济指标均创历史水平。歌乐山矿对进厂的各种原(燃)材料按“货比三家,优质优价,按质论价”的原则,重新签订供货合同,使原材料质量提高,购价降低;成立质检班,对产品生产的全过程进行质量监控;制定班组产品质量控制标准,按产品合格率进行奖罚;调整产品工艺配方,严格工艺配料规定,产品合格率由 1999 年的 91%上升到 97%,质量达到同行业中上水平,2000 年 7 月获得重庆市建委颁发的“重庆市加气砖准用证”。将产品的变动成本和部分固定成本分解下达到班组,控制使用并按节约或超支的 5%进行奖惩。对严重影响生产效率的主要设备进行检修和改造,开展生产现场整治,2000 年产品单位生产成本比 1999 年下降 9.10 元/立方米。实行“以销定产,按需生产”的生产组织原则，减少库存3500立方米，盘活流动资产40.25万元。在2000年4季度产品销售形势好的情况下，增加蒸养车、底板和模框等工模具，满足扩大生产对设备的需求；调整人员结构，增加生产人员，改进生产工艺中的“瓶颈”部位，使产品在各个工序点的停滞时间减少，加快生产工艺速度；缩短脱模切割时间，提高产品质量。2000年11月、12月连续2次刷新月产量记录。

（胡玲）

【石灰石末期生产】 2000年歌乐山矿冶金石灰石处于末期生产，全年生产石灰石成品矿32.20万吨，销售31.29万吨，输出矿石综合合格率100%，块矿一级品率89.28%，实现利润472.43万元。开展487米水平掘沟工程，40天时间完成长100米、深10米、底宽20米、坡度10%的双壁沟掘沟，创造掘沟历史最高水平，增加可采矿量25万吨；进行北头东部安全平台的回采，采出矿石5.3万吨，创造经济效益143万元。在采剥部署时，尽量先采可能受雨水影响的区域；把合理配矿提高原矿质量作为重点工作，严格控制输出矿石的含硫量，满足重钢生产要求；继续抓好用户满意工程，坚持每月走访用户制度，加强售后服务，改善和增强与用户的合作关系。2000年石灰石平均售价28.19元每吨，比计划增加0.54元每吨。撤销采矿车间和选运车间，合并成石灰石车间，减少中间环节。完成对矿产资源的套改工作，通过采矿许可证的年审。完成爆破单耗0.71元每吨，比计划降低0.07元每吨，节约费用3万元。修复变量泵、减速机等设备配件75件次，修复后能有效使用的设备价值40万元。车队克服大二甲运输业务不饱满和柴油价格上涨的不利因素，实行单车利润全承包经营管理模式，搞好石料运输，实现利润29.74万元。

（胡玲）

【内部管理】 2000年，歌乐山矿成立“强化管理年”活动工作班子，全矿形成管理工作网络；查找出管理制度执行力度不够和设备、采购、技术方面的管理问题7个，制定强化内部管理的具体措施6个。制定或修订《加强能源使用监察暂行办法》、《产品销售管理办法》、《加强爆破器材管理办法》、《措施项目计划和实施办法》、《采购工作管理办法》、《维简工程管理办法》等专业管理文件10个。坚持“有效益才有分配”的分配原则，对利润完成好的单位按比例奖励，对利润完成差的单位实行最低保障工资，对水泥厂和轻质建材厂实行工效挂钩考核分配办法。2000年，石灰石车间、轻质建材厂、水泥厂均先后拿过最低保障工资，也获得过超利润奖励。每月下达资金收支计划，按资金回笼比例控制支出，在资金极度困难的情况下，保证了生产经营活动的正常开展；2000年10月调整财务管理体系，由分散派驻形式转变为集中统一管理，打破厂队界限，撤消内部银行，清理往来帐，加强归口管理；与重庆市沙坪坝区地税局达成矿产资源税定额缴纳的意向，全年减交矿产资源税20万元，缓交土地使用税18万元，减免增值税32万元，矿产资源补偿费10万元。对分散的物资采购实行归并管理，对大宗原燃材料实行招标采购，降低采购成本。实行每天3次定时供水制度，全年实际供水比计划少11万吨，节约供水费用20.68万元；对矿部和外转供的生产生活电表进行校验，进行2次用能情况检查。2000年水电费收取额比1999年增加20%，水电未分出费用比计划节约20万元。加强石灰石产品生产成本的控制，炸药、皮带、吊架、抱索器等辅助材料单耗大幅下降，全年完成石灰石单位成本15.87元每吨，比计划降低1.36元每吨，减少费用49.21万元。全年组织安全综合大检查6次，专业检查5次，查出整改隐患20项。

（胡玲）

【减员分流】 2000年，歌乐山矿将减员分流的重点摆在职工自愿“双解”（解除劳动合同，解除进“中心”协议）上。具体做法是：制定《减员增效、职工进入再就业服务中心实施办法》、《2000年减员分流办法》和《贯彻执行集团公司〈关于办理职工劳动合同到期终止的指导意见〉的通知》3个文件。全年减少在册人数147人，其中职工自愿“双解”108人，利用国家政策办理“特”“繁”工种退休24人，正式退休17人，除名1人，“双解”职工数比重钢公司下达指标多完成58人，比1999年减员政策少支付“双解”费用110万元，从2001年起歌乐山矿每年将减少工资、福利性支出100万元。

（胡玲）

【精神文明建设】 2000年，歌乐山矿把矿情教育作为转产脱困的重要工作来抓，编写2期《歌乐山矿矿情教育材料》，组织召开矿情教育动员大会和形势任务教育大会8次，利用各种会议、广播、闭路电视、黑板报进行矿情教育42次；在矿情教育中注重4个结合：同政治理论学习结合，全年开展职工政治学习24次；同厂务公开结合，对《2000年岗位工资、奖金分配方案》、《水泥厂用白煤的招标意见》等8项制度、方案的执行情况进行厂务公开；同转变观念结合，引导职工树立“营销也是一线”、“有效益才有分配”的市场经济观念；同干部监督测评结合，在2000年底开展的中干测评工作中列入矿情教育的内容。开展为期一年的“我为增效出把力”主题活动，活动内容包括：开展讨论、提点子献计策、征文、演讲、安全竞赛。建立职工思想工作网络，设立基层思想工作站、矿思想工作站、工会思想工作站、团委思想工作站4个站点，并将每月15日确定为矿长、书记接待日；坚持每季开展职工思想状况调查分析，反映职工思想热点10个，提出对策措施15条。按照重钢公司《文明单位建设管理办法》加强文明单位建设，制定《2000年创建文明班组、争当文明职工活动安排》，2000年创文明车间3个，占车间数的60%，文明班组36个，占班组数的100%；全年自办《歌矿新闻》52期，播出消息310条，专题报道3个；开展对外通讯报道工作，向《重钢报》投稿385篇，刊用109篇，向重钢电视台投稿208篇，播出39篇。继续开展“三个一”活动，全年收到合理化建议250条，采纳实施207条，创效益90.4万元。

（胡玲）

【小南海矿概况】 重钢集团矿业有限公司小南海矿位于成渝铁路石场车站东北侧，行政区划属重庆市大渡口区跳磴镇。长江及成渝铁路自西向东从矿区南端通过。小南海矿距重钢本部李子林铁路里程19公里，公路里程24公里。小南海矿是重钢公司惟一的白云石生产基地，矿区面积53.65万平方米。开采方式为小型露天机械化开采，主要生产45毫米~80毫米，25毫米~45毫米，0毫米~25毫米3个粒度的白云石成品。小南海矿年设计生产能力为15万吨（一班制），有各种（类）设备83台（套），设备总重量542.498吨，变压器装机容量1545千伏安。2000年底固定资产原值（包括土地）3279.6728万元，净值（包括土地）1756.6614万元。2000年底在册职工379人，其中管理人员42人（高级职称2人，中级职称14人），操作人员337人。机构设置为4科1室1车间（生产技术科、财务科、机械动力科、总务科、矿行政办公室、采矿车间和重庆钢洲建筑工程公司（厂中厂），小南海矿的产品、价格、成本均以重钢公司内部结算方式进行。2000年白云石成品矿成本为41.2元/吨，内部利润200.5万元。

2000年，小南海矿成品矿产量为26.67万吨，为建矿以来的最高产量。

（周肇华）

【创建“党风廉洁建设先进单位”】 1999年，小南海矿因1名矿领导违法违纪，小南海矿被取消保持6年的“党风廉洁建设先进单位”称号。2000年，小南海矿重新获得重钢公司“党风廉洁建设先进单位”称号。小南海矿对党政领导和相关部门的党风廉洁建设责任分工进行调整，对党风廉洁建设责任制的落实采取半年检查、总结一次的方式并对全矿党员领导干部进行警示教育及通过会议、厂务公开公布栏等形式，先后向职工公开2000年工作思路、目标、考核办法，减员增效进再就业服务中心实施办法、营销费用管理实施办法、职工食堂新一轮承包指标、季度职工困难补助名单等。职工普遍关心的重点、热点问题，接受职工监督。

（徐晓平）

【用工分配制度改革新思路】 小南海矿从1995年进行用工分配制度改革以来，一直在采矿车间执行吨矿工资分配形式，在机关后勤科室执行承包工资分配形式。2000年12月，小南海矿用工分配制度开始出台新思路：1.竞争上岗、签订劳动用工合同，履行岗位工作职责；执行内部有偿用工形式；执行钟点工用工形式。2.全矿取消岗位技能工资的造册发放方式，按起点工资造册以利于扣取各类工资性质的保险。3.采矿车间实行按目标成本考核的吨矿（岩）计件工资分配制。4.机关后勤实行按目标利润，工作指标考核并与采矿车间的产量及分配挂钩的全浮动分配制。5.营销人员实行营销费用与营销业绩挂钩，费用包干的考核分配制。6.变暗补为明补，与业绩效益挂钩的工资分配形式。7.各科室车间按规定拟定分配办法，并将职责和分配水平与岗位结合的方式，分配到每个职工。

（胡晓琴）

【乐山耐火材料厂概况】

重庆钢铁集团矿业有限公司乐山耐火材料厂由乐山粘土矿于2000年3月14日更名的，为重钢矿业有限公司下属的非法人企业，位于四川省乐山市沙湾区沙湾镇。在重钢内部仍保留“乐山粘土矿”名称。

2000年，全年生产耐火砖9663.9吨，完成计划的87.85%；实现工业总产值（1990不变价）1363.4万元、现价1636万元；实现销售收入1253.73万元，完成计划的51.97%，比1999年减少45.13%；生产经营曾一度处于大额亏损状态。全年挖潜增效，消化企业费用613万元，年底实现年利润总额17.72万元。2000年末，在册职工363人。其中管理技术人员58人，占16%（含厂处级、科级管理人员23人）；在岗生产操作人员212人，占58.4%；其他人员

93人，占25.62%。年内2次调整机构设置，年末设有人事行政办公室、党群办公室、营销总部（下设“四川营销部”、“重庆营销部”）、财务科、生产供应科、质量技术管理科、保卫科、职工医院8个机关科室和特耐、普耐、机修、采焙4个车间。固定资产2235.51万元，比1999年减少25万元；总资产4221.72万元，比1999年增加675.48万元。资产负债率66.81%；资产保值增值率101.25%。

2000年，乐耐厂工作重点：1.抓“五位一体”（岗位、职责、指标、考核、分配）工作落实。分生产车间和机关职能管理两条线进行按月检查全厂经营、管理工作，坚持每月考核后兑现分配。全年在岗人员考核面100%，考核金额7.38万元。车间物耗节约获1.79万元奖励。2.抓质量、成本管理。根据重钢公司“管理年”的工作要求，开展以“质量就是企业的生命，用户就是我们的衣食父母”为主题的“质量年”活动。规范原始台帐记录、生产现场管理及标准化工作；下半年专设质量管理科独立向厂长负责质管工作；聘请专家讲授ISO9000质量管理体系标准（2000版），9月，通过重钢公司内部质量认证工作复查；10月，办理镁碳砖、高炉用高铝砖的临时生产许可证。全年耐火砖综合合格率97.77%。以财务管理为核心的成本控制系统。全年采购成本比1999年减少支出21.12万元；职工提合理化建议创效益15万元；吨砖能耗比计划节约31.15公斤标煤；全年制造费用控制在620万元以内；生产成本在1999年基础上下降3.27%。全年节支创收405万元。

条目另见部目

【乐山耐火材料厂“九五”概述】:《重钢综述》

（刘克付）

【现代企业制度改革】

2000年，1.年初，制定《2000年减员分流工作实施办法》，全年撤并调整机构2次，精减机关人员14人，占机关总人数的15.9%，16名职工自愿解除劳动合同，44名职工办理退休，自然减员1人，全年减员61人，节约工资和养老保险金支出30万元。到年底，在册职工总数比1999年同期减少14.4%，超额完成矿业公司下达的减员指标。2.对机关澡堂，木工房、厂区卫生工作进行承包，实行自收自支的有偿服务，全年节约开支3.87万元；修订完善《关于加强职工医疗管理的规定》，对医院门诊、购药和职工外诊治疗实行目标承包，全年医院门诊创收3万元，住院人数创历史纪录，全面实现责任目标。3.完善《关于加强营销工作的若干规定》，将营销费的提取比例分为计划档、目标档和超目标档，直接与产品销售额和货款回笼率挂钩，完成不同的档次，提取不同比例的营销费。4.年初修订《职工收入分配办法》，将过去执行的普耐产品和特耐产品2个吨砖工资标准，细划为13个以不同品种与砖形为依据的吨砖工资标准。9月份，制定《机关在岗职工工资改革方案》，将机关职工工资的分配由200元/月基本生活费加企业当期效益，改为机关职工工资与生产车间吨砖工资挂钩，设最低工资保障线215元/月，使机关职工工资和车间职工工资同标准、同考核。

（张奇坤）

【“清洁工厂”复查验收】

乐山耐火材料厂于1994年建成国家冶金部“清洁工厂”，1997年通过第一次复查验收。1998年以来，乐山耐火材料厂继续把“巩固、完善、提高、发展”作为指导方针，把巩固“清洁工厂”创建成果纳入中长期生产经营目标管理和精神文明建设。企业连续6年被评为乐山市卫生先进单位和沙湾区爱国卫生活动先进单位。1998年至2000年累计用于改善厂容厂貌和整治环保建设设施的投入20万元，植树种花4781株，更换新苗349株，增设花台8座，新增绿化面积40多平方米。累计利用矿渣87347吨，利润留存173万元。开展环保大检查36次，卫生大检查24次，参加人数达247人次，做到卫生管理责任落实，区域分工任务明确。

2000年11月16日，通过国家冶金局“清洁工厂”复查验收小组对乐山耐火材料厂1998至2000年度“清洁工厂”创建巩固工作进行的复查验收。

（冯勇）

矿业公司乐山耐火材料厂"清洁工厂"完成情况表

指　标	标准值	1998 年达到值	1999 年达到值	2000 年达到值
工业水重复利用率(%)	>65	69.04	69.33	69.44
岗位粉尘合格率(%)	>80	81.25	83.33	85.42
各种污染源治理率(%)	>95	100	100	100
主要生产设备环保设施配套率(%)	>95	100	100	100
主要污染物综合排放合格率(%)	>90	96.15	98.08	98.08
环保设施与主体设施同步运行率(%)	>95	100	100	100
设备、管道泄漏率(‰)	<3	0.86	0.63	1.08
厂区绿化率(%)	>15	19.62	19.63	19.64
厂区可绿化率(%)	>90	98.7	98.9	99.0
厂界噪声(分贝)	≤65	东:61.3/50.6 南:57.2/50.1 西:58.6/52.2 北:62.3/50.4	东:58.2/52.6 南:56.1/50.4 西:59.1/52.4 北:62.0/51.4	东:62.6/51.0 南:56.7/50.1 西:62.3/52.8 北:61.8/50.2

（冯勇）

【党建工作】 2000 年，乐山耐火材料厂继续把"三个一"树形象创业绩活动贯穿于全年党建工作之中，保证"一个党员一面旗帜"。组织学习贯彻党的十五届四中全会精神，举办江泽民总书记"三个代表"重要思想理论讲座，开展对党的十五届五中全会精神的初学初议。开展"四好"班子创建活动，制定《党风廉政建设责任制分工》。职工对班子清正廉洁综合认可率达到 97.44%，被重钢公司党委评为巩固 2000 年度"党风廉政建设先进单位"。加强党员电化教育、切实保证"五有"(有电教场地、有电教设备、有播放人员、有规章制度、有《党员电教播放收看手册》)，抓党的组织建设，保证"一个支部一个堡垒"。2000 年 6 月 28 日召开第五次党代会，选举产生新的党委、纪委班子，将原 7 个党支部调整为 5 个并进行换届选举。继续开展"党支部达标晋级"活动，把支部工作内容细化为 3 个方面 20 个小项，全年"达标党支部"创建保持率 100%。抓干部教育，保证"一个干部一根标杆"。开展警示教育，组织全体党员、干部、厂级领导及家属观看警示教育电影《生死抉择》。两级负责人集中学习中纪委编写出版的《以案施教警钟长鸣》——胡长清案件警示教育材料。在岗干部全部参加厂举办的《会计法》、质量体系认证、"三个代表"讲座等政治理论和业务技术培训。1 名厂级领导参加重庆经济干部管理学院中青年干部培训，在岗和退二线厂级领导 7 人全部参加了重钢公司"学习党的十五届四中全会精神"培训学习。中层干部 4 人送乐山进行了各类专业培训。

（冯勇）

【精神文明建设】 2000 年，乐山耐火材料厂开展"明厂情、添措施、比贡献"主题活动，编写两期《厂情与形势任务教育材料》。全年收到合理化建议 167 条，其中党员提建议 60 条，采纳实施 90 多条，创效益 15 万元。5 月，开展党建工作暨支部书记工作研讨。对全厂 8 个"文明科室"、3 个"文明车间"、13 个"文明班组"进行复查、验收，并统一命名，创建率达到 100%，巩固了乐山市"先进文明单位"荣誉。6 月 9 日，组织职工参加无偿献血，总献血量 5800 毫升。9 月，厂"两个文明建设”摄影展板参加乐山市工交系统文明单位建设峨沙片区职工摄影展获三等奖。11月，被重钢公司授予“三五”普法工作先进单位。12月18日，厂社会治安综合治理工作通过乐山市沙湾区综治委年度检查验收。

（冯勇）

重钢四厂（重庆东源钢业股份有限公司）

【概况】 重钢四厂是重钢公司下属单位，位于綦江县三江镇，川黔公路、铁路的交汇点，距重庆市区100公里，是20世纪60年代中期建设起来的西南板带材、涂镀层生产基地，1993年改制为重庆东源钢业股份公司，为重钢公司的子公司1999年将股权转让，两厂名同时使用。2000年，重钢四厂总资产55538万元，其中固定资产12036万元，2000年末在册职工3271人，其中管理技术人员474人，高级职称37人，中级职称112人，工人技师8人。2000年，重钢四厂围绕“扭亏、清欠、发展”三件大事，展开以扭亏脱困为主线的各项工作，全年实现利润308万元，清收历年欠款5301万元，设备运转率达99%以上，主要生产设备的综合完好率达98%。4月份，重钢四厂热轧生产线ISO9000标准质量认证体系通过国家有关部门复查验收。完成计算机局域网二期工程。2000年，自行制定《钢制管杆技术条件》并通过重庆市技术监督局备案，产品于12月通过重庆市建委组织的鉴定，并取得生产许可证。制定重钢四厂“十五”发展规划。通过签订《代管协议》和《委托代管协议》，规范对各厂属集体企业的管理，并撤销或关停三得利公司、大发水泥厂、川崎公司、达源焊管厂等不规范集体企业。作好子弟校移交工作的全部资料准备，与綦江县政府就有关子弟校移交问题的蹉商取得进展。新建108套职工全额集资解危房，为48户购房职工贷款54.9万元，完成3幢单工宿舍计42户职工住户的拆迁安置。

（简萍）

条目另见部目

【重钢四厂“九五”概述】：《重钢综述》

【以“扭亏”“清欠”“发展”三件大事为重点的生产经营】 2000年，重钢四厂一开年就提出以“扭亏”、“发展”、“清欠”为重点，确定“认真贯彻党的十五届四中全会精神，以扭亏脱困为主线，强化内部管理，加大清欠力度，调整产品结构围绕效益中心，学邯钢，抓市场、抓营销、抓发展，全面推进扭亏控亏的各项措施”的工作指导思想，讲厂情、明任务，树立“一切为了扭亏、一切促进扭亏”观念。在4月实现当月不亏，9月实现累计盈利，全年实现利润308万元，扭亏脱困。全年实现热轧产品销售113810吨，创历史最好水平；加大清欠力度，全年货款回笼率为110%，应收帐款由年初的33207万元降至27906万元，下降15.97%，实现清欠5310万元。建成钢杆管生产线、大件镀生产线、法兰钢带生产线，组织论证开发光纤电缆钢带生产线、冷轧电工钢生产线等项目。

（秦光华）

【技术创新与新产品开发】 2000年，重钢四厂加大技术创新与新产品开发的投入，发动科技人员献计献策、立项攻关，全年收到合理化建议1029条，采纳282条，创效益75万元；开展“讲、比”立项22项，实际完成21项；科技人员献计献策431条。厂科协“金桥工程”立项28项，实际完成27项；厂技协组织技术攻关立项39项，验收合格35项，创效益900万元。组织热轧产品、深加工产品和镀层产品技术攻关队，以各生产分厂为主体，相关部门密切配合、协同攻关，解决生产、技术中的难题，几种主要产品的技术经济指标达到国内同行业先进水平，其中硅钢片成材率、DR510高牌号比例、未改尺率和热轧辊耗等指标均保持和刷新历史水平，仅硅钢片厂通过提质降耗就增加经济效益285万元。

制定《钢制管杆技术条件》并通过重庆市技术监督局备案，产品于2000年12月通过重庆市建委组织的鉴定，并取得生产许可证。完成大件镀搬迁工作，解决了大件镀产品产生“白锈”的质量难题。波形梁生产工艺逐渐完备，生产日趋正常。连镀机组的改造基本完成，编制和论证通过《盘活带钢连续热镀铅锌机组可行性研究报告》。建成带钢发兰机组一期工程并投入试生产。对650轧机改造、开发光纤电缆钢带和开发冷轧电工钢等项目进行论证。

（简萍）

【产销货款回笼创水平】 2000年，重钢四厂按照“安全、高效、多品种、低消耗”生产运行方针，把生产工作的重心放在热轧生产的组织上，通过劳动竞赛、“高产月”等活动，全面实现热轧生产的满负荷、高水平、高质量、低消耗、持续稳定的生产目标，热轧产品在元月份轧制破万吨后，又从5月至11月连续7个月实现轧制，交库“双万吨”。4月至8月连续5个月热轧产品销量突破万吨大关，全年实现热轧产品销量

113810吨的历史水平。日历作业率、机时产量等指标也创历史水平。2000年,通过采取滚动发货,现款现货、先款先货、压库限库、合理分配资源等手段,全年货款回笼率110%,应收帐款由年初的33207万元降至27906万元,下降15.97%。

(简萍)

【厂务公开工作】 2000年,重钢四厂重新充实健全厂务公开领导小组和厂务公开监督小组,形成以党委为领导,行政为主体,工会牵头,纪委协同的工作格局。实现在"公开内容、公开层次、公开阵地、公开反腐倡廉、公开工作理论研究"等5个方面有所突破的目标。采用职代会、职代会团(组)长会,行政例会、政工例会、纪检工作会、《公开栏》等多种形式进行18次厂务公开活动。厂务公开的内容40余项涉及企业的方方面面。组织工会干部和职工对厂务公开工作进行研讨,撰写厂务公开工作论文7篇,其中罗德华《谈谈推进厂务公开潜在的问题难点及对策》获重钢公司二等奖,并在《中国工运》杂志上刊登。

(简萍)

【党建工作】 2000年,1.四厂党委中心组在三讲教育中,落实"三个代表"重要思想,开展"三对照、三检查、三要求"活动,按照重钢公司领导干部"九个三"要求,当公仆,树形象。在测评中,职工对厂处级领导班子清正廉洁认可率达95.6%。2.以效益为中心开展党建工作。以"一切为了扭亏,一切促进扭亏"为指导思想,加大党员教育培训和党支部书记业务培训力度。2000年,党委安排1997年后担任书记的16位同志到重钢党校培训,并且举办"党建工作暨支部书记工作研讨会"。2000年,新增写入党申请书职工49名,比1999年增长40%,全年吸收新党员38人,10人以上无党员班组下降6个。在支部中继续开展"创先争优"、"达标晋级"活动和支部工作色度考核及创"星级支部"竞赛活动;在党员中继续开展"党员业绩管理"和"党员示范岗"挂牌活动。3.开展厂情教育。4.推进厂务公开,促进企业民主管理和民主监督。5.坚持每季度职工思想调查分析,以"工作高效率,服务高质量,技能高水平,言行高格调"标准塑造职工形象。开展对"法轮功"邪教组织的斗争,切实转化个别"法轮功"顽固人员。开展"文明车间"、"文明部室"和"文明单位"创建活动。开展普法教育。6.开展创建"党风先进单位"活动,下发《邓小平论党员干部廉洁自律》、《以案施教,警钟长鸣》等党内刊物200份,放映《特殊的一课》、《戚火贵的黑白人生》、《生死抉择》等影片28场,党员干部受教育面达95%。

(罗开龙)

重庆钢铁集团钢管有限责任公司

【概况】 重庆钢铁集团钢管有限责任公司是重庆钢铁集团的全资子公司。位于重庆李家沱长江大桥与川黔公路交汇点重庆巴南区土桥,距重庆市区16公里,距成渝高速公路入口处10公里。厂区面积158910平方米(含职工住宅用地10396平方米)。下设4个车间(76车间、50车间、机修车间和环保车间)、23个职能处室(含党群系统机构)、相对独立核算的公司、部门7个。2000年末,固定资产原值8258.2万元,净值5251.3万元,另有在建工程240.1万元。主要生产设备有:ϕ76机组和ϕ50机组各1台(套)、精密冷轧管机组3台(套)、钢塑复合管机组1套,有涡流探伤等较为齐全、先进的检测设备。设备生产能力3.5~4万吨。主要产品有:结构用无缝钢管、输送流体用无缝钢管、高、中、低压锅炉用无缝钢管、化肥设备用高压无缝钢管、石油裂化用无缝钢管、异型无缝钢管、E2耐盐卤腐蚀无缝钢管、汽车用消声器复合管、无轨电车用集电杆无缝钢管、建筑工程钢筋联接套筒用无缝钢管、聚丙烯钢塑复合管,尺寸范围ϕ10~76×1~13毫米。钢管公司质量保证体系获"中国冶金工业质量体系认证中心"认证。2000年末在册职工789人,在岗职工692人,管理、技术人员134人,获高级职称19人,中级职称58人,工人技师6人。退休职工262人。

(徐贵冬)

条目另见部目

【钢管公司"九五"概述】:《重钢综述》

钢管公司2000年主要指标完成情况表

项　目	单　位	1999年实际	2000年计划	2000年		
				实　际	比计划±%	比1999年±%
产　量	吨	27060	30000	30010	0.03	10.90
产　值	万元	9185	9000	9299	8.88	6.68
综合合格率	%	99.06	99			
综合成材率	%	84.28	84.5	84.41	-0.09	0.13
电　耗	千瓦时/吨	254	284	251	-11.62	-1.2
气　耗	立方米/吨	240	273	227	-16.85	-5.4
销售量	吨	26707		31569		18.20
销售收入	万元	11362	12000	12601	5.01	11.26
利　润	万元	302.7	300	390	30	28.84
税　金	万元	701		753		7.42
产销率	%	98.7		105.19		6.49
劳动生产率	万元/人年	12.65		13.82		9.25
保值增值率	%	105.84		103.52		-2.32

(徐贵冬　孙胜国)

【降低财务费用】 钢管公司2000年发生财务费用283.20万元，比1999年报表财务费用617.6万元减少334.4万元，下降54.2%，比1999年实际财务费用433.3万元减少150.10万元，下降35.7%。从2000年4月1日起，钢管公司1715万元长期技改贷款实现债转股，减少利息支出87万元。采用银行承兑汇票付款：全年货款回收率达102%，现金回款达到10978万元，占货币回收总量13942.6万元的78.74%。全年共办理银行承兑汇票4390万元。收回的承兑汇票全部作现款付出以转移贴现损失：全年收回承兑汇票2964.6万元，全部用作购货支出，减少贴现损失56.33万元。折让收回的货款采用现金折让方式付给供货单位，转移贴息收款损失13.6万元。采用协议存款增加利息收入，以及降低货款利率上浮率，减少利息支出。

通过以上措施的实施，全年实际利息支出为283.20万元，比1999年实际支付利息下降150.10万元。

(孙胜国)

【促销压库清欠】 2000年钢管公司营销工作的重点是“促销、压库、清欠。”1. 建立与库房联网的电脑数据库，库存、销售、订货等各种数据可随时调阅。设立并坚持每日的生产调度会，及时沟通信息，解决生产、销售、供应、质量、设备等方面的实际问题。2. 采取灵活有效的销售策略。2000年一季度，全国钢材价格从南向北全面上涨，尽管当时钢管价格不升反降，钢管公司仍然根据市场走势，从6月份开始逐步调升产品售价，既与大势保持同步，又使用户能够接受。到10月末，东北和西北钢管销售进入淡季，又根据不同用户情况，适度调低价格，并将销售重点放在本市和转向南方。3. 坚持“一个基础、两个重点、四面出击”和“有效有为”的原则，加大外地用户的开拓力度。如对中国石油、中国石化的攻关开拓历时几个月，使钢管公司进入这两个大用户的供应网络，取得供货资格，实现销售700吨。4. 清理营销网点，建立企业风险预警体系，规避资金风险。撤销一些公司的代销资格，对一些代销点停止发货；对欠款单位核对账目，明确债权并加大催收力度；对一些单位制定最高欠款限额，实行欠款报警制度；对钢管公司所办的分支机构实行财务资金集中管理；坚持预付款、合同评审以及发货担保制度，由纪监处和财务处对销售价格进行监审。5. 依托重钢进出口公司第一次实现产品出口120吨。6. 年初库存产品达到4891吨，钢管公司提出“退库改制”与“适价销售”并重的原则，“适价销售”以销往外地为主。全年压库1411吨，其中退库改制858吨，适价销售533吨。7. 清理债务，明确债权，采取有效措施避免债权失效；加强常规清收，将有关债权分片区落实到人头上，使每笔欠款都有催收责任人，采取领导出面催收，现款清收和以物抵债，以及法律清欠等手段催收。法律清欠全年立案16件，其中诉讼案8件，执行8件。执行标的438.4万元，收回110.745万元，其中现款57.3万元，物资54万元。

2000年，钢管公司收回1999年以前的欠款1000万元，实际降欠305万元。

（徐贵冬）

【计量工作】 2000年，钢管公司制定《进出物资计量工作程序》，对各类进出物资的计量地点、计量器具、票据传送、票据填写、计量异议处理等程序化，同时采用先进的电子吊秤对进出物资计量，坚持每班电子秤与钢材秤比对、电子秤之间比对、计量单与打印记录核对、计量员互相核对等制度。钢管公司能计处对进厂原料实行三级审核制度，严格按国家规定允差对计量数据进行确认，财务处按确认数据付款，超过国家规定允差坚决向供方索赔。2000年共出现超差18起，经过协调解决18起，挽回经济损失18.62万元。

（朱捍嘉）

【降低采购成本】 2000年，钢管公司主要原材料圆管坯的采购成本，在钢材市场价格上涨的情况下，比1999年同期降低60元/吨，节约采购资金229万元。辅助材料除工模具、钢材、油料因受宏观市场影响价格上涨外，其它辅料价格均有不同程度下降，平均采购成本下降6.98%。1.明确供应工作目标；原材料采购成本－3%～－5%。2.坚持“三个重点”，即以采购主料(圆管坯)为工作重点，以重钢股份公司为供货厂商重点，以价格和质量为采供取舍重点。3.重申在《公司物资采购管理规定》的基础上，重新制定、修订《公司物资出入库管理规定》、《公司物资库物资计划、采购、领用、回收管理补充规定》、《公司生产物资需求预警时间表》、《降低和规范采购物资搬运费协调会会议纪要》等管理制度并形成。

（罗佳琳）

【废酸治理工程运行】 2000年，钢管公司投资100万元(其中环保贷款30万元，重庆市科委拨款50万元，自筹20万元)兴建硫酸亚铁生产线，用以处理废酸液。工程1999年12月动工，2000年9月投入运行，废酸液处理率达到100%，处理后的排放水水质达到《钢铁工业水污染物排放标准GB13456—92》的要求。年底通过重庆市环保局的达标验收。

（刘恪志）

重庆钢铁集团铁业有限责任公司

【概况】 重庆钢铁集团铁业有限责任公司系重庆钢铁(集团)有限责任公司全资子公司，原名重庆江津钢铁厂、重钢集团江津钢铁厂，属重庆市中型一类国有企业，重庆市百户重点骨干企业，重庆市资金使用、经济效益、经营管理能力、企业发展前景A级企业。连续12年为江津市、重庆市“重合同、守信用”单位。位于重庆市江津夏坝镇，渝黔铁路夏坝火车站东侧0.5公里，距重庆市区68公里，江津城区74公里。工厂占地面积64万平方米。2000年底在册职工1442人，在岗职工1362人。在在册职工中有管理人员190人，其中高级职称的6人，中级职称的54人，生产操作工人1252人，其中工人技师8人。全年办理退休125人(其中特殊工种退休107人)，“双解”(解除劳动合同，解除进“中心”协议)96人。年底，铁业公司子弟学校正式移交江津市人民政府管理。铁业公司下设炼铁厂、焦化厂、发电厂、机修厂、供应处、销售处、经理办公室、重庆、成都销售公司等24个二级单位。

2000年，铁业公司以改革为动力，以资产营运为中心，技术为依托，管理为基础，通过强化内部管理，改革内部机制，瞄准目标找差距，推进公司组织结构，总图布置，工艺技术结构，原料配比结构的优化和产品升级与产业结构调整，刷新技术经济指标，使企业走出困境，实现可持续发展”。(“1321”构想)。根据这个方针企业主要开展了以下工作：兴建年产10万吨球团烧结矿工程，对炼铁原料(焦炭、矿丁、烧结矿)入炉运输系统进行改造，建成由焦炭料仓、经烧结矿料仓至炉后的通廊皮带系统200米，终止建厂以来原料汽车迂回运输的历史。同时扩大原料货场面积3000平方米，生铁货场2000平方米。以满足高炉冶炼为目的，优化配煤和配矿方案。继续坚持”以高炉为中心，炉外保炉内，炉内保顺行”的生产组织方针。实施债转股，铁业公司3000万元银行债务转化资本，减少利息支出157万元。下岗分流，在册职工减少231人，在岗职工净减188人，598名职工进“中心”，其中96人“双解”；全年办理退休125人，其中特殊工种退休107人。适时调整策略，收缩铸造铁市场，扩大炼钢铁市场，把炼钢铁出口和满足重钢内部市场的需要作为营销工作重中之重，产品销售占稳了国内市场和国际市场。

铁业公司为2000年“重庆市企业工委文明单位”重钢公司“三五”普法“先进单位”。

2000年底，铁业公司有104立方米和116立方米高炉各1座，年产生铁能力15万吨；年产20万吨碱式烧结矿生产线1套和年产8万吨球团烧结生产线1套；六六型焦炉2座，年产冶金焦能力10万吨；利用高炉、焦炉煤气作燃料的1500千瓦发电机组2套和3000千瓦发电机组1套，总装机容量6000千瓦，年发电能力3500万千瓦时。

2000年产生铁129000吨，烧结矿199107吨，冶金焦103801吨，发电量3254万千瓦时，煤焦油4034吨，粗苯566吨，全年实现工业总产值7013万元(1990年不变价)。2000年销售生铁137360吨；(产销率106.48%)，销售炉渣103801吨，煤焦油4034吨，粗苯484吨，实现销售收入13416万元(不含税)，回收货款17164万元(货款回收率106.07%)实现税利1317万元，其中利润2.44万元。全员劳动生产率48634元/人年，职工人均收入7507元，同比增加32.7%，年末资产总额19364万元，其中固定资产原值14661万元，净值8670万元，资产负债率由1999年的62.36%降到49.79%；流动比率由1999年的104.33%提高到121.57%，速动比率由1999年的62.88%提高到77.20%，保值增值率145%。

条目另见部目

【铁业公司“九五”概述】:《重钢综述》

【铁业公司债转股】:《现代企业制度试点》

【铁业公司子弟学校移交】:《现代企业制度试点》

【铁业公司“一控双达标”通过验收】:《生产经营》

2000年铁业公司生产经营指标完成统计表

项目 \ 指标	单位	年计划数	完成数	完成计划%	与1999年同比%±
工业总产值(1990年不变价)	万元	5500	7013	127.51	31.16
销售收入(不含税)	万元	11000	13416	121.96	136.44
利税	万元		1317		
其中:利润	万元	0	2.44		156.42
货款回收率	%	100	106.07	106.07	8
产销率	%	100	106.48	106.48	7.2
产品产量	吨				
1. 生铁	吨	100000	129000	129	34.83
2. 烧结矿	吨	180000	199107	110.62	97.69
3. 水渣	吨	90000	95712	105.75	-2.09
4. 冶金焦	吨	100000	103801	103.80	11.31
5. 发电量	万千瓦时	3000	3254	108.47	4.97
6. 煤焦油	吨	4000	4034	100.85	-3.75
7. 粗苯	吨		566		
销售量					
1. 生铁	吨	125000	137360	109.89	44.43
2. 水渣	吨	90000	103801	105.75	-2.09
3. 煤焦油	吨	4000	4034	100.85	-3.75
4. 粗苯	吨		484		

技术经济指标	单位	年计划	完成数	完成计划±	与1999年同比±
1. 焦比	千克吨铁	700	735	35	-119
2. 高炉利用系数	吨/立方米	1.80	1.64	-0.16	0.2
3. 生铁合格率	%	99	99.75	0.75	0.59

技术经济指标	单位	年计划	完成数	完成计划±	与1999年同比±
4.综合能耗	吨标煤/吨铁	0.93	0.989	0.059	-0.174
5.焦炭 M_{40}	%	68	68.89	0.89	-1.34
6.焦炭 M_{40}	%	11	10.54	-0.46	1.03

【扭亏脱困】 铁业公司1996年至1998年连续三年亏损,亏损4000万元。2000年1月25日,铁业公司四届一次职代会会议确立了全年的生产经营思想和方针:“以改革为动力,以资产营运为中心,技术为依托,管理为基础。通过强化内部管理,改革内部机制,瞄准目标找差距,推进公司组织结构、总图布置、工艺技术结构、原料配比结构的优化和产品升级与产业结构调整,刷新技术经济指标,使企业走出和摆脱困境,实现可持续发展”。铁业公司调整“三大”结构(产品、工艺、市场),占稳“两个”市场(国内、国际)。2000年产生铁129000吨,烧结矿199107吨,冶金焦103801吨,发电量3254万千瓦时,实现工业总产值7013万元,分别完成年计划的129%、110.62%、103.80%、108.47%、127.51%、,同比增长34.83%、97.69%、11.31%、4.97%、31.16%。实现销售收入13416万元(不含税),完成年计划的121.96%;同比增长136.44%;实现利税1317万元,其中利润2.44万元,同比增长71.37%、156.42%。生铁全成本885.91元/吨铁,焦炭制造成本317.6元/吨焦,,焦比735千克/吨铁,高炉利用系数1.64吨/立方米日,同比分别降低48.64元/吨铁、9.93元/吨焦、119千克/吨铁,提高0.2吨/立方米日。人欠资金总额下降733.4万元,其中老欠款降600万元,完成年计划的120%。全面实现年初提出生产经营方针和各项生产经营目标,全年生铁、烧结矿产量、发电量、工业总产值、生铁销售量、销售收入、利税总额、生铁全成本、焦比、全员劳动生产率、职工人均收入等技术经济指标创历史最高水平。

(刘永文)

【技术改造】 2000年,铁业公司投资325.4万元进行烧结三期改造工程,内容包括:烧结原料成品输送系统改造;料槽系统配套完善;烧结除尘系统完善。2月14日开工,7月17日完工,8月8日验收合格。建成3000平方米储量6万吨的矿石货场、建成由焦炭料仓、经烧结矿料仓至炉后200多米的通廊皮带系统,终止了建厂以来原料汽车迂回运输的历史,投资390万元,兴建年产球团烧结矿10万吨项目。9月25日成立“球团烧结技改指挥部”,10月29日开工,12月26日完工,2001年1月10日交工验收,整个工期72天。同时,筹建小球团烧结矿工艺。

(刘春)

【减员工作】 2000年4月铁业公司制定《关于减员增效下岗分流促进下岗职工再就业的实施方案》。2000年,铁业公司全年进“再就业中心”598人,其中“双解”(解除劳动合同,解除进“中心”协议)96人,争取再就业基金240万元。同时,加大工作力度,清理档案和职工“特殊工作”经历,促进“特殊工种”经历的职工按照国家“特退”政策办理退休。全年办理退休125人,其中“特退”(特殊工种退休)107人。全年在册职工净减员231人,在岗职工净减员188人。截止2000年底,实有在册职工1442人,在岗职工1362人。

(刘春)

【改善职工医疗条件】 2000年6月,铁业公司对铁业职工医院进行改革,调整领导班子,建立和完善各科室岗位职责,在分配问题上建立以个人业绩为考核指标的激励机制。铁业职工医院有医护人员33人,其中副主任医师2人,主治医师4人,医师7人,X光师1人,检验士2人,助产士1人,B超技师1人,护师2人,护士7人。6~12月医疗劳务收入17万元,比1999年全年多9万元;1~12月节省药品开支10.5万元。铁业职工医院引进人才,完善医院的服务功能,新开设肝功、肾功、电介质、血脂、胆固醇等医疗项目,投资30万元对医院环境、病房进行改造、新增X射线照光机,解决了铁业职工医院长期不能摄片问题。设有内科、外科、中医科、五官科、口腔科、妇产科、腹泻专业、皮肤及性病专科、检验科、放射科、B超室、心电图等。住院部床位40张,新开设骨科、泌尿科、内科、普通外科、烧伤科等疾病的诊疗技术,可收治各科病员住院。具备一般常见病,多发病以及重大工伤事故病员的初期治疗及抢救的功能。2000年9月,经江津市劳动局批准,铁业职工医院为“重庆市城镇职工基本医疗保险定点医疗机构。”

(刘永文)

【“三个一”活动】 铁业公司根据重钢公司要求,开展“三个一”活动(人人提一条合理化建议,堵一个生产经营漏洞,人均创效益1000元)。成立以经理李仁生为组长,党委书记代光荣、副经理陈永伦、工会主席廖大金为副组长,党办、工会办、生安处、机动处、纪监等主要负责人为成员的领导小组，工会办负责“三个一”活动的收集、整理、统计等日常工作。把“三个一”活动与开展劳动竞赛活动相结合，把“三个一”活动与促进技术进步、技术攻关相结合，把“三个一”活动与开展厂情教育和职工思想政治工作相结合。定期开展评选“智多星”、“金点子”活动。职工全年提合理化建议2092条，被采纳218条，实施80条，创效益436.94万元。铁业公司获重钢公司“三个一”活动先进单位称号。

（刘春）

【创重庆市企业工委文明单位】 1993年铁业公司被命名为“重庆市文明单位”，这个称号一直保持到1997年。1998年因亏损被“倒牌”。1999年，铁业公司实现扭亏止亏。2000年4月5日，铁业委发[2000]30号文件《2000年创重庆市工交委级文明单位工作规划》，与二级单位签订《创建精神文明单位责任书》，并纳入“五必有”经济责任制按季度检查考核。对文明单位、文明班组进行动态管理。铁业公司内部的文明单位、文明班组的申报、复查都首先由各单位按条件自查、考评，然后由铁业公司精神文明领导小组、有关部门负责人参加复查、评审，合格者命名“文明单位”、“文明班组”称号。已建成的文明单位、班组，不搞终身制，凡因工作出现严重问题或发生一票否决事件，都按规定予以倒牌。2000年9月25日，以铁业委发[2000]53号文件向重钢公司精神文明建设委员会报告，请求对铁业公司“创建重庆市企业工委文明单位”验收。2000年10月14日，由重庆市企业工委但万忠处长、重钢公司党委宣传部邓先明副部长一行5人的验收组到铁业公司组织验收并作出评审意见：“铁业公司的领导班子求真务实，团结向上，职工精神面貌好，对创建认识有高度，在外部条件十分困难的情况下，实现扭亏为盈，使企业走出困境，同意铁业公司为2000年“重庆市企业工委文明单位”。

（刘永文）

重庆钢铁集团铁合金有限责任公司

【概况】 重庆钢铁集团铁合金有限责任公司是重钢的全资子公司，国家大型二类企业，国内14家铁合金重点企业之一。位于重庆市长寿县城区东南羊角堡地区，距重庆78公里，占地39.07万平方米。设置5个车间、4个子公司(分厂)、23个职能处室，另有合资企业1人。2000年末，固定资产原值12269万元，净值7329万元；有大、中型铁合金生产电炉14台，设备总容量5.8万千伏安，年耗电4.6亿千瓦时(设备总容量的85%，为20世纪80年代中末期节能型设备)。主要产品为铁合金5个系列10个品种30个牌号，年设计生产能力7万吨；其中碳素铬铁和硅钙合金为冶金部优质产品，锰硅合金和75%硅铁为重庆市优质产品。产品主要销往国内各大钢铁企业，有部分产品出口美国、加拿大、日本、韩国、巴基斯坦等国家和地区，产品注册商标为“葫芦牌”。2000年末，在册职工1426人，其中管理工程技术人员102人，进再就业中心职工1359人；退休职工1390人。

（陈雄伟）

铁合金公司2000主要指标完成情况表

项　　目	单　　位	2000年	1999年	2000年比1999年±%
产值	万元	8057	5255	53.32
产量(实物)	吨	36214	14774	145.12
销售收入	万元	9189.5	5274	74.21
利润	万元	－1161.3	－1128.4	2.92
全员劳动生产率	元/人年	3581	2109	69.80
货款回笼	万元	现10177.6 物220.5	现4961.9 物766	81.53
应收帐款	万元	7644	8884	－13.96
应付帐款	万元	10225	10493	－2.55
职工年平均收入	元/人	4243	3828	10.84

（陈雄伟）

【分离分流工作】 2000年，铁合金公司充分利用国家再就业政策和重钢公司人员分流激励政策，1～9月开展中心职工“双解”（解除劳动合同、解除进中心协议）工作，共办理143人。10月，制定《铁合金公司分离分流实施办法》，并针对实施办法所涉及的有关问题出台三期“政策解答”，10～12月，办理“双解”710人。在重庆市就业局划拨超时“双解”人员经济补偿金191万元，重钢公司划拨分流激励金426.5万元。2000年初在册职工2345人，年内新增1人，减员920人，其中：“双解”853人，死亡3人，除名4人，退休57人，辞退3人；年末在册1426人，在册数比年初减少39.2%。

铁合金公司的分离分流工作是在企业各种矛盾交织、职工思想不稳定、特困职工家庭较多的状况下进行的。铁合金公司提出分离分流工作必须“公开、公平、公正”，必须维护好职工的合法权益，妥善解决好企业对职工的历史欠债问题。在具体实施办法上，铁合金公司下岗职工进“中心”领取最低基本生活费；对“双解”职工一次性补发拖欠的全部工资；分期分批解决医药费报销问题；对符合条件的全民、集体职工全部纳入最低生活保障；对特困职工进行综合救助，如开展互助互济，节日送温暖活动等。

（张志刚 姚家勇）

【推行产品质量认证】 2000年6月铁合金公司按重集总师发[2000]166号文件要求，成立质量体系领导工作小组，组织相关部门进行质量体系程控文件编写。经过程控文件的的实施运行，理顺各部门的质量职责，完善公司的质量体系。2000年11月15日，重钢产品质量认证中心通过对铁合金公司的硅铁产品质量认证，并颁发硅铁产品质量认证证书。

（熊敏）

【治安综合理治工作合格达标】 铁合金公司贯彻《重庆市治安综合领导责任制》，层层签订责任书；抓好目标责任制、检查制、追查制、奖惩制、一票否决制等5个制度的落实，做好预防闹事和处置突发事件的应急工作，妥善处置不稳定因素；把“严打、严管、严防、严治”相结合，坚持法制宣传教育。2000年发生刑事案件8件，破案5件，治安案件9件，查处率95%，追回赃款赃物价值5万元；员工犯罪率<0.03%；员工违法率<0.6%；纠纷调解成功率100%；要害部位安全率100%；无重大责任事故、无重大火灾事故、无治安灾害事故、无越级集体上访事件发生。2000年12月，经长寿县综治委检查，铁合金公司治安综合治理合格达标。

（熊素兰）

【子公司工作】 铁合金公司在2000年对子公司实施“分块搞活”的内部压力与动力相结合的激励约束机制。在实行自主经营、自负盈亏、独立核算、自找工资、自筹费用、自缴养老金和失业保险金以及医疗福利费用的基础上，加大对各子公司对外创收的考核力度，规定在总体创收中必须有20%的对外创收额度。2000年，子公司向铁合金公司上缴利润256万元，超额完成下达的指标任务。

（朵渝坤）

重庆钢铁集团建设工程有限公司

【概况】 重庆钢铁集团建设工程有限公司是具有国家二级施工总承包资质的综合型、多元经营的建筑企业，具有重庆市核发的甲级环境治理，100吨以内桥式起重机制造、Ⅰ Ⅱ类压力容器制造、无损探伤、工程机械修理、工业炉窑承包、公司、桥梁施工等多项专业许可证书。1999年12月经北京新世纪质量体系认证中心审核，取得ISO9002质量体系证证书，认证范围为“工业与民用建筑、道路、桥梁建设、钢结构制造安装、设备安装检修工程、管网工程”等。2000年，通过ISO9002质量体系复查验收。2000年，资产总额14746万元（其中固定资产4563万元），有各类设备810台（套），设备总功率13578千瓦。高级工程师32人，一级项目经理8人，重钢技术尖子14人，全国百佳技术能手1人。设“六部一室一中心”，建立副总、部长负责制。在分公司推行“两科一室”机构设置，在集体单位三、五、六、七分公司实行自主经营风险承包责任制。

2000年，建设公司贯彻执行“结构调整、资源优化、资本运作、做大规模”的经营方针，将营造公司与三分公司进行合并，对法人单位铁路工程处进行股份制改造，撤销亏损严重的炉窑分公司。发展高频焊接H型钢、房地产业、环保产业3个产业。全年引进各类技术人才93人，其中，中高级技术人才68人，培训项目经理139人，建筑五大员354人。全年减员635人，其中集体职工517人，全民职工118人。

2000年，建设公司保证了重钢联合检修、型钢厂Ø800轧机中修、炼铁厂4号高炉槽下改造、七厂LF炉新建、35万吨/年高速线材、七厂一号连铸高效化改造等检修技改项目的实施；完成重庆鹅公岩长江大桥板单件制作和成桥施焊、万州万安大桥钢桁架制作安装、大渡口区钢花小区、月光小区建设、成都钢厂2号连铸建设和2号高炉扩容大修等工程,继续推进丰都县城综合管网工程。中标重钢炼铁厂球团矿技改工程和焦化脱硫脱氰技改项目,成都钢厂球团技改工程,朵力小区建设、大坪康定大厦等工程。2000年,完成产值25346万元,销售收入21042万元,利润302万元,分别比1999年增长14%、7%和20.8%,建设公司被评为重庆市工交系统“党建十佳党委”,“重庆市质量效益型企业”,重庆市“重合同、守信用单位”,建设公司董事长、总经理张明富被评为“全国劳动模范”。

(马涛)

条目另见部目

【建设公司“九五”概述】:《重钢综述》

【鹅公岩大桥施焊】:《生产经营》

【万州万安大桥钢桁梁制造安装】:《生产经营》

【承建大坪康定大厦】:《生产经营》

【“重庆市质量效益型企业”】 2000年,建设公司首次被评为“重庆市质量效益型企业”。重钢建设公司1999年经北京新世纪质量体系认证中心审核认可,取得ISO9002质量体系认证证书。2000年,企业产品和工程质量合格率100%,检修工程优良率85%,安装工程优良率90%,建筑工程优良率45%,电机、变压器修理和金属结构件返修率0.5%,完成建筑施工面积143000平方米,优良面积达到64350平方米,2000年产值2.5亿元,销售收入2.13亿元,实现利润302万元。

(马涛)

【厂务公开】 2000年,建设公司工会贯彻“依靠”方针推进厂务公开,成立由党委书记任组长、总经理、副总经理、纪委副书记、工会副主席任副组长的厂务公开协调小组,设立由党办、工会、纪委等有关部门组成的厂务公开办公室,形成党委统一领导,党政工共同负责,纪检监察机关、企业管理部门齐抓共管,职工群众全员参与的工作体制。坚持每年召开一次职代会,每季度召开职代会代表组长联席会,不定期召开工会主席例会和厂情发布会等,形成三级厂务公开体系,坚持每月一期的《建司厂情》、《行政大事记》,每两月一期的厂务公开活动宣传栏,加强检修、技改现场项目部的厂务公开力度。

(张映)

重庆钢铁集团建设工程有限公司

’99重庆市质量效益型企业

重庆市质量技术监督局 重庆市经济委员会
重庆市建设委员会 重庆市商业委员会
重庆市统计局 重庆市总工会
重庆市质量管理协会
二000.六

【企业管理】 建设公司2000年,1.年初,针对管理中存在的薄弱环节作为整改重点,纳入月计划考核。制定《强化内部管理实施方案》,每月制定标准巡回检查评定打分,对受检单位情况及时通报。修订补充建立各类管理规章制度办法24个,其中,新建立管理办法5个,修改补充专业管理办法11个,完善质量管理制度2个,拟订补充工程、经济合同类办法6个。考核处罚68项(不含经责制考核),其中工程管理考核21项;安全管理考核31项;质量管理考核6项,综合管理考核10项。2.实行劳动合同管理,对在册职工及计划外用工的职工都签订劳动合同。对在册职工分类定岗定员,竞争上岗。上岗人员全部签订上岗合同,按合同承诺条款设指标定职责,每月视其履行职责完成指标情况考核分配,考核分配浮动比例占全部收入50%。成立劳动管理分公司集中管理待岗人员,制定待岗人员管理办法。制定全民、集体职工减员分流办法,给予相应奖励政策,鼓励职工自谋出路。3.对本年度的重点工程、重点工作、重要技术及新改造等项目采取风险抵押协议承包管理制度。总经理与重点项目负责人签订承包协议书,承包人缴纳一定数量风险抵押金。按重点项目性质内容设置主挂指标,按月考核兑现。

(李刚)

【企业改制】 建设公司2000年年初提出“以改制转机和机构调整为主线”的总体部署要求,撤销不具活力、缺乏市场竞争能力的炉窑分公司,将不具备法人资格的三分公司并入钢都营造公司(法人企业),实施改制重组。新组建公司实施自主经营、独立核算、自负盈亏的经营机制。由建设有限公司行政牵头，成立股份合作制领导小组，对机制不活、职工劳动积极性不高、市场竞争能力弱、活力不足的集体企业单位实行股份制改造。

（李刚）

【“三个一”活动】 2000年，建设公司工会组织职工开展“三个一”活动（学邯钢、做主人、提一条合理化建议、堵一个生产经营漏洞、人均增效一千元），做到4个结合：与推进科技进步相结合，注重推进和依靠科技进步；与本单位重点工作相结合，确保几大重点工程的圆满完工；树立典型，以点带面，不断推动“三个一”活动的开展；群众活动与专业管理相结合，把“三个一”活动的结果纳入专业管理，保证“三个一”活动的质量和经济效益的真实性。2000年提合理化建议746条，采纳450条，实施365条，创效益85万元，“查、反、堵”漏洞创效益128万元，千元职工人数达2130人。

（张映）

重庆钢铁集团房地产有限责任公司

【概况】 重庆钢铁集团房地产有限责任公司位于重庆市大渡口区钢花路21号，系重钢全资子公司，是具有法人资格，实行自主经营、自负盈亏、独立核算的国家二级房地产开发企业。主要从事房地产综合开发、销售、租赁、装饰设计和施工；房屋维修；水、电、天然气转供，管线安装工程、检修；小区物业管理；建筑材料、五金、交电、日用杂品、装饰材料、水暖器材等销售；管理重钢产权住宅。企业注册资本17300万元，固定资产原值12729万元，净值8363.68万元。2000年底在册职工616人，在岗职工507人，各类专业技术人员107人，具有高、中级技术职称32人。设办公室、人事综合部、计划调度室、技术室、市场营销部、房产管理部、工程质量管理部、水电气经营公司、万方物业管理公司、物资经营公司、明天装饰公司，并代管能源工程有限公司和鑫城宾馆有限公司。

2000年，实现销售收入13085万元，利润338.65万元。建成钢花小区安居工程住宅356套，工程质量合格率100%，截止2000年底，售房率达99.72%。开发建设的九龙坡朵力小区一期工程建筑面积146742平方米、1151户，小区绿化面积大于35%。房屋维修6423户（处），完成计划128.46%，水电气检修10651户（处），完成计划133.14%。2000年在黄桷大楼修建两栋共92户集资建危房，缴纳集资房款321.5万元。对跃进村6、7、14、23、24幢共5栋192户旧房加固改造，总投资60万元，已交付使用。全年办理发放房屋所有权证3923户。明天装饰公司实现产值452万元，万方物业公司收物业管理费63万元。2000年，重钢房地产公司获“重庆市文明单位”和“重庆市重合同守信用企业”称号。

（瞿勇）

条目另见部目

【房地产公司“九五”概述】:《重钢综述》

【国家安居工程钢花小区竣工】:《职工生活》

【获重庆市“重合同守信用”称号】 2000年，重钢房地产公司被重庆市工商局认定命名为“重合同守信用”企业。

（陈希）

重庆钢铁集团设计院

【概况】 重庆钢铁集团设计院创建于1954年，1993年在重庆市高新技术开发区注册登记成为高新技术企业。除承担重钢的技改、技措、大中修、环保和公用设计的勘察设计、中长期规划，以及重钢外委设计管理和重钢（大渡口本部）滑坡位移、重要构建筑物观测等有关管理职能外，还开展对外工程设计和技术咨询工作。持有国家建设部颁发的冶金行业、建筑工程、智能建筑专项甲级，市政公用、工程勘察乙级证书、国家计委颁发的钢铁甲级、工程地质、工程测量、环境工程乙级咨询证书、重庆市建委颁发的工程总承包乙级资质证书以及获得GB/T19001:1994质量体系认证证书。设计院下设工艺设备室、动力室、电气自动化室、技术经济室、市政分院和勘察测量分院等6个专业室及设计管理室、信息室、院办公室和产业发展部等4个职能管理部门，参股成立重庆三峰环境产业公司。2000年底在册职工221人，其中技术管理人员180人（高级技术职称32人、中级技术职称72人），生产操作人员24人。有一级注册建筑师3人，一级注册结构师5人，二级注册建筑师7人，二级注册结构师2人，注册监理工程师8人，重庆市咨询专家2人，工程造价师1人。2000年退休8人，当年新分配来院的高等院校毕业生4人。2000年设计院对专业室进行合并调整，将原朵力设计院的部份人员、市政建筑设计室和土建室合并组建为市政建筑分院，原机械设备室和冶金室合并成立工艺设备室，原勘测队改为勘测分院实行独立核算、承包考核，产业发展部的监理公司实行独立核算、自负盈亏。2000年设计院被评为全国CAD应用工程示范企业，CAD出图率99%；并通过质量体系复评换证审查。

（黄冬梅）

【对外市场开拓】 2000年，重钢设计院在立足重钢确保内部市场、继续扩大三峡库区业务的同时，在重庆市主城区建设中承担了江北商业城、北部新城望海小区、金城花园、迁禧花园小区、朵力小区等民用建筑项目设计及成都钢铁厂球团工程设计。承担重钢高速线材厂企业信息化管理系统软件开发，九龙坡区朵力小区钻孔灌注桩施工。全年完成产值1200万元，重钢内部外部设计任务各50%。

（黄冬梅）

【2000年勘察设计工作】 2000年设计院全年完成项目可行性研究2项，方案设计14项，初步设计15项，施工图设计80项。完成重钢内部的主要项目有重钢炼铁厂二烧车间大修改造施工图设计，重钢高速线材厂施工图设计，重钢高线工程坯料输送辊道运输方案及施工图设计，重庆三峰环境产业公司抛式炉排垃圾焚烧炉建成施工图设计，重钢焦炉煤气脱硫脱氰可行性研究设计，重庆朝阳气体有限公司30吨液化装置初步设计及施工图设计，重钢动力厂3#、4#高炉区域净循环水系统改造施工图设计，重钢型钢厂复二重轧机改造方案设计，重钢炼铁厂球团项目技改工程施工图设计，重钢五厂十一辊~九辊矫直机前后区域技改设计，重钢集团太和铁矿球团厂煤基竖炉改造施工图设计，重庆市九龙坡区朵力小区施工图设计，重钢高炉喷煤工程初步设计等。完成对外设计主要项目有：丰都中医院初步设计及施工图设计，丰都邮政局住宅及生产辅助用房设计，丰都农资公司施工图设计，重庆金城花园初步设计，忠县商业局移民迁建综合楼施工图设计，忠县畜牧站综合楼施工图设计，大渡口区教委办公楼扩建工程施设，涪陵区大梁山水上活动中心、休闲广场施工图设计，大渡口区迁禧花园施工图设计，涪陵客运西站施工图设计，重庆北部新城望海小区B区施工图设计，江北商业城施工图设计，丰都中学南迁初步设计，丰都新县城中心区、Ic、Id区施工图设计，重庆同兴垃圾焚烧发电厂可行性研究，成都钢厂10平方米球团竖炉技改工程初步设计，重庆市会山广场初步设计等。参加重钢二烧改造工程、重钢高速线材厂工程、重庆光能天马板装饰市场扩建工程、重钢职工医院工程、重庆朝阳气体公司30吨/天液化装置现场施工管理。

勘察测量工作除继续承担公司沉降位移观测外，完成重钢公司内部勘测项目63项，对外勘测项目42项，岩土施工8项，全年共计钻探进尺1.3万米，钻孔桩进尺1万米，测量面积10平方公里。

2000年，重钢设计院代表重钢签订“重钢（集团）公司板带工程可行性研究，重钢（集团）公司板带工程环境评价外委设计合同”。

（黄冬梅）

【通过“重庆市文明单位”验收】 设计院以创建重庆市文明单位为目标，总结5年创建“文明单位”经验，创建合格小家9个，先进小家5个，模范小家4个，达标“文明班组”100%；达标先进支部占50%，优秀党员152人；院岗位能手及青年岗位能手17人。并被评为重钢公司模范职工之家。2000年3月，经重庆市精神文明建设指导委员会组织检查18个方面的工作，各项指标完成率100%，通过重庆市文明单位验收。

（黄冬梅）

重庆三环建设监理咨询有限公司

【概况】 2000年，重庆三环建设监理咨询有限公司按照重钢公司重集综企发[1999]第459号文件《关于合同预算处改制方案》全面开始运作。三环监理公司下设综合部、总师室、经营开发部、工程监理部、工程造价咨询部、合同招标管理部、定额管理部。具有高级职称的18人，中级职称的45人，国家注册监理工程师18人，国家注册造价工程师7人。从事监理工作的人员都经过正规监理工程师培训，并取得建设部颁发的合格证书。2000年，重钢公司有8人取得重庆市项目总监理工程师资格证书，6人取得冶金系统和重庆市监理工程师资格。

2000年，三环建设监理公司实现销售收入134.47万元，其中对外创收79.69万元；实现利润5.107万元。工程造价咨询全年编审标底，工程完工结算总额：送审值52819.9万元，审定值44489.9万元。其中完成重钢公司送审值31819.9万元，审定值23489.9万元；重钢公司外编、审标底21个合同工程，产值2.1亿元。外部合同包括重庆儿科医院，重庆国税局装修工程，丰都水电局组团项目，丰都宾馆，丰都丝绸公司组团项目、万州长航大厦、忠县滨江公路、建设厂60万辆摩托车总装、涂装生产线、渝中区下罗家湾A7、A8危房改造工程等。2000年完成招标项目32个，其中重钢公司以外的代理项目招标3个,招标金额2700万元,有:重庆庆兰塑料制品有限公司新厂区一期工程,庆兰塑压及金工车间钢结构厂房工程,渝北区花园小学教职工住宅工程等。实施过程控制的成功率100%。

2000年签订监理合同26个,其中:重钢公司对外项目15个,总投资7亿元。在建和续建项目32项,其中:一等工程7项,其余为二、三等工程,建设规模达67.7万平方米,总投资10.46亿元,截止2000年12月底,已完成项目监理13项,完成工程投资3.43亿元。在建和续建监理项目19项,总投资7亿元。重钢公司现为重庆市建设监理协会理事单位,经年审,重钢保持了"工程建设监理资质(甲级)"、"工程造价咨询资质(甲级)"。2000年,重庆市将重钢公司排名第一,上报国家建设部申报甲级招标代理资质。

(肖家兴)

条目另见部目

【合同预算"九五"概述】:《重钢综述》

重庆钢铁集团中兴实业公司

【概况】 重庆钢铁集团中兴实业公司,原为胡子昂先生1939年创办的中国股份有限公司,建国后先后改名为重庆第三钢铁厂、重庆钢铁公司第三钢铁厂,重钢集团中兴实业公司1994年1月。位于重庆市江北区中兴段相国寺嘉陵江北桥头,沿江布局,南与渝中区隔江相望,东与长安厂毗邻,西至嘉陵江大桥;北面斜坡上为生活区,距重庆市中心解放碑3公里,重庆港4.5公里,重庆火车站1.8公里,重庆江北国际机场26公里。占地面积0.69平方公里。中兴公司诞生了世界上第一台弧形铸钢机、远东地区第一台立式铸钢机和国内第一台钳式行星轧机,是中国独家生产铁道垫板、冶金局定点生产无缝钢管的、集机械加工、运输、商贸、房地产、餐饮、娱乐为一体的综合性企业。主要产品有铁道垫板、各类圆钢、角钢、耐腐蚀钢、履带钢、餐具不锈钢等,其中20g冷拔低中压锅炉管、每米43~50公斤铁道垫板保持了冶金部优质产品称号,20g高压锅炉管获重庆市优质产品称号,碳素冷拔管获中国船检局颁发的工厂认可证书。1995年至1998年淘汰炼钢和耐火材料两道工序,中型轧钢工序于1999年下半年起处于停产状态,只有钢管工序维持着中等产量的生产运作。

2000年,中兴公司制定《中兴公司十五改革发展规划》,将发展新产业纳入规划,对钢骨架塑料复合管项目已申报立项。组织完成对14个技术管理标准的修订,制定E_2钢管采购技术条件、重点工艺规程和操作规程管理考核办法,完成SA—210C高压锅炉管理化性能试验和20CrMo。合金结构管开发试验。

2000年末,中兴公司二级单位机构32个,群团组织2个;在册职工3546人(管理人员488人,操作工人3058人);居家休息职工1336人;长假(协保)职工35人;买断工龄职工275人。历年离退休职工3305人。固定资产原值23591.6万元,净值15756.5万元。全年实现工业总产值3276.8万元,销售收入6405万元,税金214万元,利润-3327万元,产销率124%。全员劳动生产率为12898元/人。工亡事故为零,重伤实际控制1人,轻伤实际控制3人次(比重钢下达指标下降17人次),污染综合排放率、岗位粉尘排放率、环保设备开机率均控制在合格范围内。

(李懋林)

【制定"十五"发展规划】

2000年中兴公司制定《中兴实业公司"十五"改革发展规划》,中兴公司"十五"改革发展规划以党的十五届四中五中全会精神为指导思想,全面落实渝府[1998]181号文件和相关配套文件内容,实施"退二进三,退市进郊"的产业结构调整方针,在做大做强非钢产业、维护生产维护稳定的同时,开发新产业项目和分流再就业并举,建立中兴公司新的经济支撑点。到2005年底把中兴公司建成为以母子公司为框架,以房地产、建筑建材、环保和物业管理为主要产业,以商贸、餐饮、旅游、娱乐、社区服务和其它第三产业配套产业的多元化、产权多元化的复合型企业,全面完成产业结构调整。

(李懋林)

【促销降库存】 2000年中兴公司共销售坯材13716吨,销售收入5315万元,产销率124.34%,货款回收率109.25%,其中冷拔管月平均销售量880.5吨,为近两年最高水平。在2000年初专门组织力量对库存产品进行清理和分析,合理制定库存产品销售价格,把压库指标分解落实到具体人头并挂钩考核。2000年底比年初降低库存坯材2994吨,处理库存物资和废钢收入508.6万元,资金占用下降1946万元。

(李懋林)

【清欠工作】 中兴公司根据对1999年债权的情况分析及2000年清欠工作考核指标要求,制定"一厂一策"的清欠工作方针、目标和措施。2000年降欠1836.59万元,其中收回老欠款货币资金402.25万元，抵回物资646.68万元，实现重钢公司下达的1500万元的降欠目标。同时，向重钢公司争取政策，为抵款物资变现提供保证，抵款物资变现158.358万元（含税款7.5万元）。起诉欠款单位12户，共计金额1609万元，收回四川双流钢管厂、四川雅安汽配厂、江西宏业钢管公司等欠款单位1232万元的欠款（包括物资和房产）。

（李懋林）

【地产开发】 2000年，中兴公司先后形成《中兴公司老厂区开发可行性报告》、《中兴公司房地产开发设想》等报告，作出主厂区222644平方米土地“相国寺控制性详规”方案。在渣场“东方家园”开发工作中，确保一期工程顺利进行。“清目小区”开发于2000年10月份开始预售房，房屋销售率达到预期效果。嘉陵江复线桥引桥工程和江北滨江路三钢路段拆迁补偿工作，已全部收回补偿金。

（李懋林）

【帮助特困职工】 中兴公司扶贫解困慰问小组代表党政工不定期的对特困职工家庭进行走访慰问。2000年元旦、春节、国庆节或不定期向特困职工、工伤职工、残疾军人、孤寡老人、劳动模范等318人发放慰问金2.97万元。办理职工困难补助1375人，金额71963元，资助职工子女上大学55人，金额5500元。

（李懋林）

【减员分流进“中心”】 2000年，中兴公司根据“以事定岗、以岗定员”的原则，对所属各单位的劳动定员进行重新配置，定员人数由2902人减至2007人，减员895人，减员比例达到30.84%；其中子公司减员746人，减员比例35.62%；职能部门减员149人，减员比例19.30%。先后制定《中兴公司2000年减员分流实施办法》、《中兴公司下（待）岗职工管理暂行办法》、《中兴公司减员分流有关问题的通知》等文件，动员职工自愿选择分流渠道。对曾经从事过特殊工种的职工和下岗干部摸底调查，动员、鼓励职工提前退休。共办理提前退休66人，“双解”（解除劳动合同，解除进中心协议）分流246人，办理退休、病退职工30人。截止2000年底，中兴公司全民在册职工3546人，比1999年末的3972人减少426人，分流比例达到10%，超额完成重钢公司下达的分流目标。全年进再就业中心2072人，出再就业中心502人。全年开设24个培训班，培训职工962人。宣传下岗职工再就业典型事例，以“十佳再就业明星”牛开元为宣传典型，引导下岗职工转变择业观，2000年共有146名职工在“中心”解除协议，走向社会，实现再就业。

（李懋林）

【厂情教育】 2000年，中兴公司党政根据重钢公司统一布署开展厂情教育活动。中兴公司成立厂情教育小组，结合实际，分阶段、有重点地组织实施厂情教育工作，一季度以学习重钢公司唐民伟总经理在职代会上的讲话和重钢兼并重特公司的宣传材料为主，重点让职工了解重钢和中兴公司的现状、困难及克服困难的措施，职工受教育面达到100%。二、三季度结合减员分流工作开展厂情教育，引导职工树立正确的产业观和择业观，四季度以厂情教育为日常工作进行。

（李懋林）

【党内主题竞赛活动】 2000年，中兴公司党委把开展党内主题活动作为支部建设的主要内容之一，开展以“增效益、减亏损、保目标、求发展”为主题的党内竞赛活动。围绕生产经营、降耗降成本、处理积压物资、催收欠款、新产品产业开发、合理化建议、修旧利废等16个方面开展活动。2000年，中兴公司党内竞赛活动创效200万元。

（金萍）

【基层党建工作】 2000年，中兴公司党委，1. 重点开展“党支部达标晋级活动”，达标党支部超过90%，其中先进达标党支部超过50%。2. 对8名新上任的支部书记送重钢进行党建知识业务培训。3. 实行支部书记工作月重点检查制。4. 抓好党支部“三基”（基本制度、基本管理、基本台帐）建设，党委对各总支、支部基础台帐等工作提出具体要求，对有条件的重点窗口单位提出支部工作“三上墙”的要求。5. 加强党支部工作研究，召开支部书记工作研讨会，其中《领导者的影响力是调动职工积极性的力量之源》一文获重钢党建暨党支部书记工作研讨会论文二等奖。

（金萍）

重庆钢铁集团机械制造有限责任公司

【概况】 重庆钢铁集团机械制造有限责任公司是重钢的全资子公司，从事各类机械设备的整机加工和异形件加工。主要产品有轧辊、双环减速器、冷却壁、风机、圆盘给料机、结晶器、各类铸钢件、铸铁件、有色金属件、合金钢锭、结构件等。曾多次获得冶金设备供应先进单位称号，为重钢历次大、中修及技改提供设备保证。机制公司由全民和集体企业两部分组成。全民部分固定资产9553.66万元，建筑面积6037平方米，各类设备410台，职工996人。“双解”(解除劳动合同，解除进中心协议)300人，集体企业14家，固定资产1007万元，主要加工设备245台，职工1007人。机制公司有中级职称以上工程技术人员34人，其中高级职称7人，产品开发及营销人员30人。

2000年，机制公司提出并执行优化人员结构，“将合适的人安排在合适的岗位上，从事合适的工作”，加强资金管理，“要用钱，先找钱”的原则及“将现场交结职工，将班组交结班长”自主管理等管理方法。2000全年实现销售收入9879万元(集体企业4579万元)；利润179万元(集体企业91万元)。

(马云峰)

条目另见部目

【机制公司“九五”概述】:《重钢综述》

【轧辊生产线投产】:《技术改造》

【PC梁铸钢支座试制成功】:《科技进步》

【发挥党建作用】 2000年，机制公司两级党组织1.在生产经营、技术改造、各项改革和分配决策上把好政策关，确保决策的正确性；在参与讨论生产经营、分配、技术及各项改革方案的制定中，提出建议和意见为决策提供准确性；在各项决策形成后，讨论和制定有关监督保证措施和纪律要求，确保决策贯彻的有效性。2.抓领导班子建设，把“团结、负责、勤政、廉洁、开拓”作为两级负责人的行为准则，班子成员按要求完成各种培训及各项政治学习。在两级班子里推行月重点工作制并纳入经责制考核，每季组织职工代表对厂级领导班子成员执行重点工作情况进行评价。综合四个季度评价结果，职工认为各项工作为优秀的班子成员比例为87.7%。2000年职工对领导班子的清正廉洁认可率达98.7%。3.对二级班子实行动态管理，及时调整和充实有专业知识的人员进领导班子。4.加大厂情教育力度，重点摆在提高职工观念转变上，针对一月份出现88.5万元的巨额亏损、整顿干部队伍。2～4季度分别开展质量季、合同季、达标创优季及800轧机辊道制造、轧辊项目技术攻关等方面工作及要求都编写了专题厂情教育材料。

结合支部实际，围绕生产经营中心狠抓党建工作。在党内开展“质量卫士”、“质量竞赛”，围绕技术薄弱环节组织党员攻关，党员挂牌上岗，党员带头献计献策等活动，全面实现年初制定的“两个文明”建设目标，参与达标创优的17个党支部均达到标准要求，其中10个党支部评为达标先进支部。

在机制公司，党员占职工比例为18.35%，党员的先锋模范作用得到职工认可。在机制公司2000年评选的“十佳”、“模范”、“先进”职工中，共产党员占66.5%。“十佳”职工中共产党员有8人，15位模范职工中，共产党员有12人。职工对党员在两个文明建设中发挥先锋模范作用认可率为97.7%。

(王向东)

重庆钢铁集团热陶瓷有限责任公司

【概况】 重庆钢铁集团热陶瓷有限责任公司位于大渡口区庹家坳59号，是具有独立法人资格，实行自主经营、自负盈亏、独立核算的全民所有制企业。2000年底，在册职工764人，管理人员60人，其中具有高级技术职称的1人，中级技术职称的18人，操作人员704人。设6科1室(生产科、技术质量科、物资科、综合科、机动科、营销科、党政办公室)，3个生产车间(一车间、二车间、四车间)，辅助车间1个(五车间)。2000年，热陶瓷公司固定资产原值为7852万元，耐火材料产量：13176吨；销售收入：2182万元；产销率：110.8%；工业总产值2009万元；耐火材料综合质量95%；上交税利164万元；利润－495万元(处理库内积压产品－251万元)。

2000年，热陶瓷公司98%不在岗位上的职工签订了进入重庆市再就业服务中心的协议，每月按时将下岗职工基本生活费拨付到每位下岗职工手中。2000年下岗分流进再就业中心工作按计划完成。热陶瓷公司再就业服务工作站对下岗职工举办了计算机基础知识专业培训班，培训100人。

(唐红英)

【减员分流】 热陶瓷公司根据“以销定产，产品开发和减员增效，进再就业中心”的指导思想，推进减员增效、下岗进“中心”工作，利用国家退休政策，通过办理特殊工种退休，女管理人员50岁退休、病退等手续，使部分符合退休条件职工进入养老保险统筹进行分流。利用国家再就业政策，动员下岗职工640人进再就业服务中心，通过举办再就业培训班共有111名职工自谋出路办理了“双解”(解除劳动合同，解除进“中心”协议)手续。2000年共减在册职工154人，与年初在册职工人数相比减少17%，完成重钢公司下达的减员指标。热陶瓷公司寻求各方合作，利用厂房、设备、场地等优势，采取租赁厂房、设备、联合经营等形式解决部分下岗职工的安置问题。

(岳许容)

【建立护厂片区责任制】 2000年,热陶瓷公司成立民兵护厂巡逻班,每两人组成一个小组,护厂巡逻班分成3个小组,对全厂区域进行分片区巡逻,护厂巡逻责任明确到个人。

(卢坚)

【产品工艺改进】 2000年2月,热陶瓷公司对热风炉用高温低蠕变高铝砖生产工艺进行改进,产品成本较原来降低367.5元/吨,共降低成本15.43万元。5月份,对钢包用尖晶石-碳衬砖生产工艺进行改进,生产的JFC系列钢包衬砖,使用性能与尖晶石-碳砖媲美,成本降低193240元。对连铸用整体塞棒的生产工艺进行改进攻关。2000年,热陶瓷公司通过生产工艺改进,降低成本34.76万元。

(李杰)

【质量管理】 2000年10月,热陶瓷公司先后组织有关负责人参加重钢公司培训处的质量内审员培训班。各职能科室、车间设立专兼职质量管理员并聘请重钢质量管理专业人员进行讲课培训。由技质科牵头在全厂职工中进行质量管理宣传工作。10月中旬热陶瓷公司任命最高管理者代表,设立专职质量内审员对全厂质量管理工作进行统一领导。按照ISO9000系列质量管理要求制定《质量方针》、《程序文件》以及相关的管理办法,并组织各部门专兼职质量管理员学习讨论,对《程序文件》进行修改和补充。11月要求各部门在实际操作中按照《程序文件》中的规定执行。12月由专职内审员对全厂各部门的执行情况进行检查,对不符合项的部门进行相应的考核。

(李杰)

重庆钢铁集团耐火材料有限责任公司

【概况】 重庆钢铁集团耐火材料有限责任公司,原名重庆耐火材料总厂,系重庆钢铁(集团)有限责任公司的全资子公司。重钢耐火材料公司位于重庆沙坪坝区双碑,工厂占地160008平方米,职工452人,各类管理人员57人,专业技术人员81人。设置13个职能科室,5个生产车间,3个相对独立核算的公司、驻外经营部、办事处,耐火材料研究所、物理化学检验室各1个。耐火材料公司下属包括:重庆保温材料厂,重庆嘉陵窑炉工业建筑公司2个大集体单位。2000末,固定资产4060万元。专业生产设备135台(套),其中,1000吨、630吨、400吨磨擦压力机各1台。生产粘土质耐火材料、高铝质耐火材料、高强度轻质隔热制品、镁铝碳含碳耐火材料、硅酸铝耐火材料、无石棉微孔硅酸产品的生产线各一条。年生产耐火材料2.5万吨,保温材料4500立方米。产品分为3类,6大系列,3000多个规格品种。广泛应用于国内26个省、市、自治区的冶金、电力、建材、机械、化工、水泥、玻陶等行业,并出口东南亚国家和地区。

2000年完成工业总产值1342万元,生产耐火材料13390吨,实现销售收入1274万元,上交税利180万元,比1999年提高25%,公司资产负债率43%,比1999年降低61%。全员劳动生产率为2.98万元/人,比1999年降低17%。耐火材料产品质量综合合格率为93.85%,比1999年提高1.76%。耐火材料原料消耗为1150千克/吨,耐火材料综合能耗2724克/吨,比1999年降低14%。万元产值综合能耗2.85万元/吨,比1999年降低3%,产品产销率为109%,比1999增长10%。

2000年下岗分流进中心452人,其中"双解"(解除劳动合同,解除进"中心"协议)自谋出路98人,减员126人,争取重庆市再就业服务资金198万元,支付35万元奖励离开企业的"双解"职工。全年组织下岗人员再就业115人次。

(张治润)

重庆朝阳气体有限公司

【概况】 重庆朝阳气体有限公司是重钢公司控股的中外合资企业,拥有10000立方米/小时、6000立方米/小时、3200立方米/小时三套大型空分设备,30吨/日液化装置一套,瓶装气充装线6套,顾客供气服务站20个,制H_2机2套,气、液态产品贮罐和贮槽36个。16辆气体/液体采用运输车辆,固定资产1.94亿元。工业总产值3.06亿元,年销售收入1.4亿元。主要产品有氧、氮、氩、氢、医用氧、高纯气、焊接接混合气等气态和液态产品,除通过管网输送给重钢公司各子公司生产用外,还向重庆市及西部地区冶金、机械、汽车、摩托车、化工、电子、医用、制药以及科研等行业提供工业和民用气体。朝阳公司1994~1999年连续6年获重庆市高新技术开发区"优秀企业",获重庆市科学技术委员会"高新技术企业",重庆市海关"三A"企业荣誉证书,1999年度进入重庆市"十佳"外商投资高营业额企业,2000年10月通过北京新世纪质量体系认证中心ISO9002质量体系认证；2000年度获重庆市文明单位称号。

（刘钟）

条目另见部目

【“爱尔”牌家庭用氧上市】：《科技进步》

重庆钢铁集团电子有限责任公司

【概况】 重庆钢铁集团电子有限责任公司系重钢公司的全资子公司，集技、工、贸为一体的经济实体，自负盈亏独立核算。是重钢公司计算机科研开发、自动化工程技术中心和测试基地，具有管理、经营、服务、生产科研等职能。2000年，电子公司设党群工作部、计量部、综合部、经济运行部、供应部、技术开发部，下设多经部、标检室、物资计量车间、计器维护车间、工程公司、衡器厂、三峰仪表成套厂、自动化控制公司、三峰软件公司、卡斯特公司。固定资产1325.7万元，净值635.5万元。职工572人，其中管理技术人员180人（高级工程师25人，工程师44人，助理工程师78人），生产操作人员306人，退休职工114人，居家休息职工60人。

2000年，电子公司本着“服务、准确、创新”的企业精神，遵照“服务别人，壮大自己”的要求，立足重钢内部，开拓外部市场，与德国西门子公司、台湾研华公司联盟，作为一级代理。成功开发远传式TM卡家用智能“三表”系统，智能多用户电能表、智能远传通信仪、智能锅炉控制系统，建成完善仪表、电偶两条生产线。2000年实现销售收入3206万元，利润200万元，完成重钢公司下达的利润目标。

（李萍）

条目另见部目

【重钢光纤骨干网第一期工程开通】：《科技进步》

【五厂CIMS系统开发】：《科技进步》

【焦化厂管理信息系统开发】：《科技进步》

【炼铁厂管理信息系统开发】：《科技进步》

【重庆朝阳气体公司数据远程采集系统】：《科技进步》

重庆钢铁集团运输有限责任公司

【概况】 重庆钢铁集团运输有限责任公司组建于1996年1月9日，前身为汽车大队，主要任务是承担重钢各二级厂矿、处室、子公司的客货运输。运输公司位于重庆市大渡口区建设村71号，袁茄公路国道九校平交路口，占地1.7万平方米，建筑面积8347平方米。2000年末有职工507人，人车比为2.13:1。固定资产原值4541万元，净值2927万元，汽车209台，总运力1600吨，主要车型为东风平板车、红岩重型自卸车、沈飞客车、重庆牌客车。下设10个经营实体：一中队、二中队、三中队、四中队、五中队、长风分公司、汽修总厂、保修厂、CNG气站、配件分公司，另设有生产经营科、办公室两个科室。2000年实现利润82.9万元，比计划上升3.6%；产值3037万元，比计划上升1.2%；外运外修收入为391万元，占运输公司总产值13%；总资产保值增值比年初上升1.1%。

2000年运输公司生产经营目标完成情况

项　目	完　成	比目标
产值	3037万元	1.2%
利润	82.9万元	3.6%
外运外修收入	391万元	63%
减员分流	59人	354%
资产保值增值		比年初上升1.1%

（陈伟）

条目另见部目

【运输公司“九五”概况】：《重钢综述》

【为重庆市动物园承运长颈鹿】：《生产经营》

【厂区通勤车服务】：《职工生活》

【基础管理工作】 2000年是运输公司强化管理年。1.调整后的班子抓管理工作，对班子要求做到工作、思想、形象三个到位，勤政廉政。对科干，要求做到：提高认识，加强学习；艰苦奋斗，廉洁自律；队务公开，民主管理；严格纪律，增创效益；规范管理，看清规矩；优质服务，市场第一；关心职工，奖罚得体；团结友爱，班子心齐。对行管人员的要求：正确的工作目标，积极的工作态度，灵活的工作方法，快捷的工作效率，良好的工作结果。2.推进管理工作的力度。针对汽车运输发展快、变化多的特点，修订生产、安全、技术、基础工作、职工管理等办法，总计31项。实现汽修总厂代管后的平稳过渡，实施汽车配件部门走向市场，逐步自谋生路的改制。推进“双解”（解除劳动合同，解除进中心协议）工作，共减员59人。扩大CNG（压缩天然气汽车）成果，全年为重庆市第一公交公司918车队改车19台，马王乡气站盈利17.9万元。3.2000年运输公司通过“三五”普法验收，运输公司申报的安全文明小区获得通过，保持了重庆市工交企业文明单位称号。

（陈伟）

【财务工作】 2000年，运输公司全年营运总收入3037.34万元，比年目标增加1.20%，比1999年增加10.04%，实现利润82.89万元，比目标增加3.60%，比1999年增加7%。1. 大宗物资货运量全年完成60.70万吨，比1999年增加20.64%，实现收入887.40万元，比1999年增加5.30%；削减用车趟次及降价因素影响，客运收入实现964.12万元，比1999年增加7.14%。2. 开拓对外运输、修理及CNG加气等非运输业务，创收391.09万元，占营运总收入的12.88%，比1999年增加32.60%，其中：外运收入272.95万元，占总收入的8.90%，汽车修理和CNG加气等收入118.14万元，占总收入的3.89%。3.2000年，运输公司总成本为2306.74万元，比目标有所上升，特别是CNG燃气的使用消化国家7次油价上调因素影响。各队通过开展增收节支，降耗降成本活动，主要成本消耗指标中燃油、配件得以控制，百元产值配件消耗为6.32元，比目标下降3.51%，百元产值燃油消耗为14.12元，只比目标上升0.70%；节能环保项目CNG运行，使用燃气车比耗油降低费用30%以上。4. 管理费用全年支出559.16万元，比目标减少60.84万元，下降9.18%，比1999年减少28.54万元，下降4.86%。5.2000年，运输公司平均流动资金占用539.67万元，比年初减少55.53万元，下降9.30%。

（李红旗）

重钢运输公司“十五”规划表

（单位：万元）

项目 \ 年度		2001		2002		2003		2004		2005	
		收入	投资	收入	投资	收入	投资	收入	投资	收入	投资
合计		4000	365	4975	665	5455	290	5880	1010	6200	510
产值	总产值	4000		4975		5455		5880		6200	
	产值比上年同期			975		480		425		320	
	其中对外收入	530		1055		1335		1460		1780	
	外收入比去年同期			525		280		125		320	
	对外收入比例	13.25%		21.21%		24.47%		24.83%		28.71%	
新增股份公司保产	小南海大二甲石	100		100		200	250				
	高速线材厂	50		50							
	球团（块）矿运输	70									
	新型薄板厂							300	250		
新增对外收入	CNG气体销售	35			600	50		60	600	20	
	学校专用车服务	12		25	45						
	轻轨PC梁运输	150	120	300							
	物流运输					80					
	脱硫塔销售					30	10			80	
	高能点火装置销售					20	30				
	旅游服务							20	10	30	
	环城客车运输							45	150		
	集装箱运输									100	500
	电子商务									70	
	钢铁深加工									20	10
配件销售中心		1000	245	500	20	100					
财务指标	利润	90		100		110		120		130	
	税利	194		212		236		256		270	

重庆新港装卸运输有限公司

【概况】 重庆新港装卸运输有限公司是1998年由重钢集团和重庆长江轮船公司合资组建的有限公司,重钢集团控股55%,重庆长江轮船公司参股45%。主要经营范围:港口装卸,辅以仓储、汽车运输、货物装卸(运输)代理及销售等业务。设计年吞吐能力50万吨。2000年,资产总额为3719.8万元,固定资产原值2598.7万元,固定资产净值2418.2万元。正式员工人数为65人,其中招用重钢员工50人,重庆长江轮船公司员工15人。生产操作人员工占员工总数的75%,管理技术人员占员工总数的25%。下设办公室、财务部、商务部、生产部及货代公司。

重庆新港装卸运输有限公司的主要设施为1艘1000吨级的钢结构浮吊趸船,配有吊装能力分别为40吨和20吨的塔式吊机各1座。2个面积分别为4000平方米和1500平方米的露天货场,各配一台吊装能力为40吨的门式行车。2000年,自筹资金建成一个面积为2200平方米的露天汽车停车场。重庆新港装卸运输有限公司的码头是西南地区设施先进、功能齐全的滚装式码头,具有安全可靠装卸各类散货、机电设备、结构大件、集装箱及各类汽车的功能。码头靠成渝铁路,是集水路、公路、铁路为一体的交通枢纽。

(柳纲)

【生产经营】 2000年重庆新港装卸运输有限公司完成货物吞吐量39.2万吨,比1999年增长22%,营业收入1072万元,比1999年增长25%,利润总额500.72万元,比1999年增长55%,对重钢外的货源创收110万元,比1999年增长66%,主要生产经营指标均完成或超额完成年度生产经营目标。货源以重钢的钢〈坯〉材为主,汽车、大件设备及机电设备等一些重钢外的货源呈上升趋势。2000年的现货差损率、装卸差损率、库管差损率均≤0.5%,作业合同纠纷率为零,严格控制在部颁标准内。2000年,资金利润率为14.6%。与重钢集团电子公司合作,编制开发新港港口装卸及运输要求的电脑软件网络系统。

(柳纲)

重钢进出口公司

【概况】 重钢进出口公司(地址:重庆市大渡口区大堰3村2幢2号)是重庆钢铁(集团)有限责任公司的全资子公司,专业从事外经贸业务,注册资金548万元人民币,经营范围:自营和代理各类商品及技术的进出口业务(国家限定公司经营或禁止进出口的商品及技术除外),经营进料加工和"三来一补"业务;经营转口贸易和对销贸易。重钢进出口公司是按《企业法》登记注册的企业法人。下辖1科3部4公司:综合管理科、进口部、出口部、储运部、物资公司、深圳公司、海口公司和海口经协公司。职工52人,平均年龄38岁,其中男职工38人,女职工14人。在岗人员25人,大专及其以上文化程度人员20人,占在岗人员的80%,在岗人员中,高级职称2人,中级职称8人,初级职称10人。

到2000年末,重钢进出口公司资产总计223408395元,其中,流动资产为222352168元,固定资产423026元,长期投资633200元,所有者权益为155207460元,资产负债率为31%,流动比率325%,速动比率304%,2000年社会贡献总额达到599308元。

(周仕文)

条目另见部目

【进出口公司"九五"概述】:《重钢综述》

【重钢实现外贸扩权】:《现代企业制度试点》

【进出口与创汇】:《生产经营》

【对子公司清理整顿】 由于历史的原因,重钢进出口公司属下的全资子公司及投资公司较多,分布较散,在经营中不同程度地存在一些问题,尤其是债权债务问题和固定资产闲置问题比较突出。2000年,重钢进出口公司专门成立清理小组,按照"清理、整顿、收缩、集中"的方针,对所属各子公司的资产和财务情况进行清理整顿。完成对所有子公司的清理工作,收回子公司对母公司欠款343万元,催收外部应收帐款1652万元,完成星联船务公司的股权转让,盘活海口公司和深圳公司的闲置房产,深圳公司与深圳公司重庆经营部、海口公司与海口经协公司的整顿工作也取得进展。

(周仕文)

重庆钢铁(香港)有限公司

【概况】 重庆钢铁(香港)有限公司经中华人民共和国对外经济贸易合作部批准于1996年10月正式成立,实际注册资本100万港币,是重钢集团在香港的全资子公司,职工4人。重庆钢铁(香港)有限公司代表重钢公司开展国际间的对外联络、国际贸易、资金融通、经贸合作、原料和产品进销业务，与国际上20多个国家和地区建立了商贸关系，具有良好的商业信誉。重庆钢铁(香港)有限公司及时将各种重要信息、资料反馈给重钢，为重钢的决策提供参考。2000年协助重钢进口矿石110万吨，促销重钢的板坯2万吨。2000年香港公司创利润300万港币。同时做好重钢出境人员的接待工作。

董事长:唐民伟

董事:袁进夫　周志宇

总经理:周志宇

电话:852－28386193

传真:852－28386973

地址:香港庄士敦道181号大有大厦1313室

(魏建忠)

重庆钢铁集团生活服务有限责任公司

【概况】 重庆钢铁集团生活服务有限责任公司是重钢公司的全资子公司。2000年底，在册职工885人，管理人员157人，其中具有高级技术职称的4人，中级技术职称的25人，操作人员622人。居家休息100人，请长假6人，在岗779人。重钢生活服务公司设党委办公室、经理办公室、劳人科、保卫科、管理科、电讯工程部(重钢电信分局)、厂容环卫部、园林绿化部、集体宿舍部、重钢招待所、餐饮食品部、采购供应部、幼教科、驻站管理科、食品厂、汽修厂。年初，鉴于生活服务公司代管的重庆益益久生物工程有限公司亏损严重，重钢公司决定，重庆益益久生物工程有限公司停止经营。6月撤销原化肥厂。为安置职工，生活服务公司利用原有执照，在6月恢复原汽修厂。重钢生活服务公司有固定资产原值2503万元，净值1717万元。主要经营项目信息电讯、厂容环卫、园林绿化、饮食、理发、住宿、洗染、国内航空运输客运售票代理、家电维修、汽车运修、房屋维修、经销通讯设备(不含发射和接收设备)、副食品、其他食品、餐饮用具、电子产品、日用杂品、五金交电、针纺织品、汽车零部件、摩托车零部件、建筑材料、花卉、陶瓷制品、化工产品、橡胶制品、办公用品等。

2000年，生活服务公司论文《强化服务完善经营让社会职能走向社会》获第十二届全国冶金钢铁企业生活后勤工作研讨会论文评选一等奖。

(方清华)

条目另见部目

【生活服务公司“九五”概述】:《重钢综述》

【职工宿舍住宿管理】:《职工生活

【扩大办公用品配送单位】:《职工生活》

【招待所餐饮部开业】:《职工生活》

【幼儿园工作】:《文化教育》

【创建重庆市幼儿智能教育基地】:《文化教育》

【减员分流】 2000年，重钢生活服务公司制定《关于2000年减员增效、下岗分流、再就业工作实施办法》，减员122人，办理进“中心”114人，“双解”(解除劳动合同，解除进“中心”协议)65人。超目标完成重钢公司下达的减员30人的指标。

2000年分流工作重点是重庆益益久生物工程有限公司人员。1999年，重钢决定益益久公司交由生活服务公司管理，2000年3月1日，重钢公司《会议纪要》决定益益久公司歇业停止经营，90名职工按照“三个三分之一”的方式分流安置，即重钢公司内部安置30人，职工自愿解除劳动合同30人，生活服务公司负责安置30人。生活服务公司成立人员安置小组，分三步实施分流。第一步先解决重钢公司安置30人，制定《关于在集团公司部分单位安置益益久职工的操作办法》，安置23人。第二步，鼓励动员职工自愿解除劳动合同，对15名专业不对口的大学生讲清益益久公司困难处境，同时作好政策引导和单位推荐工作。通过鼓励自谋出路、调离、“双解”、自愿承包等方式，多途径、多渠道分离职工21人，其中大学生“双解”11人，调离2人。第三步，生活服务公司内部安置，反复征求基层单位意见，经过蹉商，挤出35个岗位，并制定《关于在生服司内部安置益益久职工的操作办法》，通过职工、单位双向选择的方式安置职工，截止5月底，内部安置和自愿承包办理居休、下岗“进中心”等安置职工44人。

(罗永明)

【责任制考核】 2000年，生活服务公司对责任制考核体系进行调整。以利润指标为主线，以重点工作为基础，以工资基数为挂钩基数，按计划和目标分档进行考核分配。完成计划档，取得工资基数的40%；完成目标档，再取得工资基数的20%；在计划档和目标之间，按“实现利润额－计划档利润/目标档利润－计划档利润×工资基数×20%”公式计算相应挂钩部分。重点工作项目和精神文明指标只设目标档，挂钩工资基数的40%。机关科室人员按二类指标考核：一类是通挂公司利润指标，按公司完成利润指标比例同率浮动；二类是职能科室分管业务范围的重点工作指标。利润指标和重点工作项目以《指标分解责任书》的形式，分解到科室（车间）、班组和个人。指标分解到15个科室（车间），58个班组728人签订《指标分解责任书》728份。签订率100%。各单位按月对照《指标分解责任书》逐项检查考核，考核结果实施分配。2000年全年扣奖总额4.69万元，考核1636人（次）。对完成超额利润和节支费用超过目标档的单位，按15%～30%的比例分档计奖，提成奖励额共17.8万元。完成利润目标档的单位比例，由1999年的66%上升为70%。强化能源管理，严格按能耗指标考核，全年共考核15次，考核金额11029元。能耗费用由1999年的114万元降至110.6万元，节能幅度达2.98%。

（刘忠经）

【扩大办公用品配送单位】 2000年，生活服务公司每月对市场行情进行调查、分析，及时掌握重钢公司内部的需求量，采购实行招标制，做好售前、售中、售后服务，扩大办公用品配送单位，由1999年的15家增加到40家，全年创收637.15万元。

（方清华）

【厂情教育】 2000年年初，生活服务公司以集中学习的方式开展厂情教育，让职工既看清重钢公司亏损的不利形势，也看到通过“五管齐下”政策实施，重钢公司希望所在，同时让职工了解生活服务公司完成全年生产经营目标的有利条件和不利因素，引导职工树立正确的创业观（靠自己的努力去占市场，创效益；摒弃等、靠、要、闹的观念）、择业观（珍惜现有岗位，以自己的努力去适应岗位的需要）、分配观（按“五必有”原则，有效益才有分配，克服单位之间，部门之间和岗位之间盲目攀比的思想，靠自己的努力去创效益）、竞争观（通过不断提高自身素质，去适应市场竞争的需要，适应企业发展）。在2000年7月重钢公司形势逐步好转时，生活服务公司针对职工心目中盲目乐观和与己无关的两种错误观念，提出树立一种意识“服务也是产品”；增强一个观念“为用户服好务是自己生存基础”；做到三个清楚：清楚司、科生产经营目标完成进度，清楚完成全司生产经营目标的有利条件和不利因素，清楚本班组、本岗位上半年工作中存在的差距和下半年措施；确保一个目标：通过全司职工的努力，确保全年生产经营目标完成。

（陶剑波）

重庆钢铁集团 重庆钢研所

【概况】 2000年，重庆钢铁集团重庆钢铁研究所组织管理机构设综合部、政工部、生产部、科技部、商贸部、财务部、企管办、第一、二、四、五研究室，理化检测中心（原第三研究室更名）、机修车间。主要从事优质特殊钢材料研究开发和中试生产；高精度冷轧管、冷拉丝、棒等特殊金属材料的开发生产；有色金属综合利用；磁性材料的开发生产；以及理化检测方法的研究。2000年完成工业总产值956.66万元，比1999年减少7.95%，其中新产品产值469.22万元，比重钢公司下达计划指标增加17.3%，比1999年下降1.97%，产量250.08吨，比1999年下降8.73%，其中新产品产量77.03吨，比1999年增长9.7%，销售收入919.08万元，比1999年下降10.86%，其中主要产品比1999年增长4.58%，新产品销售收入501.67万元，比1999年增长6.88%，新产品销售数量比1999年增长44.3%，主要产品产销率102.67%，比1999年增长9.57%，货款回笼率83.95%，比1999年下降8.97%，上交税金45.5万元，比1999年增长15.84%，利润22.17万元，比1999年增长79.95%，比重钢公司下达的目标利润增加10.85%，资产总额2361.19万元，比1999年增长7.29%，资产负债率比1999年降低0.3%。实现自1996年以来的第二个无事故年和第四个无交通安全事故年。2000年，全所科研新试项目16项，完成11项，比计划立题增加6项，比计划完成增加4项，《超高硬度含钴锋钢的开发》获重庆市2000年度科技进步三等奖，大规格新产品比1999年增长91.24%，创收218.2万元。全年办理职工退休、病休、辞职、辞退、解除劳动合同、调离等人员60人，共计减员59人。吸收应届大学毕业生1人。组织职工参加义务献血22人，超额完成当地政府下达指标的37.5%，为单位和职工个人节省用血补偿金数千元。组织职工开展献爱心活动，捐衣物408件，捐款270元。组织职工参加当地政府开展的植树节活动120人次，植树1000株。

（梁敦德）

重庆钢铁集团 机械化工程有限公司

【概况】 重庆钢铁集团机械化工程有限公司属重钢全资子公司，系国有二级建筑施工企业，主要承担市政工程、高速公路、独立大桥工程、建筑施工与装饰工程、钢结构制造、金属制品深加工。全民职工 139 人,其中各类技术、经济管理人员 54 人。建筑施工、道路桥梁设备 180 台(套),总装机容量 3500 千瓦;各型焊接设备、数控、半自动切割机 60 台(套),钢材预处理生产线 1 条,年生产加工能力在 2 万吨以上。2000 年实现销售(产值)收入 11774 万元,利润 371 万元,其中上交重钢公司利润 150 万元。2000 年竣工验收和完成的主要工程有:渝长高速公路 K_2 合同段工程;重庆长江鹅公岩大桥钢箱梁制造工程;重庆长江鹅公岩大桥西引桥上部结构工程;完成钢材深加工,包括模板、桥板、管坯、型钢、球扁钢共计 1.21 万吨,制作重庆长江鹅公岩大桥养护小车 2 套及 3 台临时平台,完成重庆长江鹅公岩大桥钢路沿、钢盖板、防撞栏、人行栏的制作及安装。在建工程主要有重庆高架轻轨 PC 梁制造工程;渝合高速公路 I_2 合同段工程;重庆长航响水苑国家安居工程;九龙坡朵力小区综合管网工程。

(颜兴全)

条目另见部目

【渝长高速公路 K_2 合同段交验】:《生产经营》

【鹅公岩大桥钢箱梁和西引桥工程验收】:《生产经营》

【中标承建重庆高架轻轨 PC 梁工程】:《生产经营》

重庆钢铁集团子公司通讯录(2000 年)

单　　位	电　　话	地　　址	邮编
重钢集团特殊钢有限公司	023－65138989	重庆市沙坪坝区双碑 143 号	400032
重庆钢铁股份有限公司	023－68845030	重庆市大渡口区李子林钢铁路 30 号	400084
重钢集团产业有限公司	023－68845262	重庆市大渡口区大堰三村路口	400080
重钢集团矿业有限公司	023－68846964	重庆市大渡口区大堰一村 81 幢	400080
重庆东源钢业股份有限公司	023－48249442	重庆市綦江县三江镇磨滩	401431
重钢集团钢管有限责任公司	023－62590757	重庆市巴南区土桥王家坝新溪村 1 号	400054
重钢集团铁业有限责任公司	023－47681045	重庆市江津夏坝镇	402268
重钢集团铁合金有限责任公司	023－40514581	重庆市长寿县羊角堡	401220
重钢集团建设工程有限公司	023－68845602	重庆市大渡口区中山堂	400084
重钢集团房地产有限责任公司	023－68846215	重庆市大渡口区钢花路 21 号	400084
重钢集团设计院	023－68846193	重庆市大渡口区大堰三村路口	400080
重庆三环建设监理咨询有限公司	023－68846167	重庆市大渡口区大堰二村共建一支路	400080
重钢集团中兴实业公司	023－67854377	重庆市江北区中兴段 1 号	400020
重钢集团机械制造有限责任公司	023－68846762	重庆市大渡口区李子林石槽门	400084
重钢集团热陶瓷有限责任公司	023－68846940	重庆市大渡口区庹家坳 59 号	400082
重钢集团耐火材料有限责任公司	023－65154849	重庆市沙坪坝区双碑石堰沟	400032
重庆朝阳气体有限公司	023－68846205	重庆市大渡口区钢铁路 6 号	400084
重钢集团电子有限责任公司	023－68846179	重庆市九龙坡区马王乡	400080
重钢集团运输有限责任公司	023－68846903	重庆市大渡口区建设村 71 号	400080
重庆新港装卸运输有限公司	023－68843133	重庆市大渡口区钢铁路 34 号	400084
重钢进出口公司	023－68846326	重庆市大渡口区大堰三村 2 幢	400080
重庆钢铁(香港)有限公司	00852－28386193	香港庄士敦道 181 号大有大厦 1313 室	
重钢集团生活服务有限责任公司	023－68845085	重庆市大渡口区大堰二村共建一支路	400080
重钢集团重庆钢铁研究所	023－67864238	重庆市江北区溉澜溪新冶村 2 号	400025
重钢集团机械化工程有限责任公司	023－68845042	重庆市大渡口区大堰三村路口产业大楼 201 室	400080

(张蓉)

本部目责任编辑　刘光军
本部目责任校对　刘光军

论文选载

重钢五号高炉达产浅析

龚文渠　徐刚　鲁德昌　兰洪

重钢五号高炉(1200m³)为80年代末期我国建设的4座同级别的高炉之一,拥有皮带上料、无料钟炉顶、高压操作、集中自动控制等先进技术,设计入炉矿品位为49%,利用系数为1.7。自1989年投产以来,由于种种原因,长期不能达产。从1997年开始,运用系统工程原理,进行炼铁系统技术攻关,使五号高炉逐步达产,1998年利用系数达到1.793。五号高炉投产以来的主要技术经济指标见表1。

表1　五号高炉的主要技术经济指标

项　目	1989年	1990年	1991年	1992年	1993年	1994年	1995年	1996年	1997年	1998年
生铁产量,万t	21.4	43.3	49.9	58.1	57.2	54.1	60.2	63.6	64.5	75.4
利用系数,t/(m³·d)	0.712	0.996	1.144	1.398	1.375	1.304	1.447	1.527	1.552	1.793
焦比,kg/t	659	651	650	632	658	652	639	638	642	609
冶炼强度,t/(m³·d)	0.584	0.732	0.861	0.912	0.953	0.907	0.939	0.993	0.997	1.081
风温,℃	894	924	926	913	922	905	899	906	962	1010
热风压力,kPa	126	151	192	214	221	231	242	248	231	234
炉顶压力,kPa	22	36	78	92	93	101	114	116	112	118
入炉矿品位,%	50.18	50.28	47.76	47.73	46.39	49.67	49.67	46.76	48.92	51.54
熟料率,%	74.66	85.50	86.29	89.22	88.26	89.95	88.36	86.90	87.13	88.34
慢风率,%	42.15	20.97	21.71	17.29	15.99	14.17	11.23	6.58	8.86	2.67
休风率,%	7.8	12.13	14.41	8.19	9.86	11.19	6.49	6.64	5.09	3.84
工艺休风率,%				2.47	3.55	2.35	2.24	1.28	1.48	0.86
设备休风率,%				4.20	4.74	3.67	2.71	2.76	3.18	2.12
特殊原因休风率*,%				0	0	4.96	0	2.17	0	0.54
外因休风率**,%				1.52	1.57	0.21	1.54	0.43	0.43	0.32

*1994年为炉身上部重新砌砖,1996年、1998年为主皮带拉断;**主要为风机断风、无N_2等原因。

1. 高炉长期不能达产的原因

投产后的头三年,由于设备故障频繁(包括风机频繁断风),高炉休慢风也频繁,1989年慢风率达42.15%,生产极不稳定,达产工作主要集中到设备的消化改造上,与此同时,高炉操作人员也逐步熟悉和掌握大高炉的操作经验。经过3年的努力,生产水平

虽然上了一个台阶,但之后连续几年的生铁产量仍徘徊在60万吨左右,高炉还是长期不能达产。究其原因,主要有以下几点:

(1)设备故障率偏高。经过投产后3年的集中整改,设备故障率明显下降,但设备休风率(包括年修在内)仍偏高(见表1),主要的设备故障集中在液压泥炮和炉顶设备上。

(2)原料质量差。入炉矿品位低;来矿杂,烧结配比频繁变化,导致烧结矿冶金性能也随之波动;此外,烧结矿粒度组成也很不理想,<10mm占50%多,入炉粉末>12%。

(3)布料不正常。由于节流伺服系统开炉后半年即失灵,被迫采用常规液压阀,导致布料不均。

(4)炉缸堆积、风渣口大量烧坏,造成工艺休慢风率高。

2. 达产措施

2.1 精料

(1)提高入炉矿品位。从1997年7月开始,大幅度增加进口矿,停止采购国内一些品位低、杂质高的劣质矿,入炉矿品位从上半年的47.3%提高到下半年的50.91%,1998年达到51.54%。

(2)加强混匀、提高成分稳定率。严格按品位及品种分堆,严禁混料,减少成分波动;严格按规程操作,确保混匀效果。

(3)改善烧结矿粒度组成及加强槽下筛分管理。为强化冶炼,改善料柱透气性,必须减少入炉粉末,为此一方面抓好烧结生产,提高烧结矿质量;另一方面抓好槽下筛分管理,在保证上料速度的前提下压小料流量,提高筛分效率。

2.2 操作技术优化

(1)用好中心加焦技术,调整合理煤气流分布。1995年5月开发成功中心加焦技术后,逐步摸索布料制度,在中心煤气流发展的同时,使边缘煤气流又不压死。十字测温各点的适宜控制值为:中心400℃~500℃,边缘150℃~250℃。按此控制后,煤气流分布趋于合理,炉况顺行大为改善。

(2)增大鼓风动能、提高冶炼强度,由于精料工作的进展,料柱透气性改善,中心煤气流发展后,不失时机地增加入炉风量、增大鼓风动能和提高冶炼强度,使炉缸工作活跃,1998年的风口烧坏比1997年减少了46.4%,直吹管灌渣现象再未出现过。

(3)搞好中部调节。1995年底,我们发现炉腹冷却水的平均水温差<2℃时炉况稳定性差,为此在炉腹冷却壁出水管上加球阀控制水量,将平均水温差提高到4℃后,炉况稳定性转好。

(4)改善炉渣性能。长期以来,由于原料原因,炉渣中的Al_2O_3含量偏高(14%~15%),加上硫负荷重(8~12kg/t),为确保生铁质量,炉渣碱度都比较高(1.22~1.24%),故炉渣的流动性较差。为了改善炉渣的流动性能,采取了提高渣中MgO含量的措施,MgO含量从7.5%~8%提高到9.5%后,炉渣的流动性明显改善。

(5)改善布料均匀性。1997年下半年参考攀钢经验,我们成功实现了无料钟炉顶节流阀角度的自动控制,并编入自学习软件,使布料圈数在设定值±1圈内波动,这样一来布料均匀性明显改善。

2.3 强化管理

(1)加强岗位责任制。随着企业管理的进一步加强,岗位职责的进一步细化,我们进一步加强岗位责任制,做到有岗必有责、有责必有指标、有指标必有考核、有考核必有分配,这样激发了职工的责任感,使高炉各生产环节更加协调,减少了失误,保证了高炉正常生产。

(2)强化值班工长操作管理。加大对值班工长标准化操作的考核力度,重点突出冶炼强度和炉温稳定的控制这二个指标的考核,从而实现了平稳增产。

(3)加强设备的维护管理。将设备维护人员划归高炉车间管理,其收入与设备休风率直接挂钩。由于设备的维护管理得到加强,1998年的设备休风率与上年相比降低了1.06%。

(4)加强渣铁排放的管理。实行炉前出铁人员吨铁工资含量包干制度,出铁次数虽然从10次/天增加到12次/天,仍然做到了渣铁排放及时,炉内操作不受影响。

3. 结语

重钢五号高炉虽然已达产,但利用系数、焦比、休风率这三项指标与先进指标相比差距还较大,今后仍须努力。目前,个别月份利用系数能突破2.0,关键要稳定和保持住,并注意炉役末期的炉体维护,确保安全生产。

(原载《炼铁》第19卷第1期 2000年2月)

(本部目责任编辑 彭地富
本部目责任校对 彭地富)

外报外刊

重钢提前实现全年扭亏为盈目标

贺国强表示热烈祝贺，希望巩固成果，尽快步入良性发展轨道

黄红生

重钢集团公司举全司之力，乘市场之机，借政策之助，提前实现全年扭亏为盈目标，到11月底，已实现盈利1558万元，各项经济技术指标全面刷新历史纪录。市委书记贺国强对重钢集团取得的业绩表示热烈祝贺，并勉励他们加快转机建制，巩固扭亏成果，使企业步入良性发展轨道。这是记者昨日从重钢集团召开的扭亏情况通报会上获得的信息。

重钢集团公司是一个有着百年历史的特大型钢铁企业。近年来，由于多种原因陷入了困境，去年亏损5.96亿元(含特钢3.59亿元)，为我市亏损首户。

面对巨额亏损，今年，公司新一届领导班子积极落实市委、市政府“五管齐下、综合治理”措施，使兼并特钢后挂账停息、债转股等政策迅速落实到位，实现债转股36.2亿元，减少利息支出1亿元，为企业盈利打下了基础。同时，他们广泛开展学邯钢、技术攻关等活动，对炼钢这个涉及全局的薄弱环节组织技术攻关，通过技术改造使一条年产35万吨线材生产顺利投产。

此外，他们紧紧抓住钢材市场回暖的机遇，强化市场营销，今年1至11月与去年同比，每月的货币回笼率平均提高近一倍，库存积压迅速消化。为降低成本，他们从原材料采购入手，全方位、全过程系统降成本，并采用比价招标采购，优选最佳运输线路，使成本大幅下降，到今年11月底，采购成本下降1亿元，生产成本下降7000万元，降成本增效占集团公司总效益的34%。

市委书记贺国强看了重钢集团实现扭亏的有关材料后作出批示：重钢今年一举实现扭亏，为全市工业及国企整体扭亏立了大功，打了一场漂亮的扭亏攻坚战。重钢扭亏首先是党中央、国务院领导的亲切关怀，国家各有关部门大力支持的结果，也是重钢广大干部职工认真贯彻市委、市政府的部署，负重拼搏的结果。在此特向集团公司领导班子及全厂职工表示热烈的祝贺和衷心的感谢！同时要看到，重钢实现扭亏仅是初步的，改革发展任务仍很艰巨。要在已有工作的基础上，加快转机建制、调整产品结构和技术改造步伐，以巩固扭亏成果，使企业尽快步入良性发展轨道。

(原载《重庆日报》
2000年12月19日)

包叙定在重庆钢铁(集团)公司调研时强调

尽快从扭亏脱困向加快发展转换

黄红生

扭亏脱困系大事,企业冷暖挂心间。7日上午,市长包叙定深入到重庆钢铁(集团)公司开展调查研究,实地了解企业的生产经营、扭亏脱困及改革发展情况。他希望重钢公司巩固已取得的扭亏成果,继续全力推进“五管齐下”措施,加快建立现代企业制度步伐,加大生产要素的重组力度和企业内部改革力度,彻底走出困境,步入良性发展轨道。

在深入到重钢七厂、高速线材厂和中厚板厂了解企业生产情况,与干部、工人亲切交谈,并听取了重钢(集团)公司董事长、总经理唐民伟的汇报后,包叙定说,此次调研感受最深的有三点:一是精神面貌比较好。从领导到中干、到职工的精神面貌都比较好,这是企业克服困难的基础。二是现场管理比较好。所看的3个点现场管理都比较好,是几次来看到的最好的一次。三是发展势头比较好。重钢正处在转折点上,发展势头是好的,工作思路是清晰的。因此,市里及有关部门当前更要大力支持重钢,帮助其走出困境,促进重钢尽快从扭亏脱困向加快发展转换。

包叙定指出,重钢作为重庆最老最大的企业之一,对全国冶金行业和全市经济发展都作出了重要贡献。但因改革力度小、技改投入少、产品缺乏特色等原因,在市场竞争中陷入了步履维艰的困难境地。重钢要走出困境,不采取综合性的措施,没有大改革、大改组是不行的。市委、市政府对重钢的发展给予了极大的关注。为解决重钢的困难,市里多次召开会议专题研究,并根据重钢的特殊情况,决定采取“五管齐下”(兼并特钢、债转股、清产核资冲呆缩水、贴息技改、加强内部管理和充实班子)措施,从根本上解决问题。“五管齐下”政策得到了国务院领导及国家经贸委的大力支持,国家给予最大力度的政策支持。从今年的实施情况看,“五管齐下”措施对重钢扭亏起到了决定性作用。他希望重钢今年要扭亏为盈,争取实现2000万元的盈利目标,为实现全市工业、国有及国有控股工业、国有及国有控股大中型企业的整体扭亏作出贡献。

在谈到下一步和明年工作时包叙定指出,从全市工业来讲,明年要坚持两手抓。一手继续抓好以“七个一批”为主要内容的扭亏脱困工作,巩固扭亏脱困成果,防止“返贫”;一手抓步入良性循环的转换工作,着力构建合理的经济结构、灵活的运营机制、先进的科学技术三大基础。对重钢来讲也要两手抓,“七个一批”具体到重钢就是要抓好“五管齐下”措施的落实。重钢的转换工作要重点抓好三项工作。一是加大改革力度,尽快建立现代企业制度,规范法人治理结构,彻底转换经营机制。二是加大重组力度。重钢兼并特钢后,内部的生产力、生产要素,生产条件要彻底重组,发挥优势,优胜劣汰,对那些落后的生产力要下决心淘汰,这对重钢能不能真正从困境中走出来至关重要。三是下岗分流,减员增效。要大力精简人员,减轻企业负担,市政府将对此全力支持配合。

包叙定强调,在实施分流减员中,企业内部要做好深入、细致的工作,决不能简单草率,要分工负责,落实责任,领导亲自做工作,要向职工讲清道理,讲明情况,目的是为了重钢的发展,最终有利于广大职工的利益。这不是简单的下岗,而是为了重钢的发展。

包叙定希望重钢的领导班子成员团结一心,相互理解,相互支持,齐心协力,为重钢的发展和彻底走出困境倾注全力。

随同调研的有市政府办公厅、市计委、市经委、市劳动和社会保障局、市电力局、市政府研究室等有关方面的负责人。

(原载《重庆日报》
2000年11月8日)

重钢成为我市债转股金额最大企业

债转股金额高达36.3亿元

张启华

我市工业的“龙头老大”——重钢(集团)有限责任公司10日正式签订债转股协议,债转股金额高达36.3亿元,成为我市债转股金额最大的企业。公司董事长唐民伟称:此举为重钢走出困境奠定了基础。

重钢是国有老企业,属国家520户重点企业之一,历来在全市工业中占有重要地位。但近年来其设备、技术在全国同行业中已不占优势,包袱也较沉重。特别是今年初兼并特钢后,更加步履维艰。严重的亏损(去年为5.9亿元)和沉重的债务(资产负债率高达82%),使这个国有老企业面临前所未有的困难。

根据朱镕基、吴邦国等中央领导“五管齐下”(即兼并、债转股、清产核资、国债贴息技改、加强领导班子建设)搞活重钢的指示精神,此次重钢获得了巨额的债转股。此举使重钢的资产负债率下降到51%,每年可减少财务费用1亿多元。

与重钢签订债转股协议的是华融、东方、信达、长城四家资产管理公司,他们将成为重钢的新股东,其中华融资产管理公司占本次债转股金额的89.86%。

据悉,在“五管齐下”的政策支持下,重钢上半年的生产经营已出现良好势头,继1至5月大幅度减亏后,6月实现利润600万元,预计全年将实现扭亏为盈的目标。

(原载《重庆日报》2000年7月12日)

落实具体措施筹集分流基金

重钢下岗职工基本生活有保障

余新庆

重钢集团公司积极制定和落实具体措施,以建立“人员分流激励基金”为契机,不断加快分离分流工作的步伐,使下岗职工的基本生活有了可靠的保障。该公司自1998年成立再就业服务中心至今年6月底,共有22046名下岗职工办理了进入再就业中心的手续,同时,走出再就业中心的职工8994人,实现再就业的职工8438人。

如何保障下岗职工的基本生活,重钢集团公司除积极依靠各级政府的政策支持外,还制定和落实了三条具体措施,使下岗职工的基本生活得到可靠保障。这三条措施是:一、积极贯彻再就业资金筹集的“三三制”原则,加强自筹资金的落实工作。对自筹资金有困难的子公司,由重钢集团公司财务优先安排货币资金借支。今年,重钢集团公司又统一建立了“人员分流激励基金”,主要用于补贴困难子公司下岗减员的现金支付。二、建立规章制度,确保基金专款专用。各级“中心”均开设了银行基本结算账户,建立健全了财务管理制度,对下岗职工的基本生活费、奖励金、经济补偿金、培训费等都实行了职工签收办法,并且要求是原始凭据,做到收支明细准确、清楚。三、加强基金的使用监督,确保再就业基金的合法使用。监督采取定时和不定时的方式,每季至少检查一次,对下岗职工反映有问题的单位,随时检查,无论大小均要求查明原因,明确责任,限期整改。

据重钢集团公司劳资处和财

务处负责人介绍，到目前为止，还没有发现“人员分流基金”被挤占和挪用等情况发生。

（原载《中国冶金报》2000年8月15日）

强化案件查处　服务生产经营

重钢纪检监察部门3年挽回直接经济损失721万元

余新庆

重钢集团公司纪委、监察处强化案件查处，服务生产经营，坚持查处与保护、教育相结合，自1997年以来，通过查办违法乱纪案件，为企业挽回直接经济损失721万元。

3年来，该公司纪委、监察处共受理案件线索214件，立案98件。其中，大案、要案61件，涉及处级以上领导干部10人。在所有涉案受到处理的人员中，有60人受到党纪处分，其中党内撤职以上处分46人；有86人受到政纪处分，其中行政降级以上处分71人。

重钢集团公司在案件查处过程中强调，党政主要领导同志要做到“四亲自”、“四及时”。

“四亲自”即：对凡是反映的大案，尤其是要案，公司党政主要领导同志都要亲自参与拟定查处方案，亲自指挥调查取证，亲自研究案件性质，亲自参与讨论处理。

“四及时”即：公司党政主要领导同志及时听取纪委、监察处关于案件查处的工作汇报，及时进行决策和布置，及时解决办案过程中所需的人、财、物问题，及时对大案、要案的处理作出具体批示。

与此同时，该公司还坚持查处与保护、教育相结合的原则。对反映领导干部问题的信件，属于一般问题的，一是向被反映者发出《纪检监察信访说明通知书》，要求本人实事求是地作出书面说明。二是由纪委、监察处领导亲自找其谈话，及时敲响警钟；对于反映的不实问题，均要在一定范围内为被反映者澄清、消除影响。

（原载《中国冶金报》2000年10月13日）

2000年部分报刊有关重钢的重要报道索引

标　　题	作　者	报　刊	刊载日期
荣誉仅是昨日的辉煌重钢档案处又攀高峰	刘光军	中国档案报	2000.1.3
废水废渣零排放重钢五厂七厂获ISO14001环境达标颁证	王建强	重庆晨报	200.1.18
10年投资3亿元重钢环保迈向新台阶	蔡贵俊	重庆日报	2000.1.18
重钢新一届领导班子成立	余新庆	中国冶金报	2000.1.26
重钢试制成功高架轻轨PC梁	蔡贵俊	重庆日报	2000.1.27
重钢船板销售居全国前列	王显才	中国冶金报	2000.2.5
重钢专利发明成果丰	唐明恒	重庆日报	2000.2.12
三钢厂不炼钢铁恋房产	陈菲	重庆晨报	2000.3.2
重庆东源涉足房地产	周芹	重庆日报	2000.3.6
重庆新港滚装码头运行良好	单光	经济日报	2000.3.23
重钢工会再获“全国模范职工之家”殊荣	蔡贵俊	重庆日报	2000.3.29

标　　题	作　者	报　刊	刊载日期
抓住机遇加快脱困访重钢集团董事长、党委书记唐民伟	余新庆	中国冶金报	2000.4.4
重钢表彰建功立业党外人士	余新庆	中国冶金报	2000.4.4
重钢开拓东南亚市场	杨皖林	重庆商报	2000.4.5
特钢请专业公司讨债	袁享林	重庆晚报	2000.4.5
重钢技术创新计划出台	余新庆	中国冶金报	2000.4.6
重钢有了新的经济增长点	黄晓蕾	重庆日报	2000.4.19
重钢成功开发基础建设四大品种用钢	王显才	中国冶金报	2000.4.19
重钢感应电渣离心浇铸项目竣工	余新庆	中国冶金报	2000.5.19
《建国初期的二十九兵工厂与一零一厂》一书问世	刘光军	中国档案报	2000.5.29
重钢“五管齐下”争取有所作为	余新庆	中国冶金报	2000.5.31
重钢下岗职工基本生活有保障	余新庆	中国冶金报	2000.8.15
重钢工会探索“母子”公司工作模式	况世勇	工人日报	2000.8.21
重钢注重依法办企业	王显才	中国冶金报	2000.9.29
重钢厂务公开健全机制	傅宗正、张发明	工人日报	2000.10.11
重钢纪检监察部门三年挽回直接经济损失721万元	余新庆	中国冶金报	2000.10.13
重钢深入学习五中全会精神	余新庆	中国冶金报	2000.10.18
包叙定在重庆钢铁(集团)公司调研时强调尽快从扭亏脱困向加快发展转换	黄红生	重庆日报	2000.11.8
五管齐下综合治理重钢一举甩掉亏损帽	黄红生	重庆日报	2000.11.16
重钢在移民工程中再显风采	余新庆	中国冶金报	2000.11.14
重钢让金点子闪光	赵东旭	中国冶金报	2000.11.14
重钢提前扭亏	余新庆	中国冶金报	2000.11.15
注重环保工作重钢五厂投巨资治理污染		重庆日报	2000.11.22
重钢债权多法官执法忙		重庆日报	2000.11.15
重钢集团警示教育落实到实处	钟红	重庆日报	2000.11.23
重钢送温暖“三结合”	傅宗正、陈月栋	工人日报	2000.11.29
重钢提前实现全年扭亏为盈目标贺国强表示热烈祝贺	黄红生	重庆日报	2000.12.19
重钢今年一举扭亏市委书记贺国强致信祝贺	刘全盛	重庆商报	2000.12.29

（刘光军）

本部目责任编辑　刘光军
本部目责任校对　彭地富

人
物

先进人物

·全国劳动模范·

张明富

男，1950年8月出生，汉族，中共党员，大专文化，高级工程师，1969年3月参加工作。重钢建设工程有限责任公司总经理。在建设公司的生存发展上，主动出击相继中标承建“重庆长江鹅公岩大桥钢箱梁单元件制作及桥面组焊”、“万安大桥”、“丰都新县城地下管网”、“成都钢厂一号、二号高炉大修”等多个大型工程项目，使建设公司1999年销售收入、利润分别较1995年增长7.88倍和7.6倍。1999年建设公司的外部市场份额已达到63%。与单位工程技术人员一起先后实施多项新工艺，其中，无焊码拼装定位技术、预置反变形焊接工艺已获国家专利。在建设公司制定“竞争上岗、末尾淘汰”、“自解合同奖励办法”等措施，铺设“精干主体、分离富余、实行内退、鼓励自谋职业”四条跑道。为建设公司的持续发展创造条件，2000年被评为全国劳动模范。

·重庆市劳动模范·

陈亚雄

男，1955年11月出生，大专文化，中共党员，高级经济师，重钢股份公司销售处处长。在珠海重钢工贸公司及重钢广东销售公司工作期间，使广东公司的年销售额由1000万元上升到2.5亿元，钢材年销售量由2万吨上升到9万吨，且年年全额收回货款，并稳固地占领着广东船板市场60%以上的份额。在销售处工作后，提出“以近距离销售为主导市场、以高附加值产品为辐射市场、以行业产品（船板、容器）为配套市场”的销售策略，同时理顺各项关系、强化内部管理，使销售工作逐步摆脱困境。2000年被评为重庆市劳动模范。

杨安明

男，1951年8月出生，高中文化，中共党员，助理经济师，钢管公司50车间党支部书记兼车间主任。自1996年任新组建的50车间的党支部书记兼车间主任来，50车间的钢管产量每年以20%的速度递增，1999年钢管产量超过原设计能力。钢管的成本由1996年的每吨4056元降到1999年的每吨3460元，4年累计实现车间核算利润3130.8万元，相当于3年就收回投资。50车间先后荣获“模范车间”、“优秀党支部”、“模范职工小家”等光荣称号，2000年被评为重庆市劳动模范。

李亚西

男，1958年12月出生，高中文化，技师，重钢集团特殊钢公司炼钢厂冶炼工长。在开展“学邯钢、降成本、增效益”活动中，1999年所在班组共产钢1.98万吨，合格率达99.75%，电极消耗为7.71千克/吨，冶炼电耗为610.99千瓦时/吨实现双增双节68万元。先后提出“精炼炉测温线路改进”、“电炉炉盖整体打结法”等8条合理化建议。其中“用高碳Cr代替低碳Cr冶炼中、高碳Cr13”的建议，经生产，此工艺冶炼每炉钢降低成本9500元。2000年被评为重庆市劳动模范。

钟勇

男，1965年3月出生，高中文化，重钢股份公司七厂炼钢车间1号炉乙班炉长。1995年以来，积极推行科学炼钢，使冶炼合格率提升到99.99%，综合炼成率提升到98.1%，钢铁料消耗下降到1076千克/吨，5年来共生产钢62万吨。此外，转炉炉龄、冶炼合格率、综合炼成率、钢铁粗消耗、炼钢工序能耗等8项指标达到国内同类型转炉先进水平。班组实现连续五年责任事故为零的目标。1999年在带领全班开展“三个一”活动中实现班组人均增效2500元，2000年被评为重庆市劳动模范。

熊伟

男，1967年8月出生，大专文化，中共党员，高级工程师，重钢设计院市政建筑设计分院院长。1995年以来，他带领设计队伍参加丰都、綦江、忠县等地10个项目的竞标中标率达70%。先后独立承接和承担了4万平方米的四川泸州港客运大楼工程；投资两亿元，建筑面积11万平方米的重庆民生巷旧城C、D、E栋改造工程；重庆涪陵客运西站工程；总投资2.4亿元的重钢高速线材工程；重庆江北区大坪新村住宅9千平方米小区工程；大渡口区兴渝职业中学、银都大厦、公园综合楼、行政中心广场等多项大型工程的设计，取得显著的经济效益和社会效益。人均产值也达到8万元。2000年被评为重庆市劳动模范。

（重钢工会生产部）

·重庆市“九五”奖章获得者·

王有志

男，1952年出生，中共党员，重钢股份公司炼铁厂党委书记、纪委书记、工会主席，2000年获重庆市总工会“九五建功立业”奖章。曾获重庆市总工会“群众生产工作先进个人”称号，重钢公司“优秀党员”称号。在1999年度开展的“百万职工学邯钢，增效益”活动中，带头抓好各项工作，把“学邯钢，增效益”活动落到实处，采取“金点子”、“专题建议”、“重点功关”、“千元职工”等活动、并与“五十佳职工”、“十佳班组长”、“文明职工自我达标”活动有机结合起来。

（炼铁厂工会）

彭祖国

男，1949年出生，重钢集团建设工程公司金属结构制造一公司总工程师，高级焊接探伤技师，重庆市无损检测专委会委员。重钢建设公司“先进四有职工”，1998年、1999年连续两年获重钢公司“技术尖子”称号，2000年获重庆市总工会“九五建功立业”奖章。1988年从事无损探伤工作，1998年承接的重庆长江鹅公岩大桥板单元制造工程中，为项目主要技术负责人，独立编写《磁粉探伤工艺规程》、《板单元件制造工艺规范要求》等有关规则、制度，《无焊码拼装定位技术》已获国家专利。

（建设公司）

·重庆市优秀团委书记·

罗琳

女，1970年4月出生，中共党员，大学文化，重钢公司团委书记兼重钢股份公司团委书记。1990年四川外语学院毕业，先后在重钢动力厂团委、重钢公司团委工作。1998年至2000年每年均获“重庆市优秀团委书记”称号。以“服务于青年、服务于生产”为工作方针，以“青年人才”工程和“青年文明”工程为载体，带领团员青年为重钢公司“两个文明”建设作出贡献。重钢团委先后被授予“中国百个优秀青年志愿者服务集体”、“全国冶金系统青年职工创新创效活动优秀组织单位”、“全国企业青年创新创效活动先进单位”、“重庆市先进团委”等称号。2000年重钢团委被确定为“全国五四红旗团委”创建单位；为第二批全国团建创新企业类试点单位。

（吴冬）

技术能手

·全国青年创新创效先进个人·

熊银成　男，1966年2月出生，中共党员，大学文化，车间主任兼党支部书记。重庆大学炼钢专业工程在职硕士研究生。1989年北京科技大学毕业后分配到重钢设计院，1991年调入重钢七厂，先后任车间技术员、技术组长、主任助理、技术副主任、主任。先后获重钢以上优秀成果奖24个。连续四年分别被评为"重钢优秀科技管理工作者"、"重钢十佳科技明星"、"重钢优秀青年知识分子"、"全国青年创新创效先进个人"等称号。

（吴冬）

·重庆市十杰青年岗位能手·

余国华　男，1967年4月出生，中共党员，大专文化，股份公司型钢厂大型车间副主任、轧机机长。2000年被授予重庆市"十杰青年岗位能手"称号。重钢股份公司技术竞赛暨"青工技术明星"竞赛轧钢压下第1名，股份公司"五十佳"职工；在20#、22#工字钢，14#、16#角钢、E19槽帮钢特别是球扁钢系列产品的开发中提出有实效的建议，促进新产品顺利投产。任班长期间，其所在班组轧机三班获"重钢模范四有班组"；轧机甲班获"全国质量信得过班组"。

（陈维）

·重庆市青年岗位能手·

李鹏　男，1975年10月出生，中共党员，大专文化，股份公司五厂行车车间吊钳班班长。2000年为股份公司"五十佳职工"、重钢公司"青年岗位能手"、重庆市"青年岗位能手"。1994年技校毕业分配到重钢锭坯厂机修车间，1997年1月从事钳工工作，先后获重钢"钢花杯"暨"青工技能大王"竞赛多能工工种第6名，重钢"钢花杯"暨"青工技能大王"竞赛钳工专业第1名，被授予"技能大王"，重钢股份公司技术竞赛暨"青工技术明星"竞赛钳工专业第2名，被授予"青工技术明星"。

（吴冬）

逝世人物

·2000年逝世的离休干部·

王兴臣　男，1929年2月出生，河南省滑县人，1944年8月参加革命，1945年8月加入中国共产党。曾任重钢乐山粘土矿革委会副主任，1989年3月离休，2000年1月2日病逝。

王子章　男，1923年9月出生，安徽省肖县人，1949年2月参加革命，1953年11月加入中国共产党。1984年5月离休，离休前任重钢太和铁矿物资科干部，2000年2月24日病逝。

邢凌云　男，1924年10月出生，河南省洛宁县人，1949年2月参加革命，1982年4月离休，离休前为重钢机修厂干部，2000年3月10日病逝。

马凤仪　男，1920年6月出生，河北省灵寿县人，1939年4月参加革命，1939年加入中国共产党，1980年11月离休，离休前任重钢总务处总支书记，2000年3月22日病逝。

张春风　男，1927年12月出生，河北省高邑县人，1947年6月参加革命，1983年7月加入中国共产党。1987年12月离休，离休前任重钢卫生处主治医师，2000年6月病逝。

李书堂　男，1923年5月出生，河南省确山县人，1942年4月参加革命，1944年2月加入中国共产党，1980年12月离休，离休前任重钢党校副校长、党总支副书记，2000年7月5日病逝。

郭玺甫　男，1930年3月出生，河南省洛阳市人，1948年10月参加革命，1986年10月加入中国共产党，1987年10月离休，离休前任重钢退管处干部，2000年9月6日病逝。

刘续华　男，1921年2月出生，河北省雄县人，1939年2月参加革命，1939年8月加入中国共产党，曾任重钢乐山粘土矿矿长、书记，重钢矿山处处长。1983年12月离休，2000年10月5日病逝。

钟连成　男，1913年10月出生，山东省荣县人，1940年5月参加革命，1946年1月加入中国共产党，1982年5月离休，离休前任重庆耐火材料厂干部，2000年11月7日病逝。

（吴建霞）

张海芝　男，1915年9月出

生,山东省茌平县人,小学文化。特殊钢公司红雪饮料公司离休干部。1945年3月参加革命,1946年6月加入中国共产党。1947年6月至1953年,任中国人民解放军二野一旅一团六营战士、排长、营长。1956年7月至1957年12月任重庆市乳品公司副经理。1957年12月至1976年11月在重庆市江北农场和井口农场工作。1976年11月退休,后改为离休。2000年3月9日病逝。

(瞿亚铭)

(本部目责任编辑　王素兰
本部目责任校对　彭地富)

统计资料

重钢资料

2000年重钢主要指标完成统计

名　称	单位	1999年实际	2000年计划	2000年实际	完成%
工业产值					
1. 工业总产值(1990年不变价)	万元	278501	315000	359488	114.12
2. 工业总产值(现价)	万元	432091		583419	
3. 工业销售产值(现价)	万元	424823		592188	
其中:出口交货值	万元	17890		36961	
4. 工业增加值	万元	108847		198488	
主要产品产量					
1. 铁矿石	吨	200881		253556	
2. 铁精矿	吨	162401	200000	196350	98.18
3. 钛精矿	吨	2092		4979	
4. 焦炭	吨	1145545	1136000	1147628	101.02
5. 烧结矿	吨	2616975	2530000	2685260	106.14
6. 生铁	吨	1529400	1650000	1655456	100.33
7. 钢	吨	1472069	1738400	1773156	102.00
其中:电炉钢	吨	4105	158400	155502	98.17
转炉钢	吨	1467964	1580000	1617654	102.38
8. 连铸锭	吨	1467964	1650000	1649007	99.94
9. 钢材	吨	1322292	1499100	1684592	112.37

名　称	单位	1999 年实际	2000 年计划	2000 年实际	完成 %
主要产品质量					
1. 生铁合格率	%	99.95		99.96	
2. 转炉钢锭合格率	%	99.61		99.80	
3. 钢材合格率	%	99.01		99.84	
主要产品消耗					
1. 炼焦耗洗精煤(湿)	千克/吨	1386		1364	
2. 炼铁入炉焦比	千克/吨	635		604	
3. 转炉钢铁料消耗	千克/吨	1105		1081	
4. 钢材(锭—材)综合成材率	%	89.98		90.02	
5. 吨钢综合能耗	千克/吨	1085		964	
6. 吨钢可比能耗	千克/吨	934		847	
7. 能源总消耗	万吨标煤	159.7332		156.5088	
钢材销售及库存					
1. 钢材销售量	吨	1352767		1694866	
2. 钢材实物产销率	%	102.31		100.61	
3. 期末钢材库存量	吨	35411		40187	
4. 出口创汇	万美元	2695		4466	
主要财务指标(财务指标为"合并报表"数据)					
1. 产品销售收入	万元	354847		515378	
2. 利税总额	万元	10555		43577	
其中:利润总额	万元	-23744		1499.7	
3. 资产总计	万元	863628		1186691	
其中:流动资产	万元	380702		557473	
4. 负债总计	万元	585749		615811	
其中:流动负债	万元	415831		518697	
5. 资产负债率	%	67.82		51.89	
6. 成本费用利润率	%	-6.19		0.30	
7. 固定资产投资完成额	万元	21559	31881	34146	107.10
劳动及安全环保指标					
1. 在岗职工工资总额	千元			418900	
2. 全员劳动生产率	元/人年			60839	
3. 职工人均年工资	元/人年			8358	
4. 工亡人数	人	6		3	
5. 负伤人数	人	73		94	
6. 千人负伤率	‰	1.248		1.541	
7. 污染物综合排放合格率	%	80.50		79.60	

2000年重钢主要工业技术经济指标

名　称	本年实际	名　称	本年实际
黑色金属非金属矿采选		2. 烧结矿一级品率(%)	13.43
(一)铁矿开采(露天)		3. 烧结矿品位(%)	53.12
1. 采出矿石品位(%)	40.58	4. 烧结矿碱度(倍)	1.86
2. 输出矿石品位(%)	53.08	5. 烧结矿转鼓指数(%)	76.55
3. 输出矿石合格率(%)	100.00	6. 烧结矿含铁原料消耗(千克/吨)	296.52
4. 采矿回采率(%)	81.20	其中:精矿粉(千克/吨)	184.92
5. 矿石贫化率(%)	5.17	富矿粉消耗量(千克/吨)	537.42
6. 采矿实物劳动生产率		其它含铁物料消耗量(千克/吨)	167.24
全员劳动生产率(吨/人)	285.02	7. 烧结矿溶剂消耗量(千克/吨)	217.69
工人劳动生产率(吨/人)	601.72	8. 烧结矿固体燃料消耗量(千克/吨)	71.36
7. 钻机效率(KQ－200潜孔钻)米/台月(年)	4631.00	9. 烧结矿电力消耗量(千瓦时/吨)	35.50
		10. 烧结矿工序单位能耗(公斤标准煤/吨)	80.12
8. 钻机作业率(%)	32.79	11. 烧结矿返矿率(%)	41.07
9. 电铲效率(万吨/台年)	42.67	12. 烧结机有效面积利用系数(吨/米^{2}台时)	1.51
10. 电铲作业率(%)	55.28		
11. 汽车效率(万吨/台吨年)	8.00		
汽车作业率(万吨公里/吨年)	55.40	13. 烧结机台时产量(吨/台时)	129.00
12. 汽车出车率(%)	55.40	14. 烧结机日历作业率(%)	76.57
13. 采剥比(吨/吨)	3.87	15. 烧结工人实物劳动生产率(吨/人)	2159.99
14. 爆破效率(吨/米)	68.61	炼铁	
其中:采矿(吨/米)	109.85	1. 生铁合格率(%)	99.98
剥离(吨/米)	27.38	2. 生铁一级品率(%)	66.09
(二)选矿		3. 生铁原材料消耗	
1. 原矿品位(%)	40.34	(1)原料矿石(千克/吨)	1762.75
2. 精矿品位(%)	52.18	其中:人造块矿(千克/吨)	1494.32
3. 尾矿品位(%	16.52	天然矿石(千克/吨)	378.56
4. 金属回收率		(2)碎杂铁(千克/吨)	10.49
理论(%)	86.41	(3)溶剂(千克/吨)	6.29
实际(%)	85.22	4. 焦比	
5. 钢球消耗(千克/吨)	0.50	(1)综合焦比(千克/吨)	604.15
6. 选矿工序单位能耗		(2)入炉焦比(千克/吨)	604.15
(1)水(吨/吨)	7.98	(3)折算综合焦比(千克/吨)	576.46
其中:新水(吨/吨)	0.52	(4)折算入炉焦比(千克/吨)	576.46
(2)电力(千瓦时/吨)	22.12	5. 电力消耗(千瓦时/吨)	21.70
7. 选矿实物劳动生产率		6. 炼铁工序单位能耗(千克/吨)	480.24
全员劳动生产率(吨/人)	455	7. 炼铁工人实物劳动生产率(吨/人)	1328.85
工人劳动生产率(吨/人)	806	8. 高炉有效容积利用系数(吨/米^{2}日)	1.78
8. 选矿比		9. 休风率(%)	2.87
理论(倍)	1.49	10. 人造块矿使用率(%)	82.50
实际(倍)	1.52	11. 入炉铁矿品位(%)	53.81
人造块矿		12. 入炉焦炭灰份(%)	13.38
(一)烧结矿(股份公司)		13. 入炉焦硫份(%)	0.84
1. 烧结矿合格率(%)	92.62	14. 平均热风温度(C)	949.63

名　称	本年实际
15. 冶炼强度(吨/米^3 日)	1.07
16. 渣铁比(吨/吨)	0.47
炼钢	
(一)转炉炼钢	
1. 转炉钢锭合格率(%)	99.80
2. 转炉按计划钢种出钢率(%)	94.92
3. 转炉钢金属料消耗(千克/吨)	1101.23
(1)钢铁料(千克/吨)	1081.16
其中:生铁(千克/吨)	991.01
废钢铁(千克/吨)	90.15
(2)合金料(千克/吨)	20.07
附:硅铁(折75%)(千克/吨)	7.67
锰铁(折65%)(千克/吨)	7.50
硅锰合金(折硅+锰=82%)	3.67
4. 转炉钢工序能耗(千克标准煤/吨)	16.76
其中:电力(千瓦时/吨)	18.70
氧气(米^3/吨)	63.87
5. 转炉钢其它物料消耗	
镁砂(千克/吨)	0.02
耐火砖(千克/吨)	0.02
炉衬砖(千克/吨)	0.32
6. 转炉工人实物劳动生产率(吨/人)	779.59
7. 转炉日历利用系数(吨/吨日)	29.47
8. 转炉日历作业率(%)	67.49
9. 转炉每炉炼钢时间(分钟)	43.65
10. 转炉每炉产钢量(吨)	74.25
11. 转炉炉衬寿命(炉)	8045
12. 氧气喷枪头(炉)	78.01
13. 转炉钢种比	
合金钢比(%)	13.26
低合金钢比(%)	25.89
镇静钢比(%)	100.00
14. 转炉吹损率(%)	7.89
15. 转炉铸锭收得率(%)	98.58
(二)连铸	
1. 连铸坯合格率(%)	99.79
2. 连铸合格坯收得率(%)	98.47
3. 连铸比(%)	93.36
股份公司	100.00
特殊钢公司	21.09
4. 连铸机日历作业率(%)	43.23
5. 连铸坯台时产量(吨/小时)	81.34
钢压延加工综合指标	
钢材合格率	99.84
普通大型钢材(%)	99.79
普通中型钢材(%)	99.79
优质型材(%)	99.83
线材(%)	95.92
中厚钢板(%)	99.95
薄钢板(%)	97.83
硅钢片(%)	98.25
钢带(%)	95.29
无缝钢管(%)	99.89
焊接钢管(%)	96.91
1. 钢材优质品率(%)	95.81
2. 附:国、部优质品率(%)	98.49
东源公司(%)	98.49
3. 钢锭成材率	
钢锭—材综合成材率(%)	90.02
(1)铁道用钢材(%)	91.26
钢轨配件(%)	91.26
股份公司	91.26
(2)普通大型钢材(%)	93.79
(3)普通中型钢材(%)	92.65
(4)优质型材(%)	86.04
(5)中厚钢板(%)	89.66
(6)无缝钢管(%)	84.18
(7)线材(%)	91.29
4. 轧钢工序单位能耗(千克标准煤/吨)	107.48
附:焦炉煤气(吉焦/吨)	105.01
燃气消耗(米^3/吨)	139.08
电力消耗(千瓦时/吨)	42.42
5. 轧机日历作业率(%)	70.67
6. 轧钢工人实物劳动生产率(吨/人年)	442.98
(一)热轧钢材	
1. 热轧钢材	
(1)热轧钢材合格率(%)	99.64
普通大型钢材(%)	99.79
普通中型钢材(%)	99.79
优质型材(%)	99.83
中厚钢板(%)	99.95
薄钢板(%)	97.66
硅钢片(%)	98.25
线材(%)	95.92
(2)热轧钢材分步成材率	
锭—材一次成材率(%)	89.81
铁道用钢材(%)	91.26
普通大型钢材(%)	93.79
普通中型钢材(%)	92.57
优质型材(%)	86.05

名　称	本年实际	名　称	本年实际
中厚钢板(%)	89.66	2. 冶金焦耐磨强度(M10)(%)	8.15
坯—材成材率(%)	86.28	3. 冶金焦灰份(%)	13.33
普通中型钢材	91.22	4. 冶金焦硫份(%)	0.83
薄钢板(%)	82.27	5. 冶金焦合格率(%)	98.08
硅钢片(%)	76.77	6. 结焦率(%)	77.14
线材(%)	94.47	7. 冶金焦率(%)	95.08
(3)热轧钢材物料消耗		8. 炼焦耗洗精煤(千克/吨)	1363.67
工序单位能耗(千克/吨)	104.55	9. 吨炼焦耗洗精煤(千克/吨)	1303.60
附:天然气(吉焦/吨)	16.98	10. 炼焦耗热量(吉焦/吨)	2.44
焦炉煤气(吉焦/吨)	105.01	11. 炼焦工序单位能耗(千克标准煤/吨)	127.05
电力消耗(千瓦时/吨)	42.44	12. 炼焦工人劳动生产率(吨/人)	973.39
轧辊消耗	2.63	13. 炼焦碳化室周转时间(时/炉孔)	16.79
(4)热轧工人实物劳动生产率(吨/人年)	60.79	(二)化学产品	
(5)热轧机小时产量(吨/时)	26.45	1. 回收产品对干煤回收率	
800毫米型材轧机(吨/时)	47.86	(1)煤焦油回收率(%)	3.15
650毫米型材轧机(吨/时)	47.42	(2)硫铵回收率(%)	0.75
280毫米线材轧机(吨/时)	23.24	(3)粗苯回收率(干)(%)	0.83
550毫米垫板轧机(吨/时)	5.85	(4)煤气发生量(吉焦/吨)	5.60
2450毫米中板轧机(吨/时)	93.52	2. 焦油精制产品	
1200毫米薄板轧机(吨/时)	3.80	(1)焦油精制产品总回收率(%)	95.33
高线轧机(吨/时)	40.55	(2)粗酚回收率(%)	0.31
(6)热轧机日历作业率(%)	70.73	(3)工业奈回收率(%)	7.18
800毫米型材轧机(%)	69.67	(4)洗油回收率(%)	7.18
650毫米型材轧机(%)	66.36	耐火材料	
280毫米线材轧机(%)	43.90	1. 耐火砖合格率(%)	93.99
550毫米垫板轧机(%)	25.98	(1)烧成砖合格率(%)	91.58
2450毫米中板轧机(%)	84.48	其中:粘土砖(%)	91.33
1200毫米薄板轧机(%)	88.47	高铝砖(%)	93.97
高线轧机(%)	40.08	镁质砖(%)	94.58
(三)冷加工钢材		隔热砖(重耐)(%)	80.41
1. 冷加工钢材合格率(%)	99.90	其它耐火砖(重耐)(%)	98.12
2. 热轧材—冷加工材成材率(%)	83.45	(2)不烧砖合格率(%)	99.06
无缝钢管(坯—材)(%)	82.93	2. 耐火材料原料消耗	1109.09
钢带(坯—材)(%)	90.25	耐火砖原料消耗(千克/吨)	1109.09
焊管(%)	93.24	(1)烧成耐火砖原料消耗(千克/吨)	1141.41
3. 冷加工工人实物劳动生产率(吨/人年)	46.79	其中:粘土砖(千克/吨)	1136.82
		高铝砖(千克/吨)	1108.08
4. 冷加工轧机小时产量(吨/时)	1.00	隔热砖(千克/吨)	1420.72
5. 冷加工轧机日历作业率(%)	53.33	其它耐火砖(千克/吨)	1128.28
630毫米轧机(%)	14.11	(2)不烧砖原料消耗(千克/吨)	1042.39
76毫米轧机(钢管)(%)	73.88	(3)不定型材料原料消耗(千克/吨)	1110.93
50毫米轧机(钢管)(%)	72.61	(4)特种耐火材料原料消耗(千克/吨)	1101.09
洗煤、炼焦及化学产品		3. 耐火材料综合能耗(千克/吨)	181.80
(一)炼焦		4. 耐火砖烧成煤耗(千克/吨)	284.94
1. 冶金焦抗碎强度(M40)(%)	78.24	粘土砖(千克/吨)	234.93

名　称	本年实际
高铝砖(千克/吨)	478.87
隔热砖(千克/吨)	823.25
其它耐火砖(千克/吨)	65.31
5. 耐火材料电耗(千瓦时/吨)	108.37
(1)烧成耐火砖电耗(千瓦时/吨)	92.84
其中:粘土砖(千瓦时/吨)	82.90
高铝砖(千瓦时/吨)	96.46
隔热砖(千瓦时/吨)	89.44
其它耐火砖(千瓦时/吨)	130.88
(2)不烧耐火砖电耗(千瓦时/吨)	144.84
(3)不定型材料电耗(千瓦时/吨)	78.39
(4)特种耐火材料原料消耗(千瓦时/吨)	3626.96
6. 耐火工人劳动生产率(吨/人)	59.74
7. 压砖机台班产量(吨/台班)	3.78
磨擦压砖机台班产量(吨/台班)	3.66
<160 吨(吨/台班)	2.25
≥160 吨—<300 吨(吨/台班)	3.84
≥400 吨—<650 吨(吨/台班)	3.30
特殊钢	
1. 电炉炼钢	
电炉钢锭合格率(%)	99.66
电炉按计划钢种出钢率(%)	93.69
电炉金属料消耗(千克/吨)	1057
钢铁料(千克/吨)	978
生铁(千克/吨)	230
废钢铁(千克/吨)	748
其它原料含铁(千克/吨)	9.2
合金料(千克/吨)	70.3
硅铁(折 75%)(千克/吨)	10.9
锰铁(折 65%)(千克/吨)	13
电炉钢工序能耗(千克/吨)	328
电力(千瓦时/吨)	626
氧气(米^3/吨)	38
石墨电极(千克/吨)	6.47
镁砂(千克/吨)	25.1
耐火砖(千克/吨)	17.38
钢锭模(千克/吨)	10.9
电炉工人实物劳动生产率(吨/人)	98.92
电炉日历利用系数(吨/兆伏安日)	7.88
电炉日历作业率(%)	44.45
1 号炉(%)	42.84
2 号炉(%)	44.85
3 号炉(%)	45.8
4 号炉(%)	43.56
5 号炉(%)	53.16

名　称	本年实际
6 号炉(%)	51.31
7 号炉(%)	44.39
8 号炉(%)	48.13
9 号炉(%)	53.19
电炉炼钢出钢至出钢时间(时:分)	4.3
1 号炉(时:分)	4.16
2 号炉(时:分)	4.06
3 号炉(时:分)	4.1
4 号炉(时:分)	4.2
5 号炉(时:分)	4.38
6 号炉(时:分)	4.33
7 号炉(时:分)	5.01
8 号炉(时:分)	4.59
9 号炉(时:分)	4.5
电炉每炉产钢量(吨)	22.35
1 号炉(吨)	16.94
2 号炉(吨)	17.63
3 号炉(吨)	16.63
4 号炉(吨)	16.92
5 号炉(吨)	19.22
6 号炉(吨)	19.59
7 号炉(吨)	32.08
8 号炉(吨)	32.55
9 号炉(吨)	32.32
电炉炉壁寿命(炉)	45.34
电炉炉盖寿命(炉)	55.25
合金钢比(%)	59.93
低合金钢比(%)	7.89
电炉钢二次冶金比(%)	71.49
电炉钢连铸比(%)	21.11
2. 连铸	
连铸坯合格率(%)	99.7
连铸合格坯收得率(%)	92.86
连铸比(%)	21.09
连铸机日历作业率(%)	10.69
连铸坯台时产量(吨/时)	24.79
连浇时间(时/次)	2.15
平均连浇炉数(炉/次)	1.87
溢漏率(%)	2.62
感应炉炼钢	
感应炉钢锭合格率(%)	100
感应炉按计划钢种出钢率(%)	100
感应炉金属料消耗(千克/吨)	1020
感应炉钢钢铁料消耗(千克/吨)	748
感应炉钢冶炼电耗(千瓦时/吨)	3438

名　称	本年实际	名　称	本年实际
感应炉日历作业率(%)	31.62	开坯机小时产量(吨/时)	11.48
精炼炉		600毫米开坯机(吨/时)	15.74
精炼炉钢锭合格率(%)	99.31	500毫米开坯机(吨/时)	11.08
精炼炉日历作业率(%)	43.64	开坯机日历作业率(%)	34.13
精炼炉每炉钢处理时间(时:分)	1.2	600毫米开坯机(%)	11.89
精炼炉炉盖寿命(时:分)	416	500毫米开坯机(%)	41.35
重熔钢		初轧开坯	
重熔钢钢锭合格率(%)	99.7	初轧坯合格率(%)	99.62
重熔物料消耗		钢锭初轧成坯率(%)	86.36
金属料消耗(千克/吨)	1039	镇静钢成坯率(%)	86.36
其中:电渣炉(千克/吨)	1039	方坯成坯率(%)	86.43
渣料消耗(千克/吨)	44	板坯成坯率(%)	86.31
重熔钢冶炼电耗(千瓦时/吨)	2384	初轧坯物料消耗	
其中:电渣炉(千瓦时/吨)	2384	初轧工序单位能耗(千克/吨)	206
重熔炉日历作业率(%)	20.3	燃气消耗(米^3/吨)	137
其中:电渣炉(%)	20.3	电力消耗(千瓦·时/吨)	747
3. 钢压延加工		轧辊消耗(千克/吨)	0.34
钢压延加工综合指标		初轧工人实物劳动生产率(吨/人)	355
钢材合格率(%)	99.69	初轧机小时产量(吨/时)	29.32
棒　材(%)	99.58	750毫米初轧机(吨/时)	29.32
盘　条(%)	99.25	初轧机日历作业率(%)	29.39
厚钢板(%)	99.86	750毫米初轧机(%)	29.39
热轧薄钢板(%)	99.88	初轧热锭率(%)	16.28
锻钢件(%)	100	初轧入炉热锭温度℃	850
钢材质量等级品率(%)	0.55	热轧钢材	
钢锭成材率(%)	77.72	热轧钢材合格率(%)	99.69
棒　材(%)	82.47	棒　材(%)	99.54
盘　条(%)	79.09	盘　条(%)	99.25
厚钢板(%)	71.38	厚钢板(%)	99.88
热轧薄钢板(%)	70.67	热轧薄钢板(%)	99.86
锻钢件(%)	84.34	热轧钢材分步成材率	
轧钢工序单位能耗(千克/吨)	345	锭—材一次成材率(%)	89.07
燃气消耗(米^3/吨)	209	棒　材(%)	89.07
电力消耗(千瓦时/吨)	138	坯—材成材率(%)	86.83
轧机日历作业率(%)	39.88	棒　材(%)	93.4
热轧钢材		盘　条(%)	91.21
开坯合格率(%)	99.43	厚钢板(%)	83.26
锭—坯成坯率(%)	89.67	热轧薄钢板(%)	79.16
坯—坯成坯率(%)	90.25	热轧钢材物料消耗	
开坯物料消耗		工序单位能耗(千克/吨)	323
开坯工序单位能耗(千克/吨)	183	燃气消耗(米^3/吨)	203
燃气消耗(米^3/吨)	167	电力消耗(千瓦时/吨)	117
电力消耗(千瓦时/吨)	57	轧辊消耗(千克/吨)	6.96
轧辊消耗(千克/吨)	0.94	热轧工人实物劳动生产率(吨/人)	89
开坯工人实物劳动生产率(吨/人)	88.51	热轧机小时产量(吨/时)	5.23

名　称	本年实际	名　称	本年实际
350毫米型材机(吨/时)	8.92	800吨精锻机(吨/时)	2.38
250毫米型材机(吨/时)	5.72	锻锤日历作业率(%)	27.4
250毫米型材机(吨/时)	2.81	钢丝及其制品	
600毫米钢板轧机(吨/时)	7.13	产品合格率	
1号760毫米钢板轧机(吨/时)	2.76	非合金钢丝合格率(%)	99.33
2号760毫米钢板轧机(吨/时)	3.18	合金钢钢丝合格率(%)	97.57
热轧机日历作业率(%)	43.7	物料消耗	
350毫米型材机(%)	43.67	非合金钢丝耗用	
250毫米型材机(%)	40.74	光面钢丝耗用盘条(千克/吨)	267
250毫米型材机(%)	38.86	低合金钢丝	
600毫米钢板轧机(%)	45.22	合金钢钢丝耗用	
1号760毫米钢板轧机(%)	74.17	光面钢丝耗用盘条(千克/吨)	154
2号760毫米钢板轧机(%)	45.07	钢丝及其制品综合能耗	
冷加工钢材合格率(%)	99.14	钢丝工序能耗(千克/吨)	728
棒　材(%)	99.14	燃料消耗(千克/吨)	434
钢　带(%)	100	电力消耗(千瓦时/吨)	417
热轧材—冷加工成材率(%)	90.64	钢丝及其制品工人实物劳动生产率(吨/人)	4.5
棒　材(%)	90.72		
钢　带(%)	88.11	4. 耐火材料	
冷加工钢材物料消耗		耐火材料合格率(%)	90.52
工序单位能耗(千克/吨)	351	烧成耐火制品合格率(%)	89.96
燃气消耗(米^3/吨)	223	粘土质制品合格率(%)	89.5
电力消耗(千瓦时/吨)	138	高铝质制品合格率(%)	94.99
轧辊消耗(千克/吨)	0	其它烧成制品合格率(%)	95.66
冷加工工人实物劳动生产率(吨/人)	61	不烧耐火制品合格率(%)	89.03
冷轧机小时产量(吨/时)	0.73	不定型耐火制品合格率(%)	100
冷轧机日历作业率(%)	43.83	耐火材料原料消耗	
锻压钢材		烧成耐火制品原料消耗(千克/吨)	1172
锻压钢材合格率(%)	99.96	生料消耗(千克/吨)	341
锻压钢材成材率		熟料消耗(千克/吨)	831
锭—材综合成材率(%)	84.87	粘土质制品原料消耗(千克/吨)	1177
棒　　材(%)	84.87	生料消耗(千克/吨)	360
锭—材一次成材率(%)	84.9	熟料消耗(千克/吨)	817
锭—坯成坯率(%)	79.85	高铝质制品原料消耗(千克/吨)	1116
坯—坯成坯率(%)	89.71	生料消耗(千克/吨)	78
坯—材成材率(%)	76.91	熟料消耗(千克/吨)	1038
锻压钢材物料消耗		其它烧成制品原料消耗(千克/吨)	1104
工序单位能耗(千克/吨)	470	生料消耗(千克/吨)	471
燃气消耗(米^3/吨)	237	熟料消耗(千克/吨)	633
电力消耗(千瓦时/吨)	156	不烧耐火制品原料消耗(千克/吨)	948
锻压工人实物劳动生产率(吨/人)	52	不定型耐火材料原料消耗(千克/吨)	1063
锻压机小时产量(吨/时)	2.16	耐火材料综合能耗(千克/吨)	47
3吨蒸气锤(吨/时)	1.17	烧成耐火制品煤耗(千克/吨)	244
3吨蒸气锤(吨/时)	1.64	粘土质制品煤耗(千克/吨)	242
5吨蒸气锤(吨/时)	2.71	高铝质制品煤耗(千克/吨)	301

名　称	本年实际	名　称	本年实际
其它烧成制品煤耗(千克/吨)	239	电炉钢金属料消耗(千克/吨)	1163
耐火材料电耗(千瓦时/吨)	92	电炉钢生铁料消耗(千克/吨)	14
烧成耐火制品电耗(千瓦时/吨)	96	电炉钢废钢消耗(千克/吨)	1044
粘土质制品电耗(千瓦时/吨)	93	电炉钢合金料消耗(千克/吨)	50.6
高铝质制品电耗(千瓦时/吨)	123	电炉钢电极消耗(千克/吨)	9.71
其它烧成制品电耗(千瓦时/吨)	182	电炉冶炼电耗(千瓦时/吨)	894
不烧耐火制品电耗(千瓦时/吨)	81	电炉每炉冶炼时间(分/炉)	4.34
不定型耐火材料电耗(千瓦时/吨)	28	电炉日历利用系数(吨/百万伏安·日)	189.2
耐火材料工人实物劳动生产率(吨/人)	38		
压砖机台班产量(吨/台班)	3.623	电炉工人实物劳动生产率(吨/人)	195
液压机台班产量(吨/台班)	4.727	钢锭合格率(%)	100
磨擦压砖机(吨/台班)	3.248	铸铁指标	
＜260吨(吨/台班)	3.248	铸铁件综合废品率(%)	2.54
≧260吨(吨/台班)	3.247	铸铁车间每平方米总面积产量(吨/米²)	0.7
5. 冶金机械			
金属切削加工指标		铸铁车间每一职工产量(吨/人)	79
机械加工件综合废品率(%)	0.13	化铁炉每吨金属料耗焦(千克/吨)	0.09
每台已安装生产机床的产量(吨/台)	21.59	锻造指标	
每一生产机床工人产量(吨/人)	20.52	每吨锻锤能力产量(吨/能力吨)	163
铸钢件综合废品率(%)	3.68		
铸钢车间每平方米总面积产量(吨/米²)	0.337		

2000年重钢冶金工业主要产品产量

(单位:吨)

名　称	本年实际生产量	名　称	本年实际生产量
黑色金属矿采选产品		(1)冶金用石灰石	397819
铁矿石原矿产量		7. 白云石矿采剥总量	341350
1. 铁矿石采剥总量	1279971	(1)掌子出矿量	276000
(1)掌子出矿量	262572	其中:露天	276000
其中:露天出矿量	262572	(2)剥离量	65350
(2)剥离量	1017399	8. 白云石原矿	276000
2. 铁矿石原矿量		9. 白云石成品矿	267058
其中:(1)露天原矿	253566	(1)白云石块矿	267058
其中:(2)入炉原矿	253566	人造块矿	
3. 铁矿石成品矿	200015	人造富铁矿	2716305
(1)铁精矿粉	200015	1. 烧结铁矿	2685260
(2)磁选铁精矿粉	200015	普通烧结铁矿	2486153
4. 石灰石矿采剥总量	465891	高碱度烧结铁矿	199107
(1)掌子出矿量	412857	2. 球团铁矿	31045
其中:露天	412857	普通球团铁矿	31045
(2)剥离量	53034	炼铁产品	
5. 石灰石原矿	412857	炼铁产品及副产品	
6. 石灰石成品矿	397819	1. 生铁	1655456

名　称	本年实际生产量	名　称	本年实际生产量
附:实产生铁	1655820	按吹炼方式分	
(1)炼钢生铁	1636058	顶吹氧气转炉钢	1617654
(2)铸造生铁	19398	按冶炼方式分类	
2. 炼铁副产品及生铁		1. 转炉钢	1617654
(1)出格生铁	364	普通碳素钢	491122
(2)炼铁水渣	875251	低合金钢	418840
炼钢产品		优质碳素钢	493257
钢	1773156	合金钢	3447
按化学成分分类		其它转炉钢	210988
1. 普通钢	910063	2. 电炉钢	155356
普通碳素钢	491122	低合金钢	101
低合金钢	418941	优质碳素钢	47031
2. 优质钢	863093	合金钢	91865
合金钢	95205	其它电炉钢	16359
其它优质钢	746917	3. 感应炉钢	145
高合金钢	20971	感应炉合金钢	145
按状态分类		4. 其它钢	106917
1. 铸钢水	2477	特殊处理钢	106318
优质碳素钢铸钢水	2067	炉外精炼钢	106173
合金钢铸钢水	410	真空处理钢	145
2. 钢锭	17770679	5. 重熔钢	599
模铸钢锭	121672	重熔一般碳结	8
连续铸钢锭	1649007	重熔合金弹簧	4
普通钢钢锭	910063	重熔合金结构	308
普通碳素钢钢锭	491122	重熔合金工具	21
低合金钢钢锭	418941	重熔高合金工具	56
3. 优质钢钢锭	860616	重熔高速工具	43
(1)一般碳素结构钢锭	538031	重熔不锈	159
(2)硅钢钢锭	210988	钢压延产品	
(3)工业纯铁	17	商品钢坯	329389
(4)特殊碳结	107	(1)大型轧机生产	91362
(5)碳素工具钢钢锭	940	(2)其它轧机生产	238027
(6)碳素弹簧钢钢锭	15486	用连铸锭生产的钢坯	327247
(7)合金弹簧钢钢锭	9418	钢材	1355272
(8)合金结构钢钢锭	63196	成品钢材	1355272
(9)滚珠轴承钢钢锭	32	1. 普通钢钢材	826715
(10)合金工具钢	1431	(1)普通碳素钢钢材	431198
(11)高合金工具钢	2064	(2)低合金钢钢材	395517
(12)高速工具钢	2092	2. 优质钢钢材	528557
(13)不锈钢	14152	(1)一般碳结钢钢材	104050
(14)耐热钢	2526	(2)硅钢钢材	90719
(15)精密合金	136	(3)碳素工具钢钢材	877
按脱氧方式分钢锭		(4)碳素弹簧	10952
镇静钢锭	1770678	(5)合金弹簧	9397

名　称	本年实际生产量	名　称	本年实际生产量
(6)合金结构钢钢材	293790	(5)汽车轮辋钢	1131
(7)滚珠	135	4. 普通小型钢材	144005
(8)合金工具钢	1294	小型钢材中:普碳钢	4900
(9)高合金工具钢材	380	低合金钢	139105
(10)高速工具钢材	1717	小型钢材中:	284845
(11)不锈钢钢材	9098	(1)小型角钢	278
(12)耐热钢	2503	(2)小型圆钢	4754
(13)精密合金	84	(3)螺纹钢	136086
(14)耐蚀合金钢钢材	3561	(4)小型扁钢	48
优质钢材中:合金钢材	321733	(5)小型造船球扁钢	1734
高合金钢材	13556	(6)其它小型钢材	1105
按加工工艺划分的钢材		5. 优质钢型材	115260
1. 热轧钢材	1288378	按大中小型分类	
2. 冷加工钢材	51178	(1)大型优质钢钢材	49898
3. 锻压钢材	15715	(2)中型优质钢钢材	11422
按原料来源划分的钢材		(3)小型优质型材	53940
1. 本企业的钢锭、坯料	1305588	按加工方法分类	
2. 其它企业调入的	49683	(1)热轧优质钢型材	91670
按钢类分的成品钢材		(2)冷加工优质钢型材	7667
普通钢成品钢材	826714	(3)锻压优质钢型材	15699
优质钢成品钢材	528557	优质钢型材中:易切钢	3186
按品种和用途划分的		优质钢型材中:合金钢型材	69553
1. 铁道用钢材	5742	高合金钢型材	6320
(1)普通钢钢材	5742	按钢类划分:	
(2)普碳钢钢材	5742	(1)一般碳结钢	45247
铁道用钢材中:钢轨配件	5742	(2)碳素工具钢钢材	460
2. 普通大型材	34875	(3)合金弹簧	8034
大型材中:普碳钢	29555	(4)合金结构钢	54211
低合金钢	5320	(5)滚珠	122
大型材中:		(6)合金工具钢	866
(1)大型工字钢	8691	(7)高合金工具钢	343
(2)大型槽钢	13971	(8)高速工具钢	1212
(3)大型角钢	4967	(9)不锈钢	2631
(4)大型圆钢	880	(10)耐热钢	2085
(5)大型扁钢	4972	(11)精密合金	49
(6)其它大型钢材	1394	6. 线材	130980
3. 普通中型钢材	42366	线条中:电焊条用线条	189
中型钢材中:普碳钢	30022	线材中:生产自用量	808
低合金钢	12344	优质线材中:合金钢线材	565
中型钢材中:	42366	高合金钢线材	293
(1)工字钢	12892	(1)普通钢线材	129983
(2)槽钢	9513	普通碳素钢线条	129983
(3)角钢	15410	(2)优质钢线材	997
(4)圆钢	3420	1)一般碳结钢	429

名　称	本年实际生产量	名　称	本年实际生产量
2)碳素工具钢钢材	3	(3)其它用途薄钢板	42384
3)合金弹簧	1	优质薄钢板中:合金钢板	4914
4)合金结构钢	248	高合金钢板	2491
5)合金工具钢	23	薄钢板中:	
6)高速工具钢材	74	(1)普通薄钢板	23997
7)不锈钢钢材	45	普碳板	23997
8)耐热钢	174	(2)优质薄钢板	20685
7. 中厚钢板	705326	一般碳结板	7726
中厚板中:普通镇静钢	681605	(3)碳素工具钢钢材	92
其中:厚度<7毫米	14807	(4)碳素弹簧	7953
按用途分类:		(5)合金弹簧	716
(1)锅炉及火箱板	25754	(6)合金结构钢	1457
(2)造船及舰艇板	269593	(7)合金工具钢	250
(3)汽车大梁板	4941	(8)高合金工具钢	37
(4)航空用	549	(9)高速工具钢材	364
(5)桥梁板	3453	(10)不锈钢钢材	2011
(6)压力容器板	50693	(11)耐热钢	79
(7)犁铧用板	59	9. 硅钢片	90719
(8)其它用途板	350284	硅钢片中:热轧	90719
优质中厚板中:合金钢板	13976	(1)电机用硅钢片	89331
高合金钢板	4533	10. 钢带	1027
(1)普通钢板	443175	钢带中:冷轧钢带	1027
普碳钢	204427	钢带中:纵剪钢带	883
低合金钢	238748	优质钢带中:合金钢带	143
(2)优质钢板	262151	高合金钢带	143
1)一般碳结钢	12580	(1)普通钢钢带	883
2)碳素工具钢钢材	322	普碳钢	883
3)碳素弹簧	2999	(2)优质钢钢带	144
4)合金弹簧	646	1)一般碳结板	1
5)合金结构钢	237346	2)耐热钢	108
6)滚珠	13	3)精密合金	35
7)合金工具钢	151	11. 无缝钢管	38575
8)高速工具钢材	66	按加工方法分类:	
9)不锈钢钢材	4410	(1)冷拔无缝钢管	38575
10)耐热钢	57	钢管中:异形管	201
11)耐蚀合金中厚板	3561	优质钢管中:合金管	520
8. 薄钢板	44692	按用途分:	
薄钢板中:热轧薄钢板	42472	(1)低中压锅炉管	9473
冷轧薄钢板	2220	(2)高压锅炉管	1303
薄钢板中:镀层及塑料板	2220	(3)高压化肥生产用无缝钢管	239
(1)镀铅薄钢板	2220	(4)其它用途管	27560
按用途划分:		按材质分:	
(1)汽车用薄钢板	2298	(1)优质钢管	38575
(2)建筑用	10	1)一般碳结钢	38055

名　称	本年实际生产量	名　称	本年实际生产量
2)合金结构钢	520	冶金焦	1091136
3)其它优质钢钢管	2	小块焦	12491
12.焊接钢管	1689	无机化学产品	
焊结钢管中:电焊钢管	1689	1.无机酸	2129
直缝钢管	1689	硫酸氨	2129
按用途分:		其它化工产品	
(1)水煤气用焊接钢管	1	1.煤炭化工产品	
(2)吹氧用薄壁焊接钢管	218	(1)炼焦副产苯类产品	
(3)其它用途焊接钢管	1470	粗苯	12100
普通钢焊接管	1689	(2)炼焦副产酚类产品	
普碳钢焊管	1689	粗酚	111
13.锻钢件	16	(3)炼焦副产焦油类产品	
锻钢件中:锻锤生产的	16	洗油	2532
优质锻钢件	16	脱酚油	710
(1)一般碳结板	2	一蒽油	1350
(2)合金结构钢	10	调配焦油	15164
(3)合金工具钢	4	(4)煤沥青	
钢丝	1615	中温沥青	11117
普通钢钢丝	611	耐火材料制品	44523
按用途分		1.耐火砖	39074
其他用途	611	(1)烧成耐火砖	29011
优质钢钢丝	1004	(2)不烧耐火砖	10063
(1)商品量	1004	2.特种耐火材料	45
光面优质钢丝	1004	3.不定型耐火材料	5404
(2)磨光优质钢丝	1004	烧成砖按材质分	
按用途划分:		1.粘土质砖	15189
弹簧用	7	(1)一般粘土砖	8448
其他用途	997	(2)浇铸砖	5009
按钢类划分:		(3)衬砖	131
(1)一般碳结板	290	(4)高炉砖	102
(2)碳素工具钢钢材	3	(5)隔热砖	894
(3)合金弹簧	12	(6)其它用粘土质砖	605
(4)合金结构钢	275	2.高铝质砖	11030
(5)合金工具钢	14	(1)一般砖	1885
(6)高速工具钢材	35	(2)电炉炉顶砖	440
(7)不锈钢钢材	14	(3)浇注砖	55
(8)耐热钢	360	(4)衬砖	1232
(9)精密合金	1	(5)热风炉砖	114
洗煤、炼焦及化学产品		(6)高炉砖	4972
煤气总产量		(7)其他用高铝质砖	2332
焦炉煤气	42385	3.镁砖及镁质复合砖	2358
焦炭及煤制品		(1)镁铬砖	141
(1)焦　炭	1147628	(2)镁铝砖	316
机　焦	1147628	(3)其他用镁质砖	1901

名　称	本年实际生产量	名　称	本年实际生产量
4. 其它材质的耐火砖	434	烧结白云石	534
其它类未包括的耐火砖	434	其它	513
不烧砖按材质分:		特种耐火材料	45
(1)不烧砖	10063	特种耐材按用途分:	
(2)不烧高铝质砖	8769	耐火纤维制品	45
(3)不烧其它耐火砖	1294	铁合金产品	
不定型耐火材料	5404	电炉铁合金	41881
(1)耐火集料	3106	铁合金中:	
(2)耐火泥浆料	601	1. 硅铁	9261
(3)捣打料	36	(1)含硅铁 75%的硅铁	9261
(4)可塑料	35	2. 特种铁合金	32620
(5)浇注料	579	(1)碳素铬铁	32620
(6)补炉料	534		

2000年重钢主要冶金工业产品产销存实物量

(单位:吨)

名　称	年初库存	生产量	销售量	出口量	自用量	年末库存
钢材及商品坯合计	50121	1684661	1692194	17142	189924	39087
一、钢　材	48734	1355272	1362357	17142	23627	38080
铁道用钢材	1305	5742	6746			297
普通大型材	546	34875	37245		2208	475
普通中小型材	2759	186371	183101		2313	1813
优质钢型材	13761	115260	117972	1978	1488	11252
线材	230	130980	130216		2235	989
中厚钢板	17265	705326	707136	11383	10636	14926
薄钢板	2284	44692	45022	141	4595	736
普通薄钢板	908	42472	42156	141	4564	968
镀锌薄钢板	513		189		31	286
镀铅薄钢板	863	2220	2677			339
硅钢片	807	90719	91392	3640		126
钢带	192	1027	918			197
无缝钢管	9395	38575	40948		152	7023
焊接钢管	161	1689	1645			246
锻钢件		16	16			
二、商品坯	1387	329389	329837		166297	1007

2000年重钢主要冶金产品销售去向

（单位：吨）

名称	销售总量	销售去向（按部门分）													
		农业	交通运输	冶金工业	电力工业	煤炭工业	石油工业	化学工业	汽车工业	船舶工业	机械工业	建材工业	物资工业	出口	其它
钢材及商品坯	1692194	1753	5563	415417	23065	13535	17002	12039	42881	253712	89660	86727	711884	6108	12848
一、钢材	1362357	1753	5563	88769	23065	13535	17002	12039	42600	253712	89428	86727	709617	6108	12439
铁道用材	6746			5741							10		995		
普大型材	37245			6416	99	203			60	3060	3123	180	23686		418
普中小型材	183101			7916	2053						7799	73153	92127		53
钢带	918			800											118
线材	130216		53	19847							583		108903		830
中厚钢板	707136	1753	4645	36851	8938	4064	14831	11674	37130	226190	72851	11128	276782	299	
薄钢板	45022				615				2371	10	584	1731	39454	73	184
普通薄板	42156				615					10	575	1750	39019	73	159
镀锌薄板	189											26	163		
镀铅薄板	2677								2371		9		272		25
硅钢片	91392				10681						66	8	75608	3640	1389
优质型材	117972			2070		9268	199			24422	1248		78378	1978	409
无缝钢管	40948		865	7483	679		1972	365	3039	30	3164	527	13684	118	9022
焊接钢管	1645			1645											
其它钢材	16														16
二、商品坯	329837			326648					281		232		2267		409

2000年重钢固定资产投资统计

（单位：万元）

		完成投资额	投资方向											
			铁矿采选	烧结	球团	炼铁	炼钢	电炉	转炉	连铸	轧材	铁合金	焦化	耐火	其它
本年完成	固定资产投资	34146		870	259	545	1935		1935	1528	18001		235		10773
	基本建设														
	更新改造	34146		870	259	545	1935		1935	1528	18001		235		10773
建国以来至本年底累计	固定资产投资	467338	2789	4612	259	61417	52298	338	51960	5215	44407	86	13014	4316	278925
	基本建设	105051	1679								3604		5492		94276
	更新改造	362287	1110	4612	259	61417	52298	338	51960	5215	40803	86	7522	4316	184649

补充资料：1.1999年施工项目个数101个

其中：5000万元以上0个

10000万元以上1个

2.2000年竣工项目个数56个

其中：5000万元以上0个

10000万元以上1个

3.2000年竣工家属宿舍套数56套

4.2000年商品房购置面积0平方米

5.2000年引进国外技术装备项目个数0个

6.2000年引进国外技术装备项目投资额0万元

（吕学忠）

2000年重钢集团企业单位管理人员专业技术人员基本情况统计

项目	总数	女	少数民族	共产党员	民主党派	学历						年龄			
						研究生	大学本科	大学专科	中专	高中	初中及以下	35岁及以下	36岁至45岁	46岁至54岁	55岁及以上
一、各类人员总数	10346	3436	43	4931	63	25	2177	3981	2079	1180	904	3063	3551	2911	821
省、自治区、直辖市	10346	3436	43	4931	63	25	2177	3981	2079	1180	904	3062	3551	2911	821
二、各类专业技术人员总数	9140	3085	41	4367	62	25	2120	3686	1876	825	608	2673	3150	2590	727
其中:①担任中层以上领导职务	350	33		328		13	189	132	13	2	1	39	145	152	14
其中:正高级职务	774	95	5	575	21	18	470	228	52	5	1	39	212	256	267
②中级职务	3124	925	14	1633	36	6	872	1479	552	107	108	634	1113	1116	261
③初级职务	5090	2041	19	2131	5	1	695	1939	1266	706	483	1874	1812	1205	199
层次 省、自治区、直辖市	9140	3085	41	4367	62	25	2120	3686	1874	825	608	2673	3150	2590	727
1. 工程技术人员	3225	545	13	1277	36	22	1354	1346	450	28	25	1366	1024	556	279
高级工程师	483	37	2	333	16	18	314	115	35	1		37	156	110	180
工程师	1325	229	4	596	19	3	542	590	175	6	9	419	513	317	76
助理工程师、技术员	1300	261	5	333	1	1	419	615	236	19	10	802	350	125	23
未聘任专业技术职务的	117	18	2	15			79	26	4	2	6	108	5	4	
2. 农业技术人员	7			5			3	1	3			3	3		1
高级农艺师	1						1								1
农艺师	2			2			2					1	1		
助理农艺师、技术员	4			3				1	3			2	2		
3. 卫生技术人员	1055	728	4	225	8		153	208	378	187	129	426	297	286	46
副主任医师	46	22		33			21	24	1				17	19	10
主治医师	273	154	1	99	8		64	87	82	15	25	48	73	135	17

项目	总数	女	少数民族	共产党员	民主党派	学历						年龄			
						研究生	大学本科	大学专科	中专	高中	初中及以下	35岁及以下	36岁至45岁	46岁至54岁	55岁及以上
医(护)师(士)	736	552	3	93			68	97	295	172	104	378	207	132	19
4. 教学人员	415	227	3	136	9	1	116	137	126	19	16	120	135	123	37
副教授、高级讲师	49	11		30	5		40	6	3			2	12	20	15
讲师	233	123	1	78	4	1	50	87	73	9	13	41	85	87	20
助教	132	92	2	28			36	44	50	9	3	77	38	15	2
未聘任专业技术职务的	1	1								1				1	
5. 经济人员	2741	695	10	1848	9	1	266	1191	594	379	310	370	1023	1090	258
高级经济师	99	11	1	91			37	54	6	2			14	57	28
经济师	684	144	3	518	5	1	113	390	126	36	18	52	218	313	101
助理经济师、经济员	1927	537	5	1227	4		113	734	460	338	282	302	784	712	129
未聘任专业技术职务的	31	3	1	12			3	13	2	3	10	16	7	8	
6. 会计人员	795	557	5	232		1	62	426	151	107	48	248	355	173	19
高级会计师	14	5		9			8	5		1			5	3	6
会计师	226	132	2	84		1	23	139	27	19	17	38	103	76	9
助理会计师、会计员	555	420	3	139			31	282	124	87	31	210	247	94	4
7. 统计人员	109	82		43			10	44	22	20	13	21	55	30	3
高级统计师	1						1							1	
统计师	39	27		18			4	22	5	3	5	4	19	13	3
助理统计师、统计员	66	53		24			4	21	17	16	8	15	35	16	
未聘任专业技术职务的	3	2		1			1	1		1		2	1		

项目	总数	女	少数民族	共产党员	民主党派	学历						年龄			
						研究生	大学本科	大学专科	中专	高中	初中及以下	35岁及以下	36岁至45岁	46岁至54岁	55岁及以上
8. 翻译人员	8	2		4			5	1	1	1		3	1	3	1
翻译	4	1		2			3			1		1	1	1	1
助理翻译	4	1		2			2	1	1			2		2	
9. 图书档案、文博人员	117	78	3	42			11	60	32	10	4	31	43	38	5
副研究馆员	6	1	1	4				5		1			1	3	2
馆员	62	40	1	24			8	33	16	3	2	15	23	23	1
助理馆员、管理员	49	37	1	14			3	22	16	6	2	16	19	12	2
10. 新闻、出版人员	31	13		14			5	20	3	1	2	8	15	8	
副编辑、主任记者	1			1				1						1	
编辑记者、一级校对	7	2		2			1	4		1	1	1	3	3	
助理编辑记者、二三级校对	23	11		11			4	15	3		1	7	12	4	
11. 律师、公证人员	1							1						1	
三级律师、公证员	1							1						1	
12. 体育人员	1			1				1					1		
一级教练	1			1				1					1		
13. 政工人员	635	158	3	540			135	250	116	73	61	77	198	282	78
高级政工师	74	8	1	74			48	18	7		1		7	42	25
政工师	267	73	2	209			62	125	48	14	18	14	73	147	33
助理政工师、政工员	294	77		257			25	107	61	59	42	63	118	93	20

2000年重钢集团劳动统计

名　　称	单　位	本年实际	指　标　名　称	单　位	本年实际
单位职工年末在册人数	人	51785	单位从业人员变动情况	人	
单位职工年末(在岗)人数	人	29009	增加人数	人	425
其中:女性	人	9002	1. 从农村招收	人	6
在岗职工年末人数	人	29009	2. 从城镇招收	人	122
其中:女性	人	9002	3. 录用的退伍军人	人	67
专业技术人员	人	9140	4. 录用的大、中专、技校毕业生	人	177
其中:女性	人	3085	5. 调入	人	10
在岗职工按用工期限分组			其中:由外省、自治区、直辖市调入	人	4
1. 长期职工	人	29009	6. 其他	人	43
2. 临时职工	人		减少人数	人	18612
在岗职工按劳动岗位分组			1. 离休、退休、退职	人	2431
1. 工人和学徒	人	19461	2. 开除、除名、辞退	人	60
2. 工程技术人员	人	1675	3. 终止、解除合同	人	8130
3. 管理人员	人	3874	4. 离开本单位仍保留劳动关系的职工	人	7806
4. 服务人员	人	3941	5. 调出	人	64
5. 其他人员	人	58	其中:调到外省、自治区、直辖市	人	14
离开本单位仍保留劳动关系的职工年末人数	人	22776	6. 其他	人	121
其中:下岗职工	人	22776	单位从业人员劳动报酬	千元	418900
其中:女性	人	7063	在岗职工工资总额	千元	418900
内部退养职工	人	9287	离开本单位仍保留劳动关系的职工生活费	千元	74543
单位从业人员年平均人数	人	41269	其中:下岗职工生活费	千元	74543
在岗职工	人	41269	其中:内部退养职工生活费	千元	44959
离开本单位仍保留劳动关系的职工年平均人数	人	17767			
其中:下岗职工年平均人数	人	17767			
其中:内部退养职工年平均人数	人	8747			

参考资料

2000年世界主要钢铁公司钢产量排名

（单位:万吨）

公司	国家或地区	1999年		2000年		公司	国家或地区	1999年		2000年	
		排名	产量	排名	产量			排名	产量	排名	产量
新日铁	日本	2	2433	1	2907 *	伊朗钢铁公司	伊朗	26	606	26	659
浦项钢铁公司	韩国	1	2653	2	2848 *	神户钢铁公司	日本	28	565	27	643 *
阿贝德集团	卢森堡	3	2218	3	2410	BHP公司	澳大利亚	21	808	28	620
LNM集团	英国	6	1997	4	2244	克里沃罗格钢铁公司	乌克兰	31	528	29	611
于齐诺尔公司	法国	4	2215	5	2100	仁川钢铁公司	韩国	46	375	30	599 *
NKK公司	日本	10	1161	6	2056 *	AK钢公司	美国	29	562	31	590
Corus公司	英国	5	2129	7	1998	国家钢公司	美国	27	567	32	557
蒂森克虏伯公司	德国	8	1650	8	1800	马里乌波尔钢铁公司	乌克兰	35	480	33	548
上海宝钢集团	中国	7	1667	9	1772	伊斯科钢铁公司	南非	30	532	34	537
里瓦集团	意大利	9	1410	10	1557	西西伯利亚钢铁公司	俄罗斯	38	469	35	530
川崎钢铁公司	日本	12	1023	11	1301 *	奥钢联	奥地利	37	470	36	516
住友金属公司	日本	16	916	12	1165 *	萨尔茨吉特钢公司	德国	33	490	37	510
美钢联	美国	11	1092	13	1068	加拿大钢铁公司	加拿大	36	473	38	507
印度钢铁管理局	印度	13	976	14	1057	下塔吉尔钢铁公司	俄罗斯	42	403	39	485
台湾省中钢	中国台湾省	14	953	15	1025	CST	巴西	40	441	39	485
纽柯钢公司	美国	15	941	16	1022	卢齐尼钢铁公司	意大利	47	370	41	480
俄罗斯马钢	俄罗斯	18	885	17	1004	CSN	巴西	34	485	42	478
谢韦尔钢公司	俄罗斯	17	902	18	955	米纳斯·吉拉斯黑色冶金公司	巴西	65	298	43	444
伯利恒钢铁公司	美国	19	853	19	909	卡托维茨钢铁公司	波兰	47	370	44	440
鞍山钢铁公司	中国	20	851	20	881	罗德洛基钢铁公司	芬兰	41	418	45	431
新利佩茨克公司	俄罗斯	23	752	21	822	亚速钢厂	乌克兰	49	364	46	430
首钢总公司	中国	24	734	22	803	HKM公司	德国	39	450	47	426
LTV钢公司	美国	22	762	23	740	本溪钢铁公司	中国	44	388	48	422
盖尔道集团	巴西	32	507	24	707	多法斯科钢铁公司	加拿大	53	354	49	412
武汉钢铁公司	中国	25	622	25	665	东京制钢公司	日本	51	359	50	394

公司	国家或地区	1999年		2000年		公司	国家或地区	1999年		2000年	
		排名	产量	排名	产量			排名	产量	排名	产量
包头钢铁公司	中国	44	388	51	392	保利斯塔冶金公司	巴西	78	259	75	274
扎波罗热钢厂	乌克兰	59	328	51	392	奥里诺科黑色冶金公司	委内瑞拉	74	270	76	270
Techint 集团	阿根廷	43	394	53	379	萨尔钢公司	德国	85	236	77	266
马鞍山钢铁公司	中国	52	355	54	370	鲁日钢公司	美国	–	197	77	266
日新钢公司	日本	57	335	55	366	米纳斯·吉拉斯公司	巴西	86	235	79	262
切烈波维茨钢公司	俄罗斯	67	293	55	366	共英钢公司	日本	–	–	80	261
塔塔钢铁公司	印度	58	330	57	365	北极星钢公司	美国	72	274	81	260
攀枝花钢铁公司	中国	49	364	58	359	埃米尔钢公司	土耳其	74	270	82	250
库兹涅茨克钢铁公司	俄罗斯	69	283	58	359	新冶金公司	捷克	82	243	82	250
VSZ 公司	斯洛伐克	54	342	60	345	CO 钢公司	加拿大	79	255	84	245
瑞典钢铁公司	瑞典	55	339	61	341	安阳钢铁公司	中国	82	243	85	243
Sidex 公司	罗马尼亚	60	323	62	340	太原钢铁公司	中国	69	283	86	242
墨西哥高炉公司	墨西哥	56	338	63	335	Duferco 集团	瑞士	74	270	87	240
唐山钢铁公司	中国	61	315	64	319	东国钢公司	韩国	88	221	88	238
邯郸钢铁公司	中国	63	302	65	315	第聂伯罗钢铁公司	乌克兰	87	229	89	235
奥尔斯科哈利沃洛	俄罗斯	73	272	66	309	特日奈茨冶金公司	捷克	–	199	90	233
济南钢铁公司	中国	66	297	67	303	南京钢铁总厂	中国	–	170	91	230
西班牙轧钢公司	西班牙	71	282	68	300	维尔顿钢公司	美国	–	169	92	228
海德钢铁公司	沙特阿拉伯	77	261	69	297	Ezz – Dikheila 公司	埃及	–	59	93	226
阿尔切夫斯克公司	乌克兰	81	246	70	289	Villacero 公司	墨西哥	90	213	94	215
华凌集团	中国	63	302	71	285	阿尔戈马钢公司	加拿大	92	212	95	214
希尔萨公司	墨西哥	62	308	72	281	莱芜钢铁公司	中国	93	201	95	214
伯明翰钢公司	美国	80	253	73	279	惠林匹兹堡公司	美国	88	221	97	213 *
Visakhapatnam	印度	84	237	74	275	酒泉钢铁公司	中国	–	185	98	200

——摘自《世界金属导报》2001 年 4 月 17 日

(本部目责任编辑　张　蓉
本部目责任校对　彭地富)

附录

重要文件选编

重钢集团母子公司管理通则(试行)

(重集企管发[2000]第63号)

第一章　总则

第一条　为了适应社会主义市场经济的发展和建立现代企业制度的需要,进一步理顺重钢(集团)有限责任公司(下称母公司)与其下属子公司的关系,完善重钢集团母子公司管理体制和运行机制,根据《中华人民共和国公司法》(下称《公司法》)及有关法律、法规,并结合重钢集团的实际,制定本通则。

第二条　本通则所称子公司是指由母公司通过分离改制、收购、兼并、划转、投资等方式设立的全资子公司和控股子公司。

第三条　重钢集团实行母子公司管理体制。

母公司是按《公司法》改制的国有独资公司,是重钢集团的核心和重钢集团范围内国有资产的投资主体,是重钢集团的资产管理和资本运营中心,对子公司依法享有资产收益、重大决策和选择管理者的权利,以对子公司的出资额为限对子公司承担有限责任。

子公司按《公司法》改制为公司制企业,是重钢集团的利润中心,拥有包括母公司在内的各类出资者投资形成的企业法人财产权,以全部法人财产独立承担民事责任,依法独立核算,自主经营,自负盈亏。

第四条　子公司要维护重钢集团的整体利益,执行母公司的各项管理办法、规章制度以及各项决定。

第五条　母公司对子公司的管理原则:宏观控制、微观放活、强化监督、加强指导,立足服务、协调有效、仲裁执行的原则。

第六条　母公司对子公司的管理手段:法律手段、经济手段和行政手段并用。

第七条　本通则是母公司、子公司遵循的基本原则,是母公司制定各项专业管理办法的依据。

第二章 法人治理结构和人事管理

第八条 全资子公司建立董事会、监事会和经理层,不设股东会。董事会成员中的非职工董事及董事长由母公司委派,董事会成员每届任期三年,可以连任;监事会成员中的非职工监事及监事会主席由母公司委派,监事会成员每届任期三年,最多不超过两届;经理及副经理由全资子公司董事会聘免。

全资子公司的经理由集团公司负责人、分管负责人、组织人事部门或者全资子公司的董事长推荐,副经理由集团公司负责人、分管负责人、组织人事部门、全资子公司的董事长或经理推荐。

第九条 控股子公司建立股东会、董事会、监事会和经理层。母公司委派股权代表,参加子公司的股东会议,有效贯彻母公司的决策。

上市的控股子公司按照本公司章程、有关上市规则及国家有关规定产生董事、董事长、监事、监事会主席及经理、副经理等高级管理人员;非上市的控股子公司按照本公司章程和有关组建协议产生董事、董事长、监事、监事会主席及经理、副经理等高级管理人员。

应由母公司派出的董事、董事长、监事、监事会主席及经理、副经理等高级管理人员的推荐及聘免按上述第八条执行。

第十条 全资、控股子公司中的职工董事、职工监事由子公司职工代表大会选举产生。

第十一条 母公司统一管理副处级(含助理)及以上管理人员。子公司科级及以下管理人员由子公司管理,科级人员的聘免报母公司备案。

第三章 劳动用工和分配管理

第十二条 子公司的机构数及定员数由母公司批准,在总数范围内子公司自主决定机构设置和岗位设置。

第十三条 按照《劳动法》,职工与所在子公司签订劳动合同,建立劳动关系。在建立劳动关系前提下,按"双向选择、竞争上岗"择优聘用,签订上岗合同,明确子公司与职工的权、责关系。子公司工会代表职工与子公司签订集体合同。子公司建立劳动争议调解委员会,调解职工与企业的劳动争议。

第十四条 子公司之间职工转移由双方决定,自主按规定办理手续,报母公司备案(其中,大渡口地区以外子公司的职工转移到母公司或大渡口地区各子公司,须母公司批准)。子公司职工转移出重钢集团,由母公司批准后办理。母公司支持子公司从重钢集团外部引进急需的专业人才,由母公司批准后办理。

第十五条 子公司有接受转业、复退军人等国家政策性安置的义务,有接受本公司属政策性补员的义务。子公司对大中专学生的需求,由母公司统一接受办理,大学本科及以上学历且专业对口的,由母公司指令性安排,子公司无条件接受。大中专实习生转正定级及初定职称由母公司统一管理。子公司职工出国留学、考察、劳务输出等审查办理由母公司归口管理。

第十六条 子公司专业技术人员初级职称评审,具备条件的可在母公司下达指标范围内评审,报母公司发资格通报。中高级技术职称评审,由母公司统一组织,破格的由母公司评审。技术岗位和技术职务的聘任由子公司对具备资格的人员自行决定聘任。

第十七条 子公司和职工必须依法参加养老、失业等社会保险,按政府规定向母公司缴纳费用,母公司统一向社会保险部门解缴。

第十八条 母公司、子公司建立再就业服务机构,并建立相应的再就业基金,专项用于职工的转岗培训和开发新的就业岗位,保障下岗职工基本生活费按时、足额发放,搞好再就业工程。

第十九条 子公司与政府直接建立工效挂钩关系,取得工资基数,再根据母公司对其实行资产经营责任制考核结果兑现工资额度。

子公司自主决定内部的分配方式(重大分配方案经子公司职代会或主席团审议)。子公司应探索实施旨在激励职工积极性发挥的以职工业绩为主要分配依据的各种分配形式。

工资基金计划和使用按《工资基金使用手册》管理规定由母公司和银行监督支付。子公司按规定建立工资储备金。

第二十条 子公司要加大职工培训力度。母公司在综合平衡子公司的培训计划基础上,向子公司下达计划。

第四章 资产管理

第二十一条 母公司派往子公司的董事是母公司的出资代表,代表母公司行使出资者职能。

第二十二条 母公司对子公司实行资产经营责任制,按照出资比例享有子公司的收益权,子公司承担企业法人资产的保值增值责任。

第二十三条　全资子公司的资产运营由母公司进行监督。控股子公司由母公司按照有关法律法规或控股子公司章程实行监督。母公司审计部门对子公司的财务、经营及效益状况进行内部审计监督。

第二十四条　子公司依法享有企业法人资产占有、使用和处置的权利,但下述行为须由母公司批准:

1. 子公司内部项目投资;

2. 与重钢集团内其他单位、重钢集团外的单位以及个人合资、合作、联营;

3. 对重钢集团内其他单位和重钢集团外的单位实施控股、参股、兼并、租赁、承包;

4. 将所属资产租赁、承包、委托给重钢集团内其他单位、重钢集团外的单位以及个人经营管理;

5. 设立法人企业及分支机构,对下属单位进行改制;

6. 担保、融资、抵押、质押;

7. 资产出售;

8. 资产报废。

第二十五条　子公司之间的资产流动按有偿方式执行。

第二十六条　母公司根据集团的整体发展战略,本着最大发挥资产效益的原则,决定增加或减少子公司的资本金。

第五章　财务管理

第二十七条　子公司的财务机构为母公司财务部门的派出机构,财务部门负责人和财务人员由母公司统一管理。

第二十八条　子公司按照国家及母公司有关制度按时、足额提取折旧,所提折旧不上缴母公司。

第二十九条　子公司在母公司结算中心开立帐户,主要办理集团内的收支事项,结算中心对子公司实行存贷有偿,执行同期银行利率。子公司在银行开立帐户必须经母公司批准同意,并规定所开银行帐户的用途。

第三十条　母公司对子公司的货币资金实行统一管理。

子公司对外贷款必须经母公司批准,母公司对子公司实施贷款余额限额管理。

第三十一条　流转税及其相关税由子公司根据国家有关财税制度自行缴纳。所得税由母公司统一解缴。

第三十二条　按子公司《章程》,母公司参与子公司税后利润的分配。子公司应足额、按时上缴母公司的应分配利润。

第三十三条　子公司未经母公司批准,不得向社会发行、也不得购入有价证券,不得向职工集资,不得将资金拆借给外部的任何单位和个人。

第三十四条　母子公司之间、子公司之间互供产品和劳务的价格,必须执行国家定价的执行国家定价,其他由双方协议定价,协商不一致时,由母公司协调、仲裁。

第六章　规划和投资管理

第三十五条　母公司对子公司坚持公平、竞争、效率原则,择优扶持,鼓励自立,不保护落后,统一进行资源配置和内部市场规划。

第三十六条　子公司实行专业化、规模化经营。非钢产业的发展重点围绕钢材产品的延伸与深加工、建筑建材、环保产业、工程设计与工程建设监理、电子技术等。

第三十七条　子公司根据市场预测,在母公司发展战略指导下,编制本公司的发展规划,母公司批准后执行。

第三十八条　母公司对子公司的投资实行集中统一管理。基建、技改、大修等项目实行项目责任制、监理制、招投标制和合同管理制。

第七章　生产经营、技术管理

第三十九条　子公司的年度生产经营计划由母公司批准,母公司在充分尊重子公司意愿和利益基础上根据重钢集团整体安排下达年、月生产经营计划。子公司的生产经营活动必须服从母公司的协调、仲裁,按照母公司下达计划安排生产。

第四十条　子公司凡有生产组织方式的变化,生产计划的重大调整,各种原辅材料、物资、备件、工程、产品、服务等价格调整及重大技术措施的实施而对其他子公司生产经营有较大影响的。应向母公司提报调整计划,由母公司作出调整决定后方可执行。

第四十一条　子公司之间的产品销售、劳务以及代领、代购等经济行为,均应按照《合同法》,公平、公正地签订经济合同,合同条款要做到全面、准确。

合同签订和执行过程中发生的纠纷由母公司协调和仲裁,仲裁结果子公司必须执行。

第四十二条　子公司自主决定对外销售方式、渠道和价格。

第四十三条　对重钢集团内部市场坚持大局为重,立足内供,先内后外,同等优先的原则。

内部能够生产并满足需要的产品及提供的专业服务,原则上不允许子公司外购、外委,确需外购、外委的由母公司批准后执行。

第四十四条　子公司采购大宗原燃材料、设备、备件、坚持招投标制度。

第四十五条　母公司对子公司建立质量保证体系和产品质量认证制度及监督抽查制度。未经认证的产品不允许出厂。

第四十六条　母公司对重钢集团范围内的知识产权(专利技术、专有技术、科技成果、商标、著作权、品牌、名称、无形资产等)实行集中统一管理。

第四十七条　母公司对子公司的科技项目资金实行科技拨款、自筹、贷款制度。各子公司的科技项目原则上实行招投标制度。

第四十八条　子公司与重钢集团外的单位进行技术合作,重大项目应征得集团公司同意。技术合作涉及知识产权的交易或开发的,应报母公司批准。

第八章　附则

第四十九条　本通则的有关条款与控股子公司的章程、组建协议、有关上市规则及国家有关规定有不一致的,按控股子公司的章程、组建协议、有关上市规则及国家有关规定执行。

第五十条　母公司职能部门应根据本通则制定相关的专业管理办法,并及时废止与本通则不一致的管理办法。

第五十一条　母公司原有关管理办法与本通则不一致的以本通则为准。本通则由母公司企业管理处解释。

(2000 年 2 月 3 日)

重庆钢铁(集团)有限责任公司
职工住房集资解危试行方案

(重集行管发[2000]第 110 号)

为认真贯彻公司十一届六次职代会精神,根据重庆市住房制度改革领导小组[1997]7 号文件《关于规范发展重庆市城镇集资合作建房工作的通知》的有关规定。结合集团公司目前仍存在 50～70 年代建设的危房和不配套房 5000 余户的现实,特制定本实施方案。经集团公司经理办公会讨论,并提交公司工会第十三届四十一次全委会暨第十一届职代会三十六次团长会审议通过,现公布如下:

一、重钢(集团)公司委托重钢集团房地产有限责任公司(以下简称房产司),按轻重缓急进行总体规划,统一实施,将不配套房逐步改造,不断改善职工居住条件。

二、对危房的拆迁改造,可采用集资解危建房的办法解决,也可采用招商引资的方式,实行滚动建房、滚动搬迁。搬迁的顺序由集团公司工会牵头,行政管理处和监察处、职工代表联合调查后研究确定。

三、集资解危房屋建筑面积一般控制在二室户为 53 平方米、三室户为 58 平方米,房屋室内为毛坯房(如集资住户需装饰室内,可另签合同,另外缴钱,满足住户要求,所需费用由合同处审定)。为满足职工住房需求,可建部分 80 平方米左右的住房,超面积部份由职工按综合成本价全额集资。今年先期建房 200 户左右,地址在黄桷大楼。

四、实施集资解危建房工作的资金来源,一是按国家政策减免有关税费,二是集团公司无偿划拨土地,职工所在单位补贴部分,三是个人集资缴纳部分(按政府有关规定享受最大优惠后的剩下部分缴纳)。

五、房产司应精心组织施工,大力降低成本,建筑面积平均综合成本价格必须控制在 600 元/平方米(如材料、定额等费用调整,造价也同时调整)。职工个人按重庆市房改领导小组公布的(1999～2000 年)四类地区公有住房出售价格的下限(限 580 元/平方米),再优惠 10%后进行集资(即 522 元/平方米)。职工个人所缴集资款与综合成本价的价差及 10%的公共维修基金由职工所在单位承担,集团公司机关和退休职工由集团公司承担(每户平均价差合计为 7200 元左右)。

六、各施工企业对承接的集资建房工程,应严格按照国家标准精心组织施工,保证工程质量和进度。

七、集团公司各单位在设计、施工、监理、材料组织过程中,只收成本费。公司内部能生产的建筑材料只能用公司内部的,提供材料的单位只收成本费,不能赚钱,从而降低房屋造价。

八、凡属集资解危规划拆迁范围内的重钢职工住户(含退休职工、集体企业职工、遗属),均可优先参加全额集资解危建房。职工参加集资解危建房，必须在建房前向房产司预缴集资款（含单位应补价差）并签订集资购房协议。集资建房职工拥有房屋的完全产权。

九、非重钢职工居住集资解危拆迁范围内的，原则上由住户所在单位自行解决住房。其所在单位无法解决者，经我司调查核实，有关领导批准，可按建筑面积的综合成本造价自愿全额集资购房，并按其集资总额的10%缴纳公共维修基金。

十、房产司统一为参加集资解危建房的职工办理《房屋所有权证》和《国有土地使用证》，费用各自按规定缴纳。

十一、参加集资解危建房的职工拥有房屋的全部产权后，必须服从集团公司房屋管理部门的管理，不得改变其用途，不得改变房屋结构，其室内修缮自行负责，主体结构和公用部分的修缮管理按重庆市房地产管理局［1996］195号文规定执行。

十二、属拆迁范围内的职工不愿参加集资解危建房的，可在集团公司内部与愿意参加集资建房的配套房住户互换集资建房权，但须经对方单位及有关部门的认可并承担价差方可互换，换购集资房的一方享有原危房户的同等待遇（已购房屋部分产权和完全产权的，在交旧房时退还原购房款或抵扣新购房款）。

十三、新房房号按本人缴纳集资款的先后顺序进行选号。

十四、对属于集资解危拆迁范围的职工住户（居民）必须无条件搬迁，各单位要认真做好宣传解释工作，配合房产司做好房屋的拆迁工作。

十五、由集团公司行政管理处、合同预算处、财务处、审计处、监察处、工会生产部监督检查集资解危建房的实施情况。

十六、本方案的解释权属集团公司房改办公室。

（2000年3月17日）

重钢（集团）有限责任公司
“庆、谈、访”活动管理办法

（重集工发［2000］21号）

重钢（集团）有限责任公司“庆、谈、访”活动自开展以来，对贯彻落实党中央、国务院关于进一步关心职工生活的有关文件精神，切实体现企业对职工的关心和爱护，调动职工生产（工作）积极性，同时促进公司生产经营发展，起到了很好的作用。随着企业改革的不断深入，针对目前集团母子公司体制运行的新特点，经重钢（集团）有限责任公司职工代表大会职工生活专门委员会讨论通过，现将有关“庆、谈、访”活动的管理办法制定如下。

一、“庆、谈、访”活动的管理层次

对重钢（集团）有限责任公司“庆、谈、访”活动实行分级管理，即集团公司工会负责对集团各子公司“庆、谈、访”活动开展的管理、督促、指导、检查，同时负责集团面上“庆、谈、访”活动开展。

二、“庆、谈、访”活动的主要内容及形式

1.“庆”的内容及形式

（1）职工生日必庆。放生日假一天，发放生日费20元（或采取其它形式进行庆贺）。

（2）职工岗位成才必庆。职工入党、入团、为公司作出突出贡献或自学成才，受到上级部门命名、嘉奖，可采取张贴光荣榜、印发简报等形式进行宣传予以庆贺。

（3）职工子女考入大学（专）必庆。职工子女应届毕业参加高考，由国家普招计划内统一招收的本科生，一次性奖励400～500元；考入专科的一次性奖励300～400元，若夫妻双方均系重钢职工，由所在单位各按奖励金额的50%予以奖励。

（4）职工晚婚晚育必庆。职工响应晚婚号召，实行计划生育，可赠送50～100元（或纪念品），并登门贺喜。

（5）职工退、离、居休必庆。召开欢送会。可赠送100～150元（或纪念品）。

2.“访”的内容及形式

（1）职工伤、病必访。职工生病、受伤、施行绝育手术、带环受孕施行人工流产住院或在家休息三天以上的，应购慰问品到医院或家里探望。慰问标准30～200元。

（2）职工有丧事必访。职工有丧事（包括职工、职工父母、岳父母或公婆、配偶及子女死亡），应组织人员登门慰问和帮助料理

丧事。其慰问标准为:职工死亡为300元;职工父母、配偶及子女死亡为200元;职工岳父母或公婆死亡为100元。

(3)职工家庭不和睦必访。职工与家庭成员之间发生矛盾影响家庭和睦,要登门访问,帮助解决家庭矛盾。

(4)职工思想情绪波动必访。职工因生活、工作等多方面原因导致情绪波动,要登门访问,了解情况,尤其对生活困难的职工,要尽力帮助解决实际困难。

3.“谈”的内容及形式

(1)职工缺勤必谈。职工无故迟到、早退、旷工要及时谈话,了解情况,帮助其克服不足。

(2)受考核或处分必谈。职工违章违纪受到考核或处分,要及时谈话,帮助其迅速改正错误。

(3)发现不团结现象必谈。职工之间发生纠纷,要及时谈话,避免矛盾激化,努力形成班组间、职工之间团结友爱的风气。

(4)完不成生产(工作)任务必谈。职工难以完成生产定额、工作任务,要及时谈话,了解情况,制定相应对策,使其提高工作效率。

(5)待岗下岗必谈,对待岗、下岗人员要及时谈话,分析形成的原因,指出不足,同时积极协助有关部门作好上岗培训工作,解决职工实际问题。

三、“庆谈访”活动的实施方式及实施部门

“庆谈访”活动的实施方式为:工会牵头,党委、行政、团委共同实施。

集团公司机关的“庆谈访”活动由集团公司工会负责牵头实施,党委、行政、团委参与。

集团各子公司“庆谈访”活动由各子公司工会(或单位工会、分工会、工会小组)负责牵头实施,党委(或党总支、党支部、党小组)、行政(或厂、车间、班组)、团委(或团总支、团支部)参与。

四、“庆谈访”活动经费的列支渠道

开展“庆谈访”活动所需的经费在各子公司职工福利费中列支。

五、其它

1. 各子公司需按照本《管理办法》的要求和标准,结合本单位实际,制定出具体的活动实施办法,实施办法涉及的相关标准应在本《管理办法》的标准控制范围内。

2. 各子公司的实施办法须经本单位职工代表大会(或团组长会、职工大会)讨论通过后实施。

3. 各子公司制定的具体实施办法须报重钢(集团)有限责任公司工会生产部审查备案。

4. 各子公司要建立完善有关职工生活的基础台帐,各级工会组织要随时掌握职工情况。保证“庆谈访”活动正常开展。

5. 本《管理办法》自发文之日起生效,原重集工发[1996]25号《重钢(集团)有限责任公司关于开展“三五”活动的通知》同时作废。

6. 本《管理办法》由重钢(集团)有限责任公司工会生产部负责解释。

重钢(集团)有限责任公司

重钢(集团)有限责任公司工会

2000年4月1日

重钢(集团)有限责任公司职工特殊困难补助管理办法

为认真贯彻落实党中央、国务院关于进一步关心职工生活的有关文件精神,适应集团母子公司体制运行的新要求,切实保障职工群众基本生活权益,及时解决职工及家庭出现的特殊困难,同时配合市委、市府抓好送温暖工程,经重钢(集团)有限责任公司职工代表大会职工生活专门委员会讨论通过,现将有关对职工特殊困难补助的管理办法制定如下:

一、特殊困难的定义

凡重钢(集团)有限责任公司在册职工或家庭,因意外情况或天灾人祸而出现的非日常性的短期的生活困难,属特殊困难。

二、特殊困难补助的范围

凡重钢(集团)有限责任公司在册职工或家庭出现特殊困难,均可按本办法享受特殊困难补助。

不属于特殊困难补助的范围有:

1. 因违法、违规、违纪被扣发工资而造成本人或家庭生活困难的;

2. 因违反国家计划生育有关规定,而造成本人或家庭生活困难的;

3. 因办理协议保留劳动关系或请长假,而造成本人或家庭生活困难的。

三、特殊困难的补助标准

1. 职工子女在义务教育(小学~初中毕业)期间,因缴纳国家规定的学杂费,而造成家庭人月均收入未达到当地政府规定的最低生活费标准的,每学期小学补助100元,初中补助200元。

2. 职工经县级以上医院确诊为患绝症而造成家庭生活困难的,第一次由单位补助300~500元,以后根据病情程度按季补助50~150元;

3. 职工因病、因伤连续住院时间15天以上者,按月补助50~100;

4. 职工供养直系亲属因大病(或患绝症)就医而严重影响家庭生活的,一次性补助50~300元;

5. 因不可抗力的自然灾害造成职工家庭财产损失,出现生活困难,经调查确认后,按损失部分、大部分、全部三个档次给予一次性补助给受自然灾害的职工。损失部分的:一次性补助100元~300元;损失大部分的:一次性补助400~600元;全部损失的:一次性补助700~1000元。

公司职工家庭月收入人均未达到当地政府规定的最低生活保障线的,按政府有关规定到当地民政部门申请民政救济,不在本办法所定范围内。

四、特殊困难补助申办程序

1. 职工本人提出书面申请,交所在工会小组讨论并签署补助金额和意见上报分工会,经分工会调查核实、讨论并签署意见,加盖车间(科)印章后,报所在子公司工会(或子公司下属单位工会)审核办理。

2. 职工因病、因伤住院,凭医院开具的出院证明书,方能申请补助。

3. 职工子女在义务教育期间,因缴纳国家规定的学杂费而造成家庭人月均收入未达到当地政府规定的最低生活费标准的、应凭学费缴纳证明,方能申请补助。

4. 根据实际需要,各子公司(或子公司下属单位工会、分工会)可每月将困难补助名单进行张榜公布,接受群众监督。

五、特殊困难补助经费的列支渠道

开展职工特殊困难补助的经费在各子公司职工福利费中列支。

六、其它

1. 各子公司须按照本《管理办法》的要求和标准,结合子公司实际,制定出具体的活动实施办法,实施办法涉及的相关标准应在本《管理办法》的标准控制范围内。

2. 各子公司的实施办法须经本单位职工代表大会(或团组长会、职工大会)讨论通过后方可实施。

3. 各子公司制定的具体实施办法须报重钢(集团)有限责任公司工会生产部审查备案。

4. 本办法自发文之日起生效,原重集工发[1999]38号文同时作废。

5. 本《管理办法》解释权属重钢(集团)有限责任公司工会生产部。

重钢(集团)有限责任公司
重钢(集团)有限责任公司工会
2000年4月1日

重庆钢铁(集团)有限责任公司对外技术合作项目管理办法

(重集总师发[2000]第302号)

1. 范围

1.1 本办法规定了对外技术合作项目的确立、签订、履行、验收和考核等内容。

1.2 本办法适用于重庆钢铁(集团)有限责任公司(以下简称"集团公司")及其全资子公司、控股子公司(以下简称"各单位")为一方签约主体与集团公司以外的法人或自然人所签订的技术开发、技术转让、技术咨询和技术服务合同项目。

2. 引用标准

2.1 《中华人民共和国合同法》。

3. 总则

3.1 对外技术合作项目是各单位按照集团公司有关规定,对内部市场不能满足的技术服务(包括技术服务价格、质量),确需利用外单位的科技成果、专利技术、研究开发实力等技术优势,加快公司的科技进步,提高公司的经济效益所签订的技术合作项目,或将集团公司的科技成果、专利技术向外转让所签订的技术合作项目。

3.2 对外技术合作项目要满足三个原则：

a. 符合重集经发[1998]第350号文规定原则；

b. 在技术上要充分体现技术发展方向性、先进性、适用性、可靠性和效益性的原则；

c. 对集团公司审批的对外技术合作项目应实行公开招投标的原则。

3.3 对外技术合作项目的签订、履行、验收等要严格执行《中华人民共和国合同法》。

3.4 对外技术合作项目的职能管理部门是集团公司总师室。

4. 管理职能

4.1 对外技术合作项目的确立、签订、验收、考核由总师室负责管理。

4.2 集团公司法规处负责对费用在10万元以上的技术合作项目合同的主体、内容、代理人资格进行书面审查，并出具意见。

5. 管理程序

5.1 技术合作项目的确立。

5.1.1 各单位对确需与外单位签订的技术开发、技术转让、技术咨询和技术服务合同的项目，应填报《对外技术合作项目申请表》(见附件1)，起草技术合作项目合同书、由申请单位主管签署意见送交总师室。

5.1.2 总师室对申请对外技术合作项目的理由以及与该技术相关的内部市场情况进行调查了解，根据3.2条的原则进行初审，并在《对外技术合作项目申请表》中签注初审意见，对初审意见不明确的项目可组织论证，形成论证意见后签注初审意见。

5.1.3 总师室将通过初审的《对外技术合作项目申请表》送集团公司主管领导审批。

5.2 技术合作项目的招投标。

5.2.1 对集团公司审批准行的对外技术合作项目，各单位应按照公司现行招投标管理的有关规定公开招投标。

5.3 对外技术合作项目合同签订。

5.3.1 各单位可参照各类合同示范文本起草对外技术合作项目合同草本。

5.3.2 对重大技术合作项目在合同签订前，由签约单位将草拟或与签约对方达成初步意见的合同文本及其相关资料送法规处审查，并由法规处出具审查意见。

5.3.3 对外技术合作项目合同由总师室组织、项目负责单位法定代表人或授权代表人签订。

5.4 技术合作项目履行。

5.4.1 对外技术合作项目签订后，由签约单位负责履行。

5.4.2 总师室负责技术合作项目履行过程中的组织和协调工作。

5.4.3 项目单位将技术合作项目次月资金计划于每月15日前送总师室，经总师室审核，集团公司主管领导批准后报送财务处，由财务处安排资金。对未经集团公司主管部门批准，擅自外委的项目，集团公司财务处及各单位财务部门不予支付资金。

5.5 技术合作项目验收。

5.5.1 对外技术合作项目履行完成后，由总师室代表集团公司组织有关单位，按照所签订的技术合作项目合同书进行验收。

5.5.2 对外技术合作项目验收合格后需填写《重钢(集团)有限责任公司对外技术合作项目验收证书》。并由总师室代表集团公司为技术合作项目的另一方签约主体出具技术项目验收证明。

5.5.3 对验收不合格的技术合作项目，必须以书面形式提出意见并通知技术合作项目的另一方签约主体。

6. 技术合作项目的检查和考核

6.1 检查。

6.1.1 总师室代表集团公司按技术合作项目合同书要求，采取定期或不定期方式对合同的内外履行情况进行检查。

6.1.2 技术合作项目的相关单位，应及时向总师室反映技术合作项目履行过程中的有关问题。

6.2 考核。

6.2.1 未经集团公司批准擅自对外签订技术合作项目合同的职能部门，集团公司不承认其法律效力，对未经集团公司批准擅自对外签订技术合作项目合同的单位，集团公司按照有关规定，追究签约单位负责人及直接责任人的行政、经济乃至法律责任。

6.2.2 对在履行合同过程中发现对方丧失履行能力的，签约单位未及时终止执行合同并立即报告集团公司有关单位的，集团公司要追究签约单位负责人及直接责任人的行政、经济乃至法律责任。

6.2.3 对由于我方主观原因造成的重大违约损失，由总师室上报集团公司考核班子对责任单位及人员进行处理。

(2000年8月7日)

关于加强购置外地房地产管理的规定

（重集财务发[2000]第348号）

为加强集团公司房地产管理，规范购置外地房地产行为，确保集团公司外地房地产的安全和统一规划使用集团公司在外地的房地产，经集团公司研究，特制定本规定。

一、外地房地产和购置外地房地产。

1. 本规定所指外地房地产是指在单位本部所在地（区、县）以外的房地产。

2. 本规定所指购置外地房地产是指重钢集团公司和各全资子公司、控股公司及重钢集团公司所属的其他单位，利用资金（含实物资产、无形资产、专有技术等作价抵款购房）在单位本部所在地以外的地方购置房地产，开发建设房地产（含与他人联合开发建设房地产）的行为。

二、本《规定》适用于集团公司、全资子公司、控股公司及集团公司所属其他单位购置外地房地产的管理和租用外地房地产（租用时间10年以上）的管理。

专业经营房地产的单位在外地进行经营性房地产开发建设和各单位抵债购置外地房地产按其相关规定执行。

三、购置外地房地产的管理

为使集团公司在外地的房地产得到有效利用，集团公司对购置外地房地产实行“统一规划审批、分级实施和管理”的原则。

集团公司及各单位购置外地房地产，根据集团公司和购置单位生产经营的需要统一审批，未经集团公司批准各单位不得自行在外地购置房地产。

集团公司出资购置的外地房地产，由集团公司直接管理或根据该房地产所在区域、用途等指定单位代其管理。各全资子公司、控股公司及其他单位购置的外地房地产由购置单位自行管理，但集团公司有权根据整体生产经营需要，对集团公司内各单位在外地购置的房地产进行调整使用。

四、购置外地房地产的审批及办理程序

1. 集团公司出资购置外地房地产，由集团公司指定部门负责牵头组织考察论证，论证可行并报集团公司决策后，由集团公司根据所购房地产的性质、所在区域、用途等指定部门办理购置手续和权证等相关手续。

2. 全资子公司、控股子公司及集团公司所属其他单位购置外地房地产，所购房地产价值在人民币50万元以下的由购置单位自行考察论证，报集团公司批准后执行；所购房地产价值在人民币50万元以上（含50万元）的由购置单位牵头组织集团公司相关部门共同考察论证，报集团公司审批后执行。

3. 用实物资产、无形资产、专有技术等作价抵款购置外地房地产，对作价资产应进行价值评估。集团公司的项目由集团公司指定部门牵头组织进行评估，其评估结果报经集团公司确认；全资子公司、控股公司及集团公司所属其他单位的项目，由购置单位牵头组织集团公司相关部门一起进行评估，其评估结果报经集团公司确认。

4. 送审报告应包括的基本内容。

（1）购置房产，应说明所购房产名称、所在地址、出售单位、现房还是期房、购价、建筑面积、结构、房产类别、购后用途、出售方土地使用权取得方式、出售方是否具备售房资格、资金来源、作价资产价值评估情况等；

（2）自行或与他人联合进行房地产项目开发建设，应说明项目名称、所在地址、对方单位名称和经济实力及资信程度、项目用地取得方式、用地面积、项目所在区域的交通状况及水电配套情况、项目投资总额和我方投资额、项目建筑总面积和我方应分面积、分得房产类别及用途、付款方式（指现金或用资产物质作价抵款）、资金来源、作价资产价值评估情况、项目完工时间等；

（3）购置土地，应说明土地所在地址、面积、土地等级、取得方式、价格、出让单位、土地规划用途、购地用途、土地所在区域的交通状况及水电配套情况、该地区经济环境和政策环境、房地产市场情况、资金来源、作价资产价值评估情况、以及风险分析等；

（4）租赁房产（地产），应说明租赁房产（地产）所在地址、面积、房屋结构（土地等级）、租赁价格、用途、租赁期限、出租单位等。

五、所有购置外地房地产(含抵债购房)合同应送经集团公司法规处审核后签订。

六、所有购置的外地房地产必须办理产权登记(即办理房屋所有权证和土地使用权证)。

对外投资兴办联营企业,对方用房地产作价投资入股的,我方以投资入股的方式实际已购得房地产的部分产权,但此类房地产的产权要变更登记为联营企业所有(即将房屋产权所有人和土地使用权所有人变更登记为联营企业)才能保证我方的权利。为此,特别规定:对外投资兴办的联营企业,凡有对方用房地产作价投资入股的,其作价投资入股的房地产必须办理产权变更登记,将房屋产权所有人和土地使用权所有人变更登记为联营企业。

七、购置外地房地产(含抵债购房)有关权证资料的归集保存。

1. 集团公司直接出资购置的,由经办部门将房地产权证、购置协议等全部文件资料收集整理后送交该房地产固定资产入帐单位,同时将权证和全部文件资料(复印件)送集团公司财务处备案。

2. 全资子公司、控股公司及集团公司所属其他单位购置的。

(1)购置现房的,办理完毕购置手续和房地产权证后,将权证和全部文件资料(复印件)送集团公司财务处备案;

(2)购置期房的,签订预售房合同后的二十日内将预售房合同和有关文件资料(复印件)送集团公司财务处,待验收接房办理完毕购置手续和房地产权证后,将权证和全部文件资料(复印件)送集团公司财务处备案。

3. 特钢公司及所属单位购置的。

(1)特钢公司直接出资购置的,办理完毕购置手续和房地产权证后,将权证和全部文件资料(复印件)送集团公司财务处备案;

(2)特钢公司所属下级单位购置的,其购置手续和房地产权证资料按特钢公司规定归集保存,但每年应将全公司外地房地产情况报告集团公司。

八、本规定从发文之日起执行,发文前未签订正式合同的项目均按本规定办理;发文前已签订正式合同但未办完产权证件的其文件资料收存按本规定办理。

九、本规定未尽事宜由集团公司财务处解释。

重庆钢铁(集团)有限责任公司

2000 年 9 月 18 日

重庆钢铁(集团)有限责任公司
有突出贡献职工补充养老保险实施办法

(重集劳资发[2000]第 403 号)

根据劳动部[1995]464 号文《关于建立企业补充养老保险制度的意见》精神,为鼓励公司有突出贡献职工在工作岗位上进一步发挥表率作用,为公司生产经营作出更大的贡献,特制定重庆钢铁(集团)有限责任公司(以下简称重钢)有突出贡献职工补充养老保险办法。

一、成立重钢有突出贡献职工补充养老保险领导小组(以下简称“公司领导小组”)

组　　长:集团公司总经理

副组长:集团公司工会主席

成员单位:劳资处、总师室、工会生产部、财务处、纪委监察处、经济运行处。

二、范围和对象

本办法行文之日及以后在册的全民职工中,获得以下荣誉称号的职工:

1. 全国劳动模范、全国劳动英雄、全国先进工作者、“五一”劳动奖章获得者;国家科学技术奖(国家最高科学技术奖、自然科学奖、技术发明奖、科学技术进步奖、国际科学技术合作奖)获得者;(集体奖指获得证书的主研人员)。

2. 中央各部委、直辖市劳动模范、劳动英雄、先进工作者;直辖市科学技术进步奖特等、一等、二等奖获得者(集体奖指获得证书的主研人员)。

3. 集团公司劳动模范;

4. 经集团公司认可批准,对公司有突出贡献的职工。

三、补充养老保险金标准

凡符合本办法第二条规定的,按以下标准记载补充养老保险金(以下简称补保金)

重钢有突出贡献职工补保金记载标准

（单位:元）

荣誉称号条款	记载标准		备注
1	18000		
2	获得一次者	12000	
	获得二次或二次以上者	18000	
3	获得一次者	6000	
	获得二次或二次以上者	12000	
4	获得一次者	6000~12000	具体标准,视情况由公司研究决定
	获得二次或二次以上者	12000~18000	

注:凡累计获其中两项及其以上者,只能按其中最高的一项标准记载。

四、补保金记载的申报及审批

1. 补保金记载每年办理一次,每年的9月5日至9月15日为各单位向劳资处申报的时间;

2. 申报单位应报送的资料:

(1)《重钢有突出贡献职工补充养老保险金申报表》一式三份,单位须签出意见,单位、经办人签章;

(2)《有突出贡献职工考评表》一式二份,须单位工会签章,并报集团公司工会生产部签章认可。

(3)获奖证书复印件一份。

3. 劳资处对各单位申报资料审查后,提交领导小组审定,集团公司行文公布,劳资处按公布的名单和金额记入《重钢有突出贡献职工补充养老保险金记载发放卡片》。

4. 补保金不再计息,过去重钢已行文公布记载的补保金按原办法计算补保金利息到本文执行之日止,并一次性记入补保金本金。

五、享受补保金记载的职工的考核

1. 对记载有补保金的职工,公司有关部门将定期进行跟踪考核,凡考核不合格的,严格按有关规定分别扣减部分或取消全部补保金。(具体考核办法另行文)

2. 记载有补保金的职工调离重钢(集团公司决定,整体划出重钢的除外),自愿解除(终止)劳动合同的,原记载的补保金全部予以取消。

六、补保金的给付

(一)给付条件

1. 记载有补保金的职工,符合离退休、退职条件并办理手续后,按记载额给付职工本人;

2. 记载有补保金的职工,在未办理离退休、退职手续前或未领完应领的补保金前死亡,其记载金额或余额,按《继承法》的规定,一次性支付其法定继承人或指定受益人。

(二)享受补保金的职工,属集团公司机关的,由集团公司支付;属子公司、实体单位的,由所在单位支付。

补保金的给付方式,可一次性给付或五年内(第一次不低于总额的50%)分期给付,由各子公司、实体单位自定。

(三)给付程序

1. 补保金的给付,每年办理两次。即每年的1月5日至15日,办理上年7~12月符合给付条件的兑现手续;7月5日~15日办理当年1~6月符合给付条件的兑现手续。

2. 申报单位填报《重钢有突出贡献职工补充养老保险金兑现表》一式三份;需单位、单位主管、领款人、经办人签章,经集团公司劳资处审批后,集团公司机关处室到财务处办理请款手续并支付给本人或继承人,各子公司、实体单位在单位财务部门办理并支付给本人或继承人。

七、本办法自行文之日起执行。同时,《关于印发〈重庆钢铁(集团)有限责任公司有突出贡献职工补充养老保险实施办法〉的通知》(重集人劳发[1996]第277号、《关于享受重钢(集团)有限责任公司有突出贡献职工补充养老保险金的申报、兑现管理办法》(重集人劳发[1997]第385号)、《关于〈重庆钢铁(集团)有限责任公司有突出贡献职工补充养老保险实施办法〉的补充意见》(重集劳资发[1999]第488号)及《重钢(集团)有限责任公司关于技术创新办法的补充规定》(重集人劳发[1999]第44号)中享受补充养老保险的有关条款停止执行。

本办法执行前符合重钢原有关规定条件的,按原规定办理。

重庆钢铁(集团)有限责任公司

2000年11月6日

重要文件编目

·国　家·

1.《关于重庆钢铁(集团)有限责任公司兼并重庆特殊钢(集团)有限责任公司的批复》(重庆市经济委员会渝经发[2000]2号)1999年12月29日

2.《关于请批准重庆钢铁(集团)有限责任公司板带工程、汽车用优质特钢生产线等两个项目立项的函》(重庆市人民政府渝府函[2000]7号)2000年2月16日

3.《关于唐民伟等17位同志职务任免的通知》(重庆市人民政府渝府人[2000]3号)2000年3月1日

4.《关于重庆钢铁股份有限公司焦化厂干熄焦项目建议书的批复》(重庆市计划委员会渝计委市[2000]522号)2000年4月26日

5.《关于重庆钢铁股份有限公司焦化厂余热发电项目建议书的批复》(重庆市计划委员会渝计委市[2000]523号)2000年4月26日

6.《关于重庆钢铁股份有限公司焦化厂余热回收项目建议书的批复》(重庆市计划委员会渝计委市[2000]524号)2000年4月26日

7.《关于授予重庆钢铁(集团)有限责任公司一定的派遣人员临时出国和邀请外国经贸人员来华事项审批权的批复》(中华人民共和国外交部外外管函[2000]207号)2000年4月28日

8.《关于同意重钢焦炉煤气脱硫脱氰工程项目立项的批复》(重庆市经济委员会渝经能发[2000]52号)2000年10月11日

9.《关于唐民伟等同志任免职的通知》(中共重庆市委企业工作委员会渝委企[2000]112号)2000年12月8日

10.《关于对国家冶金工业局工程质量监督总站重钢监督站在渝备案的批复》(重庆市建设委员会渝建函[2000]105号)2000年12月18日

11.《关于重庆钢铁(集团)有限责任公司重新变更投资主体的批复》(重庆市人民政府渝府[2000]226号)(2000年12月25日)

12.《转发国家经贸委〈关于重庆钢铁(集团)有限责任公司优质特钢生产线技术改造项目建议书的批复〉的通知》(重庆市经济委员会渝经投发[2001]2号)1001年1月2日

·重钢行政·

1.《请求对重钢兼并重特有关工作进行协调的报告》(重集企管发[2000]第17号)2000年1月7日

2.《重庆钢铁(集团)有限责任公司关于兼并重庆特殊钢(集团)有限责任公司申请免息的报告》(重集财务发[2000]第24号)2000年1月9日

3.《关于颁发〈重庆钢铁(集团)有限责任公司科技项目管理办法〉的通知》(重集总师发[2000]第46号)2000年1月17日

4.《重庆钢铁(集团)有限责任公司关于实施债权转股权方案的报告》(重集经办发[2000]第50号)2000年1月26日

5.《关于印发〈重钢集团母子公司管理通则(试行)〉的通知》(重集企管发[2000]第63号)2000年2月3日

6.《关于做好2000年减员增效下岗分流和再就业工作实施意见的通知》(重集劳资发[2000]第104号)2000年3月14日

7.《关于印发〈重庆钢铁(集团)有限责任公司职工住房集资解危试行方案〉的通知》(重集行管发[2000]第110号)2000年3月17日

8.《关于下达编制汽车用优质特钢生产线工程项目可行性研究报告和环境评价报告任务的通知》(重集规划发[2000]第112号)2000年3月20日

9.《重庆钢铁(集团)有限责任公司催收货款奖励办法》(重集劳资发[2000]第145号)2000年3月21日

10.《关于印发〈重庆钢铁(集团)有限责任公司能源管理办法〉的通知》(重集经运发[2000]第128

号)2000年3月24日

11.《重钢集团公司博士后科研工作站管理条例》(重集劳资发[2000]第130号)2000年3月27日

12.《重钢(集团)有限责任公司关于违反安全环保职业卫生规章制度的考核办法》(重集经运发[2000]第135号)2000年3月28日

13.《关于实施设备检修工程管理制度的通知》(重集经运发[2000]第139号)2000年3月30日

14.《关于颁发〈重庆钢铁(集团)有限责任公司固定资产投资管理暂行办法〉的通知》(重集规划发[2000]第165号)2000年4月17日

15.《关于集团公司科技管理有关补充规定的通知》(重集总师发[2000]第186号)2000年4月28日

16.《关于重钢集团公司债务及诉讼情况的报告》(重集法规发[2000]第200号)2000年5月21日

17.《重钢集团子公司经营班子增效奖励办法》(重集劳资发[2000]第218号)2000年5月24日

18.《关于公布 第6批享受重庆钢铁(集团)有限责任公司有突出贡献职工补充养老保险人员名单的通知》(重集劳资发[2000]第233号)2000年6月2日

19.《关于调整民用电价的通知》(重集财务发[2000]第246号)2000年6月9日

20.《关于强化公司基础管理的八条规定》(重集企管发[2000]第259号)2000年6月22日

21.《关于印发〈重钢集团建筑市场管理规定〉的通知》(重集企管发[2000]第260号)2000年6月26日

22.《重庆钢铁(集团)有限责任公司计量标准器具与计量检定管理办法》(重集经运发[2000]第269号)2000年7月10日

23.《重钢(集团)有限责任公司关于对部分不配套住房实施加厕改造的(试行)办法》(重集行管发[2000]第273号)2000年7月12日

24.《关于重钢集团焦炉煤气脱硫脱氰项目推进情况的报告》(重集规划发[2000]第297号)2000年8月2日

25.《重庆钢铁(集团)有限责任公司优秀科技人员疗休的暂行规定》(重集劳资发[2000]第298号)2000年8月1日

26.《关于颁发〈重庆钢铁(集团)有限责任公司对外技术合作项目管理办法〉的通知》(重集总师发[2000]第302号)2000年8月7日

27.《关于贯彻〈重庆市经委关于加强经济运行宏观调控工作〉实施意见的通知》(重集经运发[2000]第316号)2000年8月18日

28.《关于重钢股份公司高速线材工程的几点说明》(重集规划发[2000]第317号)2000年8月21日

29.《关于加强公务移动电话管理的通知》(重集财务发[2000]第319号)2000年8月21日

30.《关于重钢集团自行研制开发PC梁铸钢支座指形板与其支座的情况报告》(重集经办发[2000]第321号)2000年8月22日

31.《重钢扭亏工作情况汇报》(重集经办发[2000]第324号)2000年8月25日

32.《关于申请板带工程项目贷款的报告》(重集财务发[2000]第326号)2000年8月28日

33.《关于重钢集团特殊钢有限公司不锈钢冶炼厂炼钢电弧炉除尘系统技术改造项目的批复》(重集规划发[2000]第330号)2000年9月1日

34.《关于印发〈重钢集团外事工作管理办法(试行)〉的通知》(重集经办发[2000]第338号)2000年9月11日

35.《关于不再实行重钢行政厂处干部助理制的决定》(重集人事发[2000]第343号)2000年9月12日

36.《关于加强购置外地房地产管理的规定》(重集财务发[2000]第348号)2000年9月18日

37.《关于颁发〈重钢(集团)有限责任公司计量和自动化工程内部市场管理规定〉的通知》重集经运发[2000]第357号)2000年9月27日

38.《关于颁发〈重钢(集团)有限责任公司工程建设监理及工程造价咨询收费暂行管理办法〉的通知》(重集财务发[2000]第362号)2000年9月28日

39.《关于重钢补缴部分排污费的报告》(重集经运发[2000]第372号)2000年10月13日

40.《关于重钢兼并重特后有关情况的汇报》(重集经办发[2000]第388号)2000年10月23日

41.《重庆钢铁(集团)有限责任公司有突出贡献职工补充养老保险实施办法》(重集劳资发[2000]第403号)2000年11月6

日

42.《重钢(集团)有限责任公司关于确定技术带头人的决定》(重集劳资发[2000]第405号)2000年11月13日

43.《关于颁发〈重庆钢铁(集团)有限责任公司开展质量体系认证管理办法〉的通知》(重集总师发[2000]第417号)2000年11月27日

44.《关于印发〈重庆钢铁(集团)有限责任公司办公用车管理办法〉的通知》(重集财务发[2000]第421号)2000年11月28日

45.《关于实施〈重庆钢铁(集团)有限责任公司职工群众逐级信访制度〉的通知》(重集行管发[2000]第438号)2000年12月7日

46.《关于印发〈重钢(集团)有限责任公司档案借阅利用暂行规定〉的通知》(重集档案发[2000]第442号)2000年12月12日

47.《关于印发〈重钢(集团)有限责任公司档案鉴定销毁工作实施细则〉的通知》(重集档案发[2000]第443号)2000年12月12日

·重钢党委·

1.《重钢(集团)有限责任公司2000年文明单位建设暨争创重庆市最佳文明单位工作规划》(重钢党发[2000]第4号)2000年3月16日

2.《重钢"三五"普法工作总结验收的实施意见》(重钢党发[2000]第8号)2000年4月10日

3.《关于对张明富等6名全国劳动模范、重庆市劳动模范给予表彰奖励的决定》(重钢党发[2000]第9号)2000年5月8日

4.《关于认真组织学习贯彻江泽民总书记"三个代表"重要论述的通知》(重钢党发[2000]第12号)2000年6月7日

5.《关于印发〈重庆钢铁(集团)有限责任公司统一战线工作条例〉的通知》(重钢党发[2000]第13号)2000年6月11日

6.《重钢(集团)有限责任公司贯彻〈中共重庆市委关于加强领导班子建设若干问题决定〉的实施意见》(重钢党发[2000]第16号)2000年7月30日

7.《关于推荐重钢领导人员后备人选的通知》(重钢党发[2000]第20号)2000年9月27日

8.《关于表彰厂情教育活动先进单位的决定》(重钢党发[2000]第25号)2000年12月28日

9.《关于表彰"学邯钢、做主人、提建议、堵漏洞、降耗增效人均1000元"活动先进单位、表扬单位的决定》(重钢党发[2000]第26号)2000年12月29日

10.《关于实施创建重钢"五四红旗团委"目标管理的通知》(重钢团发[2000]8号)2000年3月15日

11.《关于实施重钢团委创建全国五四红旗团委活动方案的通知》(重钢团发[2000]9号)2000年3月20日

12.《关于下发2000年"保护母亲河行动重庆市专项(绿色希望工程)基金"筹资目标的通知》(重钢团发[2000]28号)2000年8月24日

13.《关于表彰重钢第四届"十佳青年科技明星"、"十佳青年岗位明星"的决定》(重钢团发[2000]34号)2000年12月19日

·重钢工会·

1.《关于印发〈重钢(集团)有限责任公司"庆、谈、访"活动管理办法〉和〈重钢(集团)有限责任公司职工特殊困难补助管理办法〉的通知》(重集工发[2000]21号)2000年4月1日

2.《关于子公司民主选举职工董事、职工监事的通知》(重集工发[2000]26号)2000年4月25日

3.《关于学习贯彻"三个代表"重要思想的通知》(重集工发[2000]第3号)2000年5月29日

4.《关于对〈重钢(集团)有限责任公司"庆、谈、访"活动管理办法〉进行补充完善的通知》(重集工发[2000]48号)2000年8月7日

荣　誉

2000年重钢获得的国家部(局)市(省)荣誉

名　　称	授予部门	获奖单位
全国CAD应用工程示范企业	国家科技部	设计院
全国第五届设备管理优秀单位	中国设备管理协会	股份公司七厂
全国“济钢杯”连铸坯热装热送技术竞赛优秀组织单位	中国金属学会、国家冶金工业局	特殊钢公司
全国冶金系统“青安杯”竞赛大钢赛区最佳青年安全监督岗	全国冶金系统“青安杯”竞赛大钢赛区组织委员会	产业公司青安岗
全国冶金系统“青安杯”竞赛特钢赛区优秀集体	全国冶金系统“青安杯”竞赛特钢赛区组织委员会	特殊钢公司团委
全国冶金系统“青安杯”竞赛大钢赛区优秀组织单位	全国冶金系统“青安杯”竞赛大钢赛区组织委员会	重钢团委
全国冶金系统青年职工创新创效活动先进单位	共青团中央、国家冶金工业局	重钢团委
全国企业青年系统青年职工创新创效活动先进单位	共青团中央	重钢团委
影视工作先进单位	中国冶金文化艺术联合会	重钢电视台
扶贫支教先进单位	国家冶金工业局	重钢公司
重庆市文明单位	重庆市委、重庆人民政府	房地产公司
重庆市文明单位	重庆市委、重庆人民政府	股份公司运输部
重庆市文明单位	重庆市委、重庆人民政府	设计院
重庆市企业工交工委文明单位	重庆市企业工交工委	产业公司云帆公司
模范职工之家	重庆市总工会	特殊钢公司铁路运输处
重庆市人事系统先进集体	重庆市人事局	劳资处
重庆市公安局先进集体	重庆市公安局	重钢经济民警分队
重合同守信用企业	重庆市工商行政管理局	房地产公司
重合同守信用企业	重庆市工商行政管理局	建设公司
生产经营工作成效显著奖(1999)	重庆市经济委员会	重钢公司
重庆市计量工作先进单位	重庆市质量技术监督局	重钢公司
重庆市质量管理小组活动优秀组织奖	重庆市质量技术监督局、重庆市经济委员会、重庆市质量管理协会	总工程师室
重庆市质量兴渝挖金山工程优秀组织奖	重庆市质量技术监督局、重庆市经济委员会、重庆市质量管理协会	总工程师室
重庆市质量效益型企业	重庆市质量技术监督局、重庆市经济委员会、重庆市质量管理协会	建设公司
重庆市质量效益型企业 重庆市用户满意企业 重庆市质量兴渝挖金山工程先进集体	重庆市质量技术监督局、重庆市经济委员会、重庆市质量管理协会	股份公司
重庆市质量管理小组活动优秀企业	重庆市质量技术监督局、重庆市经济委员会、重庆市质量管理协会	矿业公司
重庆市质量管理小组活动优秀企业	重庆市质量技术监督局、重庆市经济委员会、重庆市质量管理协会	股份公司

名　　称	授予部门	获奖单位
重庆市“庆铃杯”质量知识竞赛组织工作先进单位	重庆市质量技术监督局、重庆市质量管理协会	股份公司质量管理处
重庆市优秀质量信得过班组	重庆市质量技术监督局、重庆市经济委员会、重庆市质量管理协会	铁业公司高炉值班室
重庆市优秀质量信得过班组	重庆市质量技术监督局、重庆市经济委员会、重庆市质量管理协会	股份公司五厂热轧车间轧钢丁班
重庆市优秀质量信得过班组	重庆市质量技术监督局、重庆市经济委员会、重庆市质量管理协会	矿业公司太和铁矿采矿技术组
重庆市广告协会优秀会员单位	重庆市广告协会	重钢报社广告部
厂务公开先进单位	重庆市厂务公开协调小组	重钢公司
庆“七一”系列活动组织奖	中共重庆市委企业工作委员会	重钢公司党委
“学习‘三个代表’论述永葆共产党人本色”演讲活动组织奖	中共重庆市委企业工作委员会	重钢公司党委
重庆市第三轮城市供水企业资质审查(复查)工作先进单位	重庆市政管理委员会	股份公司动力厂
重庆“十佳”外商投资高营业额企业(1999)	重庆市对外经济委员会、重庆市外商投资企业协会	朝阳气体公司
重庆高新技术产业开发区优秀企业(1999)	重庆市人民政府高新区管理委员会	朝阳气体公司
重庆市巾帼建功先进单位	重庆市妇联	重钢工会女职工委员会
百佳女职工班组	重庆市总工会	特殊钢公司计量能源处汽车衡班组
重庆市“十佳五四红旗团委”	共青团重庆市委	股份公司焦化厂团委
重庆市“五四红旗团支部”	共青团重庆市委	特殊钢公司轧钢厂团总支
宣传工作先进单位	重庆市科协	特殊钢公司科协
“讲、比”竞赛先进单位	重庆市科协	特殊钢公司科协
重庆市青年文明号	共青团重庆市委	股份公司炼铁厂五高炉值班室
重庆市先进团委	共青团重庆市委	重钢团委

2000年重钢获得的市(省)以上科技进步奖

项　　目	完成单位	主研人员	类别及等级
数字式无离合装置连铸机结晶器液面自动控制系统的开发和应用	重钢公司	杨世祥、郭代仪、董荣华、杨涛、周宏	三等奖
降低七厂连铸板坯内裂改判率攻关	股份公司七厂	何宇明、朱斌、胡兵、周仁云、陈文满	三等奖
重钢五高炉末期炉役强化冶炼	股份公司炼铁厂	徐刚、陶光友、鲁德昌、刘孝华、张万明	三等奖
重钢三、四高炉水冲渣系统环保治理技术研究与应用	股份公司炼铁厂、技术质量处、生安处	黄长相、鲁德昌、叶光扩、唐继荣、龚文渠、徐刚、高奇明	三等奖
船用球扁钢系列产品研究及开发	股份公司型钢厂	曹敬明、原建华、刘建均、杨守东、李兴国	三等奖
重钢炼钢转炉除尘尘泥在烧结生产综合利用技术研究和应用	股份公司技术质量处、炼铁厂、七厂、生安处	谢有元、毛元礼、王国华、叶贵勤、谢修帮、冷永华、叶光扩	三等奖
面向CIMS的设计院技术信息集成管理系统	重庆大学、设计院	郭钢、蒋工亮、唐恒、马微、曾龙	三等奖

项　目	完成单位	主研人员	类别及等级
超硬高速工具钢产业化开发	重庆钢研所	邹宗跃、瞿国鸿、胡晓轩、覃昌明、王周树	三等奖
利用稀土铝合金化提高 H13 钢热穿孔顶头的使用寿命研究	重庆工业高等专科学校、中兴实业公司	曹鹏军、胡安园、仵海东、李华荣、周安若	三等奖
快硬早强混凝土在高等级公路路面工程中应用技术的研究	交通部重庆公路科学研究所、河北省交通厅、广西壮族自治区交通厅、解放军后勤工程学院、重钢公司	王泽民、谢文忠、李德辉、董舒、周达俭、张东长、王江帅	三等奖

2000 年重钢获得的市(省)以上优秀成果奖

项　目	类别及等级	完成单位	主研人员
建立新型人才激励机制促进技术创新政策研究	重庆市第八届企业管理优秀成果二等奖	重钢公司	朱建派、罗嗣宏、刘文玥、金华聪
重钢厂办集团企业实行股份合作制改革研究	重庆市第八届企业管理优秀成果二等奖	产业公司	杨志炜、赵伟、石鲁陵、吴培贞、樊国才
加强企业文化建设,推进重钢健康发展	重庆市第八届企业管理优秀成果三等奖	党委宣传部	潘向宇、黄成华、邓先明
21—4N 装入法新工艺研究	重庆市科协优秀金桥工程项目一等奖	特殊钢公司第二炼钢厂	李顺成、焦克平、张军、李铁
出口模具钢材的技术开发	重庆市职工百佳合理化建议项目	特殊钢公司技术中心	邓旭初、陈利益
鹅公岩大桥钢箱梁板单元预制变形焊接工艺	重庆市职工百佳合理化建议项目	建设公司	黄太明、张明富、卢一琥、伍德政、彭祖国

2000 年重钢获得的市(省)以上优秀 QC 成果奖

项　目	类别及等级	完成单位
提高连滑次数降低生产成本	全国优秀 QC 小组成果奖、重庆市优秀 QC 小组成果奖	股份公司七厂精炼车间技术组 QC 小组
降低焦炉集气管压力波动	国家冶金局优秀 QC 小组成果奖	股份公司焦化厂技质科行政 QC 小组
确保磁力对中装置液压缸使用周期	国家冶金局优秀 QC 小组成果奖	股份公司五厂机修攻关 QC 小组
降低中厚板线检查责任质量异议索赔	国家冶金局优秀 QC 小组成果奖	股份公司质量管理处五厂质检站白班 QC 小组
降低线材吨材废品	国家冶金局优秀 QC 小组成果奖	股份公司型钢厂技术质量科线材 QC 小组
提高生铁一级铁比	国家冶金局优秀 QC 小组成果奖	股份公司炼铁厂四高炉值班室 QC 小组
建立高线工程质量保证体系	国家冶金局优秀 QC 小组成果奖、中国冶金建设协会 QC 成果奖	股份公司技改处工程质量 QC 小组
合理调度减少放散提高发电负荷	重庆市优秀 QC 小组成果奖	股份公司动力厂热力车间调度室 QC 小组
加强 ISO9002 贯标认证工作	重庆市优秀 QC 小组成果奖	股份公司运输部办公室 QC 小组
提高统计数据准确度	重庆市优秀 QC 小组成果奖	股份公司办公室统计工作 QC 小组
抓好对资金、资源流失的重点效能监察	重庆市优秀 QC 小组成果奖	股份公司组织处组织(纪检)QC 小组

项　　目	类别及等级	完成单位
运用 QC 原理搞好档案的接收工作	重庆市优秀 QC 小组成果奖	档案处档案整编 QC 小组
利用变频调速技术改造空压机有效降低电耗	重庆市优秀 QC 小组成果奖	钢管公司能源计量处 QC 小组
推行标准化管理确保高线竣工档案归档质量	重庆市优秀 QC 小组成果奖	档案处高线工程竣工档案管理 QC 小组
优化镀件工艺参数保证镀件质量	重庆市优秀 QC 小组成果奖	东源公司镀层工艺 QC 小组

2000 年重钢职工获国家部(局)市(省)先进个人

姓　　名	单　　　　位	奖　　　　项
唐民伟	重钢公司	全国质量管理先进工作者
张明富	建设公司	全国劳模
雷磊	股份公司原材料处	全国先进女职工
熊银成	股份公司七厂	全国冶金系统青年职工创新创效先进个人
彭祖国	建设公司	重庆市“九五”立功奖章
谭亚夫	宣传部	重庆市宣传思想工作先进工作者
邓先明	宣传部	重庆市“三五”普法先进个人
周毅	钢城公安分局	重庆市社会治安综合治理先进工作者
梁隆君	钢城公安分局	重庆市公安局先进个人
薛维润	钢城公安分局	重庆市公安局先进个人
杨朝煜	钢城公安分局	重庆市公安局先进个人
谢和全	钢城公安分局	重庆市公安局先进个人
王庆福	钢城公安分局	重庆市公安局先进个人
陈杰	钢城公安分局	重庆市公安局先进个人
张新生	钢城公安分局	重庆市公安局先进个人
魏振福	钢城公安分局	重庆市公安局先进个人
唐红	钢城公安分局	重庆市公安局先进个人
马江勇	钢城公安分局	重庆市公安局先进个人
张敬义	钢城公安分局	重庆市公安局先进个人
孙永治	生活服务公司	重庆市质量管理小组活动优秀推进者
刘蓉	总工程师室	重庆市质量管理小组活动优秀推进者
叶国华	股份公司质量管理处	重庆市质量管理小组活动优秀推进者
蒋新华	特殊钢公司教培中心	重庆市技工教育系统优秀教师
李红	股份公司五厂	重庆市“三八”红旗手
张玉琛	股份公司动力厂	重庆市十佳文明家庭标兵户
白全芳	产业公司材料总厂	重庆市百佳女职工
朱捍嘉	钢管公司	重庆市百佳女职工
刘以钢	特殊钢公司	重庆市百佳女职工
谭昌文	中兴公司	重庆市先进女职工工作者
陈德玉	重钢工会	重庆市先进女职工工作者
余国华	股份公司型钢厂	重庆市“十大杰出青年岗位能手”
李鹏	股份公司五厂	重庆市“青年岗位能手”
罗琳	重钢团委	重庆市优秀团委书记

2000年重钢获得市(省)以上优秀论文奖

题 目	获奖类别及等级	作者单位	作 者
抓好党建工作发挥党组织在企业医院中的政治核心作用	中国金属学会冶金医学分会优秀论文一等奖	重钢职工医院	汪渝、龚鹏飞
强化服务完善经营让社会职能走向社会	第十二届冶金钢铁企业后勤工作研讨会优秀论文一等奖	生活服务公司	唐世明、陈昌国
健全价格体系提高企业效益	重庆市物价局、重庆市价格学会优秀论文一等奖	财务处	鄢忠良
西部大开发与城市民用防空地下室的建设	重庆市防空办公室论文三等奖	武装部	李敢
转机建制中思想政治工作的实践与探讨	重庆市职工政研会论文二等奖	矿业公司	吴文波
加强企业党风廉政建设促进生产经营健康发展	重庆市纪委优秀论文三等奖	纪委监察处	王良沐

2000年重钢文教体育获市(省)以上奖

名 称	获奖等级	获奖者	获奖时间
重庆市委企业工作委员会“学习‘三个代表’论述,永葆共产党人本色”演讲	特等奖	股份公司七厂吴冬	2000年8月
全国年鉴校对质量评比	第五届年鉴校对质量优秀奖	重钢年鉴编辑部	2001年1月
通讯《码头工人竟风流》	全国第十四届冶金记者协会好新闻通讯二等奖	宣传部杨为民	2000年5月
通讯《重钢无愧于共和国》	重庆市企业报好新闻一等奖	宣传部杨为民	2000年3月
通讯《特钢宾馆亮起了客满牌》	重庆市企业报好新闻二等奖	特殊钢公司王作全	2000年3月
通讯《生命在于奉献》	重庆市企业报好新闻三等奖	特殊钢公司国金梅	2000年3月
消息《女工龙成秀见义勇为》	全国第十四届冶金记者协会好新闻消息二等奖	宣传部刘丽	2000年5月
消息《穷不亏骨干富不养懒汉》	全国第十四届冶金记者协会好新闻消息二等奖	宣传部何鸿	2000年5月
消息《公司推进技术创新》	全国第十四届冶金记者协会好新闻消息三等奖	宣传部张宗能	2000年4月
消息《公司推进技术创新》	重庆市第三届好新闻三等奖	宣传部张宗能	2000年5月
消息《房产交易所正式开业》	重庆市企业报好新闻三等奖	特殊钢公司国金梅	2000年3月
消息《钢管公司成功改造工业炉窑》	重庆市企业报好新闻(1999)三等奖	宣传部何鸿	2000年3月
言论《发挥好班子的整体功能》	全国第十四届冶金记者协会好新闻言论三等奖	宣传部邓俊高	2000年5月
言论《精神面貌至关重要》	重庆市企业报好新闻三等奖	特殊钢公司周红	2000年3月
国画《秋雨无声》	全国中国画作品展入选奖	重钢工会蹇文波	2000年12月
国画《榴实图》	第二届《光明日报》“人济杯”中国画大赛优秀奖	重钢工会蹇文波	2000年12月
国画《荷塘印象》	跨世纪著名中国画家作品邀请展览优秀奖	重钢工会蹇文波	2000年12月
国画《春光明媚》	“双申杯”全国书画艺术大赛铜奖	重钢工会水华	2000年5月

名　　称	获奖等级	获奖者	获奖时间
国画《夜来赏花时常思我故乡》	全国“大红鹰杯”首届中老年书画大赛收藏	机制公司工会张开云	2000 年 5 月
国画《梅花敢向雪中出》	中国扇子艺术协会《中国扇子艺术精品精集》收录	机制公司工会张开云	2000 年 3 月
全国第九届青年歌手大奖赛重庆赛区美声唱法	银奖	重钢工会魏莹莹	2000 年 4 月
全国桥牌通讯赛重庆赛区比赛	南北组第 1 名	房地产公司全洪明、黄堂中	2000 年 3 月
全国体育舞蹈锦标赛拉丁舞	常青组冠军	郑之东、陈宾鸿	2000 年 12 月
全国第三届“荷花奖”国际标准舞比赛拉丁舞	常青组冠军	郑之东、陈宾鸿	2000 年 6 月
重庆市第二届体育舞分开赛暨重庆市机关、企业、大学生国标舞比赛拉丁舞、伦巴舞	第 1 名	郑之东、陈宾鸿	2000 年 11 月
重庆市“国益杯”老干部桥牌邀请赛	第 1 名	退工处桥牌队	2000 年 11 月
重庆市老年桥牌团体赛	第 3 名	离干办桥牌队	2000 年 3 月
重庆市“冷酸灵杯”体育健身舞大赛	一等奖	特殊钢公司工会	2000 年 5 月
重庆市“冷酸灵杯”体育健身舞大赛	一等奖	重钢太级拳社	2000 年 5 月
重庆市第 18 届“足协杯”足球甲级队联赛	第 3 名	建设公司足球队	2000 年 10 月
重庆市老年体育工作表彰会	先进辅导站	重钢太级拳社跃进村点	2000 年 12 月
重庆市老年体育工作表彰会	优秀辅导员	退工处冷华权、张鼎馨	2000 年 12 月

（方小容）

（本部目责任编辑　方小容
本部目责任校对　方小容）

拾遗与补正

刘少奇主席来重钢视察工作
六万职工受到巨大鼓舞

中共中央政治局委员四川省委第一书记李井泉同志
重庆市委第一书记任白戈同志陪同前来

昨日下午，我国国家主席刘少奇同志亲来公司视察工作。陪同刘主席前来的，有中共中央政治局委员、四川省委第一书记李井泉同志，市委第一书记任白戈同志、市委书记鲁大东同志等。公司党委书记王效才，代经理刘杰，公司工会主席龚定柱，团委书记丁道山等领导同志代表全体职工热忱欢迎刘主席，并陪同刘主席视察了大平炉厂、大轧厂、中山堂转炉厂、炼铁厂、焦化厂等。刘主席受到车间职工群众的热烈欢迎，沸腾的欢呼声掩盖了鼓风炉和马达的咆哮。刘主席满面春风地向群众招手，和同志们作亲切地交谈，关切地问到生产情况和技术革命的情况，作了许多重要的指示。

刘主席来到大型轧钢厂，问这里有些什么革新，王效才同志回答说：“他们搞了喂钢导板，已经抛弃了抱钳。”刘主席看了看说：“这翻钢的操作是不是也可以搞点自动化呢?”效才同志说：“可以搞。”

刘主席来到了大平炉，他对地浇车很感兴趣，他认为这个办法又好又省，可以代替百吨吊车，将来建厂房也可以省很多钢材。刘主席看见双槽四包出钢也很称赞，他说：“既然可以搞四包，五包六包想来也是可以的吧?”刘主席问到

鋼鐵報

GANG TIE BAO

1960年5月 13 星期五

刘少奇主席来重钢视察工作

六万职工受到巨大鼓舞

中共中央政治局委員四川省委第一書記李井泉同志

重庆市委第一書記任白戈同志陪同前来

迎接刘主席 鋼产往上升

公司昨日鋼產達二千五百多噸

貫彻刘主席指示

公司党委发出号召

立即行動起來，創造新成績回答刘主席的關怀

我们平炉的炉龄,当他听到是一百到两百炉时,很关心地问:“能不能再提高一点呢?”接着又问平炉最容易损坏的是那些地方。刘杰代经理回答说:“格子房被渣子阻塞是比较经常发生的现象。”刘主席在问了格子房一些情况之后,提出是否可以试用强化器辅助清渣的问题,大家说,可以进行试验。

刘主席又来到还未结束大修的中山堂转炉厂,他是特地来看化铁高炉的。那里一排并列着5个化铁高炉是我们响应省委号召,突击建起来的,是转炉生产上一大革命。刘主席听说化铁高炉的铁水温度达到1400度,很高兴地说:“这样,在转炉内加废钢铁也可以了吧?”王效才同志回答说:“我们已经少量地加中支铸管和生铁块。”

在炼铁厂,刘主席特别关心高炉的高温大风问题。他问是不是可以把罗马尼亚风机加大一倍。王效才同志回答说:“我们在第二座新高炉上已经作了修改,加大了一倍风量,计划增加一台风机。”在焦化厂,刘主席指示要注意减少灰份和多出大块焦。

刘主席下午四点钟后才和公司职工同志们告别,乘车回城里去。但是,他的一言一笑,一举一动都在我们心里留下很深刻的印象,使我们受到了很大的感动和鼓舞。每一个同志,都是干劲更足,斗志更坚,决心大闹技术革命,创造生产新成绩,报答刘主席对我们深切的关怀。

(摘自《钢铁报》1960年5月13日)

浇铸平凡的冶金生涯

王　钰

从西北到西南

1949年7月初,新组成的“西北干部大队”从河北出发,日夜兼程,很快到达刚解放的西安市。我被分配到第一野战军西北军区兵工部,留在西安,穿起了军装,任文书、干事,开始了革命军旅生涯。当年秋天,我随一野兵工部一部分同志随军南下,接管军工企业,第一个被接管的就是陕西虢镇第三十兵工厂。11月29日,重庆解放了,我们即参加了对重庆兵工厂的军事接管工作。我和几位同志被分配在西南工业部,在从西北一齐来的老首长刘柏罗的领导下参加西南钢铁工业管理委员会的筹建工作。1950年2月1日,西南工业部钢铁工业管理委员会成立,5月中旬改组为西南钢铁工业管理局。这时军管结束,我们从部队转业到冶金战线。在钢管局,我开始担任检查股长,后

刘柏罗(中)与王钰(右)及战友于1950年初在重庆筹备西南钢管会时合影。
——吴路青摄影

又担任秘书科代科长。当时我才19岁,担心自己年轻,难胜重任。老首长刘柏罗鼓励我:“咱们到新区的老同志不多,你不干谁干?年轻是个优势,容易接受新事物。”我在钢管局不仅担负着行政工作,还担任着钢管局团支部书记和西南工业部团总支委员的工作。值得自豪的是,在1952年“七一”党的生日时,成渝铁路建成通车,我作为西南钢管局的代表之一参加了通车典礼并坐重庆开出的第一列车首次到达成都,成为成渝铁路的第一批乘客。这条新中国建设的第一条铁路,是西南钢管局一零一厂轧出的新中国第

一根钢轨辅筑的，并全部完成铺设成渝铁路所需钢轨的生产任务，为四川人民实现了40年的愿望立了大功。

为新重钢建设服务

西南钢管局改组为西南钢铁公司后不久与一零一厂合并成为重庆钢铁公司。重钢公司组建后，我先后担任过基建处技术监督科科长、设备处电器科科长。1958年入党。1959年担任重钢设备处副处长兼党支部书记；以后又任基建处副处长兼党支部书记、基建部政治处主任、重钢建安公司副经理等职务。在重钢的这十年，我主要搞的是基建管理和设备材料供应工作。

当时重钢正在搞扩建、新建工程，1957年至1961年是全国工业生产发展大跃进的年代（特别是钢铁工业），同时也是生产资料、原材料、设备以及生活用品紧张的年代。市场上需大于求，供需极度不平衡，矛盾尖锐，困难较多。我们的任务很重，从设备申请、分配、订货、催货、到货验收均由设备供应部门负责。设备处从领导到工作人员，长年出差在外，风餐露宿。我和不少同志长住北京、上海、东北等地。有一次我从零下二十多度的吉林回来，腿都冻伤了，因工作需要又再次返回吉林。我们在上海工作的同志，前后5年，为重钢新建高炉、焦炉工程设备与上海锅炉厂、上海汽车轮机厂、上海电机厂、江南造船厂、华通开关厂等80多家大小制造厂，供货单位、仓库等进行业务联系，进行订货、供货、提货、发运，每年完成120吨以上。如重钢重点基建项目焦炉和三号、四号高炉先后采用上海锅炉厂制造的40吨锅炉2台（套）和35吨锅炉2台（套），这些关键设备到位，有力地保证了工程于1959年底前基本安装完成。

1960年2月16日，焦炉工程的630千瓦高压高速主电机试车，空负荷运转时，机体发热超过规定温升不能使用，影响焦炉投产出焦。这座电机为重庆电机厂生产，厂方虽同意另外制造，但制造此大型电机（净重5.6吨）周期长，会影响试车。后又得知此类电机同批生产共4台，其中位于綦江县的三江钢铁厂的一台还未使用。经重钢公司领导研究并向重庆市委汇报后决定先从三江钢铁厂先借出满足重钢焦炉工程投产需要，再由重庆电机厂另外制造一台归还。当时情况紧迫，2月16日试车的当晚，我们即派彭本申带起重工前往三江钢铁厂调运。三江钢铁厂的这台电机已安在半山鼓风机房的基础上，对外借，他们反感，厂领导避而不见。第二天中午，重钢的同志找到三江钢铁厂党委书记后厂方才点头同意调运，可是电机在基础上要进行拆卸、起重拖运，沿途还得清除管道障碍等一系列工作后才能上得了车运走。对此，该厂采取袖手旁观态度。在这种情况下，起重人员17日晚返回重钢汇报，我们当机立断，加强组织力量，携带所需一切工具，再派一个班的起重工，同时增加两辆大车于当晚23时再次前往三江。工作人员2月18日8时到达现场，立即拆卸拖运。由于在半山上，坡度大、道路不规则，且有使用中的大小管道挡道，重件以滚筒拖运费力费时，天黑后，还手持照明灯不停地拖运。当晚8时，才将电机运上车向重庆进发。谁知2月19日凌晨，装运电机的汽车的车胎在巴县一品场途中压爆，彭本申只好守在车上，一面让另一车先载工人回厂休息（工人同志们已有两个晚上未睡觉了），一面由总调度另派人抢救。2月19日上午9时才将电机送到焦化厂主电机室交付安装，保证了2月下旬焦炉投产顺利出焦。

在重庆市委和重钢公司领导的重视支持下，我们仅用四天四夜的时间就解决了焦炉临投产前发生的这一难题。事情看起来很平凡，却体现了一种伟大精神，这就是对工作认真负责。虽说这种精神今天则很少见到了，但永远不会过时的。

走马十八冶

1965年7月冶金部第十八冶金建设公司成立之时，我被调往十八冶计划处任副处长。十八冶的主要任务是为重钢、重庆特钢、西南铝加工厂等重庆地区的冶金企业的改造和发展服务。我搞计划和施工工作（担任过施工计划处副处长），一方面要向冶金部请示汇报联系计划项目的确定，更多的是与企业协商研究安排实施工程，确保钢铁和有色工业生产发展的需要。工作性质就决定了我不仅要吃透上层和建设单位的要求，更要吃透施工单位的具体要求、条件和存在问题，特别要深入工地和在一线的工程技术人员和广大的工人同志接触了解情况，研究和解决存在问题，搞好施工条件的平衡，制定确实可行的施工计划。我经常去重点工程去蹲点或直接担任工程指挥。如在重钢綦江铁矿麻柳滩选矿工程、重钢新建27平方米烧结工程、重钢六厂转炉工程、西南铝加工厂扩建工程、重庆特钢四辊冷轧工程、重庆四厂薄板工程等项目都留下足迹。1971年，在重钢新烧结工程中，我一面接受批判，一面深入工地指挥，特别是在“塔式冷却振动筛装置”试车阶段熬了不少不眠之夜。工程投产的那天，在重钢钢花影剧院召开大会，重庆市委书记鲁大东和重钢、十八冶的领导均出席讲话祝贺。我代表工程指挥部作工程总结报告。会后有人告诉我说："当你在台上作报告时，有人议论说：'这就是他们要打倒的'走资派'，像这样的'走资派'，我们希望越多越好'。"

"文化大革命"期间，我在十八冶进了"毛泽东思想学习班"，我被"解放"后不久，十八冶"革委会"恢复了我的工作，委我为施工计划组副组长，组长由革委会成员造反派代表担任。我的任务还是抓原来的计划、施工方面的管理工作。由于"文革"中被整，我情绪不高，要求继续在下面劳动。他们不同意，反复做我的工作。有一次，我和"革委会"一成员、造反派代表一起去国家冶金部汇报工作，冶金部的同志们告诉我们："在你们到达以前，曾有几个人拿着十八冶'革委会'介绍信，他们却没有大渡口区支左办公室的介绍信，我们没有接待他们。"从这个小的事例上，说明当时虽有"革委会"的统一领导，但他们不仅在"抓革命"上继续打派仗，就是在"促生产"上也在争权夺利，同样打派仗。我属"走资派"，不属这派那派，但夹在中间工作确实不好干。有时他们要抓权，有时他们又撒手不管。有一次，十八冶革委会造反派代表召集十八冶机关处级以上干部开会，要求与会人员在已打印好的文件上签名，表示同意全盘否定过去十八冶党委执行"资产阶级反动路线"提拔任命的200多名科以上干部(以后听说，这个方案是当时"革委会"中某些派性严重的主要领导干部支持同意的)。多数人都签"同意"，我却签"不同意"，我说："这些干部都是经过多年培养、组织考查、根据组织原则和提干程序办理组织手续被正式任命的，他们绝大多数是合格而能胜任现职的，他们是为十八冶作出了贡献的。全盘否定，不符合共产党的组织干部路线。"会后不久，有的同志就对我讲："你闯了大祸了！你何必惹火烧身呢？他们把你在那天会上签注的不同意见一并打印下发到公司所属单位了，你准备挨整吧。"我说："不怕，那些高喊保卫毛主席革命路线的人，此时此刻为什么不站出来表示反对意见呢？"

我这个"走资派"

在那怀凝一切、打倒一切，既无文化也无"革命"、猖狂且愚昧的"文化大革命"时期，我这个小小的芝麻官也在劫难逃，被人贴上大字报，戴上三顶帽子："走资派"、"特嫌"、"叛徒"。"三顶帽子"均属子虚乌有。所谓"走资派"，就是忠实的执行了党的路线；所谓"特嫌"，就是我这个贫农儿子在当时太原被围困下居然能乘飞机去北平；所谓"叛徒"，就是在20世纪60年代，我曾偷越国境去越南和任国民党反动军官的岳父见过面。在那种"两条路线斗争中站在那一边，是当革命派，还是当保皇派"，"革命无罪，造反有理"的沉重的政治压力下，人人自危，在此气候下，"走资派"这顶帽子不管大小我是非戴不行了。昨天还是革命同志，今天就变成了敌人，这也算是"文革"特色吧。他们已经把过去的路线明确定为"资产阶级反动路线"，我是一级领导，当然是个忠实执行者了。"特嫌"这一条，我不承认。这是"事出有因"，他们不了解当时太原的历史背景而主观臆断强加罪名。这不是阎锡山派遣特务的政治背景，而相反是中共地下党支持帮助进步学生脱离阎锡山统治走出去争取自由的政治背景。当时我们的校长赵中枢就是地下党负责人，有些老师和同学，其中包括和我们一起出走到北平的山西流平同学会的有些同学，也是地下党的人。至于说到"叛徒"这一条，我认为更是无中生有，栽脏陷害。我和老伴陈远清是1951年在西南钢管局认识，1953年结婚。他父亲在抗战胜利以前在云南昆明因病去世了，又何来几十年后我又去越南会面的事呢？难道真是"活见鬼"了吗？

我先后"就读"的两个所谓的"毛泽东思想学习班"，都是"整人班"。一个是大渡口区把重钢、十八冶、区属单位副处长以上干部集中在黄金庵办的学习班，由"支左"解放军领导。一个是十八冶在人民中学办的学习班。两个学习班都是滥用专政手段，大搞逼、供、信，胁迫你交待问题。所有进学习班的人，不准回家。亲属来探望要经批准，亲人见面时被监视，就像监狱对待犯人一样。在学习班里，被剥夺了一切自由，连支言片语的说话，室内散步式的活动也被禁止，至于出去劳动的权利更是被剥夺得一干二净。我要求派我去拉面粉，但班长说："你没得资格，在这里老实交待问题"。我平生第一次体会到失去人身自由。别人每周经同意后可以回家和亲人团聚，我却长期见不到亲人，饱受精神折磨。他们批斗我，我没有掉过眼泪，但想念亲人时我不知背地里哭过多少遍。这种不人道的做法至今使人回想起来仍不寒而粟。那时学习班经常开展"三忠于"活动，大家都画毛主席像，为表忠心的行动，,我也照着画像学画，画好后班里有位学员看了就说："你画的不错嘛！"我顺口说了句"照葫芦画瓢，画得不好"。谁知，这句话闯下了大祸，说我在恶毒攻击伟大领袖毛主席，是现行反革命，为此被连续批斗了几天。在学习班内追查我的问题得不到进展和突破，就派人会同解放村居委会的人去逼迫我年迈有病的母亲要她说出我当年从太原出走的情况，妄图加罪。母亲本来就有病，经他们这么折腾，精神压力越来越大。她心里很急，母亲因见不到我，经常哭泣，患上了青光眼病。当时我们每周集体排队下山去机关浴室洗澡一次，每当这时，母亲带着孙子早早就来到浴室门口等着，渴求见上一面。“造反派”知道这个秘密后，取消了每周洗澡的规定，不让我们借机和亲人见面。母亲既急又悲，病情加重。1968年春节，不少学员放假回家团聚过年了，我们这些所谓有问题的人仍不准回家。老伴远清怕我想不开出事，就来学习班探望，因为前些日子学习班已发生学员被迫自杀事件，大渡口地区都传开了。见面后我对她说：“你放心吧，我不会走那条路的，我是清白无辜的！”有一次，二儿子王希来学习班看望我，刚到门口就看到我正被批斗，室内贴满了大字报，连我的床铺蚊帐上都挂满大字报。他看到我，我也看到他，咫尺之间，父子不能对话，王希怀着痛苦和愤怒的心情离开。王希申请入团，也因爸爸的“问题”而受到影响。这些都给孩子们幼小的心灵带来不应有的创伤。

不久，大渡口区这个学习班结束了，我们十八冶的就回到人民中学学习班。此时，可以请假回家看看，他们也很少找我谈问题了。1969年12月，我被宣布“解放”。对我的三个问题，他们认为，执行资产阶级反动路线是存在的，但有所认识；“特嫌”问题和“叛徒”问题不存在，均属“事出有因”，“查无实据”，给予否定。1969年12月份，我从十八冶“人中学习班”“解放”出来回到家里。为了纪念这个日子，我们全家到杨家坪照像馆合影留念。但老母亲的病情这时已经加重了。“无产阶级文化大革命”虽然全盘否定了，但这场“整人运动”采取各种手段折磨人，给广大受害者心灵上造成的伤痕和痛苦，却永远难忘。有这种伤痛的人又何止我一个，在全国是一大批人啊！有些人可以说是饮恨而死，含冤九泉了。

调往四川省冶金厅

1979年4月，四川省冶金厅与重庆市委商洽，正式调我到四川冶金厅工作，任四川冶金物资供销公司副经理。当时，十八冶领导要求让我代表十八冶再去冶金部参加一个会议后即去冶金厅报到。冶金厅领导却来十八冶催我速到成都报到，并找我谈了话。在冶金厅商调我时，重钢也想调我回重钢工作，十八冶没有同意。重钢领导又到冶金厅反映，冶金厅干部处领导说：“不要打王钰同志的主意了，厅里对他已经有了安排了。”

临行，十八冶机关党总支召开欢送会，临别赠言：“王钰同志有德有才，有胆有识。认真学习，善于学习。平易近人，关心同志。不计个人恩怨，能顾全大局。不整人，不捧人，光明磊落。工作认真负责，对同志要求严格。以身作则，作风正派。联系群众，团结同志。”十八冶临时党委给我作了书面组织鉴定：“1. 王钰同志在‘文化大革命’中，一般表现政治立场是坚定的，路线是非是分明的，政策观念强。在‘文化大革命’中，能够坚持按党的原则办事。1976年‘四人帮’横行时，对十八冶帮派势力的一些错误作法敢于抵制，坚定维护党的领导。2. 组织纪律性好，有问题摆到桌面上。3. 工作能力较强，肯学习钻研，认真负责。虽然在文化大革命中受了委屈，能正确对待，没有埋怨情绪，仍然积极完成组织安排的工作。4. 关心群众生活，群众关系好，对人态度和蔼，不摆架子，作风正派，平易近人。5. 缺点是工作主动性积极性发挥不够，深入现场差。6. 王钰同志的政治历史，经过文化大革命的审查是清楚的，没有发现什么新的问题。”

四川省冶金物资供销公司（四川冶金物资总公司）是原冶金厅供销处基础上新组建的一个单位，任务是负责四川冶金企业（包括黑色、有色企业）的物资供销和管理工作，不仅要负责统管四川冶金企业的原材料、设备的申请、分配、供应，而且还要协助企业推销产品，同时要督促检查加强企业的物资管理工作。在当时计划经济体制下，这项工作还是面广、量大、要求高的。我仍然是本着“学中干、干中学”的精神去对待。随着企业管理体制和物资供应体制的改变，物资供应的任务逐步减少，企业产品推销的任务加重。在这种情况下，我们组织企业出人、出钱，在四川省展览馆租用展销厅，成立“四川冶金产品展销部”，直接展销并销售产品，同时，我们组织有关企业去北京参加冶金部组织的“中国金属材料销售中心”，扩大销售网点和掌握销售市场信息。这些措施，在当时计划经济条件可以说向市场经济迈出了大胆的一步，也为企业打开产品销路起了积极的促进作用。当时不少企业领导思想解放，观念改变，眼光远大，积极出钱、出人办好这一工作。我们去重庆西南铝加工厂洽谈此事时，蒋民宽厂长就积极支持，一边答应先抽调20万元资金，一边立即组织人员参加展销部的筹建工作。又如重庆特钢公司、重庆钢丝绳厂、成都无缝钢管厂、成都钢铁厂、威远钢铁厂等冶金企业均先后积极参加冶金产品展销,并派人在北京“中国金属材料销售中心”长驻。当时迈出的这一步,现在看起来不算什么问题,是一件常事,但还在受计划经济体制约束,改革开放刚起步的当时,那却是一件不易之事。实践证明,这一步,我们是走对了。

党的十一届三中全会后,四川冶金物资供销公司成立党总支,我被任命为专职党总支书记。以后被选为冶金厅机关党委委员,四川省冶金职工思想政治工作研究会理事。我们领导班子不仅注重不断提高自己的领导素质,而且注意抓干部“四化”方针和德才兼备原则,着重抓年轻干部的培养和选拔工作。向四川省冶金进出口公司、四川省钢联公司等冶金厅直属单位和四川省有色公司输送了领导干部。群众反映道:“供销公司不仅出钢材,而且出人才。”这些工作经验,均在四川冶金厅和机关党委召开的党建工作经验交流会、四川省冶金思想政治工作研究年会上作过介绍。我又结合自己工作实践的体会,在四川省冶金思想政治工作研究会办的《政工研究》期刊上陆续发表文章,还为1989年“四川省级机关思想政治工作研究会第三届年会暨理论讨论会”提供题为《加强党的建设把党支部建设成坚强的战斗堡垒》的论文,参加省级机关交流。

1985年根据中央对于干部新老交替的精神和四川冶金厅的统一布置安排,我主动向厅党组提出“我下来,让年轻的同志上来”的意见,厅党组决定:“王钰同志虽然退居二线了,但仍应参加公司党总支和行政的重要决策会议,协助新班子搞好公司的工作。”四川省冶金厅纪检组《对供销公司党员素质状况调查报告》指出:“原总支书记王钰同志退居二线后,从不迟到、早退,连续两年不休假,组织分配他协助党总支工作,他注重研究在新形势下如何做好党员思想政治工作,对自己严格要求,从不以权谋私,以钢谋私。并以自己的亲身体会给党员上党课,受到好评。”就这样一直到1991年4月离休。经四川省委批准,享受地专级政治、生活待遇。

(2000年10月)

(本部目责任编辑　刘光军
本部目责任校对　刘光军)

索　引

说　明

1. 本索引是条目主题词索引。
2. 括号里的字系本书部目名称的第一个字，表示该主题词反映的条目在此部目。
3. 页码后面标注的“左”、“中”、“右”系说明此条目在该页码的左栏、中栏、右栏。
4. 部分相同相近的条目用互见参见形式表示。
5.《专文专论》、《大事记》、《统计资料》、《附录》等部目内容不作索引，对《子公司》不作全部内容索引。

H

J

K

L

M

N

P

Q

R

S

T

(刘光军)

《重钢年鉴》(2001)组稿人员名录

1. 唐红英　热陶瓷公司　68846590
2. 胡　玲　歌乐山矿　65505784
3. 黄振华　审计处　68842469
4. 姜云榆　股份公司装备处　68846761
5. 邱　阳　股份公司动力厂　68846750
6. 窦　辉　股份公司工会　68844176
7. 李　萍　电子公司　68846537
8. 龚鹏飞　职工总医院　68846213
9. 陈兴华　法规处　68846155
10. 李懋林　中兴公司　67735226
11. 龙学明　工会　68844111
12. 周仕文　进出口公司 68849141
13. 柳　纲　新港公司　68843176
14. 李春海　股份公司销售处　68845381
15. 马云峰　机制公司　68844429
16. 汪　婵　总工程师室 68845964
17. 简　萍　四厂　48249572
18. 陈　伟　运输公司　68845615
19. 许国满　矿业公司　68843268
20. 黄忠兰　行政管理处 68843393
21. 刘文玥　劳资处　68846561
22. 叶国华　股份公司质管处　68846464
23. 邓春春　纪委监察处 68846098
24. 吴明利　股份公司党办　68842803
25. 张美海　离干办　68845264
26. 杨忠福　宣传部　68846149
27. 吴大河　股份公司焦化厂　68843323
28. 陈晓玲　股份公司五厂　68844321—2137
29. 陈世华　退休工作处 68841806
30. 谭敏剑　股份公司组织处　68843713
31. 梁敦德　重庆钢研所 67994238
32. 高正红　人事处　68845222
33. 邱振江　产业公司　68845262
34. 黄紫群　经济运行处 68846545
35. 吕学忠　规划处　68846566
36. 吴　冬　股份公司团委　68841584
37. 曹言慧　组织部　68846318
38. 张　兵　团委　68846099
39. 裴　伟　股份公司生安处　68842401
40. 张　娟　股份公司技改处　68843242
41. 高　军　股份公司七厂　68846104
42. 刘家林　股份公司钢研所　68845048
43. 李显伦　特殊钢公司 65137055
44. 刘永文　铁业公司　47681045
45. 陈东升　股份公司型钢厂　68849390
46. 屈娟涓　培训中心　68843484
47. 许明光　武装部　68847733
48. 涂　峰　股份公司人力资源处　68846443
49. 梁星全　股份公司办公室　68843292
50. 孙忠强　股份公司原材料处　68842532
51. 张炳生　股份公司机动处　68844481
52. 徐贵冬　钢管公司　62590757
53. 魏建忠　香港公司　00852—28386193
54. 颜兴全　机械化公司 68845042
55. 刘克付　乐山耐火材料厂　0833—3441205
56. 赵　钢　綦江铁矿　48794048
57. 康　忠　企协　68846150
58. 马　涛　建设公司　68844032
59. 苏　剑　钢城公安分局　68843110
60. 张　劲　生活服务公司　68845085
61. 黄冬梅　设计院　68842622
62. 陈居明　股份公司炼铁厂　68843876
63. 李建业　经理办公室 68845616
64. 张治润　耐火材料公司　65154849
65. 朱镕红　朝阳气体公司　68843504
66. 曾　勇　股份公司运输部　68849700
67. 方小容　档案处　68846570
68. 朵渝坤　铁合金公司 40514581
69. 周焱林　太和铁矿　0834—3651003
70. 瞿　勇　房地产公司 68842351
71. 周　明　企管处　68845333
72. 何昌礼　财务处　68846486
73. 汪祥义　科协　68846500
74. 曹代平　党委办公室 68846101
75. 张　宁　股份公司高线厂　68847825
76. 肖家兴　三环建设监理公司　68846167
77. 周肇华　小南海矿　65950930

(方小容)

*　*　*　*　*　*

ISBN 7-5364-4723-X
9 787536 447233 >